黑色魔鬼

美加联合第1特勤队二战实录

1942-1945【上册】

FIRST SPECIAL SERVICE FORCE

编著 · 骆艺 赵继南

★精装典藏版★

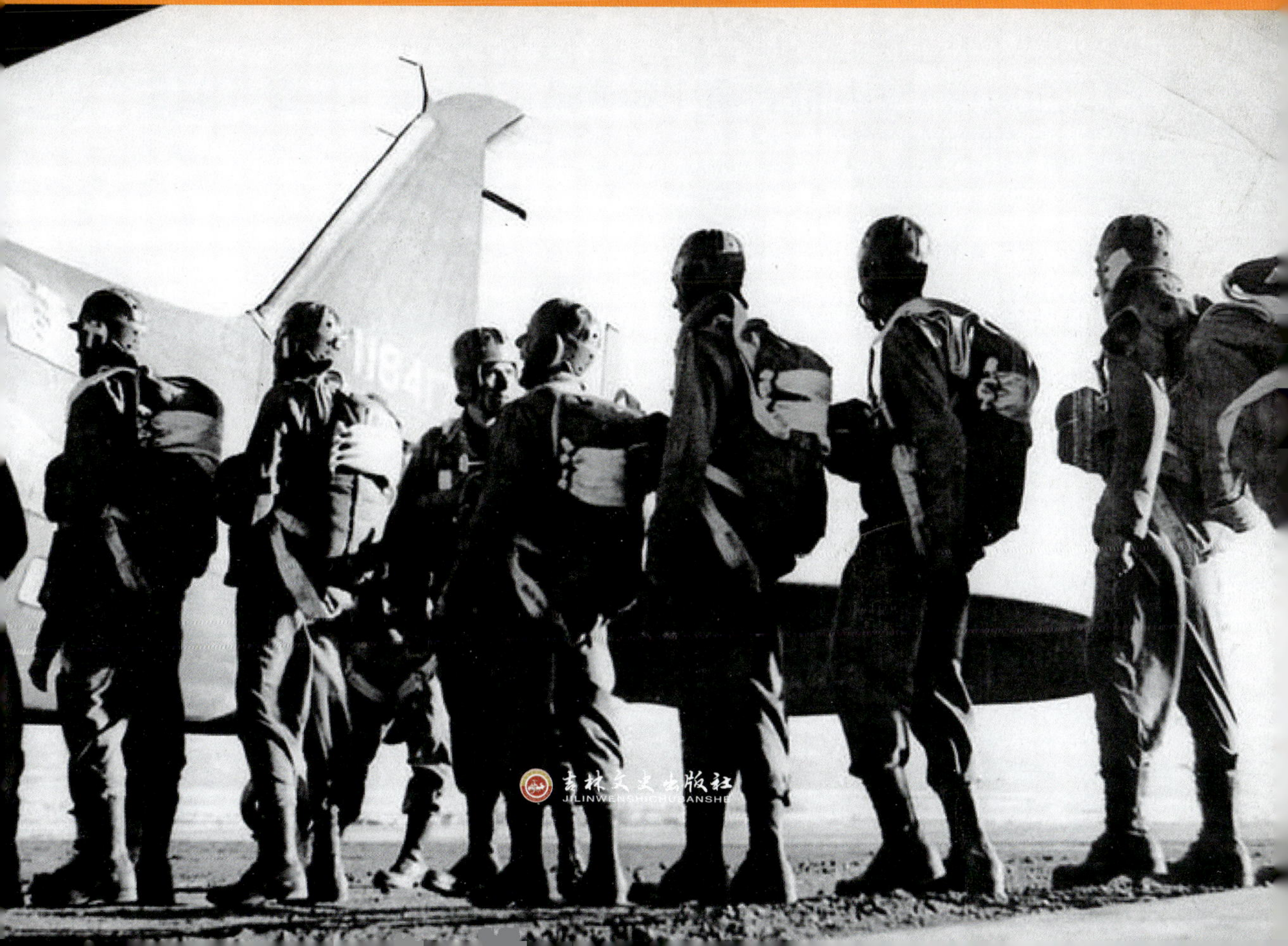

吉林文史出版社
JILINWENSHICHUBANSHE

版权所有，翻版必究
发现印装质量问题，请与承印厂联系退换

图书在版编目（CIP）数据

黑色魔鬼：美加联合第1特勤队二战实录：1942-1945 / 骆艺, 赵继南编著. -- 长春：吉林文史出版社, 2017.6
ISBN 978-7-5472-4468-5

Ⅰ. ①黑… Ⅱ. ①骆… ②赵… Ⅲ. ①第二次世界大战-特种部队-军队史-美国②第二次世界大战-特种部队-军队史-加拿大 Ⅳ. ①E712.9②E711.9

中国版本图书馆CIP数据核字(2017)第130005号

HEISE MOGUI： MEIJIA LIANHE DI1 TEQINDUI ERZHAN SHILU 1942-1945

黑色魔鬼：美加联合第 1 特勤队二战实录 1942-1945

（精装典藏版）

编著 / 赵国星 冯涛
责任编辑 / 吴枫
策划制作 / 崎峻文化
装帧设计 / 崎峻文化
出版发行 / 吉林文史出版社有限责任公司
地址 / 长春市人民大街 4646 号 邮编 / 130021
电话 / 0431-86037503 传真 / 0431-86037589
印刷 / 重庆共创印务有限公司
版次 / 2017 年 7 月第 1 版 2017 年 7 月第 1 次印刷
开本 / 787mm × 1092mm 1/16
印张 / 56.5 字数 / 553 千
书号 / ISBN 978-7-5472-4468-5
定价 / 369.80 元（全 2 册）

Contents 目录

前 言

“拉蒂芬萨山现在是我们的了。以前我不知道，山是如此的高，要打下它需要付出这么多代价。我们赢得了一场战斗，但战争还在继续。在拉蒂芬萨山前方，还有更多的高山、更多的德军、更多的血战。拉里莫塔尼山、萨姆克罗山、雷迪卡莎村、安齐奥，然后是罗马……战斗越多，传奇就越多。历史上，这支部队从未退却，从未投降，但代价高昂。不善共事的美国人和骄傲的加拿大人在上百个战场上战斗，尸横遍野，他们一起创造了一个神话，为了捍卫这个神话，太多人为之捐躯了。”

这段悲壮的台词是1968年好莱坞所拍摄的一部名为《魔鬼旅》的战争片中的结语，该影片以诙谐且不乏悲壮的镜头向观众介绍了美军二战中一支短暂存在的特种部队——美加联合第1特勤队的光辉事迹。

现代特种部队的萌芽和发轫始于第二次世界大战。在战争中，各参战大国的军队都先后组建了自己的特种部队，独立执行非常规作战任务。最早出现的是英军突击队，成立于1940年6月10日。美国紧随其后，在1942年先后成立了游骑兵和美加联合第1特勤队。

作为本书主角的美加联合第1特勤队，是盟军的一支极富传奇色彩的突击队，它起初为执行空降挪威敌后进行非常规作战任务而成立，从诞生到解散的3年时间里，辗转太平洋战场、地中海战场、欧洲战场，最后于1944年12月初在法国南部结束了其历史使命。在不到3年的历程中，第1特勤队从白雪和浓雾覆盖的阿留申群岛，到寒冷险峻的意大利中部山区；从强敌围困的安齐奥海滩，到古典繁华的罗马街头；从风光迷人的法国南部，到高耸延绵的法意边境阿尔卑斯山区，在每个战场上，人数规模相当于一个常规步兵团的第1特勤队往往承担着一个正规师的作战任务，战果辉煌，未尝败绩，而在耀眼的战绩背后，付出的是巨大的伤亡。而且，需要指出的是，自从突袭挪威敌后的计划取消后，撤销这支部队的争论在盟军高层便未停止，直至其最终撤编。第1特勤队消失了，但血脉并未断绝，其荣光和战斗经验为它的后辈——美国陆军特种部队“绿色贝雷帽”所继承，它是“绿贝雷”公认的直系先驱之一。

对于中国众多军事爱好者来说，第1特勤队的名声不显。本书收集大量战史资料和历史图片，以图文并茂的形式向读者全面呈现这支突击队的不凡历程，内容囊括其组建、训练、战斗部署、撤编等各个历史时期，并穿插介绍该部独特的制服徽标、武器装备和军旗、编制等细节。史籍浩瀚，然时间有限且受编著者水平所限，书中错漏缺点在所难免，不正之处恳请广大读者不吝赐教。

骆 艺

2016年10月于柳州

序章

“我们必须做好准备，建立一支经过特殊训练的部队，他们要将恐怖植入敌人的头脑；在他们身后，将留下一地德国人的尸首。”

这是1940年6月6日，英国首相温斯顿·丘吉尔（Winston Churchill）给他的首席军事助理、英军参谋长黑斯廷斯·莱昂内尔·伊斯梅少将（Hastings Lionel Ismay）的指示。此时英国正面临着二战爆发后最恶劣的局面。两天前，欧洲大陆的英法联军残部刚从敦刻尔克（Dunkerque）撤返，挪威、丹麦、荷兰、比利时等北欧、西欧国家在纳粹德国的“闪击战”下尽数沦陷，法国的投降也是近在咫尺的事。丘吉尔不得不承认，英国“正在死敌的致命威胁下苦苦挣扎”。但是，丘吉尔性格里无所畏惧的因子使他决定采取进攻的策略、尤其采用大胆和黏性的突袭行动，在更有效的反攻战略得以确定和实施前，将德国人牵制在英吉利海峡（English Channel）对岸。

为实施这种突袭行动，丘吉尔设想使用一支精锐的轻步兵部队，它将采用借鉴游击战而来的突袭战术，这种战术在先前的布尔战争（Boer War）和第一次世界大战中被证明是有效的，布尔人的“哥德曼”（Kommandos）和一战德军的突击部队都是如此；即便是二战初期，德国人的胜利也有此类战术的功劳，如1940年5月10日，德军的空降兵突击队快速攻占比利时边境的埃本-埃美尔（Eben Emael）要塞，为德军主力的推进打开了重要通道。尽管先前英国人抵制游击战的理念，但从二战的发展来看，英军却是西方盟军中第一个充分掌握并自行实施此战术思想的军队。二战初期，英军的突击队通过在严密防守的德占海岸地区实施一系列非常精彩的暗杀、绑架等行动，使德国人人心惶惶，成功地扰乱了德军军心。

纵观二战时期，盟军的突击队及其战术蓬勃发展，著名的有美国陆军的美加联合第1特勤队（First Special Service Force）和游骑兵（Rangers）、美国海军陆战队突击队、英军特种空勤团（Special Air Service）、英美法荷比等盟国军人联合组成的“杰德堡”（Jedburghs）行动组等。他们的共同点是经过特殊的训练，配备特殊的武器和装备，需要去执行、完成常规部队的任务范围之外的非常规任务。在进攻中，他们被用于寻找敌方的防御弱点并绕过其坚固支撑点，快速渗透到敌军后方，切断敌方的通讯联络和交通要道、暗杀敌军关键人物、破坏敌军关键设施，孤立敌军前线。这些行动给前线敌军士兵带来恐惧，影响军心，有力地策应主力兵团的进攻行动。实际上，这便是现代特种部队和特种战术的前身。

在战争中，盟军突击队的角色也在不断转变，从最初的袭扰部队，到突击部队，再到精锐的轻步兵。而且，这些部队在支援武器、机动运载工具、非战斗勤务辅助人员的支援下，在战争中后期经常承担传统的、持续性的任务，和常规部队一样进行部署。但实际上，这种战斗部署方式在某种程度上限制了其作为突击队的作用。

在这些突击队中，最著名的一支要数美加联合第1特勤队了。这支突击队于1942年7月20日成立于美国蒙大拿州（Montana）海伦娜市(Helena)附近的一个偏僻的陆军驻地——威廉·亨利·哈里森堡(Fort William Henry Harrison)。它最初建立的原因是为了参与“犁”计划(Project Plough)和“木星”行动(Operation Deception)——其主要内容是将盟军突击队空降至挪威山区并建立基地,他们将装备雪地战斗车辆,以游击战袭扰德国占领军,破坏德国在挪威的重水工厂等关键设施。第1特勤队的队员来自美国和加拿大军队的志愿者,由两国军队中的优秀军官和士官领导,据其中一位军官回忆:“第1特勤队的每一名士兵,几乎都是足智多谋、身强志坚、能够积极主动解决问题的非凡之辈。”

作为美国陆军中的一支独立部队,第1特勤队在美国陆军部的直接指挥下行动。它也是美军历史上唯一一支由美国和加拿大军人完全融为一个集体的部队,突击队里的两国军人,接受同样的训练,装备同样的武器,穿着同样的军服,有着同样的战斗精神,艰苦残酷的训练和战斗把他们融合成一个亲密无间的团队。更重要的是,这支武装是盟军中唯一一支接受多种专业技能训练的部队,除了整体训练,每位队员都会接收广泛的专业技能培训,以至于他们“一专多能”,这些队员是合格的伞兵、滑雪者和爆破专家,以及徒手格斗、山地战和冬季作战的专家。在第1特勤队还在进行训练时期,“犁”计划取消了,但第1特勤队侥幸逃过撤编,转型为全地域作战部队保存下来,并接受了两栖作战训练。因为规模较小(2000余人,编制为旅级),这支部队得以配备了极其丰富的自动武器。第1特勤队可说是二战时期盟军中能力最全面、最具战斗力的轻步兵部队。

■ 这是第1特勤队自行制作的明信片上的“黑色魔鬼”形象。这一形象充满了第1特勤队元素:魔鬼手持的盾牌和长矛矛尖都是该部臂章式样,长矛上的飘带是第1特勤队的英文缩写FSSF和“黑色魔鬼”字样,魔鬼口中还衔着第1特勤队独有的V42型格斗匕首。

二战时期,第1特勤队的战斗足迹从太平洋的阿留申群岛到地中海的意大利半岛和法国南部。这支联合突击队于1943年中期首次进行战斗部署,参与了1943年8月的阿留申群岛的基斯卡岛之战,但因日军的撤退而使首战落空。1943年12月初,第1特勤队在意大利南部山区以出色的山地突袭战术迅速拿下了德军古斯塔夫防线(Gustav Line)上的两个重要阵地——拉蒂芬萨山(Monte la difensa,代号960高地)和拉里莫塔尼山(Monte la Remetanea,代号907高地),为主力兵团打开了古斯塔夫防线的大门。1944年2～5月在安齐奥(Anzio)战场上,第1特勤队负责坚守滩头右翼阵地——彭甸沼地(Pontine Marshes)边缘的墨索里尼运河西岸,并频繁对当面德军进行突袭和战斗巡逻,他们积极的巡逻、伏击和偷袭行动使当面德军防线不得不向后收缩了0.8公里,以避其锋芒。最值得一提的是,在这场战役中,特勤队员在被他们于黑暗中暗杀的德军官兵的尸体上留下第1特勤队的标志和写着一句德语“Das dicke Ende kommt noch!”(更糟的还在后头!)的恐怖卡片,在德国人的心理上留下了死亡阴云。由此,他们获得了“黑色魔鬼”(Black Devil)、“魔鬼旅”(Devil's Brigade)等称号。他们给德军带来的心理打击之严重,以至于德军规定,俘虏一名特勤队员的士兵将获得10天休假。1944年6月4日罗马解放，第1特勤队是第一支进入罗马市的盟军部队。1944年8月，第1特勤队参与了登陆法国南部的“龙骑兵”行动（Operation Dragoon），以两栖突袭的形式在主力部队登陆法国前夺取威胁其侧后的敌军炮兵驻守的两处岛屿。1944年9月至11月是这支联合突击队最后的战斗岁月，他们作为盟军第1空降特遣队（1st Airborne Task Force）的一部分，在法意边境的阿尔卑斯山地区执行了边境防御任务。

1944年12月5日，第1特勤队在法国南部城市芒通（Menton）附近撤编，原部分别转入美军和加拿大军中继续作战。

自1943年8月正式踏足战场至1944年12月撤编，第1特勤队可谓“昙花一现”，但其战果斐然，共毙、伤德军约1.2万人，俘敌约7000人，不过其持续耗损率也达到惊人的600%。

第1特勤队存在时间短暂，而且，这支突击队在战争中执行的基本都是常规作战任务，并未在敌后战场——组建这支部队的最初理想战场上发挥作用，更未执行过寒带雪域作战等任务，但这支部队却是美国陆军特种部队不折不扣的前身之一，当1952年艾伦 · 班克上校（Aaron Bank）授命组建美国陆军特种部队之时，所确定的部队战略、训练课程和吸取的经验教训等都是来自于美加联合第1特勤队和战略情报局（Office of Strategic Services，简称“OSS”，成立于1941年，是美国在二战时期负责情报收集和非常规战的部门，该部门中负责情报收集的单位便是后来著名的中央情报局，而负责非常规作战的单位后来也被奉为美国陆军特种部队的先驱）。如今加拿大的特种部队，也将第1特勤队视为其前身。

开创性的制度、骄人的战绩、美加两国特种部队的先驱——第1特勤队——足以名垂战史。

美加联合第1特勤队战斗历程一览表

战区	战役	作战地点	时间
太平洋战场	阿留申群岛战役	基斯卡岛（Kiska）	1943年8月15-19日
		小基斯卡岛（Little Kiska）	1943年8月15-19日
		塞古拉岛（Segula Island）	1943年8月17日
地中海战场	那不勒斯－福贾战役（Naples-Foggia Campaign）	拉蒂芬萨山	1943年12月3-6日
		拉里莫塔尼山（Monte la Remetanea）	1943年12月3-9日
		720高地	1943年12月25日
		雷迪卡莎村（Radicosa）	1944年1月4日
		马约山（Monte Majo）	1944年1月6日
		维斯察塔罗山（Monte Vischiataro）	1944年1月8日
	安齐奥战役 安齐奥－罗马战役（Rome-Anzio Campaign）	安齐奥海滩	1944年2月2日-5月9日
		阿拉斯蒂诺山	1944年5月25日
		阿尔泰纳村（Artena）	1944年5月27日
		科莱费罗（Colle Ferro）	1944年6月2日
		罗马	1944年6月4日
	法国南部战役	波尔－克罗岛（Ile de Port-Cros）	1944年8月15日
		黎凡特岛（Ile du Levant）	1944年8月15-17日
		格拉斯镇（Grasse）	1944年8月27日
		维尔纳夫－卢贝（Villeneuve-Loubet）	1944年8月30日
		旺斯镇（Vence）	1944年9月1日
		德拉镇（Drap）	1944年9月3日
		莱斯卡雷恩镇（L'Escar è ne）	1944年9月5日
		拉蒂尔比耶镇（La Turbie）	1944年9月6日
		芒通	1944年9月7日
欧洲战场	莱茵兰战役（Rhineland campaign）	法意边境	1944年9月7日-11月30日

利刃出世

“雪犁”和“木星”

第二次世界大战爆发后，已经并吞了奥地利和捷克斯洛伐克的纳粹德国把侵略的矛头指向欧洲各国，随着波兰、挪威、丹麦、荷兰、比利时相继沦陷，尤其1940年法国的战败，英国独自面临英吉利海峡对岸的德军的严峻威胁。德军已开始准备于1940年夏入侵英国，而美国还在采取孤立主义政策，隔岸观火。更糟糕的是，英军自身的情况并不妙，前首相亚瑟·内维尔·张伯伦（Arthur Neville Chamberlain）推行的绥靖政策让英军在欧洲战场上丧师失地，特别是敦刻尔克大撤退后，英军损失了几乎所有的重装备。

尽管困难重重，性格强硬的英国新任首相丘吉尔依旧决定，不仅要遏制德国人的侵略势头，还要予以反击。他担任首相后的第一项任务便是重建战败的英军并设法弥补大英帝国在欧洲战场上犯下的错误。对于丘吉尔来说，他不仅要重建正规兵团，还要建立特殊部队，以便能够迅速予敌打击。其第一项举动便是创建联合作战司令部（British Combined Operations Command），将英军各部统一纳入高度集中的指挥系统，以便能高效地指挥、计划和执行军事行动。联合作战司令部迅速开始运转，它建立了很多现代战争的单位组织，如突击队、伞兵等，还协助英国情报单位建立了一个准军事组织——特别行动处（Special Operations Executive，缩写为SOE）。

1941年，丘吉尔指示联合作战司令部制定关于突击队突袭挪威的行动计划，以试探德军在德占区的防御能力，并促使德军从东线调集更多的资源去加强西欧方向的防御，这也在一定程度上减轻东线苏军的压力。联合作战司令部随即开始策划和制订行动计划。

1941年底，随着日本偷袭珍珠港和德国正式对美国宣战，美国正式参战，英国也获得了一个强大的盟友。虽然美国还要在一定时间内完成它的经济和军事向战争转轨，但美英双方的合作从战争开始后便已秘密展开，如美英间一直保持着秘密情报联络。不久，美英开始了联合军事行动计划，最重要的一项活动便是在华盛顿建立美英联合参谋长委员会（Combined Chiefs of Staff，主要负责统一指挥两个军队并协调两国战略，保证人力的最大限度利用，交换情报，制定各种计划）。同时，两国开始着手详细策划一场跨越英吉利海峡的有限的进攻行动，即“围捕”行动（Operation Roundup），它是美国陆军参谋长助理、陆军部的作战部部长德怀特·戴维·艾森豪威尔准将（Dwight David Eisenhower）于1942年提出的，暂定于1943年春实施，这一行动还准备了一个备选方案——“大锤”行动（Operation Sledgehammer）。但是，盟军在1942年8月19日针对法国发起的迪耶普（Dieppe）突袭的惨痛失败证明了这些进攻行动是不现实的。

1942年4月7日，美国陆军参谋长乔治·卡特里特·马歇尔上将（George Catlett Marshall）在罗斯福总统的密友及特别顾问哈里·劳埃德·霍普金斯（Harry Lloyd Hopkins）的陪同下，赴伦敦参加美英联合参谋长委员会的会议，商议横穿英吉利海峡的联合进攻行动。在双方的会谈中，美国人发现“大锤”行动等计划在1942年根本无法实行。而且，涉及盟军在反攻欧洲大陆时，需要有其他部队对敌军进行同步牵制进攻，马歇尔将军也因此在时任英国联合作战司令部司令的路易斯·蒙巴顿海军中将(Louis Mountbatten)的介绍下，了解到英国联合作战司令部一直在研究的“突击队”项目。

“突击队”项目来自英国联合作战司令部里的一名古怪的发明家——杰弗里·派克(Geoffrey Pyke)。他认为：雪域和空中、海上、陆地一样，是可以进行作战的第四种环境。鉴于欧洲大陆有70%的面积会被白雪覆盖且每年为期60至250天不等，派克总结出，谁能最好地应对这种环境，谁就能支配欧洲大陆上这部分雪域。因此，派克在1942年3月向蒙巴顿提出一项设想，组建一支经过特殊训练、装备轻装甲雪地战斗车辆的小规模精锐部队，在冬季时通过伞降进入挪威的约斯达布连(Jostedalsbreen)冰川地区并建立基地，在积雪遍布的雪域上对德国占领军进行游击战，对其关键设施进行广泛、系统性的破坏活动，并牵制这里的德军部队。

派克将这一行动代号命名为“犁”，并在他的论文——《雪域控制权》(Mastery of the Snows)中正式提出。在派克的行动计划中，除了描绘革命性的在雪地上行走的车辆外，还提出了一系列供突击队进行袭击的经济与军用目标，以挪威为主，同时涵盖了罗马尼亚和意大利北部的阿尔卑斯山地区的目标。

这些目标中，首选挪威的工业设施。自从1940年6月10日挪威沦陷后，这里成为纳粹德国不可或缺的重要矿石和矿物质产地，提高装甲钢板硬度的关键元素钼，以及纳粹制造原子弹所必须的元素氘(即重水)，都来自挪威；尤其是位于尤坎镇(Rjuken)的挪威海德鲁公司(Norsk Hydro)的维莫克(Vemork)化工厂，这是当时世界上唯一一个能够提炼重水的化工厂，它被排在了“犁”计划名单中的第一位。另外还有挪威的电力设施，高水头水电站是这个国家的电化工和电冶金工业的驱动器，49%的水电产能集中在14个水电站中。破坏挪威的电力设施将可能使轴心国撤出挪威，并使盟国与苏联取得直接联系。

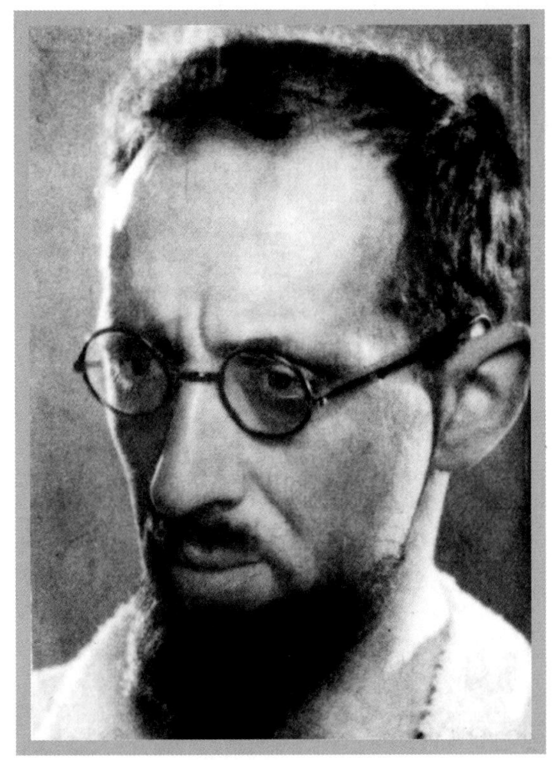

■ 杰弗里·派克(1893–1948)
英国记者、教育家和发明家。作为一名发明家，派克走的是“非正统”路线，其想法很难得以实现。战争爆发后，派克被纳入英国联合作战司令部中。他所提出的“控制雪域”的战争理念和“犁”计划直接催生了美加联合第1特勤队和后来著名的“黄鼠狼”战车。值得一提的是，他所提出的这个突袭挪威的计划最初曾被英国联合作战司令部司令罗杰·凯斯(Roger Keyes)所否决，1941年10月路易斯·蒙巴顿取代罗杰·凯斯的职务后，派克再次向他提出了这一设想，蒙巴顿对这一计划很感兴趣，重新审查并同意实施这一计划，丘吉尔首相对这一计划也持以赞同态度，在提交讨论这一计划的会议上，丘吉尔曾评价道：“人类战争的历史上从来没有如此少的人去遏制那么多的人。”派克的头脑里有很多稀奇古怪的发明设想，1942年底时，派克提出了使用巨大的冰山制作航空母舰的“奇葩”想法，丘吉尔对此很感兴趣并同意实施，这一工程被命名为“哈巴谷”项目(Project Habakkuk)。但经过试验，项目失败并被放弃。他去世时，英国泰晤士报给他的评价是：“如果无法识别，那么他是本世纪最原始的人之一。”

名单中的第二个主要目标则是欧洲最富裕的油田——罗马尼亚的普洛耶什蒂(Ploesti)油田。普洛耶什蒂是罗马尼亚南部城市，更是该国的工

■ 上图是挪威尤坎镇的维莫克工厂，最初为水力发电厂，由挪威海德鲁公司于1906年投建并于1911年营业——当时它是世界上最大的水力发电厂。不久，海德鲁研发并实现了用电解方式生产重水，遂于1934年12月在维莫克工厂中建立了一个生产高浓度重水的单位。二战爆发后，挪威被德军占领，可生产原子弹的维莫克工厂同样为德国接收，考虑到它对盟军的重要威胁，英国特别行动处针对维莫克工厂进行了多次破坏行动。在“犁”计划中，它被列为首要目标。二战时期，盟军针对这一目标至少进行了5次包括空中打击和地面突击队突袭的袭击行动，其中最为成功的一次是1943年2月28日由特别行动处派遣的6名挪威籍特工和另外4名战士对其进行的突袭，这场行动成功破坏了工厂生产的500公斤重水及重水生产设施，给德国的原子弹生产带来毁灭性打击。

■ 下图是1939年时期的罗马尼亚普洛耶什蒂油田一角。作为当时欧洲规模最大的油田，它于1940年后被德国占据，成为德国战争机器极为重要的“输血”基地。派克在“犁”计划中将其列为第二号打击目标，但这一目标后来被认为采用空袭方式进行袭击的效果更好。1943年8月1日，美军177架飞机对这里的炼油厂进行了突袭，摧毁了其40%的生产能力。

业中心，那里拥有当时欧洲规模最大的油田：12个独立的炼油厂，厂区宽达9.6公里，石油储罐、精炼厂和裂化厂密集遍布，石油年产量可达1千万吨。自1940年罗马尼亚亲德势力发动政变上台并投靠纳粹德国后，这里成为了德国重要的石油产地，为德国的战争机器源源不断地输送养料，它们所提供的燃料用油占德国所需的近50%。因此，普洛耶什蒂的油井、石油管线以及多达6个精炼厂及其配套电站都被列为可能的目标。

此外还有意大利的水力发电厂，意大利近70%的电力来自阿尔卑斯山南麓的几座大型水电站，这些电力主要供给都灵（Turin）、米兰（Milan）和整个波河（Po River）流域的工业生产；另外，当地铁路用电也来自这些水电站。因此，这些水电站也被列入突击队的行动目标中。

在派克的设想中，“犁”计划的主要目的是牵制、分散敌军兵力，配合正面战线的行动，因此，突击队执行突袭上述目标的行动，除了牵制当地德军外，还期望以此调动在海岸的大批德军回防。

派克的设想看起来很美妙，但是，当时英国还没有派克的计划中所设想的那种雪地车辆，需要重头开始设计建造。然而，那时英国工程师们为满足战时需要已经忙得不可开交了，等到这种雪地车辆生产出来，估计要4年到之后。而且，英国也没有更多资源去组建执行这一计划任务的部队。在这种情况下，英国人便把这一项目呈现到工业制造能力发达的盟友——美国的面前。

在了解这一计划后，1942年4月9日，马歇尔将军表示，他们可以在计划所需的时间内完成雪地车辆的制造和部队的训练。回国后，马歇尔第一时间便将注意力放在计划所需的新型雪地车辆上，他将这项任务交给了科学研究与发展中心（Office of Scientific Research and Development，简称“OSRD”）和战时生产委员会（War Production Board，1942年–1945年运作）来共同完成——这两个单位都是由美国陆军部的后勤部部长雷德蒙·G·摩西准将（Raymond G. Moses）主管。同时，加拿大国家研究委员会（Canadian National Research Council）也加入到这项工程中。根据“犁”计划的时间表要求，新型雪地战斗车辆的标准化设计生产、测试和通过不得迟于1942年10月1日。

1942年4月24日，盟军联合作战的英方代表——奈吉尔·邓肯旅长（Nigel Duncan）、英军突击队的韦德伯恩少校（E.A.M Wedderburn，他于1942年底出任新成立的英军第14突击队——这一突击队的作战区域在北极圈，因此又称为“北极圈”突击队——的指挥官，该突击队在1943年4、5月间对挪威海于格松的航运进行了突击行动），以及表面上作为技术顾问的杰弗里·派克一起来到华盛顿，继续讨论和规划这款雪地用车。但是，美英双方在这一项目上的合作出现了摩擦，主要原因是派克和美国人在雪地车辆的设计思路上的冲突。派克是一个充满怪异念头的发明家，他设想的雪地车辆采用的是螺杆推进技术，车辆没有车轮或者履带，只有一对带有螺旋凸缘的中空圆筒。虽然这种车辆当时已经存在，而且被证明效果非常好，采用螺旋推进的车辆可以顺利通过任何混杂雪和软泥的恶劣环境，但美国人更倾向于履带式车辆，直接在成熟的履带式车辆上进行改

■ 这是派克设计的以螺杆技术推进的雪地车的原型车，可以看到，该车采用拖拉机的车身，用一对带有螺旋凸缘的圆筒取代车轮或者履带。这种车辆技术在1907年便投入使用。但是，派克设计的原型车最后并未被接受，反而是美国人设计的履带式雪地车胜出。

造，缩短研发时间。派克并不愿接受美国人这种思路，他觉这种军事上的“权宜之计”与他的想法存在根本分歧。派克自己也承认，其他人很难理解自己的想法。即便如此，派克还是不愿克制自己显露于表面的蔑视，他觉得美国人在搪塞他的设想。同年6月，蒙巴顿勋爵访问华盛顿，他的到访带来的一个结果是，美国人对派克的意见有了一定程度的理解和接受，这缓和了双方矛盾，但至此，美国人对派克的容忍也已经到了极限。

尽管双方在项目上存在一些矛盾，但雪地车辆的设计进程还是在继续推进。根据预设的基本需求，这款新型雪地战斗车辆的装甲要能够防御轻武器的射击，能在雪地和非雪地上行驶并具有高机动性，具备超越敌军滑雪部队的越野速度。在对各种可用的模型车辆进行对比考虑后，科学研究与发展中心的工程师帕尔默 · C · 帕特南（Palmer C. Putnam）设计的外形低矮的履带式车辆得以采用，外号为“黄鼠狼”（Weasel）。在确定设计方案后，科学研究与发展办公室与位于印第安纳州（Indiana）南本德市（South Bend）的汽车制造商斯蒂贝克集团（Studebaker）联系，询问他们是否能够在1942年10月之前制造出他们所需数量的车辆。而当时，斯蒂贝克集团手上正有不少他们自行生产的“冠军”（Champion）6–170型六缸发动机；同时，他们的工程师通过计算认为这些发动机足够提供给“黄鼠狼”。最后，经过深思熟虑，斯蒂贝克集团决定接下这份订单，为美军生产这款定型为T–15轻型军用车辆的新型雪地车。很快，4辆试验型T–15被生产出来（其中第一辆于1942年6月下旬交付科学研究与发展中心），用于进行广泛的试验。改进后的型号被正式命名为M29型履带式运兵车（即T–24），这是后来盟军中使用最广泛的型号。后来，在战争中后期，M29还衍生出了M29C型两栖运兵车。

尽管“黄鼠狼”与派克的构想相冲突，但实战证明，它是盟军在二战中使用的所有雪地车辆中最好的一款。作为一款多用途车辆，它的重心低，底部光滑，对地压强较低，可以轻松爬上45度的

■ 这辆T–15型“黄鼠狼”履带式运兵车被安装在C–54型“空中霸王”运输机机身下方，准备进行伞降测试。根据“犁”计划中的定位，这款雪地运输车是突击队在挪威雪域使用的运载工具，必须能够空投到挪威。在原型车生产出来后，美军对其进行了大量的测试。

■ 这两幅图是左页下图的后续场景。上图是这辆 T-15 被“空中霸王”运上高空后，使用4个投物伞进行空降的场景。下图是这辆 T-15 落地后惨不忍睹的残骸，说明这次空降试验是失败的。

■ 左图和下图都是T-15型“黄鼠狼”运兵车的原型车，而且都使用了雪地迷彩涂装。左图增加了顶棚，外形犹如拖拉机；下图完全为露天构造，可搭载4人。T-15是美国科学研究与发展中心和斯蒂贝克集团共同研发的。T-15在战争中先后发展出了M28型、M29型和M29C型几种型号。其中M29型最为普遍，而这一型号又分为两栖能力较差的M29(T24)型和具备较强两栖能力的M29C型。M29C型除了本身型号，还分为3个款式：中央承载M20型75毫米无后坐力炮的A型、后部承载75毫米无后坐力炮的B型，以及中央承载M3型37毫米反坦克炮的C型。值得一提的是，作为专门为第1特勤队的雪地行动研发的专用雪地车辆，“黄鼠狼”在战争中实际装备第1特勤队的数量却非常有限。

斜坡，不仅能够在雪地上行驶，还具备一定的两栖能力，轮式机动车辆无法通过的恶劣地形对它来说如履平地，且能在灌木丛和次生林环境中自行开辟道路。

新型雪地车辆处于研发状态的同时，美英的注意力放到了“犁”计划的后续行动——“木星”行动上。该行动的重点交给了刚晋升为少将的作战部长艾森豪威尔手中，在艾森豪威尔的指示下，计划交给了陆军部的作战部中负责计划行动的罗伯特·泰伦·弗雷德里克中校（Robert Tryon Frederick）进行可行性研究。1942年5月上旬，经过12天的审核与思考，弗雷德里克以备忘录的形式向艾森豪威尔递交了他对于“犁”计划及其后续行动的相关意见。在备忘录中，弗雷德里克毫不客气地认为“犁”计划将会是一场失败，他在备忘录开头便指出，破坏意大利和罗马尼亚的目标，通过使用盟军空中力量进行轰炸可更容易实现——基于这一点，剩下的仅有挪威境内的目标了。但是，在准备时间短暂的情况下，挪威目标的冒险行动也很可能不会成功：首先，就计划组建的部队规模而言，该计划是尝试实行一个不切实际的目标；而这支小规模的精锐部队在占领某一区域并加以防御时会显得力不从心。其次，将部队空降至目标区域同样不切实际，因为当时盟军飞机还无法飞抵挪威，战斗力尚未明确的雪地车辆也无法实行空运。再次，执行这项计划的突击队的组建、训练和装备都还没有解决。最后，弗雷德里克认为这一计划中最大的问题是，没有就突击队员在完成任务后如何撤离给出合理的方法，仅仅假设将这些人留在原地区依靠自身能力逃脱。

虽然弗雷德里克针对“犁”计划提出了反对意见，但美英高级将领们基于政治上的考量还是坚持这一计划——美英都不愿意放弃美国进入欧洲战场的这个机会。特别是美国，他们认为“犁”计划提供了打败德国的可能性；而且美国希望盟军力量能尽快投入太平洋战场，德国失败越快，盟军投入太平洋战场的可能性就越大。1942年6月上旬，马歇尔指示艾森豪威尔选择一名军官来组建这支执行具体任务的突击队。根据艾森豪威尔的要求，陆军提供了一份人员名单，最后艾森豪威尔选择了霍德华·R·约翰逊中校（Howard R. Johnson）。但是，约翰逊中校并不认可这支还未诞生的突击队的战斗力，还与艾森豪威尔和蒙巴顿争论“犁”计划的可行性；另外，他也无法容忍杰弗里·派克那难以相处的性格，想将他排除在计划之外。这样的结果就是，约翰逊中校在

■ 霍德华·R·约翰逊（1903–1944）
约翰逊早年毕业于美国海军学院，在他即将毕业时，曾想加入陆军航空兵成为飞行员，但因“侧面视野”不足而未能如愿，从此，约翰逊留在了陆军。在陆军服役期间，约翰逊先后在巴拿马运河区、俄克拉荷马州的锡尔堡（Fort Sill）、中国等地工作。在美英筹建执行“犁”计划的突击队期间，他被任命为突击队的指挥官，但约翰逊不认为这会是一支有战斗力的部队，加上与杰弗里·派克的交恶，使约翰逊几乎在就职的同一时间卸任。随后，他被授命去担任第501伞兵团团长。“霸王”行动期间，约翰逊率领第501伞兵团作为美军第101空降师的一部分参加了诺曼底登陆的空降行动。1944年10月8日，约翰逊在荷兰前线遭遇敌军迫击炮袭击而阵亡。

赴任的24小时之内便请辞离任了，他转调至美军第501伞兵团就职。

约翰逊的离任，让美英双方不得不重新物色突击队的指挥官。早在6月的早些时候，美英双方就“犁”计划召开讨论会议时，弗雷德里克中校便被引荐给蒙巴顿勋爵。后者在直觉上认为，弗雷德里克的内在气质会让“犁”计划开花结果。因此，在约翰逊离任后，蒙巴顿将他的意见告诉了艾森豪威尔，艾森豪威尔对此表示赞同。1942年6月7日，弗雷德里克被要求接管“犁”计划，全面负责“犁”计划的开发、规划和执行；6月16日，艾森豪威尔正式解除了弗雷德里克在作战部的职务，告诉他：“弗雷德里克，由你来负责‘犁’计划。你一直在跟进这项计划，现在就由你说了算。让我知道你需要什么。”弗雷德里克的指挥部也在这一天建立，他被要求编写相关报告，并尽快开始部队的组建工作。弗雷德里克是一个喜欢追求冒险的人，虽然他在这种具有历史讽刺意味的任命的顷刻被惊得目瞪口呆，但更多的是“极其喜悦”，即便他前期对这一计划并不看好。

■ 这是1941年6月11日的加拿大议会山（Parliament Hill），蒙巴顿勋爵（左）与加军总参谋长肯尼斯·斯图尔特少将（Kenneth Stuart）在讨论加拿大介入“犁”计划的可能性后，双方步出会场的场景。经过磋商，加拿大是除美国外唯一一个派兵参与“犁”计划的国家，加拿大官兵在后来的美加联合第1特勤队里，至少占了三分之一的比例。

在弗雷德里克被英美方面联合选中后，蒙巴顿与丘吉尔商议，希望把更多的国家拉拢到这一计划中，这样可以在这一项目上集中最具知识和经验的精英。蒙巴顿在“犁”计划的概述中便提到，这一计划由美国总揽，并要求加拿大提供包括人员在内的各方面的配合。他还提到，他希望由美国、加拿大和挪威提供执行这一计划的所有人员。因为加拿大人长期生活在冬季环境下，加军对冬季作战和雪域作战具有得天独厚的优势，所以英国早就希望把加拿大拉拢到这一项目中。因此，早在6月20日蒙巴顿与丘吉尔赴华盛顿参加第二次华盛顿会议之前，蒙巴顿和弗雷德里克便于6月11日到渥太华（Ottawa）游说加拿大政府，后者同意加入这一计划。

化犁为剑

“该计划在各阶段的迫切性，要求在所有的开发过程、原材料和物资的供给都是强制性的，与此同时，全部人员的选拔和培训都是最高优先级别完成。”为此，弗雷德里克制定了一个分为10个部分的命令。而且，美军高层的授权使他具有非常重要的自由选择权，可以征用陆军部任何部门的任何设施。参与“犁”计划的部队直接置于陆军部的管辖之下，在人员选拔、调动和物资装备的调配方面有最高优先级别（即AA-1级）。同时，弗雷德里克得到了马歇尔和艾森豪威尔签署的授权文件，作为总参谋长的助理，他可以在北美任何地区选择训练场地，并有权直接和参与计划的各国政府的代表及部门打交道。因为突击队被定性为一支伞兵部队，鉴于伞训的危险性，为保证训练完成后有足够的人员保证建制完整，弗雷德里克还请求增加了30%的战斗人员。同时，弗雷德里克被告知，到1942年10月，会有600辆“黄鼠狼”履带式运兵车就位。据估计，突击队从完成训练到转入实战，最快会在1942年12月15日之后。

在制定计划的同时，弗雷德里克开始搭建他的指挥班子，他把办公室设在华盛顿国家广场上的军火大楼（Munitions Building）中，召集幕僚组建突击队，并着手进行具体的规划。1942年6月17日，弗雷德里克被任命为突击队指挥官的第二天，陆军情报部门的罗伯特·D·博汉斯上尉（Robert D. Burhans）前来报到，担任他的情报参谋（S-2）。两天后，弗雷德里克在海岸炮兵服役时的老战友肯尼斯·G·威克姆上尉（Kenneth G. Wickham）也来到他的麾下，担任他的副官兼人事参谋（S-1）。而作战参谋（S-3）则由罗伯特·斯普林格少校（Robert Springer）来担任。6月19日，奥瓦尔·J·鲍德温少校（Orval J. Baldwin）前来报到，担任他的后勤参谋（S-4）。6月23日，哈里·M·威尔逊上尉（Harry M. Wilson）和罗伯特·埃利斯中尉（Robert Ellis）从本宁堡（Fort Benning）至此，担任突击队的伞训教官。还有作为挪威专家的芬恩·罗尔中尉（Finn Roll）和作为办公室助理的阿尔希德·M·图什特上尉（Alcide M. Touchette）。这些人员组成了这支部队最初的领导班子。6月26日，约翰·B·辛伯格少校（John B. Shinberger）作为临时教官也加入其中。至此，突击队指挥部正式成型，人员各就各位，开始了每天长达18个小时的工作。

在确定部队名称时，弗雷德里克部分地借用了当时隶属英军特勤旅（Special Service Brigade）编制下的突击队的名称，于6月28日和公共事务局（Bureau of Public Relations）的绪勒将军（Surles）共同将这支部队的名称正式确定为“第1特勤队”。根据弗雷德里克的叙述：“7月5日，副官正式发布第1特勤队及其主官人选的命令。”这个名字名副其实，因为它确实是美军组建的第一支执行特殊作战任务的部队，而且这个名称不像“游骑兵”（Ranger）、“突击队”、“伞兵”那么引人注目，很适合弗雷德里克的目的——尽可能在媒体和公众面前保持隐秘。值得一提的是，在第1特勤队的命名过程中，弗雷德里克的一名参谋军官曾提议采用印第安部落的名称来命名特勤队的下属单位，同时每位特勤队员都授予“勇士”（Brave）的称号。这一提议因为美国陆军的标准命名法规而被驳回，但“勇士”称号以非官方的形式保留了下来。

在着手组建第1特勤队时，弗雷德里克的命令重申了丘吉尔和蒙巴顿的提议：美国人、英国人、加拿大人和挪威人都可以参加这支执行“犁”计划的突击队。经过弗雷德里克和蒙巴顿勋爵与加拿大方面负责“犁”计划的相关官员在渥太华的会谈，加拿大正式决定参与，加军也是参与该部队的唯一一支盟军。1942年7月14日，加拿大国防部长詹姆斯·罗尔斯顿（James Ralston）批准将加拿大697名官兵（包括47名军官和650名士兵）调归弗雷德里克训练和指挥，这些官兵将从整个加拿大陆军以及驻英国的加拿大第1集团军中征召。值得一提的是，起初加拿大方面找不到一名统领这批官兵的高级军官——因为其要求是年轻、能适应第1特勤队高强度的体能训练且经验丰富，这一职务便由来自英国的麦克诺顿将军（McNaughton）暂领。麦克诺顿很快找到了来自加拿大卡尔加里高地人（Calgary Highlanders）步兵团的约翰·G·麦奎因少校（John G. McQueen），后者领命很快赴华盛顿并升任中校，他成为弗雷德里克最初的副手兼执行官（又称为“主任参谋”，是美军指挥部中负责组织、协调指挥部工作，为指挥官提供作战计划并协助指挥官实施各项战斗部署的军官，必要时也可指挥部队直接作战。执行官也是指挥官的代理人，当指挥官阵亡或缺席时，自动接替指挥官职务），也是第1特勤队中军衔和职务最高的加拿大军官。

相对于加拿大的积极表现，成建制的英国和挪威的武装却没有加入其中，不过弗雷德里克设法找了些挪威滑雪教练来为突击队提供专业的滑雪训练；同时，挪威和英国的情报专家也为突击队提供帮助。但是，“犁”计划的提出者杰弗里·派克却被弗雷德里克排除在外，其原因可能是出于自身团队的利益。而联合作战的英军代表奈吉尔·邓肯旅长和韦德伯恩少校也被蒙巴顿召回，前者转到其他部队任职，后者则在7月中旬晋升为中校，以更好地履行英军突击队的职责。另外，苏联盟友也得知了这一计划，不过他们只对新型雪地车辆感兴趣，对“犁”计划任务并不感冒。

根据最初的意见，第1特勤队将会得到600辆新型雪地车辆，这个数量对特勤队的组建非常重要，因为它决定了特勤队的兵员规模——特勤队为旅级编制。在此基础上，1942年7月，弗雷德里克的人事参谋威克姆上尉初步制定了第1特勤队的编制序列表——也被加拿大人称之为“战时编制”。威克姆上尉将第1特勤队划分为两个梯队：作战梯队和保障梯队（这一模式如今在世界各国特种部队中仍广泛采用）；同时，制定每个人的具体职责，并根据他们的兵种、所具备的技能和军衔来安排职务。

在文件中，威克姆上尉将作战梯队分为3个相同的特勤团，每个团417人，分别负责“犁”计划中针对的挪威、罗马尼亚和意大利北部的目标。在作战梯队中，最基本的作战单位是班（编制为9人），每班装备4辆“黄鼠狼”运兵车；每2个班组成1个排，排长为中尉军官；3个排组成1个战斗连，连长为上尉军官；3个连组成1个战斗营，营长为中校；2个战斗营组成1个特勤团，团长为上校，每个团下辖的6个连的番号统一为第1连至第6连。每个团还直辖1个编制为15人的团属后勤分队和1个编制为2人的团属医疗分队。除了3个特勤团，在战斗梯队这一级别，还辖有1个作战通讯分队（编制为4人）和1个空中分队（编制为8人）。特勤队的司令部则由12人组成，统辖不同的单位。第1特勤队的作战梯队共有108名军官和1167名征召而来的士兵，主要单兵武器为M1型卡宾枪。600辆“黄鼠狼”中的432辆平均分配给3个团，其余的则分配给各指挥部和其他支援保障部门。关于第1特勤队不同于美军其他部队的战斗梯队的编制，其相关解释是：“大量装备了在当时有限时间内生产出的特种车辆的战斗梯队的规模是有限的……战斗梯队的编制序列表反映这一编制特别适合部队执行所负担的任务。在目前，部队将计划分为4个或更多的独立单位，彼此远离，在广泛的区域单独执行任务。完整、灵活的组织编制将使部队每个单位的规模可以根据任务而调整大小。”

由于时间有限，第1特勤队的作战部队除了训练之外，无法从事其他工作，因此特勤队指挥部下还会直辖1个保障梯队，为作战梯队提供各种后勤保障。保障梯队为营级编制，下辖营部连、勤务连、维修连和1个医疗分队。营部连将由12名军官和120名士兵组成，负责行政管理，其中包括文书、人力资源、档案、出版和邮政等服务；营部连还辖有宪兵单位、警卫单位、情报单位和通讯单位。勤务连将由5名军官和268名士兵组成，其中包括厨师和炊事员、理发师、木匠、修鞋匠、屠夫、水管工、弹药和补给人员、叠伞员，还有1支战地军乐分队——这支军乐队成立后，很快便获得了保障营的荣誉称号：“罗德哈特的节奏流氓乐队”（Rodehaver's Rhythm Rascals）。维修连的人员编制定为4名军官和122名士兵，该连负责第1特勤队所有的装备维护，车辆调配场的

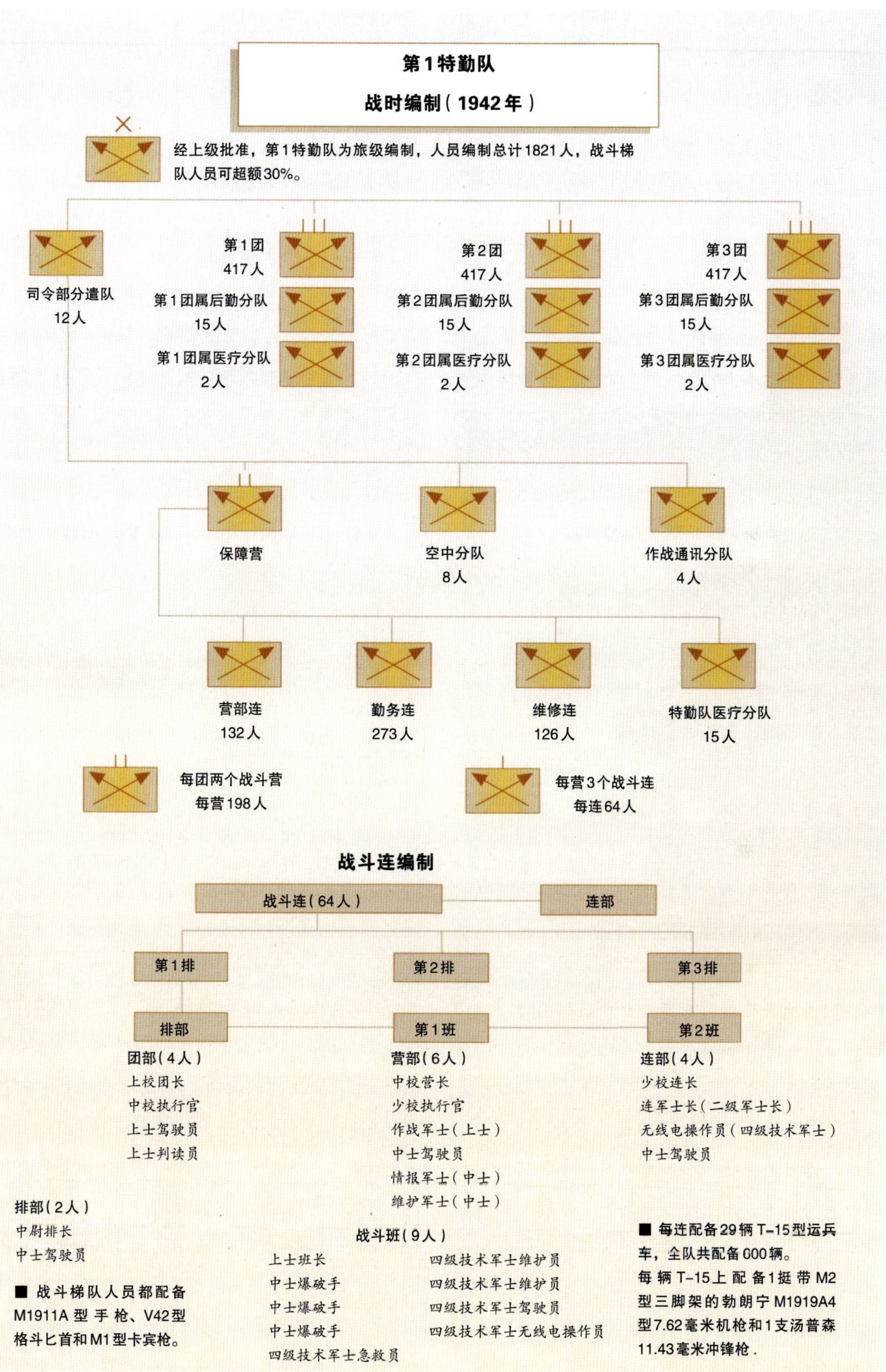
第1特勤队
战时编制（1942年）
经上级批准，第1特勤队为旅级编制，人员编制总计1821人，战斗梯队人员可超额30%。
司令部分遣队
12人
第1团
417人
第1团属后勤分队
15人
第1团属医疗分队
2人
第2团
417人
第2团属后勤分队
15人
第2团属医疗分队
2人
第3团
417人
第3团属后勤分队
15人
第3团属医疗分队
2人
保障营
空中分队
8人
作战通讯分队
4人
营部连
132人
勤务连
273人
维修连
126人
特勤队医疗分队
15人
每团两个战斗营
每营198人
每营3个战斗连
每连64人
战斗连编制
战斗连（64人）
连部
第1排
第2排
第3排
排部
第1班
第2班
团部（4人）
上校团长
中校执行官
上士驾驶员
上士判读员
营部（6人）
中校营长
少校执行官
作战军士（上士）
中士驾驶员
情报军士（中士）
维护军士（中士）
连部（4人）
少校连长
连军士长（二级军士长）
无线电操作员（四级技术军士）
中士驾驶员
排部（2人）
中尉排长
中士驾驶员
战斗班（9人）
上士班长
中士爆破手
中士爆破手
中士爆破手
四级技术军士急救员
四级技术军士维护员
四级技术军士维护员
四级技术军士驾驶员
四级技术军士无线电操作员
■ 战斗梯队人员都配备M1911A型手枪、V42型格斗匕首和M1型卡宾枪。
■ 每连配备29辆T-15型运兵车，全队共配备600辆。
每辆T-15上配备1挺带M2型三脚架的勃朗宁M1919A4型7.62毫米机枪和1支汤普森11.43毫米冲锋枪.

管理，燃油的供给，军械和信号的维护等工作。医疗分队的编制为15人。

包括作战梯队和保障梯队在内，第1特勤队共计将有1821人（133名军官和1688名士兵）。

1942年7月4日，这份编制序列表得到批准，并由人事参谋办公室正式发布，次日正式生效。

在确定第1特勤队的组织编制的同时，兵员的招募也在同步展开。其中，保障营的人员通过1942年7月6日签署执行的征召令从正规渠道征选而来。保障营中的军阶序列，其岗位按照当时美国陆军执行的条令进行安排。

作战梯队中的美军官兵，士兵从美国西南部和太平洋沿岸受训的陆军部队的志愿者中挑选，把关者是来自第1特勤队人事参谋办公室的考核官，他们不选择新兵蛋子，志愿者必须是年龄21～35岁之间、身体强壮、能自食其力的年轻人，至少读过三年以上的初级中学，并且已经完成了军队中全部的基础训练，同时愿意参加伞训；而且，志愿者的婚姻状态最好是单身、分居或离婚。另外，若志愿者服役前曾从事伐木工、护林员、猎人、北方森林人、护猎员、探勘员、户外冒险家等职业，则更受考核官的青睐。从这些征召标准上看，除了非必要的学者，这些士兵在经过第1特勤队的培训后确实担得起“勇士”之名，因为他们具备了各种非凡的职业技能，“当训练结束，每个人都必须掌握所有可用的武器，会使用指南针，是一流的地图判读员和爆破专家。他必须比普通的滑雪者更专业，掌握雪地、雪崩、冰川、冰隙等方面的专业军事知识，能在雪域环境下舒适地生活。同时，他还必须是一名突袭战术和车辆驾驶、维护方面的专家；并通过任何天气和条件下的跳伞训练。此外，他们其中的一些人还要能够驾驶飞机、船舶，操纵无线电台。”因此，根据编制序列表，他们的最低军衔相当于下士。但实际上，因为人员军阶超编，作战梯队里至少三分之一的人为二等兵（即列兵）军衔。

至于入选的军官们，初级军官来自陆军军校。1942年7月9日，刚晋升少校军衔的第1特勤队人事参谋威克姆与伞训教官罗伯特·埃利斯中尉首先到佐治亚州（Georgia）的本宁堡候补军官学校，从候补军官中面试并挑选了55人。7月12日，两人又从弗吉尼亚州（Virginia）的贝尔沃堡（Fort Belvoir）候补军官学校中挑选了15人。作为志愿加入第1特勤队的回报，无论这些候补军官在军校时的成绩名次如何，他们都获得了新晋少尉的委任状，并很快前往蒙大拿州报到。而中级军官，则由弗雷德里克亲自审核，这些校级军官是战斗梯队的高级指挥官候选人，很多校官因为之前的一些特殊经历（如曾接受过滑雪训练等）而入选，他们会很快接到调令，前往第1特勤队这个还不为人知的新单位报到。

加拿大方面，征召的官兵大都来自加拿大陆军各单位，少数则来自加拿大皇家空军。其中，军官从各培训学校和现役单位中征召，并最初形成了两个团体：一个由来自加拿大东部（或在加拿大东部服役）的军官组成；另一个则是来自加拿大西部（或在西部服役）的军官组成。

这里还要提一下第1特勤队的空中力量。首先是作战梯队的空中分队，组成该分队的8个人中，6人是来自陆军航空队的飞行员和军士，另外2人则是招聘而来的飞机机械师。该分队驻扎第1特勤队驻地附近的海伦娜市地方机场，并能得到位于大瀑布城（Great Falls，蒙大拿州的中部城市）的陆军航空站的后勤服务。根据规划，该分队将装备2架C－47型“空中列车”（Skytrain）运输机，2架塞斯纳（Cessna）飞机公司的C－78型“山猫”（Bobcat）双发运输机，2架斯廷森（Stinson）L－9B型“旅行者”（Voyager）多用途单翼机，以及1架费尔柴尔德（Fairchild）L－74型单发单翼机。这些飞机都用于训练和作战中的空地联络，空中补

■ 这是1942年8月，第1特勤队空中分队的一架C-47型运输机正停在跑道上等待伞训的特勤队员登机。C-47又被称为“High Yaller”（美国俚语，指浅褐色皮肤的黑人，尤指年轻漂亮的黑人姑娘），空中分队共有2架，陆军航空兵还为第1特勤队额外提供了6架，供后者进行伞训和人员物资的运输。

给，以及辅助地面部队进行侦察。1943年4月15日，第1特勤队从哈里斯堡基地转至弗吉尼亚州的布拉德福德军营（Camp Bradford）后，空中分队无法再使用大瀑布城航空站的地勤服务。为了让空中分队能够自给自足，该分队特意增加14人的人员编制（包括1名军官），以及构建完整维护设施所需要的全部工具和装备。但是，当1943年5月，第1特勤队转驻伯灵顿（Burlington）的伊森·艾伦堡（Fort Ethan Allen）并在那里为其补充的新兵完成跳伞训练之后，空中分队解散了。分队成员中，除了布兰登·N·里墨中尉（Brandon N. Rimmer）作为弗雷德里克的专机驾驶员继续留在第1特勤队之外，其他成员转到陆军航空队各单位继续服役。

另外，除了空中分队，第1特勤队还额外得到一支空中力量的保障服务，即来自陆军航空队的6架C-47型运输机，这是陆军航空队司令应第1特勤队的要求而提供的。其中第1架于1942年7月29日从大瀑布城的陆军航空站飞抵第1特勤队的基地威廉·亨利·哈里森堡，并准备好了外部吊装货架套件和6个WI-100型空运集装箱，可用于跳伞训练以及在基地和各训练场之间运载人员和物资。这6架运输机从1942年8月31起依靠第1特勤队的机务人员进行维护运行，但与第1特勤队空中分队不同的是，其机组的后勤保障服务是由陆军航空队负责的。

由于第1特勤队由美、加两国官兵共同组成，如何维持这支联合部队的运转对于双方来说是一个大问题。在加拿大决定派遣部队参加第1特勤队之初，并未解决加军以何种方式加入该部。为了简化组织和管理，弗雷德里克建议加军官兵加入美军，但遭到了加拿大方面的反对。在1942年6月30日，加拿大的唐纳德·多比·威廉姆森少校（Donald Dobie Williamson）便飞抵华盛顿，与威克姆少校进行会谈；7月15日，双方敲定了将两国官兵联合成一个集体的指导方针。双方商议确定：第1特勤队中，“加拿大第2伞兵营”（这个单位成立于1942年7月14日，是1942年8月至1943年4月间为满足第1特勤队内部的加拿大人的行政管理需要而存在的非正式单位）只加入作战梯队，他们仍是加拿大武装中的一员，仍效忠加拿大政府、拥有自己的指挥官和管理机构。同时，在一些细节方面，双方确定：加拿大官兵的档案、家属补贴、抚恤金仍由加拿大负责，从加拿大到海伦娜的差旅费也由加拿大政府支付；军纪方面，以美军军纪为准；工资方面，最初确定加军官兵执行美军官兵的标准，且由加拿大政府向美国政府偿还。但后来加拿大国防部长因为两国货币的汇率问题及额外的跳伞补贴而反对（加军士兵每天75美分，军官每天2美元），这一政策导致加军官兵怨声载道，因为这样一来，他们的工资要比美国战友低得多（按此政策，美军二等兵每月100美元，加军二等兵只有62.5美元，军官的工资也存在类似差距）。保障梯队中，除了一名加拿大的会计及其所属的小组外，没有其他的加拿大军人。美国方面提供第1特勤队全部的服装、装备、伙食、营房和医疗服务，但加拿大方面要偿还加军官兵的给养费和医疗费，以及美国支付给在保障梯队的加拿大会计的工资。特勤队内部，指挥职务双方尽量平均分配（这只是刚开始时的状况，到了后来，双方官兵的提升仅看战绩而忽视国籍）。需要指出的是，初期加拿大方面能够提供更多的高级别的少校和上尉，而美国方面以初级军官为主。

在谈妥双方的合作事项后，威廉姆森少校带着协议回国征召官兵了。1943年1月，美加双方正式通过该协定，这一协定被称为“威克姆－威廉姆森”协定，并成为特勤队日常运转的基础。

另一方面，第1特勤队司令部也在寻找适合的驻地和训练场。7月4日，训练教官辛伯格少校最后锁定了威廉·亨利·哈里森堡这个地方，它位于海伦娜市附近，是一处已经荒废的国民警卫队的驻地。这里周边有足够多的平坦地形，很适合建造机场并作为跳伞训练的着陆区；而且，其附近的山区还有可用于攀岩和滑雪训练的完美的场地。1942年7月5日，350名军人首先进驻哈里森堡，他们要在2周内准备驻地，以迎接即将到来的参训人员。7月9日，上级正式确定威廉·亨利·哈里森堡作为第1特勤队的基地。弗雷德里克也在7月初晋升为上校。

1942年7月19日，大量参训人员开始入驻威廉·亨利·哈里森堡，弗雷德里克上校、威克姆少校、辛伯格少校等司令部军官也来到这里与下属们见面。由于保密的需要，参训者们都被告

■ 这是1942年7月海伦娜市的威廉·亨利·哈里森堡的地形。这里被用作第1特勤队的训练场所。这里平坦的地形可用于伞训，附近的山地则可用于滑雪和山地训练。

知是入选到一个伞降单位并进行培训，而且命令是秘密下达的。确实，那个“伞降单位”是如此神秘，以至于很多士兵乘坐火车抵达海伦娜市时都不知道他们到了哪里，因为运载部队的火车车窗都被漆成了黑色。

1942年7月20日，“第1特勤队”这一番号正式启用，这一天被当做第1特勤队成立的日子。到来的参训者们都被分到事先划分好的单位中，军营已经开始建立。7月25日，第1特勤队保障营正式组建并形成战斗力。7月底，那些刚从候补军官晋升为少尉的初级军官们陆续到来并分组进行岗前培训和强化训练——他们成为了刚晋升中校军衔的辛伯格教官所制订的训练计划的试验品。加拿大方面的人员抵达则较晚，弗雷德里克希望他们在8月1日抵达蒙大拿州，但直至8月5日，加拿大第一批人员：35名军官和451士兵才姗姗而来；而第二批则于8月10日方抵达；另外一些小规模单位则在8月剩余的时间里陆续抵达，有些甚至拖延到了9月。值得一提的是，由于第1特勤队严格的训练计划使弗雷德里克和加拿大国防部决定，原定加入的驻英国的加拿大第1集团军的88名官兵退出第1特勤队的序列。因为等到他们乘船到美国，已经大大落后于部队的训练进度了。这批人将在英国接受伞降培训并返回加拿大担任伞训教官。这可能是一个草率的决定，因为在第1特勤队未来的残酷训练中，很多人负伤甚至被淘汰，需要后备人员填充。

随着大量人员入驻及训练的展开，威廉 · 亨利 · 哈里森堡变得热闹非凡，第1特勤队的事务开始走向正轨。用威克姆少校的话说：“从6月16日起，司令部就像是疯人院的行政办公室一样忙碌，不过大部分工作终于完成了。”由于哈里森堡的工作已经按部就班进行，弗雷德里克上校将部队的训练管理交给了司令部的参谋们，自己把更多精力放到“犁”计划其他方面的内容上，无论是华盛顿还是其他地方，很多与其他部门的工作都需要他都去协调。而且，第1特勤队的后勤和情报部门也暂时留在华盛顿，与为第1特勤队提供特种设备、材料和信息的各个政府部门保持紧密联系，随时为第1特勤队提供所需物资和信息。

■ 这是海伦娜市与威廉 · 亨利 · 哈里森堡的俯视照片。哈里森堡以美国总统威廉 · 亨利 · 哈里森的名字来命名，哈里森以打败印第安人并从后者手中夺得大批领土并入印第安纳州而闻名。1841年3月，哈里森就任美国第9任总统，但在31天后病逝，他是美国历史上任期最短的总统，也是第一位在任上去世的总统。

■ 罗伯特 · 泰伦 · 弗雷德里克(1907-1970)

弗雷德里克1924 ~ 1928年就读于西点军校。从西点军校毕业后，弗雷德里克以少尉军衔服役于美国陆军海岸炮兵，1939年从美国陆军指挥与参谋学校(Command and General Staff School)毕业。1942年，作为陆军部参谋军官的弗雷德里克授命组建并指挥美加联合第1特勤队。从1943年开始，弗雷德里克率领这支精英部队转战太平洋阿留申群岛、意大利中部山区和东部海滩，在解放罗马的战役中，弗雷德里克甚至身负六创。1944年7月，弗雷德里克被晋升为少将并调至盟军第1空降特遣队任指挥官，当时他年仅37岁，成为二战中最年轻的师级将领。盟军登陆法国南部后，第1特勤队再次被划归弗雷德里克麾下，和第1空降特遣队一起沿法国南部海岸向法意边境推进，解放了大量城镇。1944年11月，第1空降特遣队解散，弗雷德里克转任美军第45步兵师师长。1945年3月，弗雷德里克指挥第45步兵师作为第15军一部参与了“低音”行动(Operation Undertone)，进入德国，并参与了盟军在阿沙芬堡(Aschaffenburg)、纽伦堡(Nuremberg)等地的激战。4月29日，第45步兵师攻占慕尼黑并驻守于此。弗雷德里克才华横溢，身先士卒，第1特勤队的角色定位和多种训练科目都是由其敲定，他在战争中共获得了2枚杰出服役十字勋章、2枚杰出服役勋章、1枚银星勋章、1枚功勋勋章、2枚铜星勋章和8枚紫星勋章。丘吉尔评价他：“任何时候都是最伟大的将军”，“如果我们再多十几个像弗雷德里克这样的人，那么我们在1942年就能打败希特勒了。”图为担任美军第45步兵师师长时期的弗雷德里克少将。

■ 这张照片大约拍摄于1942年早期的英国，是约翰 ·G· 麦奎因少校（左）在加拿大陆军加利尔高地人步兵团服役时的留影。麦奎因少校是第1特勤队成立时的第一位执行官，也是当时第1特勤队中军阶和职务最高的加拿大军官。但是，他的就职时间并不长，1943年8月便因为在跳伞训练中摔断了腿而退出了第1特勤队。

■ 上图是第1特勤队司令部的人事参谋肯尼斯·G·威克姆上尉。威克姆早期曾服役于美军第10海岸炮兵团C连，是弗雷德里克的老战友。1942年6月，威克姆出任正在筹建的第1特勤队的人事参谋，由此开始了与弗雷德里克长期的搭档工作。威克姆参与了第1特勤队的早期筹建和培训工作。第1特勤队参战后，威克姆随部队转战太平洋战场、意大利战场。1944年1月，在第1特勤队赶赴安齐奥滩头之前，威克姆出任第1特勤队第3任执行官。1944年7月罗马解放后，威克姆随弗雷德里克调至盟军第1空降特遣队，继续担任弗雷德里克的执行官，参加了登陆法国南部的“龙骑兵”行动。1944年11月，他又随弗雷德里克调至第45步兵师，担任师参谋长。在欧洲战场的最后岁月里，威克姆参与了阿登战役、攻占慕尼黑(Munich)的战役和解放达豪集中营(Dachau concentration camp)的行动。战争结束后，他和第45步兵师一起返回美国，并于1945年11月调回海岸炮兵。朝鲜战争之前，威克姆出任位于门罗堡(Fort Monroe)的海岸炮兵学校的执行官，并先后担任第4和第6步兵师的参谋长。1954年，威克姆出任驻朝鲜的美军第8集团军副官一职。1955年返回美国后，威克姆至美军战争学院就读并于次年6月毕业。由于其长期的副官和行政参谋工作经验，1959年6月，威克姆出任行政参谋学校指挥官一职。1971年，威克姆在美国陆军军种副官的职位上退休。

■ 右上图是第1特勤队司令部的后勤参谋奥瓦尔·J·鲍德温晋升中校后的照片。鲍德温的儿子卡尔文·J·鲍德温(Calvin J. Baldwin)也在美军中服役，并于1944年阵亡沙场。

■ 右图是第1特勤队司令部的情报参谋罗伯特·D·博汉斯。博汉斯1916年出生于弗吉尼亚州的里士满(Richmond)，1942年6月加入第1特勤队担任司令部的情报参谋后，一直在第1特勤队服役直至1944年12月第1特勤队撤编。此后，博汉斯继续在以原第1特勤队的美军部队为基础组建的第474独立步兵团中服役至战争结束。博汉斯最后以美国陆军上校军衔退役。退役后，博汉斯于1962年至1970年期间担任华盛顿州肯莫尔市(Director of Kenmore)人事主管。博汉斯曾著有《第1特勤队：一段北美人的历史1942-1944》一书。2001年，博汉斯在弗吉尼亚州的弗雷德里克斯堡(Fredericksburg)病逝。

BIB
FILE

SECRET

SECRET

TABLE OF ORGANIZATION, SPECIAL

WAR DEPARTMENT
Washington, July 5, 1942.

SPECIAL SERVICE FORCE

1	2	3	4	5	6	7	8	9	10	11	12
	Combat Echelon					Base Echelon					
						Service Battalion					
Unit	Headquarters	3 Regiments (each)	Air Detachment	Communications Detachment	Total, Combat Echelon	Headquarters and Headquarters Company	Service Company	Maintenance Company	Medical Detachment	Total Base Echelon	Total Force
2 Brigadier General[a]	1				1						1
3 Colonel	1[b]	1			4						4
4 Lieutenant Colonel	2[c]	3			11	3				3	14
5 Major		3	1	1	11	1				1	12
6 Captain	1[d]	6	2		21	5	2	1	2	10	31
7 First Lieutenant		19	3		60	1	1	2	2	6	66
8 Second Lieutenant						2	2	1		5	5
9 Total Commissioned	5	32	6	1	108	12	5	4	4	25	133
10 Master Sergeant		–				2	2	1		5	5
11 First Sergeant		6			18	1	1	1		3	21
12 Technical Sergeant						2	14	3		19	19
13 Staff Sergeant	6[e]	43	2	2	139	3	2	3	1	9	148
14 Sergeant		143			429	12	7	2		21	450
15 Corporal						12	6	7	1	26	26
16 Technician, grade 4	1	193		1	581	7	31	26	1	65	646
17 Technician, grade 5						21	72	28	3	124	124
18 Private, First Class						24	60	30	2	116	116
19 Private						36	73	21	3	133	133
20 Basic						(6)	(68)	(21)	(1)	(96)	(96)
21 Total Enlisted	7	385	2	3	1167	120	268	122	11	521	1688
	12	417	8	4	1275	132	273	126	15	546	1821

13 Remarks

Combat Echelon: All personnel are parachutists. Two men ride in each light cargo carrier. Each man is equipped with a Carbine cal. .30. Each vehicle is equipped with one light machine gun cal. .30 and one submachine gun cal. .45.

[a] Force Commander.
[b] Force Executive Officer.
[c] S-2; S-3.
[d] Assistant S-2 and Aide-de-Camp.
[e] Staff Sergeants. one

■ 本页至第36页都是1942年7月5日正式公布的第1特勤队编制序列表的历史复印件。其中，本页和第24页图是关于第1特勤队中各级别人员职务和军衔的序列表。这份文件规定，第1特勤队司令部及其直属的空中分队和作战通讯分队、3个团都属于作战梯队，保障营属于保障梯队。特勤队指挥官为准将军衔，且这一军衔在全队中仅1人，3个团的团长为上校军衔，空中分队的指挥官为少校军衔。保障营营长和营部连连长为中校，勤务连、维修连和医疗分队指挥官都为上尉。第1特勤队共有133名军官，5名二级专业军士长（Master Sergeant），21名二级军士长（First Sergeant），19名技术军士长（Technical Sergeant），148名上士，450名中士，26名下士（都在保障营），646名四级技术军士，124名五级技术军士，116名一等兵，133名二等兵，以及未授衔士兵96人。战斗梯队全员1275人都必须具备跳伞资质，2人驾驶一辆T-15，全员装备M1型卡宾枪，每辆T-15上装备一挺7.62毫米轻机枪和一支11.43毫米冲锋枪。

		Headquarters	3 Regiments	Air Detachm	Communicati	Total, Comb	Headquarter Headquarter	Service Co	Maintenance	Medical Det	Total Base	Total Forc
2	Brigadier General[a]	1				1						1
3	Colonel	1[b]	1			4						4
4	Lieutenant Colonel	2[c]	3			11	3				3	14
5	Major		3	1	1	11	1				1	12
6	Captain	1[d]	6	2		21	5	2	1	2	10	31
7	First Lieutenant		19	3		60	1	1	2	2	6	66
8	Second Lieutenant						2	2	1		5	5
9	Total Commissioned	5	32	6	1	108	12	5	4	4	25	133
10	Master Sergeant		–				2	2	1		5	5
11	First Sergeant		6			18	1	1	1		3	21
12	Technical Sergeant						2	14	3		19	19
13	Staff Sergeant	6[e]	43	2	2	139	3	2	3	1	9	148
14	Sergeant		143			429	12	7	2		21	450
15	Corporal						12	6	7	1	26	26
16	Technician, grade 4	1	193		1	581	7	31	26	1	65	646
17	Technician, grade 5						21	72	28	3	124	124
18	Private, First Class						24	60	30	2	116	116
19	Private						36	73	21	3	133	133
20	Basic						(6)	(68)	(21)	(1)	(96)	(96)
21	Total Enlisted	7	385	2	3	1167	120	268	122	11	521	1688
22	Aggregate	12	417	8	4	1275	132	273	126	15	546	1821
23	A Parachute, personnel	12	417	8	4	1275						1275
24	A Parachute, vehicle	7	197		2	600						600
25	A Planes			6								6
26	O Carbine, Cal. .30	12	417	8	4	1275	12	5	4		21	1296
27	O Gun,machine,light,cal. .30	7	197	6	2	600	15	11	12		38	638
28	O Submachine gun, cal. 45	7	197	6	2	600	10	9	5		24	624
29	O Rifle, cal. .30						120	268	122		510	510
30	O Carrier,cargo,light,T-15	7	197		2	600						600
31	Q Car,light,5-passenger sedan								4		4	4
32	Q Ambulance, 3/4-ton								2		2	2
33	Q Truck, ½-ton								10		10	10
34	Q Truck, 1½-ton								10		10	10
35	Q Truck, 2½-ton, 6 x 6								12		12	12
36	Q Truck, wrecker, 5-ton								1		1	1
37	Q Truck, gasoline								2		2	2
38	S Radio				1							1

Combat Echelon: All personnel are parachutists. Two men ride in each light cargo carrier. Each man is equipped with a Carbine cal. .30. Each vehicle is equipped with one light machine gun cal. .30 and one submachine gun cal. .45.

[a] Force Commander.

[b] Force Executive Officer.

[c] S-2; S-3.

[d] Assistant S-2 and Aide-de-Camp.

[e] Staff Sergeants, one for each following specification serial number: (673), (126), (227), 2-(320), 2-(337).

Base Echelon: This echelon provides all supply, administration and service for the entire Force.

Inclosure # 1

SECRET

■ 从上图可以看到，战斗梯队除了全员要求具备跳伞资质外，还必须有600人具备车辆驾驶资质。整个战斗梯队装备飞机6架。第1特勤队共配备1296支M1型卡宾枪，638挺7.62毫米轻机枪，624支11.43毫米冲锋枪，510支M1型步枪，600辆T-15型履带运兵车，还有其他各型车辆共41辆（全部由保障营维修连调配）。

SPECIAL   Washington, July 5, 1942.

SECRET

SECRET

TABLE OF ORGANIZATION (Special)

WAR DEPARTMENT
Washington, July 5, 1942.

REGIMENT, SPECIAL SERVICE FORCE

Designation: *__________ Regiment, Special Services Force.

1	2	3	4	5	6	7
1 Unit	Regimental Headquarters	2 Battalions, Combat, (each) (T/O Special)	Supply Detachment	Medical Detachment	Total Regiment	Remarks
2 Colonel	1				1	*Insert number of regiment.
3 Lieutenant Colonel	1[b]	1			3	
4 Major		1		1[h]	3	[a]All personnel are parachutists.
5 Captain		3			6	
6 First Lieutenant		9	1[d]		19	[b]Regimental executive Officer.
7 Total Commissioned		14			32	[c]Staff Sergeants, including: navigator (227), interpreter (320).
8 First Sergeant		3			6	
9 Staff Sergeant	2[c]	19	2[e]	1[i]	43	
10 Sergeant		69	5[f]		143	[d]Regimental Combat Supply Officer.
11 Technician, Grade 4		93	7[g]		193	
12 Total Enlisted	2	184	14	1	385	[e]Staff Sergeants, supply (821).
13 Aggregate	4	198	15	2	417	[f]Sergeants, including: one navigator (227), 4 section leaders (652).
14 A Parachute, personnel[a]	4	198	15	2	417	
15 A Parachute, vehicle	2	90	14	1	197	
16 O Carbine, Cal. .30	4	198	15	2	417	[g]Technicians, grade 4, including: 2 radio repairman (174), 2 mechanic (337), 2 demolition (027).
17 O Gun, Machine, light, Cal. .30	2	90	14	1	197	
18 O Submachine gun, Cal. .45	2	90	14	1	197	[h]Combat Surgeon.
19 O Carrier, Cargo, light, T-15	2	90	14	1	197	[i]Medical technician (409).

Inclosure #2 to letter,
AG 320.2 (7-5-42)
July 5, 1942.

SECRET

SECRET

■ 这是第1特勤队各团及其直属单位的人员职务及军衔的序列表。团长为上校，团执行官和2个战斗营营长为中校，团属后勤分队指挥官为中尉，团属医疗分队指挥官为少校。每团共计417人，其中各级军官32人，各级志愿者385人（包括二级军士长6人，上士43人，中士143人，四级技术军士193人）。其中，还规定了各部一些技术军士的组成人员，如团属后勤分队的7名四级技术军士中就应包括2名无线电台维修人员、2名技工、2名爆破人员。

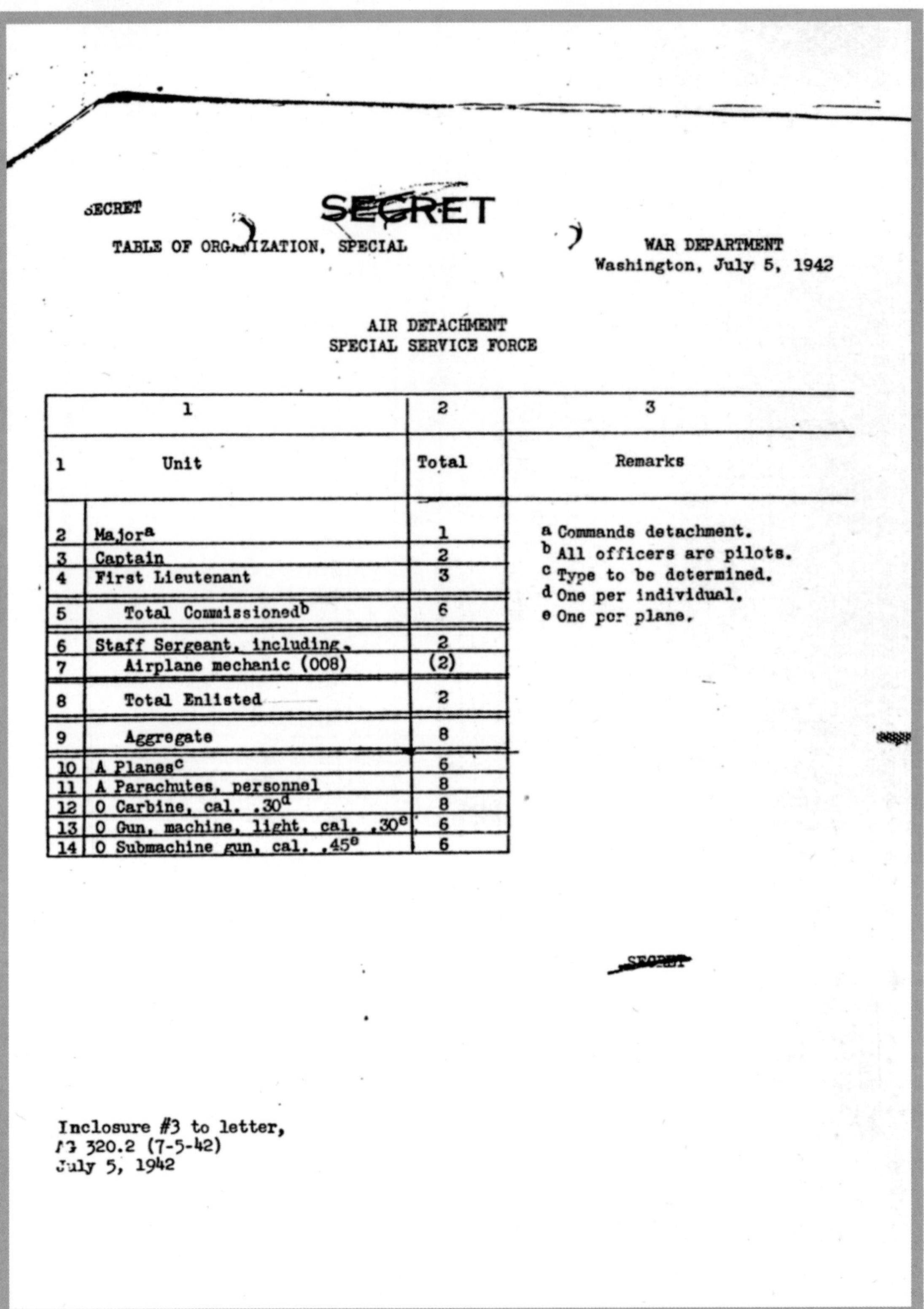

SECRET

SECRET

TABLE OF ORGANIZATION, SPECIAL

WAR DEPARTMENT
Washington, July 5, 1942

AIR DETACHMENT
SPECIAL SERVICE FORCE

1		2	3
1	Unit	Total	Remarks
2	Major[a]	1	[a] Commands detachment.
3	Captain	2	[b] All officers are pilots.
4	First Lieutenant	3	[c] Type to be determined.
5	Total Commissioned[b]	6	[d] One per individual.
6	Staff Sergeant, including,	2	[e] One per plane.
7	Airplane mechanic (008)	(2)	
8	Total Enlisted	2	
9	Aggregate	8	
10	A Planes[c]	6	
11	A Parachutes, personnel	8	
12	O Carbine, cal. .30[d]	8	
13	O Gun, machine, light, cal. .30[e]	6	
14	O Submachine gun, cal. .45[e]	6	

SECRET

Inclosure #3 to letter,
AG 320.2 (7-5-42)
July 5, 1942

■ 这是第1特勤队空中分队的人员职务及军衔的序列表。包括1名少校指挥官，2名上尉，3名二级军士长和2名上士飞机机械师，共8人。其中，军官全部为飞行员，且空中分队这8名成员都需具备跳伞资质；一个机组为6人；每人配备一支M1型卡宾枪，飞机上还装备一挺7.62毫米轻机枪和一支11.43毫米冲锋枪。

SECRET

SECRET

TABLE OF ORGANIZATION, SPECIAL

WAR DEPARTMENT
Washington, July 5, 1942.

COMMUNICATIONS DETACHMENT
COMBAT FORCE
SPECIAL SERVICE FORCE

	1	2	3
1	Unit	Total	Remarks
2	Major[a]	1	[a] Commands Detachment and is Combat Communications Officer. [b] Ability to operate and repair radio. [c] All personnel are parachutists. [d] One per individual. [e] One per vehicle.
3	Total Commissioned	1	
4	Staff Sergeant, including	2	
5	Radio (177) (174)[b]	(2)	
6	Technician, Grade 4, including	1	
7	Mechanic (337)	(1)	
8	Total Enlisted	3	
9	Aggregate[c]	4	
10	A Parachute, personnel	4	
11	A Parachute, vehicle	2	
12	O Carbine, Cal. .30[d]	4	
13	O Gun, machine, light, cal. .30[e]	2	
14	O Submachine gun, cal. .45[e]	2	
15	O Carrier, cargo, light, T-15	2	
16	S Radio	1	

SECRET

Inclosure #4 to letter,
AG 320.2 (7-5-42)
July 5, 1942

■ 这是第1特勤队作战通讯分队的人员职务及军衔的序列表。其编制为4人，包括1名少校指挥官，2名能够操纵和维修无线电台的上士和1名四级技术军士维修员。分队配备2辆 T-15和1部无线电台，每人配备一支 M1型卡宾枪。

SPECIAL SERVICE FORCE

1	1	2	3	4	5	6	7	8	9	10	11	12	13	14
				Force Headquarters Section					Headquarters Company	Communications Platoon				
1	Unit	Technician Grade	Headquarters	Administrative Section	Personnel Section	Publications Section	Mail and Message Center	Intelligence Section	Company Headquarters	Telephone	Radio	Guard Platoon	Total Company	Aggregate
2	Lieutenant Colonel		3[a]											3
3	Major		1[b]											1
4	Captain		3[c]		1				1[e]				1	5
5	First Lieutenant								1[f]				1	1
6	Second Lieutenant		1[d]									1	1	2
7	Total Commissioned		8		1				2			1	3	12
8	Master Sergeant, including			1							1		1	2
9	Communications Chief (542)										(1)		(1)	(1)
10	Sergeant Major (502)			(1)										(1)
11	First Sergeant (585)								1				1	1
12	Technical Sergeant, including				1			1						2
13	Intelligence (631)							(1)						(1)
14	Personnel sergeant major (816)				(1)									(1)
15	Staff Sergeant, including					1	1					1	1	3
16	Chief Publications Section (12?)					(1)								(1)
17	Message Center Chief (674)						(1)							(1)
18	Military Poloce (677)											(1)	(1)	(1)
19	Sergeants, including			1	5		1	1		1		3	4	12
20	Asst. Msg. Cen. Chief (674)						(1)							(1)
21	Communications (097)									(1)			(1)	(1)
22	Intelligenct (631)							(1)						(1)
23	Military Police (677)											(3)	(3)	(3)
24	Morning reports (368)				(1)									(1)
25	Officers records (368)				(1)									(1)
26	Payroll section (368)				(1)									(1)
27	Personnel (368)				(1)									(1)
28	Service records (368)				(1)									(1)
29	Supply (821)			(1)										(1)

15 Remarks

[a] S-1; S-4; C.O. Service Echelon.
[b] Quartermaster.
[c] 2 Chaplain, 1-Force Mess Officer
[d] Assistant to Force Mess Officer.
[e] Commands company & is base communications officer.
[f] Additional duty as Force Exchange Officer.
[g] All officers armed with carbine.
[h] All enlisted men armed with rifle.

Inclosure #5 to letter:

AG 320.2 (7-5-42)
July 5, 1942.

SECRET SECRET

■ 本页图和右页图都是保障营营部连的人员职务及军衔的序列表。营部连中划分为行政组、人事组、出版组、邮政组、情报组和连指挥部，其中连指挥部包括电话、无线电台、警卫排等单位。营部连共132人，其中军官12人：包括营长、人事参谋和后勤参谋3名中校，1名少校军需官，5名上尉，1名中尉，2名少尉；各级军士和士兵共120人，包括：二级专业军士长2人（其中1人为通讯参谋），二级军士长1人，技术军士长2人（情报和人事各1人），上士3人（出版、消息、宪兵专业各1人），中士12人（囊括情报、宪兵、报告、补给等众多岗位），下士12人（其中文书3人，档案1人，宪兵8人），四级技术军士7人，五级技术军士21人，一等兵24人，二等兵36人。军官全部装备M1型7.62毫米卡宾枪，士官和士兵则装备M1型7.62毫米步枪；另外，全连还配发10支11.43毫米冲锋枪和15挺7.62毫米轻机枪。

SECRET

30	Corporal, including			1	1	1			1			8	9	12
31	Clerk (405)			(1)		(1)			(1)				(1)	(3)
32	Clerk, file (355)				(1)									(1)
33	Military Police (677)											(8)	(8)	(8)
34	Technician, grade 4)													(7
35	Technician, grade 5) including			7	12	2	3	7	4	6	7	40	57	(21
36	Private, first class)													(24
37	Private)													(36
38	Chaplain's assistant (534)			(2)										(2)
39	Clerk (405)	5		(1)	(5)	(1)		(1)						(8)
40	Clerk (405)				(5)									(5)
41	Clerk, mail (056)	5					(1)							(1)
42	Clerk, mail (056)						(2)							(2)
43	Clerk, record (323)	5		(1)	(1)			(1)						(3)
44	Draftsman (076)	4						(1)						(1)
45	Electrician, radio (174)	4									(1)		(1)	(1)
46	Lineman, telephone (238)	5								(1)			(1)	(1)
47	Lineman, telephone (238)									(1)			(1)	(1)
48	Messenger (675)			(1)				(1)						(2)
49	Military Police (291)											(40)	(40)	(40)
50	Operator, radio (766)	4									(2)		(2)	(2)
51	Operator, radio (766)	5									(4)		(4)	(4)
52	Operator, switchboard (309)	5								(4)			(4)	(4)
53	Orderly (695)			(1)	(1)									(2)
54	Stenographer (213)	4		(1)										(1)
55	Translator (267)	4						(2)						(2)
56	Basic (531)					(1)		(1)	(4)				(4)	(6)
57	**Total Enlisted**			10	19	4	5	9	6	7	8	52	73	120
58	Aggregate		8	10	20	4	5	9	8	7	8	53	76	132
59	0 Carbine, cal. .30S		8		1				2			1	3	12
60	0 Rifle, cal. .30h			10	19	4	5	9	6	7	8	52	73	120
61	0 Submachine gun, cal. .45			1	1			1	1			6	7	10
62	0 Machine gun, light, cal. .30			1	2	1	1	1	1	2	2	4	9	15

SECRET

SECRET

TABLE OF ORGANIZATION, SPECIAL

WAR DEPARTMENT
Washington, July 5, 1942.

SERVICE COMPANY, SERVICE BN.
SPECIAL SERVICE FORCE

1	2	3	4	5	6	7	8	9	10	11	12	13	14	15
			Utility Platoon				Supply Platoon			Parachute Platoon				
1 Unit	Technician Grade	Company Headquarters	First Regiment	Second Regiment	Third Regiment	Base Echelon	Routine Supplies	Combat Supplies	Ordnance Supplies	Supply	Maintenance	Packing	Total Company	Remarks
2 Captain		1[a]									1		2	[a]Company Commander and Force Supply Officer.
3 First Lieutenant												1	1	
4 Second Lieutenant		1					1						2	
5 Total Commissioned		2					1				1	1	5	
6 Master Sergeant, including							1			1			2	
7 Parachute Maintenance Chief (147)										(1)			(1)	[b]Officers Mess.
8 Supply (821)							(1)						(1)	
9 First Sergeant (585)		1											1	[c]4 Officers Mess.
10 Technical Sergeant, including			2	2	2	2		1	1	1		3	14	
11 Gunsmith (011)									(1)				(1)	
12 Mess (824)			(1)	(1)	(1)	(1)							(4)	[d]1 Officers Mess.
13 Packer, parachute (340)										(1)		(3)	(4)	
14 Supply (821)			(1)	(1)	(1)	(1)		(1)					(5)	
15 Staff Sergeants, including						1					1		2	
16 Mess (824)						(1)[b]							(1)	
17 Repairman, parachute (147)											(1)		(1)	
18 Sergeants, including							1	1	1	1		3	7	
19 Ammunition (821)									(1)				(1)	
20 Packer, parachute (340)												(3)	(3)	
21 Supply, assistant (821)							(1)	(1)		(1)			(3)	
22 Corporals, including		1	1	1	1	1	1						6	
23 Clerk (405)		(1)					(1)						(2)	
24 Supply, assistant (821)			(1)	(1)	(1)	(1)							(4)	

SECRET

Inclosure #6 to ltr.
AG 320.2 (7-5-42)
July 5, 1942.

SECRET

■ 本页图和右页图是保障营勤务连的人员职务及军衔的规定。勤务连下辖公共事务排、后勤排和伞兵排，其中公共事务排分为3个班，分别对3个团服务，后勤排分为基地梯队、日常补给班、战斗补给班和军械补给班，伞兵排分为后勤班、维护班和叠伞班。全连共有273人，其中军官5人：包括上尉2人，中尉1人，少尉2人；各级军士和志愿兵268人：二级专业军士长2人（1名降落伞维护参谋和1名后勤军士），二级军士长1人，技术军士长14人（囊括枪支修理、食堂、叠伞、补给等岗位），上士2人，中士7人，下士6人，四级技术军士31人，五级技术军士72人，一等兵60人，二等兵73人。全连军官配发M1型卡宾枪，士官和士兵配发M1型步枪。另外，全连还有11挺7.62毫米轻机枪和9支11.43毫米冲锋枪。

SECRET

No.	Item	Grade												Total
25	Technicians, grade 4)													(31
26	Technicians, grade 5)													(72
27	Privates, first class)Including		1	35	35	35	60	9	11	5	5	8	32	(60
28	Privates)													(73
29	Barber (022)			(1)	(1	(1)	(1)							(4)
30	Bugler (021)			(1)	(1)	(1)	(1)							(4)
31	Butcher (037)							(1)						(1)
32	Carpenter, general (050)			(1)	(1)	(1)	(1)							(4)
33	Clerk (405)	5		(1)	(1)	(1)	(1)				(1)			(5)
34	Clerk, record (055)	5						(1)	(1)	(1)				(3)
35	Clerk, record (055)										(1)		(2)	(3)
36	Clerk, stock (324)	5						(1)	(1)	(1)	(2)			(5)
37	Clerk, stock (324)			(2)	(2)	(2)	(2)	(6)	(3)	(3)	(1)			(21)
38	Cobbler (204)	5					(2)							(2)
39	Cook (060)	4		(5)	(5)	(5)	(10							(25)
40	Cook (060)	5		(4)	(4)	(4)	(4)							(16)
41	Cook's helper (521)			(6)	(6)	(6)	(8)							(26)
42	Electrician, general (078)	5					(1)							(1)
43	Packer, high explosive (139)	4							(6)					(6)
44	Packer, parachute (340)	5											(30)	(30)
45	Plumber (164)	5					(1)							(1)
46	Repairman, parachute (147)	5										(8)		(8)
47	Tailor (234)						(2)							(2)
48	Utility repairman (121)	5					(1)							(1)
49	Basic (521)		(1)	(14)	(14)	(14)	(25)							(68)
50	Total Enlisted		3	38	38	38	64	12	13	7	8	9	38	268
51	Aggregate		5	38	38	38	64	13	13	7	8	10	39	273
52	O Carbine, cal. .30		2					1				1	1	5
53	O Rifle, cal. .30		3	38	38	38	64	12	13	7	8	9	38	268
54	O Machine gun, light, cal. .30		1	1	1	1	1	1	1	1		1	2	11
55	O Submachine gun, cal. .45			1	1	1	1	1	1		1		2	9

SECRET

TABLE OF ORGANIZATION, SPECIAL

WAR DEPARTMENT
Washington, July 5, 1942.

MAINTENANCE COMPANY
SERVICE BN., SPECIAL SERVICE FORCE

1		2	3	4	5	6	7	8	9	10	11	12
				Vehicle Maintenance Platoon								
1	Unit	Technician Grade	Company Headquarters	Headquarters	Inspection	Lubrication and Fuel	Repair	Motor Pool	Ordnance Repair	Signal Repair	Total Company	Remarks
2	Captains		1[a]								1	[a] Company Commander and Force Vehicle Maintenance Officer. All non-combatant vehicles in the entire Force are assigned to the motor pool of this company.
3	First Lieutenants								1	1	2	
4	Second Lieutenants							1			1	
5	Total Commissioned		1					1	1	1	4	
6	Master Sergeant, including			1							1	
7	Maintenance Chief (337)			(1)							(1)	
8	First Sergeant (585)		1								1	
9	Technical Sergeant, including						1		1	1	3	
10	Foreman Mechanic (337)						(1)				(1)	
11	Ordnance, Section Chief (011)								(1)		(1)	
12	Signal, Section Chief (178)									(1)	(1)	
13	Staff Sergeant, including				1	1		1			3	
14	Inspector (413)				(1)						(1)	
15	Maintenance (337)					(1)					(1)	
16	Truckmaster (668)							(1)			(1)	
17	Sergeant, including			1			1				2	
18	Supply (821)			(1)							(1)	
19	Wrecker Chief (337)						(1)				(1)	
20	Corporal, including		1			2	2		1	1	7	
21	Clerk (405)		(1)								(1)	
22	Dispatcher (410)					(1)					(1)	
23	Supply (821)					(1)	(2)		(1)	(1)	(5)	
24	Technician, grade 4)										(26	
25	Technicians, grade 5)			1	4	11	33	28	16	12	(28	
26	Private, first class)										(30	
27	Private)										(21	
28	Automobile electrician (012)	4			(1)		(2)				(3)	
29	Automobile service man (316)	5				(4)					(4)	

Inclosure #7 to ltr.
AG 320.2 (7-5-42)
July 5, 1942.

SECRET

SECRET

■ 本页图和右页是保障营维修连的人员职务及军衔的序列表。该连下辖车辆维修排、车辆调配场、军械维修、信号维修等单位。全连共126人，其中军官4人：1名上尉连长，2名中尉，1名少尉；各级军士和志愿兵122人：二级技术军士长（维修参谋）1人，二级军士长1人，技术军士长3人，上士3人，中士2人，下士7人，四级专业军士26人，五级技术军士28人，一等兵30人，二等兵21人。全连军官配发M1型卡宾枪，士官和士兵配发M1型步枪。另外，全连还配发12挺7.62毫米轻机枪和5支11.43毫米冲锋枪。该连车辆调配场共有各种车辆41辆：载员5人的轻型小轿车4辆，载重0.75吨的救护车2辆，载重0.25吨的汽车10辆，载重1.5吨的卡车10辆，载重2.5吨的6×6卡车12辆，载重5吨的牵引卡车1辆，油罐车2辆。

SECRET

30	Blacksmith (024)	5					(1)				(1)
31	Body repairman (040)	5					(1)				(1)
32	Chauffeur (344)	5						(5)			(5)
33	Chauffeur (344)							(20)			(20
34	Chauffeur, gasoline truck (344)	5				(2)					(2)
35	Chauffeur, wrecker (344)	5					(1)				(1)
36	Clerk (405)	5		(1)							(1)
37	Clerk (405)				(1)		(1)		(1)	(1)	(4)
38	Mechanic (014)	4			(1)		(10)		(5)		(16
39	Mechanic (014)	5					(4)		(5)		(9)
40	Mechanic (014)						(2)		(3)		(5)
41	Painter, auto (143)						(1)				(1)
42	Radio repairman (174)	4								(5)	(5)
43	Radio repairman (174)	5								(4)	(4)
44	Radiator repairman (172)	4					(1)				(1)
45	Welder (256)	4					(1)				(1)
46	Basic (521)				(1)	(5)	(8)	(3)	(2)	(2)	(21)
47	Total Enlisted		2	3	5	14	37	29	18	14	122
48	Aggregate		3	3	5	14	37	30	19	15	126
49	O Carbine, cal. .30		1					1	1	1	4
50	O Rifle, cal. .30		2	3	5	14	37	29	18	14	122
51	O Machine gun, light, cal. .30						4	4	2	2	12
52	O Submachine gun, cal. .45						2	1	1	1	5
53	Q Car, light, 5-passenger sedan							4			
54	Q Ambulance, 3/4 ton							2			
55	Q Truck, $\frac{1}{4}$ ton							10			
56	Q Truck, $1\frac{1}{2}$ ton							10			
57	Q Truck, $2\frac{1}{2}$ ton, 6 x 6							12			
58	Q Truck, wrecker, 5 ton							1			
59	Q Truck, gasoline							2			

- 2 -

SECRET

SECRET

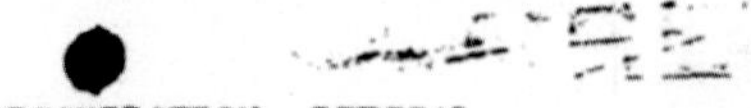

TABLE OF ORGANIZATION, SPECIAL

WAR DEPARTMENT
Washington, July 5, 1942

MEDICAL DETACHMENT
SERVICE BN., SPECIAL SERVICE FORCE

	1	2	3	4
1	Unit	Technician Grade	Total	Remarks
2	Captain		2a	a, b, – one dental, one medical.
3	First Lieutenant		2b	
4	Total Commissioned		4	
5	Staff Sergeant (673)		1	
6	Corporal (055)		1	
7	Technician, grade 4 } including		(1	
8	Technician, grade 5 }		(3	
9	Private, first class }		(2	
10	Private }		(3	
11	Chauffeur (344)		(1)	
12	Pharmacist (149)	4	(1)	
13	Technician, dental (067)	5	(1)	
14	Technician, dental (067)		(1)	
15	Technician, medical (123)	5	(1)	
16	Technician, medical (123)		(1)	
17	Technician, surgical (225)	5	(1)	
18	Technician, surgical (225)		(1)	
19	Basic ([illegible])		(1)	
20	Total Enlisted		11	
21	Aggregate		15	

Incl. #8 to ltr.,
AG 320.2 (7-5-42)
July 5, 1942

SECRET

SECRET

■ 这是保障营医疗分队的人员职务和军衔的序列表。医疗分队中共有15人，包括4名军官（2名少校和2名上尉）和11名士官和志愿兵（1名中士，1名下士，1名四级专业军士，3名五级技术军士，2名一等兵和3名一等兵）。

TABLE OF ORGANIZATION (Special)

WAR DEPARTMENT
Washington, July 5, 1942.

COMBAT BATTALION, SPECIAL SERVICE REGIMENT

Designation: *_________ Battalion, **_________ Special Service Regiment

1		2	3	4	5
	Unit	Battalion Headquarters	3 Combat Companies (Each) (T/O Spec.)	Total Battalion	Remarks
2	Lieutenant Colonel[a]	1		1	Personnel of combat units are administered, supplied and serviced by the Service Battalion, and have no duties other than training and combat.
3	Major[b]	1		1	
4	Captain		1	3	
5	First Lieutenant		3	9	
6	Total Commissioned	2	4	14	
7	First Sergeant		1	3	[a]Commanding battalion.
8	Staff Sergeant	1[c]	6	19	[b]Executive Officer.
9	Sergeant	3[d]	22	69	[c]Operations (814)
10	Technician, Grade 4		31	93	[d]Sergeants including: navigator (227), intelligence (631), and mechanic (337).
11	Total Enlisted	4	60	184	
12	Aggregate[e]	6	64	198	[e]All personnel are parachutists.
13	A Parachute, personnel	6	64	198	* Insert number of battalion.
14	A Parachute, vehicle	3	29	90	**Insert number of regiment.
15	O Carbine, Cal. .30	6	64	198	
16	O Gun, Machine, light, Cal. .30	3	29	90	
17	O Submachine gun, Cal. .45	3	29	90	
18	O Cargo Carrier, light, T-15	3	29	90	

Inclosure #9 to letter,
AG 320.2 (7-5-42)
July 5, 1942

~~SECRET~~

■ 这是第1特勤队的战斗营的人员职务和军衔的序列表。全营分为3个连共198人，其中军官14人：中校营长1人，少校执行官1人，上尉3人，中尉9人；各级军士和志愿兵184人：二级军士长3人，上士19人，中士69人，四级专业军士93人。全营人员全部需具备跳伞资质，其中90人需具备车辆驾驶资质，全营官兵都配备M1型卡宾枪，每连装备29辆T-15型履带运兵车，营部装备3辆，全营共90辆，每辆T-15上都需配备1挺7.62毫米轻机枪和1支11.43毫米冲锋枪。

Courtesy of the U.S. Army Military History Institute

SECRET

SECRET　　　　　　　　　　　　　　　　　　WAR DEPARTMENT
TABLE OF ORGANIZATION (Special)　　　　　　Washington, July 5, 1942.

SECRET

COMBAT COMPANY, SPECIAL SERVICE REGIMENT

Designation: * ______ Company, ** ______ Special Service Regiment

1	Unit	2 Technician Grade	3 Company Headquarters	4 Platoon Headquarters	5 2 Combat Sections (Each)	6 Total Platoon	7 Total Company (Co Hdqrs and 3 Platoons)
2	Captain		1				1
3	First Lieutenant			[a]1		1	3
	Total commissioned		1	1		1	4
5	First Sergeant (585)		1				1
6	Staff Sergeant, Including				1	2	6
7	Section Leader (651)				(1)	(2)	(6)
8	Sergeants, including		1	1	3	7	22
9	Demolition (027)				(3)	(6)	(18)
10	Navigator (227)		(1)	(1)		(1)	(4)
11	Technician, Grade 4, including		1		5	10	31
12	First Aid (123)	4			[b](1)	(2)	(6)
13	Mechanic (014)	4			(2)	(4)	(12)
14	Navigator (227)	4			(1)	(2)	(6)
15	Radio (174)	4	(1)		(1)	(2)	(7)
16	Total Enlisted		3	1	8	19	60
17	Aggregate d,e,f		4	2	8	20	64
18	A Parachute, personnel[c]		4	2	8	20	64
19	A Parachute, vehicle		2	1	4	9	29
20	O Cargo carrier, light, T-15[g]		2	1	4	9	29
21	O Carbine, Cal. .30		4	2	8	20	64
22	O Gun, machine, light, cal. .30[g]		2	1	4	9	29
23	O Submachine gun, cal. .45[h]		2	1	4	9	29

8 Remarks

*Insert number of company.

**Insert number of regiment.

[a]Senior is second in command.

[b]One in excess of combat section to insure full section.

[c]All are parachutists and are equipped with parachutes.

[d]All must be thoroughly grounded in specialties indicated by the following specification serial numbers: Butcher (037); Packer explosives (139); Blaster (027); Driver, tractor (244); Nurse (123); Mechanic (014); Mountaineer (419); North Woodsman (420); Parachute jumper (328); Radio operator (177); Repairman (174); Skier (418).

[e]The specification serial number beside each man indicates knowledge of a particular specialty beyond that required to be grounded in the subjects listed in [d] above.

[f]Personnel of combat units are administered, supplied and serviced by the Service Battalion and have no duties other than training and combat.

[g]Two men per vehicle.

[h]One per vehicle.

Inclosure #10 to letter,
AG 320.2 (7-5-42)
　5, 1942

SECRET

Organization __________

■ 这是第1特勤队战斗营下属连队的人员职务和军衔的序列表。全连共64人，其中军官4人：上尉连长1人，中尉排长3人；各级军士和志愿兵60人：连二级军士长1人，上士班长6人，中士22人（包括18名爆破手和4名驾驶员），四级专业军士31人（包括6名急救员，12名维修员，6名驾驶员和7名无线电操作员）。全连装备T-15型履带运兵车29辆，故需有29人具备车辆驾驶资质。全连官兵统一装备M1型7.62毫米卡宾枪。

C
O
P
Y

Washington, D.C.
15 Jul 42.

To: D.S.D.

From: Williamson.

Certainly hope the enclosed "agreement" will meet with approval. It gives us a definite working basis. A copy has also gone forward to General Marshall for his approval.

It looks, at the moment, as though I would be leaving Washington Sunday for Helena, Montana. I will confirm this later.

The project is moving ahead by leaps and bounds here, and from my observations is in very capable hands.

Col. Frederick is most anxious that the Canadian personnel arrive in Helena by August 1, as all training schedules have been drawn up on that date, and believe me they are plenty tough.

Col. Frederick mentioned to me that mail moved very lowly via our Diplomatic Bag -- he cited the case of a letter written by you or Col. Anderson to him on July 3, which was not in his hands until July 11.

The necessary information re our troops' date of departure, port of entry, expected time of entry, numbers, etc., will be necessary in good time to make the necessary arrangements re Customs and Immigration.

This is being written in haste in long hand, as no one is available to type it.

Your comments are awaited.

■ 本页至第40页是1942年7月15日第1特勤队人事参谋肯尼斯 ·G· 威克姆少校和加拿大陆军的唐纳德 · 多比 · 威廉姆森少校会谈敲定的"威克姆－威廉姆森"协定的历史复印件。当时这份文件以备忘录形式于当天由威廉姆森少校发给加拿大渥太华的总参谋部参谋勤务处处长，复印件则发给美国陆军总参谋长马歇尔将军。在这一页文件中，威廉姆森少校提到希望加拿大方面能够通过这一文件，因为它将是第1特勤队开展工作的基础。他同时提到，当时弗雷德里克上校最为渴望的是加拿大人能于1943年8月1日准时进驻海伦娜，否则时间表上的全部训练工作不得不停止。威廉姆森还反映了弗雷德里克上校对两军通过外交邮件交流信息的低效率的不满。最后，威廉姆森还认为，关于加拿大官兵启程、入境、抵达等一系列工作必须及时作出必要的安排。

HEADQUARTERS, 1ST SPECIAL SERVICE FORCE

Washington, D.C.

July 15, 1942.

MEMORANDUM FOR THE DIRECTOR OF STAFF DUTIES,
GENERAL STAFF, OTTAWA, CANADA:

The following proposals have been agreed upon by Major Kenneth G. Wickham, U.S. Army, and Major D.D. Williamson, Canadian Army, and approved by Colonel Robert T. Frederick, U.S. Army, as a system of handling Canadian personnel of the 1st Special Service (official U.S. War Department designation), in relation to discipline, records, pay, allowances, rations, quarters, clothing and equipment, travel, hospitalization and dental care, and men for various reasons found unfit for service with this force and returned for duty in Canada.

1. The Canadian members of the force having enlisted in the Canadian Army and taken the oath of allegiance will not be required to take the American oath of allegiance.

2. Discipline for all members of the force will be in accordance with U.S. regulations as laid down in the 1928 "Manual for Courts-Martial, U.S. Army".

3. Records of Canadian personnel will be maintained and posted in accordance with the existing Canadian system.

This entails the addition to the force of a Canadian paymaster, pay sergeant, and records sergeant, who, along with their other routine duties in connection with the force, would be responsible for this work.

The paymaster would also provide a valuable link with the Canadian Pay Corps for accounting purposes and be available to the Canadian personnel to aid in straightening out dependents allowance difficulties, etc.

4. Pay for all members of the force will be in accordance with Bulletin No. 28 (June 25th, 1942), U.S. War Department,

-1-

■ 这是"威克姆－威廉姆森"协定正文第1页。在这一页文件中，明确指出这份文件涉及加拿大人在第1特勤队的军纪、档案、工资、补贴、给养、营房、制服和装备、训练、医疗和口腔保健等问题的规定，以及加拿大人因各种理由退出第1特勤队返回加拿大军服役的规定。其中第1条是宣誓效忠问题，在第1特勤队服役的加拿大军人不要求宣誓效忠美利坚合众国。第2条是军纪问题，指明第1特勤队的所有官兵都以美军军纪为准，遵循1928年通过的美国陆军军法手册上的相关军纪规定。第3条是档案问题，加拿大人的档案继续保存在加拿大系统中。同时，需要在第1特勤队中添加加拿大的会计、会计军士和档案军士各1人。而加拿大会计需要准备与加军薪金单位建立联系，以便为加拿大官兵解决诸如家属补贴困难等问题。第4点提到工资问题，第1特勤队的全部人员的工资都以美国陆军部于1942年6月25日发布的第28号公报为准，加拿大官兵的工资由美国支付，加拿大政府对此进行偿还，与此相关的一个简易财务系统得以确立并被美国陆军部初步批准。

3 (three) copies of which are enclosed.

Inasmuch as it is the intention of the Canadian Government to reimburse the U.S. Government in this respect, and that the force will be homogenous, a simple system has been defined and has received the tentative approval of Colonel E.W. McLarren, Office, Chief of Finance, U.S. Army, Advisory and Regulations Division.

5. Dependents allowances for the Canadian members of the force will be subject to the same regulations and system of payment as is in use in Canada under P & A regulations. This has also been taken into consideration in the system mentioned in the preceding paragraph.

6. Rations - Standard U.S. Army rations will be used for the force and the Canadian Government will be billed for the value of these rations by the Finance Department, U.S. Army.

The pay vouchers and ration accounts will be submitted together from the above-mentioned office.

7. Quarters will be furnished to Canadian personnel on the same basis as to American personnel. (See Sec. 6, page 3 of enclosed Bulletin No. 28.)

8. Clothing and Equipment will be furnished to all members of the force at the expense of the U.S. Government.

Canadian personnel, on receiving their instructions to report at the location chosen for their concentration, should be instructed to bring the following articles ONLY:

Summer drill with long trousers and black tie. This is to be worn, as it means puttees can be turned in before departure from the man's station.

1 pair boots.
3 pair socks.
2 complete sets summer underwear.
2 summer shirts (short sleeves).
Personal toilet articles.
1 pair shorts.

the summer drill, black ties, and boots will be returned to the nearest Canadian Ordnance Corps Depot at the expense of the Canadian Government.

9. Travel - The total cost of the original movement of the Canadian personnel to HELENA, MONTANA, to be borne by the Canadian Government. Subsequent traveling costs for all personnel to be borne by the U.S. Government.

10. Hospitalization and Dental Care will be provided at the expense of the U.S. Government, but Canadian personnel

-2-

■ 这是“威克姆－威廉姆森”协定正文第2页。第5条是加拿大官兵的家属补贴问题，这方面将遵照当前加拿大政府所规定的薪资条例和程序来执行。第6条是给养，第1特勤队将使用美国给养，同时美国陆军财务部向加拿大政府提供加军官兵给养方面的账单，由加拿大政府偿还。第7条是营房问题，美加两国官兵都使用同样标准的营房。第8条是制服和装备，这方面由美国政府提供。加拿大参训人员在前往集中地点报到时，穿着夏季训练的长裤，戴黑色领带，并只携带以下物品：1双鞋，3双袜子，2套夏季内衣，2套夏季短袖衬衫，个人盥洗物品和1套短裤。而夏季长裤、黑色领带和鞋子将在报到后退还到最近的军械仓库。第9条是差旅费，所有加拿大官兵前往海伦娜的成本开支由加拿大政府负责，后续差旅费则由美国政府支付。

hospitalized and found unfit for further service with the force will be returned to Canada when capable of traveling. Their further care will then be the responsibility of the Canadian Government.

11. Pensions - The U.S. Government assumes no liability for pensions liable owing to injury or death of Canadian personnel while members of this force.

12. Canadian personnel found unfit owing to physical or temperamental reason, etc., will be S.O.S. this force and returned for duty in Canada at the discretion of the Commanding Officer. Travel warrant will be issued and paid for by the U.S. Government to the nearest Canadian Depot.

13. In the event of any death while in the United States among the Canadian personnel, either by accident or through natural causes, the agreement recently reached by the United Nations will be adhered to.

Respectfully submitted,

KENNETH G. WICKHAM, Major, CAC

D.D. WILLIAMSON, Major,
1st Bn, Dufferin & Haldimand Rifles,
Canadian Army.

Approval:

Robert T. Frederick,
Colonel, Commanding,
1st Special Service Force.

-3-

■ 这是"威克姆－威廉姆森"协定正文第3页。第10条是医疗保障和口腔保健，这方面将由美国政府提供，但加拿大官兵的医疗费以及在第1特勤队服役后调回加拿大且具备独立返程能力的官兵的费用，则由加拿大政府负责。第11条是抚恤金，美国政府不承担第1特勤队中的加拿大官兵的伤亡抚恤金。第12条指明，第1特勤队中的加拿大官兵若由于身体或性格等原因不适应在第1特勤队服役而需要调回原部队的问题，由第1特勤队指挥官全权处理，并由美国政府负责该人员抵达最近的加拿大兵站的通行证和差旅费。第13条则提出，若加拿大官兵在美国发生任何死亡事故，无论是意外或自然因素，双方达成的这一协议都不会改变。

■ 上图是1942年7月，第一批志愿兵抵达威廉·亨利·哈里森堡的第1特勤队驻地后看到的正在兴建的营房。下图也是1942年7月在威廉·亨利·哈里森堡,民工和他们的运土设备正在施工。在他们身后是一座部分完工的营房,注意这座营房还是毛坯状态,外表贴了沥青纸。

上图是1942年夏在威廉·亨利·哈里森堡，第1特勤队的营房修筑工程正在紧张施工。下图是在第1特勤队的驻地，一排可容纳6个人的尖顶帐篷已经搭建完毕。

本页4幅图都是从不同角度展示的威廉·亨利·哈里森堡的第1特勤队营房。这些营房都是在建或刚完工不久，其中下图是1942年冬从威廉·亨利·哈里森堡的医院窗户的角度拍摄的。

上图是1942年8月5日，第一批加拿大官兵抵达威廉 · 亨利 · 哈里森堡，此时第1特勤队的训练已经开始。下图是第一批加拿大官兵中的另外一组人员抵达。注意，他们都穿着加拿大陆军的制式常服。第一批加拿大官兵包括35名军官和451名士兵。5天后，第二批包括200人的加拿大官兵也抵达威廉 · 亨利 · 哈里森堡，并开始投入训练。

上图是初到威廉 · 亨利 · 哈里森堡不久的弗雷德里克上校（左）和麦奎因少校，弗雷德里克穿着美国陆军的制式夏季常服，麦奎因则穿着加拿大陆军常服，这款常服与美国陆军军官 A 类常服很相似。下图是第 1 特勤队驻地一角，左侧是一组可容纳 6 人的尖顶帐篷。

Winnipeg Free Press

VOL. 48—No. 267—22 PAGES. WINNIPEG, THURSDAY, AUGUST 6, 1942 Forecast—CLOUDY AND WARM.

Super-Commando Unit Formed

NAZIS SMASH AT RAIL LINE

Reds Fight Hard To Stem Advance

By LELAND STOWE

U.S.-Canadian Force To Train in Montana

Washington, Aug. 6 (CP)—War Under-Secretary Robert P. Patterson today announced creation

上图是1942年8月6日加拿大知名报刊《温尼伯自由报》(Winnipeg Free Press)的头条，最大标题为“超级突击队组建”，其下还有“美加联军在蒙大拿州训练”的报到。

右图是一批刚抵达威廉·亨利·哈里森堡的加拿大参训人员，他们穿着加拿大陆军的卡其色斜纹布常服，扛着背囊。

下图是另一批抵达威廉·亨利·哈里森堡的加拿大参训人员，他们穿着加军的灰色制式常服，头上戴着五花八门的加军军帽。

锤炼尖刀

第1特勤队组建后，艰苦的训练随即展开。根据“犁”计划的时间安排，弗雷德里克和他的参谋们有4个月的时间去打造这支混合美国人和加拿大人的新型部队，使他们精通各种轻武器的操作，具备跳伞、滑雪、攀岩、爆破、雪地车辆的驾驶和维护等专业技能，掌握突击队作战的其他方面的知识。同时，威廉姆森少校受加拿大国防部指派协助弗雷德里克展开各项准备工作，他本人也于7月26日正式进入战斗梯队服役。按计划，第1特勤队训练共分为三个阶段，囊括体能训练、格斗训练、战术训练、武器操作，以及跳伞、爆破、山地攀登、滑雪等一系列专业技能的训练。

后来出任第2团第4连连长一职的威廉·斯托里中尉（William S.P. Story）这样总结他在海伦娜所经历的训练：

“我们要做软体操、肢体延展……平时还有俯卧撑和跑步。当然还有徒步训练，包括大量简单的山地行走和攀爬登山。这些是极好的训练。还有山岩攀登，我们和那些经历过攀岩训练的平民交流技术，他们向我们传授如何使用绳索、岩钉、锤子、锁链和其他工具进行攀岩。我们还学习了面朝岩壁用绳索进行升降的技术。对于爆破训练，我们投入了极大热情……每周有两到三晚，我们在教室里学习地图判读、野外生存，以及使用不同技术进行爆破的知识。”

第一阶段

第1特勤队第一阶段的训练为期9周，从1942年8月3日至10月3日，由特别挑选出来的教官主持，训练项目包括：体能训练、跳伞、防化作业、定向爆破、车辆驾驶与维护、白刃格斗、徒手搏击、侦察与巡逻、急救与保健、轻武器使用、小分队战术等。所使用的武器都是美军制式，囊括自动手枪、卡宾枪、汤普森（Thompson）冲锋枪、勃朗宁（Browning）机枪、加兰德（Garand）步枪。具体的训练时间为每周周一至周六共6天，早上4点30分起床，6点30分吃早餐，接下来是一天的训练，科目按每月的安排而有所不同。在一系列训练科目中，以长跑和越障为主的体能训练是基础科目，包括在驻地附近满是砾石的小山上奔跑、爬“肌肉山”（Muscle Mountain）、越障训练中的软体操和体能锻炼等。体能训练、队列训练，以及行政管理和安全检查构成了威廉·亨利·哈里森堡的基本训练制度。体能训练中的越障训练（每周4次）安排在上午8点。周六晚上和周日是休息时间，大部分人都选择去海伦娜市放松。

徒手格斗训练的教官是德莫特·M·奥尼尔（Dermot M. O'Neill），他曾是中国上海租界的警察，二战盟军中著名的徒手格斗专家之一，精通数种徒手格斗术，他被战略情报局收编后，执教于第1特勤队。奥尼尔给参训者们传授了插眼、击喉、掏裆、攻击关节等格斗技巧，同时还教授了军刀格斗术，以及快速拔枪射击等技能。特勤队员彼此间使用真刀肉搏是格斗训练的一部分，受伤更是家常便饭。斯托里中尉回忆：

“奥尼尔教我们如何利用自己的手、脚，以及匕首轻易杀敌，把（身边）所有的一切都派上用场。

“奥尼尔的‘踢和戳’课程内容具有极强破坏

性，而这也是他教给我们的基本内容。徒手格斗就是有效利用踢和手直击人体的致命处——眼下、喉部和脖子。他还教我们怎样用绳索绞死对手，你可以用这种方法取敌头颅。我想我们是美军中第一个接受这种训练的单位。这比英国人的突击队学校中的学习内容更广泛。”

机动车辆培训是由平民中的专家来指导，其中包括车辆的维护和修理、驾驶、驾驶员排障，同时通过这项训练培训保障梯队的机械师。

轻武器射击是特勤队员们需要掌握的另一项基本技能，他们几乎使用了美国兵工厂里的每一款轻武器进行射击训练；同时，他们还被要求熟悉使用德国人的武器。对于特勤队员的射击训练，部队在弹药上“大开绿灯”，没有任何数量限制。

在训练上，军官也一视同仁，他们被要求参加与征召人员一样的训练，就连弗雷德里克本人也参加了早期的军官训练。在第一阶段的训练中，讲座、电影观摩、实习操作穿插其中，特别是讲座，周一至周五晚上都会进行，为参训者们进行讲座的是具有海外作战经历的退伍老兵；某项科目结束前还有针对每个人的测试，包括书面测试和实践操作测试。第一次没有通过测试的人会得到夜间“开小灶”的额外指导，并进行补考，直到每个人都过关为止。

据第2团第2营副营长埃德·托马斯上尉(Ed Thomas)叙述：

“训练的强度和集中程度都非同寻常。虽然没有正式的官方消息，但分配给我们的任务很明确，那就是挪威战场，一座伪装成胶合板厂的电厂是我们的目标。而训练的进度安排说明测试很快就要到来，在这种形势下，我们必须集中精神进行训练。”

这里要着重提一下伞训，这是淘汰众多不适应这支新部队的人员的第一个步骤。由于时间紧迫和未来所要执行的任务的要求，在参训者们抵达威廉·亨利·哈里森堡的48小时内，伞训

■ 这是第1特勤队用于训练的一个水力涡轮机的实体模型。这是他们将在挪威摧毁的一个目标。特勤队员被训练怎样正确地安放炸药以便成功摧毁发电机组。

■ 这是1942年7月31日在威廉 · 亨利 · 哈里森堡，弗雷德里克参加第一次伞训实跳。他穿着M1937型橄榄褐色羊毛/法兰绒衬衣和M1937型毛哔叽长裤。这款制服既可作常服穿着，也可做战斗服穿着，第1特勤队在意大利的安齐奥战场上便穿着这款制服战斗。

便开始了。最初陆军要求第1特勤队的美军成员的伞训和滑翔机训练在本宁堡或布拉格堡（Fort Bragg）的空降兵训练场进行，但这一要求同时遭到弗雷德里克和空降兵主官的反对，前者认为把部队从一个基地转到另一个基地进行训练太费时间；后者正在扩建空降部队，没有备用的设施提供给第1特勤队。最后，第1特勤队的伞训还是确定在了威廉 · 亨利 · 哈里森堡。1942年7月31日，第1特勤队进行了第一次实跳，第一个跳出机舱的就是弗雷德里克。至1943年8月3日，第1特勤队中几乎所有的美军军官都获得了跳伞资质徽章。同时，士兵们的伞训也如火如荼地展开。

威廉 · 亨利 · 哈里森堡的伞训和本宁堡的伞训有很大不同，因为时间关系，前者没有准备跳伞塔，也没有安排好运输机运载队员进行伞降的航班，滑翔机机降训练也难以实现，美国陆军标准的四周训练课程更是被辛伯格弃之不用，取而代之制订了一个压缩版的伞训大纲。从新手培训到最后实跳，大约只用一周，在这段时间里，队员们要学会自己打伞包、习惯吊在降落伞上的感觉、在地面上的飞机模型上学习如何正确地跳出机舱、并体验落地的感觉。在美国陆军其他部队里，需经过5次成功的跳伞才能取得跳伞资质，但在威廉 · 亨利 · 哈里森堡只需2次，根据是：如果一个人第一次试跳就成功了，那么第二天就可以“厚着脸皮”再来一次，这就足够使他获得跳伞资质徽章了。至于尝试不同型号的运输机和降落伞，那只有等到去挪威执行任务时再亲身体验了。托马斯中尉对此回忆：

“这里只有跳两次的机会，而非本宁堡的伞兵学校那种跳五六次的条件，而且也没有夜间跳伞。当然，也不会在伞降后进行地面集结这种行动，我们不会进行大部队作战，而是小团队行动。”

在威廉 · 亨利 · 哈里森堡，第1特勤队作战梯队的官兵都被要求完成伞训，即使有些加拿大人曾在本宁堡或英国曼彻斯特（Manchester）的灵韦（Ringway）接受过伞训，那也得按这里的规矩“回炉再造”。因为在第1特勤队的指挥官们看来，战友们一起进行伞训并从飞机上并肩跃下的过程有助于培养团队精神。但是，与作战梯队不同，除了勤务连的一个伞兵排（该排也参加了7月31日的首次跳伞）外，保障营的官兵不需要进行伞训。这是考虑到该营作为后勤保障力量，不能因为跳伞中不可避免出现的伤亡而影响其战斗力。这一原则也实行于指挥机构，如人事参谋威克姆少校也因为同样原因被弗雷德里克上校禁止参加跳伞训练。

第1特勤队之所以执行这种伞训制度是因为当初伞训中的伤亡居高不下，在某些星期里甚至高达25%——伤势情况从膝关节扭伤到腿部骨折不等，如执行官麦奎因中校便是在8月13日的跳伞训练中摔断了一条腿——他也是第1特勤队中

加拿大第1、第2伞兵营与第1特勤队

加拿大陆军的伞兵人员一直是第1特勤队兵员的重要来源，这些伞兵都来自加拿大第1伞兵营，他们的初期训练在美国的本宁堡和英国的灵韦完成。在加拿大政府参与“犁”计划之时，加拿大陆军并没有一支经过伞训或寒带及山地作战特殊训练的部队，他们顶多只能提供一些寒带战斗训练的教员。自从1940年以来，除了少数支持者，加拿大政府和陆军中都没有人认为加拿大需要建立伞兵的培训机构。然而，经过两年多的争论，加拿大国防部改变了主意。这一变化来自以下几个原因：下议院的在野党认为，加拿大需要伞兵部队以便能保持与盟友或敌人处于同一水平线上；而且，面对德国人和将来的日本人，这有利于加拿大本土的防御；在野党还期望，加拿大能成为英国和加拿大伞兵部队的训练中心——就像英联邦空军训练项目那样。当时，虽然加拿大总理已经被总参谋长告知，敌人对加拿大本土无法构成真正威胁，但他仍希望有更多部队保护加拿大的安全。由于在野党跟风式地要求建立自己的伞兵部队和领导机构，尽管加拿大并未真正需要伞兵部队，但还是迫使国防部长对此有所让步，不过军方态度依旧暧昧不明。国防部长下令调查研究美国和英国的伞兵训练程序，其结果是一份关于在加拿大建立一所伞兵学校的提案于1942年6月中旬出炉。因为提案诞生的这一时期，也是加拿大陆军总参谋长、国防部长和总理被盟友告知并游说加入派克的“犁”计划之时，国防部关于建立伞兵部队的沉闷态度立即发生了一百八十度的大转变。1942年7月10日，渥太华几乎不加考虑便快速发布了关于一个伞兵营——加拿大第1伞兵营的组建公报，该营将由26名军官和590名各军阶的士兵组成。能够阐述渥太华的做法如此雷厉风行的原因的书面文件不多，一个可能性很大的猜测就是在6月11至13日蒙巴顿与弗雷德里克到访期间，与渥太华达成了一些秘密协定，使得加拿大方面改变得如此彻底。不过加拿大当时并不接受弗雷德里克关于“犁”计划的训练构想。在加拿大人看来，美国人用美国的设施训练美国队员便可以了。虽然有迹象表明，冬季训练可能由加拿大方面负责，但加拿大人到哪里接受伞训还没有确切的决定。如果渥太华

■ 这是1942年在英国的灵韦，一些来自加拿大陆军海外服役人员合影。这些加拿大人刚在灵韦的英国皇家空军第1伞兵训练学校完成了伞训，即将前往美国加入第1特勤队服役，不过由于第1特勤队要求所有应征人员都必须在哈里森堡重新进行伞训，灵韦对于这些完成了英军伞训的加拿大人来说成了个无效的中转站。

打算训练自己的伞兵，那么就必须立即建立一个训练机构。因此，锻造一支伞训骨干及所有关于建立伞兵部队的提议在正式设立的伞兵营下开始着手准备。最初，这一不寻常的举动也是加拿大为了掩盖参与“犁”计划的秘密，但这些决定在渥太华通知华盛顿后全部告吹，因为弗雷德里克坚持所有特勤队员都必须在海伦娜进行伞训，而且他希望加拿大人在1942年8月1日抵达。这种情况导致了加拿大国防部必须在短时间内召集大约700人并派遣到美国受训。由此，加拿大决定将锻造一批伞训骨干、组建第1伞兵营的计划暂时搁置。而且，由于加拿大参加“犁”计划的部队都要到美国受训，需要有一个新的秘密名称来“标识”这批人，1942年7月14日，“加拿大第2伞兵营”成立。在14日当天国防部的文件中记录：“1942年7月10日批准通过的关于组建、训练和装备一个伞兵营的提案，如今已扩大到组建第二个伞兵营，这也同样被批准通过……这个将被命名为‘加拿大第2伞兵营’的单位，主要目的用于训练，完全由积极分子组成。考虑到详细的战时编制，这支单位将由以下人员组成：上校1人，中校、少校或上尉10人，中尉36人，其他军阶官兵650人。在选拔上述人员后，该部将在短时间内到某个地点集结，然后派遣往美国受训。”实际上，“加拿大第2伞兵营”并非合法存在的单位，这一行政管理上的“花招”使渥太华的一些人产生混淆，以为加拿大在组建另一个伞兵营。从上述可知，第1伞兵营公布组建文件后，这支部队并没有立即成立，反而是“加拿大第2伞兵营”这个官方上并不存在的单位却得以迅速组建。这不仅使国防部产生混淆，也影响了加拿大人抵达海伦娜的行程。直至麦奎因中校就任第1特勤队执行官的前3天，加拿大国防部恢复了在加拿大训练伞兵的计划；同时也讨论了将来派遣到第1特勤队的加拿大志愿者应该先在国内进行训练；并通过了在艾伯塔省（Alberta）的文赖特（Wainwright）或马尼托巴省（Manitoba）的希洛（Shilo）建立新的伞训学校培训伞兵骨干的建议。在派遣到第1特勤队的“加拿大第2伞兵营”之前，这些志愿者可以先放到第1伞兵营中。如此一来，加拿大第1伞兵营正式登上历史舞台。

■ 这是1942年9月12日在英国灵韦，即将进入第1特勤队服役的加拿大志愿者克里斯蒂安松（Christianson）和欧文（Irvine）正在交谈。注意克里斯蒂安松右手袖子的中士军衔上方已佩戴了英式伞兵资质徽章。曼彻斯特的灵韦皇家空军基地和美国本宁堡的空降兵学校都是加拿大第1伞兵营重要的培训基地，在马尼托巴省的希洛军事基地的加拿大伞兵训练学校建立并发展起来之前，加拿大伞兵都是在上述两个单位接受当时最先进的伞降培训。这些人受训后将回到加拿大第1伞兵营服役，或经该营转到第1特勤队服役。

■ 上图是取代麦奎因中校担任第1特勤队执行官的保罗·D·亚当斯。亚当斯1906年出生于阿拉巴马州的伯明翰（Birmingham），1924年从阿拉巴马州的马里恩军事学院（Marion Military Institute）毕业后，又考入西点军校，1928年以少尉军衔毕业。1942年至1944年期间，亚当斯作为第1特勤队的执行官，参与了第1特勤队的训练和在阿留申群岛及意大利中部山区的多场战斗。1944年1月，在第1特勤队被派往安齐奥滩头前夕，亚当斯被调至美军第36步兵师第143步兵团任团长。1945年1月至1946年1月，亚当斯任美军第45步兵师副师长。朝鲜战争期间，亚当斯先后担任美军第25步兵师师长、第10军参谋长和第8集团军参谋长。1961年，亚当斯晋升为四星上将。照片拍摄于亚当斯晋升准将时期。

■ 上图是加拿大陆军中校唐纳德·多比·威廉姆森于1942年在第1特勤队中拍摄的官方标准照。威廉姆森出身加军的达弗林和哈尔迪曼德步枪团（Dufferin and Haldimand Rifles）。在第1特勤队筹建时期，威廉姆森作为加拿大方面代表，与威克姆少校商谈敲定了两军合作的相关细节和文件——“威克姆－威廉姆森”协定。第1特勤队成立后，威廉姆森少校也加入其中服役。在麦奎因中校因为跳伞训练负伤而卸任第1特勤队执行官一职后，威廉姆森成为第1特勤队中的加拿大最高官阶者，他被任命为第2团团长，同时也是加拿大“第2伞兵营”指挥官。1943年12月，在第1特勤队突袭拉蒂芬萨山的行动中，第2团担任主攻，但威廉姆森的表现令人失望，1944年1月，威廉姆森永远调离了第1特勤队。

第一位参加实跳的加拿大人。通过查找原因发现，第1特勤队初期使用的美式着陆技术是“罪魁祸首”。这一技术要求伞兵在着陆时两脚分开20.3厘米，并在接触地面的瞬间向前或向后翻。为解决这一问题，第1特勤队司令部对跳伞着陆进行了动态摄影并作分析。经过保障营摄影分队的托马斯·W·霍普（Thomas W. Hope）拍摄的连续镜头显示，通常跳伞者的一只脚会比另一只脚提前一瞬间触地，这样便是一条无支撑的腿承受着陆带来的冲击，尽管只是一瞬间，但很多情况下足以造成严重的损伤。此时，曾在灵韦接受英国皇家空军跳伞训练的加拿大人发挥了作用，他们把美式着陆姿势改为英式着陆法，即两脚并拢着地，这种变化看似简单，但却把跳伞的伤亡率降至大约1%。而且，第1特勤队还拍摄了一部短片，把这一着陆技术转给美军其他跳伞学校，这一技术从而成为了美军伞兵新的着陆标准。

1942年8月29日，第1特勤队举行了阅兵仪式，1200名官兵获得了跳伞资质徽章。

9月1日，负伤的麦奎因中校的职务被保罗·D·亚当斯中校（Paul D. Adams）取代，后者是弗雷德里克在西点军校时期的同窗；麦奎因则转调华盛顿，担任第1特勤队与渥太华方面的联络官，并协助第1特勤队的情报和后勤参谋工作。实际上，麦奎因中校的职务最初是决定由罗伯特·基恩少校（Robert Keane）接任，基恩出身于加拿大苏必利尔湖苏格兰团（Lake Superior Scottish Regiment），但后者也非常倒霉地在伞训中负伤；后来又属意唐纳德·多比·威廉姆森少校，弗雷德里克也认为："威廉姆森少校是最早进入第1特勤队的加拿大军官之一，他熟悉其中大部分事务，他作为第1特勤队中的加军高级军官，我认可他。"但是，威廉姆森虽然得到了晋升，并未得以接替麦奎因的职务。这意味着第1特勤队指挥部开始排斥加拿大人。

这里还需要提到一种特殊情况。因为第1特勤队由两个不同国家的军人组成，在训练初期，美加两种军事制度上的一些不同细节在两国官兵身上体现得相当明显。例如，在制服上，美军官兵穿的是美军制式服装，如穿橄榄绿人字斜纹布连体工装或卡其色夏季制服，戴船形帽；或穿橄榄褐色A类常服，戴船形帽或大檐帽。而加拿大官兵的制服则要丰富得多，由于当时加拿大是英国的自治领，加军制服也带有浓厚的英军色彩。初到海伦娜受训的加拿大官兵们，有些身穿苏格兰方格呢短裙（Kilt），有些则是苏格兰紧身格子呢绒裤（trews），还有些是百慕达式（Bermuda）短裤；帽子也和英军一样形式各异，有楔形帽、英军坦克兵的黑色贝雷帽、苏格兰团的卡其色塔姆奥圆帽（Tam o' Shanters）等等。

在队列条例和行军条例方面，两军也差异颇多，一国的军官下达的队列命令经常给另一国士兵造成困惑，这在威廉·亨利·哈里森堡早期的训练中带来了不少麻烦。威廉·斯托里中尉对此回忆：

"加拿大人习惯听到：'全连以排为单位成三列纵队向右行进。向右转！以左侧为基准，快速前进！'美国士兵们却会小声嘀咕：'他到底是什么意思，以左侧为基准？'所以，若排长是加拿大人，那么这些美国士兵就学会按照加拿大式条例操练，反之亦然。但这种造成某种程度上的混乱的'乐事'是不会持续很长的……"

而快速行军方面，加军是每分钟140步，比美军的120步要快，同时保持76.2厘米的步幅。

在这种情况下，初期的混乱是显而易见的，而这也是弗雷德里克从一开始便担心的问题：如何将两个国家的战士融为一个有凝聚力的战斗集体。也许是总体年龄上的成熟（这支部队的志愿者的平均年龄为26岁，比美军伞兵的平均年龄要大），第1特勤队的两国官兵在训练中磨合后很快便融为一体，在很多方面达成了统一，为这支联合部队在后来的战场上能够保持稳定的士气奠定了基础。制服上，两军官兵统一穿着美军服装，佩戴美式军衔标志和其他标志，除了A类常服衣领上的国籍领徽外（美国人佩戴"U.S."字样的黄铜国籍领徽，加拿大人则佩戴"CANADA"字样的黄铜国籍领徽），两国官兵的训练、战斗着装无甚差别。队列条例则是美加两军教范的混合而成的复杂条例——"队形和转向动作是美式的，正步和向后转的动作则是加式的。"第1特勤队的词汇变成了术语和俚语的混合体。另外，加军中的风笛手也加入到军乐队中，为每天的起床号加入了苏格兰风笛的味道。军纪则按"威克姆－威廉姆森"协定，以美军军纪为标准。虽然军纪要求严格，但没有严格地执行，仅是"稍微强调了不乱吐痰及必须保持军容风纪整洁"。对轻微的违纪，惩罚大多是罚金或是限定活动范围而非关禁闭，因为训练繁重，他们没有时间去执行那些军纪。

用第1特勤队情报参谋罗伯特·D·博汉斯上尉的话来说：

"如果说制服、武器和装备是看得到的美式风格，那么这支部队内在的性格已融入了一些国际元素。"一名美国官员也认为，威廉·亨利·哈里森堡中进行的事是"一种不同的文化"。

当第1特勤队的官兵们正忍受艰苦的训练时，"犁"计划的推行遭遇重大转折。1942年9月3日，弗雷德里克上校飞往英国，商议"犁"计划的部署和实施。到那里，他发现"犁"计划已不复以往。

第1特勤队的训练着装

第1特勤队的所有补给都由美国政府提供，因此其所有制服和装备自然也美式化。虽然很多加拿大人不愿放弃充满异国特色的老部队帽徽和英军传统的团级标志，但这也构不成什么主要问题。与他们那套被戏称为“国王的破麻袋”的战斗服相比，加拿大人更欣赏美国人那看起来时髦、现代的制服。由于高级别的权限，第1特勤队总是能得到最好的制服和装备，而且他们的训练服也有别于后来穿着的战斗服。

在第1特勤队中，最普遍的训练服是一型M1938橄榄绿人字斜纹布（herringbone twill，缩写为HBT）连体工装。这款训练服采取拉链式前开襟设计，带有两个胸袋、两个斜腰袋和两个臂袋，腰间是与制服连成一体的腰带，特勤队员还经常配着M1941型人字斜纹布训练帽（外形类似棒球帽）一起穿戴。另外，这款训练服的改进型——一型M1943特殊型橄榄绿人字斜纹布连体工装也在第1特勤队中穿着。这一款与M1938型的相比，最大的区别是取消了右胸袋，仅保留左胸袋。

在威廉·亨利·哈里森堡，第1特勤队还配发了一款独一无二的制服，其他部队难寻其踪。其上衣是齐肘短袖款的M1938型卡其色棉衬衣，裤子是齐膝长的M1937型卡其色棉短裤。这种极具英军风格的制服显然是受加军同类制服的影响而出现的。这款制服既可作为常服穿着，也可以作为训练服穿着，特勤队员穿着这款制服时，通常会戴卡其色船形帽，脚穿橄榄绿长袜和伞兵靴。这款制服仅在夏季训练时短暂出现过，在特勤队员野外拉练训练和被授予跳伞资质徽章时可以发现它的身影。

在较寒冷的季节，第1特勤队主要穿着两款训练服套在连体工装外。一款是齐腰长的橄榄绿色或卡其色M1941型野战夹克，采用拉链和扣子相结合的前开襟、两个手暖式斜口袋、带肩袢、纽扣式袖口和法兰绒内衬设计，这款野战夹克较为轻巧，特勤队员除了作为训练服穿着，在基斯卡岛之战和意大利战场上也作为战斗服穿着；特勤队员的另一款训练服是著名的A2皮制飞行夹克，这款飞行夹克以深褐色或黄褐色马皮为材料，采用拉链式前开襟、两个带暗藏式按扣的大型口袋、衬衫式衣领、毛纺织收腰和袖口设计，喉部位置带有风纪扣扣眼，肩部有缝制式的肩袢。A2飞行夹克是第1特勤队中极为特殊的制服，在美军其他单位中，只有飞行员和军官有资格穿着，但在第1特勤队，战斗梯队的队员人手一件。不过，在训练结束后，第1特勤队的士兵不再穿着，但军官还能继续保留它。很多历史照片显示，在欧洲战场上，第1特勤队不少军官仍穿有这款夹克。

随着滑雪、攀岩、冬季作战等特殊技能训练的开展，第1特勤队装备了一些专门用于冬季训练的服装。其中有一款橄榄褐色M1941型羊毛滑雪裤。它采用了前裤拉链和拉链式前袋设计，裤头位置订有3颗纽扣，腰间是可供腰带穿过的大袢扣，踝关节裤脚采用了锥形设计，并带有弹性脚箍筋，这可以很舒适地塞在靴子内。这款滑雪裤的裁剪要比M1937型毛哔叽长裤更宽松。

特勤队员在冬季训练中最主要穿着的是二型M1941双面滑雪派克大衣。这款派克大衣可以双面穿着，一面为白色，一面为橄榄褐色，采用防风却不防水的棉府绸布料制作，宽敞，长近膝盖；大衣上还带有一个拉绳式兜帽，戴针织帽时可扣上兜帽（但戴钢盔则不行）；脖子处有拉链调节松紧，袖口处也有调节松紧的拉绳，胸口是一个巨大的贴袋，贴袋中央有一道垂直分隔接缝，贴袋两边各有一个拉链斜开口。这款派克大衣并没有在兜帽和袖口上加设皮毛。而与之一起穿着的是白色滑雪裤，特勤队员把它穿在羊毛滑雪裤外。在滑雪训练中，特勤队员们还穿着长及踝关节的滑雪－山地靴，它用加了润滑脂的浅棕色皮革制作，方形鞋头，皮革鞋底（后期改用防滑橡胶做鞋底）。

M1941型卡其色羊毛针织帽（又称为“吉普帽”）也很受特勤队员们的欢迎，这款针织帽可以向下遮住耳朵，有很好的保暖效果，即使有一个短短的帽檐，但戴上它依旧能佩戴钢盔。因此在训练或作战时期，都有特勤队员佩戴这款针织帽。

在冬季训练期间，特勤队员还戴有一款基于老式冬季便帽的滑雪帽，即M1942型滑雪帽，它采用棉帆布料和羊毛内衬，带有帽檐和可垂下至脖子并扣在下巴的护耳。这款滑雪帽共有一型、二型、三型3种型号，第1特勤队在训练期间都曾穿戴，但二型最为常见。

上图是M1941型卡其色羊毛编织帽。

左图是在海伦娜训练时期的特勤队员的装扮。他身穿一型M1943特殊橄榄绿人字斜纹布连体工装，头戴M1941型卡其色羊毛编织帽，足蹬伞兵靴。连体服内穿着橄榄褐色M1937型羊毛/法兰绒衬衣。不过，在威廉·亨利·哈里森堡训练期间，特勤队员穿着更普遍的是一型M1938橄榄绿人字斜纹布连体工装，这款训练服与M1943型连体工装的最大区别是胸前有两个贴袋，其中右胸贴袋带有方形袋盖，左胸贴袋没有袋盖。M1943是基于其的改进型，主要变化有：仅剩的左胸贴袋带有钢笔槽和袋盖；臀袋取消纽扣和扣眼；右侧臀袋的下方增加一个卷尺袋；腿部前袋增加了袋盖腿部等。

在之前的几个月里，因为各种原因，计划中的罗马尼亚和意大利的目标已经被取消，因此，所有的资源和行动计划都集中到了挪威的目标上。但是，挪威流亡政府在得知了“犁”计划并经过对挪威在该计划中的“地位”再三考虑后，对这一计划持以反对态度。他们认为，盟军在挪威执行涉及目标如此众多的突击行动会引起德国人对挪威民众的残酷报复；而且大规模破坏电力设施的行动对已经活得很艰难的挪威民众来说更是雪上加霜。另一方面，英国人对在1943年发动横跨英吉利海峡的突袭行动的态度也发生了转变，因为他们认为这样的突袭得到的败绩不会比1942年8月19日盟军发起的迪耶普（Dieppe）突袭更大——盟军在迪耶普突袭中可谓损失惨重。而且，英国人在其选择的目标上故意隐瞒了部分情报；计划所需的DC-54大型运输机的数量也无法得到保证。同时，由于苏联方面对尽快开辟第二战场的诉求，盟军横跨海峡的军事行动被延迟一年。如今，美英联合参谋长委员会把注意力都集中到一个长期计划上，这一计划以扩大北非盟军的战果并登陆意大利为序幕。这样，以高寒地区作战为目标的第1特勤队更难有用武之地了。

在与英国方面的协商中，后者向弗雷德里克坦白了目标情报的缺乏、第1特勤队所需的750架运输机难以提供等问题；同时，弗雷德里克也得知英军突击队已经在针对“犁”计划中的一些目标进行破坏；而且，弗雷德里克也被丘吉尔告知，“木星”行动同样被英军将领持以负面评价，因为他们认为，没有苏军的参与，这一行动无法成功。

最后，弗雷德里克经过与蒙巴顿勋爵商议，同意搁置“犁”计划，这个计划至此可算是彻底夭折了。其实在盟军内部，“犁”计划也存在着其他阻力，如英国皇家空军并不愿意运送“黄鼠狼”运兵车；丘吉尔虽希望继续进行“犁”计划中的“木星”行动，但现有证据显示，英国并不想真正实行“犁”计划或“木星”行动，只是把它们作为针对德军的欺骗计划的一部分。“犁”计划的夭折也意味着因为这个计划组建的第1特勤队失去了存在的理由。回到华盛顿后，弗雷德里克将情况汇报给马歇尔，并将第1特勤队的命运交到了总参谋长的手中。1942年10月8日，加拿大方面得知“犁”计划取消后，也开始考虑召回第1特勤队中的加拿大人，把名义上的“加拿大第2伞兵营”的官兵合并到第1伞兵营中。但是，马歇尔最终选择将第1特勤队保留下来，因为以弗雷德里克为首的第1特勤队司令部军官们并不愿看到这支辛苦打造的突击队夭折，他们提出了一个设想：将原来投放到高寒地区作战的第1特勤队打造成一支全地域作战的特种部队。马歇尔同意了这一设想，并说服渥太华继续将加拿大人保留在第1特勤队中。

在确定第1特勤队的新角色后，10月14日，弗雷德里克和参谋们立即着手改变部队的建制和装备；第1特勤队的训练内容也相应做了调整。从新的组织序列表上反映，不仅人员定额增加了（每个战斗班从9人增加到了12人，保障营也增加了人手），班排级别也配备了巴祖卡（Bazooka）火箭筒、60毫米迫击炮等支援武器，部队的制式武器则从M1型卡宾枪改为M1型步枪。

第二阶段

在第1特勤队转型的同时，部队的训练仍在继续展开，但训练内容开始发生调整。第二阶段的训练从1942年10月5日开始，至11月21日结束，原定的主要内容有部队战术训练和解决训练中出现的问题等。但是，由于“犁”计划的取消以及一定的雪情，该阶段将持续到1943年1月，并将第三阶段的滑雪训练移到这一阶段。这一阶段的训练将由常规建制部队的指挥官主持，但一些特种科目，如滑雪、爆破、车辆维修等，仍由专业人员或专家负责。

A2飞行夹克

著名的A2飞行夹克是第1特勤队的一款常见训练服。它是美国陆军航空队在20世纪30年代用于取代A1飞行夹克的新式飞行服，1930年9月20日，设计版的型号投入试用；1931年5月9日开始进入正式使用阶段；军用规格号为94-3034，服装设计号为31-1415（不过在夹克内部洗水标上显示的是30-1415），尺码为32至54号的偶数号。1943年4月27日，美国将其列为有限标准化装备——仅供在役机组订购。新机组将装备B10、B15等表面为布料的飞行夹克。

■ 上图是特勤队员穿过的1件A2飞行夹克，左胸位置印有第1特勤队的红色矛尖标志。

A2飞行夹克主要装备美国陆军航空队，同时广受各兵种欢迎，美军其他单位人员也有穿着，是二战美军的著名“商标”。在海伦娜训练期间，得益于第1特勤队的特殊性和高级权限，第1特勤队的后勤参谋鲍德温获得了1700件A2飞行夹克作为训练服，战斗梯队人手一件。不过，在奔赴欧洲战场之前，士兵的A2飞行夹克被要求交还后勤部门，但很多军官仍保留着他们的A2飞行夹克。另外，当一名特勤队员离开第1特勤队，或从战斗梯队调到保障梯队，他的A2飞行夹克也被要求交还给军需官。

■ 上图是1942~1943年冬季在威廉·亨利·哈里森堡的冬季训练中的一队特勤队员合影，其中前排左二那名队员是第1团第2连的詹姆斯·G·克莱顿（James G. Clayton）。可以看到，他们都穿着橄榄绿色人字斜纹布连体工装，且几乎每个人在连体工装外都套着A2飞行夹克。在第1特勤队的伞训、射击、野外行军、雪地战斗等训练科目中，都可以看到A2飞行夹克的身影。

首先要提到的是滑雪训练。在原来“犁”计划的设想下，滑雪是第1特勤队必须掌握的作战技能。“犁”计划取消后，根据第1特勤队要转换为适应全地域作战的突击队的目标，这一训练科目仍旧保留下来。滑雪训练从1942年底开始，为期4周。部队被拉到蒙大拿州布洛斯堡（Blossburg）附近的洛基山脉（Rocky Mountains）中，在一处偏僻的铁道口驻扎下来。滑雪教官都是来自挪威军队的教练，总教官为艾因纳·S·基尔上尉（Einer S. Kiil）。特勤队员还给他们的滑雪教官起了个“滑雪维京人”（ski-Wegians）的外号。在这里，特勤队员将在教官们的带领下，学习使用各种冬季作战的装备（包括他们的滑雪板、羽绒登山睡袋、带兜帽的可双面穿着的派克大衣、补给和山地口粮）。教官们首先为特勤队员进行滑雪训练的讲座和示范演练，大多数人在两周内便掌握了基础技能；然后是从早到晚使用他们的雪地装备进行编队滑雪越野训练，直到他们能达到挪威军队的标准。很多人，尤其是生活在雪域环境下的加拿大人，很快便熟练掌握了雪地作战的技能。斯托里中尉回忆：“队员们都要成为具有相当能力的滑雪者。挪威教官说，‘在一个月左右的训练后，第1特勤队的队员们的雪地技能已不输于服役一年的挪威士兵了。’”

还有爆破，第一、第二阶段的训练中都穿插着这一科目，而特勤队员们对充满毁灭性质的爆破也充满兴趣。据路易斯军士（Lewis）回忆：

“大多数小伙子都有点冲昏了头脑，真的，他们炸毁了海伦娜周围一切可以炸毁的桥梁和涵洞。天啊，我从来没有见过这样的事情！”而二等兵明托（Minto）也证实：“我们把众多的建筑物都炸成了碎片，以至于出现了这样或那样的一些失误。例如，我们炸毁了一座桥梁……那是个错误的桥梁；我们炸毁了一座老矿……我们埋错了炸药；我们炸毁了地狱里的一切。”

爆破训练刚开始使用的是TNT炸药，在“准备，爆破！”的呐喊声中，剧烈的爆炸声在海伦娜此起彼伏，用参训者的话说：“仿佛保德河（Powder River，蒙大拿州的一条河流）都在哭泣！”几周后，一种名为“彭脱利特”（Pentolite）的炸药（由季戊四醇和三硝基甲苯合成）和一种新型浓缩炸药——莱安特种炸药（Ryan's Special，缩写为“RS”）被第1特勤队引进使用，其中后者是棒形药柱的形式，每13.6公斤装成一包，其威力相当于同质量的TNT炸药的三到四倍。第1特勤队从军械部获取的第一批该型炸药便有7吨——这相当于当时该型炸药的总产量。指导特勤队员使用该型炸药的是它的发明者——丹·莱安中尉（Dan Ryan），以及另外3名军官。通过导爆索（类似引信，但实际上以TNT填充，以实现多个药包被同时引爆）连接后，该型炸药对钢铁和混凝土特别有效。

在第二阶段的训练中，还增加了其他内容，包括作战法则、野外演习、场地射击和战斗射击、读图、外军武器（主要是德军武器）的使用、手榴弹投掷、作战信号、战斗命令、连续射击，以及贯穿其中的野外行军和体能训练。

野外行军大多时候是在蒙大拿州崎岖的乡间道路上进行，其中要学习使用指南针。行军距离最长达97公里，当时这一行军距离的最好成绩是阿尔弗雷德·C·马歇尔中校（Alfred C. Marshall）的第1团取得的，时间为22小时。据路易斯军士回忆：“那些武装行军是长距离的，而且能让人疲惫欲死。我们通常要在全副武装下行军20至30英里。”

在复杂的战斗课程中，教官们还设置了移动靶、烟雾弹、饵雷和炸药包，将特勤队员们置于真实的战斗环境中进行射击和运动——这一作战训练方式来自加拿大人。为了克服这些课程中的各种战斗难题，基层单位的指挥官们都被鼓励发挥自身的主动性和聪明才智去解决问题。

■ 派克大衣是美国陆军开发的严寒装备中的一个基本项目，主要式样为一件带兜帽的全身大衣或套头衫，可以覆盖住从头到膝盖的大半个身躯，抵御严寒环境下冷空气的侵袭。20世纪40年代初，美军研发了多款试验型的派克大衣供山地和滑雪部队试穿。M1941双面滑雪派克大衣是美军驻寒带部队和山地部队装备的第一款可双面穿着的滑雪大衣。它采用了套头衫式的设计，白色一面在雪域环境下穿着可起到极好的伪装效果，橄榄褐色一面适宜在山地环境下穿着。1942至1943年冬，第1特勤队在蒙大拿州进行冬季训练时，二型M1941双面滑雪派克大衣是其最主要的训练服。但是，当第1特勤队进入战斗部署后，该型滑雪大衣便被新式的双面派克大衣所取代。

■ 上图是特勤队员在海伦娜受训时穿过的1件橄榄褐色朝外的二型M1941双面滑雪派克大衣。右图是在海伦娜的冬季训练期间的一名特勤队员，他穿着1件白色朝外的二型M1941双面滑雪派克大衣和1条白色滑雪裤，头戴M1941型卡其色羊毛编织帽，手里是滑雪板和滑雪杖。

1942年12月，第1特勤队迎来新鲜血液，来自加拿大第1伞兵营的97名志愿者，以及美军的236名志愿者组成了第1特勤队的一个新的训练单位，指挥官是加拿大的拉尔夫·W·贝克特上尉(Ralph W. Becket)。

第三阶段

威廉·亨利·哈里森堡的第三阶段训练：原计划是从1942年11月至1943年7月；原定内容是滑雪、攀岩、适应冬季气候的作战环境和使用“黄鼠狼”履带运兵车作战。修改后的这一阶段的训练时间则是从1943年1月至3月，内容包括综合使用各种特种装备(如车辆、滑雪板和无线电等)几乎毫不停歇地进行野外作业；涵盖使用新获得的60毫米迫击炮、巴祖卡火箭筒、勃朗宁12.7毫米重机枪、火焰喷射器等装备。其他的新科目还有山地攀登、防空和反坦克作战、情报与联络、陆战法规，以及大规模的野外演习等等。

在山地攀登训练方面，第1特勤队邀请了原《国家地理》杂志(National Geographic)中著名的登山者林肯·沃什布恩少尉(Lincoln Washburn)——他加入了陆军专家团队(Army Specialist Corps)——前来帮助军需兵(Quartermaster Corps，1962年前的美国陆军兵种)挑选所需的冬季服装和装备。沃什布恩少尉还根据他在登山领域的丰富经验，向特勤队员讲授了如何在极度寒冷的环境下生存的技能。特勤队员们还学习了使用冰镐、岩钉、各种绳索和吊索，并开始熟练掌握攀登垂直的岩壁的技能及峭壁索降技术。其中，在峭壁索降的训练科目中还包括模拟携带伤患的内容。

在第三阶段的训练中，一些战术难题被增加进来，以强调对目标的突袭和撤离，而非坚守阵地与敌军厮杀。而且，这一阶段的爆破训练也进行了加强。来自工程师委员会(Engineer Board)的爆破教官们，筛选出50名掌握了完整爆破技能的军官进行更高级别的培训，包括对目标的照相侦察或地图作业、策划攻击，以及敷设和引爆炸药的实际操作等。在训练中，废弃的桥梁、工厂和重型机械设备都成为爆破的目标。另外，特勤队员还要进行断梁、清墟和摧毁工业设备等方面的炸药敷设和引爆的实际操作；而这些训练都是在黑暗中进行，这种贴近实战的训练使部队在未来战场上受益匪浅。

另外，一些特勤队员在完成他们的主要训练科目后，作为情报与侦察军官或士官，还被分成若干小组并派往美军学校——如马里兰州(Maryland)里奇堡(Fort Ritchie)的军事情报训练中心(Military Intelligence Training Center)，接受更为专业的特殊培训。

值得一提的是，在这一阶段的训练中，于1942年12月加入的加拿大和美国志愿者，作为后期抵达人员，和另外的替补队员一起进行训练，他们组成了所谓的“训练团”(Training Regiment)，与之相伴的是特别强化压缩的训练计划，以便使这批后来者与其他特勤队员在日常训练、组织序列、美军军事礼仪和军用术语方面保持一致。1943年1月11日，在完成其使命后，训练团解散，所属官兵被分配到各连队中。

威廉·亨利·哈里森堡的训练是艰苦且优胜劣汰的，用情报参谋博汉斯的话来说：“就是把能干的和不能干的区分开来。”第1特勤队的任何一名官兵，若无法适应气候环境，或无法继续参加训练，都会立即被调走——在强者为尊的军队中，鲜有人愿意承受这种“耻辱”，在这种情况下，第1特勤队中很快形成了斗志激昂的氛围，队友间也建立起牢固的战友之情。而且，为了维持整支部队的士气，个性散漫的人将被调离。需要指出的是，在训练期间，第1特勤队中调离的队员，军官将被上报给陆军作战部队、陆军航空

第1特勤队的标准和特殊装备

第1特勤队从成立之初便享有优先装备权，这意味着这支部队可以得到美国陆军所能提供的最新及最好的武器装备，而第1特勤队也是二战中装备最优良的美军部队之一。

标准装备方面，普通特勤队员的装备为加兰德M1型步枪及装备携行具。后者包括一条M1923型子弹带、M1936型背带、M1936型帆布野战背包、M1910型水壶袋、掘壕铲套、英制M1942型急救用品袋和指南针袋。装备携行具最初采用9号橄榄褐色（美国陆军编号OD-9）帆布料，1943年底改用颜色更深的7号橄榄绿色（美国陆军编号OD-7）帆布料。M1923型子弹带上配有10个弹夹袋，每个弹夹袋可容纳1个8发弹夹，而且水壶袋、掘壕铲套、急救包和指南针袋等都可以悬挂在子弹带的金属插孔上。M1936型背带能钩在M1923型子弹带前方和后方，从而穿戴在身上。M1936型帆布野战背包最初是一款军官用的背包，但不久便配发给了空降兵和装甲兵各军阶人员。第1特勤队是第一批配发这款背包的其中一个单位，它既可通过M1936型背带的2个D型环连在携行具上，也可以斜跨在肩上。M1936型野战背包采用浅褐色帆布料，内部有2个大隔间，外部有1个大后袋和1个小侧袋，袋盖用2根扣带固定。与M1910型水壶袋一起配备的是M1910型铝制军用水壶及水杯。M1942型急救用品袋内配备用马口铁罐装的M1941型卡莱尔急救包（M1941 Carlisle model first aid packet），里面有绷带和磺胺。与掘壕铲套一起配备特勤队员的是T型手柄的M1910型掘壕铲，这款老式掘壕铲从海伦娜开始装备第1特勤队直至其部署到安齐奥之前。从1944年春开始，M1943型掘壕铲被很多特勤队员使用。指南针袋中则配有很多特勤队员都使用的透镜式指南针。

■ 上图是第1特勤队使用的装备携行具上的M1936型背带。其中左边用的是OD-9号帆布料，右边是OD-7号帆布料。下图是特勤队员穿戴装备携行具的背后装扮，他背上的M1936型野战背包是挂在M1936型背带上。这款背包又有“小风琴”的昵称，战斗梯队的队员人手一件，通常在轻装突袭时使用。

另外，配备M1型步枪的特勤队员还会使用一条6袋式一次性棉布子弹带装一些特殊弹药。

而装备M1A1型卡宾枪或汤普森冲锋枪的第1特勤队各级指挥人员，配备同样的装备携行具，但M1923型子弹带被更换为M1936型手枪带。M1936型手枪带与M1923型子弹带一样带有金属插孔，但上面的弹夹袋并非如前者般与子弹带连成一体，而是扣在子弹带上。使用M1A1型卡宾枪的特勤队员配备任意数量的双联装弹匣袋，每个弹匣袋可容纳2个15发卡宾枪弹匣。装备汤普森冲锋枪的特

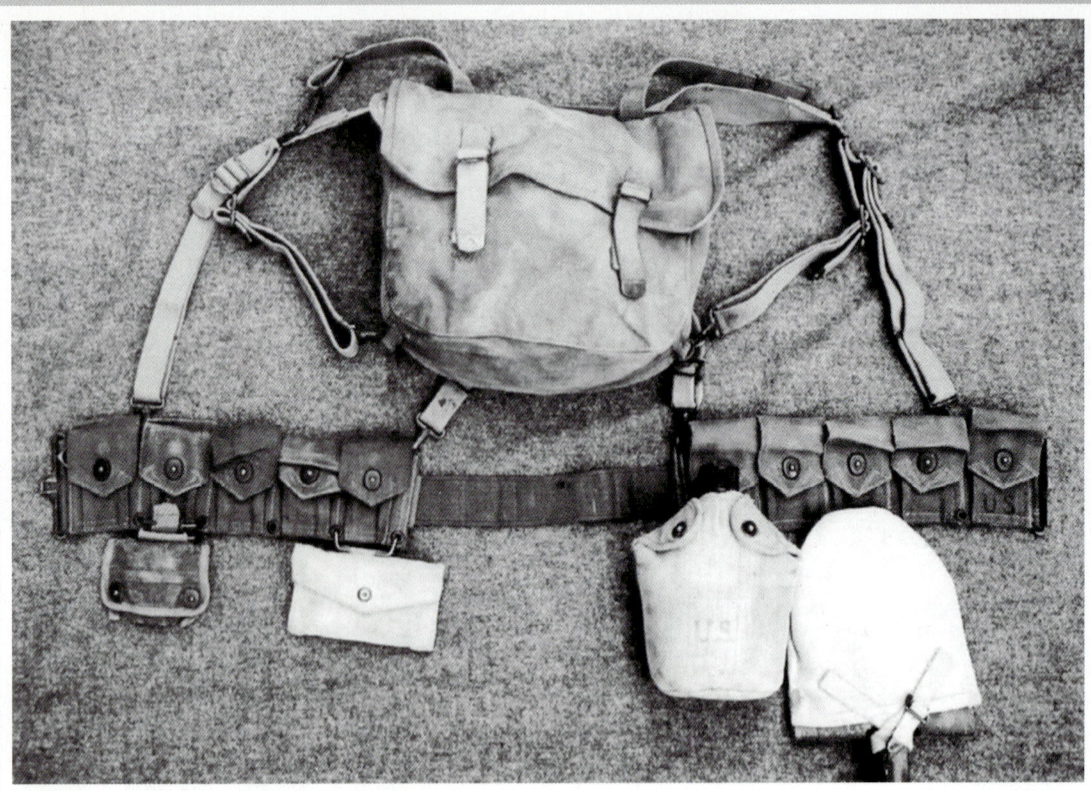

■ 上图和下图分别是配备 M1 型步枪的特勤队员所使用的装备携行具的正面和背面。M1923型子弹带上连接着悬挂 M1936型野战背包的 M1936型背带；子弹带上左右各5个弹夹袋，弹夹袋上留有金属插孔，从左至右悬挂着指南针包、英制 M1942型急救用品袋、装着 M1910型水壶的 M1910型水壶袋和装着 M1910型掘壕铲的掘壕铲套。

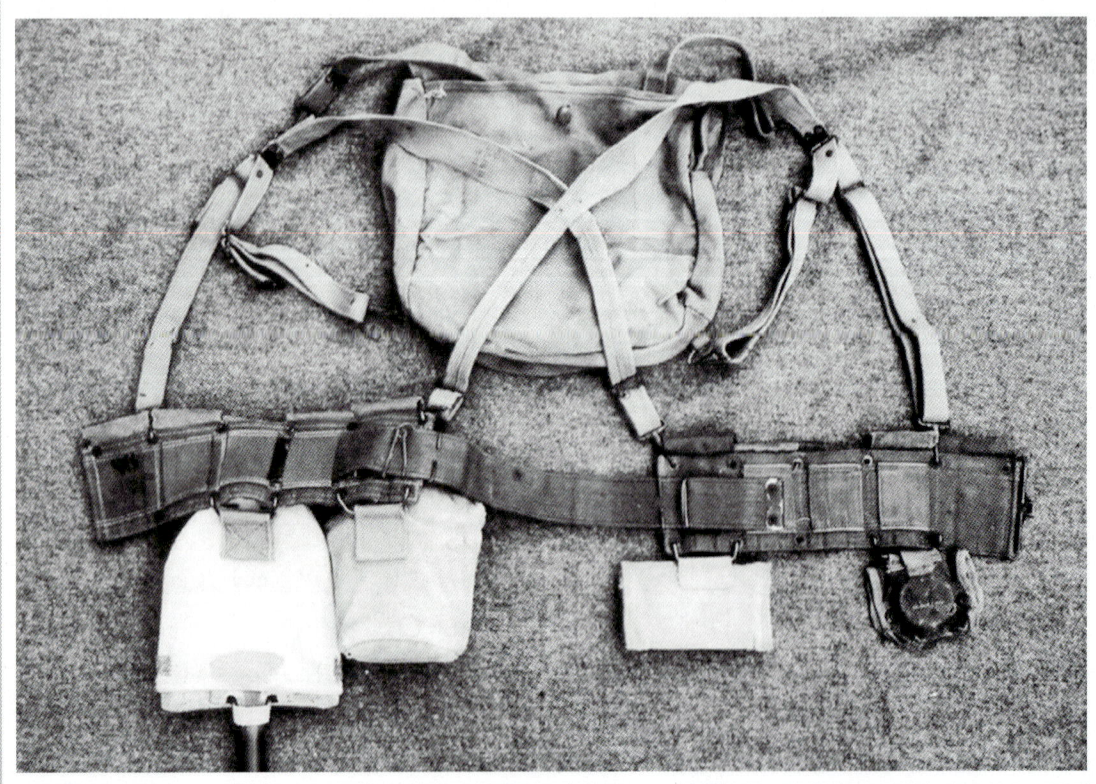

勤队员的M1936型手枪带上扣挂的是5个冲锋枪弹匣袋，每个弹匣袋可容纳1个20发弹匣。若汤普森冲锋枪使用的是30发弹匣，这种弹匣袋也同样适用，但袋盖就要固定在突出来的弹匣上。

在训练末期，第1特勤队第一个装备M1C型伞兵钢盔，以至于特勤队员得以在参与阿留申群岛战役之前普遍配备钢盔。在此之后，M1型钢盔也被第1特勤队所使用。

因为每位特勤队员都配备了M1911型11.43毫米手枪，与之相配套的M1916型皮制手枪套和M1918型双联装弹匣袋（每个弹匣袋可容纳2个7发手枪弹匣）也一同配发特勤队员。

除了以上标准装备，特勤队员较为罕见的装备有充作普通物品袋的M6型防毒面具袋。防毒面具本身很少用，防毒面具袋就被特勤队员用来装口粮罐头或弹药。在欧洲战场，第1特勤队的士兵还用容量颇大的M1型弹药携带包来装各种物资，包括手榴弹、弹药箱、机枪弹药，或任何可以装里面的东西。第1特勤队里的军官还配发有M1938型公文包。

第1特勤队还有自己的特殊装备。首先是T5型降落伞，这款降落伞在训练期间使用。但是，因为各种原因，第1特勤队在后来的战斗中从未进行过一次战斗跳伞。因为需要掌握滑雪技能，特勤队员还装备有山核桃木制的白色滑雪板和滑雪杆。特勤队员的另一款标志性装备是军需部配发的山地帆布背包（mountain rucksack），背包袋盖用2根扣带固定；背包外有3个独立的储存袋，背包内袋带有隔层。在袋盖下方还有一个拉链式口袋，背包背后有金属管状支架，用于

■ 这是第1特勤队所使用的手表、各种指南针及其指南针袋。指南针袋右边的是训练和作战时用的口哨，左下方是带夜光刻盘和防水外壳的透镜式指南针及指南针袋，最右边分别是腕表和手表式指南针。

分散负重，同时带有宽阔的背带和腰带。背包两侧的扣环可用于固定掘壕工具、刺刀或其他带有金属挂钩的物品；两侧的扣带还可用于固定悬挂的步枪或任何所需的工具。

第1特勤队的罕见装备还有育空河背架（Yukon packboard），这款背架为自然色木制，以皮革加强，并用橄榄褐色帆布包裹。背架两旁各有5个金属孔，可穿过绳索固定所要背负的物资。在意大利山区作战时，第1特勤队保障梯队的队员便是用山地帆布背包和育空河背架背负各种物资往返于骡子也难以落脚的山道上，为战斗梯队的战友输送补给。

此外，根据最初装备条款，第1特勤队还特别配发有M1943型山地睡袋。睡袋呈“木乃伊”状，轻便且宽敞，带有半身拉链，由皱褶棉布料所制，其间填充羽绒，且带有防水效果。

■ 上两图和右下图是在海伦娜受训时的特勤队员背负山地帆布背包及武器装备的装扮。这款山地背包基于挪威卑尔根（Bergen）的山地背包设计而来。可以看到，M1910型掘壕铲用背包侧面的扣带固定在左侧，背包左侧设计有2个储存袋；步枪用枪绳直接捆扎在背包背带上，固定于背包右侧，这一方向还有一个储存袋。

■ 下图是置于山地背包后的金属管状支架，从下中图可以看到，捆扎在背包右侧的M1型步枪的枪托用挂钩固定在支架的环上。

■ 左图是在威廉·亨利·哈里森堡，陆军专家团队的林肯·沃什布恩少尉（右）在演示山地背包的正确配置。配合他做示范的那名特勤队员穿着一件二型M1941双面滑雪派克大衣，头戴二型M1941滑雪帽，注意这款滑雪帽上没有护耳。

兵或后勤部队的主官，然后被调回原单位；准尉和征召而来的士兵则被上报给第1特勤队的人事参谋，后者第一时间开出调令，调往其他适合的作战或后勤单位。据史丹利·迪兹伍班（Stanley Dziuban）声称：“在威廉·亨利·哈里森堡的整个训练过程中，一直保持着高淘汰率，那些缺乏意志、耐力和其他资格的人都会被淘汰掉。”据估计，在淘汰阶段，离开的人员是最后留下的人员的两倍之多。

就上述三个阶段的训练，“加拿大第2伞兵营”的战争日志中进行了详细记录，以下便是其中的一些细节：

“1942年8月24日：今天早上超过300人进行跳伞训练……

“1942年8月25日：对伞兵来说今天是一个坏天气。门外是大量非同寻常的障碍。伤亡也被前些天大了很多，今天有137人住院……

“1942年8月28日：第1特勤队的所有连队被指导使用3种美制武器：1. 机枪；2. 加兰德M1步枪；3. 勃朗宁自动步枪……

“1942年10月6日：军官们被选为首批学习爆破的人员，他们于7点离开去炸毁巴特（Butte）附近的一座桥梁……第1团在早上7点离开全副武装行军36英里——到马里斯维尔（Marysville）再返回……

“1942年11月2日：这一周的训练将涉及拼刺、轻机枪和汤普森冲锋枪射击、巡逻、步枪射击和驾驶，以及每天绕障碍滑雪训练（每人每周达到8小时）……

“1942年11月23日：训练继续着眼于将从班到团的所有单位集合成为一个高速机动的单位，以便能够顺利完成以下战斗任务：a. 对至关重要的军事和工业目标发起打击。b. 作为一支地面部队，渗透、穿插或深入敌方领土执行摧毁重要目标的任务。c. 在可能获得友军早期支援的情况下，作为一支先头部队夺取防御坚固的要塞。d. 在寒带地区或山区完成任何或所有可能的任务。

“1943年2月1日：本周训练将涉及：第1团，雪地的野战防御工事作业、步枪、轻机枪、迫击炮射击和防空射击、排作战能力测试、为反坦克火箭弹指引目标。第2团，从星期二到星期六进行野外演习。第3团，雪地野战防御工事作业，野外演习。”

这些训练是要将这支部队锻造为战场上的一把利刃，要将特勤队员们打造成战争艺术的专家，也是要保证他们在极其危险的环境中存活下来。第1特勤队的赖特军士（Wright）叙述：

“训练是非常艰苦的，但它确实塑造了我们……我们冒着头顶的机枪火力爬过障碍铁丝网……这是在夜里……这使我们今后有对付敌军火力的经验。”

另一名特勤队员拉德克里夫少尉（Radcliff）对此也表示赞同：

“救了我们一命的另一件事是经常性的夜间训练，我们被训练永远不要在白天用一种途径或一种方式进攻。我们的时间都用于夜间训练……我们擅长山地作战……另外的团在黑暗中进攻我们，我们将会依山防守。”

两栖训练

1943年4月，第1特勤队迎来了一项全新的作战训练科目——两栖训练。4月11日，出于战争的需要，陆军部发布命令，要求第1特勤队于4月15日抵达弗吉尼亚州的诺福克（Norfolk）附近的布拉德福德军营，接受两栖作战训练。第1特勤队抵达新驻地后，被划归陆军第2集团军（该集团军是二战时期美军专门用于训练其他单位的部队）序列，其两栖作战训练则由海军大西洋舰队的两栖作战部队的指挥官负责。第1特勤队接受这项训练的目的是“让部队做好携带现有冬季装

第1特勤队的武器

成立之初，第1特勤队的定位是通过空降手段渗透到挪威执行“犁”计划的敌后特殊任务的突击队，因此在1942年7月5日生效的第1特勤队编制装备表中，战斗梯队都统一装备由温彻斯特公司研发的M1型7.62毫米卡宾枪，这种武器配备15发弹匣，比加兰德M1型7.62毫米步枪的携弹量更高，射速高、后座力低，是当时非常有效的一款步兵近战武器。同时，战斗梯队每人都装备著名的柯尔特M1911A1型11.43毫米手枪。这款名枪重约1.1公斤，配备7发弹匣，在1911年便被美军正式列装，一直是美军的制式辅助武器。

1942年9–10月，随着“犁”计划的撤销，第1特勤队的角色定位也随之改变，转型为一支可在全地形执行特殊任务的特种部队。因此战斗梯队的制式轻武器更换为加兰德M1型7.62毫米步枪，为了提高班组战斗力，每班还配发2具供M1型步枪使用的M7型榴弹发射器。同时，军官改装备M1A1型7.62毫米卡宾枪，这款卡宾枪是通用汽车公司于1942年3月在M1型卡宾枪的基础上改进而来的，采用了侧向折叠的金属骨架形枪托，专门装备美国陆军空降部队。另外，这款卡宾枪也装备第1特勤队中的勤务人员和重武器操作员。

战斗班里，班长装备自动火器，即M3型11.43毫米冲锋枪或汤普森M1A1型冲锋枪。其中后者因其轻便灵巧和短距离停止作用而深受众多特勤队员的喜爱。它采用11.43毫米手枪弹，射速为每

■ 上图是特勤队员所使用的加兰德M1型步枪及其相关装备。从上到下、从左到右依次是：M9A1型反坦克枪榴弹、拆卸的M1型步枪和格里斯沃尔德枪袋（Griswold Bag）、T2型撞击破片枪榴弹、带榴弹发射器的Mk IIA1型杀伤手榴弹；M1型步枪和绿色胶膜枪袋、M7型榴弹发射器、M1903型步枪（该枪有少数特勤队员使用）、8发装7.62毫米弹夹、清洁器、9袋式M1918镶嵌弹夹带、带榴弹发射器的燃烧弹、10袋式M1923型子弹带、6袋式子弹带、步枪带、M19型降落伞照明弹。

分钟700发，装备20或30发弹匣，战斗重量5公斤，可在自动－半自动的射击模式之间调换。

第1特勤队使用的轻机枪主要有3种，分别是勃朗宁M1919A4型轻机枪、勃朗宁M1918A2型自动步枪和约翰逊M1941型轻机枪。M1919A4型轻机枪已下发至每个战斗班，这款气冷式、带三脚架的轻机枪采用了枪管后座式操作和开放式枪机设计，配备250发帆布子弹带，射速每分钟500发，重20公斤（带三脚架），这款机枪可由一个2人小组操纵，战斗班里的另外2人则负责携带弹药。

而勃朗宁M1918A2型自动步枪是标准的班组自动火器，重约10.4公斤，但仅能全自动发射，配备20发弹匣，射速为每分钟500发，这款自动步枪从第1特勤队在海伦娜受训时便已装备，在意大利战场上更是普遍使用，很多在安齐奥加入第1特勤队的游骑兵也把他们的M1918带入特勤队中。

至于约翰逊M1941型7.62毫米轻机枪，这是第1特勤队的标志性武器。它最初的买家是美国海军陆战队，经过测试被陆战队认为并不实用。1943年5月，第1特勤队在两栖训练期间与美国海军陆战队进行了一场交易，用2吨莱安特种炸药交换了125挺约翰逊轻机枪，并开始进行试用。约翰逊轻机枪配备20发弹匣，采用枪身左侧供弹方式，同时枪身右侧还能额外加装5发弹夹；该枪还配备一个可拆卸的两脚架，全枪重约6.3公斤——比勃朗宁自动步枪轻了约三分之一，与后者相比，特勤队员更喜欢约翰逊轻机枪，尤其是那些没有过多训练使用勃朗宁自动步枪的加拿大队员。

第1特勤队的战斗班还配备有1具巴祖卡M1型60毫米火箭筒。甚至，这款火箭筒的最初试用都是在海伦娜进行的。这款火箭筒重约6公斤，可发射M6及M7型反坦克火箭弹。

在第1特勤队的每个排都配备有1个M2型60毫米迫击炮组，由4人组成，包括炮手、副炮手和两名弹药手。M2型60毫米迫击炮可分解成炮管、底座、炮架和瞄准器，全重19公斤，可发射M49A2型高爆弹、M302型白磷烟雾弹和M83型照明弹。在1942年10月，这款迫击炮便已进入第1特勤队的战斗序列中，不过战斗中携带充足的迫击炮弹一直是第1特勤队所面临的问题。

另外，在第1特勤队的战斗排中，还配备了1具M1型火焰喷射器，它除了在海伦娜的训练场上出现过，在战斗中罕见其踪迹。

另外，战斗梯队的每位队员还配有独特的V42型格斗匕首，它与约翰逊轻机枪一样，都是第1特勤队的“注册商标”，甚至在第1特勤队的军旗上都有其形象。它的刀刃设计来自弗雷德里克，刀柄设计是后勤参谋鲍德温。在1942-1943年间，共有3500把V42问世，其中3420把配发第1特勤队。

■ 上图是特勤队员所使用的勃朗宁M1918A2型自动步枪（Browning Automatic Rifle，缩写为BAR），以及配置的两脚架、20发弹匣和M1937型子弹带。

备和车辆进行舰－岸登陆和岸－岸登陆的准备”，并使之具备“通过两栖登陆的方式进入敌占区……以及进而以小股部队行动，利用渗透战术实施破坏行动，切断敌军通讯和尽可能向友军提供军事情报的能力。”

第1特勤队在布拉德福德军营的两栖训练期间，第一阶段是让特勤队员们熟悉基本的海军术语和适应舰上生活；第二阶段则包括夜间行动，通过演习使第1特勤队掌握“用橡皮艇将部队投放到意想不到的地域”的方法，并强调“将小股部队疏散部署到岩石海岸”这种部署方式的优势。第1特勤队接受两栖训练的时间快得令人不可思议，4月下旬，在第1特勤队抵达布拉德福德军营的10天后，大西洋舰队两栖部队指挥官宣布：第1特勤队提前一周完成了基础训练内容。他们的表现远超预期，甚至打破了美国海军陆战队从运输舰沿着登陆网爬到登陆艇上的记录，情报参谋博汉斯想起一名海军少尉关于这项训练内容的言论并对此评论道：

“（那名少尉说）：‘夜间运输是一项真正考验能力的测试。最好的陆军师平均装载一个排，从第一个人登船到船起航要一分钟时间；而海军陆战队仅需要52秒，这是我们见过的最好的成绩’……第3团的一艘运输船，（一个排）从第一个人上船到船离开所花费的时间……确切至33秒。”

对于第1特勤队在训练中的表现，布拉德福德军营的执行官豪上校（Howe）也赞扬道：

“因为他们的组织体系，第1特勤队的队员都是精英人才，他们的训练内容及本身的高机动性，使他们能够胜任舰－岸登陆行动中的突击登陆梯队的角色。他们很可能会作为登陆船队的第一波突击力量……（如果再加上丛林战训练）这支部队将成为任何军队中最全面且最高效的战斗部队。”

豪上校继续表示，一旦第1特勤队登陆上岸，将会为登陆的主力部队扫清障碍；在常规部队接手后，他们将后撤并准备后续的登陆行动。这些评价充分说明，第1特勤队的两栖作战技能已经达到了较高水平。

从1943年4月底到5月中旬，第1特勤队参加了在弗吉尼亚州的切萨皮克湾（Chesapeake Bay）的两栖作战演习，演习地域囊括马里兰州的所罗门岛（Solomons Island）和弗吉尼亚州的斯托里堡（Fort Story）。第1特勤队在演习中进行了抢滩登陆，大西洋舰队两栖部队的参谋宣布该部“完全具备所有两栖作战行动的能力”，并称赞其“在水上训练中展现了高超的本领。”

1943年5月23日，第1特勤队从切萨皮克湾迁至佛蒙特州（Vermont）伯灵顿附近的伊森·艾伦堡，在那里继续进行突击部队的野战训练，并等候下一步的行动命令。经过近一年的训练且没有任何任务，很多人已经感到不耐烦了。在大多数人的预想中，他们将前往英国，然后转到欧洲战场的某处与德国人厮杀。但是，在伊森·艾伦堡的这段短暂停留时间（5月23日至6月28日）里，第1特勤队官兵们的训练仍未中断。特勤队员们在尚普兰湖（Lake Champlain）的岸边熟悉他们新掌握的突袭和侦察技能，并试用在布拉德福德军营得到的新武器——约翰逊（Johnson）M1941型轻机枪。

据“加拿大第2伞兵营”的5月23日的战争日志记载：

“弗雷德里克上校解释了由于第1特勤队使命的变化，训练也随之做出许多变化的原因。他说：‘曾经在一天里，华盛顿在14个小时内就为第1特勤队分配了6个不同的任务。虽然目前第1特勤队没有分配到任何任务，但部队必须有足够的训练，以保证随时做好准备并且一接到通知就能立即启程。’”

在这一时期，部队也进行了进一步的轮换，

这次加入第1特勤队的志愿者全部来自美国，他们和那些在威廉 · 亨利 · 哈里森堡的“训练团”的官兵一样，经过快速课程培训学习第1特勤队的纪律和独特的习俗，以及进行各种高强度训练，包括使用伊森 · 艾伦堡的阅兵场作为着陆区，学习从C–47型运输机上跳伞。

1943年5月间，第1特勤队中的加拿大官兵被编为“加拿大第1特种作战营”，该营人员包括42名军官和552名士兵，原来的“加拿大第2伞兵营”的番号不再使用。这一编制仍是为了便于第1特勤队内部的加拿大人的管理而设的行政单位。这个单位直至1944年12月第1特勤队撤编时有过短暂亮相，但在1945年1月即被取消。

在“犁”计划被取消的几个月里，第1特勤队的未来出路始终是个疑问，撤编的阴云一直笼罩在这支部队的头顶。为了避免夭折，弗雷德里克上校四处寻找第1特勤队可以大显身手的战场和机会。他密切关注了1942年12月盟军大规模登陆北非的“火炬”行动（Operation Torch）的执行过程和北非的局势；东线战场、尤其是高加索（Caucuses）一线的战事也引起了他的注意；另外，弗雷德里克也一度认为太平洋战场上的新几内亚（New Guinea）可以成为第1特勤队开展行动的地区，但很快又放弃了。

1943年2月3日，弗雷德里克上校在给美国陆军副总参谋长的备忘录中写道：

“决定第1特勤队的未来的时机已经到来。第1特勤队是为了完成‘犁’计划而在英国的要求下特别创建的，但在1942年10月，由于在1942年至1943年冬天不可能执行这一项目而使该项目被搁置。放弃这一项目的理由是英国人为该项目提供的规划信息是有疏漏且错误的，运载第1特勤队空降到战斗区域的飞机无法得到保障，挪威政府也不支持这一项目或它针对的目标……考虑到第1特勤队的能力，以及其用途的限制，以下几个任务最能发挥第1特勤队的作用，并且应在此时立即被确定下来：a. 参与在阿留申群岛的一项行动——如果行动在1943年春发起的话。b. 将第1特勤队转运到英国，作为进攻欧洲大陆的一支突袭部队来使用……c. 将第1特勤队调遣至北非，在非洲或地中海地区作为一支突袭部队来使用。”

正如前文所述，马歇尔也想保存第1特勤队将其作为一支执行特殊任务的单位，而关于解散这支精锐部队的谣言的传播使丘吉尔最终介入，丘吉尔指出：

“不考虑解散‘犁’计划的部队。没有什么比这更缺乏远见了：一支高度专业的部队要屈服于（高层）不耐烦的心理。他们的大显身手机会即将来临，并且有可能改变整个战争的战略走向，而现在解散这支部队将抹杀他们在未来战略中的重要作用。”

另一方面，战争的发展也促使高级将领们要求将这支新型部队投入战场。当时，第1特勤队便被建议参加夺取阿留申群岛的基斯卡岛的行动，该岛位于阿留申群岛的最西侧，于1942年6月初被日军占领。1943年1月，在弗雷德里克与美国陆军阿拉斯加防御司令部（Alaska Defense Command）司令西蒙 · B · 巴克纳中将（Simon B. Buckner）的一次会晤中，后者表达了邀请第1特勤队在即将来临的春天参与反攻阿留申群岛的行动。与此同时，正在筹备盟军登陆意大利西西里岛（Sicily）行动的盟军指挥官艾森豪威尔也给陆军部发了几份公文，要求在地中海战区的行动中使用第1特勤队。

无论弗雷德里克多么迫切希望证明第1特勤队的价值，但眼下他还需耐心地磨砺、锻造这支部队，等待着真正让它“一鸣惊人”的机会的降临。当那一刻来临，第1特勤队将成为盟军中无与伦比的战斗部队。

■ 上图是1942年夏在威廉 · 亨利 · 哈里森堡，第1特勤队第1团第2连几名特勤队员合影 . 其中右一队员是前文所述的詹姆斯 · G · 克莱顿上士，他们都穿着卡其色短训练服，脚穿伞兵靴，头戴船形帽。伞兵靴也是特勤队员的制式装备，从在海伦娜训练期间便开始穿着，直至该部1944年解散。伞兵靴一直是特勤队员标准的训练 / 战斗着装之一，也是在战场上特勤队员身份的一个显著特征，这也是第1特勤队与其他陆军单位的不同之处，克莱顿来自德克萨斯州的奥唐奈(O'Donnel)，1941年1月入伍，1942年加入第1特勤队，是最早的特勤队员之一，先后于1943年和1944年在拉蒂芬萨山之战和解放罗马的战役中3次负伤。

■ 右页上图是1942年夏在威廉 · 亨利 · 哈里森堡，第1特勤队第3团第2营第3连部分人员合影。这张照片应该是两国参训人员刚到哈里森堡时期拍摄的，虽然他们基本上都穿着一型 M1938人字斜纹布连体工装，且大部分人都戴着船形帽，但一些加拿大士兵还戴着英军风格的军帽。右页下图也是在威廉 · 亨利 · 哈里森堡训练期间，几名特勤队员在镜头前留下就餐的影像。他们都穿着备受青睐的 A2飞行夹克，脚穿伞兵靴。注意，其中两名队员的胸前还别着美军的跳伞资质徽章，说明他们已经通过了伞训。另外，这几名队员都戴着英式船形帽，说明他们都是加拿大军人。

■ 下图是1942年夏在威廉 · 亨利 · 哈里森堡驻地，第1特勤队第2团第1营第1连第2排的官兵们正在列队。他们穿着特殊的卡其色训练制服，这款借鉴于加拿大的英式夏季制服的训练服在第1特勤队中仅于1942年夏季短时间穿着。

■ 本页3幅图都是1942年在威廉 · 亨利 · 哈里森堡训练期间，身穿A2飞行夹克、头戴船形帽的特勤队员的影像。上图是几名搬着铺盖的特勤队员合影，其中左二是来自加拿大安大略省彼得伯勒(Peterborough)的第2团第5连的汤米 · 斯基亚里扎(Tony Schiarriza)，他于1942年8月16日加入第1特勤队，后来他先后在拉蒂芬萨山之战、安齐奥滩头和法国南部的尼斯(Nice)的战斗中3次负伤，尤其是第3次，他失去了左眼。右图是3名队员在伞训场的照片，其中右一是来自安大略省奥沙瓦(Oshawa)的第3团第5连下士约瑟夫 ·T· 塔洛克(Joseph T. Tullock)，中间的是第2团的查克 · 米尔斯(Chuck Mills)，他后来在战斗中阵亡。下图第1团第6连第3排第5班班长艾伯特 · 肖伯上士(Albert Schober)。

■ 上图是1942年在威廉 · 亨利 · 哈里森堡的训练场上，受训的第1团第5连的特勤队员们。下图也是在威廉 · 亨利 · 哈里森堡，第1团第3连部分队员合影。在这两幅图中，特勤队员们都头戴船形帽，穿着 A2飞行夹克、M1937型橄榄褐色毛哔叽长裤和伞兵靴。

■ 这是1942年在威廉 · 亨利 · 哈里森堡，第2团第6连的加拿大队员克莱顿 · 魏腾海默中士(Clayton Veitenheimer)，他身穿一型M1938人字斜纹布连体工装，外罩一件A2飞行夹克。魏腾海默后来于1944年2月24日在安齐奥滩头阵亡。

■ 这是1942年在威廉 · 亨利 · 哈里森堡训练期间，第1团第6连的3名特勤队合影，从左至右分别是杰克 · 弗曼中士(Jack Furman)、克莱 ·T· 贝利中士(Clay T. Bailey，1843年12月25日阵亡)、约瑟夫 · 劳森(Joseph Lawson ，1943年12月25日负伤)。他们也是A2飞行夹克、M1937型橄榄褐色毛哔叽长裤、伞兵靴和船形帽着装，标准的训练打扮。注意，弗曼和贝利所戴的船形帽为英式船形帽。

■ 上图是1942年在威廉 · 亨利 · 哈里森堡训练期间，特勤队员们正在进行拔河比赛。这项运动除了锻炼体能，还能培养团队协作精神。注意背景，那是第1特勤队进行伞训的地面设施。下图也是在威廉 · 亨利 · 哈里森堡，特勤队员在进行背负战友赛跑的体能训练。注意镜头前左一队员戴着一顶船形帽，这款军帽于1939年被正式采用，作为在军营或野外穿戴的野战帽。而左二那名队员则戴着一顶M1911型牛仔帽，这款军帽在1911年9月8日被美国陆军部批准采用，1939年后，该型军帽普遍被船形帽取代，并于1941年被列为限制标准装备（即该装备在使用中或作为标准装备的代用品，没有得到新的采购订单，而库存将一直发放到耗尽）。但是，它在山地部队、驻阿拉斯加部队，驻巴拿马、夏威夷、波多黎各、菲律宾等海外部队中仍有所装备。另外，一些美军官兵处于怀旧等原因也自行购买穿戴。

■ 上图是1942年夏在威廉 · 亨利 · 哈里森堡训练期间，特勤队员们正在进行越障训练。包括此类科目在内的越障训练是体能训练中的基础内容，每周4次。图中队员们都穿着一型 M1938斜纹人字布连体工装。这款制服最初只配发给机械工和装甲部队人员穿着。因为其舒适和廉价的优点，后来也被卡车司机、通信部队的线务员、甚至是普通步兵穿着。除了机械工和装甲部队人员配发一型，其他志愿兵都是配发二型，作为劳动时的工作服穿着。在战前和战时，这款制服共有两个版本提供给美国陆军。一个是一型 M1938橄榄绿人字斜纹布连体工装，一个是一型 M1943特殊橄榄绿人字斜纹布连体工装；另外，这款制服还有女兵款。M1938型号和 M1943型号都被特勤队员作为训练服甚至是战斗服穿着，但以前者更为常见。由于其舒适性和抗污性，M1938型在美军中相当流行，但也有相当局限性，如第一次洗后有相当严重的缩水现象；因为只有一条长长的拉链，在小便时几乎要全部脱下来；坦克兵排斥上面的金属扣，因为夏天在坦克舱内非常闷热，金属扣容易烫伤皮肤。1942至1943年期间，美国陆军军需办公室内部就这款制服的改进进行了讨论。在1943年2月的费城航空站会议之后，这款制服在设计上进行了一系列变更，除了前文所述变化，新制服的前开襟拉链也变成了纽扣式，衣服内增加了防护气体渗透的防毒布，被正式命名为“一型特殊7号橄榄绿色人字斜纹布连体工装”(Suit, One-Piece, HBT, OD7, Special，其特殊性就在增加的防毒布上)，又称之为一型 M1943特殊橄榄绿人字斜纹布连体工装。但是，在威廉 · 亨利 · 哈里森堡训练期间，特勤队员身上几乎看不到 M1943型。下图是1942年夏在威廉 · 亨利 · 哈里森堡越障训练场上，3名特勤队员坐在障碍木上摆拍，他们分别穿着 A2飞行夹克、连体工装和美军伞兵训练 T 恤，其中右一是第1团第2连的查尔斯 · E · 施耐德(Charles E Schneider)。

■ 上图是两名特勤队员正在进行另一种越障训练。右边那名队员也是查尔斯·E·施耐德，他穿着印有“威廉·亨利·哈里森堡”和“蒙大拿州”字样以及美军伞兵徽章图案的长袖T恤。

■ 左图截取自2003年加拿大拍摄的一部关于第1特勤队的纪录片——《敢死英雄——黑色魔鬼的故事》(Daring to Die: The Story of the Black Devils)，反映的也是1942年夏天特勤队员在威廉·亨利·哈里森堡进行攀绳越障训练。

■ 下图也是1942年夏在威廉·亨利·哈里森堡越障训练场，特勤队员正在进行越障训练。

■ 上图是1942年在威廉·亨利·哈里森堡越障训练场上进行攀越训练的特勤队员。下图同样内容的训练发生在1942年8月22日的威廉·亨利·哈里森堡。这个训练也是越障和体能训练的重要组成部分。特勤队员都穿着人字斜纹布连体工装和伞兵靴。

■ 上图截取自纪录片《敢死英雄》，反映的也是1942年夏在威廉·亨利·哈里森堡，特勤队员进行越障和绕障跑训练。注意，图中受训的队员们还戴着美式橄榄球头盔。这是因为1942年时美军伞兵部队的扩充，伞兵训练头盔很稀缺，第1特勤队后勤参谋奥瓦尔·J·鲍德温少校找了大量的橄榄球皮革头盔来充作伞兵训练头盔和安全帽。特勤队员们在进行伞训及其他很多训练科目时都戴着这款头盔。左图便是第1特勤队当时使用的美式橄榄球头盔。

■ 下面两幅图都截取自纪录片《自杀性任务之黑色魔鬼——第1特勤队全景展示》(Suicide Missions: The Black Devils - FULL SHOW - First Special Service Force)，左下图是一群特勤队员越障训练场进行平衡训练，右下图是特勤队员在机场跑道上进行体能训练，他们都戴着美式橄榄球头盔，背景是两架配合他们伞训的C-47型运输机。

■ 上图也来自纪录片《自杀性任务之黑色魔鬼》，在威廉 · 亨利 · 哈里森堡的训练场上，一群特勤队员在教官的督促下进行长跑训练。下图来自纪录片《敢死英雄》，反映的是1942年夏，威廉 · 亨利 · 哈里森堡的训练场上热火朝天的景象。

■ 这两张图也来自纪录片《敢死英雄》，1942年在威廉 · 亨利 · 哈里森堡训练场上，特勤队员们正在进行软体操锻炼。右页图是两名特勤队员正在进行配合训练。

■ 左页两幅图截取自纪录片《敢死英雄》，特勤队员们在威廉 · 亨利 · 哈里森堡的训练场进行基础训练，其中上图是特勤队员在教官的督促下进行俯卧撑的测试。下图是特勤队员在进行耐力训练。本页上图来自关于第1特勤队的另一部纪录片《胜利的记忆——黑色魔鬼的遗产》(Victory Remembered: Legacy of The Black Devils)，特勤队员正在进行长跑训练，为了提高训练的实战效果，教官们还在周边设置了炸点，从图上可以看到炸点爆炸后腾起的烟雾。下图是一群特勤队员训练间隙打橄榄球，这也是体能训练和培养团队精神的一种方式。

■ 这是1942年在威廉 · 亨利 · 哈里森堡，徒手格斗专家德莫特 · M · 奥尼尔（右）为特勤队员传授格斗术。奥尼尔1905年出生于爱尔兰的科克郡（County Cork），十多岁时来到中国并定居于上海。1925年，奥尼尔进入上海公共租界巡捕房谋生。在上海期间，奥尼尔痴迷亚洲武术，学习了日本柔道和中国的太极拳、形意拳、八卦掌等拳术，在此期间，他升任巡捕房的侦缉警长。1938年，奥尼尔离开上海来到东京，担任英国驻日大使馆的安保主任。在此期间，奥尼尔被授予了讲道馆柔道黑带5段，这是当时非日本人所能获得的柔道最高段位；同时，他还通过学习日本拳法来提高自身格斗技巧。在日军偷袭珍珠港之前不久，奥尼尔离开日本。太平洋战争爆发后，应他在上海时期的上司和老师威廉 · E · 费尔贝恩（William E. Fairbairn，上海公共租界巡捕房防暴警察的组织和领导者，同样是东方武术的热爱者，二战著名的盟军徒手格斗专家，二战英军突击队匕首的设计者之一）的邀请和推荐，奥尼尔来到美国并加入战略情报局。第1特勤队成立后，奥尼尔调至第1特勤队担任格斗教练，他为部队设计了一套简单易学、实战效果显著的徒手格斗术。第1特勤队参战后，奥尼尔拒绝留在后方，而是选择与他所训练的小伙子们并肩战斗。战争中，奥尼尔被授予上尉军衔，并担任弗雷德里克的警卫。战争结束后，奥尼尔曾担任摩洛哥的蒙特卡洛市（Monte Carlo）的宪兵司令一职。第87至第89页图片都来自纪录片《敢死英雄》，奥尼尔在为特勤队员传授格斗术。

■ 这是奥尼尔（右）在向特勤队员演示格斗技巧，奥尼尔的格斗术又被称为“奥尼尔格斗体系”（O'Neill Method），以柔道为基础，简单高效，包括踢裆、插眼、击喉等能快速击倒对手的技巧。注意配合奥尼尔演示的这名特勤队员，他是加拿大人，头上还戴着苏格兰风格的圆帽。

■ 奥尼尔不仅向特勤队员传授徒手格斗技巧，还教授队员们如何徒手击倒手持武器的对手。上图是奥尼尔（中间者）在教授特勤队员怎样徒手对付一个手持手枪的对手，注意他头上戴的英式船形帽。右页上图是特勤队员学习怎样在敌人刺刀面前徒手反击。右页下图是4名特勤队员在进行白刃格斗训练，他们使用的是配备了 M1905型刺刀的 M1型步枪。注意他们的着装，加拿大队员戴着苏格兰格子圆帽，帽上还佩戴着他们老部队的团徽；美国队员则戴着美式船形帽。他们都穿着 A2飞行夹克和羊毛滑雪裤、雪地－山地靴，腰间扎着 M1923型子弹带。

■ 这是在威廉・亨利・哈里森堡，两名特勤队员正在进行白刃格斗训练，不过这幅照片很可能是一张摆拍照。

本页3幅图都是身穿一型M1938人字斜纹布连体工装的特勤队员进行格斗训练。上图是一名教官在向特勤队员传授格斗技巧，他是否是奥尼尔还不可得知。右图和下图都是来自纪录片《敢死英雄》，戴着拳击手套的特勤队员在互相搏斗。

本页及右页图都是截取自纪录片《敢死英雄》，1942年冬在威廉 · 亨利 · 哈里森堡的训练场上，特勤队员们在进行拼刺训练。

从上图和下图可以看到，特勤队员的拼刺训练内容除了学习运用刺刀杀敌，还有运用步枪的其他部位——例如枪托——进行格斗。

伞训是参训者们一进入威廉·亨利·哈里森堡便需要接受并通过的特殊技能训练。上图是第1特勤队保障营勤务连的伞训军官詹姆斯·W·华莱士中尉(James W. Wallace)给准备接受伞训的队员们授课。华莱士所在位置是一座用木材搭建的机舱模型。下图和右页图都截取自纪录片《敢死英雄》。其中下图是身背伞包、头戴橄榄球头盔的特勤队员们快速进入机舱模型中准备进行模拟跳伞。

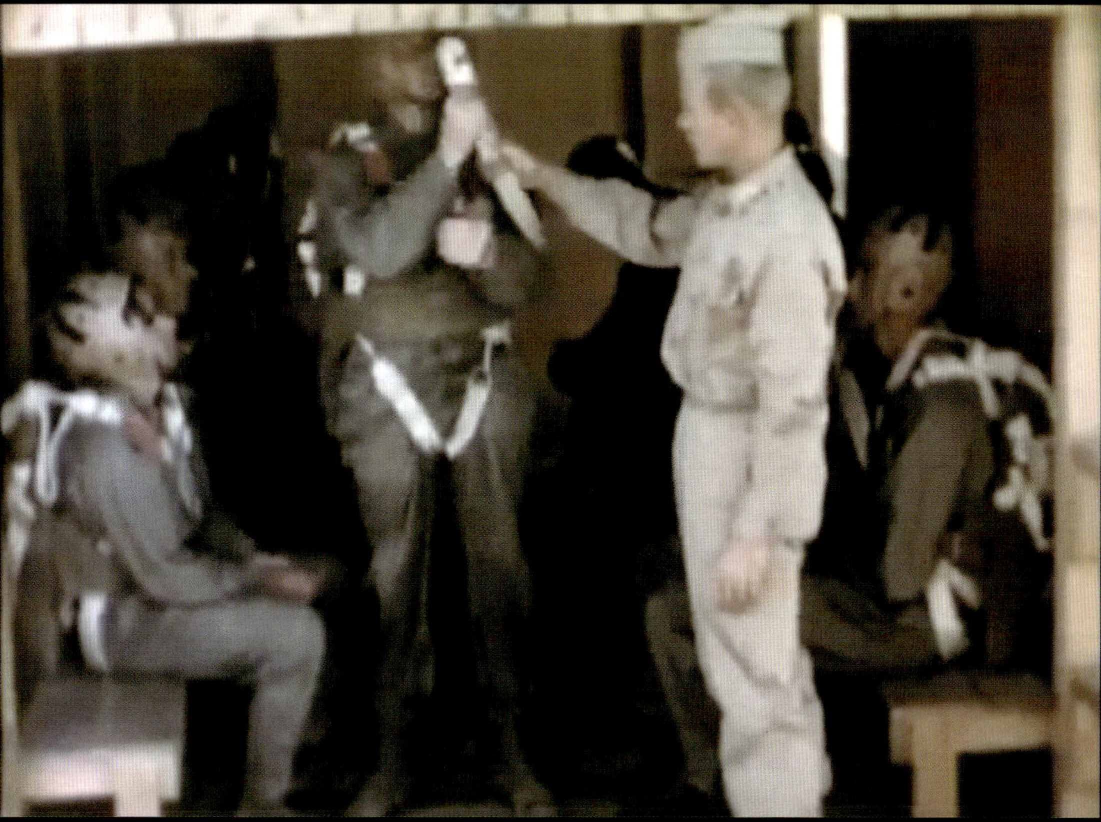

上图是特勤队员们在机舱模型里听伞训教官讲授跳伞的注意事项，教官在给他们讲解怎样挂伞钩。在地面训练时期，他们的装备完全按照登机实跳来准备。下图是特勤队员们从机舱模型中按跳伞程序和动作进行模拟跳伞练习。

上图是1942年夏在威廉 · 亨利 · 哈里森堡的伞训场，特勤队员们正在进行模拟伞降，其中镜头前这名队员是来自爱荷华州迪比克市(Dubuque)的约翰 · A · 丹纳上士(John A Danner)，他后来在1943年12月3日的拉蒂芬萨山之战中阵亡。下图也是特勤队员们在进行模拟伞降，他们吊挂在降落伞背带上，在战友的辅助下感受身处空中的感觉。注意参训队员都戴着橄榄球头盔，教官则戴着船形帽。

■ 这张照片也是特勤队员们在战友辅助下进行模拟伞降训练。注意，他们身上穿的是 M1941 型野战夹克。从一战至 1940 年，美军士兵一直将常服作为战斗服和军营制服、非值班制服穿着，而且当时世界上大多数国家的军队中都是如此，但事实证明这相当不合适。20 世纪 30 年代末，美国陆军开始研发一款更实用、在战斗中更具保护性的外套，根据陆军少将詹姆斯·K·帕森斯（James K. Parsons）的建议，美军第一款专用战斗服采用了平民夹克衫的式样，并采用了防风防水的防染棉府绸面料。1940 年 6 月，这款战斗服的第一种式样进行了标准化并被所有陆军部队采用，当时被称为 M1938 型野战夹克，1941 年 5 月，第二种式样定型，这便是 M1941 型野战夹克。它是二战开始时美国陆军穿着的最著名的一款战斗服，因为帕森斯少将的关系，又称之为“帕森斯夹克”（Parsons Jacket）。这款野战夹克外部为橄榄绿色（美国陆军编号 OD-3）棉府绸面料，内衬采用了橄榄褐色羊毛法兰绒。外部有两个倾斜式边口袋，1938 年款的边口袋的用纽扣扣紧的袋盖后有一条拉链，背部沿袭了 A 类常服 1939 年款的活动皱褶，腰部两侧和袖口都有调节松紧的纽扣，大翻领的领口带有纽扣，便于更好地颈部保暖。与 1938 年款的相比，1941 年款取消了边口袋的袋盖和纽扣，增加了前者没有的肩袢。右上图便是一件 M1941 型野战夹克。

上图是1942年夏，特勤队员在进行实跳前的地面训练。注意图中有几名参训者穿着借鉴英军夏季训练服的卡其色短袖训练服。右图是第1特勤队的两名中层军官正在同样的训练，这个训练的目的是使他们习惯吊在降落伞上的感觉。这两名军官穿着A2型皮制飞行夹克和伞兵靴，头戴钢盔。

下图是在威廉 · 亨利 · 哈里森堡的机场上，一群特勤队员正在进行实跳模拟训练。

上图是1942年8月，停靠在跑道上等待第1特勤队的队员们登机伞训的一架C-47型“空中列车”运输机，这架运输机是第1特勤队从美国陆军航空兵得到了6架C-47之一。由于当时缺乏可用的运输机，至1942年9月时也才有2架投入使用，另1架则在其之后才抵达。下图拍摄于第1特勤队空中分队的1架C-47的驾驶舱内，2名飞行员在商讨飞行任务。空中分队存在时间并不长，1943年5月便撤编了编制。

上图是1942年夏在威廉 · 亨利 · 哈里森堡的机场，一群特勤队员与他们所搭载的C-47型运输机合影。他们都穿着一型M1938人字斜纹布连体工装，戴着船形帽或牛仔帽，有些队员在连体工装外还套着A2飞行夹克或M1941型野战夹克。下图是1942年夏在威廉 · 亨利 · 哈里森堡的伞训场，第1特勤队第1团第5连部分队员合影，他们身前摆放着新式的T5型降落伞。

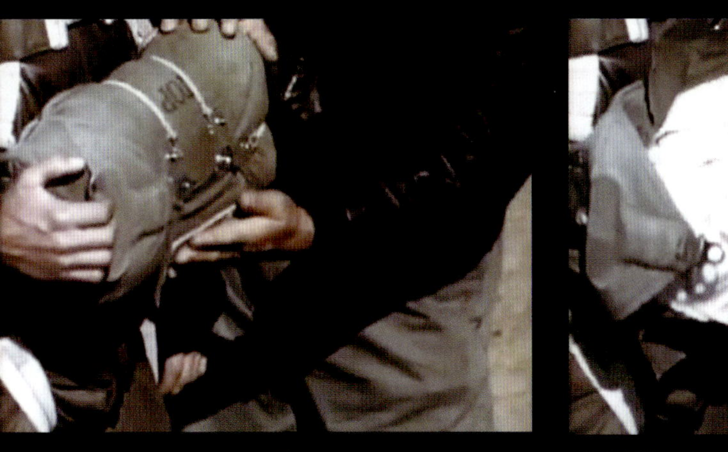

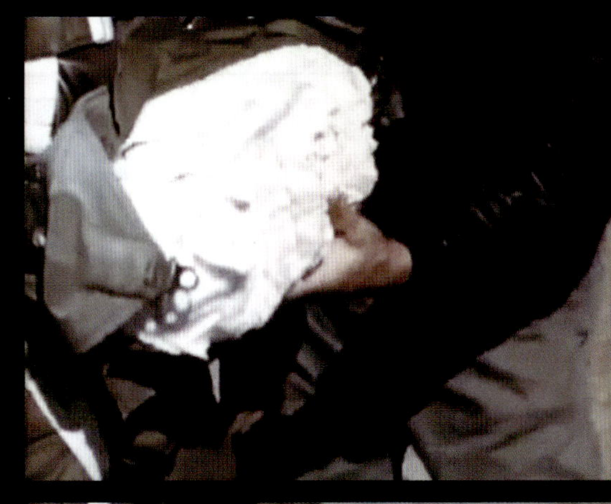

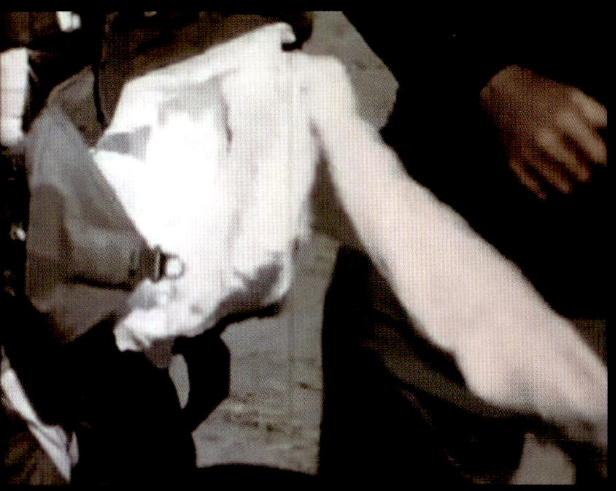

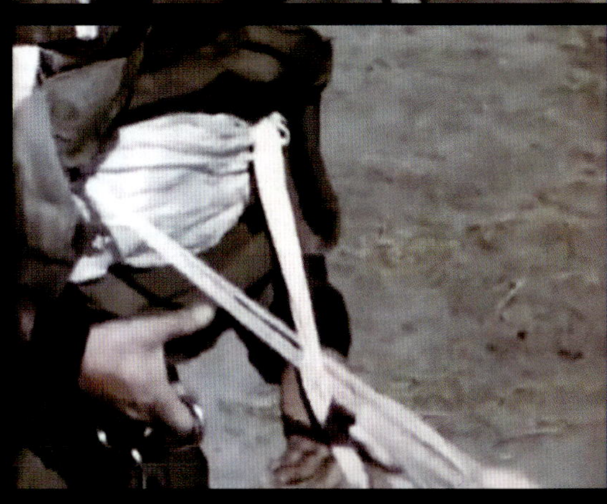

■ 本页6幅图片都来自纪录片《自杀性任务之黑色魔鬼》。在威廉 · 亨利 · 哈里森堡的伞训期间，第1特勤队的一名伞训教官和一名队员在镜头前展示他们所使用的 T5型降落伞，其中最上面4幅图是演示副伞迅速打开的过程。下面2幅图是演示主伞打开的过程。1940年，美国陆军航空队飞行员开始使用 T4型降落伞，这款降落伞是世界上第一款可利用伞绳控制方向的军用降落伞，其伞衣直径为8.5米，通过固定拉绳开伞，但 T4型降落伞存在有伞包体积过大、质量过重等问题，T5型降落伞便是从前者改进而来。T4和 T5型降落伞都是二战美军伞兵最为常用的标准降落伞，同时后者也是世界上第一款配备了副伞的军用降落伞，它分为背在背上的主伞、挂在胸前的副伞和相应的挂具，其中主伞伞衣直径也是8.5米，伞衣正中位置有一个直径约45厘米的孔洞——这属于速降伞，是为了让伞衣内的多余空气更快溢出和防止降落伞震荡，以保证伞兵能快速落地；伞衣上有28根伞绳，每根长约6.7米，且每7根伞绳连接在伞包的一个金属环上；主伞伞包外形如同一个方形的帆布盒子，副伞伞包较前者更小，副伞布料比主伞的更加纤薄，体积也较主伞小，结构更简单，完全依靠手动开伞、抛伞，对伞兵的操作技能要求极高，操作稍有失误便容易出现故障。T5型降落伞存在难以收放及打理的缺陷，容易出现打不开的事故，二战结束后便停止了生产。照片中显示的都是橄榄绿色帆布伞包。在1942年底，一批白色伞包的 T5降落伞在美国陆军航空队俄亥俄州莱特机场(Wright Field)被生产出来并用于规范测试。这款白色降落伞的所有部件——从伞包背带到伞包扎带都未染色，背带上的所有金属部件都采用了镀镉处理，伞包上的索环采用镍制。降落伞上的紫色标记则隐藏在不显眼之处。白色 T5型降落伞问世后，被交付给美军第503伞兵营 B 连和第1特勤队测试和试用，其中，约有100具白色 T5型降落伞被第1特勤队带到了阿留申群岛，用于空降基斯卡岛使用。

本页和右页3幅图都是1942年夏在威廉 · 亨利 · 哈里森堡的空降场，穿着卡其色夏季短训练服的特勤队员们正在收起 T5型降落伞，他们并未佩戴跳伞头盔，由此判断，他们应该只是在地面进行收伞训练。

本页3幅图都是1942年8月在威廉·亨利·哈里森堡的空降场，第1特勤队正在组织参训人员熟悉他们所使用的T5型降落伞，其中下图受训的是第3团第4连的队员。伞训是威廉·亨利·哈里森筛选正式队员的第一道门槛，用弗雷德里克的话说："分出胆小鬼和好汉。"

上图是1942至1943年冬，第1特勤队医疗分队的成员正在地面以C-47进行第一次实跳前的最后一次地面试跳。照片中以标准姿势跳离机舱的是第2团的医疗军官乔治·伊瓦什维科（George Evashwick）。注意他们戴的是M1型钢盔，当时专门配发伞兵部队的M1C型钢盔还未列装，除了少量M1型钢盔，特勤队员更多佩戴橄榄球头盔作为伞盔。下图是实跳前，特勤队员们排成一列，每个人都为前面的战友检查降落伞包。

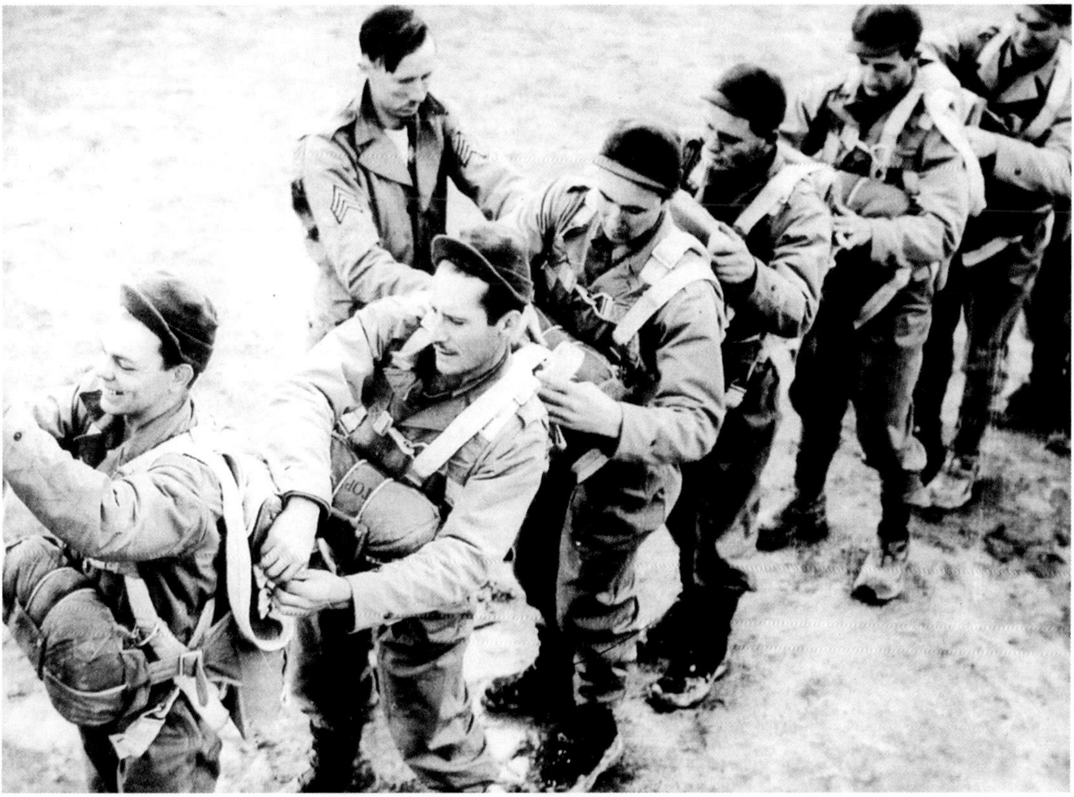

这两幅图也截自纪录片《敢死英雄》。上图是跳伞前，特勤队员们互相检查整理降落伞包。下图是特勤队员们在军官的带领下准备登机实跳。他们大都戴着橄榄球头盔作为跳伞安全帽。

■ 这两幅图截自纪录片《敢死英雄》。上图是特勤队员们在机场列队，准备登机跳伞，可以看到跑道上一架 C-47 已经准备就绪。下图是特勤队员们登上运输机，进行具有海伦娜特色的两次实跳中的一次。完成两次成功的实跳后，他们便可以获得跳伞资质徽章。

■ 上图是在威廉 · 亨利 · 哈里森堡的一次跳伞训练，特勤队员们列队登上 C–47 型运输机。由于时间有限，威廉 · 亨利 · 哈里森堡的伞训时间只有一周。根据“犁”计划，他们将被空降到挪威执行突袭行动。在“犁”计划取消后，第1特勤队在二战时几乎未执行过伞降任务。随着战争的进程和部队伤亡的加剧，1944年春在安齐奥战场上，第1特勤队开始接收未经过伞训的补充兵员。

■ 下图也是一群特勤队员在威廉 · 亨利 · 哈里森堡机场登机准备实跳。从上下两图可以看到，他们都戴着橄榄球头盔，穿着一型人字斜纹布连体工装，携带 T5 型降落伞，脚穿伞兵靴。这是早期在威廉 · 亨利 · 哈里森堡的伞训人员的标准装扮。

■ 上图是实跳期间，一群在地面等待登机的特勤队员向已经登机的战友呼喊鼓劲。下图是另一群在地面等待实跳的特勤队员，他们看起来相当轻松和高兴，从他们脸上看不到紧张、恐惧。加拿大队员的第一次实跳是在1942年8月11日。

■ 上图是1942年夏在威廉 · 亨利 · 哈里森堡，第1团第2连部分身背 T5型降落伞、准备进行实跳的特勤队员合影。下图是在威廉 · 亨利 · 哈里森的机场上，这3名同样来自第1团第2连的特勤队员准备登机实跳，其中右一是詹姆斯 ·G· 克莱顿。

■ 这名全副伞训装备准备进行实跳的特勤队员是第1团团部的列兵诺曼 · 史密斯（Norman Smith），他来自加拿大马尼托巴省，后来荣获了铜星勋章。

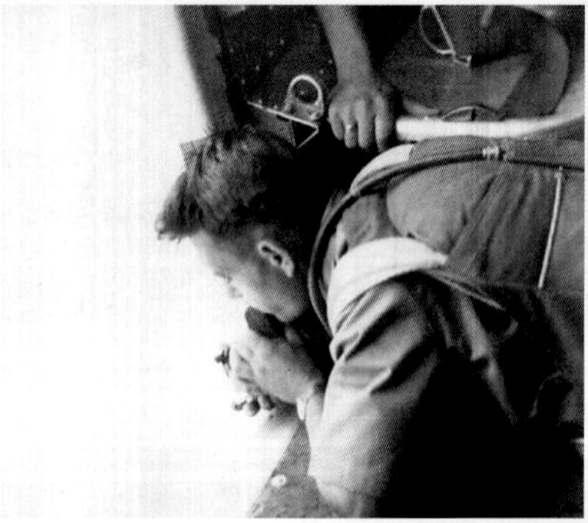

■ 上图拍摄于C-47的机舱内，一群特勤队员在接到“起立！挂钩！”的准备命令后，完成准备动作，等待从舱门跃出的最后一刻。注意这些特勤队员都戴着M1型钢盔，不排除这次伞训是在1942年底或1943年初。

■ 右图和下图都是1942年夏的伞训中在一个机舱内拍摄的不同角度的照片。右图是跳伞长趴在舱门口查看空降场情况；下图是魏腾海默中士（左一）等待跳伞命令，他和身边的战友们都穿着特有的卡其色夏季短训练服。

■ 本页图片也是截取自纪录片《敢死英雄》。上图和下图都是特勤队员们从 C–47 机舱跃出的瞬间，他们采用的是固定拉绳式的跳伞方式。注意下图，这两名跃出机舱的特勤队员穿着二型 M1941 双面滑雪派克大衣。这应该是他们在冬季进行寒带训练时的场景，根据“犁”计划的要求，他们要在寒带环境下进行伞降、滑雪和战斗。因此，特勤队员需要掌握严寒条件下跳伞的技能和伞降后滑雪奔袭的技能。

■ 这是1942年夏在威廉 · 亨利 · 哈里森堡伞训场上拍摄的第1特勤队的一次实跳。

■ 上图和下图也是1942年夏在威廉 · 亨利 · 哈里森堡，第1特勤队正在进行实跳训练。上图是特勤队员们从 C-47型运输机机舱中跳出，下图是特勤队员着陆，一些人已经在收伞，着陆场上有地面人员接应。除了空降兵部队，第1特勤队是当时美国陆军中罕有的需要掌握跳伞技能的部队。

■ 在左页图和上图这两张照片中，特勤队员都展示了良好的着陆姿势：双腿并拢在一起，膝盖弯曲。这种英式的伞兵着陆姿势可以大大减少伞兵着陆接触地面的瞬间受伤的几率。原来第1特勤队采用的是双脚与肩同宽、两膝弯曲的跳伞着陆姿势，这种姿势如遇到崎岖不平的着陆区将极大增加受伤几率。因为这一着陆姿势，第1特勤队在伞训初期的伤亡率居高不下。在接受过英军伞训的加拿大队员的建议下，第1特勤队将着陆姿势改为英式着陆法，明显降低了受伤几率。

■ 这是1942年夏在威廉 · 亨利 · 哈里森堡的空降场，第1团第2连的查尔斯 · E · 施耐德着陆的瞬间。

■ 上图是在威廉 · 亨利 · 哈里森堡的空降场上，一名特勤队员刚刚着陆。下图是着陆的特勤队员收起他的 T5 型降落伞，可以看到降落伞正中位置约45厘米的圆洞，旁边还有一些已经成功着陆的战友。T5型降落伞的固定拉绳长38厘米（拉绳的长度设计需要经过周密计算，以便为降落伞打开留出合适的时间，拉绳过长意味着开伞高度的降低；拉绳过短，降落伞会在伞兵还未脱离运输机发动机气流时打开，造成更恶劣的事故），一端连接在伞兵背上的主伞包上，一端通过挂钩连接在运输机铁杆上，当伞兵跳出机舱，拉绳便拽开主伞包上的封盖，降落伞甩出打开。而挂于伞兵身前的副伞的开伞装置是位于伞包右侧的红色拉环，一旦主伞出问题，伞兵要将所有物品甩开并快速打开副伞。二战后，T5 型降落伞被 T7 型降落伞取代。

■ 上图是1942年夏在威廉 · 亨利 · 哈里森堡的空降场，一名特勤队员刚刚顺利着陆。下图是1942~1943年的冬季，一名刚着陆的特勤队员正在收起他的白色 T5型降落伞。从着陆场的积雪上看，他正在进行冬季作战的相关训练。

■ 伞兵着陆一直存在失败几率，第1特勤队的第一任执行官麦奎因中校便是在伞训时摔断了腿而推出这支部队的。上图便是在伞训期间着陆失败的一名特勤队员。他摔断了腿，医护人员在为他处理伤情。他的伞兵生涯就此终结。下图是在海伦娜，这4名跳伞成功的特勤队员正扛着伞包高兴地离开着陆场。

■ 上图来自纪录片《自杀性任务之黑色魔鬼》，一批特勤队员在伞训期间坐在伞训场上休息；下图是3名刚完成实跳的特勤队员，他们刚收拾好自己的伞包。

左页图是刚完成实跳的加拿大队员雷蒙德 · 伯西（Raymond Bursey）。本页上图和下图是一位完成实跳的特勤队员带着打好的伞包返回驻地。

■ 上图和右页上图是同一场景，完成伞训的特勤队员在镜头前留影。从照片上看，他们很幸运，因为保命用的T5型降落伞副伞并没有使用。

■ 左图是第1特勤队给通过伞训的人员颁发的枕套，上面有美军伞兵徽章和“美加联军”、“蒙大拿州，威廉 · 亨利 · 哈里森堡”字样。

图 下图是1942年8月在威廉 · 亨利 · 哈里森堡，第1特勤队保障营摄影分队的二等兵托马斯 · W · 霍普（Thomas W. Hope）正在拍摄第1特勤队的训练场景。第1特勤队所留下的历史影像，大多数来自其摄影分队的记录。而且，第1特勤队早期跳伞中的问题也是通过查看霍普拍摄的跳伞片段找出来的。

上图是第1特勤队摄影分队的成员。从左至右分别是欧文 · 西纳特(Irwin Cinatl)、弗兰克 · 莱农(Frank Lenon)、爱德华 · 吉洛(Edward Gielow)、路易斯 · J · 梅里姆(Lewis Merrim)、伯顿 · 沃伦森(Burton Wollenzien)、奥利 · 斯特里普林(Ollie Stripling)和托马斯 · W · 霍普。摄影分队除了为第1特勤队拍摄各种影像资料，还负责维护和储存各种照片和设备、为第1特勤队的课堂教学播放训练影像。

下图是1942年8月在威廉 · 亨利 · 哈里森堡，第1特勤队摄影分队的五级技术军士伯纳德 · 卡索伊(Bernard Kassoy)正准备登机拍摄特勤队员在机舱内的跳伞活动。卡索伊在第1特勤队仅呆到1942年10月4日，他因为意外摔断了腿而被调离。

这名身穿 A2 飞行夹克的特勤队员背着 T5 型降落伞主伞包在威廉 · 亨利 · 哈里森堡的机场上与一架 C-47 型运输机合影。

■ 上图是1942年8月在威廉 · 亨利 · 哈里森堡，弗雷德里克上校（右三）和麦奎因中校（左一）在给通过伞训的特勤队员授予跳伞资质徽章。第1特勤队的初级军官被要求首先完成伞训，一旦通过伞训，他们便可以成为跳伞指挥并帮助训练士兵跳伞。下图是上图的另一角度，弗雷德里克和麦奎因正在检阅受训的新兵们。当时弗雷德里克正值35岁，他的西点学历对他之前在军队中的仕途并没有什么帮助，而担任第1特勤队指挥官成为他军事生涯的转折点。

上图也是弗雷德里克与麦奎因为通过伞训的特勤队员颁发美军空降兵的跳伞资质徽章，下图是弗雷德里克为一名通过伞训的加拿大队员佩戴跳伞资质徽章，左二是接替了麦奎因“加拿大第2伞兵营”指挥官职务的威廉姆森。

上图是在威廉·亨利·哈里森堡，第1特勤队的空中分队正在进行空投物资的训练。

这也是1942年在海伦娜，第1特勤队正在进行物资投送训练，第3团第4连的队员们正在接收空投物资。

这是1942年10月在威廉·亨利·哈里森堡，来自工兵的教官在为第1特勤队的军官进行爆破培训。从这张图中可以看到美加两国军人区别明显，加拿大军人还戴着他们的英式风格军帽和军衔。注意地下的箱子，上面的“高爆危险品”标识意味着里面是炸药。爆破是特勤队员必须掌握的专业技能，他们在海伦娜学习了使用一系列炸药诸如甘油炸药、烈性炸药（即三硝基甲苯）、莱安特种炸药对钢筋混凝土建筑进行各种爆破的技能。

■ 上图是在海伦娜，第1特勤队的爆破训练将草原上的一座废弃的采矿设施炸得粉碎，残骸四下飞溅。下图是特勤队员在检查一大块被他们设置的炸药炸飞的残骸。他们几乎都穿着 A2 飞行夹克。

上图和下图是1942年10月在海伦娜，进行爆破训练的特勤队员正将一块块的莱安特种炸药用导爆索连接起来，埋在埃尔克波因特大桥（Elk Point Bridge）上，这座桥梁成为第1特勤队爆破训练的牺牲品。

上图和下图是1942年10月5日在海伦娜的利比（Libby）附近的库特奈河（Kootenai River）上，一座废弃的铁路桥被进行爆破训练的特勤队员用莱安特种炸药炸毁，可以看到桥梁的大块结构被炸飞并沉入河中。而且，强烈的爆炸冲击波甚至摧毁了4.8公里外利比的大街上的商店玻璃窗。该型炸药的威力令人咋舌。

■ 上图和下图都截取自纪录片《敢死英雄》，这是1942年至1943年期间的冬季，特勤队员使用加兰德 M1 型步枪进行射击训练。第1特勤队初期普遍装备 M1 型卡宾枪，“犁”计划于1942年10月被搁置后，第1特勤队开始转型，M1 型步枪取代 M1 型卡宾枪成为第1特勤队的基本轻武器。

上图这名在威廉 · 亨利 · 哈里森堡训练场的特勤队员是第2团第5连的汤米 · 斯基亚里扎，他身穿 A2飞行夹克、M1937型毛哔叽长裤，手持1支 M1型步枪，看样子是在进行射击训练。注意他的 A2飞行夹克上也佩戴着跳伞资质徽章。

右图是1942年在威廉·亨利·哈里森堡的训练场上，第1特勤队第3团第1连的二等兵肯尼斯·R·布鲁克福（Kenneth R. Brookover）正端着1支加兰德M1型步枪进行摆拍，他和身后的战友们刚进行了一次射击训练。布鲁克福来自德克萨斯州的圣安东尼奥市(San Antonio),后来在战斗中获得了铜星勋章。加兰德M1型步枪是二战中最著名的半自动步枪，美军士兵的制式装备。这款步枪的设计者是约翰·康休斯·加兰德（John Cantius Garand），其设计的原型样枪最初名称为T1E2型7.62毫米半自动步枪，该型枪于1932年3月由美国斯普林菲尔德兵工厂生产了80支供部队测试，1933年8月3日，该枪被正式命名为"美国M1型7.62毫米步枪"，并从1936年开始逐渐取代斯普林菲尔德M1903型步枪成为制式步枪。M1型步枪采用导气式工作原理和枪机回转闭锁方式，由击锤打击击针击发枪弹，供弹方式为整体式弹仓供弹，空枪重4.3公斤，全长1107毫米，枪管长约610毫米。不过，刚开始装备美军的M1型步枪的导气装置是在枪口安装一个套筒式的枪口罩，但这种设计并不可靠。在1939年后，加兰德重新设计的M1型步枪取消原来的枪口罩，改为在枪管下方靠近枪口的位置上设一个导气孔。1940年秋天开始，所有新生产的M1型步枪均采用新的导气装置，而前4年所生产的5万支M1也送返军械所更换新的导气装置。1940年11月，美国海军陆战队也将M1型步枪确定为制式步枪。但是，由于斯普林菲尔德兵工厂产能有限，美国政府在1940年又将温彻斯特公司确定为M1的生产商。1936~1945年间，斯普林菲尔德兵工厂共生产了3526922支M1型步枪。温彻斯特公司也在1940~1945年间生产了513880支，至二战结束时M1的产量超过了400万支。1945年8月，M1型步枪停产，但随着朝鲜战争的爆发，斯普林菲尔德兵工厂又重启M1的生产线，至战争结束，斯普林菲尔德兵工厂共生产了168500支M1型步枪。1957年，随着M14型自动步枪被美军正式采用为新的制式武器，M1型步枪才正式停产。

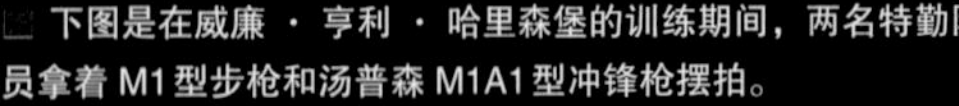

下图是在威廉·亨利·哈里森堡的训练期间，两名特勤队员拿着M1型步枪和汤普森M1A1型冲锋枪摆拍。

■ 上图是在威廉 · 亨利 · 哈里森堡的射击场上，一批特勤队员正使用汤普森冲锋枪进行射击训练。下图是特勤队员使用的冲锋枪及其弹药。从上至下、从左至右分别是：汤普森 M1A1 型冲锋枪、M3A1 型冲锋枪、30 发弹匣、汤普森冲锋枪用的 5 袋式 20 发弹匣袋、30 发弹匣包。在第 1 特勤队中，战斗梯队的班长配备汤普森冲锋枪或 M3A1 型冲锋枪，而加拿大队员将前者称为“候补队员汤米”（Tommy Sub）。

■ 上图是第1特勤队所配备的手枪及附属装备，从上至下、从左至右分别是：M1911A1型手枪、7发弹匣、M1916型皮制手枪套；M1918、M1919和M1923型双联装弹匣袋。在1942年7月5日公布的第1特勤队编制装备表中，并未提及M1911A1；到了1943年初新的编制装备表问世，战斗梯队的特勤队员才得以配发这款名枪。下图也是在威廉 · 亨利 · 哈里森堡的射击场上，特勤队员们正使用M1911A1型手枪在进行射击训练。

这张照片是左页的后续场景，一名刚完成了手枪射击训练的特勤队员在验靶，查看自己的射击成绩。据"加拿大第1特种作战营"的战争日志显示，第1特勤队的轻武器射击训练要求特勤队员熟悉多种枪械，包括美制全部轻武器和德制主要轻武器，其中要掌握的美军轻武器有：M1型7.62毫米卡宾枪、加兰德M1型7.62毫米步枪、11.43毫米手枪、火焰喷射器、约翰逊M1941型7.62毫米轻机枪、勃朗宁M1918型7.62毫米自动步枪（Browning Automatic Rifle，缩写为BAR）、汤普森11.43毫米冲锋枪、勃朗宁轻机枪、反坦克火箭筒、60毫米迫击炮、美军所有型号的手榴弹以及一些化学武器。此外，还要熟悉无线电操作业务和战场急救技能。

上图和下图都是在威廉 · 亨利 · 哈里森堡的训练场上，特勤队员们正在使用美制勃朗宁 M1918A2型7.62毫米自动步枪进行射击训练。勃朗宁自动步枪是第1特勤队的班排自动武器之一，每个排配备2挺（1943年5月后多了一个选择，即约翰逊 M1941型轻机枪）。这款自动步枪是著名枪械大师约翰 · 摩西 · 勃朗宁在一战时期的作品，1917年正式被美军采用。该枪最初生产商为柯尔特公司，但因为柯尔特忙于英军维克斯机枪的生产合同，美国政府将勃朗宁自动步枪的生产合同转给了温彻斯特公司。至一战结束，温彻斯特、柯尔特和马林－罗克韦尔公司（Marlin–Rockwell）共生产了约5.2万支勃朗宁 M1918型自动步枪。1937年，该枪进行了重大改进，增加了一个两脚架，使其更像轻机枪，这款改进型便是 M1918A1型，但产量并不多。1938年，随着新的战争一触即发，美国无暇研发新的轻机枪，再次改进勃朗宁自动步枪，最终型号在1939年被定型为 M1918A2型，并在1940年被正式采用，成为二战美军的步兵班组的火力支援武器。在战争期间，M1918A2型共生产了16.8万支。第1特勤队装备的都是 M1918A2型。不过，该枪的缺点非常明显，因为仅有20发弹匣，作为轻机枪来说火力持续力较低且重量不足，全自动射击时不易控制，但作为自动步枪而言又太重。在第1特勤队中，它并不如后来装备的约翰逊 M1941型轻机枪受欢迎。

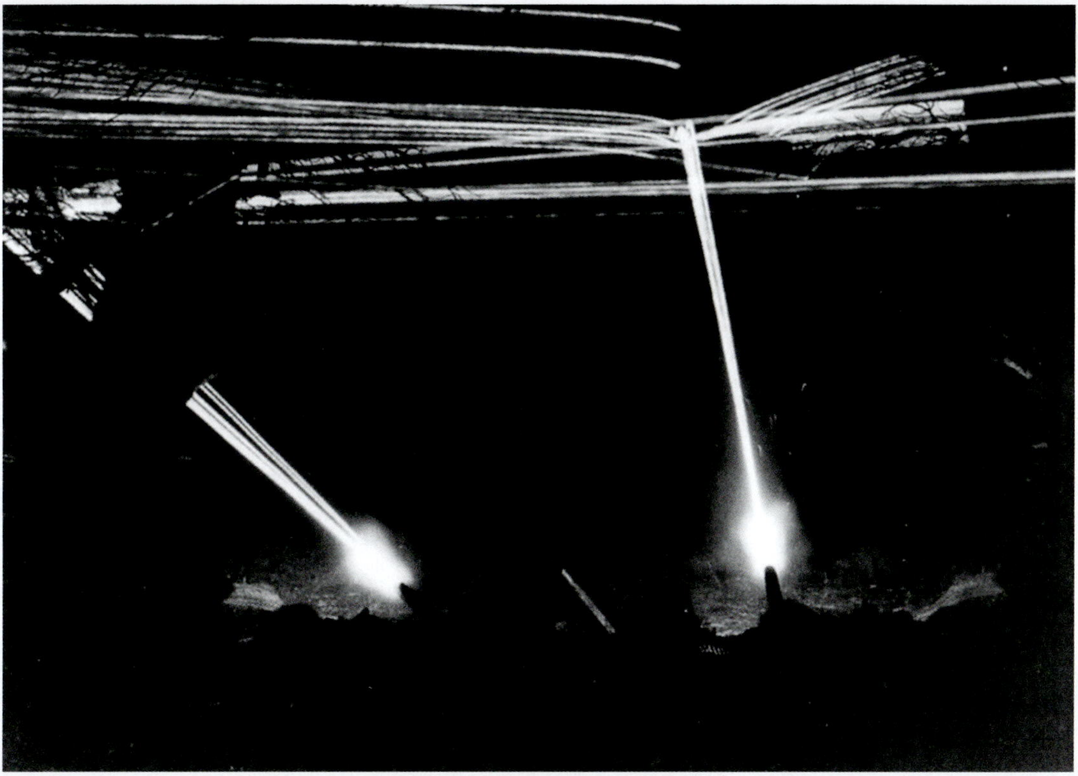

■ 上图是特勤队员在夜间使用轻机枪进行射击训练，可以看到黑暗中机枪火力绘画出的炫丽的弹道轨迹。下图是1942~1943年冬在威廉 · 亨利 · 哈里森堡的射击场上，4名特勤队员正将1挺M1919A4型勃朗宁7.62毫米机枪架设起来，准备进行射击训练。

上图是组装好 M1919A4 后，两名特勤队员将这挺轻机枪搬运到射击位置，准备开火。右页上图是本页上图的后续情形，这两名特勤队员瞄准拖靶准备开火，他们正在进行的是防空射击训练。一战时期，美军使用的是 M1917A1 型水冷式重机枪，经实战发现，该枪装备在坦克中占据了很大空间，对步兵来说又太重，战后，美国对该枪进行了改进，其中一款便是 M1919A4 型机枪，该枪取消了 M1917A1 的枪管上的水筒，改为气冷式，全长1044毫米，其中枪管长610毫米，枪身重14.1公斤，M2型枪架重6.36公斤，枪全重20.46公斤，枪架高低射界为 -45° ~ + 27° ，采用250发帆布弹链供弹。二战时期，M1919A4 逐渐取代 M1917A1 成为美军制式连级机枪，负责在中、近距离为步兵提供火力掩护，也可以在侧翼支援步兵进攻，在防御阵地实施火力支援。但是，它在进攻中无法跟上步兵的步伐，1942年10月，在 M1919A4 基础上改进的新机枪问世并进行了测试，1943年2月17日，新机枪被命名为 M1919A6 型并被正式列入美军制式装备。在第1特勤队中，1个排配备2挺 M1919A4 型轻机枪，每个班1挺。

■ 上图是勃朗宁 M1919A4 型轻机枪及其弹药箱、清洁工具、和 M1 型通用弹药包。在轻武器方面，第 1 特勤队的轻武器配置数量是二战美军其他步兵单位难望项背的，这可以将第 1 特勤队的连队与美国陆军其他连级作战单位相比较。二战美军 1 个游骑兵连为 77 人（根据 1944 年 2 月 29 日颁布的 T/O&E 7-87 文件规定），数量上与第 1 特勤队战斗连人数相仿，二者在配备冲锋枪的数量上差不多，但游骑兵连配备的巴祖卡火箭筒为 2 具，而第 1 特勤队战斗连则为 6 具。另外，游骑兵连配备的勃朗宁机枪（4 挺）和 60 毫米迫击炮（2 门）的数量是第 1 特勤队战斗连的 2/3。与伞兵相比，美国陆军伞兵连人数为 176 人（根据 1944 年 1 月颁布的 T/07-35T 文件规定），是第 1 特勤队战斗连人数的 2 倍多，但他们的迫击炮数量与后者一样，都是 3 门。虽然伞兵连比第 1 特勤队战斗连多 3 挺勃朗宁机枪，但后者的巴祖卡火箭筒是其 2 倍。第 1 特勤队战斗连拥有如此高比例的连属支援武器，加上许多个人自由配置的武器，使得第 1 特勤队具备了“向敌人投放毁灭性火力”的能力。

在第1特勤队的训练大纲中，还要求特勤队员熟练掌握对手、尤其是德国人的武器，因此在武器操作训练中，队员们也要学习使用德军的武器武器射击，这也是在其他大多数部队中闻所未闻的。上图是在威廉 · 亨利 · 哈里森堡的训练场，1支德军伯格曼MP35型9毫米冲锋枪放置在展示台上，准备供特勤队员们了解。该枪于20世纪30年代初由西奥多 · 埃米尔 · 伯格曼（Theodor Emil Bergmann）设计，其一个较为另类的特点便是弹匣从机匣右侧插入。下图是在同一地点，第1特勤队的一名武器教官在给学员们讲解德制武器，教官手中拿着1支德军MP40型9毫米冲锋枪，他身上穿着一件M1941型野战夹克，坐在一旁的学员们都穿着A2飞行夹克。另外，桌上还放着1支德制步枪。左页图是一名特勤队员正使用MP40型9毫米冲锋枪进行射击练习。

上图和下图都是在威廉 · 亨利 · 哈里森堡的武器训练场，几名特勤队员在学习操作德军武器。在上图中，他们面前的是德军著名的MG34型7.92毫米通用机枪，在它旁边还有一个额外的弹鼓。该枪是毛瑟公司的海因里希 · 沃尔默(Heinrich Vollmer)设计的，1935年正式装备德军部队，它既可采用弹链直接供弹，也可采用弹鼓左侧供弹；既可配备两脚架作为轻机枪，也可配置三脚架作为重机枪使用，是世界上第一款通用机枪。下图中，特勤队员正在熟悉一支德军的PzB 39式7.9毫米反坦克步枪。他们都穿着一型M1938人字斜纹布连体工装，外套A2飞行夹克，脚穿伞兵靴。

上图是第1特勤队的一名头戴英式奥塔姆圆帽的加拿大队员在练习使用德军的MG34型7.92毫米通用机枪。这款机枪每分钟约1200发子弹的循环射速大约是同类美军轻机枪的两倍，它在二战前期是德军制式机枪，但存在造价昂贵、费时、可靠性差等缺点，最终被MG42型机枪所取代，但MG34并未完全退出德军序列，它作为坦克、装甲车和飞机的防御武器一直使用到二战结束。

下图是一名头戴英国苏格兰团军帽的加拿大队员正试射德军的PzB 39式反坦克步枪。这款反坦克步枪研发于1939年，是在PzB 38式反坦克步枪的基础上简化设计而来的，放弃了反冲式枪管和半自动式后膛，全长1620毫米（其中枪管长1080毫米），重11.6公斤，有效射程300米，在此范围内能射穿25毫米装甲。1940年3月量产并服役，至1941年11月停产，共生产了39232支。

■ 左页和本页图片都来自纪录片《敢死英雄》，1942~1943年冬在威廉 · 亨利 · 哈里森堡，特勤队员正使用M1型背囊式火焰喷射器进行训练。从左页两图中可以看到这款火焰喷射器的燃料系统由一个装有凝固汽油的主燃料箱（由两个瓶子组成）和一个装液氮的副燃料箱组成，共可容纳5加仑的燃料。从本页上图和下图可以看到火焰喷射器烈焰张天的发射场景。M1型火焰喷射器的有效射程为15米，每秒钟消耗半加仑的燃料。

■ 上图是1942~1943年冬在威廉·亨利·哈里森堡训练期间，两名身穿防化装备的特勤队员正在操作1具巴祖卡 M1型60毫米火箭筒，在他们身后的应该是他们的教官，注意这两名特勤队员都戴着轻型防毒面具，这是为了防止面部被火箭筒开火时产生气体灼伤。下图和右页2幅图都是同一场景，两名特勤队员练习使用巴祖卡火箭筒。

■ 上图是左页下图中那名身穿二型 M1941 双面滑雪派克大衣、头戴 M1941 型卡其色羊毛针织帽的特勤队员手持 1 具巴祖卡火箭筒准备进行射击训练。下图中，那名特勤队员手中捧着 1 发 60 毫米反坦克火箭弹，他身旁这名身穿 M1941 型野战夹克的特勤队员可能是他的教官。

■ 上图是在威廉 · 亨利 · 哈里森堡，两名身穿A2飞行夹克、头戴M1941型卡其色羊毛针织帽的特勤队员正在操作一门M2型60毫米迫击炮进行射击训练。自1942年10月以后，第1特勤队开始装备60毫米迫击炮，战斗连的每个排下都配置了一个5~6人的迫击炮小组。

■ 上图是第1特勤队装备的排级火力支援武器——M2型60毫米迫击炮及所用炮弹。在20世纪20年代，美军开始研究将迫击炮作为轻步兵支援武器，陆军部选定了法国军械工程师埃德加 · 勃兰特（Edgar Brandt）设计的60毫米迫击炮，并向法国购买了生产许可证，该炮被美国命名为M2型60毫米迫击炮。20世纪30年代末，该炮进行了测试。1940年1月，美国签订了第一份订购M2的合同，总数为1500门。M2型迫击炮是二战美军标准的轻步兵迫击炮。该炮由4部分组成，通常由一个炮组进行操作。该炮使用滑膛炮管，长726毫米，高低射界为40度~80度，方向射界为7度，最大射程1815米，最小射程91米。该炮在美军中历经二战、朝鲜战争、越南战争，直至1978年被M224型60毫米迫击炮所取代。中国国民党军队在抗战时也仿制、装备过该炮，并称之为31式60毫米迫击炮。

这是在威廉·亨利·哈里森堡的一次防化演习中，伴随着防化警报的响起，一名特勤队员匆忙戴上他的 M1A1 型防毒面具，手上还戴着防毒手套。他身穿 A2 飞行夹克，腰间穿戴着 M1923 型子弹带，背着 1 支 M1 型步枪。

上图是1942年在威廉 · 亨利 · 哈里森堡，第1特勤队执行官保罗 · D · 亚当斯中校（右）与一位来访的政府官员交谈。

右页上图是在威廉 · 亨利 · 哈里森堡，第3团第5连第2排的几名队员在宿舍中聚餐。从左至右分别是：拉里 · 斯托里（Larry Story）、约翰 · 麦克林（John McLean）、特克斯 · 豪斯（Tex House）、华莱士 · H · 约翰逊（Wallace H. Johnson）、肖蒂 · 格兰杰（Shorty Grainger）、吉米 · 洛伦（Jimmy Laughren）、威廉 · F · 卡彭特（William F. Carpenter）、帕特 · 哈里森（Pat Harrison）。第1特勤队参战后，上述几人，除了特克斯 · 豪斯和威廉 · F · 卡彭特两人之外，肖蒂 · 格兰杰和吉米 · 洛伦战死沙场，其余几人也在战争中负伤。右页下图是1942年威廉 · 亨利 · 哈里森堡的训练期间，两名特勤队员在山坡上眺望他们的营房。

左页上图是1942年在威廉 · 亨利 · 哈里森堡，两名特勤队员正在宿舍中维护他们的M1型步枪，右边那位队员是加拿大人，他的塔姆奥圆帽上还戴着老部队的团徽。左页下图是这两名队员休息时在宿舍中下棋。他们都穿着A2飞行夹克。本页上图是两位在宿舍中休息的特勤队员。本页下图是几名特勤队员在营房门口玩"绞刑游戏"。

这是1942年在威廉 · 亨利 · 哈里森堡，第2团第4连的哈罗德 · 约翰逊中士(Harold Johnson，右)与另一位战友在训练场上。哈罗德 · 约翰逊来自明尼苏达州南圣保罗市(South Saint Paul)，后加入加拿大陆军，第1特勤队成立后作为加拿大人入选受训，在1943年12月初的拉蒂芬萨山之战期间，约翰逊有卓越表现。

■ 本页3幅图都是第1特勤队进行野外拉练训练。其中上图是1942年9月在海伦娜到蒙大拿州的马里斯维尔（Marysville）的山路上，正在拉练的第1特勤队的队伍。他们在这一天行军76.6公里。注意队员们手中持有协助行军的木棍和滑雪杆。他们在这一路程上体会了使用滑雪杆。下图是1942年9月，一队进行野外拉练的特勤队员正在路边休息，休息时间不过10分钟。

■ 下图也是1942年9月在威廉 · 亨利 · 哈里森堡附近的山地上，第1特勤队正在进行山地行军训练。他们都穿着夏季卡其色训练短裤，背着 M1936型野战背包。

■ 上图是在海伦娜附近的山区，第1特勤队正在进行折磨身心的野外拉练训练。在1942年10月时，第1特勤队的一次拉练要持续两天，队员们要穿过一个海拔约2438米的山口再行军54公里返回基地。下图也是在海伦娜附近的山区，第1特勤队组织的一次野外拉练。注意，特勤队员背着为他们特别设计的山地帆布背包。

■ 上图是在海伦娜附近的山地，第1特勤队第3团第4连的队员们进行野外拉练，第1特勤队的拉练距离通常为20至30英里（约32公里至48公里），且全副武装。下图也是一队进行野外拉练的特勤队员，其中镜头前的两位是第3团第4连的队员。从图上看，这些队员未携带什么装备，估计只是一次不负重的野外行军。

■ 上图是1942年初秋在海伦娜的山区，第1特勤队的一支部队正在进行野外拉练。从图上看到，这些队员穿着A2飞行夹克和卡其色夏季训练短裤，头戴钢盔，穿戴着包括M1936型野战背包在内的装备携行具。注意他们手中的木杆，那是在行军期间用来模拟滑雪，以便队员们能提前熟悉滑雪状态。左图这队进行山地拉练的特勤队员同样全副武装，不过他们背负的是山地帆布背包。右页图也是一队在海伦娜山区进行山地拉练的特勤队员。

■ 上图是1942年在海伦娜山区，野外拉练途中休息的特勤队员。下图是1942年第1特勤队的一次野外拉练休息时，第1团第2连的4名队员合影。从左至右分别是：詹姆斯 ·G· 克莱顿、鲁迪 ·T· 卡鲁茨(Rudy T. Kaluza)、约翰 ·L· 沃克梅斯特(John L. Walkmeister)、肖蒂 · 哈珀(Shorty Harper)。据克莱顿回忆，那天拉练结束、卡车接他们返回营地时，他们已经行军约40公里，天已经黑了。注意他们都穿戴着装备携行具，且3人在连体工装外还罩着 A2飞行夹克。

■ 上图是在海伦娜的野外训练期间，几名特勤队员正在休息会餐，不少队员身上都穿着 A2 飞行夹克。下图也是在海伦娜的野外，这些特勤队员正在埋锅造饭，他们当时应该在野外拉练或演习期间。值得注意的是，第 1 特勤队中还有关于野外生存技能的训练，为他们进行培训的是来自陆军专家团队的教官。前排左一穿着 A2 飞行夹克的队员是詹姆斯 ·G· 克莱顿。虽说 A2 飞行夹克是陆军航空兵的制服，但第 1 特勤队神通广大的军需官也能保证战斗梯队人手一件作为训练服穿着。

■ 上图和左图都是在威廉·亨利·哈里森堡附近山区进行野外生存训练期间，在镜头前兴高采烈地展示他们的猎物——蛇的特勤队员。其中左图右一那名队员是第3团第1连的二等兵肯尼斯·R·布鲁克福。他们都穿着一型M1938人字斜纹布连体工装，戴着滑雪帽，身上背着M1型步枪或M1A1型卡宾枪。注意上图镜头最近处那名戴着船形帽的特勤队员，他正在给这些队员拍照，他应该是第1特勤队摄影分队的成员。

■ 这是1942年在威廉 · 亨利 · 哈里森堡野外训练期间，几名特勤队员在丛林里休息。镜头最远处那名队员是第1团第4连的尤金 · S · 坦卡利斯(Eugene S. Tankersley)。

■ 这张照片也是在野外训练期间拍摄的，两名特勤队员在丛林里休息。镜头前这名队员是第1团第3连的戈登 ·H· 贝克下士（Gordon H Baker）。贝克来自加拿大不列颠哥伦比亚省（British Columbia），1941年加入加拿大陆军，1942年加入第1特勤队。注意他们的训练着装，头戴 M1型钢盔，上身穿着橄榄褐色 M1937型羊毛 / 法兰绒衬衣，下身穿着卡其色夏季训练短裤、绿色高筒羊毛袜和伞兵靴，穿戴着装备携行具。

■ 上图和下图截取自纪录片《敢死英雄》，特勤队员们正在进行野外战斗演习。注意镜头前这名特勤队员背负的山地帆布背包。

■ 上图是1942年10月在威廉 · 亨利 · 哈里森堡，来自斯图贝克公司的代表在给第1特勤队的战斗技工们讲解T–15型履带运兵车的发动机的维护保养事项。T–15是美国专门为“犁”计划和第1特勤队研发的履带式运兵车，但第1特勤队除了在前期训练时期使用过外，参战后几乎都怎么用过这款车。

■ 下图是1942~1943年冬在威廉 · 亨利 · 哈里森堡，已经到货的T–15“黄鼠狼”停放在第1特勤队驻地的操场上。

■ 上图和下图是同一场景，1942~1943年冬在威廉 · 亨利 · 哈里森堡驻地，第1特勤队的一次升旗仪式，升起的分别是美国国旗和英国国旗——当时加拿大是英联邦成员国。图中特勤队员都穿着美军的A类常服。

■ 这是1942~1943年冬在威廉 · 亨利 · 哈里森堡，一名特勤队员正在站岗。他身背一支加兰德 M1 型7.62毫米步枪，头戴一顶一型M1942滑雪帽，滑雪帽垂下的护耳垂紧紧包裹着他的面颊和下巴，身穿美国陆军制式麦尔登呢羊毛双襟大衣——这款大衣带黄铜纽扣、两个斜口袋和肩章，通常作为冬装常服穿着。大衣肩膀上绣着第1特勤队的红色矛尖臂章和五级技术军士的军衔标志。在美国陆军中，那些拥有特殊技术专长的士兵允许授予相当于军士军衔的技术军士军衔（五级技术军士相当于下士），但其权限并不如与之相当的军士。在美军普通战斗连队中，技术军士的数量非常少，但在第1特勤队中，绝大多数特勤队员都具有技术等级的资格，因为这支部队的组成人员本来就被要求“一专多能”。

■ 这是1942年冬在布洛斯堡山区，第1特勤队保障营指挥官杰拉尔德 ·E· 罗德哈弗中校(Gerald E. Rodehaver)正在进行滑雪训练。他穿着 M1941 型野战夹克，手持滑雪杖和滑雪板。罗德哈弗来自密苏里州堪萨斯城(Kansas City)，1942年起担任保障营指挥官。1943年10月1日，第1特勤队从阿留申群岛战场返回本土后，他的职务被理查德 ·W· 惠特尼少校(Richard W. Whitney)所取代。

■ 第1特勤队的寒带训练放在蒙大拿州的布洛斯堡山区，持续6周。上图是在布洛斯堡山区，两名特勤队员和他们的滑雪设备的合影。他们穿着二型 M1941 双面滑雪派克大衣和 M1941 型羊毛滑雪裤。这款派克大衣一面是白色，一面是卡其色，很明显他们穿的是卡其色的一面。这款大衣也是他们在蒙大拿州进行寒带训练时普遍穿着的制服。注意他们身后的火车车厢，那是他们在布洛斯堡山区的营房。

■ 下图是1943年1月在布洛斯堡山区，原挪威陆军的艾因纳 ·S· 基尔上尉（右）在给特勤队员们讲述滑雪技巧。旁边放着他们的滑雪板，背后是队员们的车厢营房。

■ 这也是1943年初在布洛斯堡山区，身背加兰德 M1型7.62毫米步枪的特勤队员们正在学习越野滑雪的技巧。根据第1特勤队的情报参谋罗伯特 ・D・ 博汉斯中校所言，至1943年2月底，99% 的特勤队员的滑雪技能已经达到了挪威陆军的标准。第1特勤队接受的寒带训练不仅包括滑雪，还有雪域跳伞、雪地作战和生存等多项技能。

■ 1943年初在布洛斯堡山区，特勤队员们穿着滑雪板在雪地里行走，掌握滑雪技能。蒙大拿州得天独厚的丘陵和雪域条件为第1特勤队提供了类似于挪威作战环境下的山地和寒带训练场所。

■ 1943年在布洛斯堡山区的冬季训练期间，一队身背步枪、脚踩滑雪板的特勤队员在滑雪杖的支撑下艰难地走上山坡。

■ 左页和本页3幅图都是第1特勤队于1943年初在布洛斯堡山区的冬季训练期间的瞬间。左页图是一位特勤队员走上山坡准备来一次风驰电掣的下坡。本页上图是3名都特勤队员准备滑下山坡；下图是滑下陡坡的特勤队员，其中有一人摔倒在雪地里。

■ 上图也是在布洛斯堡山区，特勤队员们正在进行滑雪训练。另外，在雪域伞降并越野作战也是第1特勤队寒带训练的一项重要科目，下图便是一名刚伞降落地的特勤队员，他正在穿戴滑雪装备，身边的T5型降落伞还未来得及收拾。因为“犁”计划而组建的第1特勤队，其队员最初被称为“伞降滑雪兵”（para-skier），伞降和滑雪是他们在海伦娜受训期间必须达标的两项专业技能。

■ 上图是在布洛斯堡训练期间，两名参加滑雪训练的特勤队员熟练地从斜坡上滑下。左图也是在布洛斯堡山区训练期间，一名特勤队员在雪地中挖掘战壕的留影。

■ 上图是1943年1月在布洛斯堡山区的冬训期间，两名特勤队员正在架设1个无线电通讯站点，其中右边的队员在使用1台 SCR-694型无线电台收发信息，左边那名队员在使用手摇曲柄带动的发电机为无线电台提供动力。在海伦娜的训练期间，第1特勤队的队员都必须通过训练以具备操作无线电台的资质。像第1特勤队这种要求小规模战斗团队的队员必须具备多种专业技能的理念正是战后崛起的现代特种部队所秉承的基本原则之一。下图是1943年1月在布洛斯堡山区进行冬季演习时，一名特勤队员躲在雪地中进行伏击训练。他使用的加兰德 M1型步枪上配着1把 M1942型刺刀。

■ 上图是1943年1月在布洛斯堡山区，一名进行寒带生存训练的特勤队员正蜷缩在一个临时搭建的掩蔽所里，用小燃气炉准备他的口粮。他的M1型步枪和滑雪装备就放在身旁。

■ 下图是1943年初在布洛斯堡山区的冬季训练期间，全副雪地装备的第1团第2连上士丹尼尔 · 泽里克（Daniel Serrick）与二等兵奥尔多 · 杰拉尔德 · 鲁斯科尼（Aldo Gerald Rusconi）的合影。泽里克后来于1944年5月29日阵亡，鲁斯科尼在战争中也先后4次负伤。

■ 这是1943年初在布洛斯堡，参加冬季训练的第1团第6连少尉休伯特 ·E· 科耶尔（Hubert E. Coyer）。他穿着白色朝外的二型 M1941 双面滑雪派克大衣，手持滑雪杖。

■ 这是1943年初在布洛斯堡，第1团第1连的小沃尔特 · 博格斯(Walter Bogus, Jr)正在参加滑雪训练，他穿着卡其色朝外的派克大衣，头顶的滑雪帽上还挂着一副防风眼镜，胸口挂着汤普森 M1A1 型冲锋枪，脚下是一双方头滑雪 – 山地靴。

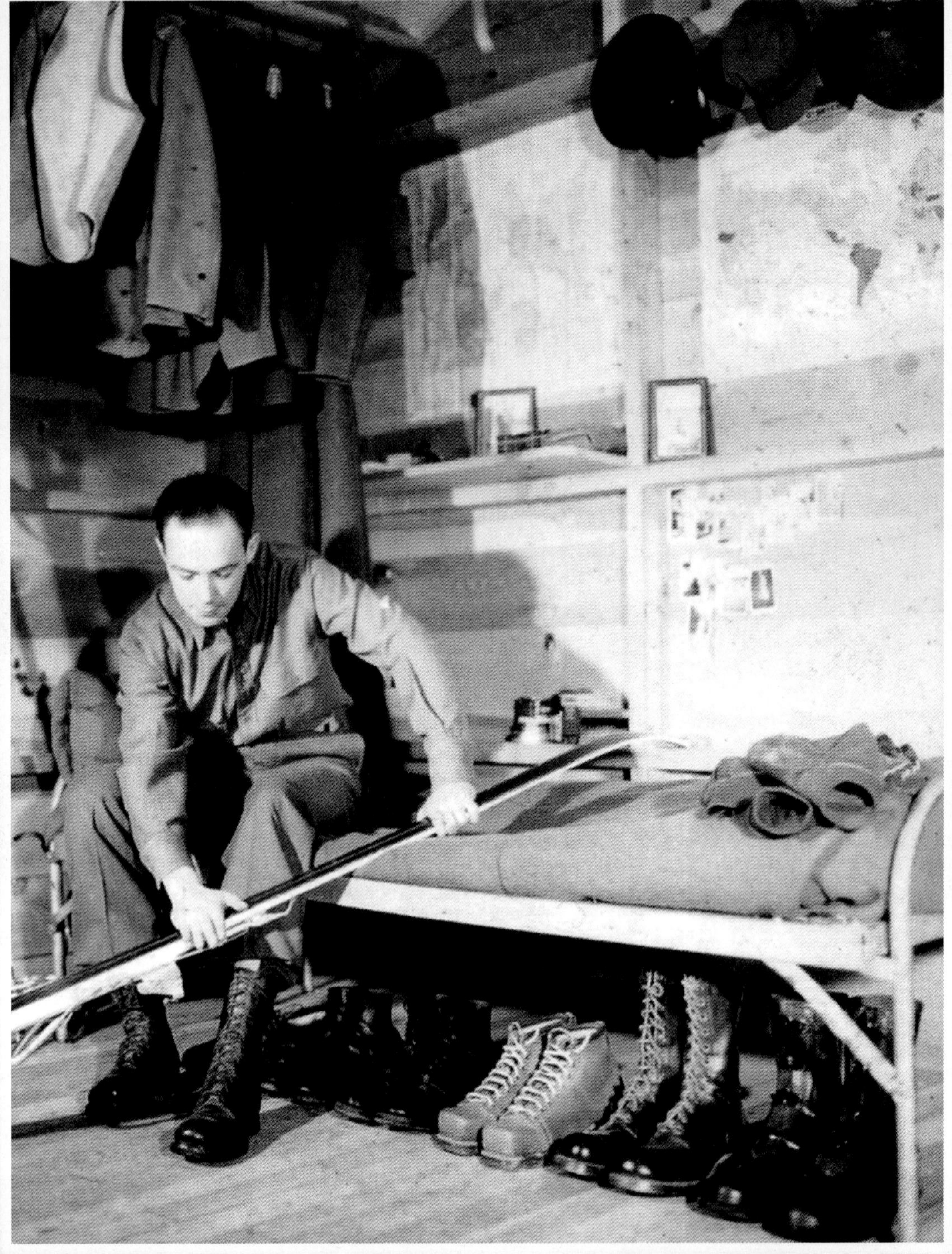

■ 上图是在威廉 · 亨利 · 哈里森堡的士兵宿舍中，一名特勤队员正在整理他的滑雪板，从这幅图中可以看到一名特勤队员所配发的各种着装，房檐下挂着A类常服、M1941型野战夹克等制服，墙上挂着大檐帽、M1942型滑雪帽和M1型钢盔，床下是各种军靴。右页上图是床下军靴的特写，从左至右分别是：配A类常服的低帮皮鞋、2双勤务靴、方头滑雪－山地靴、伞兵靴、全橡胶寒带套靴。在训练结束后，被派往战场的特勤队员仅保留伞兵靴和寒带套靴。

■ 右页下图是在威廉 · 亨利 · 哈里森堡的教室里，来自陆军专家团队的林肯 · 沃什伯恩少尉向特勤队员展示如何将需要的衣物和装备装入他手中的山地帆布背包中。桌上摆放的物品有冬季袜子、围巾、内衣和毛衣。M1941型燃气炉在桌子最左侧，此外还有饼干、巧克力和滑雪蜡等物资。

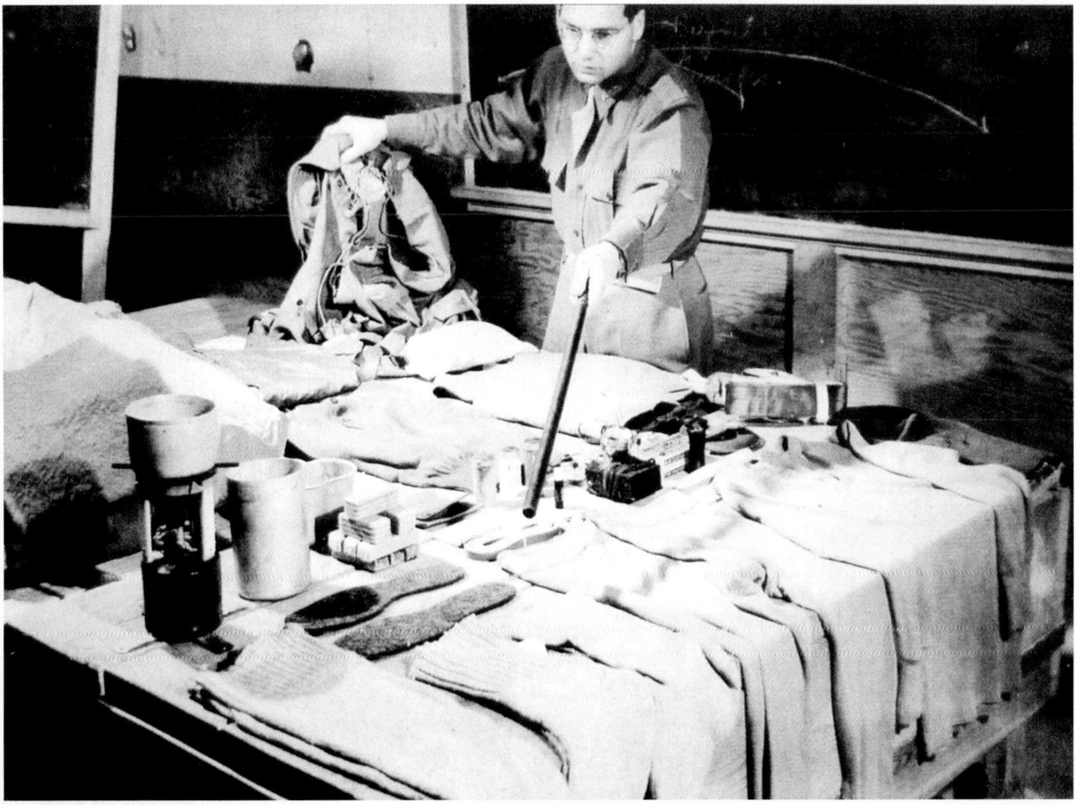

■ 上图是1943年1月在布洛斯堡山区冬训期间，几名经过一天训练的特勤队员正在宿舍里清洁保养武器。

■ 左图也是1943年1月在布洛斯堡山区的火车车厢宿舍里，几名特勤队员正围着暖炉烤火，镜头前的这名队员是一位上士，这个军衔在第1特勤队战斗排的班里都是担任班长职务。

■ 这是1943年3月在海伦娜的岩石山区，身穿连体工装和双面滑雪派克大衣，背着山地帆布背包和M1型步枪的特勤队员练习在悬崖进行索降，他们所在的这片山区位于美国大陆洛矶山脉分水岭（Continental Divide）之中。注意他们的M1型步枪是与帆布背包系在一起的。根据第1特勤队最初的组建意图，所有队员都必须具备伞降、滑雪、爆破、寒带生存、攀岩和徒手战斗技能，而攀岩训练是在为期3周的山地作战训练中的一部分。在“犁”计划取消后，第1特勤队所经受的山地战训练后来在意大利的拉蒂芬萨山突袭战中派上大用场，成为第1特勤队证明自身价值的绝佳手段。

■ 上图也是在山地作战训练期间，两名身穿 A2 飞行夹克、头戴 M1941 型卡其色羊毛编织帽的特勤队员正在练习索降下崖的技巧，他们也背着山地帆布背包。

■ 下图是在海伦娜的山区，参加山地作战训练的部分特勤队员合影。他们穿着 A2 飞行夹克或连体工装，头戴滑雪帽，穿戴着装备携行具。

■ 上图和下图拍摄于1943年3月17日的演习时期。上图是在第1特勤队第2团指挥所旁，停放着一辆经过雪地迷彩涂装的 T-15型运兵车，一名特勤队员正往 T-15的车身上覆盖木料，躲避空中侦察。下图则是在第2团指挥所里，指挥部人员正在制定作战计划。

■ 上图也是1943年3月17日在威廉 · 亨利 · 哈里森堡附近的山区，一名哨兵站在第1特勤队第2团指挥所的门前执勤，当时该团正在这里参加野外演习。这名哨兵穿着二型M1941双面滑雪派克大衣，他将卡其色的一面穿在外面。

■ 下图是1943年春在威廉 · 亨利 · 哈里森堡附近的冬季训练场上，第1特勤队第1团第1营营长贝克特少校（Becket，左）和第2团情报参谋埃诺 · O · 奥尔森上尉（Eino O. Olson）正在交谈。贝克特少校身穿美军军官大衣，戴着一顶苏格兰便帽。

■ 上图是1943年4月6日在海伦娜，当时正值美国陆军日(Army Day)期间，身着A类常服、腰扎M1923型子弹带的特勤队员在为海伦娜市民演示他们装备的M1型火焰喷射器，手持火焰喷射器的是外号“汤米”(Tommy)的第3团第2连中士托马斯·乔治·普林斯(Thomas George Prince)。这款火焰喷射器是美国在1940年7月研发的，重约32.6公斤，射程15米，带3个燃料箱，第一个原型名称为E1型火焰喷射器，后进一步改进为E1R1型，1941年8月被正式命名为M1型，1942年3月开始标准化生产。这款步兵便携式武器在欧洲战场很少使用，倒是被广泛用于太平洋战场，在美国海军陆战队清除日军碉堡战壕的战斗中，它算是一把好手。在第1特勤队中，它作为排级火力支援武器，每排装备1具，虽然在海伦娜训练期间，第1特勤队曾进行过火焰喷射器的操作训练，但在实战中，几乎未见到过它的身影。M1型火焰喷射器性能平平，所携带的燃料可进行5次短喷射(每次2秒)，但问题很多。首先，M1的点火装置不可靠，它采用电池点火方式，这种点火方式在南太平洋潮湿的环境中是个败笔，电池容易被盐碱和潮湿的空气腐蚀导致不能正常点火，点火成功率非常低下，甚至出现喷火兵用打火机点火的窘境。对于火焰喷射器来说，点火失败意味着光喷出汽油而已，这样喷火兵很容易成为敌人的靶子。其次，M1采用的燃料是混合石油，这种燃料决定了其射程太近，这就要求喷火兵需要非常接近敌军目标，稍有不慎便容易死在敌军枪下。而且，混合石油也导致了燃烧效果不佳，火焰持续数秒便告熄灭。这种情况下，研发单位被要求改进M1，但设计师认为在当时的技术条件难以做到。不过，随着凝固汽油的问世，M1火焰喷射器的改进变成可能。M1A1型和更先进的M2型先后问世，前者重29公斤，射程达到了45米，后者重30.8公斤，射程40米。M2型火焰喷射器更为著名，是美军在二战时期的主力火焰喷射器。

■ 下图也是1943年4月6日在海伦娜，两名特勤队员向当地孩子展示他们的勃朗宁M1919A4型7.62毫米机枪，注意他们都戴着M1C型伞兵钢盔。由于1942年至1943年间，美国的伞兵装备匮乏，第1特勤队中的伞兵钢盔及钢盔内胆仅够配备1个团。

■ 本页至第205页图片都是1943年4月6日在海伦娜市的街头，第1特勤队参加协助兜售战争债券的阅兵游行活动，此后不久，第1特勤队便告别海伦娜，转驻到弗吉尼亚州的布拉德福德军营接受两栖训练，因此这相当于他们在海伦娜的告别仪式。上图是第1特勤队的护旗队高举着美国国旗和代表加拿大的英国国旗走过街道。注意这张照片中，护旗队还未打出第1特勤队的队旗，而这两面国旗边缘是加装了流苏装饰的。虽然该部队旗于1943年2月10日由五角大楼正式授权使用，但直至第1特勤队在4月抵达布拉德福德军营后，这面军旗才完成并交付使用。

■ 下图是第1特勤队以连为单位，列队走过海伦娜市的“最后机会之谷”（Last Chance Gulch）街区，两旁是热情围观的市民。据“加拿大第2伞兵营”的战争日志记载当天的情景:“吃过午餐后，第1特勤队各部离开营区参加阅兵游行，并赞助刘易斯和克拉克县的战争债券销售。游行非常成功，并得到了夹道围观的市民们的好评，检阅台上的维克斯准将向我们行答礼。那些参加阅兵的官兵还有足够时间返回营地换下钢盔并回城里过潇洒的夜生活。参加游行的官兵穿着A类常服、伞兵靴、钢盔和装备携行具。 在蒙大拿州俱乐部还举行了一场热闹的聚会，第1特勤队的军乐队提供了非常精彩的乐曲。”阅兵结束后的4月7日，“每个人都在收拾自己最后的包裹并准备出发。设备明天开始打包。司令部要求每个连每天提供2个人，去执行最后3天的维持夜晚镇上军纪的任务。第1特勤队不想在离开时留下一个坏名声，上层害怕下面的小伙子在这一段时间里胡作非为，这支部队已经给海伦娜市民留下好印象了，昨天的阅兵游行是一个非常好的开端。”

■ 这是第1特勤队在海伦娜进行告别式游行的一个近距离镜头。镜头最前面左侧的那名军官是第1团第2营第5连的曼弗雷德·H·古德温中尉(Manfred H. Goodwin)。注意，古德温中尉和镜头最前面右侧的那名军官都穿着加拿大的军官常服，而且古德温右臂上还佩戴着一个英军装甲兵的徽章；右二那名军官穿的制服颜色较深，这是美军的A类常服。这在这场阅兵中是非常罕见的，因为当时要求第1特勤队的全部官兵统一穿着美军A类常服。照片中，军官们都携带着M1A1型卡宾枪，扎着M1936型手枪带，官兵们身上的制服和武器装备都由美国政府提供，但从这张照片中美加两国军装泾渭分明的情况来看，当时美国政府还未能对这支部队的制服进行及时补充。在第1特勤队1943年12月3日突袭拉蒂芬萨山的战斗中，第1团担任预备队，他们遭遇了敌军炮兵火力的严重杀伤，古德温中尉的卡宾枪甚至被击碎。

HELENA, MONT. APRIL 6, 1943.
JORUD PHOTO 6
CITY CLUB BEER
PARCHEN DRUGS
MONTGOMERY WARD
OWSLEYS

HELENA, MONT. APRIL 6, 1943
JORUD PHOTO 9
MONTGOMERY WARD
MONTGOMERY WARD
Owsleys
TAILORING

■ 左页2幅图和上图都是第1特勤队的队伍走过“最后机会之谷”街区，队员们向观礼和检阅他们的市民敬礼和行注目礼。在队伍前方，还有军乐队开道。这场盛大的活动也登上了次日《海伦娜独立报》(The Helena Independent)的头版头条，并以头版整个版面来介绍这次阅兵活动。根据这份报纸披露，在陆军日第一天，战争债券便销售了360900美元——“可购买2架轰炸机”。另外，上图这张照片还充当了头条照片。另外，加拿大陆军副总参谋长威克斯准将(G.S. Weeks)也在现场检阅了第1特勤队，他是在4月5日抵达海伦娜并于当天至威廉·亨利·哈里森堡巡视了第1特勤队，为欢迎他的到来，第1特勤队还做了不少“面子工作”。据“加拿大第2伞兵营”战争日志记载“1943年4月3日。早上仪仗队为欢迎威克斯准将的到来进行了预演，他明天晚上将从渥太华出发赴海伦娜并盘桓数日。第1团第2连的连长肖中尉(Shaw)是加拿大人，他选择担任仪仗队的指挥。各团的检查工作在下午进行，亚当斯上校亲自检查保障营。”“1943年4月4日。保障营的军官在上午进行了卡宾枪射击训练，成绩并不好，还需要大量的练习。今晚23点，威克斯准将的专机将从莱斯布里奇(Lethbridge)起飞。第3团第4连的斯图尔特·L·戴蒙德中尉(Stewart L. Dymond)将临时充任其助手。”

■ 上图是第1特勤队的某个连队接受市民的检阅。下图是第1特勤队走过阅兵主席台。台上检阅他们的包括蒙大拿州的福特州长（Ford）、加拿大陆军副总参谋长威克斯准将、大瀑布城（Great Falls）陆军航空兵基地指挥官伊顿上校（Eaton）、威廉·亨利·哈里森堡驻军指挥官拜尔斯上校（Biles）、第1特勤队指挥官弗雷德里克上校，以及联邦银行和信托公司（Union Bank and Trust Company）的负责人希巴德（A.T. Hibbard）。希巴德是第1特勤队驻海伦娜受训时的一个有力的后勤供应商。威克斯准将在4月5日巡视了第1特勤队的各项工作后，对他们进行了赞誉。据"加拿大第2伞兵营"战争日志记载："1943年4月5日。8点30分，威克斯准将首先检阅了护卫队。排在护卫队之前的是第1特勤队的军乐队，紧随其后的是护卫队第1排，携带美国和英国国旗，然后是第2排和第3排。9点30分，在此进行短期访问的美国军需部长官格雷戈里少将（Gregory）也检阅了护卫队。威克斯准将检查了第1特勤队各阶段的训练并于13点向加拿大军官们进行了演讲，还向他们询问需要解决的问题。他说：总参谋部也清楚地知道那些已经出现并被克服的困难，他本人对所看到和所知道的那些已经被很好处理的工作结果表示满意。威廉姆森中校向他介绍了所有加拿大军官，他接下来对第1特勤队的所有军官进行了短暂演说。然后，弗雷德里克上校向我们宣布：我们将转移到东海岸，开拔时间暂定为4月12日星期一，我们将接受两栖训练，并且在部署到海外前可能还要转移三四次驻地。晚上，弗雷德里克邀请第1特勤队的高级军官在蒙大拿州俱乐部与威克斯准将共进晚餐。"

上图是第1特勤队走过阅兵主席台的另一个瞬间。下图是参加阅兵游行活动的第1特勤队的领头队伍，部队主官身后紧跟在军乐队。此时第1特勤队刚形成战斗力，他们在这个月中旬便要转移到诺福克参加两栖作战训练。

下图是1943年4月6日在海伦娜的游行活动期间，两名特勤队员埃米尔·埃森堡(Emil Eschenburg)和廷·罗尔(Tinn Roll)在街头合影。他们都穿着A类常服，穿戴着装备携行具。A类常服直至20世纪30年代末在美军中还兼具战斗服功能。

这是1943年4月在弗吉尼亚州的布拉德福德军营，第1特勤队的队员们正在进行攀爬登陆网的训练，这是他们在这里接受两栖作战训练的一个基础科目。

上图是1943年的两栖训练期间，特勤队员们正在练习攀爬登陆网，其中最下方仍穿着英式战斗服的是后来出任第2团第4连连长的威廉·斯托里，此时他还是一名中士。他上面的队员则穿着A2飞行夹克。下图应该拍摄于在弗吉尼亚州进行两栖训练期间，身着连体工装的特勤队员在海军舰船上探讨两栖训练和演习内容。

■ 上图是第1特勤队在布拉德福德军营接受两栖作战训练期间，特勤队员们正通过绳索将1艘橡皮艇从运输舰上垂下来，放到1艘坦克登陆艇（Landing Craft Tank，缩写为LCT）的甲板上。据“加拿大第2伞兵营”战争日志记载：“1943年4月16日，冷风。与蒙大拿州的干燥空气相比，每个人都感受到了潮湿中的寒冷。我们在4天里从海拔4000英尺的地方来到海平面上。训练从今天早上开始……游泳被取消了，因为实在太冷了。对于新训练的第一印象，队员们普遍认为这一训练是非常有利的。”

■ 右侧上图是在诺福克的两栖演习期间，全副武装的特勤队员通过登陆网爬上1艘运输舰。注意其背景，在这艘登陆舰的吊艇柱上，悬挂着一艘车辆人员登陆艇（Landing Craft，Vehicle and Personnel；缩写为LCVP）。右侧下图是上图的另一角度，特勤队员们正在这艘运输舰旁排队等待上船。注意，他们穿着人字斜纹布连体工装。

■ 右图是在两栖演习中的一艘坦克登陆艇的甲板上，特勤队员们正在休息，在他们身旁是充气橡皮艇。一旦坦克登陆艇抵达登陆滩头的近岸区域，特勤队员就会把充气橡皮艇顺着登陆艇的坡道推到海面上，并乘橡皮艇登陆。

■ 下图是1943年5月在弗吉尼亚州的切萨皮克湾的两栖作战训练及演习期间，第1特勤队的1个排沿着运输舰的登陆网爬到1艘车辆人员运输艇上。

■ 下图也是在切萨皮克湾的两栖训练和演习期间，美国海军的1艘突击登陆艇（Landing Craft Assault）搭载着第1特勤队的1个班划破海面，向马里兰州的所罗门岛驶去。

这是在切萨皮克湾的两栖演习期间，第1特勤队乘坐的充气橡皮艇被堆叠在1艘坦克登陆艇的甲板上。

这是在切萨皮克湾的演习中，第1特勤队的一支部队沿着登陆网从运输舰下到1艘坦克登陆艇的甲板上，一同吊下来的还有充气橡皮艇，准备驶离布拉德福德军营的海岸。攀爬登陆网上下船这项技术在海面实际操作过程中相当困难，不过第1特勤队已经掌握得非常熟练了。

上图是在布拉德福德军营的海面上，第1特勤队的一个7人小组正在练习使用充气橡皮艇登陆滩头的技术。这种充气橡皮艇是当时美军正式列装的橡皮登陆艇（Landing Craft，Rubber 或 Landing Craft Rubber-Small；缩写为 LCR 或 LCRs）。下图是在一艘运输舰上，特勤队员正在检查被安置在船舱里的他们的吉普车和 T-15 型履带运兵车。

这是第 1 特勤队的 1 辆 T-15 型履带运兵车被从运输舰吊运到 1 艘车辆人员运输艇的甲板上。

左图是在切萨皮克湾的演习期间，第1特勤队的1辆T-15“黄鼠狼”履带运兵车正被从运输舰的船舱中吊出来。

下图是在切萨皮克湾的演习期间，特勤队员乘坐的1艘突击登陆艇的艇员正在用旗语给其他登陆艇发送信号。同时，船上的特勤队员准备登陆所罗门岛。这些特勤队员穿的是寒带野战夹克，M1型步枪的刺刀套上了刀套。注意镜头最前方右侧的那名特勤队员，他背着的是一个胶合板背架，而非他们在训练期间普遍使用的育空河背架。他的背包放在背架上。右图是第1特勤队的一个班正从突击登陆艇上下来，登陆所罗门岛的滩头。

上图是1943年5月5日在诺福克，第1特勤队的一些队员休假期间在街头合影。第1特勤队在诺福克的两栖训练期间，掌握两栖作战技能的速度令人刮目相看。下图是1943年6月在伊森 · 艾伦堡，第1特勤队第3团第1连部分队员合影。在结束了切萨皮克湾的两栖演习后，第1特勤队于5月23日转移到伊森 · 艾伦堡进行下一步的训练。

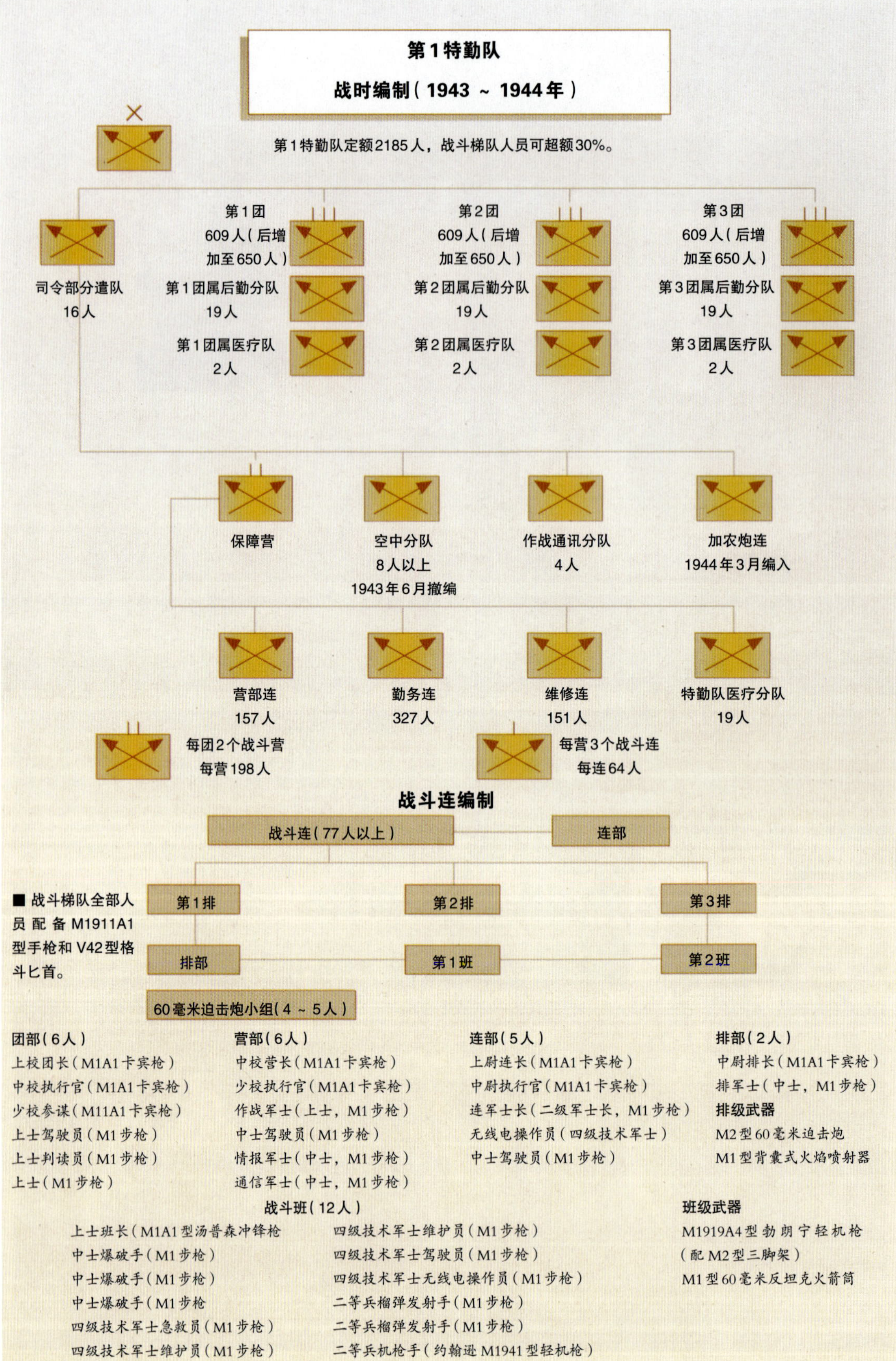
第1特勤队
战时编制（1943 ~ 1944年）
第1特勤队定额2185人，战斗梯队人员可超额30%。
司令部分遣队
16人
第1团
609人（后增加至650人）
第1团属后勤分队
19人
第1团属医疗队
2人
第2团
609人（后增加至650人）
第2团属后勤分队
19人
第2团属医疗队
2人
第3团
609人（后增加至650人）
第3团属后勤分队
19人
第3团属医疗队
2人
保障营
空中分队
8人以上
1943年6月撤编
作战通讯分队
4人
加农炮连
1944年3月编入
营部连
157人
勤务连
327人
维修连
151人
特勤队医疗分队
19人
每团2个战斗营
每营198人
每营3个战斗连
每连64人
战斗连编制
战斗连（77人以上）
连部
第1排
第2排
第3排
排部
第1班
第2班
60毫米迫击炮小组（4 ~ 5人）
■ 战斗梯队全部人员配备M1911A1型手枪和V42型格斗匕首。
团部（6人）
上校团长（M1A1卡宾枪）
中校执行官（M1A1卡宾枪）
少校参谋（M11A1卡宾枪）
上士驾驶员（M1步枪）
上士判读员（M1步枪）
上士（M1步枪）
营部（6人）
中校营长（M1A1卡宾枪）
少校执行官（M1A1卡宾枪）
作战军士（上士，M1步枪）
中士驾驶员（M1步枪）
情报军士（中士，M1步枪）
通信军士（中士，M1步枪）
连部（5人）
上尉连长（M1A1卡宾枪）
中尉执行官（M1A1卡宾枪）
连军士长（二级军士长，M1步枪）
无线电操作员（四级技术军士）
中士驾驶员（M1步枪）
排部（2人）
中尉排长（M1A1卡宾枪）
排军士（中士，M1步枪）
排级武器
M2型60毫米迫击炮
M1型背囊式火焰喷射器
战斗班（12人）
上士班长（M1A1型汤普森冲锋枪
中士爆破手（M1步枪）
中士爆破手（M1步枪）
中士爆破手（M1步枪
四级技术军士急救员（M1步枪）
四级技术军士维护员（M1步枪）
四级技术军士维护员（M1步枪）
四级技术军士驾驶员（M1步枪）
四级技术军士无线电操作员（M1步枪）
二等兵榴弹发射手（M1步枪）
二等兵榴弹发射手（M1步枪）
二等兵机枪手（约翰逊M1941型轻机枪）
班级武器
M1919A4型勃朗宁轻机枪
（配M2型三脚架）
M1型60毫米反坦克火箭筒

DRILL REGULATIONS

GENERAL

The drill prescribed herein is for the use of the First Special Service Force. The drill constitutes select movements of the U. S. Dismounted and Canadian Drill. It is of a general nature and should be used as a common sense solution of minor points which are not specifically covered in this memorandum. Necessary adaptations should be simple and should not complicate the drill. Stress should be placed on precision and unison in execution of commands, and in marching in step with proper alignment. Commanders are reminded that the drill should reflect the smartness, efficiency and the highly select quality of the personnel composing this force.

Section I

DEFINITION

1. ALIGNMENT.- A straight line upon which several elements are formed or are to be formed; or the dressing of several elements upon a straight line.
2. BASE.- The element or point on which a movement is regulated.
3. COLUMN.- A formation in which the elements are placed one behind another.
4. DEPTH.- The space from head to rear of any formation or of a position, including the leading and rear elements.
5. DISTANCE.- Space between elements in the direction of depth. Distance is measured from the rear rank of the unit in front to the front rank of the unit in rear.
6. DOUBLE TIME.- Cadence at the rate of 180 steps per minute.
7. FILE.- A single column of men one behind the other.
8. FLANK.- The right or left of a command in line or in column, or the element on right or left of the line.
9. FORMATION.- Arrangement of elements of a command.
10. FRONT.- The space occupied by an element measured from one flank to the opposite flank.
11. GUIDE.- The person upon whom the command regulates its march.
12. INTERVAL.- Space between individuals or elements of the same line.
13. LINE.- A formation in which the different elements are abreast of each other.
14. MASS FORMATION.- The formation of a company or any larger unit in which the sections in column are abreast of one another.
15. PACE.- A step of 30 inches, the length of the full step in quick time.
16. QUICK TIME.- Cadence at the rate of 140 steps per minute.
17. RANK.- A line of men placed side by side.
18. STEP.- The distance measured from heel to heel between the feet of a man walking. The steps in quick and double time are 30 and 36 inches respectively.

Section II

POSITIONS

1. POSITION OF THE SOLDIER, OR OF ATTENTION. a. Heels on the same line and as near to each other as the conformation of the man permits.

b. Feet turned out equally and forming an angle of 45 degrees.

c. Knees straight without stiffness.

d. Hips level and drawn back slightly; body erect and resting equally on hips; chest lifted and arched; shoulders square and falling equally.

e. Arms hanging straight down without stiffness. Hands closed but not clenched. Backs of the finders touching the thigh lightly, thumbs to the

- 1 -

■ 本页至第226页是第1特勤队在威廉 · 亨利 · 哈里森堡训练期间使用的操典，其内容囊括队列条令、行军条令、班排连的行军的具体事项等。本页是操典的第一部分，以及第二部分的部分内容。第一部分是“定义”，共18条，对一些专有名词进行解释，分别是队列、基地、纵队、纵深、距离、行军快步、列队行进、侧翼、编队、前线、基准兵、间隔、路线、大编队、步伐、齐步走的步速、列队、步距。例如，“行军快步”的定义是每分钟180步；“步伐”是30英寸一步；“步距”指一个人行走时前后两个脚后跟之间的距离，30至30英寸之间。第二部分是“站位”，是队列条令的相关内容，共分为4项，每项之下又有多个小项。其中第1项是“士兵在队列中的位置”，以下又细分为8个小项进行规定。

front and close to the forefinger; thumbs immediately behind the seam of the trousers.

f. Head erect and squarely to the front; chin drawn in so that the axis of the head and neck is vertical; eyes straight to the front.

g. Weight of the body resting equally on the heels and the balls of the feet.

h. In assuming the position of the soldier, or of attention the heels are brought together smartly and audibly.

2. RESTS. Being at a halt the commands are: BREAK OFF; 1. Stand At, 2. EASE; and REST.

a. At the command BREAK OFF, the men leave the ranks but are required to remain in the immediate vicinity. The men resume their former places at attention at the command FALL IN. On the march, men will fall in At Ease unless they were at attention when the command Break Off was given.

b. At the command of execution, EASE, of 1. Stand At, 2. EASE, move the left foot smartly 12 inches to the left of the right foot keeping the legs straight so that the weight of the body rests equally on both feet. At the same time, clasp the hand behind the back, palms to the rear, thumbs and fingers of the right hand clasping the left thumb without constraint, fingers extended and joined, preserve silence and immobility.

c. At the command REST, one foot is kept in place. Silence and immobility are not required.

3. FACINGS. All facings are executed from the halt and in the cadence of quick time.

a. To the Flank. (1) The commands are: 1. Right (Left), 2. FACE. At the command FACE, slightly raise the left heel and the right toe; face to the right, turning on the right heel, assisted by a slight pressure on the ball of the left foot. Hold the left leg straight without stiffness. (TWO) Place left foot beside the right. (2) Execute 1. Left, 2. FACE on the left heel in a corresponding manner.

b. To the Rear. The commands are: 1. About, 2. FACE. At the command FACE, slightly raise the left heel and the right toe; face to the rear by the right-about, turning on the right heel, assisted by a slight pressure one the ball of the left foot. Hold the left leg straight without stiffness. (TWO) Place the left foot beside the right.

4. SALUTE WITH THE HAND. The commands are: 1. Hand, 2. SALUTE.

a. At the command SALUTE, raise the right hand smartly until the tip of the forefinger touches the lower part of the headdress or forehead above and slightly to the right of the right eye, thumb and fingers extended and joined, palm to the left, upper arm horizontal, forearm incline at 45 degrees, hand and wrist straight; at the same time turn the head and eyes toward the person saluted. (TWO) Drop the arm to its normal position by the side in one motion, at the same time turning the head and eyes to the front.

b. Execute the first position of the hand salute when six paces from the person saluted, or at the nearest point of approach, if more than six paces. Hold the first position until the person saluted has passed or the salute is returned. Then execute the second movement of the hand salute.

Section III

STEPS AND MARCHING

1. GENERAL. a. All steps and marching executed from the halt, begin with the left foot.

b. The instructor indicates the proper cadence when necessary by calling "ONE", "TWO", "THREE", "FOUR", as the left and right foot strikes the ground.

- 2 -

■ 本页内容承接第217页。这里的第2项是“休息”，首先规定在指挥官下达“暂停”命令后，士兵立正，稍息，然后休息；然后以下细分为3种情况进行规定。第3项是“转向”，要求快节奏、迅速有力，以下又分为向侧面转向和向后面转向两种不同情况进行详细规定。第4项是“举手敬礼”，分成两部分详细规定敬礼的动作。本页下方是操典的第三部分——“齐步走和行军”。这一部分共分为7项，每项以下又分为几个小项进行详细规定。第1项是“一般规定”，分为两部分：1是无论是踏步或行军，首先迈左脚；2是当教官下达“一、二、三、四”的节奏命令时，齐步走/行军的左脚和右脚用力踏地。

2. QUICK TIME. Being at the halt, to march forward in quick time, the commands are:

a. 1. Forward, 2. MARCH. At the command Forward, shift the weight of the body to the right leg without perceptible movement. At the command MARCH, step off smartly with the left foot and continue the march with 30 inch steps taken straight forward. Swing the arms naturally from the shoulders, elbows straight, so the hands reach the height of the waist belt in front and a natural swinging height to the rear. Hands should be kept closed but not clenched, thumbs always to the front.

3. DOUBLE TIME. a. Being in march in quick time, to march in double time the commands are: 1. Double Time, 2. MARCH. At the command MARCH, given as the right foot strikes the ground, take one more step in quick time and then step off in double time, raise the forearms, fingers closed, knuckles out, to a horizontal position along the waist line, take up an easy run with the step and cadence of double time, allowing a natural swinging motion to the arms.

b. To resume the quick time from double time the commands are: 1. Quick Time, 2. MARCH. At the command MARCH, given as the right foot strikes the ground, advance and plant the left foot in double time, resume the quick time, dropping the hands by the sides.

4. TO HALT. To halt when marching in quick time, the commands are: 1. Section (Platoon, Company, Battalion), 2. HALT. At the command HALT, given as the right foot strikes the round, execute a halt in two counts by advancing and planting the left foot and then bring the right foot beside the left.

5. TO FACE TO THE REAR IN MARCHING. Being in march, the commands are: 1. To the Rear, 2. MARCH. At the command MARCH, given as the right foot strikes the ground, advance and plant the left foot; turn to the right about on the balls of both feet and immediately step off with the left foot. The arms must be kept close to the sides during the turn.

6. TO CHANGE STEP. The Commands are: 1. Change Step, 2. MARCH.

a. Being in march in quick time, at the command MARCH, given as the right foot strikes the ground, advance and plant the left foot, plant the toe of the right foot near the heel of the left and step off with the left foot.

7. TO MARCH OTHER THAN AT ATTENTION. a. Marching at Attention, the command is: MARCH AT EASE. On this command men are required to keep in step and properly closed up, but are not required to march at attention and maintain silence.

b. Marching at Ease, to march at Attention the command is: MARCH AT ATTENTION. On this command Attention is resumed and quick time cadence is executed.

Section IV

DRILL FOR FOOT TROOPS

Part I The Section
Part II The Platoon
Part III The Company

- 3 -

■ 本页内容承接第218页的“齐步走和行军”。这里第2项是“齐步走”，首先规定了行走的命令口号，其中还规定了行走时的动作要领；第3项是“行军快步”，里面分两部分规定“行军快步”的命令下达的口号及具体的行军动作；第4项是“停止”；第5项是“向后转行军”；第6项是“改变速度”；第7项是“行军和立正”。这里都规定了相关的命令口号和具体的行军动作。第四部分是第1特勤队班、排、连的行军编队及详细规定。

Part I

THE SECTION

1. GENERAL.

a. The section is a group of soldiers organized as a combat team. It consists of one Section Leader and other personnel as authorized. When the section leader is absent he is replaced by the next senior.

b. The normal formation of the section is a single rank or single file.

c. The section in line marches to the left or to the front only for minor changes of position.

2. TO FORM THE SECTION.

a. The command is: FALL IN. At the command FALL IN, the section forms in line as shown below.

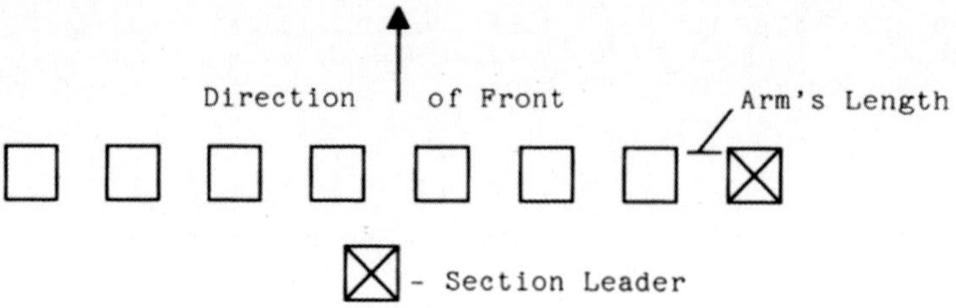

Direction of Front

Arm's Length

☐ ☐ ☐ ☐ ☐ ☐ ☐ ☒

☒ - Section Leader

Section in Line

Intervals between Men: Normal Interval - Arm's Length
Close Interval - 4 Inches

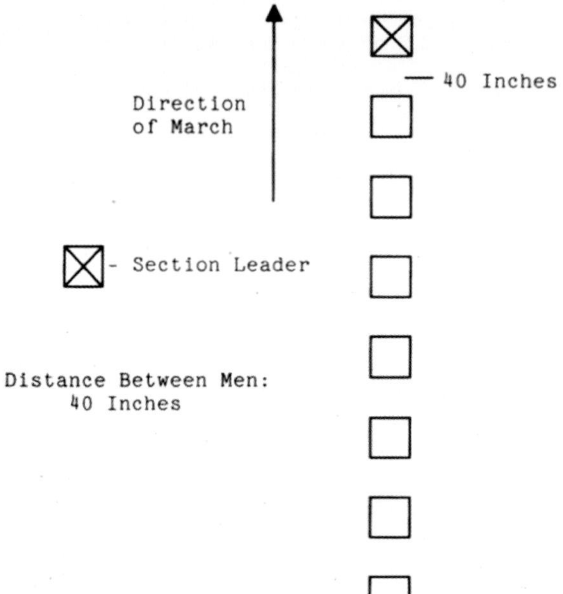

☒

40 Inches

Direction of March

☐

☐

☒ - Section Leader

☐

☐

Distance Between Men:
40 Inches

☐

☐

Section in Column

☐

- 4 -

■ 这是第1特勤队的战斗班的队列规定。第1项是基本规定，其中的第2条规定，战斗班的正常编队为单列横队或单列纵队。第2项是战斗班的编队形式及其图例。当“集合”命令下达后，战斗班将排成图例中表现的两种队列，成横队时，班长位于队列的最右侧，队列里人员之间的间隔为一臂（正常间隔）或4英寸（紧密间隔，即10厘米）成行军纵队时，班长位于队伍最前列，队列里人员间隔为40英寸（即1米）。

On the command: FALL IN, each man except the one on the right flank extends his right arm laterally at shoulder height, hand closed in the form of a fist. Each man, except the one on the right, turns his head and eyes to the right and places himself in line so that his right fist touches lightly the left shoulder of the man on his right. As soon as proper interval has been obtained each man drops his arms smartly to the side and turns his head to the front.

b. The section falls in on the section leader or the right file if the section leader is not in ranks.

c. To form close intervals, the commands are: 1. At Close Interval, 2. FALL IN. At the command FALL IN, the men fall in as in (a) above, except that close intervals are obtained by placing the right hand on the hip. In this position the heel of the palm of the hand rests on the hip, the finger and thumb are extended and joined, and the elbow is in the plane of the body.

3. TO COUNT OFF. The command is: COUNT OFF. At the command COUNT OFF, each man of the squad, except the one on the right flank, turns his head and eyes to the right. The right flank call out, "One". Each man in succession calls out, "Two", "Three", etc., turning his head and eyes to the front as he gives the number.

4. TO ALIGN THE SECTION. a. In line the commands are: 1. Dress Right (Left), 2. DRESS. At the command DRESS, each man except the one on the right extends his right arm (or if at close interval places his right hand upon his hip), and turns his head and eyes to the right and aligns himself to the right. The section leader places himself on the right flank one pace from and in prolongation of the line and facing down the line. From this position he verifies the alignment of the men, ordering individual men to move forward or backward as necessary. Having checked the alignment, he faces to the right in marching and moves three paces forward, halts, faces to the left and commands: 1. Ready, 2. FRONT. At the command FRONT, arms are dropped quietly and smartly to the side and heads turned to the front.

b. In column the command is: COVER. At the command COVER, men cover from front to rear with 40 inches distance between men.

5. BEING IN COLUMN, TO CHANGE DIRECTION. The commands are: 1. Column Right (Left) (Half Right) (Half Left), 2. MARCH.

a. Being at a halt, the leading man faces to the right by turning to the right (Left) or, (Half Right) or, (Half Left) on the ball of the right foot and at the same time steps off in the new direction with the left foot.

b. Being in march, at the command of execution, given as the right foot strikes the ground the leading man advances and plants the left foot, then faces to the right in marching and steps off in the new direction with the right foot.

c. In movement the other men in the column execute the same movement successively and on the same ground as the leading man.

6. PREVIOUS INSTRUCTIONS APPLICABLE. The section executes positions and steps and marching in the same manner as previously explained.

Part II

THE PLATOON

1. COMPOSITION AND FORMATION OF THE PLATOON.

The platoon headquarters and two sections. For purposes of drill and ceremonies, a two rank formation should be arranged and the size of the sections equalized.

- 5 -

■ 本页最上一项是战斗班集合并编队行军的详细规定。第3项是“报数”，下达命令的口号即为“报数”，这里规定，队列报数从最右侧开始向左报。第4项是“对齐”，其命令为“向右(左)看齐”。第5项是“在编队里转向”，口令分为两部分: 1.“右(左或右半或左半)转弯”; 2.行进。第6项是“执行先前的指示”。最下面部分是第1特勤队战斗排的行军规定。其中第1项是“战斗排的构成和编队”，这里规定1个排由排部和2个战斗班组成，其队列分为横向的2行，每班1行，战斗班的队列要求按前述规定执行。

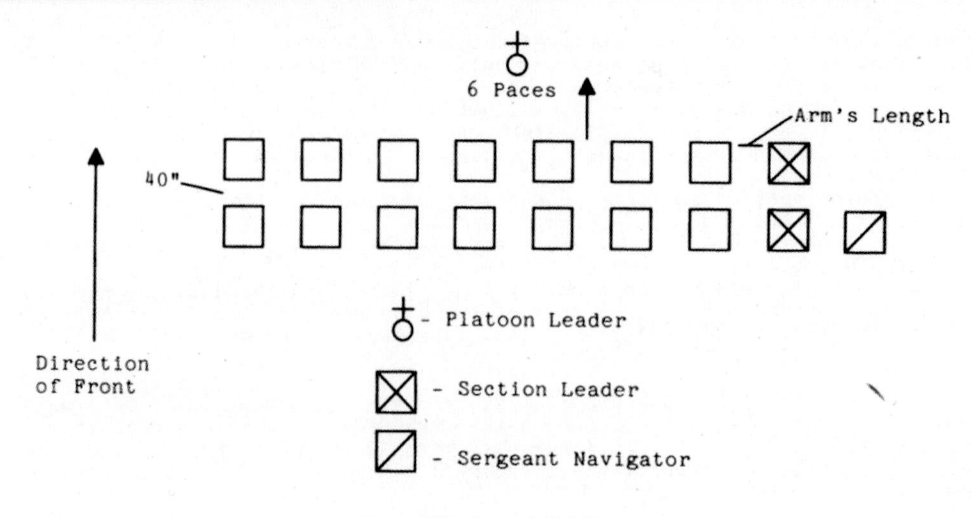

Platoon in Line

2. TO FORM THE PLATOON. a. The command is: FALL IN. The platoon leader stands two paces in front of and facing the point where the section leader of the front section is to fall in. At the command FALL IN, the section leader of the front section takes position as indicated. The remaining men of the front rank section fall in on the section leader and extend arms laterally at shoulder height, back of hands up, hand closed in the form of a fist. Each man except the one on the right, turns head and eyes to the right and places himself in line so his knuckles touch the left shoulder of the man on the right. As soon as proper interval and alignment has been obtained, each man drops his arm smartly to the side and turns his head to the front. The other section forms in rear of the front section and in the same manner, with 40 inches distance between ranks. Members of the rear section extend arms to obtain their approximate interval but cover the corresponding members in the front section. The men of the rear section drop arms and turn heads to the front with the corresponding man of the front section.

b. TO FORM AT CLOSE INTERVAL. The commands are: 1 At Close Interval, 2. FALL IN. At the command FALL IN, the movement is executed as prescribed in (2a) above except that sections form by placing the right hand on the hip.

3. TO DISMISS THE PLATOON. a. Being at attention, the command is: DISMISSED. At the command DISMISSED, given by an officer the platoon executes right face, right hand salute and leaves the formation.

b. If the command DISMISSED, is given by a noncommissioned officer the platoon executes right race and leaves the formation without saluting.

4. TO MARCH THE PLATOON. a. The normal formation for marching is in a column of two with sections abreast, section leaders at the head of their sections.

b. The platoon being in line to march to the right the commands are: 1. Right, 2. FACE, 3. Forward, 4. MARCH.

5. BEING IN LINE TO OPEN AND CLOSE RANKS. a. To open ranks the commands are: 1. Open Ranks, 2. MARCH, 3. Ready, 4. FRONT. At the command MARCH, the front rank takes one step forward and executes Dress Right. The rear rank

- 6 -

■ 本页内容是战斗排的队列图例和相关的详细规定。从图例上看，排长站在队列的最前方，距离后面队列为6步，2个战斗班分前后2行列队，前后行间距为40英寸，每行里人与人的间距为一臂，班长照例站在队伍的最右侧，排军士站在后排最右侧。第2项“战斗排列队”，详细规定1个排集合列队中的注意事项。第3项是“队伍解散”，规定当“解散”命令下达后，全排向右转敬礼并解散。第4项是“行军”，这里规定了战斗排的行军编队为2列纵队，每班1列，班长位于班纵队的最前方。第5项是“在队列里散开和靠拢”。

stands fast executes Dress Right, coming to the dress right with the front rank. The platoon leader places himself on the flank of the platoon toward which the dress is to be made, one pace from and in prolongation of the front rank and facing down the line. From this position he aligns the front rank. The second rank is aligned in the same manner. In moving from front to rear rank, the platoon leader faces to the left in marching. After verifying the alignment of the rear rank, he faces to the right in marching, moves three paces beyond the front rank, halts, faces to the left and commands: 1. Ready, 2. FRONT.

b. TO CLOSE RANKS. The commands are: 1. Close Ranks, 2. MARCH. At the command MARCH, the front rank stands fast; the second rank takes one step forward and halts. Each man covers his file leaders. The platoon leader takes position six paces from and opposite the center of the platoon to give the command.

6. BEING IN COLUMN, TO CHANGE DIRECTION. a. The commands are: 1. Column Right (Left), 2. MARCH. The right flank section guide is the pivot for the movement. At the command MARCH, he faces to the right in marching takes one full step and takes up the half step until the man on his left comes abreast, then takes up the full step. The man on the left executes right oblique, advances until opposite his place in line, executes a second right oblique when abreast of the pivot man and takes up the full step. Succeeding men execute the movement on the same ground and in the same manner as the leading file.

Part III

THE COMPANY

1. GENERAL. a. The company consists of a company headquarters and three platoons. Sections and platoons are numbered consecutively within the company from right to left or from front to rear.

2. TO FORM THE COMPANY. a. The first sergeant takes position two paces in front of and facing the point where the right file man (section leader, first section) is to be posted and commands: SECTION LEADERS. At this command the section leader, first section, first platoon takes position two paces in front of and facing the first sergeant. The section leader, second section, first platoon takes position 40 inches in rear of and covering the section leader, first section. The section leaders of the second and third platoons take position on line and on the left of the section leaders of the first platoon; the section leader's odd numbered sections in the front rank, and the section leader's even numbered sections in the rear rank. The first sergeant then commands: 1. Section Leaders at ______ Paces, 2. MARCH. At the command MARCH, the section leaders of the second and third platoons face to the left in marching, section leaders of second platoon step off the number of paces designated, section leaders of the third platoon step off twice the number of paces designated. Section leaders of the second and third platoons face to the front simultaneously. Then the first sergeant about faces, marches seven paces forward, executes a left face in marching, and takes position nice paces in front of and opposite the center of the company and commands: FALL IN. At the command FALL IN, each platoon takes position on the section leaders as prescribed in platoon drill.

b. The first sergeant then commands: REPORT. The section leaders in succession from front to rear beginning with the first platoon, salute and report "All Present" or "Private (__________) absent."

c. The company commander moves to his position twelve paces in front of and opposite the center of the company (three paces in front of the first sergeant) while the reports from the section leaders are being received.

d. All sections having reported, the first sergeant then faces the company commander, salutes and reports, "Sir, all present or accounted

- 7 -

■ 本页内容承接战斗排的行军规定。第6项是“在行军编队里转向”。接了下来是战斗连的队列和行军规定。第1项首先规定1个连由连部和3个战斗排组成，班排在连队列里的顺序为从右到左或从前到后按番号顺序排列。第2项是“战斗连的列队”，详细规定战斗连列队的注意事项，其中下达整队命令的都是连军士长。

for," or "Sir, _____ men absent."

e. The company commander commands: POSTS. The first sergeant about faces, faces to the right in marching and marches forward. When opposite his position in the formation, indicated in the diagram, he faces to the left in marching and marches to position, halts and about faces. The platoon leaders move around the right flank of the platoon to a point six paces in front of the right of the platoon, execute a left face in marching, move to a position opposite the center of the platoon, and execute a right face.

f. The company may be formed at close interval.

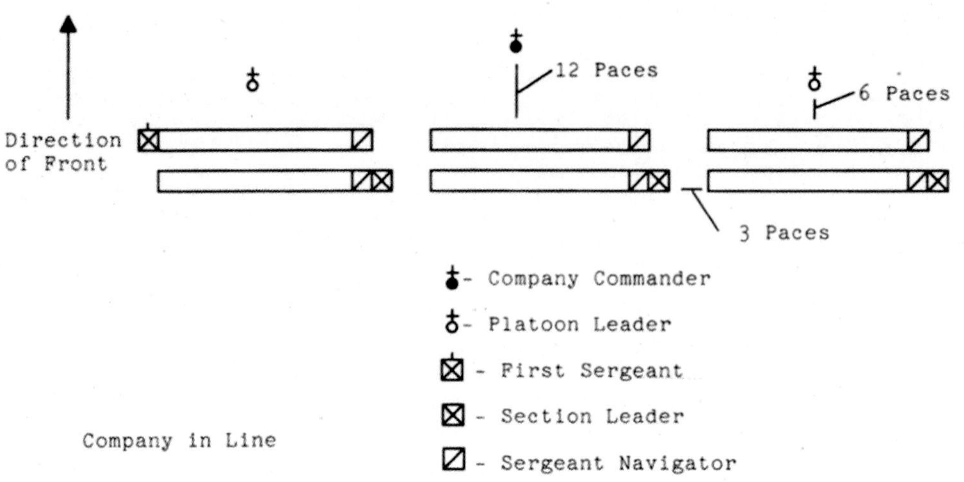

Company in Line

3. BEING IN LINE, TO MARCH TO THE RIGHT. a. The company is faced to the right. The platoon leaders move to a position in front of the file leader of the left section. (See Diagram) All extra men move to a position in column in rear of the last platoon. Extra officers form in rear of enlisted men.

b. In ceremony or parade extra officers will exchange positions with Sergeant Navigators. All company officers except company commanders will be in the front rank in mass formation.

c. The company marches to the left from line only for minor changes of position.

4. TO DISMISS THE COMPANY. a. The company being in line at a halt, the company commander directs the first sergeant, "Dismiss the Company." The officers fall out. The first sergeant moves to a point nine paces in front of the center of the company, salutes the company commander, faces toward the company and commands: DISMISSED. The company executes right face, right hand salute and leaves the formation. The senior officer present returns the salute.

5. TO ALIGN THE COMPANY. a. The company being in the line at a halt, to align the company, the command is: DRESS RIGHT (Center or Left). At the command DRESS RIGHT, given by the company commander, the platoon leader of the base platoon dresses his platoon immediately. When the base platoon has executed FRONT, the platoon next adjacent to the base platoon executes the dress toward the base platoon. This movement is executed successively by other platoons.

- 8 -

■ 本页展示了战斗连的队列图例。可以看到，战斗连以班排为单位分为前后2行，3个排从右向左排列，连长站在队列正前方，距队伍12步距离；每排按2个班分为前后2行，战斗班、排的队列遵照其自身的队列规定，每班队列的最右边依次是排军士和班长；连军士长站在队伍第1行的最左边。第3项是“向右转呈纵队行军”，第4项是“队伍解散”，第5项是“纵队行军”。

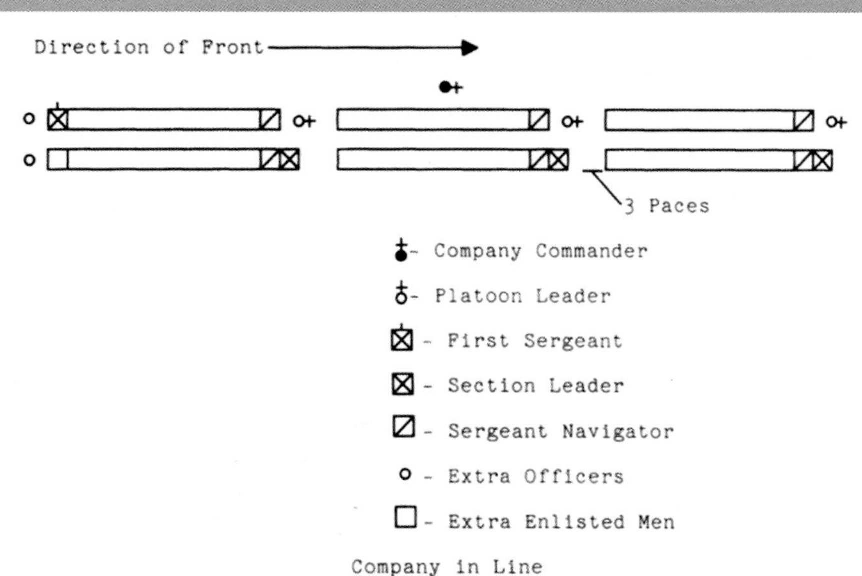

Company in Line

6. PREVIOUS INSTRUCTION APPLICABLE. The company marches, executes change of direction, opens and closes ranks, executes facing, and steps in marching as in section and platoon drill.

7. TO PREPARE FOR INSPECTION. The company being in line, the company commander commands: PREPARE FOR INSPECTION. On this command the platoon leader of the first platoon commands: 1. Open Ranks, 2. MARCH, 3. Ready, 4. FRONT. The second and third platoons execute the open ranks successively after the platoon on the right has completed the dress. This dress must be expedited by platoon leaders.

8. BEING IN COLUMN OF TWO, TO FORM COMPANY MASS. a. The company being at a halt, the commands are: 1. Company Mass Left (Right), 2. MARCH. At the command MARCH, the leading platoon stands fast. The rear platoons move to position along side the leading platoons at normal interval by executing Column Half Left then Column Half Right. Each platoon is halted when its leading rank is on line with the leading rank of the platoon(s) already on line.

b. The company being in march, the commands are the same as given in (a) above. The movement is executed as described above except that immediately after the command MARCH, the leading platoon is halted by the commands: 1. Platoon, 2. HALT, given by its own leader.

c. Platoon leaders will give the appropriate commands for individual movements of the platoon.

9. BEING IN MASS FORMATION TO CHANGE DIRECTION. a. The commands are: 1. Column Right (Left), 2. MARCH. 3. Forward, 4. MARCH. The right flank man of the line of guides and platoon leaders is the pivot of this movement. At the command MARCH, he faces to the right in marching, takes one full step, and then takes up the half step. Other first rank men execute a right oblique, advance until opposite their place in line, execute a second right oblique on arriving abreast of the pivot man, and take up the half step. Each succeeding rank executes the movement on the same ground and in the same manner as the first rank. All take up the full step at the command MARCH, which is given after the entire company has changed direction.

- 9 -

■ 本页展示了连队呈纵队行军的图例。这一行军队列是以左页的集合队列为基础转换而来的，集合队列接到“向右转”命令后，排长回到自己所在排的第1班最前方；连长位于行军队列外的左侧，连军士长位于队列尾部，即第3排第1班的队尾，在其后面和右侧（即第3排第2班的队尾）分别是候补士兵和候补军官。接下来的第6项规定，连队在行军时转移行进方向、队伍分散或靠拢、速度变更都遵照排、班的相关规定。第7项是“准备接受检阅”的相关规定。第8项是“两列纵队集合成密集编队”。第9项则是“密集编队行军时改变行进方向”的相关规定。

b. In turning to the left on a moving pivot, each rank dresses to the left until the command MARCH, after that the dress is to the right unless otherwise announced.

c. The company commander faces to the rear and marches backward until the change in direction has been completed.

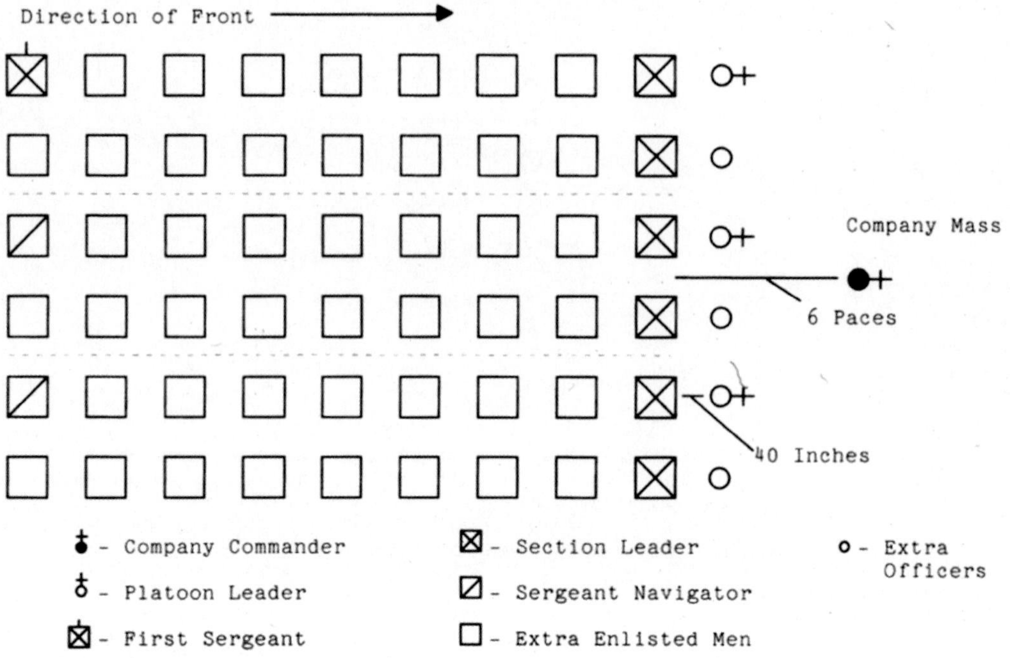

Direction of Front

Company Mass

6 Paces

40 Inches

- Company Commander
- Platoon Leader
- First Sergeant
- Section Leader
- Sergeant Navigator
- Extra Enlisted Men
- Extra Officers

10. BEING IN COMPANY MASS, TO FORM COLUMN OF TWOS.

Being at a halt, the commands are: 1. Column of Twos, 2. Right Platoon Forward, 3. MARCH. At the command MARCH, the right platoon marches forward. The other platoons stand fast and follow in column in their normal formation successively by executing Column Half Right and Column Half Left upon the commands of their respective leaders.

By Order of Colonel FREDERICK:

J. B. SHINBERGER,
Lt. Col., Infantry,
Training Officer.

OFFICIAL:

J. B. SHINBERGER,
Lt. Col., Infantry,
Training Officer.

- 10 -

■ 本页最上方展示了战斗连呈密集编队行军的图例。从图上可知，全连呈6列纵队，每班1列；连长位于队伍正前方，距身后的队伍6步距离，排长依次站在该排第1班的最前方，该排第2班最前方则是候补军官，他们距身后队伍约40英寸；在排长和候补军官身后是该班班长；连军士长、候补士兵和排军士依次位于队列的最后。第10项是从“连密集编队转化为两列纵队”的相关规定。

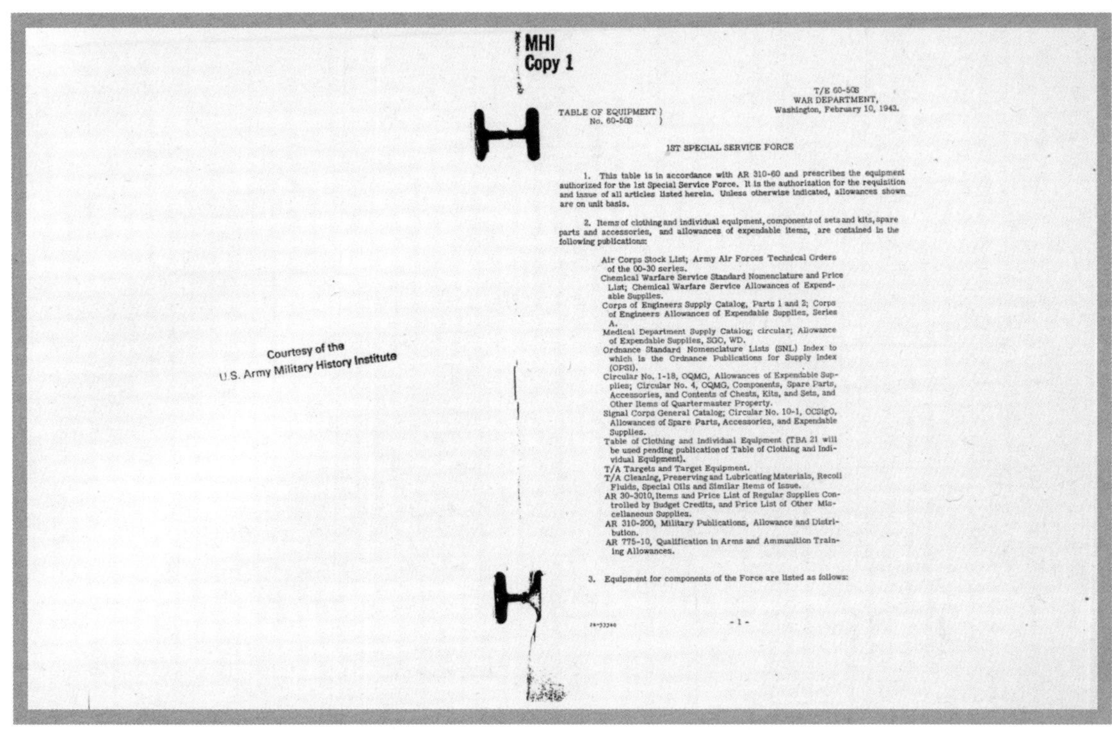

MHI
Copy 1

T/E 60-508
WAR DEPARTMENT,
Washington, February 10, 1943.

TABLE OF EQUIPMENT)
No. 60-508)

1ST SPECIAL SERVICE FORCE

1. This table is in accordance with AR 310-60 and prescribes the equipment authorized for the 1st Special Service Force. It is the authorization for the requisition and issue of all articles listed herein. Unless otherwise indicated, allowances shown are on unit basis.

2. Items of clothing and individual equipment, components of sets and kits, spare parts and accessories, and allowances of expendable items, are contained in the following publications:

Air Corps Stock List; Army Air Forces Technical Orders of the 00-30 series.
Chemical Warfare Service Standard Nomenclature and Price List; Chemical Warfare Service Allowances of Expendable Supplies.
Corps of Engineers Supply Catalog, Parts 1 and 2; Corps of Engineers Allowances of Expendable Supplies, Series A.
Medical Department Supply Catalog; circular; Allowance of Expendable Supplies, SGO, WD.
Ordnance Standard Nomenclature Lists (SNL) Index to which is the Ordnance Publications for Supply Index (OPSI).
Circular No. 1-18, OQMG, Allowances of Expendable Supplies; Circular No. 4, OQMG, Components, Spare Parts, Accessories, and Contents of Chests, Kits, and Sets, and Other Items of Quartermaster Property.
Signal Corps General Catalog; Circular No. 10-1, OCSigO, Allowances of Spare Parts, Accessories, and Expendable Supplies.
Table of Clothing and Individual Equipment (TBA 21 will be used pending publication of Table of Clothing and Individual Equipment).
T/A Targets and Target Equipment.
T/A Cleaning, Preserving and Lubricating Materials, Recoil Fluids, Special Oils and Similar Items of Issue.
AR 30-3010, Items and Price List of Regular Supplies Controlled by Budget Credits, and Price List of Other Miscellaneous Supplies.
AR 310-200, Military Publications, Allowance and Distribution.
AR 775-10, Qualification in Arms and Ammunition Training Allowances.

3. Equipment for components of the Force are listed as follows:

- 1 -

Courtesy of the
U.S. Army Military History Institute

■ 本页至第240页都是由美国陆军军事历史研究所（U.S. Army Military History Institute）提供的美国陆军部于1943年2月10日新公布的第1特勤队装备表的历史复印件。其中上图是文件第1页，综括内容；下图是文件第2页和第3页，内容包括目录和正文。从目录上看，这份文件的内容囊括第1特勤队司令部及下属各团团部和团医疗分队、团后勤分队，营部、战斗连、空中分队、通讯分队，以及保障营的营部连、勤务连、维修连和特勤队医疗分队各单位的额定装备。其中文件第2页下方的表格是司令部配置的空中分队所用的设备和化学设备，前者是两套F2型相片识别工具，后者是2套M1型防毒气帘。文件第3页的两个表格是司令部配置的工程器材和军械装备表中的武器及个人装备表，司令部编制为16人。工程器材包括指南针、各种放大镜、绘图设备和地图装载筒等。武器装备则包括9把配备M3型刀鞘的M1906型刺刀，司令部中的士官人手1把；M3型双筒望远镜16具，人手1具；M1A1型卡宾枪7支，军官人手1支；16把V42型格斗匕首；16把柯尔特M1911A1型11.43毫米手枪；4把M4型信号枪；9支M1型步枪，士官人手1支；还有9块镶7颗宝石的腕表和7块镶15颗宝石的腕表。

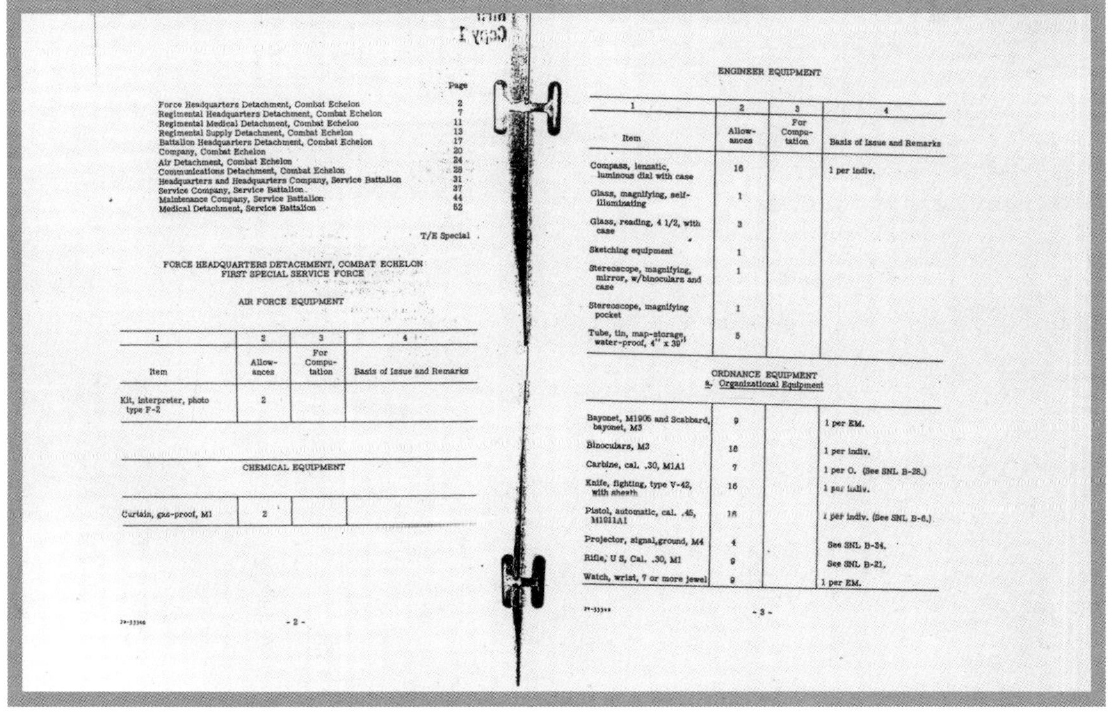

T/E Special

FORCE HEADQUARTERS DETACHMENT, COMBAT ECHELON
FIRST SPECIAL SERVICE FORCE

AIR FORCE EQUIPMENT

1 Item	2 Allowances	3 For Computation	4 Basis of Issue and Remarks
Kit, interpreter, photo type F-2	2		

CHEMICAL EQUIPMENT

Item	Allowances	For Computation	Basis of Issue and Remarks
Curtain, gas-proof, M1	2		

- 2 -

ENGINEER EQUIPMENT

1 Item	2 Allowances	3 For Computation	4 Basis of Issue and Remarks
Compass, lensatic, luminous dial with case	16		1 per indiv.
Glass, magnifying, self-illuminating	1		
Glass, reading, 4 1/2, with case	3		
Sketching equipment	1		
Stereoscope, magnifying, mirror, w/binoculars and case	1		
Stereoscope, magnifying pocket	1		
Tube, tin, map-storage, water-proof, 4" x 39"	5		

ORDNANCE EQUIPMENT
a. Organizational Equipment

Item	Allowances	For Computation	Basis of Issue and Remarks
Bayonet, M1905 and Scabbard, bayonet, M3	9		1 per EM.
Binoculars, M3	16		1 per indiv.
Carbine, cal. .30, M1A1	7		1 per O. (See SNL B-28.)
Knife, fighting, type V-42, with sheath	16		1 per indiv.
Pistol, automatic, cal. .45, M1911A1	16		1 per indiv. (See SNL B-6.)
Projector, signal, ground, M4	4		See SNL B-24.
Rifle, U S, Cal. .30, M1	9		See SNL B-21.
Watch, wrist, 7 or more jewel	9		1 per EM.

- 3 -

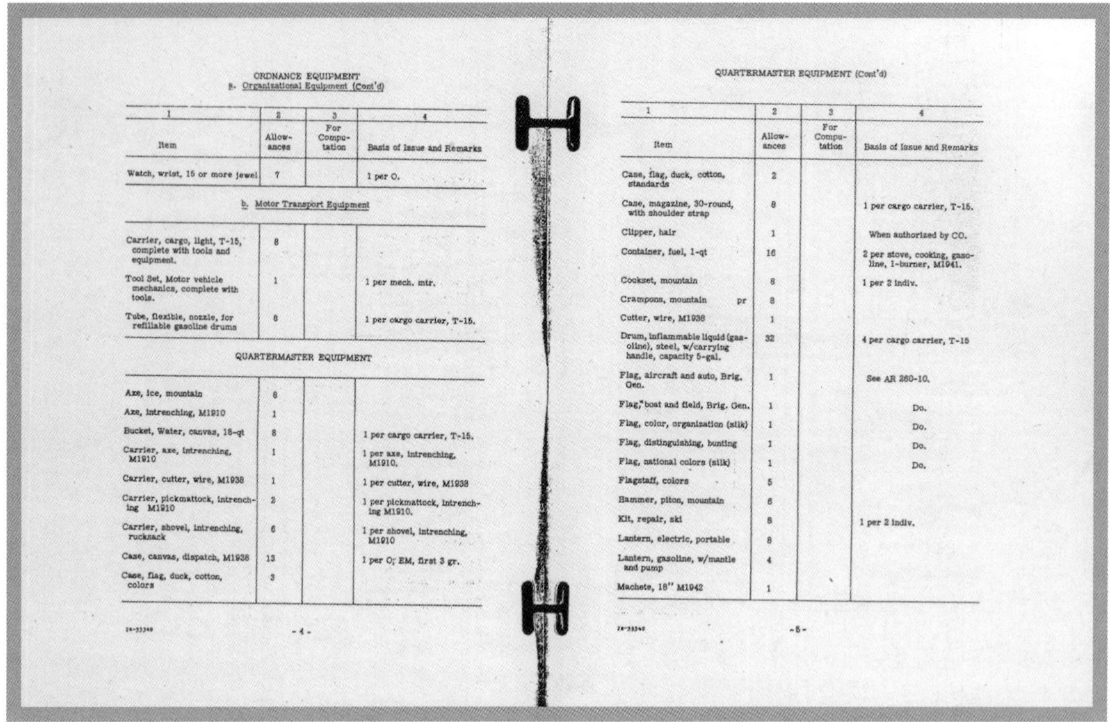

ORDNANCE EQUIPMENT
a. Organizational Equipment (Cont'd)

1 Item	2 Allow-ances	3 For Compu-tation	4 Basis of Issue and Remarks
Watch, wrist, 15 or more jewel	7		1 per O.

b. Motor Transport Equipment

1	2	3	4
Carrier, cargo, light, T-15, complete with tools and equipment.	8		
Tool Set, Motor vehicle mechanics, complete with tools.	1		1 per mech. mtr.
Tube, flexible, nozzle, for refillable gasoline drums	8		1 per cargo carrier, T-15.

QUARTERMASTER EQUIPMENT

1	2	3	4
Axe, ice, mountain	8		
Axe, intrenching, M1910	1		
Bucket, Water, canvas, 18-qt	8		1 per cargo carrier, T-15.
Carrier, axe, intrenching, M1910	1		1 per axe, intrenching, M1910.
Carrier, cutter, wire, M1938	1		1 per cutter, wire, M1938
Carrier, pickmattock, intrenching M1910	2		1 per pickmattock, intrenching M1910.
Carrier, shovel, intrenching, rucksack	6		1 per shovel, intrenching, M1910
Case, canvas, dispatch, M1938	13		1 per O; EM, first 3 gr.
Case, flag, duck, cotton, colors	3		

24-33340 - 4 -

QUARTERMASTER EQUIPMENT (Cont'd)

1 Item	2 Allow-ances	3 For Compu-tation	4 Basis of Issue and Remarks
Case, flag, duck, cotton, standards	2		
Case, magazine, 30-round, with shoulder strap	8		1 per cargo carrier, T-15.
Clipper, hair	1		When authorized by CO.
Container, fuel, 1-qt	16		2 per stove, cooking, gasoline, 1-burner, M1941.
Cookset, mountain	8		1 per 2 indiv.
Crampons, mountain pr	8		
Cutter, wire, M1938	1		
Drum, inflammable liquid (gasoline), steel, w/carrying handle, capacity 5-gal.	32		4 per cargo carrier, T-15
Flag, aircraft and auto, Brig. Gen.	1		See AR 260-10.
Flag, boat and field, Brig. Gen.	1		Do.
Flag, color, organization (silk)	1		Do.
Flag, distinguishing, bunting	1		Do.
Flag, national colors (silk)	1		Do.
Flagstaff, colors	5		
Hammer, piton, mountain	6		
Kit, repair, ski	8		1 per 2 indiv.
Lantern, electric, portable	8		
Lantern, gasoline, w/mantle and pump	4		
Machete, 18" M1942	1		

24-33340 - 5 -

■ 上图是文件的第4页和第5页。其中第4页是司令部的车辆装备表和军需装备表。从车辆装备表上可以看到，该单位配发8辆包括工具和设备的T–15，以及1套机动车机械师所用的工具箱等物资。军需装备则包括8具冰镐、1具M1910型掘壕铲、8个容量为18夸脱的帆布水袋，以及铁线剪、鹤嘴锄、掘壕铲、公文包、彩色棉布识别工具等。第5页承接军需装备表，内容囊括彩色棉布识别工具、装在T–15上的30发弹匣的箱子、理发推子、燃料箱、各种作用的标示旗等杂物。

■ 下图是文件第6页和第7页。第6页的两个表格，上表继续承接第5页的军需装备表，内容涵括鹤嘴锄、攀岩绳、铁铲、双人用的山地帐篷、厨灶等物资。下表和第7页上表则是信号装备表，装备包括各型照相机、密码装置、曝光表、信号旗、信号灯、仪表板、SCR–536型手提式无线电步话机（6套）和SCR–694型无线电台（8套）等。从第7页中表开始是各团团部的各式装备表，中表是工程器材表，和司令部装备表的内容大同小异，都有指南针、各种放大镜、绘图设备、地图装载筒等。下图是军械装备表中的武器及个人装备表。

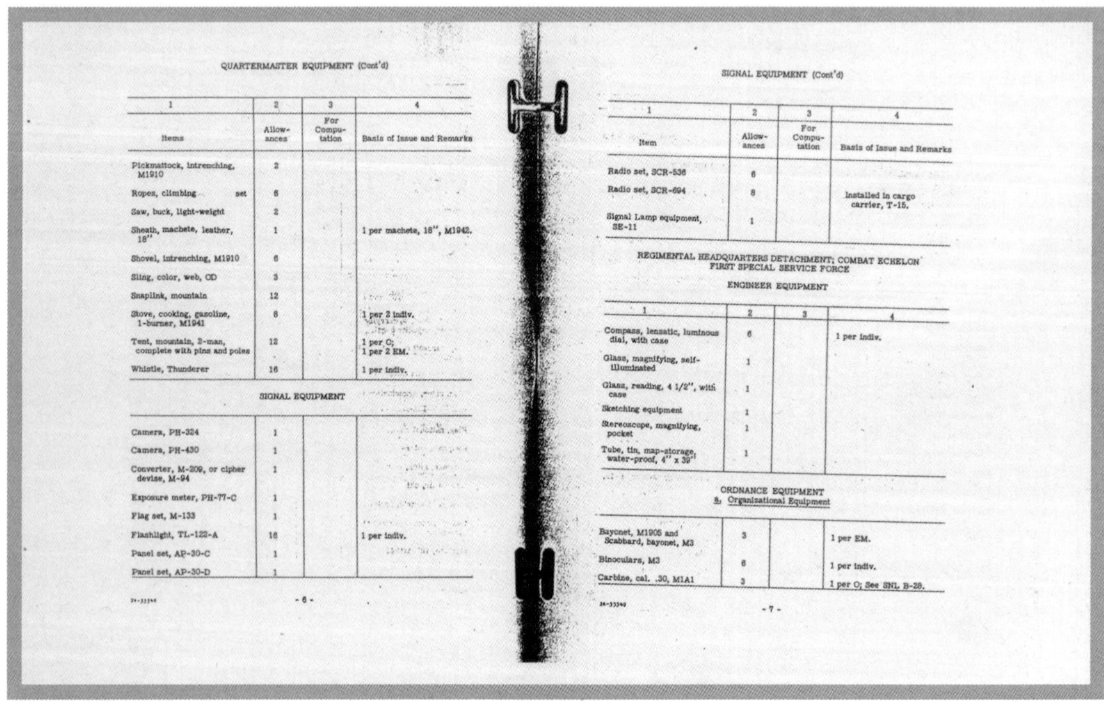

QUARTERMASTER EQUIPMENT (Cont'd)

1 Items	2 Allow-ances	3 For Compu-tation	4 Basis of Issue and Remarks
Pickmattock, intrenching, M1910	2		
Ropes, climbing set	6		
Saw, buck, light-weight	2		
Sheath, machete, leather, 18"	1		1 per machete, 18", M1942.
Shovel, intrenching, M1910	6		
Sling, color, web, OD	3		
Snaplink, mountain	12		
Stove, cooking, gasoline, 1-burner, M1941	8		1 per 2 indiv.
Tent, mountain, 2-man, complete with pins and poles	12		1 per O; 1 per 2 EM.
Whistle, Thunderer	16		1 per indiv.

SIGNAL EQUIPMENT

1	2	3	4
Camera, PH-324	1		
Camera, PH-430	1		
Converter, M-209, or cipher devise, M-94	1		
Exposure meter, PH-77-C	1		
Flag set, M-133	1		
Flashlight, TL-122-A	16		1 per indiv.
Panel set, AP-30-C	1		
Panel set, AP-30-D	1		

24-33340 - 6 -

SIGNAL EQUIPMENT (Cont'd)

1 Item	2 Allow-ances	3 For Compu-tation	4 Basis of Issue and Remarks
Radio set, SCR-536	6		
Radio set, SCR-694	8		Installed in cargo carrier, T-15.
Signal Lamp equipment, SE-11	1		

REGIMENTAL HEADQUARTERS DETACHMENT; COMBAT ECHELON
FIRST SPECIAL SERVICE FORCE

ENGINEER EQUIPMENT

1	2	3	4
Compass, lensatic, luminous dial, with case	6		1 per indiv.
Glass, magnifying, self-illuminated	1		
Glass, reading, 4 1/2", with case	1		
Sketching equipment	1		
Stereoscope, magnifying, pocket	1		
Tube, tin, map-storage, water-proof, 4" x 39"	1		

ORDNANCE EQUIPMENT
a. Organizational Equipment

1	2	3	4
Bayonet, M1905 and Scabbard, bayonet, M3	3		1 per EM.
Binoculars, M3	6		1 per indiv.
Carbine, cal. .30, M1A1	3		1 per O; See SNL B-28.

24-33340 - 7 -

ORDNANCE EQUIPMENT (Cont'd)
a. Organizational Equipment (Cont'd)

1 Item	2 Allow-ances	3 For Compu-tation	4 Basis of Issue and Remarks
Knife, fighting, type V-42 with sheath	6		1 per indiv.
Pistol, automatic, cal. .45, M1911A1	6		1 per indiv; see SNL B-6.
Projector, signal, ground, M4	1		See SNL B-24.
Rifle, U S, cal. .30, M1	3		1 per EM; see SNL B-21.
Watch, wrist, 7 or more jewels	3		1 per EM.
Watch, wrist, 15 or more jewels	3		1 per O.

b. Motor transport equipment

Item	Allowances	For Computation	Basis of Issue and Remarks
Carrier, Cargo, light, T-15, complete with tools and equipment	3		
Tube, flexible nozzle, for refillable gasoline drums	3		1 per cargo carrier, T-15.

QUARTERMASTER EQUIPMENT

Item	Allowances	For Computation	Basis of Issue and Remarks
Axe, ice, mountain	2		
Bucket, water, canvas, 18-qt.	3		1 per cargo carrier, T-15.
Carrier, cutter, wire, M1938	1		
Carrier, pickmattock, intrenching	1		1 per pickmattock, intrenching, M1910.
Carrier, shovel, intrenching, rucksack	2		1 per shovel, intrenching, M1910.
Case, canvas, dispatch, M1938	4		1 per O; opns sgt.

24-33340 - 8 -

QUARTERMASTER EQUIPMENT (Cont'd)

1 Item	2 Allow-ances	3 For Compu-tation	4 Basis of Issue and Remarks
Case, magazine, 30 rounds, with shoulder strap	3		1 per cargo carrier, T-15.
Container, fuel, 1-qt.	6		2 per stove, cooking, gasoline, 1-burner, M1941.
Cookset, mountain	3		1 per 2 indiv.
Crampons, mountain pair	2		
Cutter, wire, M1938	1		
Desk, field, empty, fiber, company	1		
Drums, inflammable liquid (gasoline), steel, w/ carrying handle, capacity 5-gal.	12		4 per cargo carrier, T-15.
Hammer, piton, mountain	1		
Kit, repair, ski	3		1 per 2 indiv.
Lantern, electric, portable	2		
Lantern, gasoline, w/mantle and pump	1		
Pickmattock, intrenching, M1910	1		
Ropes, climbing set	1		
Saw, buck, light-weight	1		
Shovels, intrenching, M1910	2		
Snaplink, mountain	2		
Stoves, cooking, gasoline, mountain, 1-burner, M1941	3		1 per 2 indiv.
Stoves, tent, (complete w/equipment)	1		

24-33340 - 9 -

■ 上图是文件的第8页和第9页。其中第8页上表承接武器及个人装备表，从这份武器表上可看到：团部的武器配置和司令部一样，军官和士官的武器配备有所区别，军官都是M1A1型卡宾枪，士官都是M1型步枪，腕表也按军官和士官区分了不同的华丽程度。中表是军械装备表的车辆装备表，根据该表规定，团部配发3辆T-15。下表及第9页表都是军需装备表，团部配发的军需设备与司令部基本一致，只是数目略少于后者。

■ 下图是文件的第10页和第11页，第10页上表承接军需装备表，下表是信号装备表。与司令部相比，团部的信号设备多了1套SCR-211型频率计设备和1套SCR-714型电台，后者和SCR-694型电台都安装在T-15上。从第11页开始是团属医疗分队的各种装备表，其中上表是化学装备表，医疗分队也配发2套防毒气帘。中表是工程器材表，仅有2具指南针。下表是医疗设备表，共有日内瓦公约袖章2副，团级医疗设备1套，军士医疗工具箱和军官医疗工具箱各1套，压印机1套（用于压印官兵挂脖子上的军籍号码牌）。最下表是军械装备表的武器及个人装备表，团属医疗分队的2名成员仅配发M1911A1型手枪2把，军官配发M3型双筒望远镜。

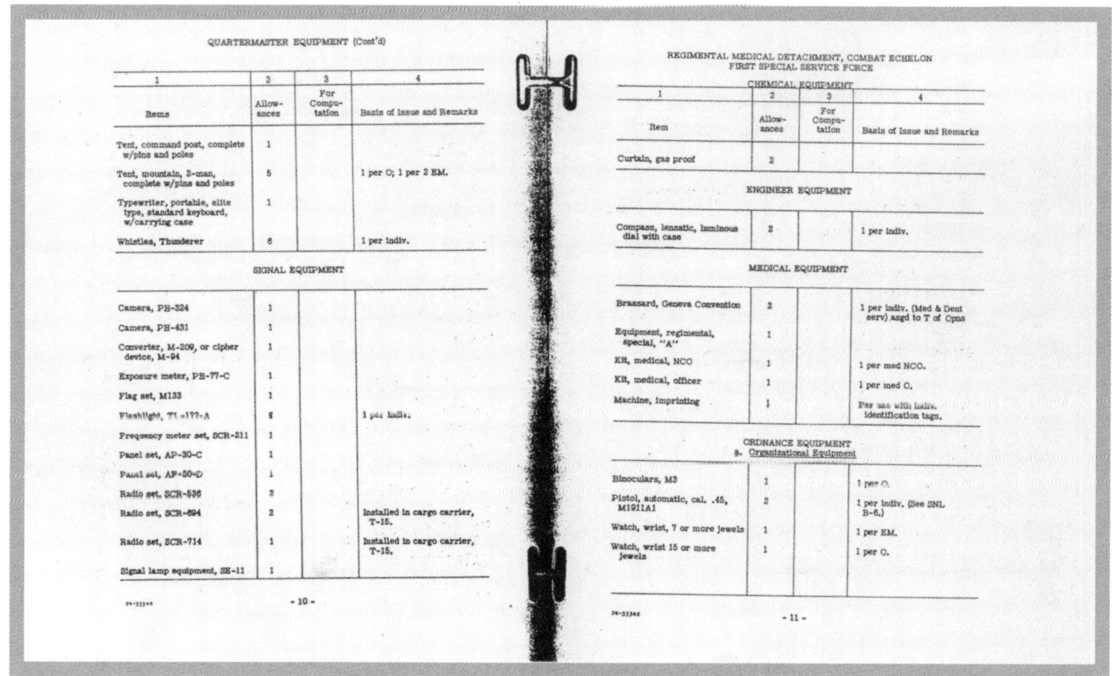

QUARTERMASTER EQUIPMENT (Cont'd)

1 Items	2 Allow-ances	3 For Compu-tation	4 Basis of Issue and Remarks
Tent, command post, complete w/pins and poles	1		
Tent, mountain, 2-man, complete w/pins and poles	5		1 per O; 1 per 2 EM.
Typewriter, portable, elite type, standard keyboard, w/carrying case	1		
Whistles, Thunderer	6		1 per indiv.

SIGNAL EQUIPMENT

Items	Allowances	For Computation	Basis of Issue and Remarks
Camera, PH-324	1		
Camera, PH-431	1		
Converter, M-209, or cipher device, M-94	1		
Exposure meter, PH-77-C	1		
Flag set, M133	1		
Flashlight, TL-122-A	6		1 per indiv.
Frequency meter set, SCR-211	1		
Panel set, AP-30-C	1		
Panel set, AP-50-D	1		
Radio set, SCR-536	2		
Radio set, SCR-694	2		Installed in cargo carrier, T-15.
Radio set, SCR-714	1		Installed in cargo carrier, T-15.
Signal lamp equipment, SE-11	1		

24-33340 - 10 -

REGIMENTAL MEDICAL DETACHMENT, COMBAT ECHELON
FIRST SPECIAL SERVICE FORCE

CHEMICAL EQUIPMENT

1 Item	2 Allow-ances	3 For Compu-tation	4 Basis of Issue and Remarks
Curtain, gas proof	2		

ENGINEER EQUIPMENT

Item	Allowances	For Computation	Basis of Issue and Remarks
Compass, lensatic, luminous dial with case	2		1 per indiv.

MEDICAL EQUIPMENT

Item	Allowances	For Computation	Basis of Issue and Remarks
Brassard, Geneva Convention	2		1 per indiv. (Med & Dent serv) asgd to T of Opns
Equipment, regimental, special, "A"	1		
Kit, medical, NCO	1		1 per med NCO.
Kit, medical, officer	1		1 per med O.
Machine, imprinting	1		For use with indiv. identification tags.

ORDNANCE EQUIPMENT
a. Organizational Equipment

Item	Allowances	For Computation	Basis of Issue and Remarks
Binoculars, M3	1		1 per O.
Pistol, automatic, cal. .45, M1911A1	2		1 per indiv. (See SNL B-6.)
Watch, wrist, 7 or more jewels	1		1 per EM.
Watch, wrist 15 or more jewels	1		1 per O.

24-33340 - 11 -

ORDNANCE EQUIPMENT
b. Motor transport equipment

1 Item	2 Allow-ances	3 For Compu-tation	4 Basis of Issue and Remarks
Carrier, cargo, light, T-15, complete with tools and equipment	1		
Tube, flexible nozzle, for refillable gasoline drums	1		1 per cargo carrier, T-15.

QUARTERMASTER EQUIPMENT

1 Item	2 Allow-ances	3 For Compu-tation	4 Basis of Issue and Remarks
Axe, ice, mountain	2		
Bucket, water, canvas, 18-qt	1		1 per cargo carrier, T-15.
Carrier, shovel, intrenching, rucksack	1		1 per shovel, intrenching, M1910.
Case, canvas, dispatch, M1938	1		1 per O.
Container, fuel, 1-qt	2		2 per stove, cooking, gasoline, 1-burner, M1941.
Cookset, mountain	1		1 per 2 indiv.
Crampons, mountain pr	2		
Drum, inflammable liquid (gasoline), steel, w/carrying handle, capacity 5-gal.	4		4 per cargo carrier, T-15.
Flag, Geneva Convention, Red Cross, bunting	1		
Hammer, piton, mountain	1		
Kit, repair, ski	1		1 per 2 indiv.
Lantern, electric, portable	1		
Lantern, gasoline, w/mantle and pump	1		

24-33340 -12-

QUARTERMASTER EQUIPMENT (Cont'd)

1 Item	2 Allow-ances	3 For Compu-tation	4 Basis of Issue and Remarks
Ropes, climbing, set	1		
Saw, buck, lightweight	1		
Shovel, intrenching, M1910	1		
Snaplink, mountain	2		
Stove, cooking, gasoline, 1-burner, M1942	1		1 per 2 indiv.
Tent, mountain, 2-man, complete with pins and poles	2		1 per O; 1 per 2 EM.
Whistle, Thunderer	2		1 per indiv.

SIGNAL EQUIPMENT

1 Item	2 Allow-ances	3 For Compu-tation	4 Basis of Issue and Remarks
Flashlight, TL-122-A	2		1 per indiv.
Radio set, SCR-536	1		
Radio set, SCR-694	1		Installed in cargo carrier, T-15.

REGIMENTAL SUPPLY DETACHMENT, COMBAT ECHELON
FIRST SPECIAL SERVICE FORCE

CHEMICAL EQUIPMENT

1 Item	2 Allow-ances	3 For Compu-tation	4 Basis of Issue and Remarks
Apparatus, decontaminating, 3-gallon	6		
Kit, repair, gas mask, universal, M8	1		
Kit, service, for portable flame thrower, M1	2		1 per 10 flame throwers or fraction thereof.

24-33340 -13-

■ 上图是文件的第12页和第13页。第12页上表是车辆装备表，团属医疗分队配备T-15型履带运兵车1辆；下表和第13页上表都是军需装备表，医疗分队同样装备冰镐、帆布水袋、山地煮食锅、燃油箱、滑雪工具修理箱等杂物，但种类和数量要少于司令部和团部。中表是信号装备表，医疗分队仅有TL-122A型手电筒2个，以及SCR-536型手提式无线电步话机和SCR-694型电台各1具。从下表开始则是团属后勤分队的各种装备表，其中下表是化学装备表，包括6套3加仑的去污装置，1套防毒面具修理箱和2套M1型火焰喷射器的修理箱。

■ 下图是文件的第14页和第15页，第14页上表是工程器材表，包括19具指南针和6具雷管钳。中表是医疗设备表，有12具折叠式担架。下表是军械装备表的武器及个人装备表，这些装备同样包括卡宾枪、步枪、刺刀、手枪、望远镜、信号枪、手表等，军官和士兵的配备泾渭分明。第15页上表是军械装备表的车辆装备表，团属后勤分队装备13辆T-15，以及2套车辆维修工具等其他附属物资。下表是军需装备表，其中设备比其他单位更多更繁杂，例如消毒水帆布包就是上述几个单位所没有的。

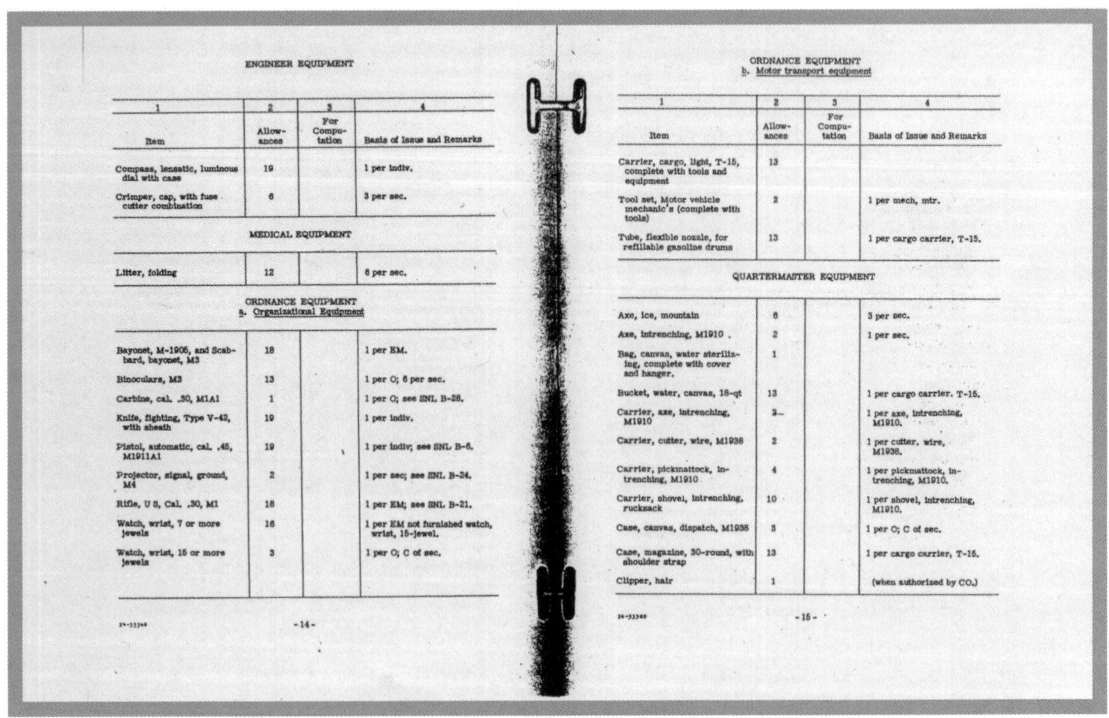

ENGINEER EQUIPMENT

1 Item	2 Allow-ances	3 For Compu-tation	4 Basis of Issue and Remarks
Compass, lensatic, luminous dial with case	19		1 per indiv.
Crimper, cap, with fuse cutter combination	6		3 per sec.

MEDICAL EQUIPMENT

1 Item	2 Allow-ances	3 For Compu-tation	4 Basis of Issue and Remarks
Litter, folding	12		6 per sec.

ORDNANCE EQUIPMENT
a. Organizational Equipment

1 Item	2 Allow-ances	3 For Compu-tation	4 Basis of Issue and Remarks
Bayonet, M-1905, and Scabbard, bayonet, M3	18		1 per EM.
Binoculars, M3	13		1 per O; 6 per sec.
Carbine, cal. .30, M1A1	1		1 per O; see SNL B-28.
Knife, fighting, Type V-42, with sheath	19		1 per indiv.
Pistol, automatic, cal. .45, M1911A1	19		1 per indiv; see SNL B-6.
Projector, signal, ground, M4	2		1 per sec; see SNL B-24.
Rifle, U S, Cal. .30, M1	18		1 per EM; see SNL B-21.
Watch, wrist, 7 or more jewels	16		1 per EM not furnished watch, wrist, 15-jewel.
Watch, wrist, 15 or more jewels	3		1 per O; C of sec.

24-33340 -14-

ORDNANCE EQUIPMENT
b. Motor transport equipment

1 Item	2 Allow-ances	3 For Compu-tation	4 Basis of Issue and Remarks
Carrier, cargo, light, T-15, complete with tools and equipment	13		
Tool set, Motor vehicle mechanic's (complete with tools)	2		1 per mech, mtr.
Tube, flexible nozzle, for refillable gasoline drums	13		1 per cargo carrier, T-15.

QUARTERMASTER EQUIPMENT

1 Item	2 Allow-ances	3 For Compu-tation	4 Basis of Issue and Remarks
Axe, ice, mountain	6		3 per sec.
Axe, intrenching, M1910	2		1 per sec.
Bag, canvas, water sterilizing, complete with cover and hanger.	1		
Bucket, water, canvas, 18-qt	13		1 per cargo carrier. T-15.
Carrier, axe, intrenching, M1910	2		1 per axe, intrenching, M1910.
Carrier, cutter, wire, M1938	2		1 per cutter, wire, M1938.
Carrier, pickmattock, intrenching, M1910	4		1 per pickmattock, intrenching, M1910.
Carrier, shovel, intrenching, rucksack	10		1 per shovel, intrenching, M1910.
Case, canvas, dispatch, M1938	3		1 per O; C of sec.
Case, magazine, 30-round, with shoulder strap	13		1 per cargo carrier, T-15.
Clipper, hair	1		(when authorized by CO.)

24-33340 -15-

QUARTERMASTER EQUIPMENT (Cont'd)

1 Item	2 Allow-ances	3 For Compu-tation	4 Basis of Issue and Remarks
Container, fuel, 1-qt	20		2 per stove, cooking, gasoline, 1-burner, M1941.
Cookset, mountain	10		1 per 2 indiv.
Crampons, mountain pr	6		3 per sec.
Cutter, wire, M1938	2		1 per sec.
Drum, inflammable, liquid (gasoline), steel, with carrying handle, capacity 5-gal	52		4 per cargo carrier, T-15.
Hammer, piton, mountain	6		3 per sec.
Kit, repair, ski	10		1 per 2 indiv.
Lantern, electric, protable	3		1 per det hq; sec.
Machete, 18", M1942	2		1 per sec.
Paulin, canvas, 12' x 17', OD	2		
Pickmattock, intrenching, M1910	4		2 per sec.
Ropes, climbing set	6		3 per sec.
Saw, buck, lightweight	6		3 per sec.
Sheath, machete, leather, 18"	2		1 per machete, 18", M1942.
Shovel, intrenching, M1910	10		5 per sec.
Snaplink, mountain	12		6 per sec.
Stove, cooking, gasoline, 1-burner, M1941	10		1 per 2 indiv.
Tent, mountain, 2-man, complete with pins and poles	10		1 per O; 1 per 2 EM.
Whistle, Thunderer	3		1 per O; C of sec.

24-53340 - 16 -

SIGNAL EQUIPMENT

1 Item	2 Allow-ances	3 For Compu-tation	4 Basis of Issue and Remarks
Chest, BC-5	4		
Flashlight, TL-122-A	7		1 per O; C of sec; mech, mtr; repairman, rad.
Radio set, SCR-536	3		1 per det hq; sec.
Radio set, SCR-694	1		1 per det hq. (Installed in cargo carrier, T-15.)
Radio set, SCR-714	12		1 per cargo carrier, T-15, except in det hq. (Installed in cargo carrier, T-15.)
Signal lamp equipment, SE-11	1		
Tool equipment, TE-33	2		1 per repairman, rad.

BATTALION HEADQUARTERS DETACHMENT, COMBAT ECHELON
FIRST SPECIAL SERVICE FORCE
ENGINEER EQUIPMENT

Item	Allowances	For Computation	Basis of Issue and Remarks
Compass, lensatic, luminous dial, with case	6		1 per indiv.
Glass, magnifying, self-illuminated	1		
Glass, reading, 4 1/2", with case	1		
Sketching equipment	1		
Stereoscope, magnifying, pocket	1		
Tube, tin, map-storage, water-proof, 4" x 39"	1		

24-53340 - 17 -

■ 上图是文件的第16页和第17页。其中第16页承接军需装备表。第17页上表是信号装备表，后勤分队主要装备SCR-536型手提式无线电步话机、SCR-694型和SCR-714型电台，以及1套SE-11型信号灯设备和2套TE-33型工具设备。注意他们的SCR-714型电台共有12套，全部装在配属他们的T-15上，但分队指挥官乘坐那辆不安装。从下表开始是各团战斗营营部的各种装备表，其中下图是工程器材表，主要有指南针、两款放大镜、绘图设备、放大式立体镜、地图装载筒等。

■ 下图是文件的第18页和第19页。其中第18页上表是营部军械装备表的武器及个人装备表，其武器装备和其他单位一样。中表是军械装备表的车辆装备表，营部装备3辆T-15。下图是军需装备表，只有2具冰橇和1具M1910型掘壕铲。第19页上表承接军需装备表，囊括帆布水袋、掘壕铲包、铁丝钳袋、鹤嘴锄袋、铁铲包、帆布急件袋的箱子、30发弹匣的箱子、燃油箱、山地煮食锅、攀岩用鞋底钉和理发推子一系列杂物。下表是信号装备表。

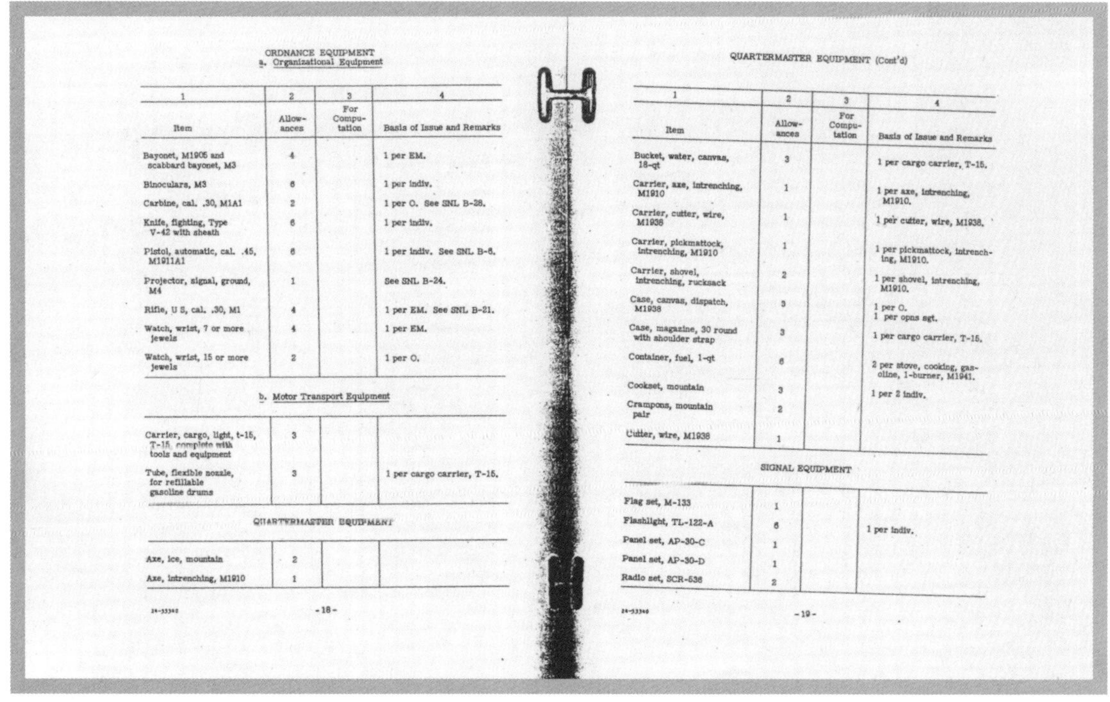

ORDNANCE EQUIPMENT
a. Organizational Equipment

1 Item	2 Allow-ances	3 For Compu-tation	4 Basis of Issue and Remarks
Bayonet, M1905 and scabbard bayonet, M3	4		1 per EM.
Binoculars, M3	6		1 per indiv.
Carbine, cal. .30, M1A1	2		1 per O. See SNL B-28.
Knife, fighting, Type V-42 with sheath	6		1 per indiv.
Pistol, automatic, cal. .45, M1911A1	6		1 per indiv. See SNL B-6.
Projector, signal, ground, M4	1		See SNL B-24.
Rifle, U S, cal. .30, M1	4		1 per EM. See SNL B-21.
Watch, wrist, 7 or more jewels	4		1 per EM.
Watch, wrist, 15 or more jewels	2		1 per O.

b. Motor Transport Equipment

Item	Allowances	For Computation	Basis of Issue and Remarks
Carrier, cargo, light, t-15, T-15, complete with tools and equipment	3		
Tube, flexible nozzle, for refillable gasoline drums	3		1 per cargo carrier, T-15.

QUARTERMASTER EQUIPMENT

Item	Allowances	For Computation	Basis of Issue and Remarks
Axe, ice, mountain	2		
Axe, intrenching, M1910	1		

24-53340 - 18 -

QUARTERMASTER EQUIPMENT (Cont'd)

1 Item	2 Allow-ances	3 For Compu-tation	4 Basis of Issue and Remarks
Bucket, water, canvas, 18-qt	3		1 per cargo carrier, T-15.
Carrier, axe, intrenching, M1910	1		1 per axe, intrenching, M1910.
Carrier, cutter, wire, M1938	1		1 per cutter, wire, M1938.
Carrier, pickmattock, intrenching, M1910	1		1 per pickmattock, intrenching, M1910.
Carrier, shovel, intrenching, rucksack	2		1 per shovel, intrenching, M1910.
Case, canvas, dispatch, M1938	3		1 per O. 1 per opns sgt.
Case, magazine, 30 round with shoulder strap	3		1 per cargo carrier, T-15.
Container, fuel, 1-qt	6		2 per stove, cooking, gasoline, 1-burner, M1941.
Cookset, mountain	3		1 per 2 indiv.
Crampons, mountain pair	2		
Cutter, wire, M1938	1		

SIGNAL EQUIPMENT

Item	Allowances	For Computation	Basis of Issue and Remarks
Flag set, M-133	1		
Flashlight, TL-122-A	6		1 per indiv.
Panel set, AP-30-C	1		
Panel set, AP-30-D	1		
Radio set, SCR-536	2		

24-53340 - 19 -

SIGNAL EQUIPMENT (Cont'd)

1 Item	2 Allow-ances	3 For Compu-tation	4 Basis of Issue and Remarks
Radio set, SCR-694	1		Installed in cargo carrier, T-15.
Radio set, SCR-714	2		Installed in cargo carrier, T-15.
Signal lamp equipment, SE-11	1		

COMPANY, COMBAT, ECHELON
FIRST SPECIAL SERVICE FORCE

CHEMICAL EQUIPMENT

Alarm, gas M1	1		
Apparatus, decontaminating 3 gallon	1		
Flame thrower, portable, M1	3		1 per plat.
Kit, HS, vapor detector, M4	1		

ENGINEER EQUIPMENT

Compass, lensatic, luminous dial, with case	77		1 per indiv.
Crimper, cap, with fuse cutter combination	12		2 per Sec.
Glass, magnifying, self-illuminated	1		
Tube, tin, map storage, water-proof, 4" x 39"	1		Co hq.

- 20 -

ORDNANCE EQUIPMENT

a. Organizational Equipment

1 Item	2 Allow-ances	3 For Compu-tation	4 Basis of Issue and Remarks
Bayonet, M-1905, and Scabbard, bayonet, M3	66		1 per EM (except sec ldr).
Binoculars, M3	37		1 per O; 1st sgt; com sgt; 5 per sec.
Carbine, cal. .30, M1A1	5		1 per O. See SNL B-28.
Gun, machine, cal. .30, Browning, M1919A4.	6		1 per sec. See SNL A-6.
Gun, submachine, cal. .45, M3.	6		1 per sec ldr.
Knife, fighting, Type V-42, with sheath	77		1 per indiv.
Launcher, rocket, AT, 2.36", M1	6		1 per sec. See SNL B-36.
Mortar, 60-mm and mount M-2.	3		1 per Plat. See SNL A-43.
Mount, tripod, MG, cal. .30, M-2	6		1 per LMG. See SNL A-6.
Pistol, automatic, cal. .45, M1911A1.	77		1 per indiv. See SNL B-6.
Projector, signal, ground, M-4	10		1 per co hq; plat hq; sec. See SNL B-24.
Rifle, U S, cal. .30, M1	66		1 per EM (except sec ldr) see SNL B-21.
Watch, pocket, 7 or more jewels	65		1 per EM (except 1st sgt and sec ldr).
Watch, wrist, 15 or more jewels	12		1 per O; 1st sgt; sec ldr.

b. Motor transport equipment

Carrier, cargo, light, T-15, complete with tools and equipment.	37		1 per plat hq; 2 per co hq; 2 spare; 5 per sec.

- 21 -

■ 上图是文件第20页和第21页。第20页上表承接第19页的信号装备表，营部同样装备信号旗、信号灯、仪表板和3款无线电台，而营部装配3辆T-15，1辆安装SCR-694型电台，其他2辆安装SCR-714型电台。从中表开始是各战斗连的各种装备表，其中中表是化学装备表，全连共有M1型毒气警报器1具，3加仑去污装置1具，M1型火焰喷射器3具（每排1具），蒸汽探测器工具箱1个。下表是工程器材表，全连配发77个指南针（人手1个），雷管钳12个（每班2个），放大镜1个，地图装载筒1个（连部使用）。第21页是军械装备表的武器及个人装备表，全连共装备M1905型刺刀66把（除了军官和班长，士兵和士官人手1把），M3型双筒望远镜37具（军官、连军士长人手1具，每班5具），M1A1型卡宾枪5支，M1919A4型轻机枪6挺（每班1挺），M3型11.43毫米冲锋枪6支（班长人手1支），V42型格斗匕首77把，M1型反坦克火箭筒6具（每班1具），M2型60毫米迫击炮3门（每排1门），M2型机枪三脚架6个，M1911A1型手枪77把，M4型信号枪10把（连部、排部、每班各1把），M1型步枪66支（军官和班长以外的士兵装备），镶7颗宝石手表66块（班长和连军士长以外的士兵配发），镶15颗宝石手表12块（军官、连军士长、班长配发），注意这里还没有出现约翰逊轻机枪。下表是车辆装备表。

■ 下图是文件第22页和第23页。第22页上表承接第21页的连部军械装备表的车辆装备表，可以看到：战斗连装备37辆T-15（连部2辆，每个排部1辆，每班5辆，剩余2辆备用）和6套机动车机械师用的工具箱（每班1套）。下表是军需装备表，第23页承接军需装备表，这部分内容与上述几个单位无甚区别，但战斗连配发的军需设备更为繁杂，如M1942型18英寸大砍刀（每班1把）、M1942型石棉连指手套（每班4双）、电动手提灯等装备也赫然在列。

ORDNANCE EQUIPMENT

b. Motor Transport Equipment (Cont'd)

1 Item	2 Allow-ances	3 For Compu-tation	4 Basis of Issue and Remarks
Tool set, Motor vehicle mechanic's (complete with tools)	6		1 per sec.

QUARTERMASTER EQUIPMENT

Axe, ice, mountain	12		2 per sec.
Axe, intrenching, M1910	6		1 per sec.
Bag, canvas, water sterilizing, complete with cover and hanger	1		
Bucket, water, canvas, 18-qt.	37		1 per cargo carrier, T-15.
Carrier, axe, intrenching, M1910	6		1 per axe, intrenching, M1910.
Carrier, cutter, wire M1938	13		1 per cutter, wire, M1938.
Carrier, grenade	12		2 per sec.
Carrier, pickmattock, intrenching, M1910.	13		1 per pickmattock, intrenching, M1910.
Carrier, shovel, intrenching, rucksack	41		1 per shovel, intrenching, M1910.
Case, canvas, dispatch, M1938	12		1 per O; 1st sgt; sec ldr.
Case, flag, duck, cotton, guidon	1		1 per guidon.
Case, magazine, 30-round, with shoulder strap	37		1 per cargo carrier, T-15.
Clippers, hair	3		1 per plat (when authorized by CO).
Container, fuel, 1-qt.	78		2 per stove, cooking, gasoline, 1-burner, M1941.

- 22 -

QUARTERMASTER EQUIPMENT (Cont'd)

1 Item	2 Allow-ances	3 For Compu-tation	4 Basis of Issue and Remarks
Cookset, mountain	39		1 per 2 indiv.
Crampons, mountain pr	24		4 pr per sec.
Cutters, wire, M1938	13		1 per co hq; 2 per sec.
Drums, inflammable, liquid (gasoline), steel, with carrying handle, capacity 5-gal	148		4 per cargo carrier, T-15.
Flag, guidon, bunting	1		
Flagstaff, guidon	1		
Hammer, piton, mountain	12		2 per sec.
Kit, repair, ski	39		1 per 2 indiv.
Lantern, electric, portable	1		
Machete, 18", M1942	6		1 per sec.
Mittens, asbestos, M1942	24		4 per sec.
Paulin, canvas, 12' x 17', OD	1		
Pickmattock, intrenching, M1910	13		1 per co hq; 2 per sec.
Ropes, climbing set	12		2 per sec.
Saw, buck, light-weight	6		1 per sec.
Sheath, machete, leather, 18"	6		1 per machete, 18", M1942.
Shovel, intrenching, M1910	41		1 per plat hq; 2 per co hq; 6 per sec.
Sling, carrying, MG and ammunition	224		4 per sec.
Snaplink, mountain	24		4 per sec.
Stove, cooking, gasoline, 1-burner, M1941	39		1 per 2 indiv.
Tent, mountain, 2-man, complete with pins and poles	41		1 per O; 1 per 2 EM.

- 23 -

QUARTERMASTER EQUIPMENT (Cont'd)

1 Item	2 Allow-ances	3 For Compu-tation	4 Basis of Issue and Remarks
Whistle, Thunderer	12		1 per O; 1st sgt; sec ldr.

SIGNAL EQUIPMENT

Item	Allow-ances	For Compu-tation	Basis of Issue and Remarks
Flag, set, M-133.	1		per co hq.
Flashlight, TL-122-A	12		1 per O; 1st sgt; sec ldr.
Radio set, SCR-536	4		1 per co hq; plat hq.
Radio set, SCR-694	4		1 per co hq; plat hq. (installed in cargo carrier T-15).
Radio set, SCR-714	33		1 per co hq; 5 per sec; 2 spare; (installed in cargo carrier, T-15).
Signal lamp equipment, SE-11	4		1 per co hq; plat hq.

AIR DETACHMENT, COMBAT ECHELON
FIRST SPECIAL SERVICE FORCE

ARMY AIR FORCES EQUIPMENT

Item	Allow-ances	For Compu-tation	Basis of Issue and Remarks
Airplane	6		Ln and obsn types in accordance with mission asgd Force.
Bag, flyer's kit, Type A-3	12		1 per prcht.
Cover, engine, warning	6		1 per ap.
Emergency equipment for airplanes			To be in accordance with type of ap asgd.
Heater, engine warming	6		1 per ap.
Kit, air, message (T.O. 00-30-37)	30		5 per ap.

24-33340 - 24 -

ARMY AIR FORCES EQUIPMENT (Cont'd)

1 Item	2 Allow-ances	3 For Compu-tation	4 Basis of Issue and Remarks
Kit, airplane mooring	6		1 per ap in addition to that carried with ap.
Kit, crash tools and equipment, ground (T. O.00-30-44)	1		
Kit, flyer's emergency ((T. O. 00-30-49)	18		3 per ap.
Kit, navigation, pilot (T. O. 00-30-63)	6		1 per pilot.
Parachute, seat, Type S-1 or S-2, complete	12		1 per pilot; ap.
Paulin, airplane protective, (Weather)	a		As required to cover aircraft.
Truck, oil-service, 2 1/2-ton, Type L-2 (Spec 3140)	1		
Truck, tractor, gasoline, 4 - 5 tons, with 2 semi-trailers, tank	1		
Vest, life preserver, Type B-4	8		1 per indiv.

CHEMICAL EQUIPMENT

Item	Allow-ances	For Compu-tation	Basis of Issue and Remarks
Alarm, Gas, M1	1		
Apparatus, decontaminat-ing, 3-gal, M1	3		

24-33340 - 25 -

■ 上图是文件第24页和第25页。第24页上表承接军需装备表。中表是信号装备表，连部装备1具M133型信号旗，其余的还有TL-122A型手电筒12个(军官、连军士长和班长各1个)，SCR-536型手提式无线电步话机4套(连部和每个排部各1套)，SCR-694型无线电台4套(连部和每个排部各1套，都装在T-15上)，SCR-714型电台33套(连部1套，每班5套，2套备用，都装在T-15上)，SE-11型信号灯设备4具(连部和每个排部各1具)。从下表开始则是第1特勤队空中分队的各种设备表。其中下表是陆军航空兵设备表，空中分队共装备飞机6架，以及A3型飞行员工具包、警告标志牌、飞行工具箱等设备。第25页上表承接陆军航空兵设备表，都是飞机上装备的各种物资，包括各种工具箱、降落伞弹射座椅、手推车、救生衣等。下表是化学装备表，包括1个M1型毒气警报器和3个M1型去污装置。

■ 下图是文件第26页和第27页。第26页上表是工程器材表，空中分队仅有8个指南针。下表是武器和个人装备表，和其他单位区别不大；需要注意的是，空中分队除了每人1把M1911A1型手枪，6个人的机组，每位成员还配1把M8型烟火信号枪；另外，这6人装备M1A1型卡宾枪，其余2名机械师则装备M1型步枪。第27页上表是车辆装备表，空中分队只装备1辆T-15。下表是军需装备表，和其他单位相比，空中分队的军需设备与其他单位相比区别不大，不过有1台野战办公桌在其他单位倒颇为少见。

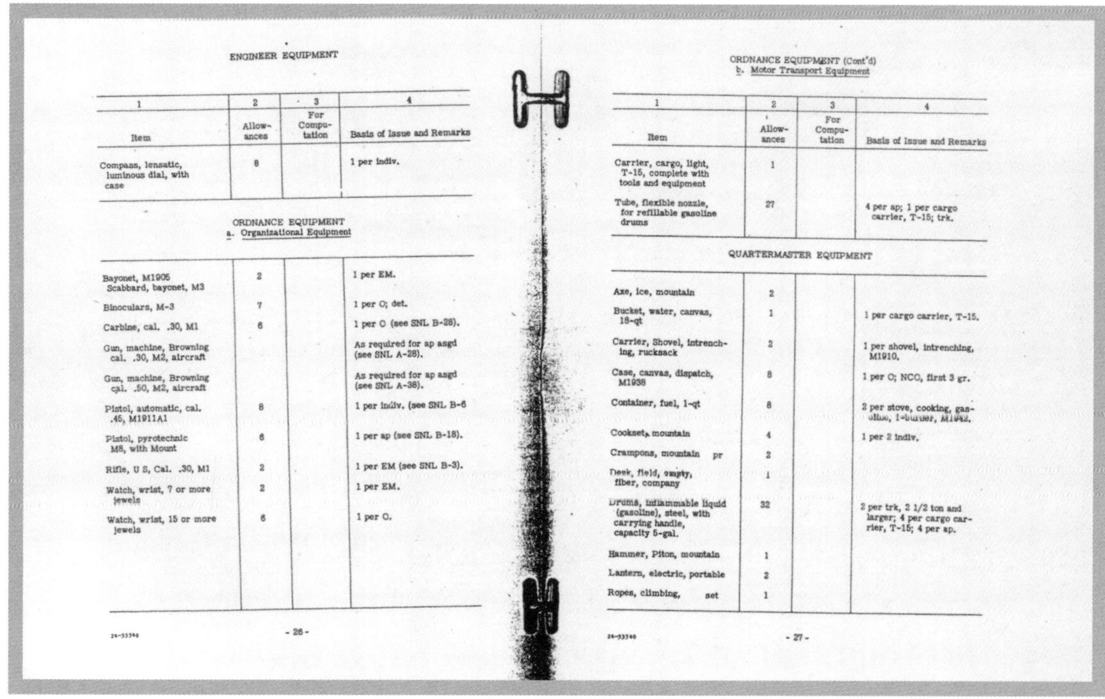

ENGINEER EQUIPMENT

1 Item	2 Allow-ances	3 For Compu-tation	4 Basis of Issue and Remarks
Compass, lensatic, luminous dial, with case	8		1 per indiv.

ORDNANCE EQUIPMENT
a. Organizational Equipment

Item	Allow-ances	For Compu-tation	Basis of Issue and Remarks
Bayonet, M1905 Scabbard, bayonet, M3	2		1 per EM.
Binoculars, M-3	7		1 per O; det.
Carbine, cal. .30, M1	6		1 per O (see SNL B-28).
Gun, machine, Browning cal. .30, M2, aircraft			As required for ap asgd (see SNL A-28).
Gun, machine, Browning cal. .50, M2, aircraft			As required for ap asgd (see SNL A-38).
Pistol, automatic, cal. .45, M1911A1	8		1 per indiv. (see SNL B-6
Pistol, pyrotechnic M8, with Mount	6		1 per ap (see SNL B-18).
Rifle, U S, Cal. .30, M1	2		1 per EM (see SNL B-3).
Watch, wrist, 7 or more jewels	2		1 per EM.
Watch, wrist, 15 or more jewels	6		1 per O.

24-33340 - 26 -

ORDNANCE EQUIPMENT (Cont'd)
b. Motor Transport Equipment

1 Item	2 Allow-ances	3 For Compu-tation	4 Basis of Issue and Remarks
Carrier, cargo, light, T-15, complete with tools and equipment	1		
Tube, flexible nozzle, for refillable gasoline drums	27		4 per ap; 1 per cargo carrier, T-15; trk.

QUARTERMASTER EQUIPMENT

Item	Allow-ances	For Compu-tation	Basis of Issue and Remarks
Axe, ice, mountain	2		
Bucket, water, canvas, 18-qt	1		1 per cargo carrier, T-15.
Carrier, Shovel, intrench-ing, rucksack	2		1 per shovel, intrenching, M1910.
Case, canvas, dispatch, M1938	8		1 per O; NCO, first 3 gr.
Container, fuel, 1-qt	8		2 per stove, cooking, gas-oline, 1-burner, M1942.
Cookset, mountain	4		1 per 2 indiv.
Crampons, mountain pr	2		
Desk, field, empty, fiber, company	1		
Drums, inflammable liquid (gasoline), steel, with carrying handle, capacity 5-gal.	32		2 per trk, 2 1/2 ton and larger; 4 per cargo car-rier, T-15; 4 per ap.
Hammer, Piton, mountain	1		
Lantern, electric, portable	2		
Ropes, climbing, set	1		

24-33340 - 27 -

QUARTERMASTER EQUIPMENT (Cont'd)

1 Item	2 Allowances	3 For Computation	4 Basis of Issue and Remarks
Saw, buck, lightweight	1		
Shovel, intrenching, M1910	2		
Snaplink, mountain	2		
Stove, cooking, gasoline, 1-burner, M1942	4		1 per 2 indiv.
Tent, mountain, 2-man, complete with pins and poles	7		1 per O; 1 per 2 EM.
Typewriter, portable, elite type, standard keyboard, with carrying case	1		
Whistle, Thunderer	6		1 per O.

SIGNAL EQUIPMENT

Item	Allowances	For Computation	Basis of Issue and Remarks
Flashlight, TL-122-A	8		1 per indiv.
Radio set, SCR-694	1		Installed in cargo carrier, T-15.

COMMUNICATIONS DETACHMENT: COMBAT ECHELON
FIRST SPECIAL SERVICE FORCE

CHEMICAL EQUIPMENT

Item	Allowances	For Computation	Basis of Issue and Remarks
Curtain, gas proof, M1	2		

ENGINEER EQUIPMENT

Item	Allowances	For Computation	Basis of Issue and Remarks
Compass, lensatic, luminous dial, with case	4		1 per indiv.

24-33340 - 28 -

ORDNANCE EQUIPMENT
a. Organizational Equipment

1 Item	2 Allowances	3 For Computation	4 Basis of Issue and Remarks
Bayonet, M-1905 and Scabbard, bayonet, M3	3		1 per EM.
Binoculars, M3	2		1 per O; det.
Carbine, cal. .30, M1A1	1		1 per O (see SNL B-28).
Knife, fighting, Type V-42, with sheath	4		1 per indiv.
Pistol, automatic, cal. .45, M1911A1	4		1 per indiv. (see SNL B-6)
Projector, signal, ground, M4	1		See SNL B-24.
Rifle, U S, cal. .30, M1	3		1 per EM (see SNL B-21).
Watch, wrist, 7 or more jewels	3		1 per EM.
Watch, wrist, 15 or more jewels	1		1 per O.

b. Motor Transport Equipment

Item	Allowances	For Computation	Basis of Issue and Remarks
Carrier, cargo, light, T-15, complete with tools and equipment	2		

QUARTERMASTER EQUIPMENT

Item	Allowances	For Computation	Basis of Issue and Remarks
Bucket, water, canvas, 18-qt	2		1 per cargo carrier T-15.
Carrier, pickmattock, intrenching, M1910	1		1 per pickmattock, intrenching, M1910.
Carrier, shovel, intrenching, rucksack	2		1 per shovel, intrenching, M1910.

24-33340 - 29 -

■ 上图是文件第28页和第29页。第28页上表承接军需装备表，注意空中分队有1个打字机。中表是信号装备表，除了8个手电筒，空中分队仅有1套装在T-15上的SCR-694型无线电台。从下表开始是特勤队通讯分队的各种设备表。其中下图是化学装备表，通讯分队装备2个M1型毒气警报器。最下表是工程器材表，通讯分队有4个指南针，人手1个。第29页上表是武器及个人装备表，除了数量不同，装备内容和其他单位完全一样。中表是车辆装备表，装备2辆T-15。下表是军需装备表，因为人数稀少，仅有帆布水袋2个，鹤嘴锄袋和铁铲包各1个，

■ 下图是文件第30和第31页。第30页上表承接军需装备表，除了其他单位的常有装备，通讯分队也配备了1把18英寸大砍刀和1台打字机。下表是信号装备表。第31页上表承接信号装备表，和其他单位相比，通讯分队除了上述3款无线电台，还多了一套SCR-188型电台和1具EE-84型信号灯设备。从中表开始是保障营指挥部及营部连的各种装备表。中表是化学装备表，包括毒气警报器、去污装置、防毒气布、蒸汽探测器工具箱等。下表是军需装备表，仅有1个带折叠支架的制图板，且配备在司令部。

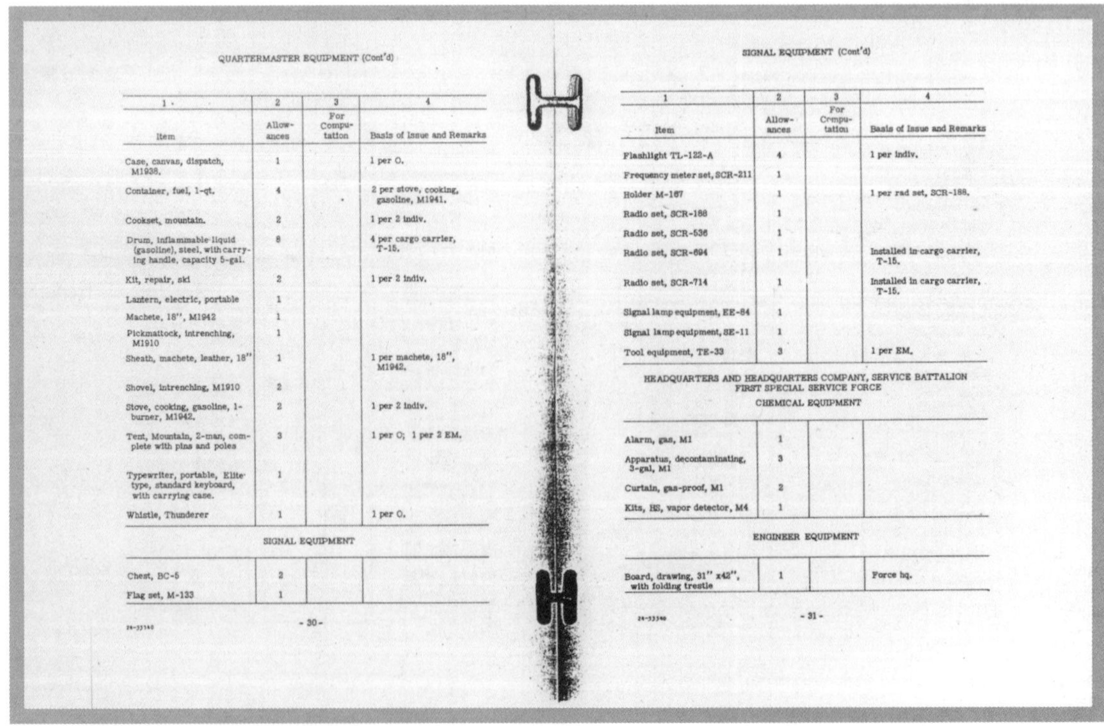

QUARTERMASTER EQUIPMENT (Cont'd)

1 Item	2 Allowances	3 For Computation	4 Basis of Issue and Remarks
Case, canvas, dispatch, M1938.	1		1 per O.
Container, fuel, 1-qt.	4		2 per stove, cooking, gasoline, M1941.
Cookset, mountain.	2		1 per 2 indiv.
Drum, inflammable-liquid (gasoline), steel, with carrying handle, capacity 5-gal.	8		4 per cargo carrier, T-15.
Kit, repair, ski	2		1 per 2 indiv.
Lantern, electric, portable	1		
Machete, 18", M1942	1		
Pickmattock, intrenching, M1910	1		
Sheath, machete, leather, 18"	1		1 per machete, 18", M1942.
Shovel, intrenching, M1910	2		
Stove, cooking, gasoline, 1-burner, M1942.	2		1 per 2 indiv.
Tent, Mountain, 2-man, complete with pins and poles	3		1 per O; 1 per 2 EM.
Typewriter, portable, Elite type, standard keyboard, with carrying case.	1		
Whistle, Thunderer	1		1 per O.

SIGNAL EQUIPMENT

Item	Allowances	For Computation	Basis of Issue and Remarks
Chest, BC-5	2		
Flag set, M-133	1		

24-33340 - 30 -

SIGNAL EQUIPMENT (Cont'd)

1 Item	2 Allowances	3 For Computation	4 Basis of Issue and Remarks
Flashlight TL-122-A	4		1 per indiv.
Frequency meter set, SCR-211	1		
Holder M-167	1		1 per rad set, SCR-188.
Radio set, SCR-188	1		
Radio set, SCR-536	1		
Radio set, SCR-694	1		Installed in cargo carrier, T-15.
Radio set, SCR-714	1		Installed in cargo carrier, T-15.
Signal lamp equipment, EE-84	1		
Signal lamp equipment, SE-11	1		
Tool equipment, TE-33	3		1 per EM.

HEADQUARTERS AND HEADQUARTERS COMPANY, SERVICE BATTALION
FIRST SPECIAL SERVICE FORCE

CHEMICAL EQUIPMENT

Item	Allowances	For Computation	Basis of Issue and Remarks
Alarm, gas, M1	1		
Apparatus, decontaminating, 3-gal, M1	3		
Curtain, gas-proof, M1	2		
Kits, HS, vapor detector, M4	1		

ENGINEER EQUIPMENT

Item	Allowances	For Computation	Basis of Issue and Remarks
Board, drawing, 31" x42", with folding trestle	1		Force hq.

24-33340 - 31 -

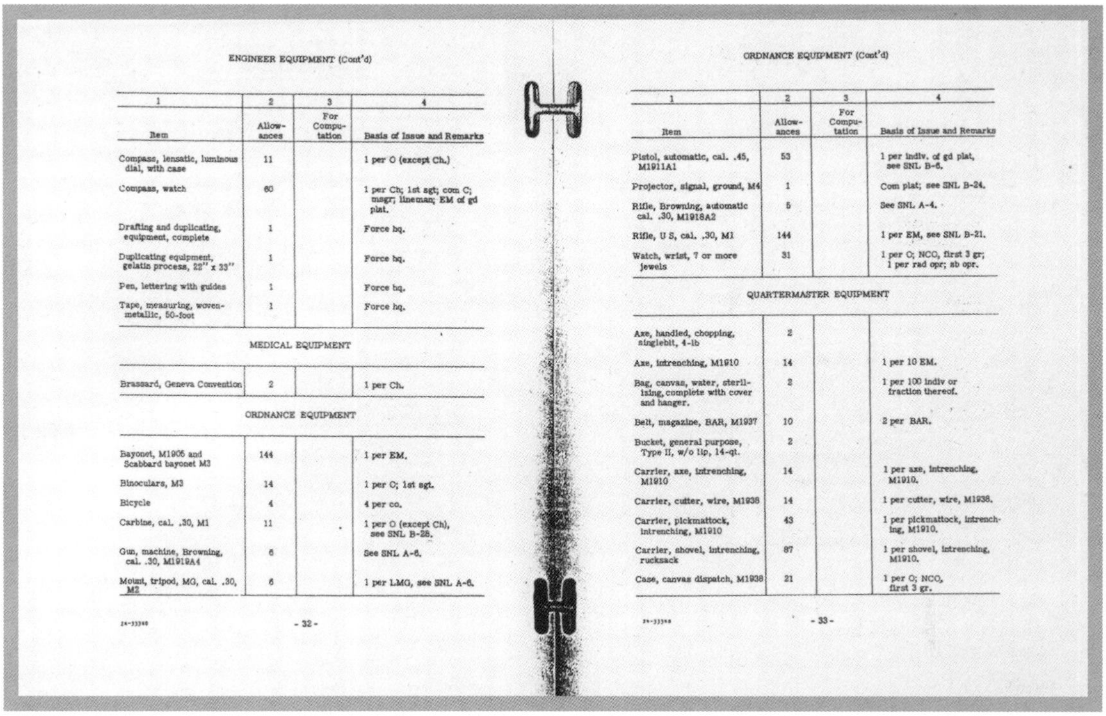

ENGINEER EQUIPMENT (Cont'd)

1	2	3	4
Item	Allow-ances	For Compu-tation	Basis of Issue and Remarks
Compass, lensatic, luminous dial, with case	11		1 per O (except Ch.)
Compass, watch	60		1 per Ch; 1st sgt; com C; msgr; lineman; EM of gd plat.
Drafting and duplicating, equipment, complete	1		Force hq.
Duplicating equipment, gelatin process, 22" x 33"	1		Force hq.
Pen, lettering with guides	1		Force hq.
Tape, measuring, woven-metallic, 50-foot	1		Force hq.

MEDICAL EQUIPMENT

Item	Allowances	For Computation	Basis of Issue and Remarks
Brassard, Geneva Convention	2		1 per Ch.

ORDNANCE EQUIPMENT

Item	Allowances	For Computation	Basis of Issue and Remarks
Bayonet, M1905 and Scabbard bayonet M3	144		1 per EM.
Binoculars, M3	14		1 per O; 1st sgt.
Bicycle	4		4 per co.
Carbine, cal. .30, M1	11		1 per O (except Ch), see SNL B-28.
Gun, machine, Browning, cal. .30, M1919A4	6		See SNL A-6.
Mount, tripod, MG, cal. .30, M2	6		1 per LMG, see SNL A-6.

24-33340 - 32 -

ORDNANCE EQUIPMENT (Cont'd)

1	2	3	4
Item	Allow-ances	For Compu-tation	Basis of Issue and Remarks
Pistol, automatic, cal. .45, M1911A1	53		1 per indiv. of gd plat, see SNL B-6.
Projector, signal, ground, M4	1		Com plat; see SNL B-24.
Rifle, Browning, automatic cal. .30, M1918A2	5		See SNL A-4.
Rifle, U S, cal. .30, M1	144		1 per EM, see SNL B-21.
Watch, wrist, 7 or more jewels	31		1 per O; NCO, first 3 gr; 1 per rad opr; sb opr.

QUARTERMASTER EQUIPMENT

Item	Allowances	For Computation	Basis of Issue and Remarks
Axe, handled, chopping, singlebit, 4-lb	2		
Axe, intrenching, M1910	14		1 per 10 EM.
Bag, canvas, water, sterilizing, complete with cover and hanger.	2		1 per 100 indiv or fraction thereof.
Belt, magazine, BAR, M1937	10		2 per BAR.
Bucket, general purpose, Type II, w/o lip, 14-qt.	2		
Carrier, axe, intrenching, M1910	14		1 per axe, intrenching, M1910.
Carrier, cutter, wire, M1938	14		1 per cutter, wire, M1938.
Carrier, pickmattock, intrenching, M1910	43		1 per pickmattock, intrenching, M1910.
Carrier, shovel, intrenching, rucksack	87		1 per shovel, intrenching, M1910.
Case, canvas dispatch, M1938	21		1 per O; NCO, first 3 gr.

24-33340 - 33 -

■ 上图是文件第32页和第33页。第32页上表承接军需装备表，所列物资有夜光指南针、手表式指南针、制图和复刻板、辅助线绘制笔等。中表是医疗设备表，有日内瓦公约袖章2副。下表是军械装备表，列有刺刀144把（士兵配发）、双筒望远镜14具（军官和二级军士长配发）、自行车4辆（全部归属指挥官）、M1型卡宾枪11支、6挺M1919A4型机枪、6个M2型机枪三脚架。第33页上表承接军械装备表，包括53支M1911A1型手枪、1把M4型信号枪、5支勃朗宁M1918A2型自动步枪、144支M1型步枪、31块镶7颗宝石手表。下表是军需装备表，其中较为特别的物资有勃朗宁自动步枪的M1937型弹匣袋。

■ 下图是文件第34页和第35页，这两页都承接军需装备表，包括标示旗箱、椅子、野战办公桌、电线切割器、队旗、国旗、各式旗杆、电力手提灯、基督教牧师的行头、防水帆布、鹤嘴锄、公厕屏风、18英寸大砍刀及刀鞘、官方印章、各式帐篷、打字机等多种物资。

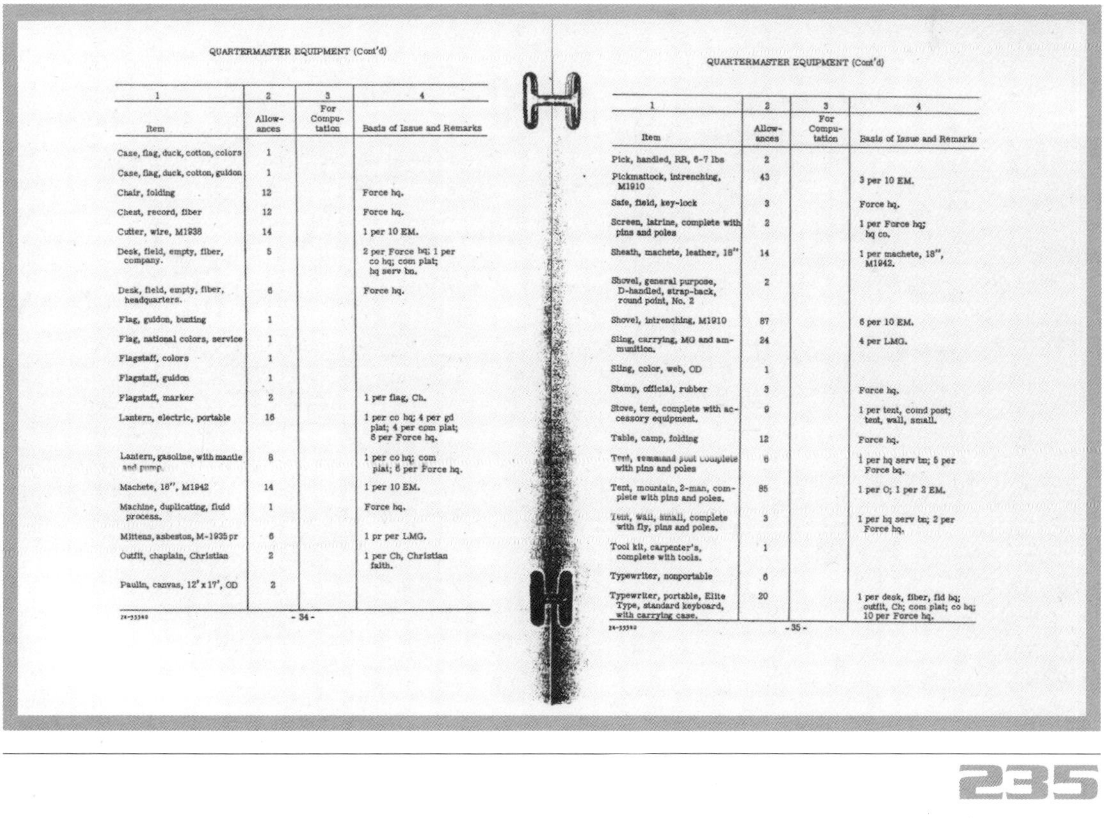

QUARTERMASTER EQUIPMENT (Cont'd)

1	2	3	4
Item	Allow-ances	For Compu-tation	Basis of Issue and Remarks
Case, flag, duck, cotton, colors	1		
Case, flag, duck, cotton, guidon	1		
Chair, folding	12		Force hq.
Chest, record, fiber	12		Force hq.
Cutter, wire, M1938	14		1 per 10 EM.
Desk, field, empty, fiber, company.	5		2 per Force hq; 1 per co hq; com plat; hq serv bn.
Desk, field, empty, fiber, headquarters.	6		Force hq.
Flag, guidon, bunting	1		
Flag, national colors, service	1		
Flagstaff, colors	1		
Flagstaff, guidon	1		
Flagstaff, marker	2		1 per flag, Ch.
Lantern, electric, portable	16		1 per co hq; 4 per gd plat; 4 per com plat; 6 per Force hq.
Lantern, gasoline, with mantle and pump.	8		1 per co hq; com plat; 6 per Force hq.
Machete, 18", M1942	14		1 per 10 EM.
Machine, duplicating, fluid process.	1		Force hq.
Mittens, asbestos, M-1935 pr	6		1 pr per LMG.
Outfit, chaplain, Christian	2		1 per Ch, Christian faith.
Paulin, canvas, 12' x 17', OD	2		

24-33340 - 34 -

QUARTERMASTER EQUIPMENT (Cont'd)

1	2	3	4
Item	Allow-ances	For Compu-tation	Basis of Issue and Remarks
Pick, handled, RR, 6-7 lbs	2		
Pickmattock, intrenching, M1910	43		3 per 10 EM.
Safe, field, key-lock	3		Force hq.
Screen, latrine, complete with pins and poles	2		1 per Force hq; hq co.
Sheath, machete, leather, 18"	14		1 per machete, 18", M1942.
Shovel, general purpose, D-handled, strap-back, round point, No. 2	2		
Shovel, intrenching, M1910	87		6 per 10 EM.
Sling, carrying, MG and ammunition.	24		4 per LMG.
Sling, color, web, OD	1		
Stamp, official, rubber	3		Force hq.
Stove, tent, complete with accessory equipment.	9		1 per tent, comd post; tent, wall, small.
Table, camp, folding	12		Force hq.
Tent, command post complete with pins and poles	6		1 per hq serv bn; 5 per Force hq.
Tent, mountain, 2-man, complete with pins and poles.	85		1 per O; 1 per 2 EM.
Tent, wall, small, complete with fly, pins and poles.	3		1 per hq serv bn; 2 per Force hq.
Tool kit, carpenter's, complete with tools.	1		
Typewriter, nonportable	6		
Typewriter, portable, Elite Type, standard keyboard, with carrying case.	20		1 per desk, fiber, fld hq; outfit, Ch; com plat; co hq; 10 per Force hq.

24-33340 - 35 -

QUARTERMASTER EQUIPMENT (Cont'd)

1	2	3	4
Item	Allow-ances	For Compu-tation	Basis of Issue and Remarks
Whistle, Thunderer	72		1 per O; NCO, first 3 gr; 1 per EM, gd plat, below grade 3.

SIGNAL EQUIPMENT

1	2	3	4
Axle, RL-27-A	2		Com plat.
Camera equipment, PH-104, complete	1		Photo sec.
Chest, BC-5	10		5 per Force hq; com plat.
Converter, M-209, or cipher device, M-94.	1		
Exposure meter, PH-77-C	1		Photo sec.
Flashlight, TL-122-A	47		1 per O; NCO, first 3 gr; Lineman; sb; rad set, SCR-188; 20 per gd plat.
Holder, M-167	4		2 per com plat; 1 per rad set, SCR-188.
Lineman's equipment, TE-21	2		1 per lineman.
Panel set, AP-30-C	1		Com plat.
Panel set, AP-30-D	1		Com plat.
Radio set, SCR-188	2		Com plat.
Radio set, SCR-536	3		Com plat.
Reel unit, RL-31	2		Com plat.
Signal lamp equipment, EE-84	1		Com plat.
Signal lamp equipment, SE-11	1		Com plat.
Switchboard, BD-72	2		Com plat.

24-33340 - 36 -

SIGNAL EQUIPMENT (Cont'd)

1	2	3	4
Items	Allow-ances	For Compu-tation	Basis of Issue and Remarks
Telephone, EE-8	28		Com plat.
Tool equipment, TE-33	15		Com plat.
Typewriter, MC-88	1		Com plat.
Wire, W-130, on reel miles DR-4	30		Com plat.
Wire pike, MC-123	1		Com plat.

SERVICE COMPANY, SERVICE BATTALION
FIRST SPECIAL SERVICE FORCE

ARMY AIR FORCES EQUIPMENT

1	2	3	4
Bag, flyer's kit, Type A-3.	3,104		Para packing plat (1 per prcht, personnel).
Container, assembly, aerial delivery, Type A-3.	80		Para packing plat for combat ech.
Container, assembly, aerial delivery, Type A-4.	160		Para packing plat for combat ech.
Container, assembly, aerial delivery, Type A-5.	750		Para packing plat for combat ech.
Container, assembly, aerial delivery, Type A-6.	160		Para packing plat for combat ech.
Container, assembly, aerial delivery, Type A-7, cal. .30 ammunition sling.	750		Para packing plat for combat ech.
Container, assembly, aerial delivery, Type A-7, cal. .45 ammunition sling.	200		Para packing plat for combat ech.
Container, assembly, aerial delivery, Type A-8.	350		Para packing plat for combat ech.
Container, individual, aerial, delivery, rifle.	1,519		Para packing, plat (1 per indiv in combat ech) (except Med O, Med EM. and pilots).

24-33340 - 37 -

■ 上图是文件第36页和第37页。第36页上表承接军需装备表，共有大功率口哨72个。下表是信号装备表，除了其他单位常有的手电筒、信号灯、无线电台之外，还有照相机设备、密码装置、曝光表、仪表板、接线总机等设备。第37页上表承接信号装备表，有电话和电线等其他单位的少有设备。从下表开始是保障营勤务连的各种装备表。下表是陆军航空兵装备表，各种空中装备数量惊人，如3104个A3型飞行员工具包，1519个个人武器空投集装箱，A3型、A4型、A5型、A6型、A7型、A8型空投集装箱的数量各有百余个甚至近千个。

■ 下图是文件第38页和第39页。这两页都是承接勤务连的陆军航空兵装备表，其中所列设备物资包括钻床、研磨机、护目镜、电热板、降落伞维修工具箱和降落伞装配工具箱、降落伞背包、投物伞、降落伞弹射座椅、加热壶、各种缝纫机、降落伞手工填装台、救生设备等众多物资。

ARMY AIR FORCES EQUIPMENT (Cont'd)

1	2	3	4
Item	Allow-ances	For Compu-tation	Basis of Issue and Remarks
Drill Press, bench type, motor-driven, complete with drills 1/64" to 1/2"	1		Para packing plat.
Grinder, bench type, 2-wheel motor-driven.	1		Para packing plat.
Goggles, assembly, Type B-7, flying.	50		Para packing plat.
Hot plate, electric, 1-unit 660-watt.	1		Para packing plat.
Hot plate, electric, 1-unit 1,000-watt.	1		Para packing plat.
Kit, parachute maintenance, special.	1		Para packing plat.
Kit, parachute rigger, complete.	30		1 per para rigger.
Lamp assembly, identification, aerial delivery container, Type A-1.	2,450		1 per container assembly, aerial delv.
Machine, stencil cutting, hand-operated, 1/2"	1		Para packing plat.
Machine, stencil cutting, hand-operated, 1"	1		Para packing plat.
Parachute, back, Type B-7, complete	50		Para packing plat.
Parachute, cargo, 24'	2,450		1 per container assembly, aerial delv (color as ordered).
Parachute, cargo, 48', white canopy	3,000		4 per cargo carrier, T-15
Parachute, seat, Type S-1 or S-2.	4		Para packing plat.

24-33340 -38-

ARMY AIR FORCES EQUIPMENT (Cont'd)

1	2	3	4
Item	Allow-ances	For Compu-tation	Basis of Issue and Remarks
Parachute, troop, Type T-5, modified	3,050		2 per indiv of combat ech, except pilots.
Pot, heating, pressure, gasoline burning	1		Para packing plat.
Press, eyelet setting, foot-operated, Carr fastener, M-46	1		Para packing plat.
Sewing machine, Singer Type 97-10, complete with motor	1		Para packing plat.
Sewing machine, Singer, Type 112-W-116, complete with motor.	1		Para packing plat.
Sewing machine, Singer, Type 31-15, foot-powered, with bobbin winder and knee lift	1		Para packing plat.
Sewing machine, Singer, Type 111-W-151, complete with motor.	1		Para packing plat.
Table, para packing, folding 10'x36"x30"	120		Para packing plat (local manufacture and purchase).
Table, work, 48"x24"x30", folding	4		Para packing plat (local manufacture and purchase).
Tension board, standard type	30		1 per para rigger (local manufacture and purchase).
Vest, life preserver, Type B-3 or B-4.	1,598		Para packing plat (1 per indiv of combat ech and para packing plat (when authorized by CO).
Vise, bench, machine, swivel base, 3 1/2" jaws	1		Par packing plat.

24-33340 -39-

CHEMICAL EQUIPMENT

1 Item	2 Allow-ances	3 For Compu-tation	4 Basis of Issue and Remarks
Alarm, gas, M1	1		
Apparatus, decontaminating, 3-gal, M1	3		
Kit, HS, vapor detector, M4	1		
Kit, repair, gas mask, universal, M-8	1		

ENGINEER EQUIPMENT

Item	Allowances	For Computation	Basis of Issue and Remarks
Compass, lensatic, luminous dial, with case	7		1 per O.
Compass, watch	19		1 per NCO, first 3 gr.
Demolition kit, infantry	6		

ORDNANCE EQUIPMENT

Item	Allowances	For Computation	Basis of Issue and Remarks
Bayonet, M1905 and Scabbard, bayonet, M3	320		1 per EM.
Binoculars, M3	8		1 per O; 1st sgt.
Carbine, cal. .30, M1	7		1 per O (see SNL B-28)
Gun, machine, Browning cal. .30 M1919A4	12		See SNL A-6.
Mount, tripod, MG, cal. .30	12		1 per IMG (see SNL A-6).
Rifle, Browning, automatic cal. .30, M1918A2.	10		See SNL A-4.
Rifle, U S, cal. .30, M1	320		1 per EM (see SNL B-21).
Watch, wrist, 7 or more jewels	26		1 per O; NCO, first 3 gr.

24-33340　　- 40 -

QUARTERMASTER EQUIPMENT

1 Item	2 Allow-ances	3 For Compu-tation	4 Basis of Issue and Remarks
Axe, handled, chopping, singlebit, 4-lb.	34		1 per co, combat ech; 4 per regtl sup det, combat ech; 4 per serv co.
Axe, intrenching, M1910	32		1 per 10 EM.
Bag, canvas, water, sterilizing, complete with cover and hanger.	3		1 per 100 indiv.
Belt, magazine, BAR, M1937	20		2 per BAR.
Bucket, general purpose, heavy-weight, Type II, w/o lip, 14-qt.	38		
Can, corrugated, nesting, with cover:			
10-gal	21		1 per co mess.
16-gal	21		Do.
24-gal	21		Do.
32-gal	21		Do.
Carrier, axe, intrenching, M1910	32		1 per axe, intrenching, M1910.
Carrier, cutter, wire, M1938	32		1 per cutter, wire, M1938.
Carrier, pickmattock, intrenching, M1910.	96		1 per pickmattock, intrenching, M1910.
Carrier, shovel, intrenching, rucksack	192		1 per shovel, intrenching M1910.
Case, canvas, dispatch, M1938	26		1 per O; NCO, first 3 gr.
Case, flag, duck, cotton, guidon.	1		1 per guidon.
Chest, commissary, complete with equipment	1		

24-33340　　- 41 -

■ 上图是文件第40页和第41页。第40页是化学装备表，其中所列物资包括M1型毒气警报器1个、M1型去污装置3个、M4型蒸汽探测器工具箱1个、防毒面具维修工具箱1个。中表是工程器材表，除了夜光指南针和手表式指南针，还有6个步兵爆破工具箱。下表是军械装备表，其中武器也包括M1905型刺刀、M3型双筒望远镜、M1型卡宾枪、M1919A4型机枪及其三脚架、勃朗宁M1918A2型自动步枪、M1型步枪和手表。第41页是军需装备表，其中较为特别的是各种容量的波纹罐头容器，还有食堂杂物箱。

■ 下图是文件第42页和第43页，这两页都承接军需装备表，所列物资囊括档案箱、绝缘集装箱、电线切割器、野战办公桌、队旗和旗杆、加热器、电力手提灯、18英寸大砍刀、石棉连指手套、军官食堂全套设施、军乐器、防水帆布、各种掘土工具、锯子、磅秤、屏风、印刷用的漏印板全套设施等等。

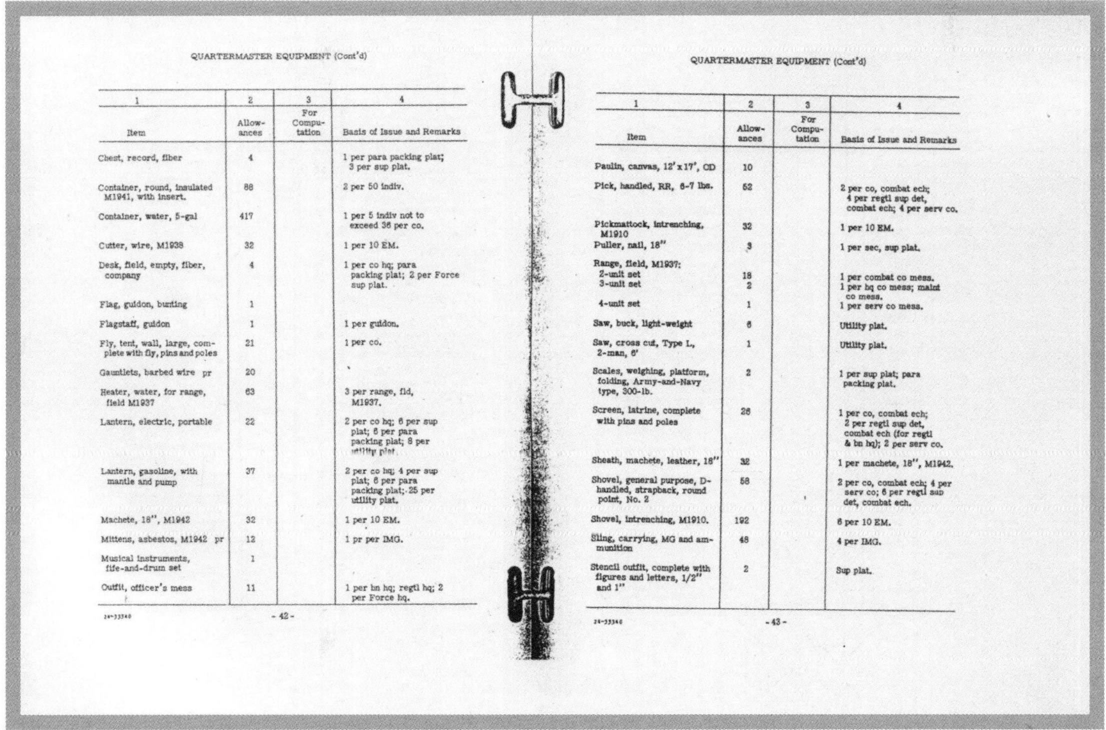

QUARTERMASTER EQUIPMENT (Cont'd)

1 Item	2 Allow-ances	3 For Compu-tation	4 Basis of Issue and Remarks
Chest, record, fiber	4		1 per para packing plat; 3 per sup plat.
Container, round, insulated M1941, with insert.	88		2 per 50 indiv.
Container, water, 5-gal	417		1 per 5 indiv not to exceed 36 per co.
Cutter, wire, M1938	32		1 per 10 EM.
Desk, field, empty, fiber, company	4		1 per co hq; para packing plat; 2 per Force sup plat.
Flag, guidon, bunting	1		
Flagstaff, guidon	1		1 per guidon.
Fly, tent, wall, large, complete with fly, pins and poles	21		1 per co.
Gauntlets, barbed wire pr	20		
Heater, water, for range, field M1937	63		3 per range, fld, M1937.
Lantern, electric, portable	22		2 per co hq; 6 per sup plat; 6 per para packing plat; 8 per utility plat.
Lantern, gasoline, with mantle and pump	37		2 per co hq; 4 per sup plat; 6 per para packing plat; 25 per utility plat.
Machete, 18", M1942	32		1 per 10 EM.
Mittens, asbestos, M1942 pr	12		1 pr per IMG.
Musical instruments, fife-and-drum set	1		
Outfit, officer's mess	11		1 per bn hq; regtl hq; 2 per Force hq.

24-33340　　- 42 -

QUARTERMASTER EQUIPMENT (Cont'd)

1 Item	2 Allow-ances	3 For Compu-tation	4 Basis of Issue and Remarks
Paulin, canvas, 12'x17', CD	10		
Pick, handled, RR, 6-7 lbs.	52		2 per co, combat ech; 4 per regtl sup det, combat ech; 4 per serv co.
Pickmattock, intrenching, M1910	32		1 per 10 EM.
Puller, nail, 18"	3		1 per sec, sup plat.
Range, field, M1937:			
2-unit set	18		1 per combat co mess.
3-unit set	2		1 per hq co mess; maint co mess.
4-unit set	1		1 per serv co mess.
Saw, buck, light-weight	6		Utility plat.
Saw, cross cut, Type L, 2-man, 6'	1		Utility plat.
Scales, weighing, platform, folding, Army-and-Navy type, 300-lb.	2		1 per sup plat; para packing plat.
Screen, latrine, complete with pins and poles	26		1 per co, combat ech; 2 per regtl sup det, combat ech (for regtl & bn hq); 2 per serv co.
Sheath, machete, leather, 18"	32		1 per machete, 18", M1942.
Shovel, general purpose, D-handled, strapback, round point, No. 2	58		2 per co, combat ech; 4 per serv co; 6 per regtl sup det, combat ech.
Shovel, intrenching, M1910.	192		6 per 10 EM.
Sling, carrying, MG and ammunition	48		4 per IMG.
Stencil outfit, complete with figures and letters, 1/2" and 1"	2		Sup plat.

24-33340　　- 43 -

QUARTERMASTER EQUIPMENT (Cont'd)

1 Item	2 Allow-ances	3 For Compu-tation	4 Basis of Issue and Remarks
Stretcher, shoe (1 #0, 1 #00, 1 #1)	4		Utility plat.
Tent, mountain, 2-man, complete with pins and poles.	167		1 per O; 1 per 2 EM.
Tool kit, carpenters', complete with tools	4		Utility plat.
Tool set, carpenters' and wheelrights', complete with tools	1		Utility plat.
Trumpet, "G", with-slide-to "F".	6		1 per bglr.
Typewriter, portable, elite type, standard keyboard, with carrying case.	15		1 per para packing plat; 6 per supply plat; 8 per utility plat.
Whistle, Thunderer	26		1 per O; NCO, first 3 gr.

SIGNAL EQUIPMENT

1 Item	2 Allow-ances	3 For Compu-tation	4 Basis of Issue and Remarks
Flashlight, TL-122-A	26		1 per O; NCO, first 3 gr.

MAINTENANCE COMPANY
SERVICE BATTALION
FIRST SPECIAL SERVICE FORCE

CHEMICAL EQUIPMENT

1 Item	2 Allow-ances	3 For Compu-tation	4 Basis of Issue and Remarks
Alarm, gas, M1	1		
Apparatus, decontaminating, 1 1/2-qt, M2 w/ funnel	59		1 per fuel-consuming mtr vehicle (except cargo carrier, T-15).
Apparatus, decontaminating, 3-gal, M1	6		

24-33340 -44-

CHEMICAL EQUIPMENT (Cont'd)

1 Item	2 Allow-ances	3 For Compu-tation	4 Basis of Issue and Remarks
Kit, HS, vapor detector, M4	1		
Respirator, dust	59		1 per fuel-consuming mtr vehicle (except cargo carrier, T-15).

ENGINEER EQUIPMENT

1 Item	2 Allow-ances	3 For Compu-tation	4 Basis of Issue and Remarks
Compass, lensatic, luminous dial, with case	5		1 per O.
Compass, watch	29		1 per 1st sgt; cfr.
Net, camouflage, cotton, shrimp:			
22' x 22'	10		1 per trk, 1/4-ton.
29' x 29'	44		1 per amb; tlr, 1-ton; trk, 3/4-ton.
36' x 44'	39		1 per trk, 2 1/2-ton, cargo; trk, 4-ton, wkr; trk, gasoline, 750-gal; trk, SA rep.
			(Net, cam, cotton, shrimp will be issued in OD or sand, solid color, when and as authorized by T of Opns comdr.)

MEDICAL EQUIPMENT

1 Item	2 Allow-ances	3 For Compu-tation	4 Basis of Issue and Remarks
Kit, first-aid, motor vehicle, 12-unit	59		1 per fuel-consuming mtr vehicle (except cargo carrier, T-15).

24-33340 -45-

■ 上图是文件第44页和第45页。第44页上表继续承接军需装备表。中表是信号装备表，勤务连的信号设备只有26个手电筒。从下表开始是保障营维修连的各种装备表。其中下表和第45页上表都是化学装备表，物资有M1型毒气警报器1个、M2型去污装置59个、M1型去污装置6个、M4型蒸汽探测器工具箱1个、防尘口罩59副。第45页中表是工程器材表，共计夜光指南针5个（军官配备）、手表式指南针29个（二级军士长配备），还有3种棉制伪装网：规格为22×22英尺的10张、29×29英尺的44张、36×44英尺的36装，分别配置给不同载重量的机动车辆。下表是医疗设备表，物资有59个12人份的机动车辆急救箱。

■ 下图是文件第46页和第47页。第46页上表是武器和个人装备表，这里较为特殊的物资是4个军械工具箱、6个M32型自行机枪和58个M1938型步枪套。下表和第47页上表是车辆装备表，分为物资和车辆两类，其中物资包括拖车牵引杆1根、机动车辆牵引链19条、牵引绳20条、炮兵专业工具箱1个、锻工工具箱1个、电力和化油器机械工工具箱1个、车辆机械工工具箱30个、侦察设备工具箱49个、单位设备工具箱1个、柔性喷管63个等，车辆则包括载重0.75吨的救护车2辆、T-15型运兵车4辆、载重1吨的拖车34辆、载重0.25吨的汽车10辆。

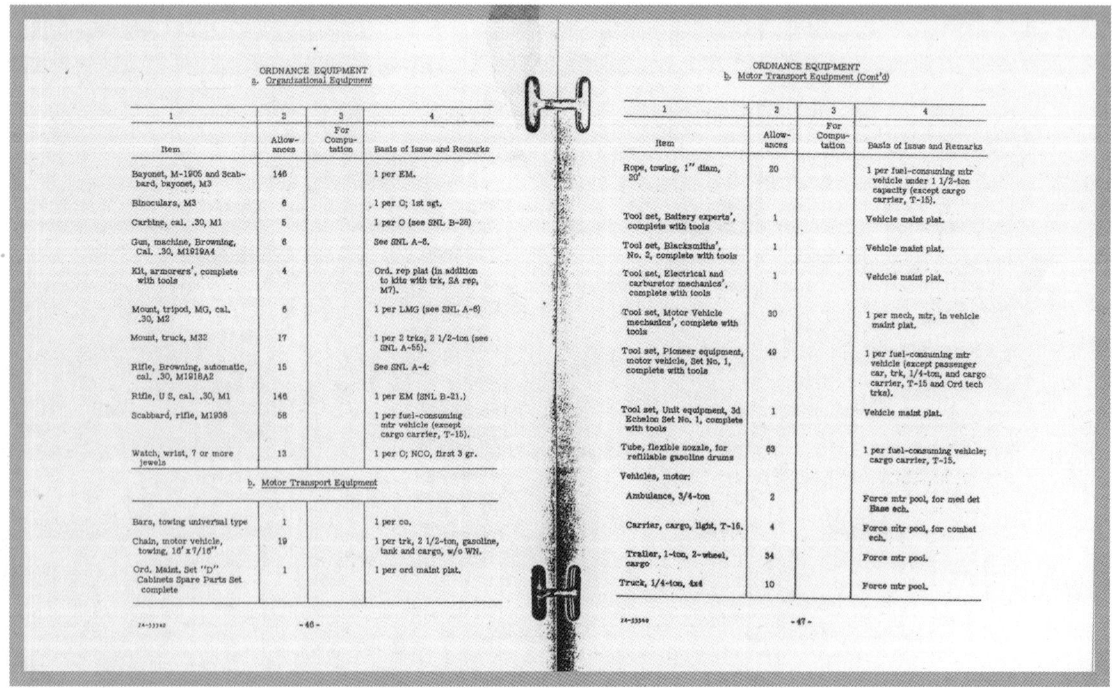

ORDNANCE EQUIPMENT
a. Organizational Equipment

1 Item	2 Allow-ances	3 For Compu-tation	4 Basis of Issue and Remarks
Bayonet, M-1905 and Scabbard, bayonet, M3	146		1 per EM.
Binoculars, M3	6		1 per O; 1st sgt.
Carbine, cal. .30, M1	5		1 per O (see SNL B-28)
Gun, machine, Browning, Cal. .30, M1919A4	6		See SNL A-6.
Kit, armorers', complete with tools	4		Ord. rep plat (in addition to kits with trk, SA rep, M7).
Mount, tripod, MG, cal. .30, M2	6		1 per LMG (see SNL A-6)
Mount, truck, M32	17		1 per 2 trks, 2 1/2-ton (see SNL A-55).
Rifle, Browning, automatic, cal. .30, M1918A2	15		See SNL A-4:
Rifle, U S, cal. .30, M1	146		1 per EM (SNL B-21.)
Scabbard, rifle, M1938	58		1 per fuel-consuming mtr vehicle (except cargo carrier, T-15).
Watch, wrist, 7 or more jewels	13		1 per O; NCO, first 3 gr.

b. Motor Transport Equipment

1 Item	2 Allow-ances	3 For Compu-tation	4 Basis of Issue and Remarks
Bars, towing universal type	1		1 per co.
Chain, motor vehicle, towing, 16' x 7/16"	19		1 per trk, 2 1/2-ton, gasoline, tank and cargo, w/o WN.
Ord. Maint. Set "D" Cabinets Spare Parts Set complete	1		1 per ord maint plat.

24-33340 -46-

ORDNANCE EQUIPMENT
b. Motor Transport Equipment (Cont'd)

1 Item	2 Allow-ances	3 For Compu-tation	4 Basis of Issue and Remarks
Rope, towing, 1" diam, 20'	20		1 per fuel-consuming mtr vehicle under 1 1/2-ton capacity (except cargo carrier, T-15).
Tool set, Battery experts', complete with tools	1		Vehicle maint plat.
Tool set, Blacksmiths', No. 2, complete with tools	1		Vehicle maint plat.
Tool set, Electrical and carburetor mechanics', complete with tools	1		Vehicle maint plat.
Tool set, Motor Vehicle mechanics', complete with tools	30		1 per mech, mtr, in vehicle maint plat.
Tool set, Pioneer equipment, motor vehicle, Set No. 1, complete with tools	49		1 per fuel-consuming mtr vehicle (except passenger car, trk, 1/4-ton, and cargo carrier, T-15 and Ord tech trks).
Tool set, Unit equipment, 3d Echelon Set No. 1, complete with tools	1		Vehicle maint plat.
Tube, flexible nozzle, for refillable gasoline drums	63		1 per fuel-consuming vehicle; cargo carrier, T-15.
Vehicles, motor:			
Ambulance, 3/4-ton	2		Force mtr pool, for med det Base ech.
Carrier, cargo, light, T-15.	4		Force mtr pool, for combat ech.
Trailer, 1-ton, 2-wheel, cargo	34		Force mtr pool.
Truck, 1/4-ton, 4x4	10		Force mtr pool.

24-33340 -47-

ORDNANCE EQUIPMENT

b. Motor Transport Equipment (Cont'd)

1	2	3	4
Item	Allow-ances	For Compu-tation	Basis of Issue and Remarks
Truck, 3/4-ton, 4x4, command	6		Force mtr pool, for com plat hq co.
Truck, 3/4-ton, 4x4, weapons carrier, complete with Ord. Maint Set "B"	2		Force mtr pool, ord repair plat for emerg rep.
Truck, 2 1/2-ton, 6x6, with winch.	18		Force mtr pool.
Truck, 2 1/2-ton, 6x6, cargo w/o winch	17		Force mtr pool.
Truck, 2 1/2-ton, 6x6, gasoline tank, 750-gal	2		Force mtr pool.
Truck, 4-ton, 6x6, wrecker, with winch	1		Force mtr pool, for vehicle maint plat.
Truck, small arms repair, M7	1		Force mtr pool, for ord rep plat.

QUARTERMASTER EQUIPMENT

1	2	3	4
Axe, handled, chopping, single-bit, 4-lb	2		
Axe, intrenching, M1910	15		1 per 10 EM.
Bag, canvas, water, sterilizing, complete with cover and hanger	1		
Belt, magazine, BAR, M1937	30		2 per BAR.
Bucket, general purpose, heavy-weight, Type II, w/o lip, 14-qt	2		
Bucket, water, canvas, 18-qt	63		1 per fuel-consuming mtr vehicle; cargo carrier, T-15.

24-33340 -48-

QUARTERMASTER EQUIPMENT (Cont'd)

1	2	3	4
Item	Allow-ances	For Compu-tation	Basis of Issue and Remarks
Carrier, axe, intrenching, M1910	15		1 per axe, intrenching, M1910.
Carrier, cutter, wire, M1938	15		1 per cutter, wire, M1938.
Carrier, pickmattock, intrenching, M1910	44		1 per pickmattock, intrenching, M1910.
Carrier, shovel, intrenching, rucksack	87		1 per shovel, intrenching, M1910.
Case, canvas, dispatch, M1938	6		1 per O; 1st sgt.
Case, flag, duck, cotton, guidon	1		
Cutter, wire, M-1938	15		1 per 10 EM.
Desk, field, empty, fiber, company	4		1 per co hq; vehicle maint plat; ord rep plat; sig rep plat.
Drum, inflammable liquid (gasoline), steel, with carrying handle, capacity 5-gal	114		1 per trk, 1/4-ton, 4x4; trk, 3/4-ton; 2 per trk, 2 1/2-ton and larger, 6x6; 4 per cargo carrier, T-15.
Flag, guidon, bunting	1		
Flagstaff, automobile	1		Force mtr pool.
Flagstaff, guidon	1		
Goggles, M1942, complete	60		1 per fuel-consuming mtr vehicle (except cargo carrier, T-15).

24-33340 -49-

■ 上图是文件第48页和第49页。第48页上图承接车辆装备表，维修连的车辆还包括载重0.75吨的4×4指挥车6辆、载重0.75吨的4×4武器运载卡车2辆、载重2.5吨的6×6卡车（带绞车）18辆、载重2.5吨的6×6运货卡车17辆、载重2.5吨的6×6汽油箱卡车2辆、载重4吨的6×6救援车（带绞车）1辆、小型武器维修车1辆。下表和第49页表都是军需设备表，涵括物资与其他单位大同小异，包括各种掘壕工具、背包、工具袋、电线切割器、旗帜和旗杆等等。

■ 下图是文件第50页和第51页。第50页和第51页上表继续承接军需设备表，依旧是各种掘壕工具、山地帐篷、工具箱等物资。第51页下表是信号装备表，除了其他单位都配发的手电筒和无线电台（维修连仅配备SCR-714型电台4套，全部安装在T-15上）外，属于维修连独有的设备还ME-9型维修设备1套、PE-75型动力设备1套、I-72-A型信号发生器1个、IE-9型测试设备1套、IE-17-A型测试设备2套、TE-33型工具设备14套、TE-36型和TE-41型工具设备各3套。

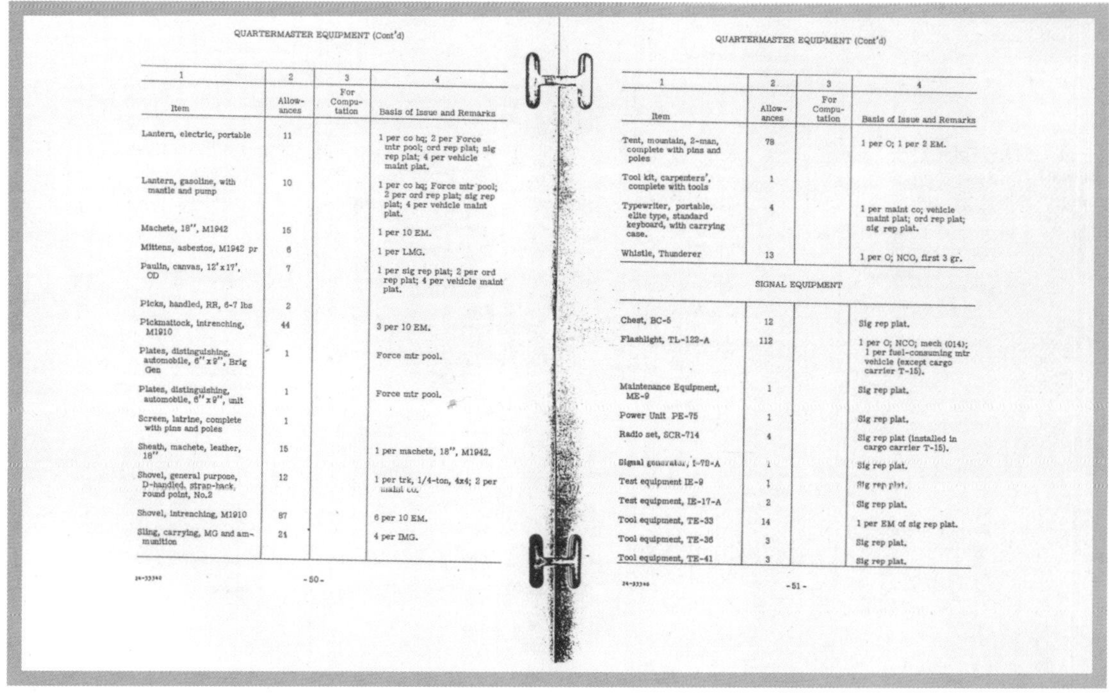
QUARTERMASTER EQUIPMENT (Cont'd)

1	2	3	4
Item	Allow-ances	For Compu-tation	Basis of Issue and Remarks
Lantern, electric, portable	11		1 per co hq; 2 per Force mtr pool; ord rep plat; sig rep plat; 4 per vehicle maint plat.
Lantern, gasoline, with mantle and pump	10		1 per co hq; Force mtr pool; 2 per ord rep plat; sig rep plat; 4 per vehicle maint plat.
Machete, 18", M1942	15		1 per 10 EM.
Mittens, asbestos, M1942 pr	6		1 per LMG.
Paulin, canvas, 12'x17', OD	7		1 per sig rep plat; 2 per ord rep plat; 4 per vehicle maint plat.
Picks, handled, RR, 6-7 lbs	2		
Pickmattock, intrenching, M1910	44		3 per 10 EM.
Plates, distinguishing, automobile, 6"x9", Brig Gen	1		Force mtr pool.
Plates, distinguishing, automobile, 6"x9", unit	1		Force mtr pool.
Screen, latrine, complete with pins and poles	1		
Sheath, machete, leather, 18"	15		1 per machete, 18", M1942.
Shovel, general purpose, D-handled, strap-back, round point, No.2	12		1 per trk, 1/4-ton, 4x4; 2 per maint co.
Shovel, intrenching, M1910	87		6 per 10 EM.
Sling, carrying, MG and ammunition	21		4 per LMG.

24-33340 -50-

QUARTERMASTER EQUIPMENT (Cont'd)

1	2	3	4
Item	Allow-ances	For Compu-tation	Basis of Issue and Remarks
Tent, mountain, 2-man, complete with pins and poles	78		1 per O; 1 per 2 EM.
Tool kit, carpenters', complete with tools	1		
Typewriter, portable, elite type, standard keyboard, with carrying case.	4		1 per maint co; vehicle maint plat; ord rep plat; sig rep plat.
Whistle, Thunderer	13		1 per O; NCO, first 3 gr.

SIGNAL EQUIPMENT

1	2	3	4
Chest, BC-5	12		Sig rep plat.
Flashlight, TL-122-A	112		1 per O; NCO; mech (014); 1 per fuel-consuming mtr vehicle (except cargo carrier T-15).
Maintenance Equipment, ME-9	1		Sig rep plat.
Power Unit PE-75	1		Sig rep plat.
Radio set, SCR-714	4		Sig rep plat (installed in cargo carrier T-15).
Signal generator, I-72-A	1		Sig rep plat.
Test equipment IE-9	1		Sig rep plat.
Test equipment, IE-17-A	2		Sig rep plat.
Tool equipment, TE-33	14		1 per EM of sig rep plat.
Tool equipment, TE-36	3		Sig rep plat.
Tool equipment, TE-41	3		Sig rep plat.

24-33340 -51-

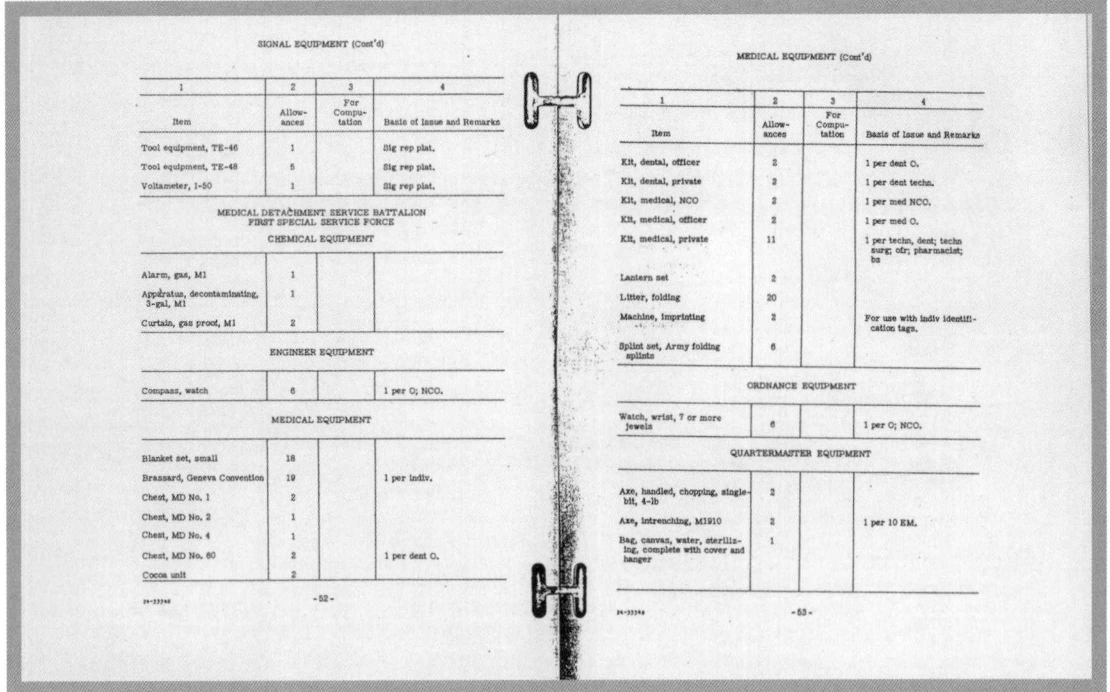

SIGNAL EQUIPMENT (Cont'd)

1	2	3	4
Item	Allowances	For Computation	Basis of Issue and Remarks
Tool equipment, TE-46	1		Sig rep plat.
Tool equipment, TE-48	5		Sig rep plat.
Voltameter, I-50	1		Sig rep plat.

MEDICAL DETACHMENT SERVICE BATTALION
FIRST SPECIAL SERVICE FORCE

CHEMICAL EQUIPMENT

1	2	3	4
Alarm, gas, M1	1		
Apparatus, decontaminating, 3-gal, M1	1		
Curtain, gas proof, M1	2		

ENGINEER EQUIPMENT

1	2	3	4
Compass, watch	6		1 per O; NCO.

MEDICAL EQUIPMENT

1	2	3	4
Blanket set, small	18		
Brassard, Geneva Convention	19		1 per indiv.
Chest, MD No. 1	2		
Chest, MD No. 2	1		
Chest, MD No. 4	1		
Chest, MD No. 60	2		1 per dent O.
Cocoa unit	2		

24-33340 -52-

MEDICAL EQUIPMENT (Cont'd)

1	2	3	4
Item	Allowances	For Computation	Basis of Issue and Remarks
Kit, dental, officer	2		1 per dent O.
Kit, dental, private	2		1 per dent techn.
Kit, medical, NCO	2		1 per med NCO.
Kit, medical, officer	2		1 per med O.
Kit, medical, private	11		1 per techn, dent; techn surg; ofr; pharmacist; bs
Lantern set	2		
Litter, folding	20		
Machine, imprinting	2		For use with indiv identification tags.
Splint set, Army folding splints	6		

ORDNANCE EQUIPMENT

1	2	3	4
Watch, wrist, 7 or more jewels	6		1 per O; NCO.

QUARTERMASTER EQUIPMENT

1	2	3	4
Axe, handled, chopping, single-bit, 4-lb	2		
Axe, intrenching, M1910	2		1 per 10 EM.
Bag, canvas, water, sterilizing, complete with cover and hanger	1		

24-33340 -53-

■ 上图是文件第52页和第53页。第52页上表承接信号装备表，这里的信号装备表还包括TE-46型工具设备1套、TE-48型工具设备5套、I-50型电压计1个。中表是工程器材表，物资是手表式指南针6个。下表和第53页上表是医疗设备表，包括毛毯、日内瓦公约袖章、不同型号的急救箱、军官用的牙科用具、士官用的牙科用具、士兵用的牙科用具、军官用的医疗箱、士兵用的医疗箱、手提灯、印压机、夹板等。中表是军械装备表，仅有6块镶7颗宝石手表，全部装备军官和士官。下表是军械装备表，包括掘壕铲和消毒水帆布包。

■ 下图是文件第54页和第55页。第54页和第55页上表承接军械装备表，所列物资与战斗梯队的其他单位大同小异，不外乎各种掘壕工具和工具袋、军旗和旗杆、电线切割器、18英寸大砍刀、档案箱、急件袋的箱子、手提灯、山地帐篷、打字机等等。第55页下表是信号装备表，仅有10个手电筒。纵观维修连的各种装备，该连没有配备任何武器。

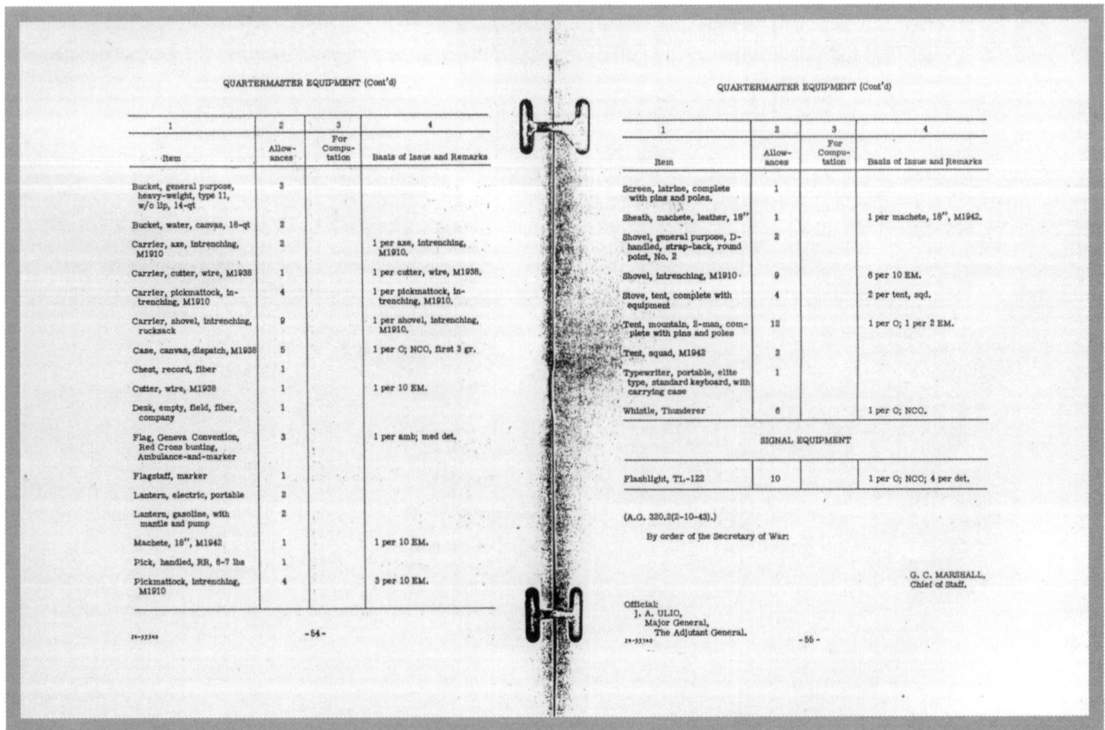

QUARTERMASTER EQUIPMENT (Cont'd)

1	2	3	4
Item	Allowances	For Computation	Basis of Issue and Remarks
Bucket, general purpose, heavy-weight, type 11, w/o lip, 14-qt	3		
Bucket, water, canvas, 18-qt	2		
Carrier, axe, intrenching, M1910	2		1 per axe, intrenching, M1910.
Carrier, cutter, wire, M1938	1		1 per cutter, wire, M1938.
Carrier, pickmattock, intrenching, M1910	4		1 per pickmattock, intrenching, M1910.
Carrier, shovel, intrenching, rucksack	9		1 per shovel, intrenching, M1910.
Case, canvas, dispatch, M1938	5		1 per O; NCO, first 3 gr.
Chest, record, fiber	1		
Cutter, wire, M1938	1		1 per 10 EM.
Desk, empty, field, fiber, company	1		
Flag, Geneva Convention, Red Cross bunting, Ambulance-and-marker	3		1 per amb; med det.
Flagstaff, marker	1		
Lantern, electric, portable	2		
Lantern, gasoline, with mantle and pump	2		
Machete, 18", M1942	1		1 per 10 EM.
Pick, handled, RR, 6-7 lbs	1		
Pickmattock, intrenching, M1910	4		3 per 10 EM.

24-33340 -54-

QUARTERMASTER EQUIPMENT (Cont'd)

1	2	3	4
Item	Allowances	For Computation	Basis of Issue and Remarks
Screen, latrine, complete with pins and poles.	1		
Sheath, machete, leather, 18"	1		1 per machete, 18", M1942.
Shovel, general purpose, D-handled, strap-back, round point, No. 2	2		
Shovel, intrenching, M1910	9		6 per 10 EM.
Stove, tent, complete with equipment	4		2 per tent, sqd.
Tent, mountain, 2-man, complete with pins and poles	12		1 per O; 1 per 2 EM.
Tent, squad, M1942	2		
Typewriter, portable, elite type, standard keyboard, with carrying case	1		
Whistle, Thunderer	6		1 per O; NCO.

SIGNAL EQUIPMENT

1	2	3	4
Flashlight, TL-122	10		1 per O; NCO; 4 per det.

(A.G. 320.2(2-10-43).)

By order of the Secretary of War:

G. C. MARSHALL,
Chief of Staff.

Official:
J. A. ULIO,
Major General,
The Adjutant General.

24-33340 -55-

■ 第1特勤队使用的主要是M1C型钢盔。这款钢盔也是为美军空降兵特殊设计的，第1特勤队被定位为一支伞兵部队后，M1C型钢盔自然也成为其标准装备。这款钢盔采用了塑料里衬，带有皮制下颌托，下颌托用两个金属扣固定在下颌带上。左图是第1特勤队保障营勤务连伞兵排的托马斯·M·塞勒斯中士（Thomas M. Sellers）使用的M1C型钢盔的内胆俯视图，注意钢盔上还蒙有伪装网，旁边是钢盔伪装网、氯丁橡胶枝叶带和塞勒斯的降落伞检验卡片。伞兵排是负责维护第1特勤队的降落伞的技术单位，且成员都具备跳伞资质。

■ 右图是第1特勤队中的医护人员佩戴的M1C型钢盔，钢盔侧面漆有明显的红十字标志。

■ 左图是佩戴M1C型钢盔并扣好下颌带的式样。上图是配备了环绕在钢盔上的氯丁橡胶枝叶带的M1C型钢盔，氯丁橡胶枝叶带也是第1特勤队的另一款标准装备，是用来插一些伪装用的植被的。

■ 上图是第1特勤队配备的M1910型掘壕铲及M1910型掘壕铲套、M1938型钢丝钳及其帆布套、M1943型折叠掘壕镐及配套的M1943型掘壕镐套。下图是特勤队员的个人装备，包括：山地锅；燃油炉；配备M1926型餐刀、餐叉和勺子的M1932型肉罐头；M1910型铝制军用水壶、水杯和水壶套；半幅双人帐篷及绷索；折叠式帐篷支架；橄榄绿色棉浴巾；K型口粮晚餐和备用D型口粮。

■ 上图是特勤队员配备的防化装备，包括：轻型防毒面具、带防水装备的 M1A1 型训练用防毒面具、M1 型护目镜和一个其上标有个人防护罩的小包裹，内含透明塑料防毒布。下图是第 1 特勤队配发的空降兵医疗设备。

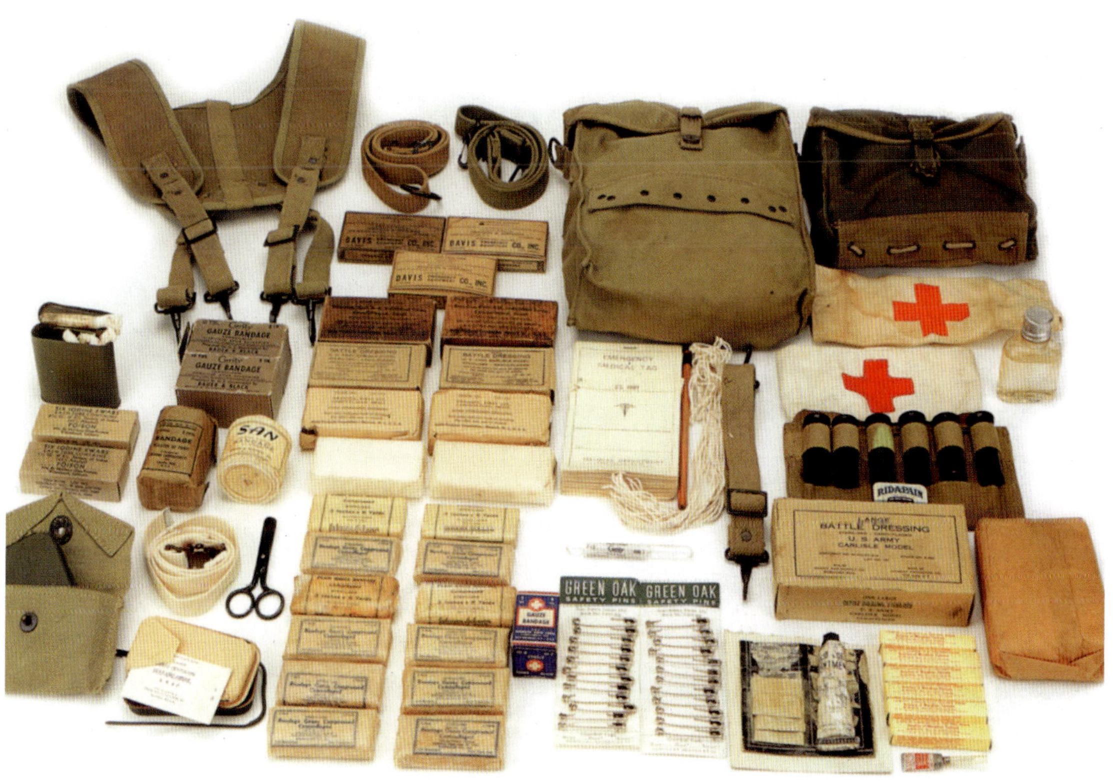

■ 左图是第1特勤队配发的两种对偶式救生器材（左、右）和一件陆军航空兵的B3型救生衣，这款救生衣又被称为“海上救生背心”（Mae West）。这类装备是第1特勤队在两栖训练时配发的。

■ 下图是第1特勤队配发的通讯设施，包括：带帆布套的SE-11（M227）型信号灯；带衬垫套、备用晶体、真空管和话筒的SCR-536型手提式无线电步话机；带M17型皮套的M3型望远镜（左）；带黄褐色皮套的博士伦（Bausch & Lomb）6倍望远镜（右）；TL-122A型、B型和C型手电筒；信号枪及其枪套；M1938型帆布公文包和技术手册。

■ 这也是第1特勤队所使用的通讯设施，包括带衬垫套的 AL141B 型黄色空中识别仪表板；两类 EE8 型电池供电野战电话，一个是用早期的皮箱装载，另一个用战时的帆布包装载；野战电话接线总机；带 RL39 型手工装配工具和 ST35 型颈圈的 DR8A 型绕线盘；野战通讯手册。

这是特勤队员使用的各种手套和作战地区的外语手册，包括橄榄绿羊毛皮掌手套、无衬里马皮骑士手套、羊毛填充连指手套、毛织腕套、橄榄绿羊毛围巾、日语、意大利语和法语手册、意大利军事占领货币代用券。

■ 上图是第1特勤队第2团的爱德华 ·E· 托马斯上尉(Edward E. Thomas)的野战装备，包括M1型步枪和M1905型刺刀、装备携行具、M1型钢盔、军用水壶、金属碗和餐具、防毒面具、山地帆布背包。下图是特勤队员特别配备的山地帆布背包的正面和背面，可以看到背面的金属管状支架，这是用于分散负重的。

附录：第1特勤队制服和徽标的统一

由于第1特勤队是由两个在军事制度方面有不小区别的军队的官兵所组成，从其筹建阶段开始便一直存在制服及徽标的统一问题，这一问题贯穿了该部在海伦娜训练的始终，直至第1特勤队战斗部署前才得以解决。

起初，美国方面并未关注第1特勤队中的制服统一问题，直到加拿大政府正式同意派遣一支部队赴蒙大拿受训后，美国人方认识到该问题的严肃性。而且，在加拿大兵员准备赴美之际，加拿大国防部于1942年7月16日召开了一个会议，确定了关于着装的以下问题："就军械服务而言，参谋勤务处认为本国仅需要为这支部队提供战斗服和出行背包这些装备，而所有的剩余必需品、个人和部队装备将由美国军需部来提供。"接下来，参谋勤务处（Directorate of Staff Duties，缩写为DSD）在会上陈述了关于即将派往美国的加军部队所需的制服和装备的调查报告。次日，参谋勤务处的安德森中校（Anderson）向弗雷德里克通报了这一事项。弗雷德里克回忆说："安德森问我，我们是否会反对他们穿加军制服一事。我告诉他，我们不反对，但两国官兵的制服和其他装备的统一将有利于简化后勤工作，而且还能使第1特勤队里的两国官兵更为融洽。"

但是，加拿大国防部并未采纳弗雷德里克的建议，而是觉得如果有可能的话，加拿大兵员都应该穿着自己部队的军装。而且加拿大人认为：一支加拿大部队因为秘密行动而被派往美国并参与训练，不仅不会与友军有所融合，双方彼此间可能还会产生敌意和混乱。

然而，最后加拿大人还是同意穿着美军制服，其原因并非是同一支部队下同袍间的团结与融合，而是因为后勤问题。加拿大人发现，如今已经出现了无法从加拿大及时运输物资——如军装布料等——到美国的困难问题。加拿大军械局经过对此事进行调研后得出结论：眼下更方便和更划算的做法就是接受弗雷德里克原来的建议。当然，加拿大方面同意第1特勤队中的加军官兵穿着美军制服并非没有条件，那就是加拿大人必须在美军制服上继续佩戴加军肩章和军衔标志。弗雷德里克同意了这个条件。

那么，应该给赴海伦娜的加拿大官兵配发什么样的制服？由于正值夏季，第1特勤队的执行官麦奎因中校通知国防部的参谋勤务处，部队军需官和军械局应给在渥太华和卡尔加里进行初步集结的加军官兵提供以下物品：1双鞋、3双袜子、2套夏季内衣、2套夏天的衬衫、1套适于夏季训练的制服（长裤）、1顶野战勤务帽、1条黑色领带、1对卡其色训练短裤。军官同样穿着类似的夏季或轻快的制服。

在解决了第1特勤队的加拿大人统一穿着美军制服这一问题后，一个新的问题——佩戴独特的徽章的问题凸显出来。这导致了1942年8月6日的新闻稿中的混乱，新闻稿将特别制造、并带独特图案的美加两军徽章错误地解读："加拿大人和美国人将穿着同样的独特式样的制服，但设计方案还未确定。"而实际上，美国人并没有为这支联合部队设计独特式样的制服的想法。

在加拿大人抵达海伦娜的第一个月期间，加

拿大人则穿着他们的夏季制服或他们自己带来的其他服装，因此第1特勤队的加拿大人早期的制服显得有些混乱；而早期从美军第9军征集而来制服仅提供给第1特勤队中的美国人。在给加拿大人提供美军的勤务服或A类常服的命令得到批准后，加拿大人还需要等待新制服的交付。在1942年8月26日，伞训即将结束期间，美军制服才开始发放给加拿大人。与加拿大人原来的粗糙的厚羊毛野战服相比，美军制服在外型上更时髦，穿着也更舒适。很多加拿大人很快便接收了他们的新军装。一名加拿大人在1942年圣诞节期间离开海伦娜时接受家乡媒体采访时说，旧制服让他想起公交车司机的制服。

在美军制服提供给加拿大人后，加拿大国防部继续给海伦娜出难题，他们提出了一个关于战斗服的问题。当时，第1特勤队的许多人——包括美国人在内——都青睐毛哔叽战斗服，军官尤其如此，特别是秋冬天气降临海伦娜之时。因为直至1942年底，第1特勤队配发防寒服的速度都非常缓慢。军官不得不依靠他们那不够保暖的常服、人字斜纹布连体工装、A2飞行夹克或美军M1941型野战夹克来御寒。阿克赫斯特上尉在1942年9月18日写给加拿大家中的妻子的信中说道：

“这看起来很愚蠢，但我确实需要其他的战斗服，你是否能打包发过来？作为旧衣服寄过来应该是免税的。不要在书面申报中标明寄的是制服，否则你将寄不到我这里。如果有足够的裤子也一起寄过来。它们耐用的话，我就不用等待部队提供了，因为它们可以被当做冬天的制服穿着。”

最后，美国人认为，通过军需部在如此短的时间内为这么一点加拿大人建立一个加拿大供给系统是没有必要的。而加拿大人换装美军制服的问题解决得很顺利，几乎没什么抱怨。1942年9月17日，加拿大国防部得出结论：不需要为海伦娜的加拿大人提供战斗服或出行服（一款四袋式样的类似于加军在一战而两次世界大战之间所穿的羊毛制服，也可称为常服）。第1特勤队继续为麾下的美国人和加拿大人购置战斗服，但是在官方系统之外进行的。

■ 这是1942年底在威廉 · 亨利 · 哈里森堡驻地，两名加拿大的特勤队员正与另外两名刚来第1特勤队报到的老乡在一起。先加入第1特勤队的这两名加拿大队员已经更换了美军的A类常服，并佩戴了美式军衔标志和第1特勤队的红色矛尖臂章；从军衔上看，右一那名队员是一名中士。两位后来者仍穿着加拿大陆军的战斗服，这款战斗服被加拿大官兵戏称为“国王的破麻袋”（King's Burlap）。

■ 左上图是1942年10月在海伦娜受训期间的一名第1特勤队二等兵的装扮。他身穿士兵的A类常服，头戴橄榄褐色毛料大檐帽，脚穿伞兵靴，他的军装上翻领上佩戴着士兵的国籍领徽和武装与勤务部队兵种领徽，国籍领徽上的“U.S.”字样表示他是美国人，他的左胸前佩戴着增加了第1特勤队标志式的红－白－蓝三色底衬的跳伞资质徽章，左肩上佩戴着三色饰绳和第1特勤队的红色矛尖标志。注意他佩戴的大檐帽，当时美军已用船形帽取代大檐帽作为配备常服的制式军帽，但大檐帽并未禁止，士兵可私人购买。因此在海伦娜时期，大檐帽在士兵中同样流行。

■ 左图是1943年4月6日陆军日期间，第3团第2连的托马斯·乔治·普林斯中士和他的战友们给海伦娜市民展示M1型火焰喷射器。照片中，特勤队员都身穿A类常服、足蹬伞兵靴、头戴M1C型钢盔、腰扎M1923型子弹带。作为一名优秀的特勤队员，普林斯也是二战时期加拿大最著名的士兵，他在安齐奥滩头的战斗巡逻中的出色表现为他赢得了美国银星勋章（Silver Star）和英国陆军军功勋章（Military Medal）。

■ 右图是第1特勤队的五级技术军士查尔斯·E·莱（Charles E. Lay）的A类常服上装。从他的国籍领徽上可知他是美国人，这件常服上除了跳伞资质徽章、三色饰绳和红色矛尖臂章等第1特勤队的标志性徽标外，在跳伞资质徽章下方依次佩戴有勋章略表、战斗步兵徽章（Combat Infantry Badge）和专家射手徽章。注意专家射手徽章下方那条带有"RIFLE"字样的坠饰条，这代表他在步枪使用的考核中达到了85~91分的优秀成绩。跳伞资质徽章、战斗步兵徽章和射手徽章都属于美国陆军中的作战与特种技能徽章，是A类常服上的标准装饰。另外，在这件常服的左袖口还有2道金黄色短横杠，这是美军中的海外服役年限徽章，每道杠代表已在海外服役6个月，它只绣在A类常服的左袖口上。

■ 上图也是在陆军日的活动期间，第1特勤队保障营勤务连的队员在给海伦娜市民展示他们的野战炊事设备。在类似重大节日中，A类常服是作为礼服穿着的，当时A类常服还承担着战斗服的功能，因此美军也会在A类常服上穿戴装备携行具，配战斗靴。

■ 左页右图是1943年10月在伊森·艾伦堡的一名第1特勤队战斗梯队的上尉连长的装扮，这也是第1特勤队在1942~1943年的训练期间军官的标准装扮。这名军官的着装是典型的"巧克力和粉红色"款式，即上身是军官橄榄褐色A类常服，下身是浅灰色军裤（这种颜色又有粉红色的戏称）。另外，他脚穿伞兵靴，头戴船形帽，腰间是与常服一体的布制内腰带。军装上翻领上是军官的国籍领徽，下翻领上是军官的武装与勤务部队兵种领徽，除了带三色底衬的跳伞资质徽章、三色饰绳与红色矛尖臂章之外，在跳伞资质徽章下方还有带战斗星的亚洲-太平洋军功勋条、本土防御奖章（American Defense medal）的略章和本土作战奖章（American Campaign medal）的略章——这是他刚从基斯卡岛战场返回的证明。对比士兵A类常服可以发现两者间的泾渭分明：军官制服的面料更细致，军官和士兵的常服胸袋式样具有明显区别，军官常服衣袖上还带有半英寸宽的深色饰带，军官配有连体毛料内腰带等。

比较倒霉的是，加拿大军官虽然也穿美军制服，但他们被要求自己出钱购买。起初，这给加拿大军官带来了窘境，因为他们的津贴仅够购买加拿大的常服。直到他们得到一份购买美军A类制服的津贴或得到其他补贴之前，他们只能继续穿着从老部队带来的加军制服。而实际上，从法律意义来说他们并没有被要求一定要穿着美军制服，这么做是为了保持部队内部的一致性。由于加拿大军官被给予了足够时间去支付并获得美军制服，因此在1942至1943年期间的一些阅兵中，队列里出现了一支穿着丰富多彩的制服的加拿大团级军官队伍。被分配到第1团的阿克赫斯特上尉在1942年10月11日的观察报告中反映了这一点：

“我昨天下午有一个营的检查任务，各军阶的人都穿着出行服。我们的士兵们已经穿着统一的制服了，但军官仍穿着自己各式各样的制服，这简直是一个大杂烩：苏格兰方格呢短裙、格子裤、塔姆奥圆帽、苏格兰船型便帽、坡跟鞋、大檐帽。美军军官穿得很一致，我穿着我的彩色坡跟鞋。”

阿克赫斯特还评论，这类制服穿着的情形好像是严格意义上的个人喜好问题，“我一直想拍张照，但到目前为止一直没有机会，我的军装一天可能完全是加拿大式，而其他时间则完全是美式。有相当多的美军军官在‘战斗服’上佩戴自己的标志和军衔。”

就在大多数加军军官得到了美军制服后，双方达成了一个关于穿着加军常服的妥协方案：加拿大军官的常服可以在下班、休假、某些盛大的公共集会和典礼上穿着；而他们的美军制服则在第1特勤队内部的官方活动中穿着。第3团第1营营长托马斯·P·吉尔迪中校（Thomas P. Gilday）回忆这一规定时说：“我们的工具袋里都装着加拿大的制服，在我回国休假或在美国休假时我都穿着我们加拿大的制服——包括武装带。”

根据最初达成的协议，加拿大军官和其他军阶的士兵们可以在美军制服上继续佩戴他们自己的徽章，这包括金属和刺绣的军衔标志、金属和刺绣的加拿大肩章、刺绣的军龄袖条和加拿大的勋带。加拿大人还被允许佩戴美国和加拿大的作战与特种技能徽章——不过这种混乱情形后来进行了统一。第1特勤队整支部队仅有一次没有在制服上佩戴任何标志，那就是他们参加1943年4月6日在海伦娜举行的陆军日阅兵游行。当时，第1特勤队绝大多数队员都穿着美军的A类常服，除了军装上的“CANADA”字样的金属国籍领徽外，第1特勤队中的加拿大队员没有佩戴任何加拿大标志。

关于在海伦娜的阅兵游行活动一事，还牵涉到一起关于加军军官额外制服津贴的“官司”。第1特勤队在1943年5月底转驻佛蒙特州的伊森·艾伦堡后，在关于第1特勤队的制服问题上，“加拿大第1特种作战营”的1943年6月3日的战争日志里记载了发生4月6日海伦娜阅兵前的这样一件有趣的事：

“在晚餐后，弗雷德里克上校召集团、营、连军官召开了一个会议，告诉他们要为领导的到来做准备。他还通知加拿大军官，在要求身穿军礼服的阅兵仪式上，他们要穿着美军制服。这份额外的制服津贴将由加拿大政府支付，以补偿开支。”

这一记录实际暗示，第1特勤队在这一事件之前并没有制定出严格的着装规定，关于着装的要求可能也是在会上简单地讨论或发出通告的。

但是，渥太华方面花了相当长的时间才将这份津贴转到加拿大军官的手中。之前，为了补偿加拿大军官必须购买一套额外的美军常服的费用，时任加拿大“第1特种作战营”指挥官的威廉姆森中校连同弗雷德里克上校向加军总参谋长转递了一份请求批准特殊津贴的报告，以便能保持第1

特勤队在着装上的一致性。在这份报告中列举了制服的开支：一套包括外套和裤子的常服44.5美元，一条额外的裤子12美元，一顶帽子2.25美元，一件短外套29.75美元。虽然这份申请直到1943年4月8日才递交上去，但加拿大军官们早已在军官俱乐部或当地裁缝店中先得到了这套美军制服——这在4月6日海伦娜的阅兵游行活动的一系列历史照片中已经得以证明，阅兵仪式上的第1特勤队大多数人穿着清一色的美军A类常服。另外，在这份申请中，还注明请求用个人或部队基金来购买这套制服。1944年1月，这份申请在加拿大国防部内部引发了一场争论，即到底要花多少钱才能偿还第1特勤队中的加拿大军官购买的这套美军制服。显然，吝啬的加拿大政府不愿背这个债，这个问题直至有加拿大军官在拉蒂芬萨山之战及其后的“冬季防线”的作战中伤亡才得以解决。

在决定所有军阶的加拿大人都统一穿着美军制服之后，关于着装的另一个问题又冒了出来。第1特勤队成立初时，希望部队中级别最低的军衔为中士，但在组织编制表确定后，编制表中规定的第1特勤队的规模较原先设想的更大，使得这一期望落空，取而代之的是，它希望第1特勤队中的每一名士兵都具备军士的素质。这对于许多人来说，需要时间来检验并落实到军衔上。因此，加拿大人抵达海伦娜后，在通过了彻底评估之前，许多人都无法确定战时军衔等级。如果一名加拿大人在原部队已经被批准获得某一军衔等级，且这一军衔经第1特勤队评估后被认为是合适的，那么他就被允许在他的美军制服上佩戴这个加拿大军衔标志。而对于大多数加拿大人来说，直到1942年底集体战斗训练科目开始之后，第1特勤队司令部才给军官、士官及其他军阶的士兵授予职务和战时军衔，以视为他们已能够胜任这个岗位和这个军衔等级了。

不过，由于威廉·亨利·哈里森堡中没有加拿大军需官的编制，这便无法及时提供加拿大的军衔标志，因此如果一名加拿大人不能得到他所需要的加拿大军衔标志，那么经弗雷德里克和威廉姆森允许，他可以暂时佩戴加拿大和美国的混合军衔标志，直到他得到了适合的加拿大军衔标志。如阿克赫斯特上尉便曾经回忆起一个很有趣的现象：

“在我的常服上，一边是加拿大的军衔肩章，另一边则是美国的。”

1942年11月19日，威廉姆森开始向军械勤务处订购加拿大的军衔、作战与特种技能徽章和国籍臂章。他在写给军械勤务处的信中说道：

“相信你也知道，这个营（编注：即“加拿大第2伞兵营”）的普通士兵被要求穿着美军制服并在袖子上佩戴精纺的‘CANADA’国籍臂章和V型臂章。

“那些最近晋升的士兵目前不得不佩戴美军的V型军衔臂章，而这是与我们的着装规定相违背的……我们的大多数人仅有从夏季训练服上脱下的国籍臂章，缺乏厚大衣上佩戴的国籍臂章，如今我们很需要精纺的国籍臂章。”

在订单末尾，他强调了订单的紧迫性：“若能尽早得到上述物资，以便那些11月28日将离开休假的人能正确着装，将不胜感激。”

不过，那些休假离开的加拿大人还是没能收到上述的军衔标志和臂章，只能佩戴着原来的加拿大军衔标志或美军军衔标志。在他们返回美国继续冬季训练时，这份订单依旧没有着落。12月5日，加拿大国防部向威廉姆森确保，供给部已经发送加拿大徽标的订单物品。不过，这批货物未见抵达，向海伦娜的加拿大人提供补给的困难可见一斑。随着佩戴的徽标出现磨损，加上为统一起见，弗雷德里克和威廉姆森同意，由于现今补给系统靠不住，加拿大人应在上班时佩戴美军军衔。在收到加拿大陆军副总参谋长威克斯准将将于1943年4月5日至威廉 · 亨利 · 哈里森堡的访问计划后，他们准备带着这个问题与之会面。在威克斯准将拜访海伦娜期间，第1特勤队的加拿大人佩戴着五花八门的军衔标志在将军面前进行各种技能演练。果不其然，威克斯向威廉姆森质疑这一现象，得到的解释是因为补给困难。接下来，威廉姆森建议，第1特勤队里的加拿大官兵干脆一直佩戴美军军衔标志，但威克斯对这一建议非常不高兴。尽管在4月6日的阅兵游行中，第1特勤队的加拿大官兵穿着美军的A类常服、佩戴着美军的军衔标志在威克斯准将面前走过并接受其检阅，但这一问题依旧没有解决。晚些时候，弗雷德里克和威廉姆森发送信件到驻华盛顿的加拿大陆军参谋部列举他们在这一问题上的立场，这一问题在5月12日被递交给了加拿大总参谋长斯图尔特中将。弗雷德里克和威廉姆森所提交的理由如下：

经加拿大第2伞兵营指挥官同意，弗雷德里克代表其提出加拿大官兵佩戴美军军衔标志的原因：

1. 第1特勤队表面识别的安全性；

2. 外表的统一；

3. 一些加拿大人在单独通过车站时因为识别问题会遭遇被当局逮捕的困境；

4. 某些加拿大军衔在美军中没有与之相对应的军衔。

弗雷德里克明白威克斯在其访问哈里森堡期间对基本服饰的绝对统一问题进行了深思熟虑。弗雷德里克建议，精纺的加拿大国籍臂章缝在加拿大人的军衔臂章上方。对此你的意见如何？

尽管理由充足，但威克斯将军仍然反对加拿大人佩戴美军军衔标志，他向斯图尔特表达了他的意见，但斯图尔特认为，威廉姆森的意见有可取之处。6月8日，斯图尔特做出决定，指示第1特勤队中的加拿大人在他们的美军制服上一直佩戴美军军衔标志，以适应第1特勤队内部采用的组织编制表中的美军军衔制。

第1特勤队部署到地中海战区后，所有人的A类常服都由保障梯队储存，军官们几乎都不再穿着常服。以至于这些常服在大多数情况下都不再出现于第1特勤队之中——除了在1944年12月5日第1特勤队撤编前后的休整期间。部署到海外的特勤队员大多数穿着的是M1937型橄榄褐色羊毛／法兰绒衬衣、橄榄绿色人字斜纹布连体工装、各种针织衫、M1941型野战夹克、M1943型野战夹克或双面派克大衣。

特勤队员在战区所穿的上述服饰上所佩戴的唯一徽标就是第1特勤队的红色矛尖臂章，以及布制或金属制的美军军衔标志。军士和士兵将军衔佩戴在衬衫或外套袖筒上；军官或者将布制或金属军衔佩戴在衬衫的右翻领上（左翻领则佩戴第1特勤队的交叉箭头标志），或者将军衔佩戴在野战夹克的肩袢上。在战斗中，金属军衔标志被要求涂成绿色或棕色，M1型钢盔上的军衔也进行同样处理。不过，红色矛尖臂章和军衔仅被应用于衬衫和战斗服上，这两款标志并未被用于双面派克大衣上。

在战区中，军官是唯一需要偶尔穿着A类常服或加拿大常服的；而从1943年10月至1945年1月间，仅有极少军士或士兵穿着这类常服。虽然偶尔有士兵有理由穿着A类常服，但在大多数情况下，第1特勤队的士兵们去意大利或法国休假时所穿着的制服就是他们在前线所穿的那些服饰——不过是洗干净了的。

有趣的是，注意观察可以发现，在向罗马推进的战斗中负伤而返回加拿大的特勤队员，往往会穿着一套备用的美军A类常服，且仅在袖筒上佩戴布制军衔，至于其他的代表第1特勤队的装饰，如外套翻领上的武装与勤务部队兵种标志、矛尖臂章或三色勋带，则统统没有佩戴。

第1特勤队的徽标

第1特勤队最具特色的徽标是红色的印第安矛尖臂章，其上还标注着白色的美加两国名称“USA”和“CANADA”。这款臂章是美国陆军军需办公室纹章部于1942年9月通过的，在通过前得到了美国陆军部和加拿大国防部的双方认可，这款臂章通常佩戴在常服和战斗服的左臂上方。

第1特勤队也有自己独特的部队颜色。即红、白、蓝三色。这是借鉴美国、英国及其自治领加拿大三国的民族色彩。第1特勤队的士兵所佩戴的船形帽上的滚边，采用的便是红－白－蓝三色滚边，其中白色为背景色（军官的船形帽的滚边仍保留金色和黑色相间的式样）。

这种部队颜色也体现在特勤队员的A类常服上所佩戴的饰绳上。他们的饰绳是用红、白、蓝3股不同颜色的降落伞吊伞索编织而成，佩戴于常服左肩位置。这款饰绳是美国陆军于1942年秋正式授权第1特勤队使用的，并由本地生产、私人购买佩戴。

因为第1特勤队要求战斗梯队全体成员通过伞训，而按照美国陆军的习惯，凡是通过了伞训的人员都得以颁发、佩戴跳伞资质徽章。通过伞训的特勤队员同样不例外，他们的跳伞资质徽章佩戴在常服或训练服上。更为与众不同的是，特勤队员的跳伞资质徽章以一块红－白－蓝三色椭圆布片为底衬，并与之用螺纹扣一同佩戴在制服的左胸位置。这款三色布片于1943年春在威廉·亨利·哈里森堡正式授权使用，不过之前在第1特勤队内部已经开始穿戴了，但这种布片并非要求必须佩戴，所以有些特勤队员会直接佩戴跳伞资质徽章。而一些原先在英国灵韦通过了伞训的加拿大队员，在未通过第1特勤队的伞训科目之前，会在他们的制服上继续佩戴英式的跳伞资质徽章。

这是第1特勤队的红色矛尖臂章。这款臂章的外形后来被美国陆军特种部队所继承。它在战时和战后先后出现了多种型号，但型号之间的变化基本不大。

根据美国陆军的条令规定，军官A类常服的上翻领佩戴国籍领徽，下翻领佩戴武装与勤务部队兵种领徽标志；士兵A类常服的左上翻领佩戴武装与勤务部队兵种领徽标志，右上翻领佩戴国籍领徽，下翻领则可佩戴所属单位徽章。在特勤队员穿着美式常服时所佩戴的徽标同样按照相关条令执行，但因为第1特勤队中存在加拿大人，他们所佩戴的国籍领徽也有所区别。军官方面，美国军官在A类常服的上翻领佩戴“U.S.”字样的黄铜国籍领徽，加拿大军官则佩戴“CANADA”字样的黄铜国籍领徽。而下翻领，无论美国军官还是加拿大军官，统一佩戴代表第1特勤队的武装与勤务部队兵种领徽——交叉箭头标志，这个标志是纹章部于1942年8月27日授权第1特勤队使用的，由黄铜所制，来自于以前美国陆军印第安侦察兵的标志。士兵方面，第1特勤队的士兵在A类常服的左上翻领佩戴圆形交叉箭头标志，右上翻领佩戴“U.S.”或“CANADA”字样的圆形黄铜国籍领徽。由于刚开始时并没有特制的“CANADA”圆形国籍领徽，加拿大队员只能佩戴圆形交叉箭头标志，直至1943年初，专门为加拿大士兵制作的“CANADA”圆形国籍领徽才正式配发给第1特勤队使用。

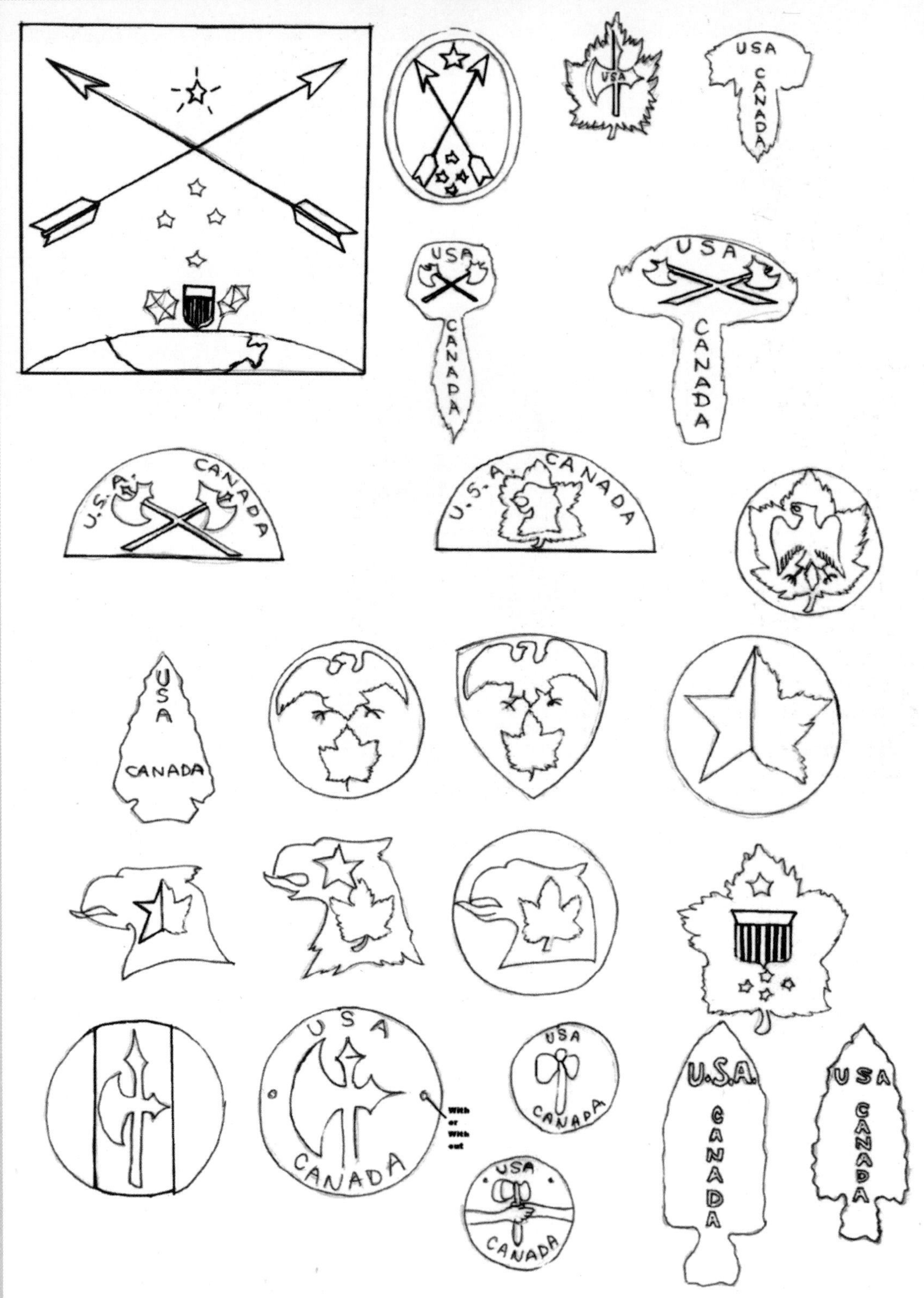

■ 这是第1特勤队筹建期间，由第1特勤队司令部设计的各种臂章标志的草案，最后陆军纹章部选择了图中最下方右一、右二结合的图案。早在1942年6月30日，弗雷德里克便与陆军部公共关系局局长叙勒将军（A. Surles）讨论了第1特勤队的各种徽章标志，后经过设计和筛选，最后臂章标志于1942年9月确定下来。

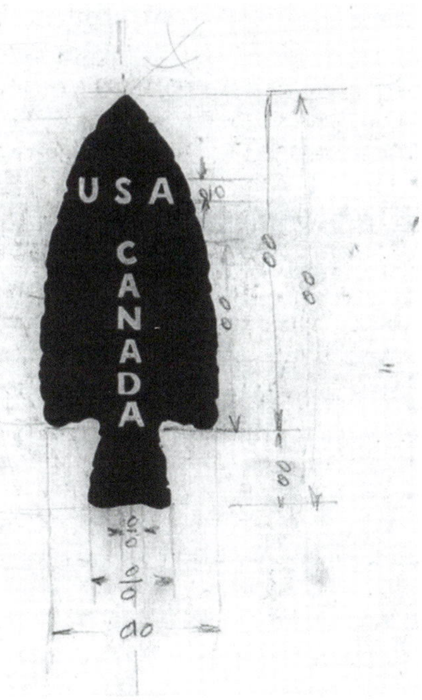

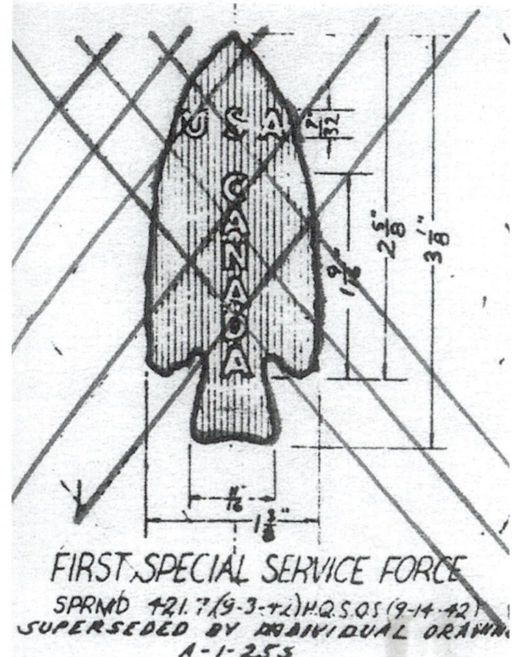

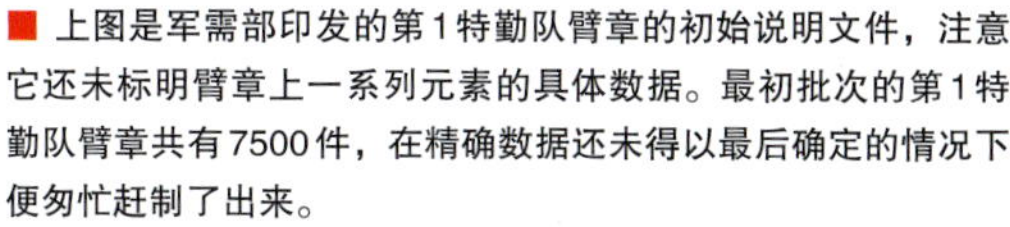

■ 上图是军需部印发的第1特勤队臂章的初始说明文件，注意它还未标明臂章上一系列元素的具体数据。最初批次的第1特勤队臂章共有7500件，在精确数据还未得以最后确定的情况下便匆忙赶制了出来。

■ 上图是1942年9月14日由美国军需部印发的第1特勤队臂章规格说明文件。第1特勤队臂章在草样还未获得授权之前便已匆忙生产，即一型红色矛尖臂章，这一规格说明文件问世后，里面的数据用于二型、三型和五型红色矛尖臂章的生产。

■ 下图是1943年在海伦娜，特勤队员在常服上缝制新下发的红色矛尖臂章，这是最初的一型。

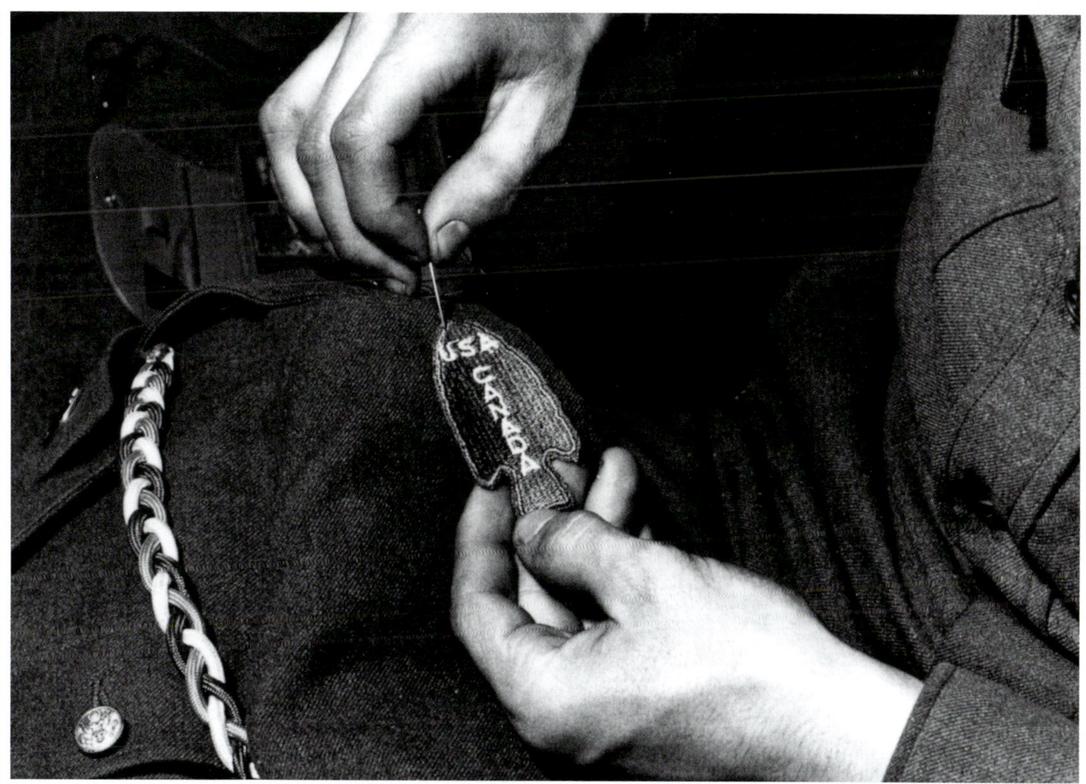

■ 左图是第1特勤队特有的三色饰绳。当时每根价格为1.5美元，并且当时要求每位特勤队员在最终入选第1特勤队之前都要自己购买一根，而加拿大的队员也被要求用该款饰绳取代他们原来所在团的饰绳。

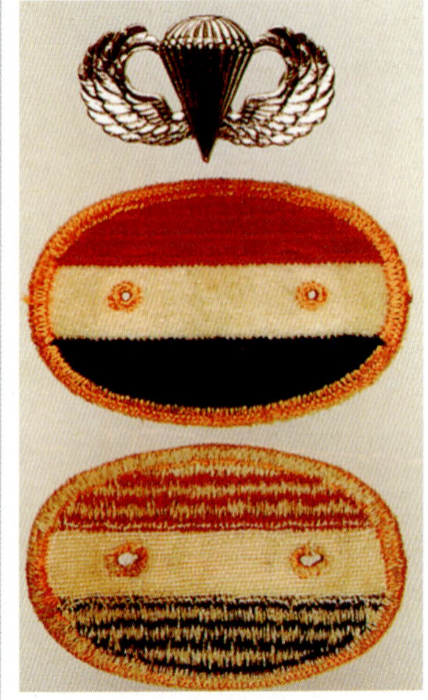

■ 从上至下依次是美军跳伞资质徽章、与徽章一起佩戴的三色刺绣底衬的正面和背面。注意底衬边缘是细绣金线。无论是饰绳抑或底衬，都是由华盛顿的唐德罗公司（A.H. Dondero）生产的。

■ 右图是跳伞资质徽章与三色底衬相结合的特写。注意这枚底衬是私人生产的。右图照片是1942年8月在威廉 · 亨利 · 哈里森堡，第1特勤队第3团的外科医生卡尔 · A · 贝拉克尔上尉（Carl A. Brakel）正在被授予跳伞资质徽章，它被特勤队员称为“秃鹫的爪子”。注意他衬衣衣领上别着代表第1特勤队的武装与勤务部队兵种领徽——交叉箭头标志。

■ 本页照片都是第1特勤队的官兵穿戴的几款船形帽。船形帽在一战时被称为“海外帽”（overseas cap），美军采用船形帽是在1939年，当时是作为一款既可以配常服也可以配野战服穿着的野战帽，但事实证明，它并不适用于野战环境，因此在1941年2月19日时将其作为军营帽取代了大檐帽，专门匹配常服穿着。美军配发的船形帽分为两种，一种采用卡其色棉料，配夏季常服；一种采用橄榄褐色毛哔叽面料，配冬季常服（即A类常服）。军官的船形帽上，左前部佩戴金属军衔；士兵的船形帽上则佩戴武装与勤务部队兵种标志。船形帽上带有滚边，士兵的船形帽的滚边为其所在兵种的兵种色，准尉的滚边为银黑相间，军官的滚边则为金色和黑色相间，将官的滚边为金色。在第1特勤队中，军官和准尉的船形帽滚边颜色与其他部队相同，士兵的船形帽上的滚边颜色则采用了第1特勤队特有的红－白－蓝三色。

■ 上图是第1特勤队一等兵奥古斯特·C·埃德布林克（August C. Erdbrink）的卡其色船形帽，配夏季常服。

■ 上图是第3团第5连中士哈里森（T.H. Harrison）的橄榄褐色毛哔叽船形帽。虽然船形帽被规定为和常服一起穿着的制式军帽，但传统的大檐帽依旧很有市场，很多士兵在非执勤或休假外出时仍穿戴自己私人购买的大檐帽配常服。

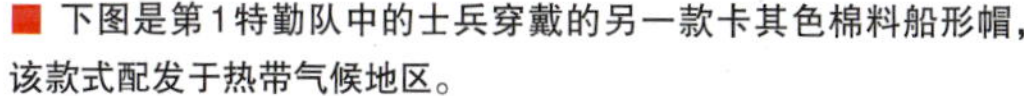

■ 下图是第1特勤队中的士兵穿戴的另一款卡其色棉料船形帽，该款式配发于热带气候地区。

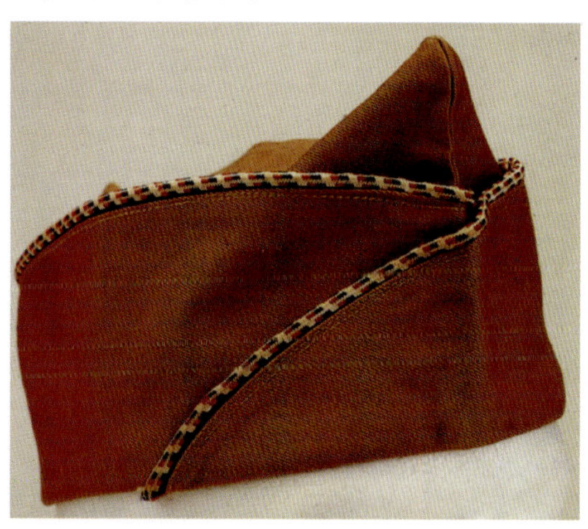

■ 上图是第1特勤队的一名少尉的“粉红色”（即浅棕色）船形帽，可以看到帽上滚边为金黑相间。

■ 上图是第1特勤队的一名少校的“土黄色”（即卡其色）船形帽。

■ 上图是第1特勤队的一名上尉的橄榄褐色船形帽。和士兵的船形帽不一样，军官的船形帽上直接佩戴着军衔。

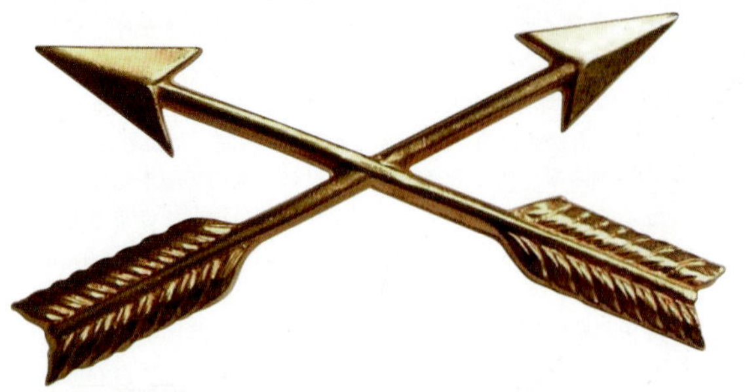

■ 上图是第1特勤队军官佩戴的武装与勤务部队兵种领徽——交叉箭头标志。这一标志脱胎于美军印第安侦察兵的标志，佩戴于冬季常服的下翻领两边或常服衬衣的左衣领上。右图是第1特勤队中美军士兵佩戴的国籍领徽，和美军其他部队没有任何区别。

■ 上图是第1特勤队中加拿大士兵佩戴的国籍领徽和武装与勤务部队兵种标志，通常佩戴在A类常服的上翻领，前者佩戴在右衣领，后者佩戴在左衣领。另外，后者也被佩戴在士兵的船形帽上。

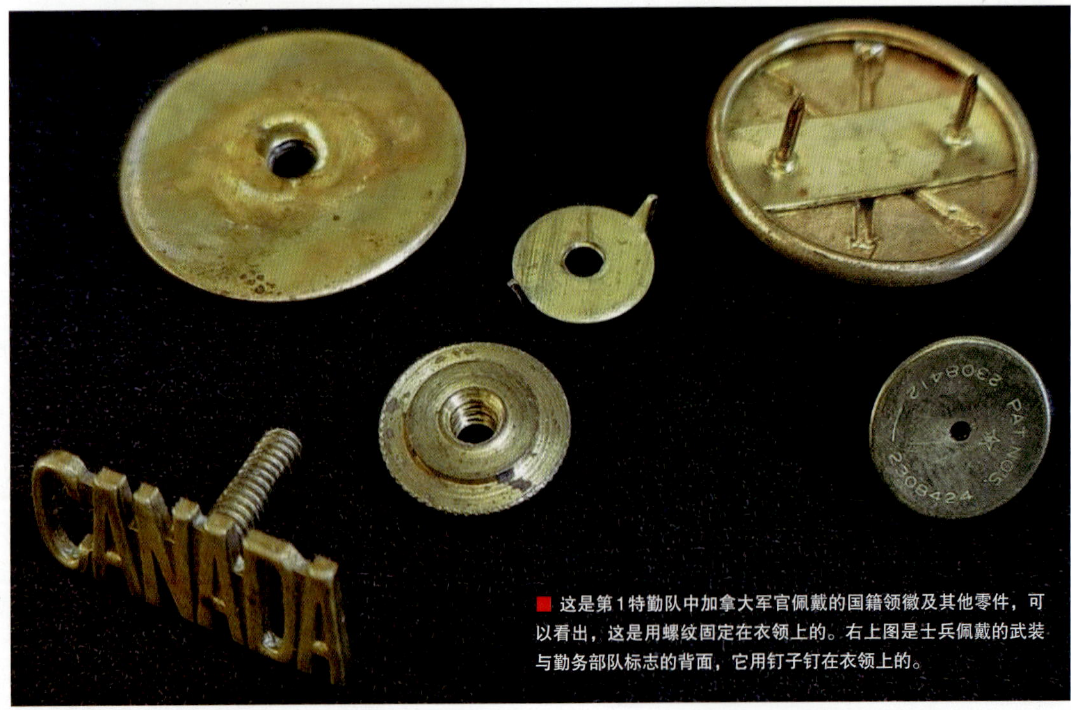

■ 这是第1特勤队中加拿大军官佩戴的国籍领徽及其他零件，可以看出，这是用螺纹固定在衣领上的。右上图是士兵佩戴的武装与勤务部队标志的背面，它用钉子钉在衣领上的。

AR 600–35
C 4

PERSONNEL

PRESCRIBED SERVICE UNIFORM

CHANGES No. 4 } WAR DEPARTMENT, WASHINGTON, October 23, 1942.

AR 600–35, November 10, 1941, is changed as follows:

11½. Muffler, wool, olive drab.—Commercial pattern.

[A. G. 421 (10–19–42).] (C 4, Oct. 23, 1942.)

24. Insignia for collar and lapel of coat.

* * * * * * *

b. Other officers, Army nurses, and warrant officers.

* * * * * * *

(2) *Insignia of arm, service, and bureau* (see fig. 12).

* * * * * * *

(*z*) *First Special Service Force.*—Two crossed arrows, ¾ inch in in height, with points up (see fig. 12½).

c. Enlisted men (see fig 13).—A disk 1 inch in diameter, of the screw-post two-piece type.

* * * * * * *

(2) The left collar insignia will have the insignia of arm, service, or bureau on a plain solid circular background, except as follows:

(*a*) *Detached Enlisted Men's List.*—The coat of arms of the United States.

(*b*) *Indian Scouts.*—Rescinded.

* * * * * * *

[A. G. 421 (10–6–42).] (C 4, Oct. 23, 1942.)

Figure 12½.—Collar insignia for First Special Service Force.

[A. G. 421 (10–6–42).] (C 4, Oct. 23, 1942.)

30. Brassards.—All brassards to be of cloth 18 inches in length and 4 inches in width of the color specified. When the brassard consists of more than one color, the colors will be of equal width and will run lengthwise of the brassard.

■ 这是美国陆军部于1942年10月23日下发的关于第1特勤队中官兵的武装与勤务部队标志的规定的复印件。这其中非常令人误解的是：文件中规定，军官佩戴的交叉箭头标志上箭羽为7羽，士兵佩戴的圆形交叉箭头标志为两件式。但实际上第1特勤队官兵佩戴的交叉箭头标志都是8羽，7羽的交叉箭头标志直到1945~1946年才出现，不过当时第1特勤队已经不复存在了，而且该标志在1946年被纹章部废除，到了1960年才恢复使用。而士兵的两件式圆形交叉箭头标志在美军中一直使用到20世纪80年代。

上图是1942年在渥太华的兰斯多沃内集结区(Lansdowne)，加拿大陆军的苏格兰燧发枪手团(Scots Fusiliers)的一些士兵在此集结，准备乘坐火车前往美国海伦娜。照片右边的是克莱顿 · 魏腾海默，他穿着加军的夏季棉衬衣和卡其色斜纹布长裤，头上戴着极具英式风格的苏格兰便帽。注意他旁边的那名战友，他打着羊毛绑腿。这些打扮就是1942年应征加入第1特勤队的加拿大人在赴海伦娜受训前和在威廉 · 亨利 · 哈里森堡初期的普遍形象。

右页两幅图都是同一名加拿大队员，他来自加拿大陆军米德兰团(Midland Regiment)。其中左图是他刚到海伦娜时拍摄的，他穿着加拿大陆军的卡其色斜纹布常服。右图是他穿上了配发的美军A类常服。从制服上看，这名队员是一名军士或士兵。他后来被分配到了第1特勤队第3团第5连。注意，他并没有配发美军的任何标志，他的A类常服上空空如也，只有左肩上还佩戴着的象征米德兰团的饰绳。不久，第1特勤队也设计了代表自己部队的红－白－蓝三色饰绳。1942年8月，随着美加两国军人不断涌入海伦娜，海伦娜街头呈现出各种制服纷呈异彩的景象。美国军人基本上穿着卡其色夏季制服和橄榄绿人字斜纹布连体工装；加拿大军人的着装则充满了异国情调，包括卡其色夏季训练衬衣、衬衫式夹克、夏装短裤配羊毛长绑腿和脚踝裹腿、羊毛船形帽等，来自加军苏格兰团的官兵所穿着的苏格兰方格呢短裙、塔姆奥圆帽或苏格兰船型便帽让美军着迷，加军的卡其色衬衫式斜纹布常服和形式各异的帽徽也为美国人所青睐。吸引是相互的，加拿大人对美国军人的常服和船形帽也非常喜欢，因为他们很像加拿大军官常服。经过几周的磨合，第1特勤队内部出现了两国制服混穿或交换穿着的“和谐”场景。不过，随着制服的统一和规范，美加两国军人逐渐统一穿着美军制服，佩戴美军徽标。但是，穿着美军制服，佩戴加拿大军衔、帽徽、老部队标志的场景依旧贯穿了第1特勤队整个训练过程。

本页3幅图都是第1特勤队第2团第2连的加拿大队员欧文 · 菲利普 · 福克斯上士（Irvine Philip Fox），左上图是他赴海伦娜之前所拍的身穿加拿大陆军战斗服、头戴苏格兰便帽的照片。下图是他和战友们抵达海伦娜后拍摄的，照片中左二就是福克斯。他们都穿着加拿大陆军的卡其色斜纹布常服，佩戴着代表他们部队的饰绳。从式样上看，这套制服与美军的A类常服非常相似。右上图是福克斯穿上美军A类常服后拍摄的，他的左胸佩戴着象征通过第1特勤队的伞训后的跳伞资质徽章——不过徽章上还未使用三色底衬，左肩挂着代表第1特勤队的三色饰绳。注意他的右臂上部，还佩戴加拿大的上士军衔臂章。加军制服配美军标志，或美军制服配加军标志，这是加拿大队员在1942年时的常态。福克斯后来于1944年5月28日在突破安齐奥滩头的战斗中阵亡。

这是1942年10月在海伦娜市的街头，两名特勤队员正与他们泡上的当地女孩约会。左边那名队员是加拿大人，他仍穿着加拿大陆军的战斗服，戴着苏格兰团的苏格兰格子圆帽（即塔姆奥圆帽），穿着伞兵靴，但制服上没有任何标志。右边的美国队员穿着一件美军的A类常服。注意，这名队员是一名士兵，但他的制服上衣和裤子却色彩分明，明显是在模仿军官A类常服的“巧克力和粉红”颜色搭配的特点。他的制服上佩戴了国籍领徽、跳伞资质徽章和三色饰绳。另外，他并未佩戴与常服匹配的船形帽，而是已被淘汰的大檐帽。海伦娜留下了第1特勤队很深的烙印，这里是它的诞生地，很多特勤队员——包括加拿大人——在战争结束后都回到海伦娜并在此定居。

■ 上图是1942年10月17日在海伦娜的麦克纳尼操场（McNarney Field）上，新加入第1特勤队的队员在通过伞训后被授予跳伞资质徽章，注意为他们佩戴徽章的军官那身明显的“巧克力和粉红”版的A类常服。这一时期，第1特勤队中的所有士兵都已经配发A类常服，而部分加拿大军官由于效率低下的军需系统，仍穿着自己的加拿大常服。下图也是在这一天，第1特勤队的全职反情报军官和兼职公共关系军官赫伯特·B·尼克尔斯上尉（Herbert B. Nichols）在给来自加拿大陆军的观礼官兵们介绍这里的情况，这一天还进行了声势浩大的阅兵仪式。

上图也是1942年10月17日在海伦娜的麦克纳尼操场上，第1特勤队进行授予跳伞资质徽章仪式和阅兵活动。这是第1特勤队成立以来内部的第一次阅兵。注意，照片中除了清一色的士兵A类常服和军官“巧克力和粉红”特色的A类常服外，还点缀着一些加拿大军官的灰色常服。

上图是在威廉 · 亨利 · 哈里森堡，第1特勤队某连合影。除了中间那名加拿大军官仍穿着加军制服外，其他官兵都穿着美军A类常服。下图是1942年在威廉 · 亨利 · 哈里森堡训练期间，第1团第2连部分队员合影，其中后排中间那位队员是詹姆斯 · G · 克莱顿。他们都是标准的美军军营穿着打扮：A类常服和船形帽，常服上佩戴着三色饰绳和跳伞资质徽章，注意后排左一队员明显没有佩戴跳伞资质徽章，可能他还未通过伞训；后排右二那名队员佩戴的是英军的跳伞资质徽章，说明他是一名加拿大士兵，可能原来在英国灵韦通过了伞训，但还未通过在海伦娜的伞训。

左图是第1特勤队中的一名加拿大军官，他来自加拿大陆军皇家斯特拉思科勋爵骑兵团（Lord Strathcona's Horse）。从照片上看，他穿着他的加拿大常服，不过左胸口已经佩戴了美军的跳伞资质徽章，注意，他还未配发第1特勤队的臂章。上图是第1特勤队第1团的弗雷德·希尔中士（Fred Hill），这是他休假返回加拿大拍摄的照片。弗雷德在一次伞训中负伤，不过还是留在了第1特勤队。照片上，他穿着加军的战斗服，佩戴着加军的跳伞资格徽章。因为当地寒冷的气候，很多在海伦娜受训的加拿大队员都保留着他们的加拿大战斗服。

■ 第268页下图至第281页都是在海伦娜训练期间，由摄影分队的伯纳德 · 卡索伊军士为美加两国军官拍摄的标准照。在左页下图和本页上下图中，加拿大军官都穿着加军常服、佩戴美军标志和加军军衔，旁边是身穿A类常服的美军同袍。注意，加军这款常服与美军军官A类常服非常类似，但颜色不同，美军的是橄榄褐色，而加军的是灰色；而且加军常服的袖口没有美军常服的饰条。左页下图右边的那名加拿大中尉的常服上翻领上佩戴着他的原单位的标志符号，下翻领则佩戴着交叉箭头标志。本页上图左边那名加拿大军官是来自加拿大赫尔团（Le Régiment de Hull）的康德拉 · 勒戈中尉（Conrad Legault），右边的是保障营勤务连中负责索具装配的伞训军官詹姆斯 · W · 华莱士中尉。下图左边的是第1团第1营营长贝克特少校，他的加拿大常服上翻领上已经佩戴"CANADA"国籍领徽；右边那名美军上尉是第2团的情报参谋埃诺 · O · 奥尔森，这位"牛人"左胸上佩戴的专家射手徽章带有5个坠饰条，代表他精通5种武器的精确射击。

■ 这名加拿大中尉的所穿的加军常服上也佩戴了“CANADA”国籍领徽和交叉箭头标志、三色饰绳和未添加三色底衬的美军跳伞资质徽章。注意他的常服腰部带有金属腰带钩，这种式样在美军早期的A类常服上同样存在，用于穿戴M1921型皮革武装带，1942年版的A类常服上取消了金属腰带钩，完全使用布制内腰带。

■ 这是第1特勤队第1团第3连连长盖伊 · 阿图瓦中尉（Guy d'Artois），他来自加拿大陆军第22皇家团。他的加军常服的衣领上仅佩戴了代表第1特勤队的交叉箭头领徽。注意在他的常服肩袢尾部，还佩戴有加军的“CANADA”字样的金属国籍标志。在收复基斯卡岛之后，阿图瓦便离开了第1特勤队，调至英国特别行动处的F组，后来他参与了伞降法国进行敌后破坏的特种行动。战争结束后，他担任加拿大特种空勤连（Special Air Service Company）的少校连长一职，后跟随老部队——第22皇家团参加了朝鲜战争。

■ 这名第1特勤队的加拿大中尉佩戴着加拿大的军衔、老部队的领徽标志、苏格兰格子呢领带、第1特勤队的交叉箭头标志、三色饰绳和美军跳伞资格徽章。他的常服肩袢尾部也佩戴了加军的金属国籍标志，腰间的武装带也是与常服同款布料的布制内腰带。

■ 这名第1特勤队的加拿大上尉也是在加军常服上混合佩戴着美加两军的标志：包括加拿大军衔、第1特勤队的红色矛尖臂章、加拿大陆军皇家薪水部队的领徽标志、外号“山姆 · 布朗”（Sam Brown）腰带的M1921型皮革武装带、第1特勤队的交叉箭头标志和三色饰绳。注意他并没有佩戴跳伞资质徽章，这意味着他属于第1特勤队保障梯队的单位，结合他所佩戴的皇家薪水部队的领徽，他应该是保障梯队中的加拿大会计军官，为第1特勤队中的加拿大人的补贴等财务事宜与加军财务系统进行对接和联系。

■ 在上图照片中，这名加拿大中尉可能是第3团第4连的斯图尔特 ·L· 戴蒙德。他穿着加军常服，佩戴着加拿大陆军军衔标志，常服上翻领佩戴着老部队的领徽标志，下翻领是第1特勤队的交叉箭头标志，左胸上是美军的跳伞资格徽章，在跳伞资格徽章下方是他所获得的勋章的略章，左肩上佩戴着第1特勤队的三色饰绳，腰上系着红褐色 M1921 型皮革武装带，这种武装带是一战时期英军佩戴的腰带，二战初期美军也曾装备。注意，他还戴着一条老单位的领带，而且他的肩袢尾部同样佩戴着加军国籍金属标志。这种加拿大与美国元素互搭的装扮在初期很常见，直到第1特勤队的伞训完成后才有所改变。1943年中期，弗雷德里克签署命令结束了这种军装和徽标混搭的局面。

■ 右页这名中校是来自加拿大陆军皇家苏格兰高地团(Royal Highland Regiment)的约翰 ·G· 伯恩(John G. Bourne)。他是第1特勤队第3团第2营营长，注意他的加拿大常服的上翻领上佩戴着他的老部队——苏格兰团的“苏格兰保卫者”圣安德烈(Saint Andrew)和十字架标志。在他的美军跳伞资质徽章下方，还有一个勋章略章。

■ 这是第1特勤队第2团第1营营长托马斯 · 卡伊 · 麦克威廉中校（Thomas Cail MacWilliam）。他的加军常服除了第1特勤队的特有元素外，常服上翻领也佩戴着老部队——新布伦瑞克游骑兵团的标志。麦克威廉后来在1943年12月3日的拉蒂芬萨山之战结束后阵亡——就是他的营拿下了美军眼中的天堑拉蒂芬萨山，为第1特勤队创造了漂亮的首战佳绩。

■ 本页至第282页是与加拿大军官同时拍摄的美军军官的标准照。上图是第1特勤队空中分队的两名军官，其中右边的是理查德·雷·卡特（Richard Ray Cart）。注意他们的常服下翻领上佩戴的武装与勤务部队标志并非第1特勤队的交叉箭头，而是美国陆军航空兵的兵种领徽。另外，在他们的左胸位置佩戴的作战与特种技能徽章是飞行员徽章。还有他们穿在常服内的衬衣，左边那名军官穿的是B类常服的橄榄褐色华达呢衬衣，卡特穿的则是C类常服的卡其色府绸衬衣，这种穿着要求并不严格。他们都戴着卡其色棉质马海毛领带。左图这两名第1特勤队的美军军官的衬衣穿着同样如此，不过左边这名军官的衬衣左右衣领上还分别佩戴着交叉箭头标志和金属军衔标志，这是在只穿着衬衣时，军衔和武装与勤务部队标志标准的佩戴方式。

■ 这名第1特勤队空中分队飞行员的武装与勤务部队标志的佩戴则是另一种情况，他佩戴的是交叉箭头标志，左胸上同时佩戴跳伞资质徽章和飞行员徽章。

■ 这是第1特勤队医疗分队的牙科医生查尔斯 ·W· 赫克上尉(Charles W. Heck)。注意他在常服下翻领上佩戴的武装与勤务部队标志，是墨丘利的节杖标志(caduceus，即美军军医标志)与第1特勤队交叉箭头标志相结合的，这也是第1特勤队的一个独特之处。

■ 这是第1特勤队保障营营部连的随军牧师雷内 ·P· 马尔伯夫中尉（Rene P. Malboeuf）。他的A类常服上佩戴的武装与勤务部队标志是美军基督教随军牧师的标志。A类常服是美军M1926型常服的改进型，于1939年采用，1940年标准化，1942年再次修改。早期的整套A类常服包括橄榄褐色（美军编号OD-51，也称为巧克力色）四袋束腰军外套、橄榄褐色毛料军裤、黄褐色皮革帽檐的橄榄褐色毛料大檐帽、白亚麻展领衬衣、M1940型黑色精纺羊毛领带、棕褐色Ⅰ型勤务皮鞋。它继续采用M1926型常服的开放式衣领和尖翻领设计，但在上衣背部增加了活动褶皱，以利于上肢活动，因为它和M1926型常服一样继续承担着常服和战斗服的功能。1942年6月问世的1942年版A类常服在细节和搭配上与前两版有不少区别，如取消了后背的活动褶皱和腰间的金属腰带钩；白亚麻衬衣也被B类常服的橄榄褐色华达呢衬衣和C类常服的卡其色府绸衬衣所取代，使用卡其色棉质马海毛领带；军官也不再使用M1921型皮革武装带。

■ 这是第1特勤队司令部的宪兵指挥官威廉 ·P· 卡斯基少尉(William P. Caskey)，他除了在A类常服上佩戴第1特勤队的特有徽标之外，还戴着宪兵的袖章。卡斯基被比他晚进入第1特勤队的队员们起了个“郡治安官”的外号。A类常服在美军中一直服役到二战末期，1944年底，一款新的常服——M1944型橄榄褐色毛料野战夹克问世并逐渐将前者取代。

■ 这是第1特勤队的一名美国准尉。他的常服下翻领上佩戴的是准尉标志，肩袢上是准尉军衔，常服上除了三色饰绳，没有第1特勤队的其他特有标志。

■ 这是第1特勤队第3团第1营营部的唐纳德 ·A· 巴兰坦中士(Donald A. Ballantyne)在海伦娜时拍摄的照片。他来自加拿大维多利亚步枪团(Victoria Rifles)，在这张照片中，他已经换装成美军的A类常服，但仍佩戴着加拿大的跳伞资质徽章。一些加拿大队员在休假返回加拿大时会将他们的加拿大徽章佩戴在美军制服上，这种现象后来被“美军制服上只能佩戴美军徽章”的命令所限制，但这种现象一直未断绝。

■ 这是第1特勤队第2团第2连的欧内斯特 · 奇普蔡斯中士（Ernest Chipchase）。他已经穿上了全套美军A类常服，衣领上佩戴着第1特勤队的交叉箭头标志；和军官的不同，士兵佩戴的这款标志是圆形铜质，交叉的箭头就在圆盘中央。不过，他的美式大檐帽上佩戴的仍是他的老部队——加拿大皇家炮兵的帽徽。奇普蔡斯来自加拿大亚伯达省，于1944年3月31日在安齐奥战场阵亡，年仅23岁。

■ 上图是第1特勤队的比尔 · 威利福德中士（Bill Williford）。他同时佩戴着军官和士兵的武装与勤务部队标志。之所以出现这种奇葩的着装现象是由于第1特勤队没有公布明确的着装要求，使得一些特勤队员按他们的喜好来“打扮”他们的A类常服。另外，他佩戴的是二型红色矛尖臂章，在尺寸上比一型的略宽。

■ 第286页图也是类似情况。这名加拿大四级技术军士在A类常服的上翻领上应该佩戴武装与勤务部队标志的位置佩戴着加拿大军官的国籍领徽，带三色滚边的船形帽左前方佩戴着士兵的武装与勤务部队标志。

■ 这是第1特勤队保障营的一名美军五级技术军士，他的A类常服上也同时佩戴着士兵和军官的武装与勤务部队标志。注意他的左胸上佩戴着一枚作战与特种技能徽章，这应该是二等射手徽章，下方的一道金属饰条代表他熟练掌握一种武器的使用。

■ 上图是1942年在海伦娜，第2团的3名特勤队员合影。从左至右分别是第4连的亚历克 · 莱尔（Alec Lyle）、第5连的查尔斯 · 米尔斯（Charles Mills）、第1连的乔 · 格拉斯（Joe Glass，后来阵亡），莱尔和米尔斯是加拿大人，他们的A类常服上仍佩戴着加军的军衔标志，大檐帽上佩戴的也是老部队的帽徽。下图是1942年底至1943年初时，加拿大的特勤队员乔 · 麦克诺顿（Joe McNaughton）返回加拿大休假时与他哥哥（右）合影。麦克诺顿的A类常服上同时佩戴着美军和英军的跳伞资质徽章——在加入第1特勤队之前，他曾作为加拿大第1伞兵营的成员在美国本宁堡接受伞训，很多接受过美英双方伞训的加拿大特勤队员都同时佩戴两款伞徽，这种情况一直持续到1943年第1特勤队发文明确规定着装要求才被限制。他哥哥穿着麦克诺顿的军大衣，注意大衣上红色矛尖臂章的上方还缝着加军的布制国籍袖标。

■ 这是在1942年圣诞节的庆典活动上，共聚一堂的特勤队员们。注意这里仍然存在着美加两军元素混搭的现象，左二那名队员便在他的美军常服袖子上佩戴着加军的军衔标志。

■ 左上图是1942~1943年冬在海伦娜，第1特勤队部分加拿大队员合影，他们不少人的A类常服上仍佩戴着英式的跳伞资质徽章，前排左二那名队员也是美英伞徽同时佩戴。注意他们也是大檐帽或船形帽配A类常服的打扮。上图是1943年春，第1特勤队的部分军官们正在海伦娜休假，他们应该是美国人，穿着的A类常服上都佩戴着第1特勤队的各种特有徽标，且没有那种混搭的现象。注意他们的跳伞资质徽章上都没有添加三色底衬，这是因为当时军需系统的问题，这款特有标志无法供应整支部队，遂被命令暂时从常服上取消。

■ 左图应该拍摄于1943年的两栖训练期间，第1特勤队的加拿大中士安德鲁 · 达斯伊森（Andrew Dutchyshin）与他的美国战友在饭堂合影，在他们背后是美军水兵；他们都佩戴着各自的国籍领徽，可能是因为着装要求不严，他们的跳伞资质徽章上并没有加装三色底衬。下图是1943年4月6日在海伦娜阅兵活动现场的第1特勤队，当时除了极少数加拿大军官，其他特勤队员都统一穿着A类常服。注意他们的跳伞资质徽章都已加上三色底衬。

唯一失陷的国土

1943年6月9日，第1特勤队等待已久的战斗部署终于来临。弗雷德里克接到来自陆军部的行动命令：第1特勤队将参加夺回被日本占领的阿留申群岛的基斯卡岛的军事行动，行动代号："茅屋"(Cottage)。

阿留申群岛位于太平洋北部，最早是俄国航海家阿列克谢 · 奇里科夫(Aleksei Chirikov)于1742年的航海行动中偶然发现的，遂成为沙皇俄国的领土。1867年，沙皇亚历山大二世(Alexander Ⅱ)因为国内的财政危机，将包括阿拉斯加(Alaska)、阿留申群岛在内的俄属北美以720万美元的廉价出售给了美国。阿留申群岛遂成为美国阿拉斯加州的一部分。

阿留申群岛地处阿拉斯加州的西南面，呈半圆形带状，断断续续，自东向西延伸，长2700公里，陆地面积为5.2平方公里，几乎可达亚洲的堪察加半岛(Kamchatka)附近。群岛最西端的小岛是阿图岛，这里也是美国最西端的领土，东距阿拉斯加海岸1800公里，西距千岛群岛1200公里，距离首都华盛顿更是远达7700公里。

美国占据阿留申群岛后，这里逐渐成为美国的重要海军基地及夏威夷群岛的西北屏障，具有极为重要的军事价值：它横亘在北太平洋上，扼守白令海的出口；同时，它既是美俄之间领土距离最近的地方，也是日本通往北美、北欧的捷径。太平洋战争爆发后，美军为报复日本对珍珠港的偷袭，于1942年4月18日对日本本土发起了著名的"杜立特轰炸"(Doolittle Raid)，极大地鼓舞了国内士气。对此，日本认为这些陆基轰炸机来自中途岛(Midway Island)，为扩大防御圈，日本决定攻占中途岛和阿留申群岛西部，并在中途岛海域歼灭美军太平洋舰队。1942年6月，日本发起中途岛－阿留申群岛战役。在集中海军主力于中途岛海域与美国海军太平洋舰队决战的同时，日本还派遣了另一支航母编队对阿留申群岛进行了佯攻，以迷惑和吸引美军主力，这便是阿留申群岛战役。6月3日，日本海军中将细萱戊子郎率由2艘航空母舰、82架舰载机、5艘巡洋舰、12艘驱逐舰、6艘潜艇、8艘运兵船以及部分辅助支援船只组成的北方编队对阿留申群岛的乌纳拉斯卡岛(Unalaska Island)上的荷兰港海军基地发起突袭，阿留申群岛战役由此开始。至6月7日和8日，日军先后占领阿留申群岛最西侧的基斯卡岛和阿图岛。虽然在阿留申群岛取得了成就，但这个佯攻行动却未吸引美军注意力，日本反而在中途岛海战中惨败，联合舰队元气大伤。为了掩饰联合舰队在中途岛海战中的失败和满足占领美国领土的虚荣心上的胜利，日本给基斯卡岛和阿图岛进行了重新命名，基斯卡岛被重新命名为鸣神岛，阿图岛则被改为热田岛。

在夺取这两个岛屿之后，日军大本营决定将这里作为拱卫北方安全的最前哨，希望通过在美国领土的偏远地带打下两颗楔子，牵制、阻止美军在北太平洋地区的行动，并防止美苏建立直接联系。而且，这两个岛屿也为日本提供了打击美国北部的岛群通道和空袭美国西海岸的立足点。因此，日本非常看重这两个岛屿，不仅派遣重兵驻守，还在这两座岛上修建了大量的防御工事和机场。

■ 左图是20世纪40年代阿图岛的空中鸟瞰图。

■ 下图是日本入侵前的阿图岛奇恰戈夫港(Chichagof Harbor)的小村庄。阿图岛是一个荒凉多山的小岛，当时岛上居民仅有46人。1942年6月8日，日军北海支队的1100名士兵登陆并占领了阿图岛，岛上居民有1人被杀，其余45人被日军运至北海道小樽市附近的战俘营关押，在战俘营期间，又有16人死于此。日本占领阿图岛后，奇恰戈夫港被日军称为热田港，这里成为日军重要的基地，也是美军收复阿图岛时日军最后负隅顽抗的地方。

■ 1942年6月3日，日本的“隼鹰”号和“龙骧”号航空母舰对美国设在阿留申群岛的乌纳拉斯卡岛(Unalaska Island)荷兰港海军基地(Dutch Harbor Naval Base)及港内的米尔斯堡(Fort Mears)发起空袭，阿留申群岛战役拉开帷幕。空袭进行了2天。上图是在6月3日的空袭中受损的荷兰港米尔斯堡军营；下图是1942年6月4日在荷兰港，日军空袭投下的炸弹落在港口附近，炸起大片水花。

■ 上图是1942年6月3日至4日日本空袭时期，荷兰港的一处防空阵地，这个阵地上的人员基本上由当地民众组成。下图是在6月4日空袭荷兰港时，被美军击伤坠落在阿库坦岛（Akutan Island）上的日军零式战斗机。飞行员在迫降时丧生，这架战机直至5周后的7月10日才被美军发现，这也是美军在二战中缴获的第1架零式战斗机。截至1942年6月1日，美国在阿拉斯加州的军事力量总共才4.5万人。其中有1.3万人分别驻在阿拉斯加半岛顶部的冷湾（Cold Bay）的兰德尔堡（Fort Randall），以及乌纳拉斯卡岛的荷兰港海军基地和新建的乌姆纳克岛（Umnak Island）上的格伦堡（Fort Glenn）陆军机场。而陆军人员总共不超过2300人，分散驻在上述3个基地中，主要是步兵和防空炮兵部队，以及一大支工程基建部队。空中力量则是陆军第11航空队，分别驻在埃尔门多夫航空兵基地（Elmendorf Airfield）、兰德尔堡的陆军航空兵基地和格伦堡的陆军航空兵基地。海军舰队则是由罗伯特·A·西奥博尔德海军少将（Robert A. Theobald）指挥的第8特混舰队。在入侵阿留申群岛之时，日军事先对群岛上的驻军情报并不了解，在其空袭荷兰港之时，还派遣两栖部队登陆埃达克岛，企图消灭岛上守军，却不知该岛上并没有美军部队驻守。

■ 上图和下图都是1942年6月4日在荷兰港，驻守在阵地上的美军观察日军的轰炸，可以看到图片背景中滚滚升腾的浓烟。注意下图阵地上的美军人员，其中一些人仍佩戴着旧式的“洗碟盆”钢盔。

■ 上图是1942年6月4日在荷兰港，位于荷兰港西北面的潜艇基地的油料库被日军航母舰载机轰炸后浓烟滚滚。下图也是同一场景，被炸毁的荷兰港的潜艇油料库。根据日本的情报，当时美军最近的机场位于科迪亚克岛(Kodiak Island)上的莫罗堡(Fort Morrow)，在他们看来，荷兰港就是瓮中之鳖。6月3日，日军首批攻击波——从“隼鹰”号航母和“龙骧”号航母起飞的中岛B5N2型鱼雷轰炸机奔袭荷兰港，但由于浓雾、黑暗导致的坠海和返航，仅有一半飞机于早上5点45分抵达荷兰港，但在激烈的地面防空火力和很快从格伦堡陆军航空兵基地赶到的第11航空队的飞机的打击下，日军飞机匆匆扔下炸弹返航，没给荷兰港造成什么损失。次日，日军飞机再次空袭荷兰港，这次空袭炸毁了油料库，医院也被部分炸毁，还有搁浅的兵营船也被破坏。虽然第11航空队找到了日军航母的位置，但由于糟糕的天气，袭击日军舰队的计划不得不取消。

■ 上图是1942年6月在荷兰港，美军士兵正在扑灭他们营房上因为日军轰炸而燃起的大火。下图是1942年6月5日在荷兰港，一艘被日军飞机炸毁的船只。

■ 上图是1942年6月7日在基斯卡岛上，占领该岛的日军在镜头前拿着军旗合影留念，当时登陆基斯卡岛的是向井一二三海军少佐指挥的舞鹤第3特别陆战队约550人。下图是1942年6月8日，日军占领阿图岛。日本人在登陆这两座岛屿时都未遇到抵抗，因为美军第8特混舰队司令奥西博尔德少将并未相信敌情通报，没有在这两座岛屿上部署军队，直至6月10日美军才得知这两座岛屿被占。

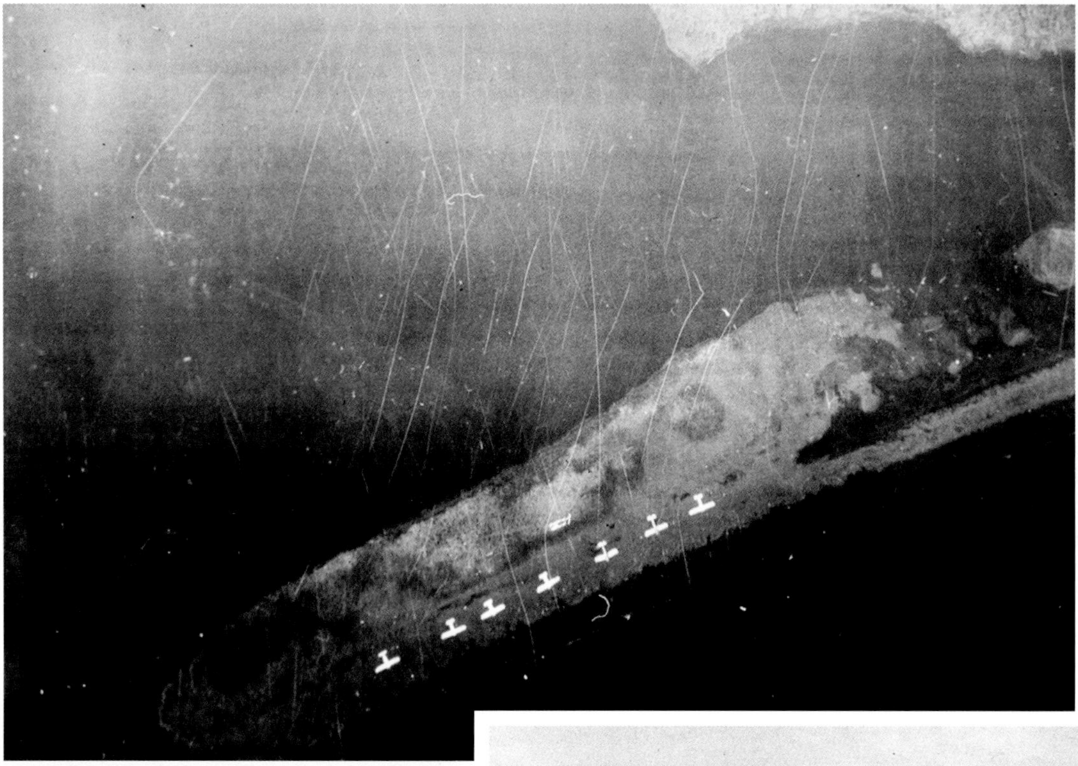

■ 上图是1942年6月18日在基斯卡岛的海岸线上，日军部署的一排假飞机，以此迷糊美军。右图是1942年6月在基斯卡岛海域，日军正在进行海上救助训练。下图是1942年9月，日军在基斯卡岛上的守备部队正在进行炮兵战术训练。1942年6月23日，日军大本营做出长期确保阿图岛、基斯卡岛的指示，但阿留申地区恶劣的自然条件和美军海空力量积极迅速的反击和封锁，使守卫这两处孤立据点的任务变得十分困难。脆弱的海上补给线时刻面临着被掐断的危险，大量器材和军需物资无法运输，日军在阿图岛和基斯卡岛的防御准备工作也日益困难。

为保有阿留申群岛占有地，在1942年12月期间，日军增加了驻岛的防空部队、工程兵和加强的步兵；1943年2月5日，日军大本营下达了北太平洋方面作战指导纲要，命令陆军北方军司令部与海军第5舰队密切协同，确保阿留申西部要地。具体原则是：以基斯卡岛和阿图岛为核心建立基地群并派遣守备队进行守卫，并在岛上修建航空基地与舰船锚地，强化海空作战准备，所需兵力、物资须尽快补充输送。日军北方军司令部还对负责阿留申群岛防御的北海守备队进行了改编，编为2个地区队，加上通讯队和野战医院，使之更适合守备作战任务。其中第1地区队为基斯卡岛守备队，下辖步兵3个大队，炮兵、高射炮、工兵各1个大队，通讯兵1个中队，由佐藤政治大佐担任地区队长。第2地区队为阿图岛守备队，下辖步兵、炮兵、高射炮各1个大队，通讯兵1个中队，由山崎保代大佐担任地区队长。北海守备队编制为1.1万人，但由于运输困难，实际部署到位的仅有约5000人，其余兵力滞留本土。另外，海军也向阿留申地区派驻了基地部队大约3300人，主要集中在基斯卡岛。截至1943年3月，阿图岛驻有日军2500人，基斯卡岛上驻有6000人。

阿图岛和基斯卡岛的失陷是自1812年后美国领土首次沦于敌手。不过，这两座岛屿在美国的总体战略上是无足轻重的，因为这里距离北美大陆西海岸和日本本土的基地都太遥远，北太平洋恶劣的环境也不利于大规模作战，日本的战略方向明显放在太平洋南线战场，沿着阿留申群岛岛链进攻阿拉斯加的可能性更是低得可怜。但是，无论这里多么偏僻和荒凉，美国人也不会容忍国土被强盗占据；盟军也希望重新夺回这里以建立中继基地，开辟通往西伯利亚的空中航线。因此，1943年夺回这两座岛成为美军重要的军事任务。

早在这两座岛屿刚失陷不久，美军便展开了小规模的反击。1943年6月10日，美军重型轰炸机“光顾”了基斯卡岛；6月中旬，美国参谋长联

■ 这是1942年11月在阿图岛的霍尔茨湾（Holtz Bay），日本守军正在构筑阵地，旁边是正在视察施工的北海守备队司令峰木十一郎少将。北海守备队组建于1942年10月24日，直接受北方军司令官樋口季一郎中将指挥，其编制较北海支队大为扩充。

■ 上图是1942年在埃达克岛（Adak Island）的陆军航空兵基地，美军第11航空队第36轰炸机中队的一架B-24型“解放者”轰炸机停驻在机场跑道上。该中队1940年成立，1941年底进驻阿拉斯加，1942年6月4日便参与驱逐空袭荷兰港的日军飞机的行动。此后，该中队一直在阿留申前线参与袭击占岛日军的行动，直至1943年8月美军收复基斯卡岛。埃达克岛于1943年8月成为美军航空队的前进基地。

■ 下图是1942年在埃达克岛的陆军航空兵基地，停靠在机场上的美军第11航空队第54战斗机中队的P-38型“闪电”战斗机。该中队装备P-38型战斗机和P-40型“小鹰”战斗机，从1942年8月31日至1943年3月12日驻扎在埃达克岛上。

席会议要求以巴克纳将军为首的阿拉斯加防御司令部联合北太平洋的海军力量及威廉·O·巴特勒准将（William O. Butler）的第11航空队收复阿图岛和基斯卡岛，要在日军刚刚染指美国领土之时便将其野心果断斩灭。6月19日，美军飞机再次空袭基斯卡港并炸沉了日军“尼桑丸”号油船。6月30日，美国海军对基斯卡岛进行了大规模轰炸。7月5日，美国海军潜艇“咆哮者”号（USS

■ 这是1943年3月26日，在科曼多尔群岛海域航行的美国海军重巡洋舰"盐湖城"号（USS Salt Lake City）。在科曼多尔海战中，该舰被日军巡洋舰炮火击伤。这场海战挫败了日军大规模增援两岛守军的企图，两岛与本土基地之间的海上运输线也在之后被切断。守岛日军逐渐陷入困境。

Growler）在基斯卡港以东约11公里处击沉了日军的1艘驱逐舰，重创其余2艘驱逐舰，日军伤亡200余人。8月8日，日本货船"卡诺丸"号在基斯卡港被美军的PBY"卡特琳娜"水上飞机（PBY Catalina）击沉。8月30日，美军进驻基斯卡岛以西约250海里的埃达克岛并修建了新机场。从1943年9月14日起，只要天气允许，第11航空队和加拿大空军都会派遣B-24型轰炸机轰炸基斯卡岛和阿图岛的日军基地。9月15日，美军飞机轰炸基斯卡港并炸沉了日军的1艘运兵船；10月5日，日军轮船"婆罗洲丸"号在基斯卡岛格特鲁德湾（Gertrude Cove）被炸沉；10月17日，基斯卡岛的1艘日军驱逐舰也在美军飞机的炸弹中尸沉大海。

1943年，美军全面展开收复阿图岛和基斯卡岛的准备工作。首先就是加大对这两处岛屿的海上封锁行动；在美军空中打击、潜艇封锁和水面舰艇巡逻多种手段的结合下，守岛日军的补给变得异常困难。特别是1943年3月27日，一支由查尔斯·麦莫里斯海军少将（Charles McMorris）指挥的由1艘重型巡洋舰、1艘轻型巡洋舰、4艘驱逐舰组成的海军编队在阿留申群岛以西的科曼多尔群岛（Komandorski Islands）海域阻截日军的补给船队。在这场名为"科曼多尔海战"（日本方面称为阿图岛海战）的小规模战斗中，日本1艘重型巡洋舰中度受损，1艘重型巡洋舰轻度受损，阵亡14人，负伤26人；美国方面则有1艘重型巡洋舰严重受损，2艘驱逐舰轻度受损，阵亡7人，负伤20人。这场海战虽然规模不大，但给阿留申群岛上的日军带来严重影响：切断了守岛日军与本土的海上运输线，此后，日军放弃使用水面舰艇为阿留申群岛上的日军提供补给的尝试，转而使用潜艇对后者进行偷偷摸摸的"老鼠运输"，通过有限补给来维持守岛日军的生存。

■ 上图是1943年在阿图岛，岛上的日军指挥官们合影。其中左一是北海守备队第2地区队的地区队长山崎保代大佐，由于美军的海空封锁，原本计划1943年3月底赴阿图岛就任的山崎保代只能等到4月18日才乘坐海军的潜艇潜行抵达阿图岛。

■ 下图是在基斯卡岛上，日军守备部队正在运土修建一条飞机跑道。由于岛上到处是坚硬的岩石，施工困难，若没有挖掘机和炸药，日本人就是修建个人掩体都很困难。

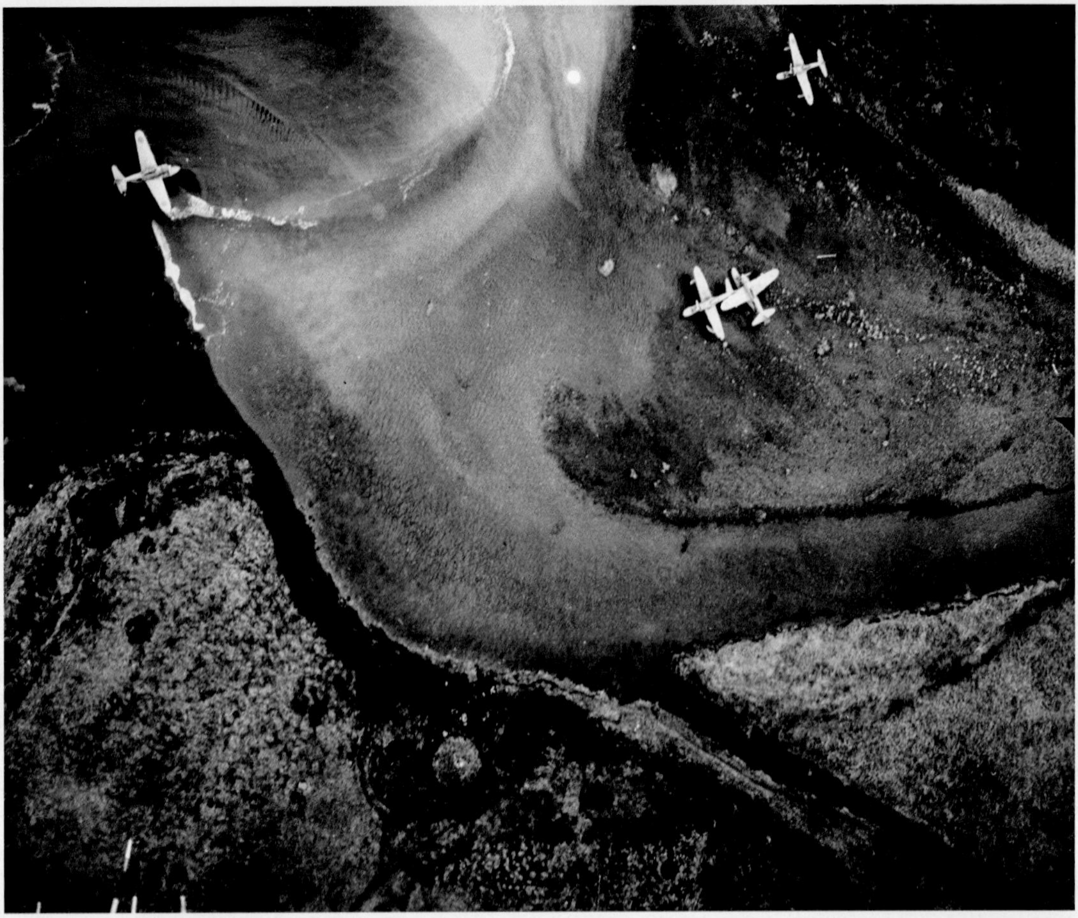

■ 上图是1942年11月7日，美军飞机拍摄到的停放在阿图岛霍尔茨湾的4架日本三菱 A6M-2N 型水上飞机。注意中间那2架，明显已经过碰撞且受损了。下图是1943年在阿图岛上，日本守军正在使用88式75毫米高射炮进行训练。当时，由于美军海空封锁的加剧，日军一度决定集中兵力守卫基斯卡岛，并于1942年9月间放弃阿图岛，将驻岛的北海支队调往基斯卡岛，但在一个月后日军又担心美军收复阿图岛，，从而使基斯卡岛陷入腹背受敌的困境，于是决定同时确保两座岛屿，遂抽调北千岛要塞步兵队主力于1942年10月30日重新占领阿图岛。

收复阿图岛

1943年5月11日，美军正式发起收复阿图岛和基斯卡岛的军事行动。刚开始时，美军将基斯卡岛作为第一目标，因为这里离美军基地更近，便于就近支援。但是经侦察发现，日军意识到美军的作战意图，将阿留申群岛上的守备力量大部分集中在基斯卡岛，加强了守备；而阿图岛的防御则明显薄弱，缺乏岸防工事。为此，美军更改了目标，采取先易后难的战略，先进攻日军防御更弱的阿图岛（当时阿图岛上的日军为2666人）。

进攻阿图岛的战役由美国海军北太平洋舰队指挥官托马斯·C·金凯德海军少将（Thomas C. Kinkaid）指挥，海军投入战列舰3艘、巡洋

■ 下图是1943年，一队美国陆军航空兵的飞机正在阿留申群岛海域对一条靶船进行轰炸训练，为驱逐占岛日军做准备。

■ 上图是1943年5月14日在埃达克岛，正在住所中看报的金凯德少将。

■ 上图是1943年5月11日，美军登陆艇正从“海伍德”号攻击运输舰（USS Heywood）上吊下，准备对阿图岛发起两栖登陆。下图是5月11日，在“普鲁伊特”号驱逐舰（USS Pruitt）的引领下，从“海伍德”号上下来的登陆艇编队向阿图岛的马萨克湾滩头驶去。当时，“普鲁伊特”号用舰载雷达和探照灯引领登陆部队穿过14.5公里深的浓雾区域。战役期间，超过1.5万名美加军队士兵登陆阿图岛。

舰6艘、驱逐舰19艘、护航航空母舰1艘和运输船5艘，登陆部队为准备部署到北非的美军第7步兵师（兵力1.1万人），还有近250架飞机担任空中支援。5月11日上午10点30分，经过海空力量的炮击和轰炸，第7步兵师兵分两路，一部分从阿图岛北岸登陆，主力则从南岸的马萨克湾（Massacre Bay）登陆，联合扫荡岛上日军。

从兵力对比上看，美日两军相差悬殊，美军的胜利应该唾手可得。但是，战局的发展却令人大跌眼镜。因为登陆艇的缺乏、选择错误的登陆地点、恶劣的天气影响了装备的使用等因素，部队很难被运送上岛作战。尤其是恶劣的天气，给美军带来极大麻烦。登岛美军因为物资无法及时上岸而普遍遭受冻伤；岛上冻土层的解冻致使道路泥泞难行，严重阻碍了美军车辆的行驶和部队的机动。美军还低估了日军的实力，没有对岛上防务进行充分侦察。在此战中，日军没有死守登陆地区，而是坚守岛上高地，通过事先修筑的密集防御工事阻滞美军的进

攻。在战斗中，美军还要与战壕足、低温症、霜冻病等疾病作斗争；第11步兵师也缺乏两栖作战经验。至5月底，美军才将日军压缩至奇恰戈夫港及周边山地区域。5月29日夜，残存的300余名日军在山崎保代大佐的率领下在马萨克湾附近发起“万岁冲锋”。由于美军没有防备，日军一直打到美军后方，双方展开激烈的肉搏战。最后，除28人被俘，山崎保代大佐以下的守岛日军全体“玉碎”，这也是太平洋战争中日军守岛部队首例全体“玉碎”事件。据美军统计，战后埋葬的日军尸体达2351具，还有数百人因为战役中美军海空火力的轰炸而难以计算，总计日军阵亡2638人。但是，美军伤亡更为严重，因为天气和地形这两大“帮凶”，美军在阿图岛上共伤亡3860人，其中阵亡580人，负伤1148人，还有2132人的非战斗减员：1200人被严重冻伤，614人罹患疾病，318人因各种原因丧失战斗力（主要是因为日军陷阱和友军炮火）。就两军伤亡比例而言，阿图岛之战在太平洋战争中名列第二，仅次于硫磺岛之战。

■ 上图是1943年5月11日，登陆艇运载着美军士兵和他们的装备在阿图岛南面的马萨克湾滩头上岸。南面登陆部队由第7步兵师第17步兵团第2、第3营和第32步兵团第2营组成。在登陆行动发起5小时后，共有3500名美军在阿图岛成功登陆，其中1500人在岛北面登陆，2000人在南面登陆。

■ 下图是美军收复阿图岛战役期间，一个美军迫击炮组正在操纵迫击炮向山脊背后的日军阵地射击。

■ 上图是1943年5月在阿图岛马萨克湾附近，一队美军隐蔽在宿营地旁，旁边是未搭建好的帐篷和刚开挖的掩体，他们刚遭遇了躲藏在对面山头的日军狙击手的袭击。守岛日军没有在滩头阵地设防，而是利用阿图岛的山地地形布置防御，活跃的狙击手给美军造成很大麻烦，于5月12日在马萨克山谷阵亡的第7步兵师第17步兵团团长爱德华 · 厄尔上校（Edward Earle）据说就是死于日军狙击手枪下。下图是阿图岛战役期间，正在向日军阵地炮击的一个美军105毫米榴弹炮炮组。

80749966

■ 上图是1943年5月13日或14日，在阿图岛北面的霍尔茨湾登陆的美军部队向岛内纵深推进时的一个战斗瞬间，注意在图中这名美军士兵的头顶，有1个看起来已经被端掉的日军防空机枪阵地。在分别从马萨克湾和霍尔茨湾登陆后，美军部队冒着日军狙击手、机枪和高射炮的火力在险要的山地上缓慢推进。复杂的地形、隐蔽的日军阵地、战术娴熟的日军小部队使美军的行动无比艰难。

■ 下图是在阿图岛战役期间，美军的一个野战炮组在向前推进。他们的火炮由一辆履带式车辆牵引，艰难地爬上一处陡坡。虽然登陆美军在火力方面占有绝对优势，但岛上经常弥漫的浓雾阻碍了炮兵观测的视线；而且缺少合适的道路，炮兵难以随部队向内陆推进；加上与一线步兵的联络存在问题，步炮配合缺乏默契，美军炮火给日本人带来的实际打击效果并不显著。

■ 上图和下图是同一场景。这里是在霍尔茨湾西部，一队美军扫荡部队正在清除负隅顽抗的日军小据点。他们刚拔掉了日军的一个炮位，这里的两名日军拒绝投降，被美军用手榴弹消灭了，从图片上还能看到手榴弹爆炸后未消散的烟雾。下图是这队美军在检查日军临时搭建的掩体。

■ 上图是1943年5月在阿图岛，一名受伤的美军第7步兵师军官正被战友们从前进指挥部上抬下来。背景是冰雪和浓雾覆盖的高山，这种地方也是日军小股部队和狙击手活动的场所。最初美军预计3天即可占领全岛，但直至5月14日，登陆的美军不但未能实现这一目标，南北两路登陆部队还因为地形和日军阵地的阻碍，尚未实现会师。直至5月17日下午14点30分，南北两路美军才实现会师，将战线连为一体，把日军守备部队包围在以奇恰戈夫港为中心的区域内。

■ 下图是1943年5月在阿图岛上，正在休息的美军官兵。他们露宿在阵地上，除了厚厚的睡袋，没有其他防寒物。

■ 上图是1943年5月在阿图岛上，一队美军正搬运后勤物资穿过“贾明隘口”(Jarmin Pass)，这是美军以5月15日在这里阵亡的第17步兵团第3营L连连长约翰·贾明上尉(John Jarmin)的名字命名的。左图也是1943年5月在阿图岛上，一队美军冒雪向前推进。当时，美军的车辆无法在岛上的崎岖地形中行驶。而且，在后勤保障方面，美军对于高纬度地区作战准备不足，没有配发相应的作战装备，参战部队的制服鞋帽均不适应战场的寒冷环境，又缺乏御寒取暖设备，导致出现大范围冻伤，造成大量非战斗减员，既削弱了战斗力，又影响了战斗进程。

■ 上图是1943年5月在阿图岛上，两名美军士兵正利用地形掩护战斗。日军利用岛上的山地精心构筑了防御阵地，位置隐蔽，经过精心伪装且巧妙地配合机枪火力和狙击枪火力，封锁关键的隘口阵地，令美军蒙受严重损失。参战的美军第7步兵师原来接受的是沙漠地区的作战训练，缺乏在寒带山区作战的经验，虽经过战前适应性训练，但仍难以适应战场环境。

■ 左图是在阿图岛的奇恰戈夫港周边山区，这里是日军最后负隅顽抗的地方。

■ 上图是1943年5月29日在阿图岛的山地上，一群大约40具日军阵亡者的尸体。他们死于切腹或手榴弹自裁。下图是在阿图岛战役中被俘的2名日军战俘。整场战役，被俘日军仅有28人(一说是27人)，其余全部毙命。在5月28日夜，阿图岛守备队的指挥官山崎保代大佐集结起还能活动的残兵300余人，于5月29日凌晨3点向马萨克湾的美军炮兵阵地、物资堆放所发起决死突击。日军的突击打了美军一个措手不及，双方甚至展开肉搏战，经一夜血战，几乎所有残存日军全部阵亡或自裁而死。至5月29日，阿图岛战役宣告结束；31日，美国宣布收复阿图岛。这场战役是二战时期日美两军在美国领土上进行的唯一一次地面交战，也是日军岛屿守备部队第一场“玉碎”。

第1特勤队登场与“茅屋”行动

美军在收复阿图岛后，将目标对准了基斯卡岛。该岛有优越的港口设施，可能还有一座正在运行的机场，对日本的价值更大。因此美军认为岛上除了有重兵把守，还有海岸炮台。盟军高层并不指望能够像在阿图岛那样全歼日本守军，他们希望针对基斯卡岛的进攻在更大优势下进行。吸取在阿图岛之战的教训，高层希望登陆部队能够得到更适当的针对性训练和装备，“基斯卡岛的登陆部队应包括参与了阿图岛之战的老兵或在埃达克岛上接受过以阿图岛作战方式训练的部队。”而且，除了美军第11航空队从1942年8月开始对该岛持续轰炸外，海军也对其进行了长期的炮击。1943年3月中旬，美国海军北太平洋舰队也在金凯德海军少将的指挥下对基斯卡岛周边海域进行了封锁。美军认为，这样可以限制岛上日军的行动，切断其联络，使其抵抗“胎死腹中”。

由于阿图岛之战的惨痛伤亡，美军高层不希望在基斯卡岛之战中重覆同样的教训。海军的第9两栖训练支队（Amphibian Training Force 9，缩写为ATF9，又称为基斯卡岛特混舰队）在策划基斯卡岛行动之时，把目光投到了经过雪地、山地、两栖作战训练的第1特勤队身上，将这支部队纳入进攻基斯卡岛的部队名单当中。虽然曾有消息说，在1943年2月3日之时，美国陆军副参谋长约瑟夫 · T · 麦克纳尼中将（Joseph T. McNarney）便要求把第1特勤队部署到收复基斯卡岛或阿图岛的行动中，但后来弗雷德里克声称：“我确定我从未听到参谋长说过：‘我们需要一支类似第1特勤队那样的突袭部队。’我能确定的是，当时我希望更多的部队参与基斯卡岛的行动。”

在接到出征命令后，第1特勤队从伊森 · 艾伦堡乘火车出发，于1943年7月3日抵达旧金山（San Francisco），他们在那里乘船前往天使岛（Angel Island）的麦克道尔堡（Fort McDowell）——那里是旧金山湾的登船港，从那里乘船前往阿留申群岛前线。当时，大部分队员对于去哪里还一无所知，但当他们领到在寒冷潮湿环境下的各种衣物后（包括雨衣、厚棉袜和鞋套等），情况变得明晰起来。7月3日至11日，第1特勤队进行了最后一次适应性训练，并配发了新的武器装备。然后在一支小规模护航舰队的护送下，前往阿留申群岛。其中，第1团和第3团乘坐新下水的自由轮（美国在二战期间大量制造的一种货轮）“纳撒尼尔 · 惠氏”号（Nathaniel Wyeth），第2团和保障营则乘坐美国陆军运输船“约翰 · B · 弗洛伊德”号（John B. Floyd）。据当时的记录显示，第1特勤队“从旧金山起航时，部队共2460人，包括169名军官、8名准尉和2283名士兵。”7月14日，第1特勤队还配发了第9两栖训练支队的臂章，并缝在军装上。

盟军参与“茅屋”行动的部队及其后勤和物资都集中于埃达克岛上。和其他参与行动的陆军部队一样，第1特勤队暂时划归到查理 · H · 科利特少将（Charles H. Corlett）的第9两栖训练支队中。一旦在该部受训的地面部队投入使用，科利特少将的部队将改为第16.8特混登陆部队（Landing Force 16.8，又称为基斯卡岛特遣队），该部下辖美军第17步兵团、第53步兵团、加强的第87山地步兵团、第184步兵团和加拿大第13步兵旅、阿拉斯加侦察特遣队（共2名军官和18名士兵，在行动中担任向导，分散到各登陆部队中），以及第1特勤队，此外还有一些小规模单位。这样一来，基斯卡岛特遣队的总兵力达到34426人，其中有5300名是加拿大人。但是，“除了第1特勤队和参加了阿图岛之战的第17步兵团外，其他的登陆部队都没有进行过特别的两栖训练。”

1943年7月23日，在经历了一路的拥挤、晕船、狂风、暴雨后，搭载着第1特勤队的“纳撒尼尔 · 惠氏”号和“约翰 · B · 弗洛伊德”号终于抵达了埃达克岛的海湾，结束了这次乏味、疲惫的航行。而弗雷德里克上校已经乘坐他的专机事先抵达埃达克岛并到港口迎接他的部队。第1特勤队抵达后，弗雷德里克带着刚从“约翰 · B · 弗洛伊德”号上下来的司令部副官戈登 · 西姆斯中士（Gordon Sims，加拿大人）开着1辆借来的吉普车开始勘察全岛。在一路上更换了3辆车后，弗雷德里克得出的勘察结果是，该岛已经完全被其他部队占据了，缺乏适合的地方给他的部队驻扎。面对这种情况，弗雷德里克把司令部行政部门交给指挥部连的理查德 · 惠特尼上尉（Richard Whitney），并完善情报单位，组成一个指挥分部单独驻扎于埃达克岛上。在第1特勤队司令部与基斯卡岛特遣队司令部建立战场通讯后，弗雷德里克将第1特勤队转移到阿姆奇特卡岛（Amchitka）上。该岛位于埃达克岛和基斯卡岛之间，在埃达克岛以西112.6公里，距基斯卡岛东面64公里。1943年1月时，美军就在该岛修建了简易机场，加强打击、封锁守岛日军的力量。

阿姆奇特卡岛的生活环境并不舒适。在登陆阿姆奇特卡岛后，第1特勤队沿着一条“路”（其实是推土机在苔原冻土层上压出的履带印迹）走了8公里，来到宿营目的地。这里实在是个令人沮丧的地方——没有植被，气候潮湿，而且几乎一直被浓雾所笼罩。在这里，他们开始搭建宿营地。为了搭建起金字塔型的帐篷，同时防卫日军的偷袭，特勤队员们要清除营地上泥泞的苔藓冻土层，并一直挖到砂土层。据相关资料披露，在某些地段，他们甚至要挖到5.5米～6米深；哪怕是运气好的也要挖上0.6米。因此，有些帐篷的地基挖得很深以至于完全在地表之下。另外，阿留申群岛常见的威利瓦飑（williwaw）——猛烈的太平洋海风，经常毫无征兆地来袭，特勤队员们必须将所有装备固定好，以免突然被强风吹走。为了便于泥地上行走，队员们还在营地中修建了突出于地面的人行道，但在青苔藻泽地上行军的话就完全是两回事了，每走一步都会陷入15厘米深的淤泥里，抬脚“带出一大群蚊子”。不过令队员们欣慰的是，虽然情况很糟糕，但“黄鼠狼”运兵车在泥地中行驶的效果很好，但令人感到可笑的是：这款原本为第1特勤队设计研发的运兵车配发给了驻扎在阿姆奇特卡岛上的其他部队，却没有再配发给第1特勤队。不过，保障营勤务连的野战厨房的到来，受到了所有队员的热烈欢迎，这意味着他们在这该死的地方终于可以改善伙食了。虽然基斯卡岛上的日本守军不可能发起偷袭，但收音机中“东京玫瑰”（Tokyo rose，指的是二战时期东京广播电台的女播音员们，她们对美军士兵进行心理战和宣传战）对他们的嘲讽信息倒是让不少官兵开始思考未知的将来。

为避免重覆在阿图岛之战中的惨痛伤亡，在“茅屋”行动发起前，美军进行了充分准备。在第1特勤队从天使岛启程的航程中，“所有单位都配发了阿留申群岛完整的地图，还有基斯卡岛和其他目标的信息资料。他们深入专研这些信息，直到每个人都能根据记忆画出这些岛屿的地图。”另外，包括第1特勤队在内的第9两栖训练支队的所有单位都配发了北极圈生活指南、战地指导手册及士兵战地生存手册。第1特勤队在阿姆奇特卡岛上安顿下来后，立即开始恢复体力、进行野外拉练训练和强化的体能训练，以便适应在行动中进行橡皮艇作业，这些都是部队“很快就要在基斯卡岛相似地形上所要用到的技能。”同时，还“进行周密的沙盘推演，对可获取的情报和地图报告也进行了精细的研究。官兵们还‘花费时间和弹药’进行各种轻武器精准射击训练。”

除了基础训练，第1特勤队还进行了战前演练。如第1团便在停泊于阿姆奇特卡岛北面的“凯恩”号突击人员驱逐舰（USS Kane）上进行了一次战场环境下的夜间演练。第3团则划橡皮艇环绕

第1特勤队的战斗着装

在训练阶段结束时，第1特勤队配发了新的战斗服，为即将开始的战斗部署做准备。其中第一款就是后来成为识别他们身份的“注册商标”之一的山地裤，这款战斗裤一直被特勤队员穿着参加了每一场战役，直到1944年12月第1特勤队解散为止。山地裤由深橄榄绿色（美国陆军编号OD-3）棉缎布料制成，带有两个腰头纽扣、腰带袢和拉链式门襟。前方是两个倾斜式的拉链前袋，大腿上还有两个大型腿袋，袋盖上各有两个明纽扣。裤脚也设计为锥形，带有弹性脚箍筋，便于塞进靴子中。因为里面要穿羊毛裤，这款裤子的款式设计得非常宽松。第2团第4连连长威廉·斯托里回忆：“滑雪裤（即山地裤）在储备时经过多次洗涤已褪变发白，很快又在战斗中变成油腻腻的黑色，它在第5集团军内已经变成第1特勤队的‘商标’。”

在第1特勤队为奔赴阿留申群岛做准备时，得以配发一款寒带野战夹克，而且，第1特勤队仅在基斯卡岛战役期间穿着这款野战夹克。这款野战夹克实际是美军制式M1941型野战夹克中更长、更厚的版本，以防水斜纹布料制作，羊毛内衬，采用纽扣式前门襟设计，腰间和袖口都采用纽扣调整宽松程度。至于美军最早的专用战斗服——M1941型野战夹克，第1特勤队除了在海伦娜的训练期间作为训练服穿着外，在安齐奥战场和法国南部也有少量穿着。

当第1特勤队在1943年秋即将赶赴意大利战场前，他们配发了最新式的M1943型野战夹克，他们成为欧洲战区第一支穿着这款战斗服的部队——虽然这款战斗服在1943年5月便到了位于费城的军需部，但直至1944年秋或更晚，它才成为其他美军部队的标准装备。M1943型野战夹克采用了深橄榄绿色（美国陆军编号OD-7）棉缎布料，带有4个大贴袋，腰间内部有拉绳式束腰，可用纽扣调节松紧程度的袖口，采用拉链和纽扣相结合的暗门襟设计。M1943型野战夹克伴随着第1特勤队贯穿了他们在欧洲战区的全部战斗，直至他们解散。

而在M1943型野战夹克内，特勤队员们往往穿着各种样式的针织衫，包括无袖圆领式、长袖7扣低立领式和长袖5扣V领式针织衫。

当特勤队员们在意大利中部山区鏖战之时，双面派克大衣再次出现在第1特勤队的队伍中。首先是比他们在训练时所穿的二型M1941型双面滑雪派克大衣更长的一型M1941双面派克大衣，其下摆延伸到了膝盖位置，它采用了防风府绸面料，兜帽也比前者更大，兜帽和袖口都带有修整的狼毛，且用拉绳调节松紧。胸前两个大口袋也改为开放式。不过该型大衣在第1特勤队中仅小范围流通着。

在第1特勤队中，最常穿着的派克大衣是二型M1942双面派克大衣，与一型M1941双面派克大衣相比，二型M1942双面派克大衣较短，整体采用双层防水府绸面料，但仅在兜帽上带有狼毛，取消了袖口的狼毛设计，领口采用了3颗纽扣和拉绳调节松紧，下摆也带有调节松紧的拉绳，胸前大贴袋上配有带纽扣的袋盖。除了1943年12月底至1944年1月在意大利中部山区穿着外，第1特勤队在1944年后期的法意边境高寒地区也穿着这款派克大衣。另外，第1特勤队的一些特勤队员还穿着过另一款派克大衣，即M1943型双面派克大衣，它一改上述几款派克大衣的式样，采用了纽扣和拉链相结合的门襟式风格，兜帽和袖口都没有毛皮设计，兜帽带有拉绳，领口用3颗纽扣调节。这款大衣在第1特勤队中相当罕见。

另外，兼具常服和战斗服角色的美军橄榄褐色M1937型羊毛/法兰绒衬衣和橄榄褐色M1937

型毛哔叽长裤，也是第1特勤队在1944年的作战行动中最常见的战斗服。

在第1特勤队穿着的战斗靴中，美军的M1942型伞兵靴是该部最常见的。它于1942年正式列装美军，第1特勤队也是第一批装备该型战斗靴的部队，从1942年的训练到1944年12月的撤编，这款伞兵靴都是第1特勤队的标配。这款伞兵靴采用棕色皮革制作，外表光滑，齐腿肚高，鞋跟和鞋头都进行了加强，角板式的鞋舌，鞋底采用橡胶制成，鞋上有11至13对鞋带穿孔。

在冬季训练和阿留申群岛战役期间，特勤队员还穿过一款寒带套靴，在意大利山区也有部分穿着。其中，在冬季训练时穿的是战前全橡胶的版本，在意大利山区穿的则是橡胶鞋底和黑色防水帆布鞋顶的第二个版本。这款套靴的鞋帮上采用了4个弹簧金属扣代替鞋带，还能穿在伞兵靴的外部。

第1特勤队穿的最后一款战斗靴是M1943型战斗靴（又称之为“扣鞋”）。特勤队员从安齐奥战场开始穿着，在法国南部战斗时已非常普遍。这款战斗靴采用棕色皮革制作，外表粗糙且采用润滑而非抛光工艺，鞋帮顶部有两个皮带固定，踝关节位置有一块完整的皮革补丁进行加固，内衬为帆布。鞋底也采用了棕色皮革，为了节省制作成本，这款战斗靴没有独立的鞋头。

在战场上，身穿M1943型野战夹克或双面派克大衣，配山地裤和伞兵靴的特勤队员与其他美军部队相比，显得非常与众不同，这种多兵种混搭的着装也成为特勤队员最明显的身份象征。

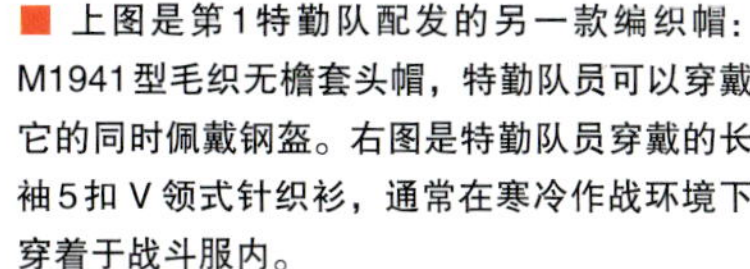

■ 上图是第1特勤队配发的另一款编织帽：M1941型毛织无檐套头帽，特勤队员可以穿戴它的同时佩戴钢盔。右图是特勤队员穿戴的长袖5扣V领式针织衫，通常在寒冷作战环境下穿着于战斗服内。

■ 左页图是第1特勤队穿着的一些战斗着装，包括：橄榄褐色M1937型羊毛/法兰绒衬衣、橄榄褐色M1937型毛哔叽长裤、M1937型帆布腰带、山地裤及陆军航空兵的多款吊裤带、棉内裤、轻毛袜、燕麦色冬季衬裤、背心。

■ 上图是第1特勤队配发的各种靴鞋。从左至右分别是：两双不同款式的结头式野战勤务靴、伞兵靴、M1943型战斗靴、寒带套靴、鞋油。其中，野战勤务靴在海伦娜训练早期曾被少量穿着。M1943型战斗靴开始穿着于安齐奥战场，到了法国南部战役时期，这款战斗靴几乎已经完全替代伞兵靴作为第1特勤队的野战靴。

生长了大量海藻的阿姆奇特卡岛海岸航行，演练从坦克登陆舰上划橡皮艇登陆的行动。所有参演部队在登陆前夕都积极评论了最后的战前演练所取得的成绩。

1943年8月，海军的计划员们认为基斯卡岛上的日本守军人数为11925人，实际上，这是一个极为夸大的数字，战前，基斯卡岛上的日军守备队为6000人，其中陆军2600人，海军3400人。但是，从7月底到8月初，那些经常从基斯卡岛上空飞掠而过进行轰炸和侦察的陆军航空队飞行员却认为，空中侦察表明近期没有敌军活动的迹象，突然安静下来的地面防空火力仿佛暗示岛上守军已经撤走了。在这种情况下，第18战斗机中队的乔治·I·拉德尔上尉（George I. Ruddell）决定亲自率领4架P-40型“小鹰”（Warhawk）战斗机编队勘察基斯卡岛上的情况并在岛上的简易机场着陆。拉德尔上尉一行4人在基斯卡岛上降落后，步行调查了附近区域，他们还去了大约在两周前被岛上防空火力击落的一名美军飞行员的墓地，甚至还在日军一处火炮阵地附近拍了照片。拉德尔上尉等人返回阿姆奇特卡岛的基地后，向中队指挥官威廉·布斯少校（William Booth）和作战群指挥官比尔·埃尔德上校（Bill Elder）报告：岛上已空无一人。但是，与其他侦察报告相比，来自其他飞行员特别是一架新抵达战区的陆军航空队的道格拉斯（Douglas）SBD“无畏”式（Dauntless）俯冲轰炸机的机组成员证实，他们遭到来自基斯卡岛上的防空火力的拦截（事后认为所谓的防空火力很可能是他们自己投放的炸弹崩起的弹片）。基于这种疑惑，拉德尔上尉的令人震惊的侦察报告和其他类似的报告都被指挥部忽略了。

尽管不少迹象或推断表明，基斯卡岛上的日军已经撤走，但因为美军舰队仍紧密封锁着周边

■ 这张照片拍摄于1943年8月美军收复基斯卡岛后。在一个被炸毁的废墟处，守岛日军为一名坠机阵亡的美军飞行员修建了一个简易坟墓。旁边的木牌也是日军所立，其上用英文写道：“这里沉睡着一名为了祖国而付出了青春和幸福的勇敢的空中英雄。7月25日，日本陆军。”它应该就是拉德尔上尉等人登岛侦察时发现的那个坟墓。

■ 上图和下图都是1943年8月10日，美军轰炸日军占领的基斯卡岛。从下图还能看到先前美军轰炸时留下的弹坑，以及守岛日军所挖掘的曲折的战壕。此时，美军收复基斯卡岛的行动已准备就绪，但经过多次空中侦察和轰炸，美军中出现了守岛日军已经撤走的怀疑，但这种看法的支持者并不多，美军仍按计划准备收复基斯卡岛的战斗。

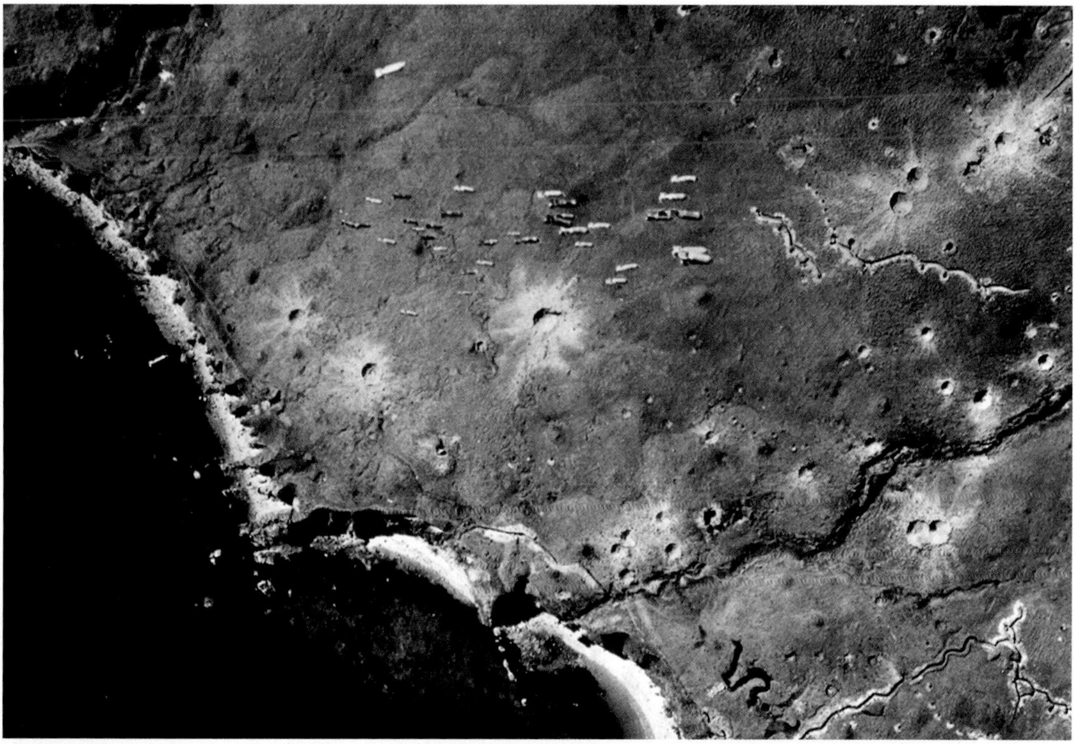

■ 这是1943年8月在埃达克港，参与基斯卡岛战役的美国海军北太平洋舰队的大批舰只停驻于此，随时准备收复国土。

海域，令人很难相信这一事实。在科利特少将的作战参谋看来，更合理的解释是：日本守军可能放弃了沿岸的防御工事，撤往岛中，以强化该岛中部山脊线的防御阵地。另外，各军种间的竞争和其他司令部之间的互相推诿，让弗雷德里克感到非常沮丧，特别是关键情报在向他的司令部的传递过程中的迟滞令他很惊讶。出于对自己部队的考虑，弗雷德里克要求上级在8月15日正式登陆行动发起前派遣小规模侦察部队登岛进行侦察，但却被拒绝，原因是这种侦察行动很可能会打草惊蛇，使登陆行动的突然性大打折扣。后来，基斯卡岛之战的结果深深影响了弗雷德里克，以至于在第1特勤队后来的所有行动中，他都坚持在进攻之前进行彻底的侦察，并且经常亲自执行。

参谋们相信基斯卡岛上的敌军阵地的配置是为了抵御来自南面和东面的进攻。因此，他们利用这种防御配置制定了一个有趣的计划，把主要的火力支援放在南面和东面，打击已知的日军火炮阵地；与此同时，一支运输编队从东南方向发起佯攻；而真正的主攻方向放在基斯卡岛的西南和西北方向，由此在岛上形成南区和北区两个战场。一旦登陆部队在海滩上立足，基斯卡岛特遣队在南区和北区的这两支主力将形成钳形攻势相向推进，钳口就是日军位于基斯卡湾的主营地。第1特勤队在行动中负责协助登陆部队的攻势，其第1团和第3团将分别于8月15日和8月16日在南、北区登陆部队出发前登上海滩，标记登陆区域、夺取并坚守海滩高地，为主攻部队扫清登陆障碍，占领岛上可以俯视日军主阵地的山地制高点。和这两个团一起行动的还有阿拉斯加侦察特遣队、炮兵观察员和海军火力控制员（Naval Fire Control Party）。第2团则作为预备队，在阿姆奇特卡岛上的陆军航空队基地待命，他们将以伞降或两栖登陆的方式，“抓住任何紧急的战术

■ 这是"茅屋"行动期间在阿姆奇特卡岛的机场上，第11航空队调拨给第1特勤队用于运载第2团空降基斯卡岛的1架C-47型运输机。这架运输机外号"年轻姑娘"（Toots），从机头绘制的图画一目了然。此次行动中，第11航空队共调拨了10架C-47给第1特勤队。

形势"，时刻准备支援其他两个团。为此，第11航空队还调拨了10架C-47型运输机及由运输机牵引的滑翔机和飞行员。在登陆日次日，他们一接到命令就空运该团第1营（缺1个连）及附属医疗和后勤人员抵达战场。第2团的其他人员则备好降落伞在跑道上整装待发，全团都做好了准备，一旦接到命令立即快速登岛。在陆军航空队基地待命的还有保障营勤务连的伞兵排，他们将承担空中再补给支援这几个团的任务。而保障营的其他单位则驻守阿姆奇特卡岛上的营区，执行常规补给任务。但是在危急时刻，保障营也可以立即乘坐运载工具被投放到战区；而且，一旦战况需要，他们也可以投入战场作战。

在做好最后的战前准备后，8月13日傍晚，第1特勤队第1、第3团从营区乘坐卡车抵达安奇卡湾，登上停泊于此的运兵船，准备前往基斯卡岛。第1团将乘坐"凯恩"号快速运输船和一艘坦克登陆舰，第3团则乘坐另一艘坦克登陆舰。特勤队员们脸上涂满了伪装油彩，背着全部战斗负荷，等待着他们的首战。在预定的时间内，船只驶出海湾，与从埃达克岛出发的规模庞大的突击运输舰队会合。夜色中，这支约有100艘各种船

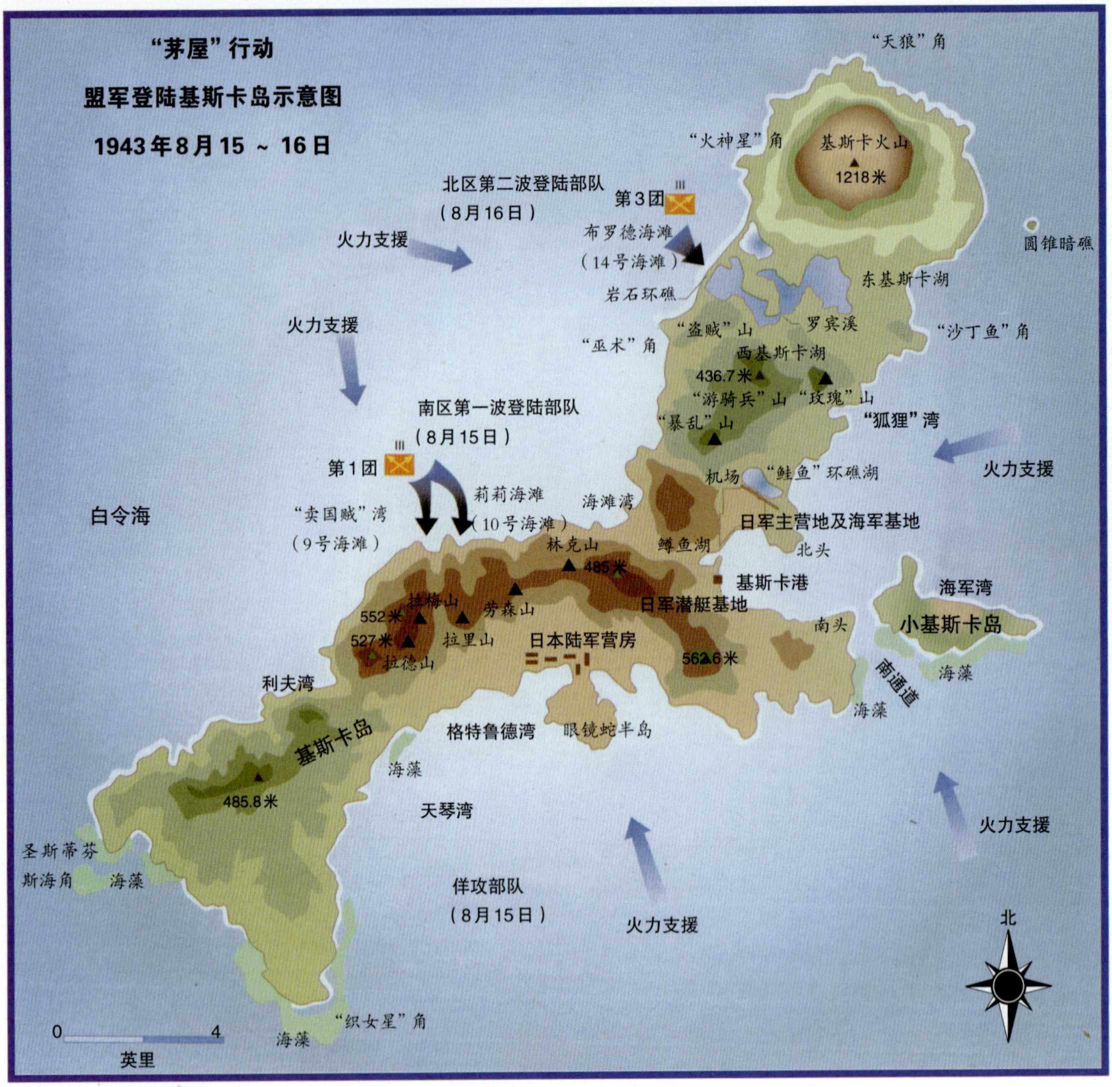

"茅屋"行动

盟军登陆基斯卡岛示意图

1943年8月15～16日

"天狼"角
"火神星"角
基斯卡火山
1218米
北区第二波登陆部队
（8月16日）
第3团
火力支援
布罗德海滩
（14号海滩）
圆锥暗礁
东基斯卡湖
岩石环礁
火力支援
"盗贼"山
罗宾溪
"沙丁鱼"角
"巫术"角
西基斯卡湖
436.7米
"游骑兵"山
"玫瑰"山
南区第一波登陆部队
（8月15日）
"暴乱"山
"狐狸"湾
第1团
机场
"鲑鱼"环礁湖
火力支援
莉莉海滩
海滩湾
白令海
"卖国贼"湾
（10号海滩）
日军主营地及海军基地
（9号海滩）
林克山
鳟鱼湖
北头
485米
基斯卡港
海军湾
拉梅山
劳森山
日军潜艇基地
552米
小基斯卡岛
527米
拉里山
日本陆军营房
南头
拉德山
562.6米
海藻
南通道
利夫湾
海藻
基斯卡岛
格特鲁德湾
眼镜蛇半岛
海藻
485.8米
天琴湾
火力支援
圣斯蒂芬斯海角
海藻
佯攻部队
（8月15日）
火力支援
北
"织女星"角
0 4
英里
海藻

■ 上图是1943年8月14日夜运载第1特勤队第1团的"凯恩"号突击人员驱逐舰（Assault Personnel Destroyer）。"凯恩"号原是一艘"克莱姆森"级（Clemson-Class）驱逐舰，由纽约造船厂建造，1920年6月11日加入美国海军服役，舷号DD-235，1938年4月退役。二战爆发后，"凯恩"号于1939年9月23日重新服役，在北太平洋舰队承担中立巡逻的任务。1942年2月以后，"凯恩"号在西雅图被改装成快速运输船（即突击人员驱逐舰），并重新分配了舷号APD-18。1943年4月，完成改装的"凯恩"号赶赴蒙特利湾（Monterey Bay），参加第7步兵师收复阿图岛的两栖训练。5月11日上午，"凯恩"号运载着一支400人的侦察部队在雷达的指引下穿过浓雾在霍尔茨湾登陆。在阿图岛战役期间，"凯恩"号担任医疗后送运输船及在马萨克湾和霍尔茨湾之间运输医疗物资的任务。"茅屋"行动后期，运载第1特勤队登陆小基斯卡岛的也是"凯恩"号。二战中，美国还建造了很多艘类似"凯恩"号这种由护航驱逐舰改造的专门用于运载橡皮艇登陆部队的快速登陆船。

只组成的混合舰队一路向西驶往基斯卡岛。

盟军对基斯卡岛发起进攻的"茅屋"行动于8月15日正式开始。清晨6点30分是南区的主登陆部队（也是美军第一波登岛部队）的行动时间，首先打响的是由运输船队组成的佯攻部队。在舰炮猛烈轰击的掩护下，该部对基斯卡岛的东部通道——天琴湾（Vega Bay）发起佯攻登陆战，以给敌造成盟军正威胁这一重要通道的假相。而在南区主登陆部队行动的5个小时前，第1特勤队第1团便已从"凯恩"号快速运输船和坦克登陆艇上下来，划着橡皮艇穿过北太平洋波涛汹涌且冰冷的海面，在基斯卡岛西侧的"卖国贼"湾（Quisling Cove，代号"9号蓝色海滩"）登陆。他们要在主攻打响前，清除这里的敌军、坚守阵地并用彩色信号板和信号灯标记"9号蓝色"、"9号黄色"和"10号猩红色"海滩（又称为"百合花海滩"）这几个登陆区，以及占领它们附近的制高点——连接林克山（Link Hill）、劳森山（Lawson Hill）、拉里山（Larry Hill）和拉梅山（Lame Hill）的山脊线。值得一提的是，在此次行动中，原本下辖2个三连制营的第1团的编制，临时变更为了3个二连制营，他们将独立行动，坚守到主力登陆。

按作战计划，第1团团部在团长阿尔弗雷德·C·马歇尔中校的率领下，与阿拉斯加侦察特遣队、第1团第1连和第4连，以及登陆部队的抢滩营一起上岸。登陆后，他们爬过岩石遍布的海滩并向内陆推进，以夺取拉里山。第2连、第3连与炮兵前出观察员、地空联络小组一起突破"卖国贼"湾，在"清溪"（Limpid Creek）河口登陆，并沿着河床前进到拉梅山和拉德山（Lard Hill）线。第5连和第6连及其他部队穿过"10号猩红色"海滩的海藻，快速登上林克山。上述部队抵达目标地点后，立即构筑阵地，布置防御火力；随后派出巡逻队前往登陆海滩西南约3.2公里的利夫湾（Lief Cove），其余兵力则向南横穿基斯卡岛，目标直指格特鲁德湾（Gertrude Cove）的日军军营。

弗雷德里克上校和他的司令部紧随第1团之后行动，两艘较小的橡皮艇装满了司令部的人员和通讯设施。但是，他们的出征一开始便不顺利。由于携带了电台、发电机和其他重型装备，加上强洋流的影响，这两艘小艇不仅没有跟上第1团的步伐，反而向深海方向飘去。幸运的是，在黎明时分，他们被海军的一艘布雷艇救起。与此同时，由丹·莱安中尉率领的爆破人员，带着莱安特种炸药在阻挡登陆艇进入"百合花海滩"的巨石间爆破了出一条通道。更多的登陆艇正往"叛国者"湾登陆。

8月15日早上6点21分，在预定时间之前，来自第87山地步兵团和第17步兵团的第一批士兵登陆上岸。至当天傍晚，约有6500人成功登陆，并传来了南区安全的信号。令登陆部队非常意外的是，迄今为止，都没有与敌军遭遇。而返回的巡逻队报告表明，岛上原有的敌军已经匆忙撤走，看起来"就像刚刚发生过一样"。

即便如此，美军判断日本守军可能还躲在岛屿北部的某个地方，部队仍旧保持高度警惕，8月16日的登陆行动将继续按计划进行。基斯卡岛特遣队司令科利特少将命令部队在"中间通道"——海滩湾（Beach Cove）和鲑鱼湖（Trout Lagoon）之间的带状洼地——至日军在基斯卡港的军营这一行动主要目标一线的南侧进行深入巡逻。这样做可能会阻止躲藏在此的日军涌入周围山区利于防守的地域。同时，南区部队原地固守，就像铁砧一样迎接北区部队这一铁锤重重击落。与此同时，弗雷德里克上校和他的司令部登上"凯恩"号离开基斯卡岛，将第1团交由负责南区战场的萨瑟兰上校（E.M. Sutherland）指挥。

8月16日，北区的舰队在里迪准将（J. L. Ready）的指挥下开始向基斯卡岛的"巫术"角

上图是从空中俯视基斯卡湾南面的景象，基斯卡湾南面的地形可一览无余。基斯卡湾位于基斯卡岛东面，日军在这里修建了一个潜艇基地，守岛日军的主营地和海军基地也修筑于此。

下面这张俯视图的角度是由南向北，展现的是第1特勤队第3团在14号海滩登陆的地形和奔袭目标。照片中带有“TOBJ.”标记的就是第3团的奔袭目标，线条是第3团计划的推进路线。

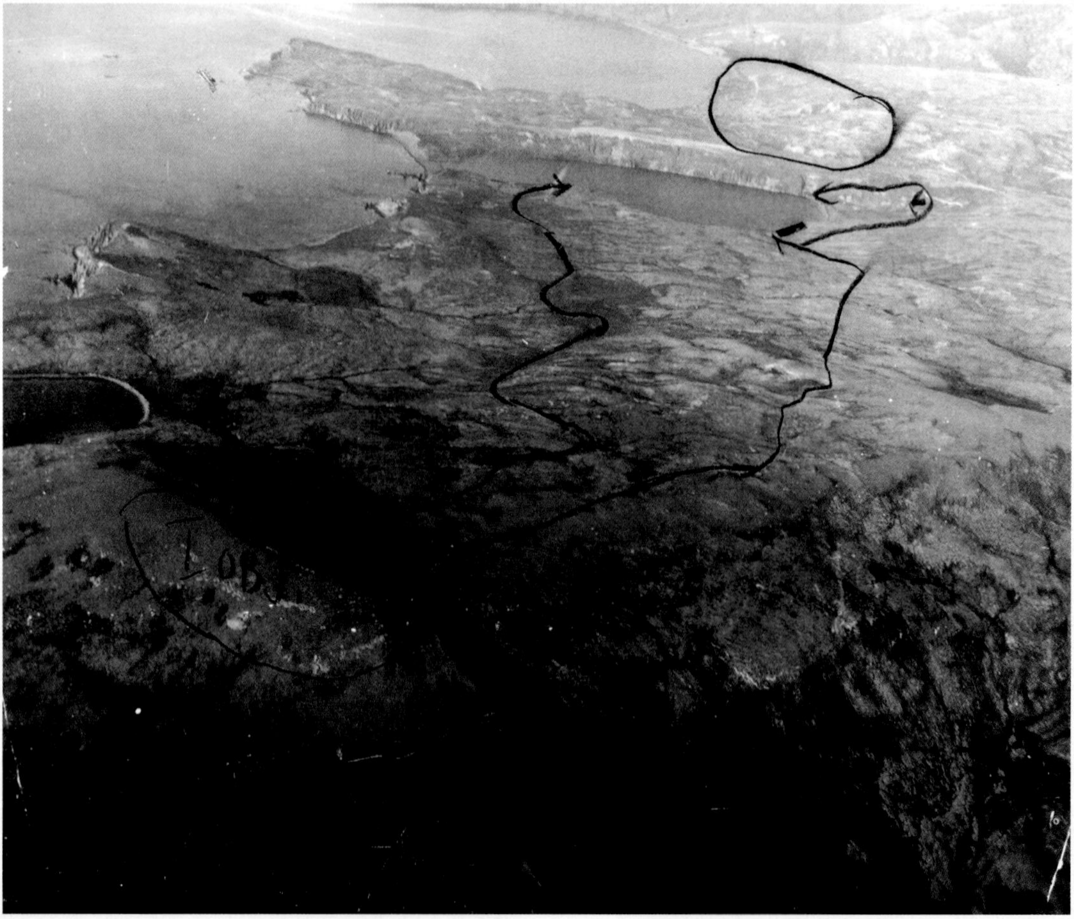

(Witchcraft Point)以北的登陆场——布罗德海滩(Broad Beach，代号“14号海滩”)输送美军第二波登岛部队。第1特勤队仍旧是登陆先锋。8月16日午夜过后不久，第1特勤队第3团在团长埃德温·A·沃克上校(Edwin A. Walker)的指挥下和阿拉斯加侦察特遣队的一支小分队从坦克登陆舰登上橡皮艇，冒着阿留申群岛地区从不消失的厚厚的浓雾，划着橡皮艇驶向1.6公里外的基斯卡岛岸边的岩石环礁——它将岛上的西基斯卡湖(West Kiska Lake)和白令海隔绝开来。按计划，在抵达这窄窄的防波堤后，他们将要立即抬着橡皮艇和装备进入西基斯卡湖，划着橡皮艇穿过该湖，在“游骑兵”山(Ranger Hill)的山脚下的“罗宾溪”(Robin Creek)的河口上岸。

第3团的前锋是第1连的泰勒·马克·拉德克里夫中尉(Taylor Mark Radcliffe)率领的一个排，该排在两位来自阿拉斯加侦察特遣队的向导的指引下首先来到岩石环礁，他们发现海军计划员事先通报的那些易于通行的鹅卵石小路实际上是难以攀爬的大岩石，有些岩石甚至高达3米至3.6米。“被坑”的特勤队员艰难地爬上岩石，穿过这条道路——他们中很多人的战斗负荷超过了40.1公斤。在从登陆地点走了近3.2公里后，德拉克里夫中尉一行抵达西基斯卡湖并再次下水。由于天色暗淡及其他原因，可视度极差，无法找到可以引导前进的地标物，他们只能依靠指南针辨别方向。当第1连驶近西基斯卡湖中部之时，第3团其余部队也正从白令海接近岩石环礁，就在此时，战前为海军计划员们所依赖的厚厚的云彩突然消散，不再遮盖渗透部队，天上的满月直接将水面的部队照得一览无余。面对这种突如其来的局面，官兵们保持冷静并奋力划桨向岸边驶去。第1连在抵达事先分配的登陆区并上岸后，开始向高约437米的“游骑兵”山的山顶爬去。当时的山道陡峭，加上猛烈的几乎刮掉外套的阿留申季风，让特勤队员们的登山过程异常艰难。他们在摸索中前进，并于1小时内占领了山顶。

■ 泰勒·马克·拉德克里夫(1918–2012)
拉德克里夫来自美国堪萨斯州，1941年3月在洛杉矶加入美国陆军服役，后就读于本宁堡的候补军官学校，1942年被选入第1特勤队服役，跟随第1特勤队转战各战场。在“茅屋”行动中，拉德克里夫率部担任第3团的先头部队。1944年6月4日，拉德克里夫率领的第2军联合特遣队成为第一支进入罗马的盟军部队。他在战争中先后荣获银星勋章、铜星勋章、陆军嘉奖奖章和紫心勋章等荣誉。1978年拉德克里夫以上校军衔退役。2012年4月1日，拉德克里夫在海伦娜病逝，后葬于蒙大拿州立退伍军人公墓。

当第3团主力沿着第1连的路线穿过湖泊和内陆，占领“暴乱”山(Riot Hill，可直接俯视基斯卡湾，是岛上重要的制高点)和“游骑兵”山之时，第3团还派出一支排级分遣队沿着海岸线朝着西南巫术角方向进发，他们的目标是“布罗德海滩”的14号绿色海滩和14号红色海滩。在抵达目的地后，他们将做标记引导北区的主攻部队——第184步兵团、第87步兵团、第301侦察部队和加拿大第13步兵旅登陆。8月16日凌晨4点，在岛上站住脚的第1特勤队第3团派出巡逻队前往东面的“玫瑰”山(Rose Hill)，并在连接“暴乱”山和“游骑兵”山之间的山脊上挖掘战壕。在此过程中，第3团也发现和南区同样的场景——没有发现日本人的踪影，满是弹坑的地面显示出这里的敌人已经提前撤走，仅在战壕里给美军留下了干瘪的假人。

■ 左上图是1943年8月14日在阿姆奇特卡港，一名准备登上“凯恩”号突击人员驱逐舰奔袭基斯卡岛的第1特勤队第1团的士兵的装扮。和“茅屋”行动中战斗梯队的特勤队员一样，他穿着伞兵靴、山地裤、寒带野战夹克，戴着在第1特勤队很受欢迎的M1941型卡其色羊毛针织帽，手里提着M1C型钢盔，手上还戴着毛织手套。他的装备包括：1条携带了9个弹夹袋和1个M1918型双联装弹匣袋（装M1911A1型手枪弹匣）的子弹带、配备M1942型刺刀的M1型步枪、M1911A1型手枪、1条携带6个8发弹夹的子弹带。出于他的连长对战况的慎重估计，一名步枪手身上携带的弹药量在128–224发子弹之间。

■ 左页右图和本页左图是1943年8月15日在阿姆奇特卡岛机场，一名全副武装等待空降基斯卡岛的第1特勤队第2团的队员装扮。第1特勤队可能是当时美军所有空降部队中着装最奇怪的，这名特勤队员穿着同时缝有基斯卡岛特遣队和第1特勤队臂章的寒带野战夹克、山地裤、伞兵靴、戴着附加伪装网的M1C型钢盔。虽然第2团大多数队员都选择将V42型格斗匕首捆扎在小腿上，但这名队员选择将匕首悬挂在腿袋位置。他身上的其他装备和武器包括：B3型救生衣、M1911A1型手枪、汤普森M1A1型冲锋枪、装备携行具。他的肩上背着T5型降落伞的主伞包，右手提着副伞包。

■ 上图是T5型降落伞主伞包，在配备第1特勤队的那段时期，T5型降落伞是美军中相当稀罕的装备。

岛上没有发现任何日本守军，这给特勤队员们带来很大疑惑，其中有一位回忆道："上岸时没有发现敌人的任何踪迹。我们毫不犹豫地执行下一步行动，登上陡峭的高地，在主峰周围挖掘战壕。当主力部队登陆并巩固登陆场后，我们从山脊出发开始寻找'玩失踪'的日本人。现在，突袭登陆的成功的喜悦变成了迷茫，他们在哪里？

"在废弃的防空洞中，我们看到了还晾在墙上的衣服，桌上的盘子里甚至还有吃剩的食物，这些食物还没有发霉，说明这一切发生的时间并不长。所有的事情都很奇怪，时刻将海面完全笼罩的浓雾更是加重了这种疑惑。"

8月16日上午10点，南区和北区各自派出的巡逻队在位于基斯卡湾的日军主营地会合，所有对岛上是否还有日本人的疑问得到了证实：日本人已经提前撤离了该岛。幸运的是，由于匆忙撤离，日军没有什么时间埋设地雷或布置陷阱。而且，第1特勤队所表现出的稳定的心理素质和严明的纪律，也使这支初上战场的突击队的伤亡少得几乎可以忽略不计。整场行动中，第1特勤队仅有2人负伤，而且都是安全事故：第一位伤员是第1团的一位名叫刚奇奥拉（Conchola）的墨西哥裔士兵，他被第87山地步兵团的人当做日本人误伤了手臂；第二位则是被战友身上的手榴弹掉落走火误伤的。和第1特勤队相比，其他登陆部队就没这么走运了："在能见度非常有限的环境中，人们容易变得疑心大作，并由此发生了一些枪击事件。"尽管岛上没有日军的疑问已经被证实，但戏剧性的是，在岛上的第一夜便出现了"友军火力误伤"的乌龙事件，如第87山地步兵团的几个连因为惊恐和疑惑发生相互交火，甚至动用了迫击炮和机枪，直到外人介入，他们的"友军互射"才停止。登陆部队在第一天便死亡21人，还有121人负伤或生病。而在为期4天的基斯卡岛之战中，盟军伤亡313人，其中死亡32人（28名美军，4名加拿大军），伤亡原因都是友军误伤、诡雷、疾病和寒冷的天气。

当8月15日和16日，第1特勤队在基斯卡岛上相继"放了个空炮"的时候，作为第1特勤队预备队的第2团是在阿姆奇特卡岛机场上和C-47型运输机待在一起的，他们时刻准备在需要时伞降登陆支援其他2个团。直到岛上确认并无敌军后，弗雷德里克才命令他们解除待命状态："孩子们需要换双新鞋了。"第2团的官兵们在感到解脱之余，其情绪又不免带着失望，首战就这样落空了。

■ 这是1943年8月16日在基斯卡岛的莉莉海滩（Lilly Beach）上，被友军火力"关照"的伤员正在等待登陆艇将他们撤走。注意图右背对着镜头的那名美军士兵，他是第1特勤队的一名队员，这名队员穿着伞兵靴和山地裤，右小腿上别着一把V42型格斗匕首。

■ 这是1943年8月魁北克会议期间在城堡的阳台上，与会的美国总统罗斯福（前排左一）、加拿大总督阿斯隆伯爵（Athlone，前排右一）、加拿大总理麦肯齐·金（Mackenzie King，后排左一）和英国首相丘吉尔（后排右一）的合影。这场会议为"霸王"行动打开了绿灯。当时，会议在讨论盟军1944年在法国北部登陆问题上发生了严重分歧。英国提出了英、美军队在意大利推进和向南欧巴尔干地区进军的计划，继续反对在西欧开辟第二战场；美国则力主盟军在西欧的主要任务应当是横渡英吉利海峡进攻欧洲大陆。英国的计划最终未能通过。会议再次确认，"霸王"行动应比任何地中海新计划占有优先地位。在这次会议上，丘吉尔主张保留第1特勤队以使用于欧洲战场，而意大利是最能发挥他们作用的地方。同时，会议还决定，尽快将第1特勤队从阿留申群岛的任务中召回美国本土，为下一场战斗做准备。

在基斯卡岛的形势稳定下来后，科利特少将派遣第1特勤队第1团（缺第1营）于8月16日前往基斯卡岛旁的小基斯卡岛进行侦查搜索；8月17日，第1团第1营则被派往据基斯卡岛东北约19.3公里的塞古拉岛进行"扫荡"。这两场行动依旧没有发现敌人。8月18日，弗雷德里克接到了将第1特勤队全部撤回旧金山的命令。

正当第1特勤队在基斯卡岛进行登陆作战之时，8月17日至24日，美国、英国、加拿大在加拿大的魁北克市召开了代号"象限仪"（Quadrant）的绝密会议——第一次魁北克会议（Quebec Conference）。在这场讨论"霸王"计划和意大利、巴尔干半岛作战的战略主次问题的会议上，对第1特勤队的使用成为了会议讨论的一个热点。早在会议召开之前的8月8日，蒙巴顿勋爵在递交给联合作战委员会的备忘录中便陈述：

"已经对'犁'计划部队在中欧连同在法国南部发起一场'声东击西'的掩护'霸王'行动的欺骗行动、或从意大利北部向维也纳展开一场推进行动的可能性进行了考察。1944年元旦至4月底或5月，阿尔卑斯地区的雪情对行动较为合适，但这里的地势对车辆总体来说太过陡峭，而且第1特勤队必须主要作为空降－滑雪部队来使用。而在这一地区，可能对滑雪部队造成的阻碍使第1特勤队因为规模过小而无法作为独立角色发挥作用，因此他们仅可能在当地作为主要行动的支援力量来使用。"

这次会议上，与会者们就合理使用第1特勤队的问题提出了几个建议，如建议将其作为一支能够掩护主力部队的牵制性部队；或者作为一支能够空降在主力部队前方，攻占或破坏重要目标的部队；抑或作为一支能在敌后进行游击战或与游击队合作行动的部队。最后，会议暂时确定：第1特勤队的使用视意大利战场上的战况进展再做决定，并尽快将其从阿留申群岛调回美国本土。

另外，有人建议这支突击队应该在艾森豪威尔指挥的地中海战场上扮演更重要的角色，这促使第1特勤队在1943年底被投入意大利战场。

8月19日，第1特勤队第1团和第3团登上“詹姆斯 · 富兰克林 · 贝尔”号攻击运输舰(USS J. Franklin Bell)前往埃达克岛进行短暂停留。8月22日，第2团和保障营结束了在阿姆奇特卡岛的驻守并登上“约翰 · B · 弗洛伊德”号运输船前往埃达克岛，他们将在那里转乘“海伍德”号攻击运输舰(USS Heywood)。“詹姆斯 · 富兰克林 · 贝尔”号和“海伍德”号先后于8月23日和24日从埃达克湾起航，返回旧金山。

■ 这是1943年8月在基斯卡岛，登上该岛的基斯卡岛特遣队司令科利特少将。虽然日军已经撤走，第1特勤队首战落空，但科利特少将对第1特勤队在“茅屋”行动中的表现给予了赞誉。注意科利特右臂上的臂章，这款被称为“科利特的长刀”(Corlett's Long Knives)的基斯卡岛特遣队的臂章是“茅屋”行动时期，该特遣队下属的各部队都佩戴的标志。

尽管第1特勤队的第一次战斗部署因为敌军的悄然撤走而落下帷幕，没有获得什么实战经验，但这次行动也为第1特勤队提供了一次绝好的“实战彩排”，这支突击队在行动中克服了不利于行动的光线、天气和地形等因素，其中所展现出来的熟练的技战术水平、出色的适应能力和作战效率证明了自己已经做好了实战的全部准备。科利特少将高度评价了第1特勤队在整场军事行动中所表现出的专业素质：

“在收复基斯卡岛的行动中，第1特勤队在我的指挥下作战。他们根据行动计划执行了所有任务，即使没有遭遇到敌人，但他们的任务毫无疑问是艰难且危险的。在伸手不见五指的黑夜里，他们乘坐橡皮艇在预想的敌军滩头登陆，穿过崎岖的地形——那里还有狡猾的敌军隐藏的陷阱，根据计划按时抵达了指定位置。在战场上，士兵是不可能舒适地完成任务的，因此第1特勤队的这些小伙子们长时间地处于艰险的环境中。因为所表现出的无私奉献的精神，第1特勤队的所有官兵应该得到高度赞誉；尤其应赞扬的是罗伯特 · 泰伦 · 弗雷德里克上校——因为他所表现出的杰出的领导能力和忠于职守。弗雷德里克上校身上有一股力量，它能在任何困难的战斗环境中焕发出极大价值。”

作为“茅屋”行动最后的注脚，需要对日本守军是怎样溜走的进行一个说明。在阿图岛之战开始后不久的1943年5月19日，日军大本营便决定放弃之前在阿留申群岛这一地区的全部投入，撤走基斯卡岛上的守军。从5月27日开始，日军用潜艇实施了多次尝试，结果在5月期间用潜艇从该岛撤出了872人。5月30日美军占领阿图岛后，日军在阿留申群岛上的最后立足点基斯卡岛便陷入了阿图岛和阿姆奇特卡岛的包围中，朝不保夕；而且，美军海军巡逻舰艇的频繁活动让潜艇撤退的方式出现了巨大风险，就此，日军不得不在6

月23日停止使用这一方法撤退。1943年7月29日下午17点35分，日本海军第5舰队趁着海面大雾弥漫，奇迹般地悄然穿过美国海军的封锁线进入基斯卡湾，将剩余的4819名（一说是5183名）基斯卡岛守备队官兵悄然撤走。这场充满“中奖”色彩的撤退行动耗时还不到1个小时，其行动之秘密致使美军在半个月后发起登陆时都不知道日军已撤走多时了。

■ 上图是基斯卡岛上的守军撤往北千岛。最初在5月12日，大本营向驻基斯卡岛的北海守备队第1地区队下达死守命令，但到5月21日又发布了撤军命令，使用第5舰队的潜艇撤出守军。但是，这一撤军方式风险很高，先后有18艘潜艇被击沉，日本遂停止了这一做法。在潜艇撤出行动失败后，日军分别在7月4日、7月11日和7月20日准备秘密撤退，但都因气候原因，舰船不能靠岸，未能实现。1943年7月29日13点30分，日本海军第5舰队司令官河野中朗中将亲自指挥撤军行动，以第1水雷战队为主，派出巡洋舰两艘、驱逐舰1艘、油船2艘，趁海面上大雾弥漫、美军封锁部队补充燃料暂时后退之机，驶入基斯卡港，仅用55分钟便将剩余守军官兵全部撤离，创造了一次极为成功的撤退战例。在这次撤退行动中，日军无一伤亡，因此日本方面又将其称为“奇迹作战”。而美军方面对日本的秘密撤退一无所知。美军吸取阿图岛惨重的伤亡教训，从8月1日起对基斯卡岛先后进行了100余次空中轰炸和15次舰炮射击，殊不知岛上已空无一人。在对着空岛进行火力洗礼两周后，美军大规模实施实施登陆行动，第1特勤队在主力登陆前便摸上基斯卡岛抢占岛上制高点，为登陆部队扫清道路，但扑了个空。基斯卡岛战役期间，参战的美加军队因为各种意外事故伤亡313人，尤其是美军的“艾伯纳 · 里德”号驱逐舰（USS Abner Read）因为触发日军水雷而被炸飞了大部分船尾，71名水兵死亡，47人负伤。

第1特勤队军旗

对于美国和加拿大的军事单位来说，拥有自己单位的军旗是一项习惯。从传统上来说，军旗代表这个单位的“灵魂”，在激烈的战斗中对士兵也会带来强烈的凝聚力。不过，弗雷德里克于1942年底在与渥太华商议第1特勤队的军旗问题时却陷入困难境地，因为当时加拿大国防部认为第1伞兵营和第2伞兵营都是临时性机构，没有获得军旗的资格——当时加拿大国防部看到这两个单位在战争中的作用，却不认为它们在战后还有保留的价值；而且，在弗雷德里克提出军旗问题时，加拿大第2伞兵营并非加拿大陆军中一个实际存在的单位。鉴于以上原因，加上第1特勤队实际上是由美国人指挥的事实，第1特勤队的军旗采用了美国传统军旗式样，没有添加加拿大的一丝元素。

1942年11月，在审查第1特勤队军旗上的纹章图案之时，弗雷德里克向美国陆军部和加拿大国防部请求，私下订购一面美国国旗和代表加拿大的英国国旗。11月11日，弗雷德里克向位于华盛顿的加拿大陆军参谋部询问加拿大国旗的有关事项。据当日从华盛顿发往加拿大国防部的文件记载：“弗雷德里克建议采用一面绸制英国国旗，与美国国旗相匹配，作为第1特勤队军旗。你能在命令中非正式建议在英国国旗上加具流苏吗？”在军旗边缘上加饰带流苏、在旗杆加尖顶兵配以金穗是美军传统，对此加拿大国防部非常清楚地表示，任何使用的旗帜不能被误认为是加拿大部队的军旗，而仅是一面代表第1特勤队的军旗。1942年11月14日，美国军械部发布一项备忘录进行了说明：“为了国旗的形态不被误解（如果被完全允许使用的话），英国国旗保持完整状态，不添加流苏和饰穗，旗杆上也不增加尖顶，以此确保它永远不会作为一支部队的军旗，同时也不在其上添加任何座右铭。”

两天后，军械局行政管理部门主管通过了军械局于14日的备忘录条款并将此事转给军械局局长。11月21日，参谋勤务处向行政管理部门转达了如下意见：“从过去经验来看，旗帜增加流苏便表明这是一面军旗，根据加拿大的意见，不允许这么做。可采用一面朴实无华的丝绸制或羊毛制英国国旗代表加拿大第1伞兵营（编注：加拿大国防部内部对第1和第2伞兵营的混淆状况直至1943年5月，国防部将第2伞兵营重新指定为加拿大第1特种作战营才结束，很显然美军参谋勤务处将第2伞兵营误认为第1伞兵营），这面旗帜上不添加任何铭文或修饰图案。同意这面旗帜采用统一规格，即3英尺9英寸长，3英尺宽，旗杆长8英尺7.5英寸。这面旗帜应该套在旗杆上，而非绑在或挂在旗杆上。”这一意见在11月30日被加拿大驻华盛顿的武官转呈给持续关注此事的加拿大国防部，得到了后者的完全赞同，但最后建议“旗帜是否遵循上述意见，应参考弗雷德里克的意见。”

尽管弗雷德里克可能同意上述意见，不过从现有历史照片表明，这些意见已经被他所无视。可能是因为时间紧迫，弗雷德里克在得到渥太华的回复时便已经按自己的意见处理那面英国国旗了，最终，这面英国国旗的边缘加上了流苏，旗杆添加了尖顶，同时还在每面旗帜旁添加了一条红－白－蓝三色饰穗。如此样式的英国国旗，和美国国旗、第1特勤队军旗一起成为第1特勤队的代表旗帜。

1943年2月10日，弗雷德里克获得了陆军部助理参谋长、人事参谋诺兰上校（Nowland）的特别授权，设计和完成第1特勤队军旗。2月23日，第1特勤队后勤参谋奥瓦尔·J·鲍德温将相关规格的建议发给加拿大国防部纹章部门审核：

1. 军旗将采用红色的丝绸或人造纤维布料，以及美军的标准尺寸（4英尺4英寸×5英尺6英寸）和式样；

■ 这是鲍德温发给加拿大国防部审核的第1特勤队军旗的规格的文件中，关于军旗上纹章形象的原始图案。正如文件中所描述的那样：银白色，一把倾斜的格斗匕首，刀柄向下，黑色。

2. 军旗的三面将采用标准的黄色流苏；

3. 与众不同的纹章设计将在下文第4段文字中进行说明；

4. 书写部队座右铭的绸缎（编注：即军旗上白头鹰叼着的白色绸缎）将留空；

5. 书写部队名称的绸缎上将书写“第1特勤队”字样；

6. 根据日常习惯，旗杆上增加一条8英尺6英寸长的饰穗；

7. 纹章采用白底，叠加该部队使用的格斗匕首的黑色高亮图案。具备与众不同外形和图案的格斗匕首仅配发给第1特勤队使用。

纹章已于1943年2月23日被加拿大国防部认可，纹章描述如下：

盾型：银白色，一把倾斜的格斗匕首，刀柄向下，黑色

顶饰：无

座右铭：无

这面军旗最终于1943年3月29日被陆军部长批准并传达给第1特勤队。弗雷德里克将军旗的生产私下承包给了费城军需仓库，但还是未能赶上1943年4月6日在海伦娜的阅兵游行，第1特勤队只能打着修饰过的美英两国国旗走过海伦娜的大街。1943年4月，第1特勤队在弗吉尼亚州的布拉德福德军营的两栖训练基地驻扎下来后，这面军旗才到货，此时已经在阅兵游行的两周之后了。情报参谋博汉斯回忆：“恰逢4月24日有一场阅兵，与此同时我们的军旗也到货了。”

1944年12月，第1特勤队解散后，第1特勤队军旗被移交给美国陆军部保管，而被修饰过的英国国旗则被发现身处于1945年1月被解散的加拿大第1特种作战营的部队财产中，经加拿大陆军参谋部同意，该面旗帜被转交给美国陆军部。“我们认为，为了纪念第1特种作战营和第1特勤队中美军部队的友谊，因被送交华盛顿保管，而明白此举意义的华盛顿可能会将其保存在军事学院或西点军校中。”最后，这面英国国旗被西点军校保存，第1特勤队军旗由北卡罗来纳州布拉格堡（Fort Bragg）的美国陆军肯尼迪特种作战中心和学校（JFK Special Warfare Center and School）的博物馆收藏，那面美国国旗则在战争结束后被送给了挪威国王哈康七世（King Haakon VII）。

■ 右上图是1943年4月6日在海伦娜的阅兵游行活动中的第1特勤队的旗手和护旗手。可以看到，他们只打着美国国旗和加拿大宗主国英国的国旗。注意这两面旗帜边缘都已经增加了流苏装饰。很明显，弗雷德里克没有理睬上峰的指示。

SPECIAL SERVICE
FIRST
FORCE

1
1

■ 左页上图是保存在肯尼迪特种作战中心和学校博物馆的第1特勤队军旗。左页下图是第1特勤队第1团第1连的连旗，交叉箭头上面的序号代表团番号，下面的序号代表连番号，若是团部的旗帜，下方的序号则用“HQ”表示。本页上图是某场仪式上第1特勤队3面旗帜的特写。下图是特勤队员在镜头前展示他们的军旗。

上图是1943年7月在阿姆奇特卡岛上，第1特勤队队员正在搭建通讯部门的帐篷。阿姆奇特卡岛上的环境并不佳，特勤队员基本都是住在帐篷里。

左图是在阿姆奇特卡岛上的驻地，一名头戴M1941型卡其色羊毛编织帽的特勤队员正在帐篷门口整理他的M1型步枪，脚下是他的M1型钢盔。注意这名队员脚上穿的齐膝高的靴子。阿姆奇特卡岛上淤泥遍地，强风不时袭来，这种靴子可以保护脚部干燥。注意这名特勤队员脚底的木板人行道，这在第1特勤队的驻地中随处可见，这是避免队员们陷入泥泞的青苔沼泽地中的措施。

上图是1943年7月在阿姆奇特卡岛，特勤队员们正在驻地外围挖掘护墙，他们的金字塔型帐篷就搭建在护墙外的平台上。下图也是1943年7月在阿姆奇特卡岛，营部连通讯排的特勤队员们正在电话线连接到接线总机上。

■ 上图是在阿姆奇特卡岛的驻地里，几名特勤队员的合影。注意他们身上的各种装束，包括连体工装、山地裤、寒带野战夹克、伞兵靴和高筒鹿皮靴，这张照片很好地展示了当时第1特勤队物资匮乏的窘境。下图是特勤队员们正在阿姆奇特卡岛上的一个淡水湖中取水，岛上有很多淡水湖，第1特勤队的生活和工作用水都来自于此。

■ 上图是在阿姆奇特卡岛上，第 1 特勤队保障营勤务连正在为战友准备热饭菜，旁边是等着开伙的特勤队员。下图是在阿姆奇特卡岛上，几名身穿连体工装、头戴 M1941 型卡其色羊毛编织帽的特勤队员在吃饭。在阿留申群岛的艰苦环境下，热饭菜是参战人员不多的奢望之一。

■ 上图和下图都是在阿姆奇特卡岛上，特勤队员们排队等着开饭。注意上图镜头前这几名特勤队员，他们的橄榄绿色人字斜纹布连体工装外套着寒带野战夹克，左臂上是第1特勤队的标志和军衔。下图照片正中那名伸出杯子打热咖啡的特勤队员，他的制服左臂上缝着一个基斯卡岛特遣队的臂章。

上图截取自关于第1特勤队的纪录片《自杀性任务之黑色魔鬼》，这是在阿姆奇特卡岛上，特勤队员们正在搬运物资。下图是1943年8月在阿姆奇特卡岛上，第1特勤队司令部的情报部门正在工作。“茅屋”行动最大的失误是情报的缺陷，致使登陆部队搞了一次武装大演习，也让第1特勤队在此后的战斗中特别注意收集情报，但类似基斯卡岛的“乌龙”事件在1944年8月的登陆法国南部战役中又上演了一次。

上图是1943年七八月间在阿姆奇特卡岛海域，第1特勤队从机械化登陆艇((Landing Craft Mechanized，缩写为LCM)和车辆人员登陆艇上下来操纵橡皮艇进行两栖登陆训练。下图也是在阿姆奇特卡岛的演习期间，特勤队员们乘坐橡皮艇登陆滩头阵地后，向高地的模拟目标发起突击。右图是在阿姆奇特卡岛上，几名特勤队员正在规划训练场地。在“茅屋”行动前，第1特勤队进行了周密的战前演练，这也是吸取美军收复阿图岛时准备不充分的经验教训，但因为基斯卡岛日军的撤离，第1特勤队的第一次战斗部署宣告落空。

上图是在阿姆奇特卡岛的演习中，特勤队员们飞快地穿过齐腰高的岸边草丛向目标渗透。此类战术他们将准备用于基斯卡岛的行动中。下图也截取自纪录片《自杀性任务之黑色魔鬼》，在阿姆奇特卡岛演习中的一名特勤队员端着他的 M1 型步枪正在冲锋。

左页上图是1943年8月14日在阿姆奇特卡岛，第1特勤队第1团或第3团的官兵们正全副武装登上运输卡车从营地出发前往港口登船。左页下图是第1特勤队第1团第4连的队员们乘坐在驶向阿姆奇特卡港的卡车上，车上右二那名叼着雪茄的特勤队员名叫亨利 ·G· 巴祖尔托（Henry G. Bazurto），他是美籍墨西哥人，二战时期服役于第1特勤队，在战争中获得过紫心勋章、铜星勋章、银星勋章等荣誉。

本页上图拍摄于阿姆奇特卡港，特勤队员们下车准备登船。下图是1943年8月14日在阿姆奇特卡港，第1特勤队的官兵在等待登船前往基斯卡岛。注意右三那名特勤队员戴的M1C型钢盔下的下颏兜，以及左二那名队员身上穿戴的自制的弹药背心。

上图是“茅屋”行动发起前在阿姆奇特卡岛的码头上，1艘步兵登陆艇（Landing Craft Infantry，缩写为LCI）上挤满了特勤队员，准备将他们运送到指派给第1特勤队的运输船上。下图是在1艘步兵登陆艇上的第1特勤队第1团的部分人员。面对即将开始的突袭行动，这些特勤队员看起来斗志昂扬。

■ 上图是1943年8月在登陆基斯卡岛前，第1特勤队的队员们正往脸上涂抹伪装油彩。下图也是1943年8月登陆基斯卡岛前在运输船船舱里，正在军官食堂吃早餐的第1特勤队的军官们。他们的脸上也满是伪装油彩。注意在这两张图片中，特勤队员的制服上都缝着第9两栖训练支队的具有“科里克的长刀”昵称的臂章。这款臂章的制作非常简单，将卡通图案直接印在牛仔面料上，在阿姆奇特卡岛或埃达克岛的军中福利商店中都能购买到。

■ 上图是1943年8月15日在阿姆奇特卡岛的机场上，在运输机下方待命的第1特勤队第2团的队员们开着有趣的玩笑，驱赶临战前心中的紧张。下图也是截取自纪录片《自杀性任务之黑色魔鬼》，“茅屋”行动期间，第2团的队员们在运载他们的C-47旁待命。

■ 这是1943年8月15日在阿姆奇特卡岛机场上待命的第2团的2名队员。左边这名队员全副武装，穿着B3型救生衣，戴着M1941型毛织无檐套头帽，右边这名队员把身上的装备卸得一干二净。这2名队员都穿着寒带野战夹克、山地裤和伞兵靴，头戴M1941型卡其色毛织无檐套头帽。

■ 左页上图是1943年8月15日在阿姆奇特卡岛的机场上，第1特勤队第2团的几名特勤队员正在待命，注意他们身上背着的白色伞包，那是白色款的T5型降落伞。“茅屋”行动时，第1特勤队中的白色款的T5型降落伞约有100具。左页下图是第2团的特勤队员们正在登机。第2团在“茅屋”行动中担任第1特勤队的预备队，随时准备以空降形式登陆基斯卡岛。

■ 本页上图是1943年8月15日在阿姆奇特卡岛的机场，第2团的特勤队员们正在登机。下图是在1架C-47型运输机的机舱内，第2团第1营的部分人员背负着白色款的T5型降落伞，等待出发的命令。但是，他们最后等到的是解除戒备的命令。注意图中右二那名特勤队员，在他的军装左臂上分别缝着第9两栖训练支队和第1特勤队的臂章。

■ 上图是1943年8月15日在基斯卡岛的“卖国贼”湾附近的草丛里，第1特勤队的指挥官弗雷德里克上校正在这里休整。他的脸和其他特勤队员一样，都涂着伪装油彩。注意弗雷德里克右臂上方也缝制着基斯卡岛特遣队的臂章。另外，注意他的M1C型钢盔上的上校军衔标志已经被涂成了黑色。登陆基斯卡岛的每一个人都接到命令，将钢盔上的军衔标志涂成黑色，以免引起敌军狙击手的“关照”。

■ 右图是阿留申群岛战役期间，参与解放基斯卡岛的盟军部队佩戴的名为“科利特的长刀”的基斯卡岛特遣队臂章。

■ 上图是1943年8月15日在基斯卡岛的"卖国贼"湾附近，第1特勤队第1团团部的人员正在休息。注意在他们背后树立的是为登陆部队标记道路的海滩标记面板。

■ 下图也是1943年8月15日在基斯卡岛的"卖国贼"湾附近，16名特勤队员正在滩头阵地上休息，他们也来自第1团。这些特勤队员大多装备着M1型步枪，注意前排右三那名上士，他的武器是1支汤普森M1A1型冲锋枪，他应该是一名班长。这些特勤队员们大都戴着罩有伪装网的M1型钢盔——少数几个戴着毛织无檐套头帽，穿着寒带野战夹克、山地裤和伞兵靴，脸上涂满了伪装油彩。注意前排左三那名队员，他的第1特勤队臂章没有缝在胳膊上，而是缝在衣袖上。

■ 上图截取自纪录片《自杀性任务之黑色魔鬼》，第1特勤队第1团的2名队员在他们的基斯卡岛登陆地点竖起一面美国国旗。下图是他们登陆场景的远眺视图。

■ 上图是“茅屋”行动期间在第1特勤队登陆的滩头，各种物资正从登陆艇上卸下来，特勤队员们将物资堆放在海滩上。下图是“茅屋”行动期间在基斯卡岛北部的14号海滩，盟军部队正在登陆。这里是第1特勤队第3团的登陆点。在第3团于8月16日午夜乘坐橡皮艇登陆后，加拿大第13步兵旅和美军第53步兵团、第184步兵团也在此登陆。

■ 这是1943年8月16日在基斯卡岛的露露山（LuLu Hill）上，第1特勤队第1团的一名下士正在日军遗弃的一处战壕里检查熟悉日军遗留下的1挺九六式6.5毫米轻机枪和其他装备。这个下士戴着一顶羊毛针织帽，手上还戴着毛织手套，他的其他装备悬挂在育空河背架上，斜靠放置在战壕里。从图中可以发现，这些装备包括：M1型步枪、装备携行具、V42型格斗匕首、M1C型钢盔等。在参与“茅屋”行动之前、甚至是抵达阿留申群岛之前，第1特勤队便为即将面对的日军进行了不少准备。据“加拿大第1特种作战营”的战争日志记载：“1943年7月14日。在早餐前，亚当斯上校给军官们进行了一场短暂的谈话，告知他们：他们已经对部下失去控制，纪律糟得惊人，必须立即检查军纪；而且每人每天必须剃一次胡子；不管是否晕船，都必须睡在甲板上。今天一两艘船有射击训练。最近刚被美国陆军任命为上尉的平民徒手格斗专家奥尼尔给军官们进行了一堂讲座，教给我们一些必须掌握的日语单词，以及日军军官和士兵的鉴别方法，诸如军衔、服役部门等。在这一天，基斯卡岛的地图也被分发给军官和班长，一同下发的还有第9两栖特混舰队的臂章，让我们把臂章缝在军装胳膊上。这个臂章是圆形蓝底、中间带有匕首的式样。”

■ 上图是左页图另一角度，这名下士正在使用这挺九六式轻机枪进行瞄准，这款轻机枪在中国也被抗日武装称为“拐把子”。下图是1943年8月16日在基斯卡岛的莉莉湾，第1特勤队第1团的几名特勤队员在巡逻后清理维护他们的武器。这些队员们都穿着伞兵靴、配着陆军航空兵吊裤带的山地裤，戴着M1941型毛织无檐套头帽。左边那名队员穿着一件缝有基斯卡岛特遣队和第1特勤队臂章的寒带野战夹克。右边那名正在打磨他的V42型格斗匕首的特勤队员，直接把“科利特的长刀”臂章缝在衬衣上。

■ 上图是1943年8月16日在基斯卡岛上，第1特勤队的几名队员正在用他们的野战饭盒喝咖啡。注意他们的军装上，也缝着"科利特的长刀"臂章。这些队员有些戴着M1C型钢盔，有些则戴着M1941型毛织无檐套头帽。

■ 右页上图是1943年8月16日在基斯卡岛上，2名特勤队员正在检查他们缴获的1具日军八九式50毫米重掷弹筒。注意图中左边那名队员的左腰间配着1把M1918型双刃短刀（又被称为"关节匕首"，多用于壕沟间的肉搏）。另外，他们分别戴着M1941型毛织无檐套头帽和M1941型卡其色羊毛针织帽；左边那名队员脱掉了战斗服，里面穿着一件针织衫，右边那名队员的寒带野战夹克已经又脏又皱。在美军中，八九式50毫米重掷弹筒又有"膝盖式迫击炮"（knee mortar）的昵称，因为这种掷弹筒看起来非常小巧，仿佛可以直接抵膝射击，但实际上，若真如此操纵，掷弹筒的强大后座力可以将腿骨直接震断。

■ 右页下图也是在基斯卡岛上，2名特勤队员正在吃饭。他们都穿着寒带野战夹克。注意图中右边那名队员，他的M1C型钢盔下戴着一顶M1941型毛织无檐套头帽。

■ 这张照片可能也拍摄于基斯卡岛上。这名特勤队员身穿寒带野战夹克，头戴 M1C 型钢盔，背着1支 M1型步枪。和弗雷德里克上校不同，他将基斯卡岛特遣队的臂章和第1特勤队的臂章一起缝在战斗服左胳膊上。

■ 左图是在基斯卡岛的某处高地上，一些美军士兵正在巡逻，暂时无法判断他们是否是特勤队员。由于美军情报的失误，“茅屋”行动扑了个空。虽然第1特勤队的首战落空，但也并非没有好处，他们得到了宝贵的两栖作战行动的经验——即使是演习经验。

■ 右图是“茅屋”行动时期在小基斯卡岛上，盟军的一排帐篷营房，在帐篷前还停放着一辆T-15型“黄鼠狼”运兵车，背景岛屿就是基斯卡岛。8月16日，第1特勤队第1团奉命登上小基斯卡岛搜索敌情，但没有任何发现；8月17日，第3团也被派往基斯卡岛旁的塞古拉岛搜索，依旧毫无发现。

■ 左图是“茅屋”行动时期在基斯卡岛的滩头，第1特勤队的T-15“黄鼠狼”运兵车正在运送物资。在第1特勤队日后的战斗中，“黄鼠狼”基本成为物资运输车辆。

■ 右图是在基斯卡岛上，第1特勤队的1辆T-15型“黄鼠狼”运兵车正在维修。该型运兵车及后来的改进型T-24在“犁”计划取消后都广泛装备美军部队，它在雪地和泥泞地形中具有良好的机动能力，但其悬挂系统在应付意大利夏季的岩石地带却力不从心。值得一提的是，这款运兵车在装备第1特勤队后，在实战中几乎都没怎么被使用，在其他部队反倒被频繁使用，可谓“墙内开花墙外香”。

■ 上图是在基斯卡岛上，日军遗弃的火炮及用植被进行了伪装的野战炮位，这可能是1门四一式75毫米山炮。

■ 右图是1943年8月在基斯卡岛的日军驻地里，一名美军士兵正在吃守岛日军留下的军粮。在这所掩蔽物的墙上，还写着“消灭美军”、“美国无条件投降”等标语口号。

■ 下图也是在基斯卡岛上，1门被日军遗弃的岸防重炮，炮身上的炮衣都未卸下。

■ 左图是下图是盟军收复基斯卡岛后，在基斯卡岛上发现的一处日军建造的微型潜艇基地，这里遭遇了严重破坏，图中那几艘日军的微型潜艇应该是日军撤离时破坏的。

■ 右图是在基斯卡岛上，日军遗弃的1门高射机关炮，这可能是1门九六式25毫米双联装高射机关炮。注意其背景，有一座登陆盟军支起的金字塔型帐篷，帐篷旁是正在吃饭的盟军士兵。下图是在基斯卡港，1艘被日军遗弃的登陆艇停靠在码头上。在1943年7月29日的秘密撤退中，它被守岛日军用来做转移到“阿武隈”号轻型巡洋舰上的渡船。

1943年8月31日傍晚，第1特勤队的船只抵达旧金山湾，部队在下船并等待了几个小时后，一艘渡轮将他们沿着萨克拉门托河（Sacramento River）而下运载到一个名为匹兹堡（Pittsburg）的镇上。队员们行军穿过夜色中的匹兹堡镇抵达宿营地——斯通曼军营（Camp Stoneman）。途中，他们还被引入一座灯火通明的体育场，要求脱光检查是否携带性病。进入军营后，从9月1日至4日，官兵们得到了外出游玩的通行证，家住在密西西比河以西的队员还得到了探亲假，允许他们迟些归队，只要在一周内到伊森·艾伦堡报道即可。留守人员则负责看守部队的补给物资和装备并将它们装上火车，随车前往伊森·艾伦堡，到了目的地，这些人都获得5天假期。

弗雷德里克上校对自己在基斯卡岛的行动中的指挥表现很满意，这次行动使他可以根据实战表现提升军官和士兵们的军衔和职务，他还决定更换部分军官和士兵，并趁此机会进行一次整顿。第1特勤队的大部分军官的表现确实如意料般优秀，他们的军衔将会按规定得到升迁。大体上，连级指挥官晋升为上尉，营级指挥官晋升为中校，团级指挥官则晋升为上校。为了填补因提升而带来的空缺，来自美国和加拿大的新的补充兵员再次被引进到第1特勤队中——这里面有第2团团长唐纳德·多比·威廉姆森的作用，他小心翼翼地规避了加拿大政府的不增派人员的政策，为第1特勤队招来了一批新的加拿大志愿者。这些“新血液”需要接受第1特勤队独特的训练和信条，或是以其他方式跟上第1特勤队的水平。他们除了常规训练外，还要到佛蒙特州接受伞训。

另一方面，在结束了基斯卡岛的行动后，丘吉尔要求已经返回美国的第1特勤队尽快前往英国进行下一轮的部署，当时在美英联合参谋长委员会中，关于第1特勤队在接下来的战争中所要承担的角色的讨论还在继续，甚至有人提出了使用第1特勤队破坏德国的“提尔皮茨”号（Tirpitz）战舰之类的一些建议，而英国发现，他们无法提出一个将第1特勤队调至英国并使用其针对挪威的可行性行动方案。经过顶层大佬们的一系列讨论和整合，他们发现目前第1特勤队最适合投入的战场是意大利中部山区，那里已经陷入僵局的战事需要一支进行了山地训练的部队去改变。而美国人并不满意丘吉尔的关于盟军继续在意大利发起行动的想法，但他们同意在进行跨越英吉利海峡的大规模战役的准备工作的同时，在意大利本土发起有限的军事行动。而且，当时盟军地中海战区司令艾森豪威尔也强烈要求将这支部队派往意大利。早在1943年8月24日，美国陆军部便将一份关于第1特勤队的编制和优势的备忘录发给艾森豪威尔和盟军总高司令部的参谋长弗朗西斯·摩根中将（Francis Morgan），其中写道：

“……这支部队曾接受过山地、寒带和突击队类型的训练，以及有限的两栖作战和伞降训练。它具有极高昂的士气，并作为一支两栖部队参与了登陆基斯卡岛的战斗；而且它非常适合在崎岖的雪域地形中进行游击战活动。这支部队用标准的步兵装备、伞兵装备和冬季作战装备武装起来。它还将在12月1日得以配备600辆T-24型运兵车(即T–15的改进型),这种车辆属于履带式两栖战车,能在一般的丘陵地带和全雪域地带以中等速度行动,并且能够用C–54或'兰卡斯特'(Lancaster)运输机进行投送。这支部队配备步枪、卡宾枪、火箭筒、轻机枪和60毫米迫击炮。"

9月16日,艾森豪威尔向伦敦提出请求,将第1特勤队立即置于他的指挥之下,用于意大利战场。至此,第1特勤队迎来了第二次战斗部署。

"冬季防线"上的僵持

1943年底的意大利战场上,盟军与轴心国军队正陷入胶着状态。盟军于1943年7月9日成功登陆西西里岛后,7月25日,意大利墨索里尼政府倒台,由彼得罗·巴多格里奥(Pietro Badoglio)组织的新政府开始与美英进行秘密和谈;而在双方讨价还价时期,8月初,德军名将埃尔文·隆美尔元帅(Erwin Rommel)率部进入意大利北部,为意大利南部的德军提供支援。8月16日,西西里岛东北角的城市墨西拿(Messina)被盟军攻占,打开了盟军进军意大利本土的大门。9月3日,意大利代表和盟国代表秘密签订了停战协定,当天凌晨,盟军地面部队——第15集团军群(下辖英军第8集团军和美军第5集团军)在英军将领哈罗德·亚历山大(Harold Alexander)的指挥下,渡过墨西拿海峡,进军意大利本土。其中,蒙哥马利指挥的英军第8集团军首先在勒佐登陆;9月8日,意大利巴多格里奥政府宣布意大利无条件投降;次日凌晨,美军中将马克·韦恩·克拉克(Mark Wayne Clark)指挥的美军第5集团军(下辖美军第6军和英军第10军)在萨

■ 这是1943年8月24日在意大利西西里岛的墨西拿,当地市民给解放他们的美军赠送花圈,周围残破的建筑物上还保留着战火的痕迹。墨西拿位于西西里岛东北角,隔着墨西拿海峡与意大利本土相望,海峡最窄处仅3.2公里,是盟军登陆意大利本土的重要跳板。

勒诺湾（Salerno）发起名为“雪崩”（Avalanche）的登陆行动，盟军开始大举进入亚平宁半岛（Apennine Peninsula，也称意大利半岛）。

盟军登陆亚平宁半岛后，驻意德军迅速解除当地意军的武装，占领所有重要的交通要道和城镇；9月10日，德军占领罗马，意大利国王维托里奥·埃马努埃莱三世（Victor Emmanuel III）与巴多格里奥等政府首脑乘坐潜艇逃往盟军占领区。9月12日，德国南方战区总司令、空军元帅阿尔贝特·凯塞林（Albert Kesselring）指挥意大利南部的德军向萨勒诺的第5集团军发起大规模反击，甚至一度使立足未稳的美军来了一次总

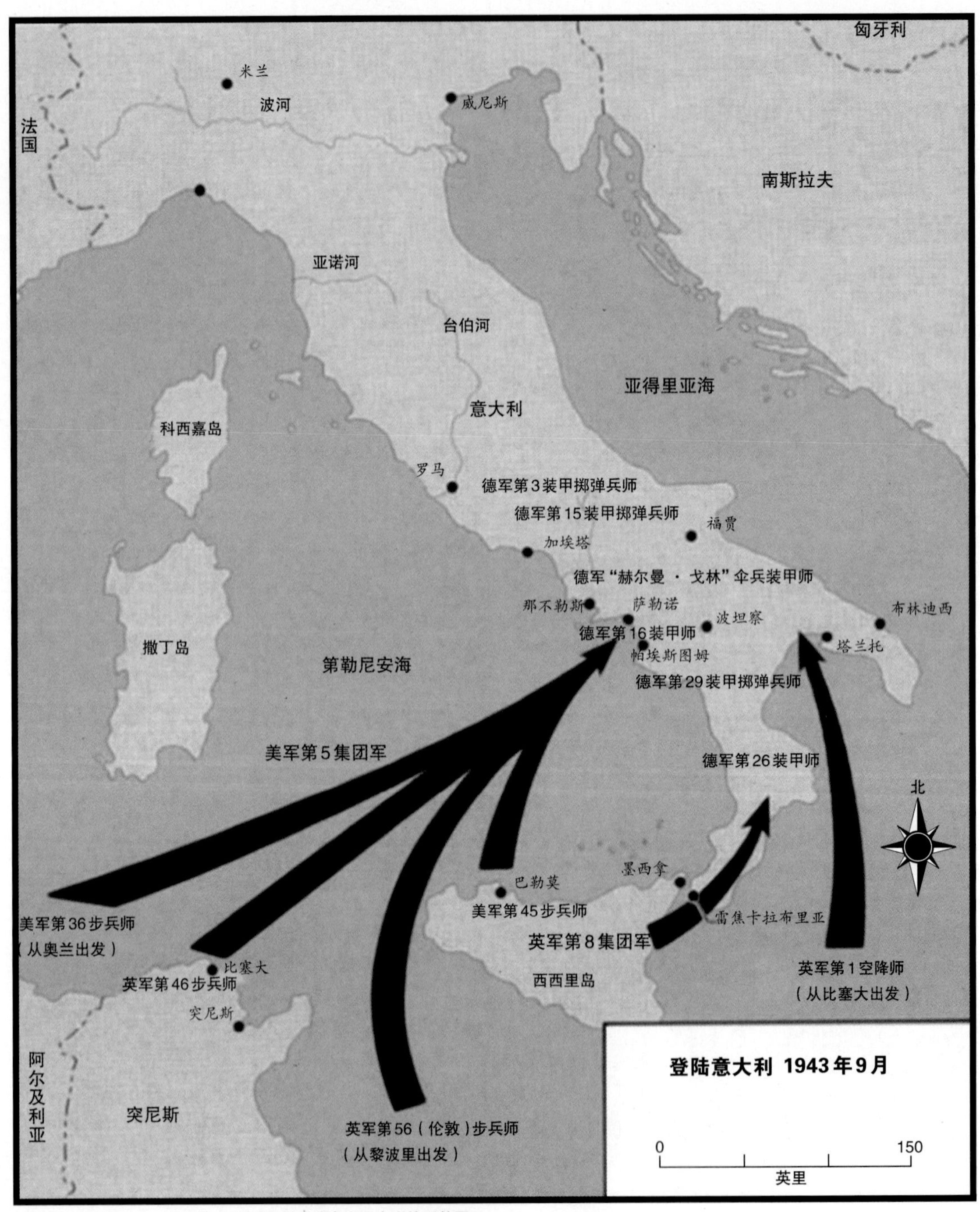

■ 这是1943年9月，盟军第15集团军群登陆意大利本土的形势图。

■ 上图是1943年9月9日在萨勒诺滩头，美军第191坦克营和第751坦克营在进行登陆作业。这两个营将负责为美军第34步兵师提供支援。在英军第8集团军渡过墨西拿海峡登陆意大利本土的同时，美军第5集团军的4个师也在距那不勒斯约48公里的萨勒诺登陆。另一方面，英军第1空降师也登陆塔兰托。

■ 下图是1943年9月10日在萨勒诺，英军第46步兵师林肯郡团第6营的官兵正经过街头。在登陆后的3天时间里，盟军一直在扩大并巩固滩头阵地，与此同时，德军也在集结部队进行反击的准备。9月12日，盟军第15集团军群司令亚历山大将军向伦敦汇报：“我对‘雪崩’的进展很不满意，他们被牵制在缺乏纵深的桥头堡阵地。现在所作的一切就是将后续部队和物资运上岸支援登陆部队。我预计德国人的猛烈反击已经迫在眉睫。”9月13日，德军对萨勒诺滩头的猛烈反扑作战打响。

■ 上图是1943年9月22日在萨勒诺地区，来自英军第56（伦敦）步兵师第169（女王）步兵旅的女王的皇家团（西萨里团）第2/6营的士兵正在战斗。在他们身前是一辆被击毁的德军四号坦克。下图是1943年9月24日在萨勒诺附近的维耶特里镇（Vietri），英军押着一群德国战俘穿过小镇。德军的殊死反击无法突破第5集团军的防线，至9月15日，反击以失败告终，德军于次日北撤，第5集团军趁势向北推进，并于9月16日与英军第8集团军胜利会师。

退却。但是，盟军凭借强大的海空力量于9月16日粉碎了德军的反扑。凯塞林意识到盟军登陆亚平宁半岛已是不可阻止之势，遂逐步北撤，并破坏沿途桥梁、公路、隧道和铁道设施，以阻止盟军前进。

另外，在9月12日，囚禁在大萨索山（Gran Sasso）山顶旅馆的贝尼托·墨索里尼（Benito Mussolini）被希特勒所派遣的党卫军突击队营救逃脱。随后，墨索里尼在德国的扶持下，在意大利北部建立起名为“意大利社会共和国”（Italian Social Republic）的傀儡政权，继续固守意大利北部，与盟军相峙。

1943年9月27日，英军第8集团军占领半岛东南海岸的福贾（Foggia）；10月1日，美军第5集团军也占领了半岛西南海岸的那不勒斯（Naples），10月13日，巴多格利奥政府正式退

■ 上图是1943年盟军大规模空袭意大利东南部的交通枢纽福贾。1943年5月至9月期间，福贾遭遇了盟军9次空袭。9月27日，英军占领福贾。这里的德军部队有序后撤至西北方向的防御阵地上。

■ 下图是1943年9月12日在大萨索山顶，被囚禁的墨索里尼在党卫军突击队的营救下脱险，准备乘坐一架“斯托奇”（Storch）飞机离开。自从倒台后，墨索里尼便被意大利政府囚禁。为利用墨索里尼控制意大利的局势，希特勒下令德军突击队组织营救。9月12日，在极具冒险性格的奥托·斯科尔兹内上尉（Otto Skorzeny）的率领下，一百多名党卫军突击队员成功将墨索里尼从大萨索山营救出来。这场营救行动也是二战时期一次经典的特种作战行动。

■ 上图是1943年10月1日，美军进入那不勒斯，可以看到街道两旁的建筑物已被战火摧毁。美军第82空降师和威廉 · 奥兰多 · 达比上校(William Orlando Darby)的游骑兵部队是第一批进入那不勒斯的盟军部队。当时，意大利游击队从撤退的德军手中成功保护了那不勒斯。沃尔图诺河(Volturno River)以北的城市都是第5集团军的解放目标。下图是在刚收复的那不勒斯，一名美军士兵正在哨位上警戒巡逻。

出轴心国同盟，向德国宣战，轴心国集团分崩离析；10月14日，美英两军在卡普亚（Capua）会师，盟军从而在意大利南部建立起了一条长约193公里的战线。

在意大利南部站稳脚跟后，盟军面对的，是德国人为阻止盟军的推进而在意大利中部紧急修筑的多条军事防线。早在萨勒诺登陆行动临近尾声之际，凯塞林便开始利用意大利中部地区狭隘的地形，修建新的军事防线。这些防线由众多大型工事或独立支撑点组成。其中第一道防线是沃尔图诺防线（Volturno Line，又称为维克托防线），该防线为德军临时匆忙打造，位于那不勒斯以北约40公里，东起泰尔莫利港（Termoli），经比弗尔诺河（Biferno River）穿过亚平宁山脉，沿着沃尔图诺河抵达西海湾。

距离沃尔图诺防线以北16～32公里，是另一条匆忙修建的巴巴拉防线（Barbara Line）；这条防线西起科利阿尔沃尔图诺（Colli al

■ 阿尔贝特 · 凯塞林（1885–1960）
驻意大利德军最高指挥官、C集团军群司令。1941年11月，凯塞林担任德军南方战区司令，统一指挥地中海战区的部队。盟军登陆意大利后，凯塞林策划了一系列横贯亚平宁半岛中部的防线，使盟军每前进一公里都要付出血的代价。1943年11月21日，凯塞林被任命为德军西南战区兼C集团军群司令。

■ 下图是那不勒斯附近的蒙泰萨尔基奥镇（Montesarchio），一座桥梁被撤退的德军所破坏。可以看到，桥面已经被炸药给炸毁，而桥上的铁轨还悬在半空中。面对盟军的推进，凯塞林元帅一方面命令部队修筑军事防线，一面命令后撤的部队沿路破坏各种交通设施，延缓盟军的推进步伐，如“赫尔曼 · 戈林”（Hermann Göring）伞兵装甲师的工兵们就收到如下命令：“破坏：每一英里的桥梁，车站，水源，天然气和电力设施，工厂。埋设地雷：公路，房屋和村庄的入口。”德军的“焦土政策”给盟军的进军带来很大麻烦，以至于盟军第15集团军群司令亚历山大将军开玩笑说：“条条大路通罗马，但是每条路上都埋有地雷。”

Volturno），东至亚得利亚海岸的圣萨尔沃（San Salvo），由零散的独立小型工事组成，防御力较沃尔图诺防线更差。

在巴巴拉防线后方，是著名的伯恩哈特防线（Bernhardt Line）。这道防线西起注入第勒尼安海（Tyrrhenian Sea）的加利格里阿诺河（Garigliano River）北部，穿过亚平宁山脉，东抵亚得利亚海岸（Adriatic coast）的桑格罗河（Sangro River）河口。伯恩哈特防线原本也是一条由小规模的防御工事组成的防线，但德国人经过深思熟虑，还是将其打造成一条更为完善的防御体系。

首先，德国人对防线中央的利里河谷（Liri Valley）进行了加强，其核心被卡米诺山（Monte Camino）、拉蒂芬萨山、拉里莫塔尼山和马吉奥里山（Monte Maggiore）等山峰环绕，是一系列精心策划和组织的强化山地据点群，德军在主防御阵地周围埋设了7.5万颗各种型号的地雷，封锁了所有通道。伯恩哈特防线上最为易守难攻之地是米尼亚诺隘口（Mignano Gap），这里扼守着通往利里河谷的通道，隘口左侧是连绵的卡米诺山区（包括卡米诺山、拉蒂芬萨山、拉里莫塔尼山、马吉奥里山等山峰）、伦戈山（Monte Lungo）、波尔基亚山（Monte Porchia）和特洛奇奥山（Monte Trocchio）；右侧是圣克洛斯山（Monte San Croce）、科尔诺山（Monte Corno）、萨缪克罗山（Monte Samb ú caro，盟军地图上称之为“Sammucro”，即“萨姆克罗山”）和马约山。在这座天然壁垒之间的是一条狭窄的山谷，极具战略价值的6号公路从此经过，在谷底还散落着一些小山丘以及圣皮耶特罗因菲内村（San Pietro Infine）等一些古老村落。

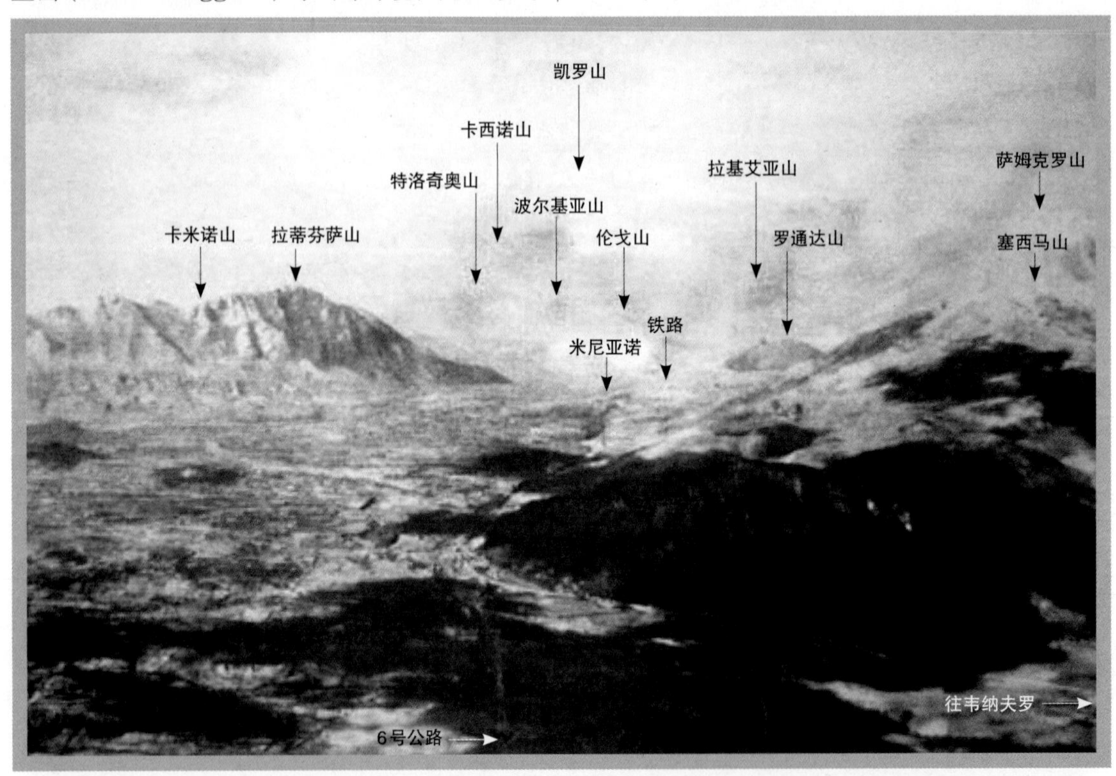

■ 这张照片展示了米尼亚诺隘口及周边山地的地形地貌。米尼亚诺隘口是德军“冬季防线”上的战略要道，可以看到，6号公路从隘口中穿过。盟军若想推进到罗马，控制隘口便是基本要求。德国人也充分认识到这个隘口的重要性，派遣精兵于卡米诺山、拉蒂芬萨山、马吉奥里山、萨姆克罗山、伦戈山等高地上，牢牢控制住这一地区。隘口以北是古斯塔夫防线的核心卡西诺山。通过占据这些制高点，德国人让盟军的每一步推进都充满了血腥。至1943年11月，盟军受阻于此难有寸进。最后，第1特勤队不负众望，攻占了拉蒂芬萨山，成为盟军打开这一战略隘口的大门。

另外，在伯恩哈特防线的利里河谷后方，德国人围绕着卡西诺镇（Cassino）又修建了一条古斯塔夫防线；该防线在加利格里阿诺河与伯恩哈特防线重合，自加利格里阿诺河下游延伸至利里河畔，折向东北与伯恩哈特防线在阿尔费德纳（Alfedena）附近交汇。从地图上看，伯恩哈特防线的核心防区犹如一个巨大的凸起部，将古斯塔夫防线环绕其中。卡西诺镇作为古斯塔夫防线的核心，6号公路从镇中穿过，镇旁的卡西诺山上是能俯瞰利里河谷的卡西诺修道院，扼守着这条咽喉要道，易守难攻。

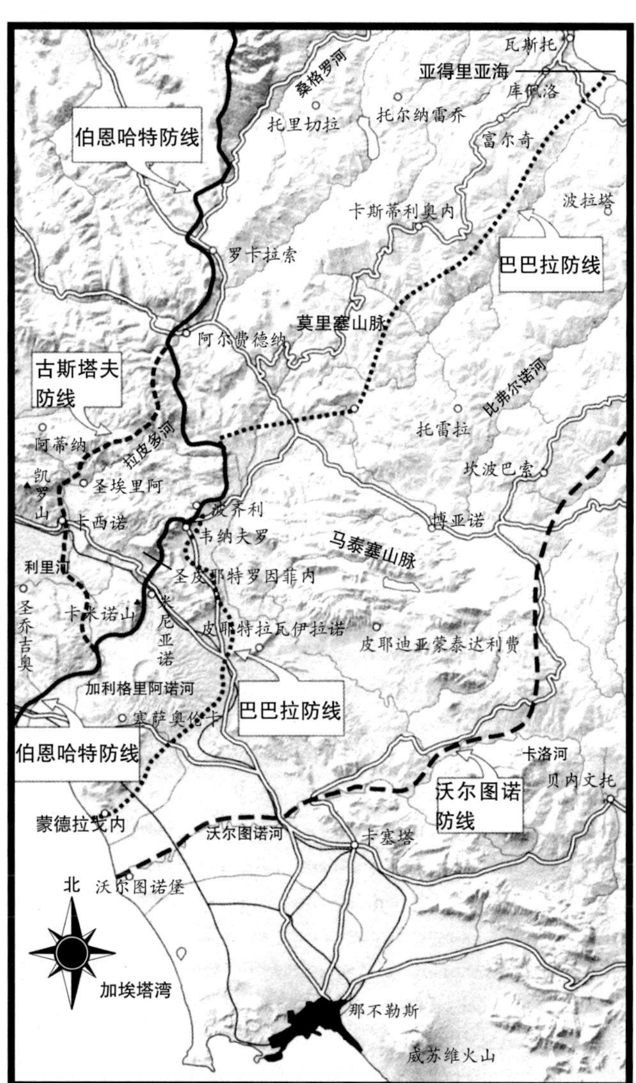

■ 这是德军在1943年底修筑的一系列横贯亚平宁半岛中部的防线，包括沿沃尔图诺河修筑的沃尔图诺防线、特里尼奥河畔的巴巴拉防线、沿着加利格里阿诺河修筑的伯恩哈特防线和拉皮多河畔的古斯塔夫防线。

在古斯塔夫防线后方约8公里，德军于1943年底又修建了第五道防线，即希特勒防线（Hitler Line）。希特勒防线从西海岸穿过蓬泰科尔沃山脉（Pontecorvo Mountains），抵达凯罗山（Monte Cairo）。为了加强这条防线，德国人在1944年时还增设了雷场、地堡等大量反坦克工事和掩体，使其成为利里河谷一带最坚固的防御体系之一。

伯恩哈特防线、古斯塔夫防线和希特勒防线被称为“冬季防线”（Winter Line）。“冬季防线”上遍布火炮掩体、混凝土碉堡、机枪工事、雷区和铁丝网障碍，是德军在罗马以南最坚固的防线；其上驻扎了德军15个师的兵力，是盟军在意大利战场上遭遇的最大障碍。盟军在这个防御体系上撞得头破血流，在“冬季防线”面前，罗马仿佛远在天边。

盟军在地中海战场的战略决定了他们所投入的所有资源必须用于实现两个主要目标：首先，打败意大利——这一目的已经实现；其次，迫使德国尽可能多地调遣部队防守意大利，从而有效地减少德国在东欧战场或“大西洋壁垒”（Atlantic Wall）的兵力。盟军高层考虑，部队在战场上应该怎样操作，才能将这一战略目的转成为要实现的具体目标。他们最后把目标指向了被德军控制的罗马，这里无论是军事上抑或是政治上，都是意大利战场上的首要目标——至少短期内是这样。

美军第5集团军的目标便是首先攻占罗马。对第5集团军来说，他们所选择的进攻路线——沿着6号公路和利里河谷一路向北——是通往罗马的最吸引人的路线。一旦穿过卡塞塔省（Caserta）的米尼亚诺隘口，便可以利用宽阔谷地带来的高机动性快速抵达罗马，这可以让第5

集团军和美国得到最先解放轴心国首都的殊荣。但是，自从占领那不勒斯后，第5集团军的攻势便非常不顺利。意大利秋季暴雨的突然降临使那不勒斯北部的沃尔图诺河水猛涨，周边地区沦为泽国，第5集团军被阻于河畔，难有寸进。直至1943年10月中旬河水消退，第5集团军才得以突破沃尔图诺防线，越过沃尔图诺河。但是，推进到那不勒斯西北64.4公里的地方，克拉克中将发现自己的前进步伐更加艰难。

早在“雪崩”行动之前，美英参谋长联合委员会便得出结论，德军只会在意大利北部的比萨－里米尼（Pisa–Rimini）一线或以北建立起有效防御；而且，面临盟军的成功登陆，亚平宁半岛的德军将实施战斗撤退。但是，德军的反应恰恰相反，在盟军推进至距离罗马以南约193公里之处，这一幻想被艰难的战局所打破。美国历史学家马丁·布鲁门森（Martin Blumenson）这样描述发生在巴巴拉防线上的第一场战斗：

“战斗发生在周围满是狭窄谷地和深壑的荒凉山区中，从灌木丛覆盖的高地到光秃秃的山坡上，沿着坑坑洼洼的山路、骡马车辙、山脊，到处都是战场。晚秋的天气加上雨、雾和烂泥，使得部队的推进更为艰难，而即将到来的风雪会带来更多的风险和不便。

德军一边缓慢后撤，一边有条不紊地战斗——他们应用相互支援的防御阵地的交叉火力、大量的爆破和地雷、被摧毁的桥梁和排水渠、伏击和突然的炮火这一系列常用战斗技巧——11月1日左右，德军后撤至伯恩哈特防线。”

从10月中旬至11月初，美军第5集团军经过

■ 这是1943年10月中旬，美军第5集团军一部正乘坐突击艇横渡沃尔图诺河。沃尔图诺河位于那不勒斯与巴巴拉防线之间，德军的沃尔图诺防线沿河修建。沃尔图诺河也是盟军突破意大利中部的德军防线时遇到的第一条主要河流。攻占那不勒斯后，盟军继续迅速北进，但由于1943年9、10月间该河洪水泛滥，加上德军修筑于大路旁的众多坚固支撑点的阻碍，使盟军的推进步伐停滞于那不勒斯以北约56.3公里处。直至10月中旬洪水消退，盟军才得以渡河北进。

■ 上图是1943年10月27日在距那不勒斯西北约40公里的卡维尔立索尔塔镇（Calvi Risorta）附近的高地，英军第56（伦敦）步兵师博肯郡团第10营的官兵正向前推进。下图是1943年11月1日在圣维托雷镇（San Vittore）外，第5集团军的炮兵观察员正在勘察这座被德军坚守的小镇。随后，盟军炮兵以弹幕覆盖了该镇。在1943年10月至11月间，第5集团军的北进非常缓慢，至11月，受阻于伯恩哈特防线前。

■ 这是1943年11月在卡米诺地区，英军皇家炮兵第74中型炮兵团第99中型炮兵连的1门140毫米重型野战炮在厚厚的淤泥中行进。卡米诺山区的山头阵地是伯恩哈特防线的防御核心，盟军从11月份开始便在这里与德军形成僵局，这里的山地也使第1特勤队有了用武之地。

艰难战斗，方从沃尔图诺防线推进至伯恩哈特防线；但在这条防线上，他们面临更大的阻力，坚守这道防线的是由弗里德林 · 冯 · 辛格尔 · 艾特林中将（Fridolin von Senger und Etterlin）指挥的德军第10集团军第14装甲军（下辖第94步兵师、第15装甲掷弹兵师、第29装甲掷弹兵师和第44掷弹兵师，“赫尔曼 · 戈林”伞兵装甲师为预备队）。11月6日，第5集团军开始进攻卡米诺山，受到德军的猛烈阻击。两军在伯恩哈特防线的战斗陷入胶着。据《“冬季防线”上的第5集团军：1943年11月15日至1944年1月15日》一书记载：

“在冬季的山地环境下作战，使第5集团军疲惫不堪到了极限。非战斗减员显著增加，前线部队的兵力投送被进一步减少，后备兵员的缺乏使第5集团军无法持续最初的胜利。补给和医疗后送越来越成问题，而且在山地作战还要花费更多精力去克服积雪、泥泞等不良条件的影响；另外，在山谷里除了泥泞之外还有降雨等着大兵们。”

从10月中旬对沃尔图诺防线发起进攻，到11月中旬被阻于伯恩哈特防线，第5集团军已伤亡超过1万人，疲惫不堪之下，克拉克中将命令暂停攻势。从1943年11月中旬开始，第5集团军在

■ 上图是1943年11月10日在圣玛利亚地区(Santa Maria)，第5集团军直属的第3游骑兵营D连的官兵穿过小镇赶往新阵地。下图是1943年11月在圣玛利亚地区，第3游骑兵营D连的一些士兵正在树木繁茂的山地阵地上为向前突击的战友提供火力支援。游骑兵是一支类似第1特勤队的轻型精锐步兵部队，当时，在盟军第5集团军司令部下直辖了3个游骑兵营(即第1、第3、第4游骑兵营)。1944年2月，游骑兵在安齐奥战场遭遇惨败，剩余人员大部作为补充兵员补入第1特勤队中。

■ 上图是1943年11月11日在意大利战场，第5集团军的1辆吉普车深陷淤泥中，随车美军官兵正在将车推出泥沼。注意在其后面还有1辆吉普车，其上还安装了1挺12.7毫米重机枪。当时盟军在意大利战场的处境就如同这幅照片所示的那样——寸步难进。

■ 下图是1943年11月11日在意大利战场，美军游骑兵正穿过一片开阔地，对德军阵地发起一次典型的突袭行动。不排除这一场景是当时出于宣传需要的摆拍。

■ 马克 · 韦恩 · 克拉克（1896–1984）
上图是意大利战场上的盟军第5集团军司令克拉克中将。克拉克出身军人世家，1917年毕业于西点军校。一战时期，克拉克是美军第11步兵团的连长。1942年6月，克拉克负责组建美军第2军；8月，克拉克担任艾森豪威尔的副官。“火炬”行动期间，克拉克秘密前往阿尔及利亚，成功策反了法国维希政府的达尔朗海军上将。1943年1月，克拉克出任新成立的第5集团军司令一职。萨勒诺登陆后，克拉克指挥第5集团军向北推进。由于伯恩哈特防线上的僵局，他对第1特勤队报以希望，而第1特勤队也不负所望，打开了僵局。

前线的主要行动转变为巡逻和炮击，巩固战果、重组部队、并准备重新针对卡米诺山－马吉奥里山一线的德军阵地发起新的攻势。

另一方面，11月16日，美军第6军第36步兵师经过萨勒诺登陆后2个月的休整，重返前线。该师曾参加一战，1919年6月撤编，1940年11月由国民警卫队重新编成，主要下辖第141、142和143步兵团，指挥官为弗雷德 · L · 沃克少将(Fred L. Walker)，在萨勒诺登陆行动中，第36步兵师在盟军海空火力的支援下，打退了德军在9月12日至14日发起的反扑，并把战线从阿格罗波利(Agropoli)缓慢推进至阿尔塔维拉(Altavilla)。第36步兵师的归队给疲惫的第5集团军添加了生力军。次日，美军第2军司令部在杰弗里 · 凯斯少将(Geoffrey Keyes)的率领下来到伯恩哈特

■ 杰弗里 · 凯斯（1888–1967）
上图是美军第2军军长杰弗里 · 凯斯少将。凯斯于1913年从西点军校毕业，1916年参加了潘兴将军领导的对墨西哥的战争。从1940年担任巴顿第2装甲师参谋长一职开始，凯斯在地中海战区多次担任巴顿的副手。1943年9月，凯斯出任美军第2军军长一职。刚开始时，他并不信任第1特勤队的战斗力，但第1特勤队在拉蒂芬萨山的战斗令他改变了看法。

■ 弗雷德 · L · 沃克（1887–1969）
上图是美军第2军第36步兵师师长沃克少将。沃克也曾参与美国对墨西哥的战争。1941年9月，沃克出任第36步兵师师长，率领该师于1943年4月登陆北非，9月参与了萨勒诺登陆战。第1特勤队被部署到意大利战场后，最初便是置于第36步兵师的指挥之下。

防线，该军曾参与北非战场的突尼斯战役、盟军登陆西西里岛的行动以及登陆萨勒诺登陆行动。克拉克中将将第6军的第36步兵师和第3步兵师划归到第2军序列之下。但是，第3步兵师因为长时间的作战而严重减员，被送往后方休整。因此，第2军暂时只有一个师的兵力可用。

根据1943年11月的盟军战略，第15集团军群必须在1944年春季结束前占领罗马。在这个战略目标下，美军第5集团军必须迅速突破伯恩哈特防线，沿着6号公路向古斯塔夫防线的核心——卡西诺进行突破；英军第8集团军也将从东北方向突破古斯塔夫方向并占领意大利东海岸的佩斯卡拉（Pescara），然后转向西南威胁阿韦扎诺（Avezzano）附近的德军结合部。待这两支集团军逼近罗马时，盟军将在古斯塔夫防线后方的安齐奥（Anzio）登陆，直逼罗马东南面的阿尔班山（Alban）。截至1943年12月前，第5集团军已经推进到从加利格里阿诺河出海口至卡米诺山和萨姆克罗山山脚一线，在第5集团军的战线中，左翼是英军第10军，其战区从出海口沿着加利格里阿诺山谷到卡米诺山，当面之敌是德军第94步兵师；战线中间是美军第2军，其战区西起卡米诺山，穿过米尼亚诺隘口至罗通达山（Mt Rotonda），他们当面是德军第15装甲掷弹兵师；右翼是美军第6军的防区，从坎纳维列山（Cannavinelle）直至萨姆克罗山以东，德军第29装甲掷弹兵师和第

■ 这是1943年11月18日在韦纳夫罗（Venafro）附近的一个机枪阵地上，盟军第5集团军美军第6军的一个机枪组正在雨水和烂泥中维护他们的水冷式重机枪。照片中这3人，从左至右分别是一等兵乔 · 希克斯（Joe Hicks），二等兵哈伦 · 斯托特（Harlan Stout），二等兵弗兰克 · 肯尼迪（Frank Kennedy）。在伯恩哈特防线的战斗中，第6军位于第5集团军右翼。

■ 上图是1943年11月21日在伯恩哈特防线的前线附近，来自美军第5集团军的一个坦克歼击车营的士兵趁着难得的冬日阳光在驻地上晾晒他们潮湿的衣物。可以看到，他们的驻地是1辆废弃的意大利火车车厢。冬季的雨雪天气同样给盟军突破伯恩哈特防线带来严重困难。

44掷弹兵师从米尼亚诺隘口到韦纳夫罗的阵地挡在他们面前。紧贴着战线后方部署的是美军第1装甲师，以及其他一些小规模的部队。另外，美军第82空降师的第504伞兵团、意大利第1摩托化军和法国远征军也计划抵达前线。在亚平宁半岛东部，英军第8集团军和美军第5集团军齐头并进。但是，德军森严壁垒的伯恩哈特防线成为了盟军难以逾越的天堑。

与此同时，面对盟军的节节逼近，德国为加强欧洲大陆的防御，希特勒于1943年11月6日将埃尔文·隆美尔元帅和他的B集团军群司令部从意大利北部调至"大西洋防线"，以增强英吉利海峡的防御。11月21日，原B集团军群所属部队和凯塞林的驻意德军合并为C集团军群，下辖第10集团军和第14集团军，共21个师（包括2个装甲师），370架飞机，统一由凯塞林元帅指挥。

就在盟军与德军在意大利中部山区胶着不下之时，第1特勤队于1943年11月底抵达意大利，开始书写属于他们的传奇。

■ 下图是1943年11月的感恩节时期，盟军第5集团军的一名士兵正在享受感恩节的烤火鸡。这位士兵很幸运，在当时的困难环境中，这种待遇并非集团军的每位成员都能享受的。

■ 上图是1943年在古斯塔夫防线的卡西诺地区，德军C集团军群的伞兵与意大利法西斯士兵合影。在二战时期，德军中先后出现过两支不同的C集团军群，第一支C集团军群于1939年8月26日在德国法兰克福编成，在1940年6月的法国战役中，该集团军群负责从正面突破马奇诺防线（Maginot Line），战役结束后该部撤回德国。1941年6月21日，C集团军群改为北方集团军群。第二支C集团军群编成于1943年11月26日，由凯塞林元帅指挥，用于意大利战场。1945年5月2日，这支C集团军群在意大利投降。

■ 德军C集团军群作战序列（1943年11月20日至12月14日）

■ 德军第10集团军主要防御意大利中部的伯恩哈特防线和古斯塔夫防线，是盟军第5集团军的当面之敌。德军第14集团军则成立于1943年底，其司令部以原B集团军群司令部人员组建。该集团军最初任务是负责罗马的防御，并戒备盟军针对第10集团军后方发起的两栖登陆，该集团军的防线置于罗马南面。1944年1月，盟军发起安齐奥登陆后，与盟军在安齐奥滩头激战数月的就是第14集团军。

- C集团军群（阿尔贝特·凯塞林元帅）
  - 第10集团军（冯·维廷霍夫上将）
    - 第14装甲军（弗里德林·冯·赞格尔中将）
      - 第94步兵师（格奥尔格·法伊弗中将）
      - 第15装甲掷弹兵师（艾伯哈特·罗特少将）
      - 第29装甲掷弹兵师（瓦尔特·弗里斯中将）
      - 第29装甲掷弹兵师（瓦尔特·弗里斯中将）
      - 第26装甲师（弗赖赫尔·冯·吕特维兹中将）
      - 第305步兵师（弗里德里希-威廉·豪克中将）
    - 第76装甲军（特拉戈特·赫尔装甲兵上将）
      - 第1伞兵师（附第26装甲师一部）（理查德·海德里希少将）
      - 第16装甲师（汉斯-乌尔里希·贝克少将）
      - 第65步兵师（冯齐尔贝尔格中将；12月1日由赫尔穆特·普法伊费尔中将接任）
    - “赫尔曼·戈林”伞兵装甲师（保罗·康拉特中将）
  - 第14集团军（冯·马肯森上将）

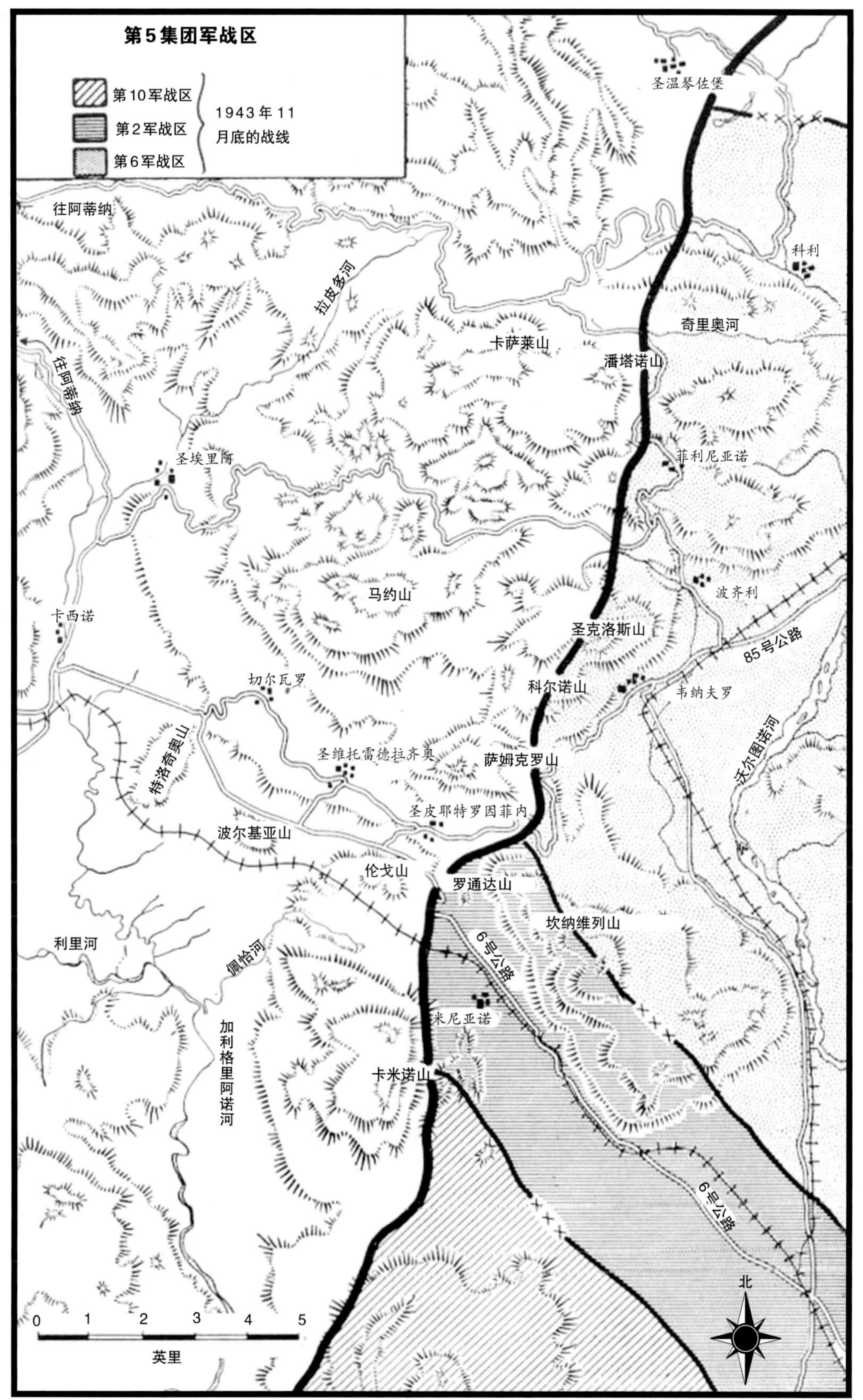
第5集团军战区
第10军战区
第2军战区
第6军战区
1943年11月底的战线
圣温琴佐堡
往阿蒂纳
科利
拉皮多河
奇里奥河
卡萨莱山
潘塔诺山
往阿蒂纳
圣埃里阿
菲利尼亚诺
马约山
波齐利
卡西诺
圣克洛斯山
85号公路
切尔瓦罗
科尔诺山
韦纳夫罗
特洛奇奥山
圣维托雷德拉齐奥
萨姆克罗山
沃尔图诺河
圣皮耶特罗因菲内
波尔基亚山
伦戈山
罗通达山
坎纳维列山
利里河
佩恰河
6号公路
米尼亚诺
加利格里阿诺河
卡米诺山
6号公路
北
0 1 2 3 4 5
英里

奔赴意大利

当意大利半岛上的战火弥漫之时，第1特勤队正在伊森·艾伦堡休整，他们很快熟悉了新驻地的环境。在接到新任务后，第1特勤队的官兵们恢复了日常训练，包括32公里和48公里远距离野外拉练、射击和部队机动演习等科目，为了提高演习的实战性，还增加了轻机枪和迫击炮实弹射击场景。同时，对在基斯卡岛上学到的实战经验也进行了总结。而且，陆军巡视员对第1特勤队进行了再次海外部署前的检查；根据第1特勤队制定的装备损失表，对之前损失的物质和装备进行了更换。所有队员都配发了适合即将开始的欧洲部署的各种装备，包括刚刚服役的M1943型野战夹克，第1特勤队是当时美国陆军中第一批配发这种新型战斗服的部队。

1943年10月19日，第1特勤队再次踏上奔赴战场的旅程。他们离开伊森·艾伦堡，南下前往弗吉尼亚州的汉普顿锚地（Hampton Roads）附近的帕特里克·亨利军营（Camp Patrick Henry）。10月21日，部队抵达营地，此时离他们奔赴地中海战场还有一周的时间，弗雷德里克上校带着两名尉官飞往北非摩洛哥的卡萨布兰卡（Casablanca），为第1特勤队的到来打前站，并为部队从这里转往阿尔及利亚的奥兰（Oran，位于地中海瓦赫兰湾南岸）做准备。得到启程的命令后，第1特勤队从帕特里克·亨利军营前往汉普顿锚地的纽波特纽斯港口（Newport News）登船。10月27、28日两天，部队登上了加拿大的远洋邮轮“苏格兰皇后”号（RMS Empress of Scotland），在两艘护航驱逐舰的护卫下，启程前往地中海。值得一提的是，在穿越大西洋的整个航程中，“苏格兰皇后”号上的轻型武器，包括重机枪和小口径火炮，都是由第1特勤队保障营维修连的官兵操作的。

11月5日早上，经历了相对平静的旅程后，“苏格兰皇后”号停靠在了卡萨布兰卡湾的码头上。第1特勤队的官兵下船后前往唐·B·帕希奇军营（Camp Don B. Passage），这个驻地不

■ 这是第1特勤队前往北非所乘坐的加拿大“苏格兰皇后”号邮轮。该邮轮是费尔菲尔德造船厂（Fairfield Shipbuilding & Engineering Company）于1929至1930年为加拿大所造，最初被命名为“日本皇后”号（Empress of Japan），1942年改名为“苏格兰皇后”号。二战时期作为跨大西洋的运输船只为盟军提供服务。

过是位于沙漠里的一片简陋的帐篷区，周围由蛇腹形铁丝网环绕，防止可能存在的小偷前来偷鸡摸狗，营地里还有掩体、淡水和卫生间。第1特勤队入驻当夜，营地哨位上的轻机枪便发生了几次开火事件，结果早上起来查看，发现了几具散落的阿拉伯人的尸体。次日，部队再次启程。因为当地运输条件有限，无法将部队一起运走，所以该部3支独立的分遣队被第一批运走，他们乘坐一列还以木头为燃料、车厢上还印着法语“40人/8匹马”的运载容量的字样的一战时期的老式火车，穿过阿特拉斯山脉（Atlas Mountains）前往奥兰。在枯燥的旅途中，特勤队员们还能趁着偶尔的停车机会向当地的阿拉伯人买些东西。11月9日，部队抵达奥兰的1号集结地域的临时营地。在全员抵达后，11月16日，第1特勤队的作战梯队和保障梯队及其装备一起登上了保障营新配发的110辆6×6卡车，开上包括“巴内特”号（USS Barnett）、“杰弗逊”号（USS Jefferson）、

■ 上图是1943年11月在卡萨布兰卡，第1特勤队第2团第4连的3名队员和1名未知国籍的英联邦士兵（后排中间者）的合影。其中左边的是哈罗德 · 约翰逊（Harold Johnson），中间坐着的是梅伯里（Mayberry），右边的是切斯特 · 梅（Chester May）。

■ 下图是1943年11月6日在卡萨布兰卡的火车站，第1特勤队的队员们乘坐这辆老式的火车前往奥兰，其款式之旧，令人感到仿佛还身处20世纪一二十年代。

■ 这是圣玛利亚迪卡布阿贝特利镇的意大利炮兵学校的正大门。第1特勤队被部署到意大利半岛后，这所军校一直是其驻地，即使在登陆法国南部之后，这里仍作为第1特勤队的补充兵员集结地和训练场。

“迪克曼”号（USS Dickman）在内的6艘海军运输舰，在防空气球的掩护下驶向意大利的那不勒斯。11月19日，船队抵达那不勒斯港，第1特勤队临时进驻巴尼奥利（Bagnoli）附近的空无一人的康斯坦佐 · 齐亚诺学院（Collegio Constanzo Ciano）。

11月20日，部队拔营继续出发，他们要前往位于西北方向的卡塞塔省圣玛利亚迪卡布阿贝特利镇（Santa Maria di Capua Vetere）。运载部队的卡车车队行驶在穿过卡塞塔省卡塞塔市的高速公路上，与其他部队的军车混在一起，车队中还混杂着无家可归的难民。在33.8公里的路程中，德军的福克－沃尔夫（Focke-Wulf）FW 190型战斗机几次低空飞过对车队进行猛烈扫射，在英军战斗机忙不迭地赶来将德机驱逐之前，第1特勤队保障营有2名司机受伤，车队中的难民更是在这场天降横祸中死伤无数。车队抵达圣玛利亚迪卡布阿贝特利镇之后，第1特勤队占用了镇外西面800米的一所原意大利炮兵学校的建筑和设施作为驻地。在第1特勤队抵达之前，这里原本是德军“赫尔曼 · 戈林”伞兵装甲师的驻地，德军紧急撤退时，损毁了学校的宿舍、下水道系统和厕所，留给第1特勤队一堆残垣断壁。“加拿大第1特种作战营”的战争日志记载：

“我们的驻地是意大利的一个建于1935年的军事院校……德国人在过去的3年里驻在这里，他们临走前进行了非常全面的破坏：所有的窗户都被打碎，管道被破坏，就连墙也被砸毁，但即便如此，也能看出这是一个相当好的学校。”

面对眼前破败的驻地，倒霉的特勤队员们只能将就了事，他们把残垣断壁用帐篷布盖起来；没有床或床垫，他们只能把山地睡袋铺在坚硬的瓷砖地板上睡觉——至少这里是干燥的；生活用水只能由水罐车运输提供了。

在入驻圣玛利亚迪卡布阿贝特利镇后，弗雷德里克在第一时间命令各团派出巡逻队熟悉他们的新环境。“加拿大第1特种作战营”的战争日志记载：

“在当天下午，由司令部和各团派遣人员组成的一支巡逻队便离开驻地前往指派给我们的任务山区清除德国人的据点。敌人在这个地区的山头的守备固若金汤，阻挡了第5集团军的推进。”

在接下来的10天里，驻地在官兵们拆箱摆放设备和武器、整理宿舍等一系列忙碌下大为改观。此时，第1特勤队已经经历了近一个月的长途跋涉，需要进行恢复性的行军训练和实地武器射击

上图和下图都是1943年11月在圣玛利亚迪卡布阿贝特利镇的炮兵学校，特勤队员们穿过被撤走的德军破坏的军营。

训练，做好战斗准备。在此过程中，特勤队员们还学习使用了德国地雷。在备战训练期间，特勤队员们再次感受到了战争的残酷无情：在一次实地射击训练中，2名队员不幸遇难，他们是在试射巴祖卡火箭筒时，火箭弹的推进剂和战斗部装药在发射管中发生爆炸而导致身亡的。

“雨衣”行动

应盟军地中海战区总司令艾森豪威尔上将的要求，第1特勤队被编入美军第5集团军的指挥序列下，担任突袭和特种侦察任务。第1特勤队因为专业的山地作战行家而名声在外，加上他们“极其高昂的士气”而使美英联合参谋长委员会印象深刻，受阻于伯恩哈特防线的第5集团军司令克拉克中将也期待该部能给他带来“特别的欢喜”。但是，接下来的战争证明：第1特勤队得以行使原来被赋予的一系列特种作战使命——也是其成立的初衷——的机遇少之又少。

此时的克拉克中将除了头疼伯恩哈特防线上的举步维艰外，还为自己所处的意大利战场的战略地位的降低而沮丧，意大利战场很快便转为次

■ 上图是第1团第1营第1连的约翰·S·吉本中士(John S Gibbon)。吉本中士便是第1特勤队于1943年11月底在圣玛利亚迪卡布阿贝特利镇附近进行战前训练时不幸死于巴祖卡火箭筒爆炸的2名特勤队员之一。吉本是加拿大人，1923年生于加拿大新不伦瑞克省(New Brunswick)，最后埋葬在意大利那不勒斯战争公墓。

■ 下图是1943年11月在圣玛利亚迪卡布阿贝特利镇附近的山区，第1特勤队第2团的一些特勤队员合影。他们在这里进行适应性训练，以习惯意大利的险峻恶劣的山地作战环境，为即将承担的山地作战任务做准备。12月，第2团便承担了突袭拉蒂芬萨山的重任。

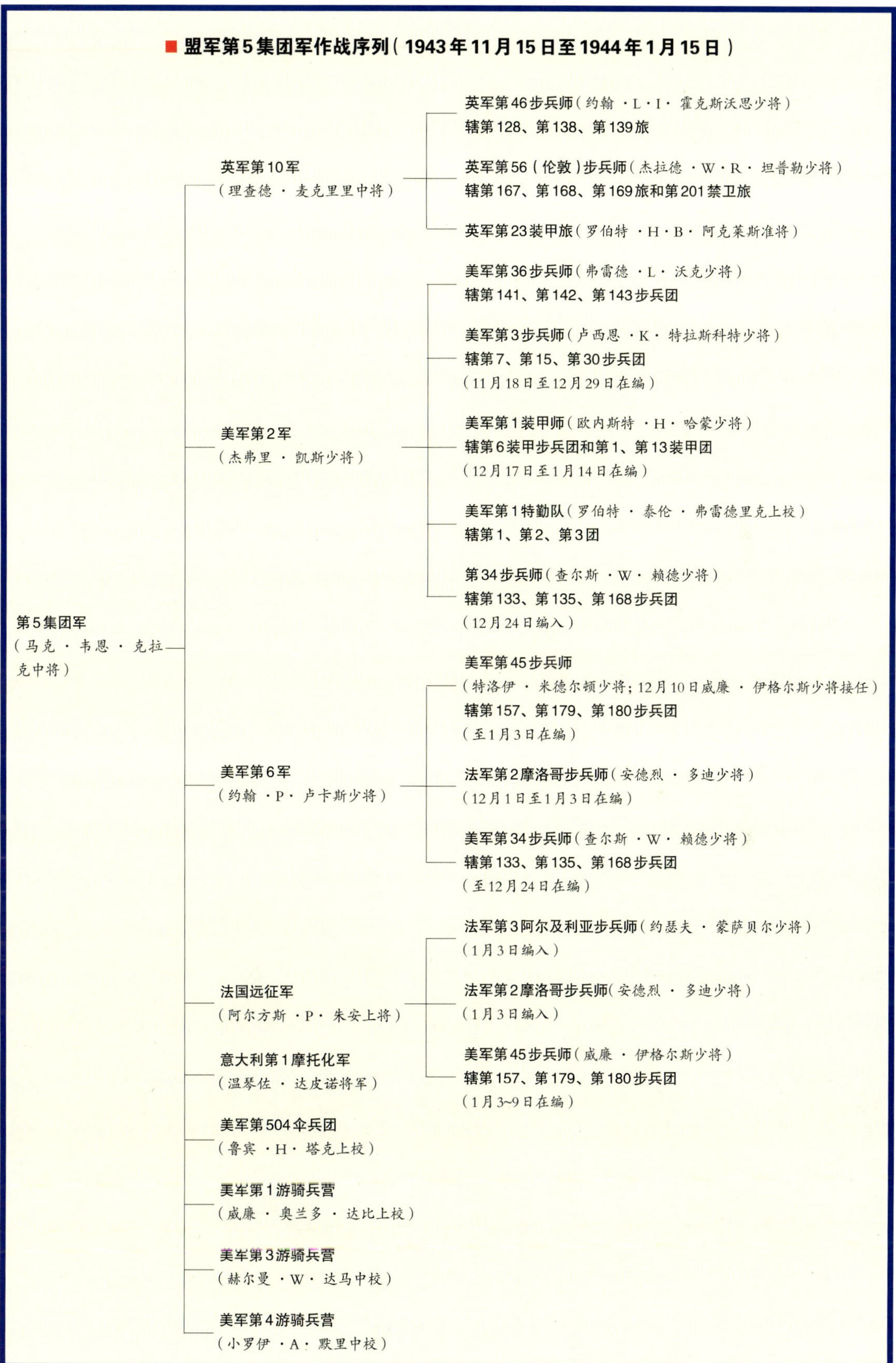

■ 盟军第5集团军作战序列（1943年11月15日至1944年1月15日）

- 第5集团军（马克·韦恩·克拉克中将）
  - 英军第10军（理查德·麦克里里中将）
    - 英军第46步兵师（约翰·L·I·霍克斯沃思少将）辖第128、第138、第139旅
    - 英军第56（伦敦）步兵师（杰拉德·W·R·坦普勒少将）辖第167、第168、第169旅和第201禁卫旅
    - 英军第23装甲旅（罗伯特·H·B·阿克莱斯准将）
  - 美军第2军（杰弗里·凯斯少将）
    - 美军第36步兵师（弗雷德·L·沃克少将）辖第141、第142、第143步兵团
    - 美军第3步兵师（卢西恩·K·特拉斯科特少将）辖第7、第15、第30步兵团（11月18日至12月29日在编）
    - 美军第1装甲师（欧内斯特·H·哈蒙少将）辖第6装甲步兵团和第1、第13装甲团（12月17日至1月14日在编）
    - 美军第1特勤队（罗伯特·泰伦·弗雷德里克上校）辖第1、第2、第3团
    - 第34步兵师（查尔斯·W·赖德少将）辖第133、第135、第168步兵团（12月24日编入）
  - 美军第6军（约翰·P·卢卡斯少将）
    - 美军第45步兵师（特洛伊·米德尔顿少将；12月10日威廉·伊格尔斯少将接任）辖第157、第179、第180步兵团（至1月3日在编）
    - 法军第2摩洛哥步兵师（安德烈·多迪少将）（12月1日至1月3日在编）
    - 美军第34步兵师（查尔斯·W·赖德少将）辖第133、第135、第168步兵团（至12月24日在编）
  - 法国远征军（阿尔方斯·P·朱安上将）
    - 法军第3阿尔及利亚步兵师（约瑟夫·蒙萨贝尔少将）（1月3日编入）
    - 法军第2摩洛哥步兵师（安德烈·多迪少将）（1月3日编入）
    - 美军第45步兵师（威廉·伊格尔斯少将）辖第157、第179、第180步兵团（1月3~9日在编）
  - 意大利第1摩托化军（温琴佐·达皮诺将军）
  - 美军第504伞兵团（鲁宾·H·塔克上校）
  - 美军第1游骑兵营（威廉·奥兰多·达比上校）
  - 美军第3游骑兵营（赫尔曼·W·达马中校）
  - 美军第4游骑兵营（小罗伊·A·默里中校）

要战略方向，原本用于意大利战场上以取得更大胜利的人力物力都被转移到英国，为即将开始的“霸王”行动和其他任务做准备。

11月22日，第1特勤队正式划归第2军麾下，编入第36步兵师的指挥系列中。而位于卡塞塔市的第5集团军司令部里，正在制定一个打破伯恩哈特防线僵局的作战计划。该计划分为3个阶段：第一阶段的目标是米尼亚诺隘口左翼，包括卡米诺山、拉蒂芬萨山、拉里莫塔尼山和马吉奥里山；第二阶段的目标放在米尼亚诺隘口右翼，重点是伦戈山、萨姆克罗山、维斯察塔罗山（Monte Vischiataro）和马约山；第三个阶段的行动则是全力突入利里河谷。

其中，第一个阶段的行动代号为“雨衣”（Raincoat）——这个名字来自当时本地区糟糕的天气。在“雨衣”行动中，英军第10军将沿着加利格里阿诺河佯攻并攻占卡米诺山，美军第2军向拉蒂芬萨山、拉里莫塔尼山和马吉奥里山发起进攻，并保证米尼亚诺隘口的谷口的安全，同时美军第6军在其战线上发起积极的牵制性进攻。卡米诺山区是“雨衣”行动的首要目标，如果盟军要控制米尼亚诺隘口，就必须拿下这个地区的多个山头，否则后续两个阶段的行动将无法实施，更别说推进到卡西诺甚至是罗马。这些山头中，卡米诺山上也有一座固若金汤的修道院，卡米诺山以北不到3.2公里是拉蒂芬萨山和拉里莫塔尼山，拉里莫塔尼山以北则是马吉奥里山。整个卡米诺群山地区长约9.6公里，宽约6.4公里。在这些战斗中，卡米诺群山南北方向都是佯攻，主攻是英军第10军和美军第2军对卡米诺山、拉蒂芬萨山和马吉奥里山的直接突击。

11月29日，第5集团军公布详细的作战计划：

1.德军在卡米诺山和马吉奥里山上的炮兵观察哨可以引导炮火轰击米尼亚诺－托拉（Tora）

■ 这张在“雨衣”行动前拍摄的航空照片反映了卡米诺山区的地势。注意照片中还显示了古斯塔夫防线的核心——卡西诺山。从这张照片可以看清楚，包括卡米诺山区众多山头阵地在内的伯恩哈特防线就是古斯塔夫防线的前大门，第1特勤队的任务就是夺取打开这扇大门的钥匙——拉蒂芬萨山。根据作战计划，第1特勤队的任务是趁黑从山后的悬崖爬上山顶并偷袭敌军阵地，这一任务被认为是不可能完成的，但第1特勤队却化不可能为可能。他们登上山顶的位置就是照片中箭头所指之处。

上图是1943年底，英军第56（伦敦）步兵师的一些士兵正在卡米诺山西南面山坡的一条山道上休息。从这张图上可以看出为什么英国人对卡米诺山的攻势如此艰难：陡峭的山势，几无任何遮蔽物，山顶修道院和碉堡中的德军的居高临下的防御火力。

下图是1943年底在卡米诺山区，两名英军军官带着几名德国战俘正在勘察卡米诺－马吉奥里山的地形。图中中间的山峰便是卡米诺山，卡米诺山右边的山峰是第1特勤队的目标拉蒂芬萨山，卡米诺山左边的山峰是拉里莫塔尼山。

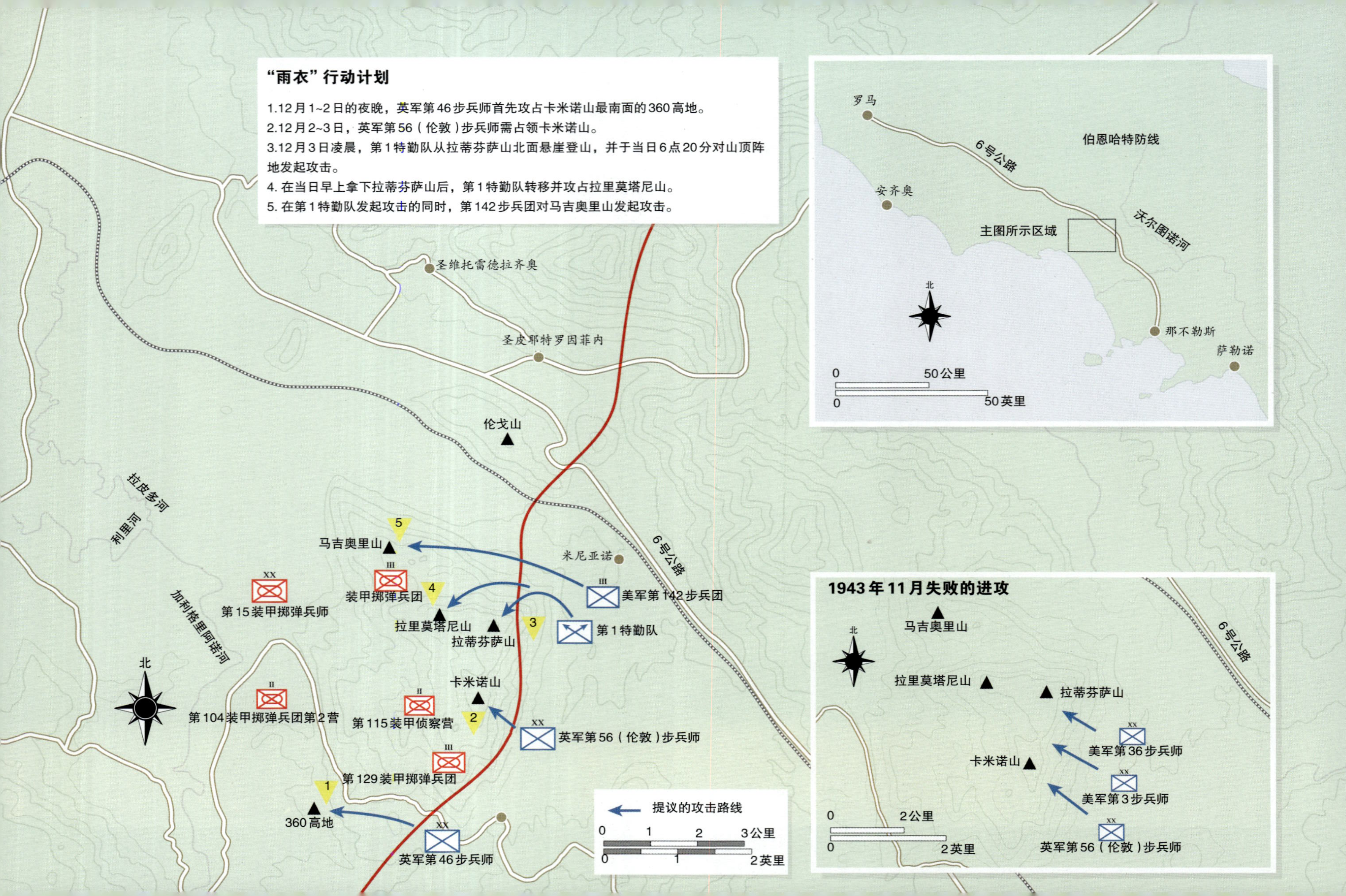

“雨衣”行动计划
1.12月1~2日的夜晚，英军第46步兵师首先攻占卡米诺山最南面的360高地。
2.12月2~3日，英军第56（伦敦）步兵师需占领卡米诺山。
3.12月3日凌晨，第1特勤队从拉蒂芬萨山北面悬崖登山，并于当日6点20分对山顶阵地发起攻击。
4. 在当日早上拿下拉蒂芬萨山后，第1特勤队转移并攻占拉里莫塔尼山。
5. 在第1特勤队发起攻击的同时，第142步兵团对马吉奥里山发起攻击。
罗马
6号公路
伯恩哈特防线
安齐奥
主图所示区域
沃尔图诺河
北
那不勒斯
萨勒诺
0
50公里
0
50英里
圣维托雷德拉齐奥
圣皮耶特罗因菲内
伦戈山
拉皮多河
利里河
5
马吉奥里山
米尼亚诺
6号公路
装甲掷弹兵团
4
美军第142步兵团
第15装甲掷弹兵师
加利格里阿诺河
拉里莫塔尼山
3
拉蒂芬萨山
第1特勤队
北
卡米诺山
第104装甲掷弹兵团第2营
第115装甲侦察营
2
英军第56（伦敦）步兵师
第129装甲掷弹兵团
1
360高地
英军第46步兵师
提议的攻击路线
0
1
2
3公里
0
1
2英里
1943年11月失败的进攻
马吉奥里山
北
6号公路
拉里莫塔尼山
拉蒂芬萨山
美军第36步兵师
卡米诺山
美军第3步兵师
0
2公里
0
2英里
英军第56（伦敦）步兵师

■ 这张照片拍摄于“雨衣”行动发起前的1943年12月初，照片中的山峰是卡米诺山（中）和拉蒂芬萨山（右）。在卡米诺山顶，德军将坐落于此的修道院加固为碉堡，这里成为英军的“死亡中心”。根据作战计划，当第1特勤队突袭拉蒂芬萨山时，英军第56（伦敦）步兵师负责夺取卡米诺山，几个山头的攻势相互配合。注意照片近处的草丛阴影中，几名英军军官正在进行战前侦察，以获取第一手的情报资料。

一线地区。

2.（1）美军第2军与英军第10军相互配合攻击并占领卡米诺山－马吉奥里山一线的山头。

（2）行动从12月1日至2日的夜间打响，英军第10军第46步兵师首先进攻卡米诺山（即963高地）最南边的要点360高地；12月2日至3日晚，英军第10军第56（伦敦）步兵师进攻卡米诺山，夺取727山脊、819高地和主峰。

（3）第36步兵师（得到加强）与第1特勤队攻占拉蒂芬萨山（即960高地）、拉里莫塔尼山（即907高地）和马吉奥里山（包括510高地、630高地和619高地）。12月3日清晨6点20分，第1特勤队从368高地东北的拐角出发突袭拉蒂芬萨山，成功后继续向前进攻夺取拉里莫塔尼山。

（4）第36步兵师第142步兵团至少投入1个步兵营，越过368高地并攻占370山脊。然后从370山脊向西北方向进攻，穿过瓦列沃那高原（Vallevona Plateau），在第1特勤队攻占拉里莫塔尼山的同时，攻占马吉奥里山的3个高地。第142步兵团余部则在步兵营攻占370山脊的同时，清理拉蒂芬萨山北坡之敌，并准备接应拉蒂芬萨山和拉里莫塔尼山上的第1特勤队。

在此次行动中，第2军所有的炮兵，以及陆军航空队都全力支援第36步兵师和第1特勤队的进攻。另外，第1特勤队的行动还得到了第1装甲师的炮兵和第2化学武器营的1个107毫米迫击炮连的协助，其中后者将在D日的凌晨2点开始对拉蒂芬萨山进行火力遮断。

“雨衣”行动的成功取决于每支部队都能完成自己的任务，如果英军第56（伦敦）步兵师在卡米诺山前受挫，拉蒂芬萨山将处于后者居高临下的火力之下；如果第1特勤队不能夺取拉蒂芬萨山，那么仍在敌军控制下的拉蒂芬萨山和拉里莫塔尼山将给予马吉奥里山火力支援，盟军在卡米

■ 这是“雨衣”行动前守卫在卡米诺山区某个高地上的德军防空部队，他们很可能来自第15装甲掷弹兵师的第315高射炮营，德军的山头守备部队被命令不惜一切代价守卫山顶阵地。

诺山所取得的任何成果也将付诸流水；如果第36步兵师第142步兵团无法攻克马吉奥里山，那么马吉奥里隘口将仍处于德国人控制之下，盟军接下来两个阶段的行动将更为困难。

第1特勤队要进攻的拉蒂芬萨山和拉里莫塔尼山是伯恩哈特防线的核心和古斯塔夫防线的前哨，尤其是拉蒂芬萨山，更是卡米诺山区阵地的防御中枢。这座海拔960米的山峰呈“L”型，“L”的顶点指向盟军阵地，山顶附近的山脊线几乎是垂直的。山峰居高临下，把6号公路和米尼亚诺隘口谷地的村庄尽收眼底，峰顶的德军炮兵观察员凭借此地利可以精确指引炮兵火力打击下面谷地的几乎任何地方，也能给予周边的山头阵地居高临下的火力支援。而且，卡米诺山区的德军炮兵还装备了名为“喷烟者”（Nebelwerfer）的六膛火箭炮。另外，在德军拉蒂芬萨山防线的主阵地向南，有一片开阔的侧翼通往卡米诺山，在英军第10军目标的卡米诺山上，还有一座被德军构筑成坚固堡垒的卡米诺修道院。几个山头构成相互支援的交叉火力点。

这次战斗将在险恶的山地环境下打响，第1特勤队的特殊训练终于得以派上用场。在这次战斗中，主攻任务交给了唐纳德 · 多比 · 威廉姆森上校的第2团。因为上次在基斯卡岛的行动中，这个团作为预备队负责空降支援另外两个团，但坐了“冷板凳”，此次战斗他们得到了主攻的任务和证明自己的机会。根据弗雷德里克11月29日发布的作战计划，第2团将在攻击发起日的前一夜里，从进行了伪装的前出突击阵地（拉蒂芬萨山大约半山腰位置的斜坡上）出发，向上推进至368高地，以便在攻击日破晓时夺取拉蒂芬萨山。他们的这次行动将得到意大利战役至此最大规模的炮火掩护。在攻占拉蒂芬萨山后，第2团便穿过拉蒂芬萨山和拉里莫塔尼山之间的鞍部，

■ 这是盟军制作的卡米诺山区的沙盘，沙盘上的山头囊括了第1特勤队的攻击目标拉蒂芬萨山和拉里莫塔尼山。11月29日，弗雷德里克对第2团发布了具体的行动命令:“第2团将由目前的营地转移到973100-973094-967095-968100区域，并在那里隐蔽宿营直到D-1/D日(编注：即攻击发起前一日/攻击日)晚上，然后在黎明时推进到368高地，并在D日夺取960高地。一旦攻占960高地，第2团将立即出发前去夺取907高地；同时，第2团也将继续占领960高地并准备防御来自南面的敌军攻击。第2团将为第142步兵团进攻马吉奥里山提供火力协助。第2团将继续占领拉蒂芬萨山－拉里莫塔尼山直到战斗任务解除。”

夺取拉里莫塔尼山。一旦攻占这两座山头，第2团一方面要坚守阵地，随时应对德军的反扑，另一方面要依据有利地形协助第142步兵团攻占马吉奥里山的行动。

第1特勤队另外两个团：第1团将在山脚下第36步兵师的营地中待命，在第2团得手后穿过其阵地，和第2团一起夺取拉里莫塔尼山；第3团第1营则作为第1特勤队的预备队，随时准备登山支援第2团。这些集结区域都将处于敌人的视野和迫击炮射程之内。第3团第2营的3个连，其中2个负责运输补给；剩下的1个则负责打扫战场和抬担架，而这个连的1个排则被分配给第2团，直至此次行动结束，该连其他人驻扎在第1特勤队的收容点附近，地点位于卡斯波利村（Caspoli）以北约457米的一个农舍中。

第1特勤队的保障营将在圣玛利亚迪卡布阿贝特利镇留下一支分遣队以确保自己驻地的安全并履行常规补给和管理职能，该营其他部队则部署到前线的前出行动补给基地支援第1特勤队战斗梯队的行动。保障营约有300人将以人力背负补给的方式为前线的第1特勤队各团提供后勤支援，他们日夜跋涉在险峻的山道上，与战斗梯队一起流血牺牲，获得了战斗梯队的尊重。

必须提到的是，第1特勤队此次的作战计划来自事先周密的战场侦察。自进入战场以来，第1特勤队便开始熟悉环境，在行动发起前，弗雷德里克还安排了几次侦察巡逻行动。由于在之前的战斗中，拉蒂芬萨山挡住了美军第3步兵师第7步兵团的进攻，第1特勤队对此非常重视，在行动前，吸取了基斯卡岛“放空炮”的教训，对拉蒂芬萨山进行了详细勘察。特勤队员还与第36步兵师的士兵在前线缓慢匍匐着检查第7步兵团原来进攻该

■ 托马斯 · 卡伊 · 麦克威廉（? -1943）
上图是第1特勤队第2团第1营营长麦克威廉中校，来自加拿大新布伦瑞克省，他的营在突袭拉蒂芬萨山行动担任前锋任务，趁着黑夜，该营成功拿下了拉蒂芬萨山。12月3日白天，在继续攻打拉里莫塔尼山的行动中，麦克威廉被德军迫击炮击中身亡。

■ 爱德华 ·H· 托马斯少校（1919-2010）
上图是第1特勤队第2团第1营执行官托马斯少校。托马斯来自美国田纳西州，1941年初加入美国陆军，先后在第503和第505伞兵团服役。1943年至1944年服役于第1特勤队。在麦克威廉于12月3日阵亡后，托马斯接任第1营营长，但他也于次日不幸负伤而卸任。1945年，托马斯出任第505伞兵团的营长。1970年，托马斯在美国陆军特种作战部非常规战争局准将副局长任上退休。

高地的路线，这条路线显然不是正确的进攻方向，当时他们还看到了之前战死掉入山沟的友军的尸体因为无法收容而腐烂发胀的惨状。

11月底，第1特勤队对拉蒂芬萨山进行了初次侦察，这是由第2团指挥组的指挥官们负责的，第2团团长威廉姆森上校、团执行官沃尔特 ·S· 格雷少校（Walter S. Gray）、第1营营长托马斯 · 卡伊 · 麦克威廉中校和第2营营长罗伯特 ·S· 摩尔中校（Robert S. Moore）。在威廉姆森上校的率领下，军官们乘坐吉普车来到前线并与第36步兵师在山脚下的部队的指挥官取得联系，后者为他们提供了来自该师的向导，带领他们进入该师最前出的阵地。在大雾中，威廉姆森一行勘察了拉蒂芬萨山的北坡。

因为第2团第1营将担任突袭行动的前锋，营长麦克威廉中校安排了他的执行官爱德华 ·H· 托马斯少校（Edward H. Thomas）带领一支小分队对拉蒂芬萨山北坡通道进行进一步的侦察，方向是沿着团指挥组先前侦察指出的路线继续前行。在来自美军第142步兵团的一名向导的带领下，托马斯少校与第1特勤队司令部助理情报参谋芬恩 ·W· 罗尔中尉（Finn W. Roll）、第2团第1营的加拿大中士托马斯 ·E· 芬顿（Thomas E. Fenton）和带有一半印第安血统的霍华德 ·C· 范奥斯戴尔上士（Howard C. Van Ausdale）一起出发执行这项任务。其中，来自第1营第1连的芬顿中士和范奥斯戴尔上士入伍前都曾是探勘员，他们将在接下来的行动中负责引导突击连行动。执行侦察任务的第一晚，小分队在前线附近的一座谷仓里过夜。次日，小分队来到第142步兵团团部，与该团团长林奇上校（Lynch）商讨任务。该团已经占据了通往拉蒂芬萨山山顶的368高地的三分之二区域。为了抵达该团控制的最高点，小分队不得不大白天在毗邻山峰的敌人的眼皮底下穿过

■ 上图是范奥斯戴尔上士，从照片上看，他佩戴了专家射手徽章，精通3种武器。范奥斯戴尔来自美国亚利桑那州，具有极为杰出的山地勘察技能，托马斯少校称他为“能读懂地形的人”。他选定了第2团的突袭路线；而且，在突袭当夜，范奥斯戴尔和汤姆·芬顿也是第一位爬上拉蒂芬萨山顶的特勤队员，他们侦察山顶敌情并垂下绳索接应悬崖下的战友，为第1特勤队攻占拉蒂芬萨山立下了首功。

开阔地。在他们开始攀爬峭壁之时，第142团的士兵驱赶着骡子下到谷底，用毯子包裹阵亡美军的尸体并搬走，掩护他们的行动。胆大无畏的托马斯和他的小分队尽可能地靠前侦察，标记下可能会跌下山崖的危险地段。他们共对拉蒂芬萨山进行了3次侦察。

关于战前的侦察活动，据托马斯少校回忆：

“在1943年11月底，麦克威廉上校指派我领导关于选择通往拉蒂芬萨山顶的道路的侦察行动。第1连被选为先头连，我的侦察小组包括……来自第1连的侦察员……霍华德·C·范奥斯戴尔和托马斯·E·芬顿。范奥斯戴尔具有印第安血统背景和精湛的地形学知识，所以我很大程度上都依赖于他的意见。我们都制定了一条上山的路线，不过他的选择可能是最可靠的。”

第2团第1连的二等兵约瑟夫·多菲奈斯(Joseph Dauphinais)对此也证实：

“范奥斯戴尔是侦察领域的‘王者’，他是真正的山里人；他能读懂地形，就好像你读一本书那样。他为我们找到了一条不被德国人发现的悬崖前的极好的登山路线。”

■ 上图是“雨衣”行动前从美军第36步兵师阵地后方拍摄的一张反映拉蒂芬萨山细节的照片。第1特勤队第2团便是从这个方向爬上拉蒂芬萨山并发起突袭。右边的马吉奥里山是第142步兵团的目标。注意拉蒂芬萨山脚下是米尼亚诺镇，第142步兵团也是从368高地发起进攻的。

托马斯少校的侦察小分队出色地完成了任务，他们找到了敌军坚不可摧的防线中的缝隙：拉蒂芬萨山北面山脊是一座几乎笔直的悬崖峭壁，高度超过60米。之前的盟军进攻部队，由于缺乏适合的装备和针对性的训练而无法克服这座山峰的最险峻之处，避开了这个位置。德国人也认为这里对于进攻部队来说实在过于陡峭而无法攀爬，因此对这里并未投入太多注意力。托马斯少校和范奥斯戴尔上士选择从这里用绳索攀登上去，在这个方向可以对拉蒂芬萨山上的主防御阵地进行侧翼包抄，打敌人一个措手不及。这个作战计划相当冒险和大胆，但弗雷德里克同意了这个计划。为了保证行动成功，特勤队员们还在驻地进行了山岳攀登和战术训练。

在第1特勤队积极准备突袭行动的同时，第5集团军的后勤单位也为“雨衣”行动提供援助和扫清各种障碍：工兵部队清除地雷，修建桥梁和通往各山脚的道路；盟军在卡米诺山区的前进基地的后勤兵站也储存了大量粮秣、饮水、弹药，并建立了最新的前线救护站；考虑到恶劣的天气环境，盟军第12空中支援司令部针对诸如利里河谷和卡米诺山区中的桥梁和基础设施等敌军目标安排了尽可能多的空中打击。

为了误导德国人，掩盖“雨衣”行动的真正目标，盟军在11月的最后几天里还进行了佯攻。英军第10军沿着加利格里阿诺河谷进行佯攻，美军第6军也在萨姆克罗山前进行了积极的牵制性攻击；11月29日晚上，美军第3游骑兵营还针对圣皮耶特罗因菲内村进行了一次侦察巡逻，结果黎明时游骑兵们在村外遭遇激烈抵抗，遂被命令在太阳落山后脱离战斗，撤退。

载入史册的突袭

12月1日是“雨衣”行动发起的日子，第1特勤队也将于这一天进入阵地。在这一天，第1特勤队的全部队员都在进行最后的准备工作，每个

■ 这是在“雨衣”行动前，美军第2军军长杰弗里·凯斯少将到圣玛利亚迪卡布阿贝特利镇的第1特勤队驻地对第1特勤队的军官们进行战前动员演说。

团都将在这次行动中扮演重要角色；队员们就像在训练和登陆基斯卡岛时那样准备这次任务：氛围轻松，但充满专业性。当特勤队员们在驻地准备要携带的补给、放松嬉戏、赌博时，第1特勤队的情报参谋罗伯特 ·D· 博汉斯中校则在检查准备工作的完成情况。第1特勤队的官方历史记载了当时一个有趣的瞬间：

“在第3团宿舍的走廊里，一个‘艺术家’用碳条在一整面墙上作画，画的是一个穿着布袋裤的男人，这个男人的袋子里胀鼓鼓地装满了弹药、手榴弹和口粮。在图中，这个男人还背着一个极度夸张的背架，这个背架高高耸立，上面背负的干粮箱、弹药、睡袋、步枪、机枪、迫击炮和战斗杂物，将这个男人压得如同侏儒一般……绘图者还在图中写道：‘弗雷迪的运输机——拉蒂芬萨山或布斯特。’”

不得不说，这位绘画者的这幅画充满了讽刺性的远见：随着战况的发展，在这次战斗中作为第1特勤队的预备队和补给队的第3团很快就往返于陡峭的山路上，超负荷地为他们在拉蒂芬萨山上的同袍背负大量急需的物资。

12月1日下午，第1特勤队的军官们在圣玛

2号行政命令之1号附件

1. 以下个人服装和装备将由战斗梯队的个人带往前线，适用于全体军官和士兵。

a. 身上穿戴 / 携带的物品：

头盔伪装网

7.62毫米子弹袋或手枪袋——技术军士和士兵按规定携带

伞兵靴

防水火柴盒

羊毛针织帽

M1926型汤勺

羊毛衬裤

水壶，配备杯子、盖子和格栅

棕色皮革羊毛手套

完整的钢盔

第1特勤队臂章

士官或技术军士标志

山地刀

手枪弹匣袋——配备手枪的人员携带

卡宾枪弹匣袋——战斗梯队的军官每人3个；保障梯队的军官每人2个

急救包，包括急救小包和磺胺嘧啶

军绿色羊毛衬衫

厚羊毛袜

高领羊毛衣

军籍号码牌，配备带子或链子

M1935型裤背带

带吊带的山地裤

羊毛汗衫

b. 装在背负的毯子卷里的物品：

半幅双人帐篷及配备的杆子、针和绳索

山地睡袋

c. 装在野战背包里的物品：

C型口粮1份

D型口粮1份

K型口粮1份

盥洗用品

雨披

多余的袜子

2. 背包里将会装满换洗的内衣裤和袜子、剩余的野战餐具、剩余的盥洗用品。背包会堆叠在大本营的部队物品存放点，便于后勤军官一有机会便交付给推进的部队。

3.a. 所有部队除了携带备忘录第1项中所列物资外，还要携带武器和弹药。

b. 除非另外的命令，第1团和第3团将保留背包。

c. 第2团将保留背包至D-1日下午（编注：即12月2日下午），届时它们将会被堆放并转交给后勤部队，由后勤部队后送至附近的储存区并保持它们的容量，等待将来被第2团继续使用。在将背包交给后勤部队后送时，各连和各分遣队一定要保证各单位的背包放在一起，后勤部队将保证尽一切努力让这些背包按各单位的编制分开存放。

d. 在任何时候命令将背包后送至补给区域时，各团团长要将它们放置马路或山路附近，以连为单位排序或堆放，在后勤人员处理时将保持它们秩序不被打乱。

命令签署：弗雷德里克上校

第1特勤队执行官保罗 ·D· 亚当斯上校

■ 第1特勤队在制服、武器、装备方面都享有优先权。当第1特勤队于1943年11月抵达意大利时，他们毫无疑问是战区中装备最好的部队。这份由弗雷德里克于1943年11月27日签发的名为“2号行政命令之1号附件”的秘密备忘录详细记载了几天后第1特勤队奔赴拉蒂芬萨山战场所使用的武器装备。
注意，在这份备忘录中并未提及M1943型野战夹克，但毫无疑问第1特勤队是穿着这款制服参战的，因为第1特勤队是当时欧洲战场上第一支配发这款制服的单位。V42型格斗匕首也未提及，但作为战斗梯队的每一名特勤队员的标准配置武器，这款匕首自然也是随身携带之物。而第1特勤队在拉蒂芬萨山所穿戴的独特装备是宽松的山地裤、伞兵靴和山地帆布背包。

利亚迪卡布阿贝特利镇的军营里等待美军第2军军长杰弗里·凯斯少将的行动命令。当时，凯斯少将对第1特勤队持以不怎么看好的态度；而且，在第2军的战线上，官兵们对第1特勤队的评论不过是“时髦男士”、“被高估的骄傲小伙”之类的辞藻。虽然第1特勤队担负着突破拉蒂芬萨山的重任，但凯斯少将继续坚持他的怀疑态度：

“你之前一直大名鼎鼎，但从未经过鲜血的洗礼，战争不是好莱坞里迷人的玩意，人们在战场上只会默默无闻地死去。”

尽管凯斯少将质疑第1特勤队的能力，但他还是同意将第1特勤队用作对付第2军正面的最坚固的绊脚石的先锋。

下午16点30分，第1特勤队第2团的600余名官兵从圣玛利亚迪卡布阿贝特利镇的驻地出发，每个班乘坐一辆6×6卡车奔赴前线。第1团和第3团紧随其后，间隔出发。特勤队员们对这次战斗任务满怀信心，“我们将把那些混蛋从山上踢下来。”——这是他们普遍的想法。当然，对战争和死亡的恐惧也同样伴随着他们。当太阳西移，冰冷的雨水开始滴落。车队紧赶慢赶地驶向前线，因为夜间的灯火管制，司机只能在逐渐变暗的光线下借助防空灯向前行驶。间或，周围的田野被泥泞的道路两侧的盟军火炮的炮口焰照亮，伴随着震耳欲聋的炮声。各团彼此大约间隔一小时，被卡车运到距离驻地大约9.7公里的普雷森扎诺镇（Presenzano，美军第36步兵师师部所在地）附近的集结点，第2团在近黄昏的时候首先抵达，他们在一座山背后下车集结，以避开拉蒂芬萨山的敌军观察哨。在这里，一位来自第142步兵团的向导等待着他们，将带领他们前往拉蒂芬萨山脚下。根据第2团第1连的唐纳德·R·麦金农中士（Donald R. Mackinnon）回忆当时的战场气氛：“整个事情有种来势汹汹的感觉。”

在第142步兵团的向导的带领下，第2团的官兵们在晚上21点开始向位于拉蒂芬萨山半山腰的集结待命区域行进。这是这场行动中最艰苦的一个过程，他们穿着雨衣，背着背包，带着武器弹药、口粮，以及肯定用得上的基数以外的弹药，冒雨行走在泥泞的田野和满是冰渣子的河床上，他们必须在日出前抵达位于拉蒂芬萨山半山腰的集结待命区，以免被德军观察哨发现。麦金农中士后来描述这段长达16公里的行军时说道：

“我们负载着武器和物资，包括我们的帆布背包、给养和水壶……我们是如此的疲惫，只能尽力跟上队伍，在非常困难的条件下一步一滑地往前赶。当时我们认为，如果抵达目的地后就不得不展开行动的话，我们将力不从心。”

第2团第1营的执行官托马斯少校在讲述这段旅途时也说道：“那真是一段痛苦的旅程，这段旅程从卡车将我们拉到山边的集结点就开始

■ 这是参与了突袭行动的第2团第1营第1连的唐瑞德·R·麦金农中士，来自加拿大魁北克。

第1特勤队作战序列(拉蒂芬萨山之战)

司令部

- 指挥官：罗伯特·泰伦·弗雷德里克上校
  - 执行官：保罗·D·亚当斯上校
  - 人事参谋：肯尼斯·G·威克姆中校
  - 情报参谋：罗伯特·D·博汉斯中校
  - 后勤参谋：奥瓦尔·J·鲍德温中校
  - 军医：贝塞克少校(L. D. Besecker)
- 第1团(阿尔弗雷德·C·马歇尔上校)
  - 第1营(贝克特中校)
  - 第2营(阿克赫斯特中校)
- 第2团(唐纳德·多比·威廉姆森上校)
  - 第1营(托马斯·卡伊·麦克威廉中校)
  - 第2营(罗伯特·S·摩尔中校)
- 第3团(埃德温·A·沃克上校)
  - 第1营(托马斯·吉尔迪中校)
  - 第2营(约翰·G·伯恩中校)

了……而最痛苦的地方是我们还冒着雨，这比爬山还要苦。”道森四级技术军士(Dawson)则提到：“爬山是这段旅程中最让我疲惫不堪的部分。”

艰苦跋涉了8公里后，第2团来到拉蒂芬萨山山脚下并开始上山。他们沿着坡度较低的地段越过第142步兵团的阵地，“很高兴认识你们，小伙子们！”那些身经百战的步兵们在对他们表示欢迎的同时也对他们的能力表示怀疑，在之前的战斗中，德军的装甲掷弹兵给第142步兵团带来了严重伤亡。但是，他们以及山顶上的德国人很快就见识了这支左臂上佩戴着红色矛尖臂章的突击队的战斗力。

穿过第143步兵团的阵地后，第2团在拉蒂芬萨山东麓开始向上推进，路上不时遇到在之前的战斗中阵亡者的尸体。大约在12月2日凌晨3点，第2团的先头部队集结待命区域，后续部队将在日出前抵达。这里是几天前选定的一处树木和灌木丛生的地方，也是他们的前出突击阵地。

此时雨已经停下，当12月2日的太阳开始升起时，为了保持行动的隐蔽性，第2团全都进入树丛中隐藏起来，他们要在这里一直等到夜幕降临。而第1团则在山脚下的第36步兵师的宿营地中待命；第3团则按计划一分为二，一个营准备支援第2团，另一个营将用于战场上的物资补给。

12月2日清晨，阳光明媚。经过一夜休息的第2团的官兵躲在树林里，在意大利12月温暖的阳光中无聊地检查弹药，保养武器，将手榴弹用胶带捆扎在装备上，咀嚼冰冷的K型口粮，做着大多数士兵战前做的事——低声寒暄，和其他战友紧张地开玩笑，以此挨过漫长的白天。这些训练有素的士兵大多数还是第一次参与实战。另外，还有资料提及，此次行动中，第1特勤队的所有官兵都去除了识别标志，仅保留身上的“狗牌”。

第2团的集结待命区域距离敌军的观察阵地仅400米远。不久，敌军的迫击炮弹开始落到拉蒂芬萨山脚下，第2团的官兵们沉默地隐蔽着，等待着也许是他们这一生中最艰难的行动的开始。

在这一天早上，弗雷德里克上校和克拉克中将、第36步兵师副师长威廉·H·威尔伯准将(William H. Wilbur)和第142步兵团团长林奇上校在第142步兵团指挥部商议完善当晚的突袭行动计划。在会议中，弗雷德里克上校得知英军第46步兵师已经成功拿下360高地，为英军第56(伦敦)步兵师打开了第1特勤队左翼的卡米诺山的大门，第56(伦敦)步兵师将领先第2团于当晚22点对卡米诺山发起攻击。另外，在这一天的晚些时候，弗雷德里克上校还得到通知，第1特勤队第1团将转移到第36步兵师在368高地南面的一个露营地中。对此，弗雷德里克很不情愿地点了头，他更希望将这个团用于自己的方向。这一决定不久便被证明是错误的，而代价就是第1团官兵们的鲜血。

因为在白天晴朗的天气下能见度极好，盟军的战斗轰炸机没有“缺席”，他们针对卡米诺山、拉蒂芬萨山、马吉奥里山，乃至远到卡西诺山后部的目标投下了总共500吨的炸弹。

下午16点，随着准备行动的命令传来，第2

团的官兵们开始对武器装备进行战斗前的最后检查。弗雷德里克告知第2团团长威廉姆森，在攻击开始前，不要开火："在D日6点30分前，只使用手榴弹和匕首进行攻击；6点30分以后再使用武器射击。"16点30分，弗雷德里克带着司令部人员——奥尼尔上尉、芬恩·W·罗尔中尉、格雷中士以及侦察兵赖特（Wright）、普利（Pulley）和希尔（Hill）在拉蒂芬萨山南坡建立起战术指挥所。在第1特勤队官兵眼中，弗雷德里克身先士卒的举止令他们信服和崇拜，用他们的话说，他们愿意跟随他奔赴任何战场。

16点30分，美军第5集团军的全部925门火炮沿着整个前线向卡米诺山和拉蒂芬萨山的目标猛烈倾泻弹雨，炮声震耳欲聋，场面震撼人心。用博汉斯中校的话说："这是意大利战役迄今为止，炮兵火力集中程度最高的一次，甚至可能是二战中集中程度最高的一次。"高爆炸药混合白磷弹的炮击，预示着这个漫长夜晚的军事行动的开始。

马丁·布鲁门森(Martin Blumenson)在《美国陆军在二战地中海战区的行动：萨勒诺到卡西诺》一书中也生动地记载了这一幕：

"第2军于下午16点30分发动了进攻……925门各型火炮开始向敌军阵地喷吐高爆弹、白磷弹和烟雾弹。其中820门火炮直接攻击卡米诺－拉蒂芬萨－马吉奥里山的交汇处。在一个小时的猛烈轰击的'小夜曲'中，有346门火炮向拉蒂芬萨山发射了超过2.2万发炮弹。而在进攻的头48小时里，第2军便部署了14个炮兵营支援第36步兵师的炮兵，这些炮兵营共发射了7.5万枚炮弹，其中一些还是第一次参加实战的新型203毫米榴弹炮发射的。"

当德军的105毫米、155毫米、170毫米火炮开始回应，盟军弹幕也随之扩宽范围，覆盖那些次要目标。德国人熟知拉蒂芬萨山上通往山顶的每一条山径、小路和阵地，他们用迫击炮弹和狙击手火力向特勤队员们证明了这一点，炮弹朝着山路、盟军的补给点、指挥所，甚至是急救站落下。

后来，很多特勤队员将拉蒂芬萨山称之为

■ 这张照片很可能拍摄于12月2日主攻发起前，从图中可以看到在拉蒂芬萨山的东面坡地上，高爆弹击中山坡后升腾的烟雾。盟军以强大的火力攻势来削弱山头敌军的防御，为第1特勤队的突袭提供便利。

上图是1943年12月初夜晚，英军皇家炮兵第146野战炮兵团的25磅重炮炮轰卡米诺山区。下图是1943年12月2至3日夜拉蒂芬萨山之战期间，第5集团军的炮兵炮轰卡米诺山。

“百万美元山”，暗指在其上所倾泻的巨大弹药量。一名士兵回忆当时炮击的严重程度：“我们好像是在地狱里。整座山都被炮火所笼罩，山体仿佛在燃烧。”尽管对该山所遭受的火力打击的描述是“空前猛烈”，但山上防御工事很牢固，以至于长达4个小时的炮火覆盖对拉蒂芬萨山顶的德军阵地的损害很有限，仅仅是把他们从梦中惊醒。但是，猛烈的炮火破坏了德军对前线的补给和增援，从而将驻守在卡米诺山区的德军隔绝开来，更转移了他们的注意力，掩护第1特勤队的突袭行动。

当夜幕降临，第1特勤队各团开始展开行动。第1团转移到368高地附近，作为第36步兵师的预备队待命。第3团第1营转移到集结待命区域600米远的位置，充当第2团的预备队，随时准备支援该团；第2营和保障营则准备为前线搬运弹药和补给，充当担架员和救护人员。第2团在友军猛烈的炮火的掩护下开始了对山顶的渗透，他们排成一列纵队向山上移动，在他们身旁不时出现先前进攻失败的盟军阵亡者的尸体。

在麦克威廉中校的第1营的引导下，第2团的官兵们继续向上爬到拉蒂芬萨山东麓更高处（即约650米高处），然后转向山北面，行动的先后次序分别是第1营第1连、第2连、第3连，然后是团部和第2营的第4连、第5连、第6连。大约在晚上22点30分，在山路上悄然行进了约4个小时后，罗斯林上尉（W.T. Rothlin）的第1连来到顶峰东北面的悬崖下。按计划，将拉蒂芬萨山顶的德军压得抬不起头的炮兵火力将延伸到更远的目标。而德军在经受了重炮火力压制后，肯定意识到地面进攻即将开始。但是，从德军的行动上看，他们还是简单地认为盟军的进攻方向还和原来没有什么区别。德军机枪手开始用曳光弹向第2团左侧一段距离的几条山径上进行长点射，清理并校正射界。其他德军，隐藏在拉蒂芬萨山东北坡

■ 这是1943年12月3日凌晨，盟军第194野战炮兵营的8英寸重型榴弹炮射击卡米诺山区的敌军山头阵地，可以看到火炮上覆盖了伪装炮衣。这类重型火炮在第一时间被用于“雨衣”行动中，当时盟军集结了大量火炮炮轰德军阵地，强度之大，密度之高在二战时期亦不多见。

树林和岩石高处的狙击手也对这些山径进行射击；德军的施迈瑟（Schmeisser）冲锋枪射出的曳光弹点射为拉蒂芬萨山顶的德军迫击炮组和隐藏在伦戈山反向斜坡上的火炮指示可疑的目标；德军有限的反炮兵火力也开始“发言”了。

作为全团先导的托马斯·E·芬顿中士和范奥斯戴尔上士开始单独探路。他们的任务是侦察德军阵地前最后的薄弱环节——那座60多米高的悬崖顶部的敌情。在静寂无声的黑暗和冰冷刺骨的严寒中，他们依靠自己的双手和双脚，悄无声息地向悬崖上爬去，他们穿过狭缝和裂隙，还要克服石灰岩地质给攀岩过程中带来的一切困难。当他们爬上悬崖后，发现距离可以抵达拉蒂芬萨山顶的德军“碗”形主阵地还有320米的开阔的坡地要穿越。这两名侦察员每一步都极为小心，爬到了德军阵地前，距离德军哨兵之近，以至于可以听到哨兵聊天、点烟和换岗的声音。很明显，拉蒂芬萨山的后门洞开，完全没有防御措施。芬顿和范奥斯戴尔避开哨兵，返回悬崖边垂下绳索接应下面的同袍。约瑟夫·多菲奈斯二等兵和约翰·沃尔特中士（John Walter）紧接着芬顿和范奥斯戴尔身后登上山顶，他们要布置绳索以协助连里的其他人爬上峭壁并吊上迫击炮、火箭筒和机枪。山顶那些身经百战的德军装甲掷弹兵还不知道这支初出茅庐的突击队已经摸到他们背后了。这场行动成功的关键首先在于第2团摸上山顶而不被敌军察觉，其次是他们占据山顶后能够得到后勤供应。根据安排，第1营的3个连将引导此次突袭，武器、弹药和野战背包都用绳索吊上悬崖。一旦登上山顶，第1连在左翼，第2连在中间，第3连在右翼，他们将形成散兵线从后方攻击山顶守军阵地。摩尔中校的第2营作为预备队直接跟进，他们携带着额外的武器、弹药、装备和水，沿着第1营的脚步爬上山顶。一旦拉蒂芬萨山顶被占据，第3团第2营便随之跟进，如同一列无止境的“人形列车”将弹药、水、食物、医疗用品、毯子等物资源源不断地运上山顶。

就在第1连为全团开辟前进通道之时，第2团其他部队也在黑暗中焦急地等待消息。而德军的火力，特别是机枪火力则持续向南面和东面的山径进行搜索射击——这里是原先美军的进攻道路。这个时候，第2团团长威廉姆森上校的表现却令人大跌眼镜。受到德军火力的干扰，威廉姆森惊慌地向团部的其他成员告知，他感到本团已经遭受攻击，随后宣布他必须下山向弗雷德里克上校发出警告。在留下了执行官格雷少校后，威廉姆森带着团情报中士下山。在这种情况下，格雷少校只能派米克尔约翰中士（K.R.S. Meiklejohn）上山向第1营长麦克威廉中校告知他们团长的动向。

一名来自第2营第6连第2排的特勤队员这样回忆当时的威廉姆森：

“……神经受到了刺激……连滚带爬地爬下了山……他短暂地停下，用手枪朝着曳光弹射来的方向射击，并大喊‘干掉那个狙击手’，然后继续跑，劝告其他人更努力地作战。”

沿着山径向下一段距离后，威廉姆森遇到了满脸疑惑的弗雷德里克上校，当后者发现他的第2团团长居然出现在这个完全意想不到的地方时，甚为不满：“威廉姆森上校，你在这里做什么？”弗雷德里克拽着威廉姆森的手臂，将他拉到山径拐角处，私下谈了一会。两人返回后，弗雷德里克与他的指挥部人员继续向上走，留下威廉姆森在路边恢复神智。

在这短暂的插曲后，12月3日凌晨1点，第2团第1营收到了弗雷德里克发出的登上拉蒂芬萨山顶的命令。第2团第1连在岁斯林上尉的指挥下开始沿绳索攀登悬崖，第1连身后是史丹利·C·沃特斯上尉（Stanley C. Waters）的第2连和多尔蒂上尉（D. A. Daugherty）的第3连

（欠1个排，该连第2排被指定为第1营预备队），在第1连攀岩之时，他们就在山径上等待着尾随第1连攀登上崖。

攀岩登顶的过程注定是缓慢的，因为只有两条绳索从山顶上垂下，每次只允许两人同时攀爬。在这面大约70度的峭壁上，特勤队员必须在黑暗中握紧绳索，攀住峭壁上的裂隙向上移动身躯，这极大地耗费了他们的体力；同时，他们的心里还承受着无形的压力，任何人的一步的失误都可能导致整场行动的失败；加上武器、弹药和装备的重量，这些特勤队员的每一块肌肉都无比紧张。而且，当时天上还下起了雨，他们在冰冷的雨水中攀爬。机枪手的负担很重，他们肩扛机枪，弹药背在背架上。在士兵紧张地将他们的身体和装备挂上绳索时，军官和准尉们还要提醒他们注意保持安静。当头顶盟军的炮火向西转移，对拉里莫塔尼山的次要目标射击时，爆炸声带来的回音掩盖了特勤队员们的行动的声响——谨慎和静谧始终是这次行动能否成功的关键。

第1连的沃尔特 · 刘易斯中士回忆：

“我身上背负着相当沉重的负荷，携带着枪榴弹和一支M1步枪。该死！我攀登这座山是一个相当见鬼的经历。当时我处于最后一段位置，因为我身上背负的重量，我的身体在半空中转动和摆动了一圈又一圈，这对我来说真是一个粗暴的攀岩过程。”

在黑暗、寒冷和雨水中挣扎的第1连队员们沿着绳索向上攀爬，登上山顶的特勤队员们则向左右两边散开，缓慢移动进入战斗位置并休息等待其他战友上来。山顶黑暗、潮湿、冰冷，浓雾下能见度几乎为零，山顶的特勤队员们要做的就是等待，悄无声息地等待。

■ 这幅彩绘描绘的是特勤队员从山后悬崖攀上拉蒂芬萨山顶的情形。大约在凌晨1点，第1特勤队第2团1营开始攀登悬崖，他们仅用了两条绳索，在山顶守军毫无戒备的情况下爬上山顶。“在黑暗、雨水和危险地形的环境下全战斗负荷攀岩是非常困难的。在黑暗中，我们背负着武器、弹药、无线电台和担架，双手握着绳索向上攀爬，每前进一英尺都要付出极大努力。在我们的耳朵里，每一块滑落的石子的声音仿佛都放大了一千倍，并在我们的脑海里浮现着一个问题：‘敌人会不会听到这个声音？’”在托马斯 · E · 芬顿和范奥斯戴尔的引领下，第1营第1连、第2连和第3连相继登上山顶。这在山地作战史上是一个了不起的壮举。

大约在凌晨3点，第1连全部登上山顶，很幸运，他们无一伤亡，并形成了散兵队形。全连下达了“上刺刀”的命令，按计划向德军阵地后方的左翼包抄过去。大约在4点30分，第2连也全部爬上了悬崖，并按计划向中间位置摸去。虽然第3连与第1连失去了联系，但他们依旧沿着绳索爬上悬崖，并机动到德军阵地背后的右翼位置。此时，第1特勤队的行动已经达成了“突袭”的要素，正如第1连的唐纳德 · 麦金农中士所回忆的：

“在没有遇到敌军士兵盘查的情况下，我们（第1排）登上了山顶。德国人在悬崖上没有设置防御阵地，因为他们认为这里是无法逾越的。爬上悬崖后，我们沿着狭窄、凹凸不平的岩石小道向德军的‘碗’状阵地摸去。这里似乎更安静，以至于我们尽可能地减少噪音。第2排和第3排跟在我们身后。全连在对手毫无知觉的情况下全部登上了山顶。我们已经比前期的任何友军更接近敌人阵地，而且还达到了突然袭击的条件。”

在特勤队员向山顶阵地摸去之时，第5集团军的炮兵火力持续向拉里莫塔尼山覆盖，炮弹呼啸着从正在拉蒂芬萨山顶悄然行动的特勤队员的头顶掠过，震耳欲聋的爆炸声掩盖了特勤队员的行动，掩护他们进入战斗位置。

第1连第3排是引导突袭的尖刀排，他们在黑暗中一寸寸地向德军阵地摸去，在这惊心动魄的过程中，一名德军哨兵无意间看到了他们，但还未来得及示警就被范奥斯戴尔上士用匕首干掉了。第1连的沃林格上士回忆：“一名侦察兵捅死了一个哨兵，但他也从山路上滚下来摔倒在我的脚边，大口地喘着气。”此时特勤队员们距离德军阵地已是咫尺之遥，德军依旧未发现他们，但黎明的静谧很快就被打破了。

大约在黎明5点30分，距离攻击发起时间还有1个小时，突然滚落的石块打破了黑暗中的安静——也有一些人声称，是钢盔不慎落地的声音提醒了德国人，第1特勤队潜伏在了山顶。麦金农中士回忆：

“我们几乎已经摸到山顶敌军阵地，此时有人踢到了松动的石块，接着一名德国人向打头的两名侦察兵盘问口令，有人开枪了，紧接着机枪火力落到了我们身旁。”

战斗就这样提前打响了。第1连的官兵们抓住稍纵即逝的突袭良机，与敌军展开激烈的近距离战斗，随着机枪和迫击炮火力落入第1连的人群中，火焰照亮了黎明的天空。

当时的战斗，按照一名特勤队员后来的说法:“天崩地裂！”当时大部分敌军还窝在掩体里，尽管派有哨兵，但德军还认为突如其来的偷袭来自另一个方向。德军将机枪用三脚架固定在石堆上，

■ 上图是第1特勤队第2团1营1连的乔 · M · 格拉斯（Joe M. Glass），拉蒂芬萨山顶之战的参与者。格拉斯来自加拿大安大略省（Ontario），1940年加入加拿大陆军，在渥太华担任拼刺教练，他志愿加入“自杀性任务”——第1特勤队。在拉蒂芬萨山之战中，他被一名德军用冲锋枪射伤了手臂；另外，在弹雨下崩飞的岩石碎片也射进了他的脸颊。

■ 这幅彩绘描绘的是特勤队员向拉蒂芬萨山顶的德军阵地发起进攻的情景，特勤队员们用匕首、冲锋枪和手榴弹拿下一个个机枪阵地。

向他们认为更可能的进攻方向射击，轻武器也四下乱射。困惑而惊慌失措的德国人躲在石灰岩掩体里反击。第1连的乔 · M · 格拉斯中士(Joe M. Glass) 回忆起当时的激战说道：

“我们立刻突入敌人阵地。当然，敌人对于我们摸到了他们的后院感到非常惊讶，因此在他们反应过来发生了什么事之前，我们还有不少时间可用。因为预料到会发生肉搏战，我们都事先上好了刺刀。感谢上帝，我们做到了，我们与敌人如此近地战斗。当时相当忙碌，以至于在开头几秒钟我的脑海里都不知道发生了什么事。实在是太快了，我没有留下一颗手榴弹，把它们都甩了出去，以此争取主动。战壕拐角处，一个德国佬在近距离向我开了一枪，但没打中，我急忙用手榴弹直接砸在脑袋上，把他砸趴了。手榴弹真是个好武器，只要你知道怎么使用它。”

第1连的二等兵多菲奈斯也回忆道：

“东西真的在那里飞来飞去。德军的火力相当猛烈，但我不认为他们知道自己是在开火还是搞清楚了到底发生了什么事。可能他们自己也不相信我们居然会如此大胆：怎么会有人从后门杀进来了？”

第1特勤队的袭击确实充满了突然性，以至于在攻占敌军指挥部后，一名被抓获的德军军官对第1特勤队的出现充满了疑惑，脱口而出：“你们不可能出现在这里。那些悬崖是无法攀登的。”

战斗还在进行。当身经百战的德军装甲掷弹兵反应过来并进行凶狠反扑后，场面更显混乱。在拉蒂芬萨山顶，特勤队员每推进一码都要付出血的代价。二等兵贝茨 (Betts) 回忆：

“我们的机枪开始射击，向远处任何可能像德国佬的物体开火。似乎没过多久，机枪就打光了子弹。我从地上的一具尸体旁捡起一支步枪往前冲。我想我当时非常害怕，非常慌，以至于我现在都记不起来开头几秒钟发生了什么事。我想也没有人知道当时发生了什么事。”

当时，德军阵地中的6个MG42型机枪射点的火力覆盖了北面通往山顶的道路，由于德军掘有战壕，盟军先前的炮火覆盖对他们没造成多大影响，而背后的袭击打了他们一个措手不及，这使第2团有机会牢牢占据德军“碗”型阵地的北面一角。

麦克威廉中校命令尖刀排发起突击，他开始定位德军据点并指挥迫击炮和机枪对其进行射击。突袭中，第1连的伤亡很大，多菲奈斯回忆：

“在我的两旁都发生了交火……德国佬是如此地逼近，以至于我能够一口唾沫吐进对面那个死基佬的眼睛里。我身边有3个战友和我一起战斗，他们都被密集的火力打倒……MG42真是个可怕的武器，我看到了枪口焰火对我闪烁，但我当时根本没时间做什么。在我一生中从未看到过如此密集的光芒……我被压制在开阔地，战死不过是个时间问题，真的。我没有任何机会了，他们堵住了我。我不知道接下来是因为子弹击中我还是因为什么原因，我昏了过去。”

拉蒂芬萨山顶上，德军最后一批据点是MG42型机枪阵地，剩余的德国人也躲在拉蒂芬萨山最高点的防空壕和洞穴中负隅顽抗。这给特勤队员造成了严重损失。麦金蒂中士（McGinty）的班尝试拔掉其中一个阵地，但被机枪火力所压制并出现伤亡。范奥斯戴尔上士和芬顿中士这两位引导突袭的侦察兵，在占领这个据点的战斗中起了关键作用。博汉斯中校回忆：

“他们看到麦金蒂班遭遇挫折，并迅速转到左翼，用自动火力向敌军射击，直到麦金蒂班移走他们的伤员……范奥斯戴尔上士组织了8个人，命令附近的机枪组进行火力压制，并呼叫连迫击炮打了3发炮弹，掩护他临时组建的班翻过壕沟向据点的第一个机枪射口发起直接突击。他们用手榴弹和刺刀拿下了第一个阵地，然后将武器搬运到拿下的阵地上，准备向第二个阵地推进。”

面对最后的敌人，麦克威廉中校命令罗斯林上尉的第1连和沃特斯上尉的第2连拿下剩余的机枪火力点；第1连第3排从侧翼对敌剩余的火力点进行火力压制。卡施中尉（Kaasch）率领他的排构成散兵线发起了新的攻势。博汉斯中校回忆：

“卡施中尉带着两个人推进到火力点下，从侧翼攻占了第一个火力点，里面的德军机枪组成员举手投降；他们用同样的战术去攻取第二个火力点，但里面的敌人拒绝投降，在向里面扔了几个手榴弹后，敌人的机枪哑火了，里面剩余的几个敌人侥幸还活着。”

在特勤队员们的清剿下，山顶阵地的敌人开始投降，白旗从岩石和阵地后升起，整个山顶都可以看到投降的敌军；同时，也有很多德军装甲掷弹兵穿过山鞍部逃往拉里莫塔尼山；另外也有一些人继续顽抗并拒绝投降。这也是拉蒂芬萨山之战中最具争议性的一个地方，争议的焦点是第1连连长罗斯林上尉阵亡一事。

关于罗斯林的阵亡，一个说法是：当德国人投降时，罗斯林上尉前去给一批举着白旗的德国战俘受降。就在双方靠近时，一名俘虏突然抽出一把枪并一枪打在罗斯林的脸上，罗斯林当场被打死。而另一个说法指出，罗斯林是在去查看敌军情况，并从岩石后露出头时被一名未投降的德军士兵用施迈瑟冲锋枪打中头部而阵亡的。还有一种说法是，罗斯林上尉在与另一名特勤队员悉德·迦特（Syd Gath）站在一块岩石后与几名举手投降的德军士兵交涉时，双双被德国人的MP40冲锋枪打中头部而殒命。

无论罗斯林上尉是否死于投降的德军士兵手中，其真相可能已经永远也搞不清了。而能确定的是，当时山顶情况非常混乱，一些德国人投降了，一些则继续抵抗；而拉里莫塔尼山的守军也在凑热闹，狙击手的子弹和迫击炮弹不断从那边射过来。而关于罗斯林上尉阵亡的传闻显然也加剧了山顶的混乱局面，一些特勤队员采取了“不留俘虏”的态度。斯通豪斯中士（Stonehouse）指出：

“一些小伙子在向德国战俘射击，显然他们用这种方式向敌人‘打招呼’……我们在山顶失去了很多好哥们，情绪都相当火爆。”

其他报告显示，罗斯林上尉并非唯一一名被德军投降的诡计欺骗的特勤队员。一份说明指出，一些德国人走向特勤队员，做出投降的姿态，私下里却隐藏着手枪；一旦双方接近，这些德国人就掏出武器向毫不怀疑的特勤队员开火。

这是第1特勤队第2团第1营第1连连长罗斯林上尉，作为第1营主攻连连长，罗斯林在拉蒂芬萨山顶大局已定的形势下中弹身亡，不得不说是一大遗憾。

对于这种情况，特勤队员很快吸取了教训，他们命令向前走的德国人停止前进，一旦不听从命令，便就地枪毙。

罗斯林上尉阵亡后，第1连第2排排长劳伦斯·J·皮特中尉（Lawrence J. Piette）接过该连指挥权。山顶的战斗仍未停止，因为近距离的战斗，特勤队员们聚成一堆，皮特中尉命令各部散开并清理山顶的其他地方的残敌，这些人将会影响阵地的巩固和后续的行动。

12月3日上午7点，第1营完全占据了拉蒂芬萨山顶。麦克威廉中校命令第1营开始巩固新夺取的阵地，准备应对德国人可能发起的猛烈反扑。此时，山顶的特勤队员还处于南面和西面敌军的火力覆盖之下，因为卡米诺山和拉里莫塔尼山仍为德军所占据。

山顶上，第1营各连、排、班重新整队备战。同时，山顶德军的指挥部——一个几乎由巨木支撑的防弹掩体被当成战地急救站；而其附近的一个有一块巨石遮蔽的山洞则作为第2团指挥部。山上逃跑的残敌或撤至卡米诺山，或向西穿过山脊逃往拉里莫塔尼山，在那里重新构筑防御阵地。山顶至少散落着75具德军尸体（也有说法，山顶德军至少阵亡了80人），上百名德军战俘和伤兵开始被押送下山。

这里有个值得一提的瞬间：一名德军装甲掷弹兵的军医并未下山，而是选择留在山上救治那些第1特勤队伤员。第1特勤队的一位伤员胸部负伤，情况危急，但己方军医不知如何拯救。这名德国军医有效地止住了血并挽救了伤员的生命。很多被他救治过的特勤队员都还记得这位军医，虽然他的命运在拉蒂芬萨山之战后已经无从查起，但还有不少老兵希望有一天能当面向其致谢。

12月3日清晨，一份由第1特勤队发送的战报抵达第36步兵师师部：“960高地已被攻占——抵抗轻微。按计划继续攻击。”不久之后，第36步兵师副师长威廉·H·威尔伯准将也向师司令部发送了几乎相同的战报。来自第1特勤队人事参谋肯尼斯·G·威克姆中校的一份野战笔记更记录道：“勇士们干得非常棒，第1个目标仅花费1个半小时便攻克了。要知道，之前作战时间表上‘暗示’，这可是3天的工作量。”由于第2团第1营已经在山顶站稳了脚跟，因此这些战报的真实性是无需质疑的。山顶的战斗短暂却激烈，特勤队员们身处的战斗环境更是恶劣，威克姆中校也对山顶战斗环境进行了详细记录：

“山顶的道路崎岖破碎，山石给突袭一方和防守一方都带来了隐蔽的便利，它们导致每次射击都会有跳弹的危险。许多人的负伤实际上来自崩飞的岩石碎片。有好几次，一些士兵因为爆炸的冲击波而被震落下6米的区域。而且，山顶土壤很少，以至于很少有地方可以构筑防御；而且，这些少量的土壤也被证明是战斗的障碍，因为它们使岩石表面变得光滑和泥泞。在突袭期间，天气非常寒冷，伴随着寒风和雨水。在战斗结束之前，所有人都暴露在寒冷的天气下。而且，恶劣的环境和天气对于后勤补给和撤离也是巨大的障碍。”

尽管代价不菲，但困扰着美军数月的拉蒂芬萨山就这样在第1特勤队的突袭下被攻克，特勤队员们受到的山地战等特殊训练为此次突袭的成功立下了汗马功劳。这次战斗是第1特勤队真正意义上的首战——证明了这支部队的巨大作用。在这场激烈的山头争夺战中，美加两国的特勤队员与德国装甲掷弹兵面对面厮杀。对于大多数特勤队员来说，这是他们第一次实战，但是他们娴熟的战斗技能和勇猛的战斗作风使身经百战的对手不能确定这一点——他们面前的大多是初临战场的新兵蛋子。这都得益于特勤队员们经受的高强度训练，他们用熟练且快速的战术和猛烈的火力压倒了山顶的德国守军；而且，每一名特勤队员都处于体能的巅峰——能够在黑暗中克服困难地形带来的阻碍；他们还是训练有素的射手和徒手格斗专家；特勤队员经历的强化训练也为他们锻造了过硬的战场心理素质。基于种种，可以说第1特勤队汇集了当时世界上最优秀的士兵，这使得他们书写了突袭拉蒂芬萨山这一经典战例的传奇。

而值得一提的是：第1特勤队突袭拉蒂芬萨山的战例与1759年9月12日英法七年战争期间，英军少将詹姆斯·沃尔夫（James Wolfe）率军在魁北克城下奇袭登陆的历史惊人相似。当时，沃尔夫少将将突袭地点定在魁北克城外3.2公里处的弗伦湾（即今沃尔夫湾），这里是险峻的山崖，法军认为英军不可能从此登陆，但在海军炮火的掩护和佯攻下，沃尔夫的英军爬上了悬崖，成功登陆，迫使法军于9月13日在亚伯拉罕平原与英军决战，此战是决定加拿大殖民地归属的关键性会战，最后以法军战败告终，而沃尔夫少将则在此战胜利之时，被三颗流弹击中身亡。此战后，加拿大的法军一蹶不振。次年，加拿大殖民地全部为英国占有。

■ 这是第1特勤队第2团第1营第1连二等兵丹尼尔·韦德（Daniel Wade），他也是拉蒂芬萨山之战中的另一名阵亡人员。韦德1913年出生于英国格洛斯特（Gloucester），1940年8月加入加拿大陆军，并成为落基山（Rocky Mountain）的一名游骑兵。1942年10月9日，韦德加入加拿大第1伞兵营，并赴美国本宁堡接受伞降训练。在本宁堡，韦德获得了伞兵资质徽章。1942年11月9日，韦德志愿加入第1特勤队。作为首批突袭拉蒂芬萨山的特勤队员，韦德在战斗中英勇牺牲，后被埋葬于意大利的卡西诺战争公墓。

好莱坞镜头下的第1特勤队

第1特勤队的传奇故事也为好莱坞所青睐。1966年，美国小说家及历史学家罗伯特·H·阿德尔曼（Robert H. Adleman）和原第1特勤队队员乔治·沃顿上校（George Walton）联合撰写的小说《魔鬼旅》出版，好莱坞的沃尔珀映画公司（Wolper Pictures）看到其中的商机，以小说为基础进行剧本创作并拍摄了同名战争影片。该片于1968年5月15日首映，由擅长拍摄西部片和冒险片的安德鲁·V·麦克拉格伦（Andrew V. McLaglen）执导，主演包括著名影星威廉·霍尔登（William Holden，他是1953年的奥斯卡最佳男演员得主）、克利福德·罗伯森（Clifford Robertson，1968年凭借电影《情事不可挡》荣获好莱坞最佳男演员）、文森·爱德华兹（Vince Edwards）等人。国防部还提供了犹他州国民警卫队的300人作为第1特勤队的群演。

影片《魔鬼旅》长达130分钟，讲述了第1特勤队的组建、训练和第一次战斗任务——突袭拉蒂芬萨山行动。由于剧本以原特勤队员撰写的小说为基础，影片故事在总体脉络上与真实历史的契合度非常高，对第1特勤队的组建目的、训练内容、美加两军之间不同军事制度的冲突和融合、两国队员的矛盾和友谊、第1特勤队的解散风波等都进行了反映，除了虚构了第1特勤队进行的一场侦察巡逻之外，其他内容都较真实地反映了第1特勤队前期的历史。但是，该片也存在着为严重的道具穿帮问题和历史细节不够严谨的问题。例如，影片将1944年底才发行的美军M1944型毛料野战夹克套到了1943年的第1特勤队身上，为了让特勤队员更有精神和更吸引眼球，制片商沃尔珀还给特勤队员虚构了一款栗色贝雷帽。

《魔鬼旅》上映后，总票房为800万美元，并于1968年在英国评选当年最受欢迎电影中名列第4。

除了《魔鬼旅》，在1968年还有一部名为《安齐奥战役》的战争片问世，讲述1944年1月至5月间惨烈的安齐奥战场，在这里面，第1特勤队也作为其中一个角色登场，但属于配角性质。

■ 这是电影《魔鬼旅》的手绘海报，作者是桑迪·科辛（Sandy Kossin）。

■ 上图和下图是电影《魔鬼旅》中，第1特勤队正式形成战斗力后在威廉 · 亨利 · 哈里森堡举行的阅兵，这一场景取材于1943年10月17日在海伦娜的麦克纳尼操场的阅兵和1943年4月6日在海伦娜市的游行阅兵活动。其中下图是3名主官检阅部队，左二是威廉 · 霍尔登扮演的弗雷德里克，左一是文森 · 爱德华兹扮演的第1特勤队作战参谋克利夫 · 布里克少校(Cliff Bricker)，右一是是克利福德 · 罗伯森扮演的第1特勤队执行官兼加拿大连连长艾伦 · 克朗少校(Alan Crown)，身后是加饰了流苏和饰穗的美英国旗和第1特勤队军旗。他们都“穿越”般地穿着美军M1944型毛料野战夹克，戴着虚构的栗色贝雷帽——栗色贝雷帽是英军空降兵的装备，而类似这款的加以交叉箭头帽徽的栗色贝雷帽在历史上也曾出现，那是在1945年1月，加拿大第1特种作战营的官兵在第1特勤队解散后被派往英国，在此期间他们佩戴有这款贝雷帽。

■ 上图和下图是电影《魔鬼旅》中，第1特勤队从被解散的危机中逃脱出来并被部署到意大利战场后，进行的第一项任务——深入敌后进行侦察巡逻。这场戏是以第1特勤队在安齐奥战场上的战斗为基础虚构的，而且进行了相当大的夸张：此次行动中，第1特勤队在弗雷德里克的率领下无一损失地俘虏了一个小镇中包括1名将军在内的200名德国驻军，缴获数辆坦克和车辆。上图中，特勤队员们沿着一条小溪渗透到敌后，他们都穿着M1943型野战夹克，头戴M1941型卡其色羊毛编织帽，中间那名加拿大中士皮科斯（Peacock）戴的是英军军帽，注意他们手中都是汤普森冲锋枪，这也是电影的夸张。下图是第1特勤队端掉小镇中的德军指挥部。注意图中的德军坦克，这也是该剧的一大穿帮处——制片商用的是美军战后研发的“巴顿”M46中型坦克充当的，它不但也被穿越了，而且还穿到德军那边。

■ 上图是拉蒂芬萨山之战前，第1特勤队隐藏在山下附近等待突袭时间的到来。下图是在拉蒂芬萨山的悬崖下，第1特勤队准备攀岩。右一是弗雷德里克，这也是影片的艺术加工，在真实的拉蒂芬萨山之战中，弗雷德里克并未参加战斗，而是跟在第2团之后行进。

■ 上图是特勤队员正在攀爬拉蒂芬萨山后方的悬崖．这一场景较为真实地反映了第1特勤队攀登拉蒂芬萨山悬崖的艰难和危险，不过为了视觉效果，导演在影片中将这一历史事件挪到了清晨。值得一提的是，这部电影的外景是在意大利的圣伊利亚皇姆拉皮多（Santa Elia Fiume Rapido）拍摄的，而拉蒂芬萨山之战的拍摄地是在犹他州盐湖城（Salt Lake City）以南32公里的威廉姆斯军营（Camp Williams）附近的约旦山（Mount Jordan），威廉姆斯军营恰好是是美国陆军特种部队第19特种作战大队的驻地，而该部的指挥部和指挥部连是1960年4月15日，由重新恢复编制的第1特勤队第3团第1连和第5游骑兵营A连合并而来的。下图是弗雷德里克等人登上了拉蒂芬萨山。

■ 上图是特勤队员埋伏在拉蒂芬萨山顶后方，而盟军为了策应第1特勤队的行动，正在炮轰山顶的德军阵地。这一场景也与历史部分相符。下图是激烈的拉蒂芬萨山之战现场。为了表现这场战斗的激烈程度，导演让剧中很多重要配角都在这场戏中阵亡，当时参演这部电影的除了两名好莱坞影帝，还有不少“大腕儿”，如美国国家橄榄球联盟 (National Football League) 的跑锋保罗 · 宏纳(Paul Hornung)，以及世界中量级拳王吉恩 · 富尔默(Gene Fullmer)。对于这部战争片，一些看过此片的第1特勤队老兵认为它在历史上是不准确的。原第2团第4连连长威廉 · 斯托里在电视纪录片《自杀性任务之黑色魔鬼》中说：“《魔鬼旅》确实是一部很有趣的战争片，但在历史的准确性上，它简直是一派胡言。”

■ 上图是第1特勤队攻占拉蒂芬萨山．注意图中第1特勤队的作战参谋克利夫 · 布里克少校斜挎着一个M1936型帆布野战背包。下图是第1特勤队执行官兼加拿大连指挥官艾伦 · 克朗少校在受降时被假投降的德军军官打死，这一剧情明显改编自第2团第1营第1连连长罗斯林上尉的阵亡细节。另外，这部电影中还有一些有趣的细节，如特勤队员在意大利的驻地给弗雷德里克庆祝生日的场景，拍摄地点是在盐湖城的国民警卫队军械库，而扮演特勤队员的群演则是来自杨伯翰大学（Brigham Young University）的学生，根据当时制片方要求，生日聚会上要有抽烟喝酒的镜头，但这些行为在杨伯翰大学中都是不允许的，道具部门只能用营造战场硝烟氛围的发烟器做出吸烟效果。影片上映时正值美国黑人民权运动高潮，一些黑人激进分子质问电影中为什么没有黑人演员，而原因是当时第1特勤队中并没有黑人队员。电影中还有不少穿帮之处，如弗雷德里克的办公室中出现过两次欧洲地图，但使用的是战后两德并立的欧洲地图。

SECRET

FIRST SPECIAL SERVICE FORCE
APO 4994, N.Y., N.Y.
27 November 1943

Annex No 1 To Administrative Order No 2

1. The following individual clothing and equipment will be carried to the front by personnel of Combat Echelon, and applies to both officers and enlisted men.

a. To be worn.

Band, helmet, camouflage
Belt, cartridge, cal. .30, or pistol - as prescribed by T/E
Boots, parachute
Box, match, waterproof
Cap, wool knit
Spoon, M1926
Drawers, wool
Canteen, w/cup, cover and grate
Gloves, wool o.d., leather palm
Helmet, complete
Handkerchiefs
Insignia, shoulder sleeve, FSSF
Insignia NCO or Techn.
Knife, mountain
Pockets, magazine, pistol - for personnel armed with pistol
Pockets, magazine, carbine - 3 per officer Combat Echelon, 2 per Officer Base Echelon
Package, first aid, w/first aid packet and sulfadiazine
Shirt, wool o.d.
Socks, wool, heavy
Sweater, wool, high neck
Tags, identification, w/tape or necklace
Suspenders, belt, M1936
Trousers, mountain, w/suspenders
Undershirt, wool

b. To be Carried in a Blanket roll over the shoulder.

1 Shelter Half, w/poles, pins and rope
Bag, sleeping, mountain

c. To be Carried in the Field Bag.

Rations - 1 C
1 D
1 K
Toilet Articles
Poncho
Extra socks

2. Rucksacks will be packed with a change of underwear and socks, remaining mess gear, remaining toilet articles and left stacked together at the unit storage point in the Base Camp available to the Supply Officer for delivery to advanced units in case the opportunity arises.

3. a. All troops will carry to the Assembly Area on their persons the items enumerated above in Paragraphs 1. in addition to their normal weapons and ammunition load.

- 1 -

SECRET

■ 本页和第242页图都是1943年11月27日由弗雷德里克发布的2号行政命令之1号附件的历史复印件。

S E C R E T

Annex No 1 Adm O no 2 (Cont'd)

b. The First and Third Regiments will retain the blanket roll with them until otherwise ordered.

c. The Second Regiment will retain the blanket roll with them until the afternoon of D-1, at which time they will be stacked and turned over to carrying parties to be withdrawn by the carrying parties to the vicinity of the dump area where they will be kept in bulk, awaiting future use by the regiment. In preparing the rolls for withdrawal to the dump area, companies and detachments will make certain to keep their rolls together and carrying parties will make every effort to keep their rolls separated by organization.

d. At any time that blanket rolls are ordered withdrawn to the supply area, regimental commanders will have them placed near the road or trails, sorted or stacked by company, where they may be kept segregated while being handled by supply personnel.

By Order of Colonel FREDERICK:

PAUL D. ADAMS,
Colonel, 1st Sp Sv Force,
Executive.

OFFICIAL:

K. G. WICKHAM,
Lt. Col., 1st Sp Sv Force,
Adjutant.

DISTRIBUTION:

Same as Field Order No 14

- 2 -

S E C R E T

耐力较量

顿挫

1943年12月3日早上7点，摩尔中校带着第2营也抵达拉蒂芬萨山顶，随即开始部署第4、第5、第6连到面向连接拉蒂芬萨山和卡米诺山的山鞍的阵地一线，准备下一阶段的战斗。早上的能见度很好，德军、特别是790高地附近的部队，可以凭借极占优势的地形使用迫击炮轰击第1特勤队的阵地。7点后不久，摩尔中校从米克尔约翰中士那里得知，威廉姆森上校暂时是不会上来了——至少目前不会。由于这一意想不到的状况，摩尔找到麦克威廉对当前形势进行了商讨，因为后者是当时山上最高级别的军官，所以他们很快决定，由麦克威廉接过第2团的指挥权，接下来的行动亦继续按原计划执行。

经过短暂的商议后，麦克威廉和摩尔很快做出下一阶段行动的准备计划：麦克威廉率领第1营穿过通往拉里莫塔尼山的山鞍部，拿下拉里莫塔尼山——他已经在西面派遣了侦察巡逻；摩尔则带领第2营巩固第1营先前拿下的阵地并对卡米诺山进行策应攻击。

同时，摩尔开始设法用电台与第1特勤队司令部取得联系——当时，在拉蒂芬萨山上战斗的各部队间的联络都是通过传令兵来进行的，山上战斗的各部与山下的第1特勤队司令部的联络几乎是不可能的，各排和各连指挥部携带的SCR-536型电台几乎完全不起作用，而有线通讯也时常中断。直到摩尔中校使用了附属炮兵部队的前进观察员所携带的SCR-509型电台，才与第1特勤队司令部建立无线电联络。一名前进炮兵观察员报告：

“菲尔丁上尉致第1特勤队指挥官；在清理早期的残敌后，摩尔中校已巩固第一个目标。麦克威廉中校正在向第二个目标移动。”

但是，在与第2团散落在山顶上的各连排联络时，SCR-509型电台就用不上了，因为没有人会携带这么笨重的设备。

刚结束战斗的第1营面临着诸多不利因素：弹药缺乏，军官伤亡严重，官兵的精力在午夜的攀岩和山顶近两个小时的近距离战斗中几乎消耗殆尽，但第1营的官兵还是排成纵队向拉里莫塔尼山推进。麦克威廉中校希望在德国人重新部署和组织防御力量前拿下拉里莫塔尼山。在第1特勤队占领拉蒂芬萨山的同时，美军第36步兵师第142步兵团也已占领370山脊，并向马吉奥里山进发。如果拉里莫塔尼山不被盟军所控制，第142步兵团将无法占领马吉奥里山。正是考虑到这个问题，麦克威廉才继续攻打拉里莫塔尼山。

到了早上8点，雨又下了起来。紧贴着山脊而起的浓雾时常将能见度限制在6米以内。然而在这个时候，德军开始校准射程，抵达拉里莫塔尼山前的第2团第1营的先头部队被德军的机枪火力压制在地面，来自拉蒂芬萨－拉里莫塔尼山鞍左侧的敌军迫击炮火力也开始向山脊上的第1营部队射击；藏在石头间的狙击手也活跃起来。伴随着敌军迫击炮射击角度的调整，炮弹不断落在特勤队员中间，使他们对暴露在看不见的敌人的火力面前深感脆弱。不幸的是，在这一奔袭过程中，灾难发生了：在第1连前面亲自指挥行动的麦克

■ 这是意大利战场上的一个德军迫击炮阵地。图中德军操纵的是1门M34型81毫米迫击炮，这是德军步兵使用的制式迫击炮，在120毫米迫击炮列装前，这种迫击炮算是德军中的重型迫击炮。这类迫击炮同样被拉蒂芬萨山上的德国守军使用，给偷袭的特勤队员带来很大麻烦。第2团在坚守拉蒂芬萨山阵地期间，其他山头的德军也会用这种迫击炮袭扰特勤队员，很多队员都倒在德军迫击炮的突然袭击之下。值得一提的是，伯恩哈特防线上德军的众多火力点对道路、阵地都设置了射击诸元，阵地一旦易手，其他山头上的友军便可根据参数直接射击。德军的机枪和狙击手也会用火力为迫击炮指示目标。这些都给第1特勤队的行动造成很大困扰。

威廉中校被一枚迫击炮弹击中，他和旁边两人当场身亡，另外还有不少人负伤。分开才刚半小时，摩尔中校便收到了这一噩耗。这样，第2团的指挥权便落在了他的肩上。与此同时，随着以麦克威廉中校为首的第1营指挥部的伤亡，第1营执行官爱德华 ·H· 托马斯少校接过了该营指挥权，并准备继续向前发起进攻。

与此同时，弗雷德里克上校和他的前进指挥部于12月3日上午抵达拉蒂芬萨山北坡悬崖底部，并与山顶部队建立了无线电联络。在这里，弗雷德里克一方面可以监控上方的战斗，一方面可以关注下方的补给行动。很快，弗雷德里克登上了拉蒂芬萨山顶观察战局，部署下一步的行动。

第1特勤队的军官们往往身先士卒，而这方面做得最好的是他们的指挥官弗雷德里克。贴身保护弗雷德里克的第1特勤队徒手格斗教官奥尼尔上尉回忆起当时弗雷德里克亲临前线的举动时说道：“在子弹的破空声中，弗雷德里克从一支部队走到另一支部队，派出巡逻队并设置前哨，逐步扩宽我们占领的地域……也许我们损失的军官超过了我们所能承受的底线，因为他们不必要地暴露了自己……很难解释他（弗雷德里克）在敌人火力面前的藐视态度，好几次我们在敌军迫击炮的重火力覆盖下乱窜寻找隐蔽，等回来发现他还在原处抽烟。”第1特勤队的侦察兵格雷中士也回忆：“无论我向前摸得多远，上校总是比我更进一步。他距离子弹比任何人都更近。”

在与托马斯少校联络后，弗雷德里克命令第2团暂停行动并巩固现有阵地，向拉里莫塔尼山的进攻被延迟到次日早上：“因为缺少弹药、敌军的据守和各种不确定因素，进攻将推迟到弹药补给和增援部队抵达后再开始。”

不久，摩尔中校通过无线电台与山脚下的第1特勤队执行官亚当斯上校取得联系。后者询问摩尔中校是否需要增援部队。“还不到时候。但需要补给，特别是第1营”，摩尔如此回答，他通过电台给亚当斯递交了一份按优先级别排列的需求表，排在第一位的是机枪弹药，接下来是迫击炮弹药，然后是巴祖卡火箭筒的火箭弹，再就是手雷。淡水也出现了短缺，还有毯子和干粮，这些物资也都在列表上。因为无线电联络的不通畅，等待消息回复的时间很长；而且部队需要紧急重组；更严重的是，一处敌军的存在阻挠了第1营，使其无法向拉里莫塔尼山前进一步。这些问题都阻碍了第1特勤队继续行动。

由于第2团在得到补给之前，无法继续向拉里莫塔尼山发起进攻，他们唯一的选择就是在其他山头的敌军的重迫击炮、火炮和狙击手火力下，猫在拉蒂芬萨山顶他们所能找到的任何千疮百孔的掩体里，裹着仅有的雨衣抵御寒冷和潮湿，等待补给的到来。在这种环境中，没有人比那些等待医疗后送的伤员们更惨的了。第2团的伤亡率开始节节攀升。而德国人也没有闲着，在防御拉里莫塔尼山的同时，开始强化拉蒂芬萨山和卡米诺山之间的山脊的防御。第1特勤队面临的形势越来越严峻。

上午10点40分，第2军的前进炮兵观察员在拉蒂芬萨山顶建立了观察哨，各班也被布置在通向拉里莫塔尼山的山路前方以及拉蒂芬萨山和卡米诺山之间的山鞍前方左侧，随时准备对德军的反扑进行预警。

因为时间太晚，当天已无法再发起任何行动，

■ 这是1943年12月3日在拉蒂芬萨山，第1特勤队第2团的医疗军官乔治 · 伊瓦施威克少校（George Evashwick）在查看特勤队员的伤势并为其进行治疗。

弗雷德里克于3日下午15点30分给第2团团长威廉姆森上校和执行官格雷少校发出了以下命令：

“明确你们将于12月4日白天对907高地发起进攻。在今晚和准备攻击时，若需要对敌进行火力压制，可通过你们的前进炮兵观察员呼叫炮兵。高度关注你的南部区域，我们负责这里到拉蒂芬萨山和卡米诺山之间的山脊。今晚对这一区域进行巡逻，为你南面的友军部队清除这里的敌军抵抗力量，并防守好你的南面。对907高地侧翼的进攻在夜间进行，对907高地的正面攻势将在上午进行。让我了解事态的发展。对炮兵的使用占据优先地位。对于麦克威廉，我深感后悔和伤心。”

在12月3日白天的最后几个小时里，第1特勤队派出了多支巡逻小分队，穿过连接拉里莫塔尼山的山鞍部进行捕俘行动，并消灭那些越来越频繁射向拉蒂芬萨山顶的第2团的狙击火力。这些活动在第36步兵师的“G-3”日记中有所记载：

“12点55分致第36步兵师司令部；正在进行相当多的扫尾工作。有大量的敌军狙击手活动。大约抓捕了30 ~ 40名俘虏……15点50分致第36步兵师司令部；狙击手，冲锋枪；密切协同的敌军阵地；难度高于预期。抓捕了约30名俘虏。”

下午17点，伴随着落日的余晖，来自第3团和保障营的第一批补给人员背负着物资抵达拉蒂芬萨山顶，他们带来了毛毯、口粮、水、弹药和担架，还有即时的战况。在战斗暂停后，为给拉蒂芬萨山上的部队运输给养可谓“后勤之殇”。在如此陡峭的山地上，车辆和骡子毫无用武之地，第3团和保障营的官兵们需要背负重要物资在对于骡子来说都过于陡峭的狭窄山路上跋涉6 ~ 8小时，将物资运上山顶阵地，再将伤员用担架抬下来，送到山脚的前线救护站。在这一天结束时，第3团的大多数人都参与了补给工作。第3团第1营本来是第2团的预备队，也加入到补给队伍中。其中第1连奉命增援山顶的同袍；其他几个连队，第2连和第4连承担担架员的任务，运送伤员，第3连、第5连和第6连则背负补给品。第3团第2营营长约翰 ·G· 伯恩中校评论：

“起初，兄弟们觉得这不符合他们经历的训练；事实上，还感到些许受辱。然而，当他们发现普通的补给部队和医护人员根本不可能经得起如此山地作战环境的严峻考验和磨难时，兄弟们的态度发生了改变。这活有多么艰难？例如，用登山绳等器材将一名伤员从山顶运到救护吉普车的位置，要8个人花费约10小时的时间。”

运送补给的工作不仅劳累，还有丧命之险。他们所行走的山路，还处于敌军迫击炮、火炮和狙击手射程之内，炮火将会给这些人造成严重伤亡。第3团第3连的一名中士回忆：

“这场补给行动最糟糕的就是疲惫……我们遭到了相当多的狙击火力的袭击……我们……遭

■ 图中这位名叫艾伦（Alan）的特勤队员正位于拉蒂芬萨山顶，从其装扮上看，他也是为山顶的战友提供物资补给的保障人员之一。

■ 这幅彩绘描绘的是第3团和保障营的特勤队员们为拉蒂芬萨山顶的战友运送物资和伤员的情景。当战斗梯队在前线浴血奋战之时，保障梯队也承担着艰巨的补给任务。这些保障人员跋涉在连动物也上不去的陡峭狭窄的山路上，将重武器、弹药、淡水、口粮和医疗用品带上山顶阵地，返程时又充当担架员，将受伤的战友带下山。全程还要冒着其他山头上的德军狙击手和迫击炮火力的威胁。据一名负责补给的特勤队员回忆："当山顶的第一场战斗结束后，我们便开始背负物资出发了，这是相当艰难的……在此期间，我们承受着迫击炮的袭击，炮击似乎从未出现停止的迹象。一发炮弹可能打在脚下，另一发炮弹又可能打在头顶，突然间，你就被打中了。"如果没有保障人员超人的付出，第2团是无法完成坚守拉蒂芬萨山顶的任务的，从而危及整场战役。在拉蒂芬萨山的战斗期间，第3团给他们自己扮演的角色起了个绰号:"弗雷迪的运输机"（Freddie' s Freighters）。

■ 这是1943年12月至1944年1月，第1特勤队在“冬季防线”上作战时一名身背育空河背架的特勤队员装扮。他穿着M1943型野战夹克和山地裤。育空河背架在当时被特勤队员广泛用于背负可单人携带的大量补给物品，他们冒着德军的封锁火力穿过车辆和骡子都无法行走的山道，支援前线的战友。

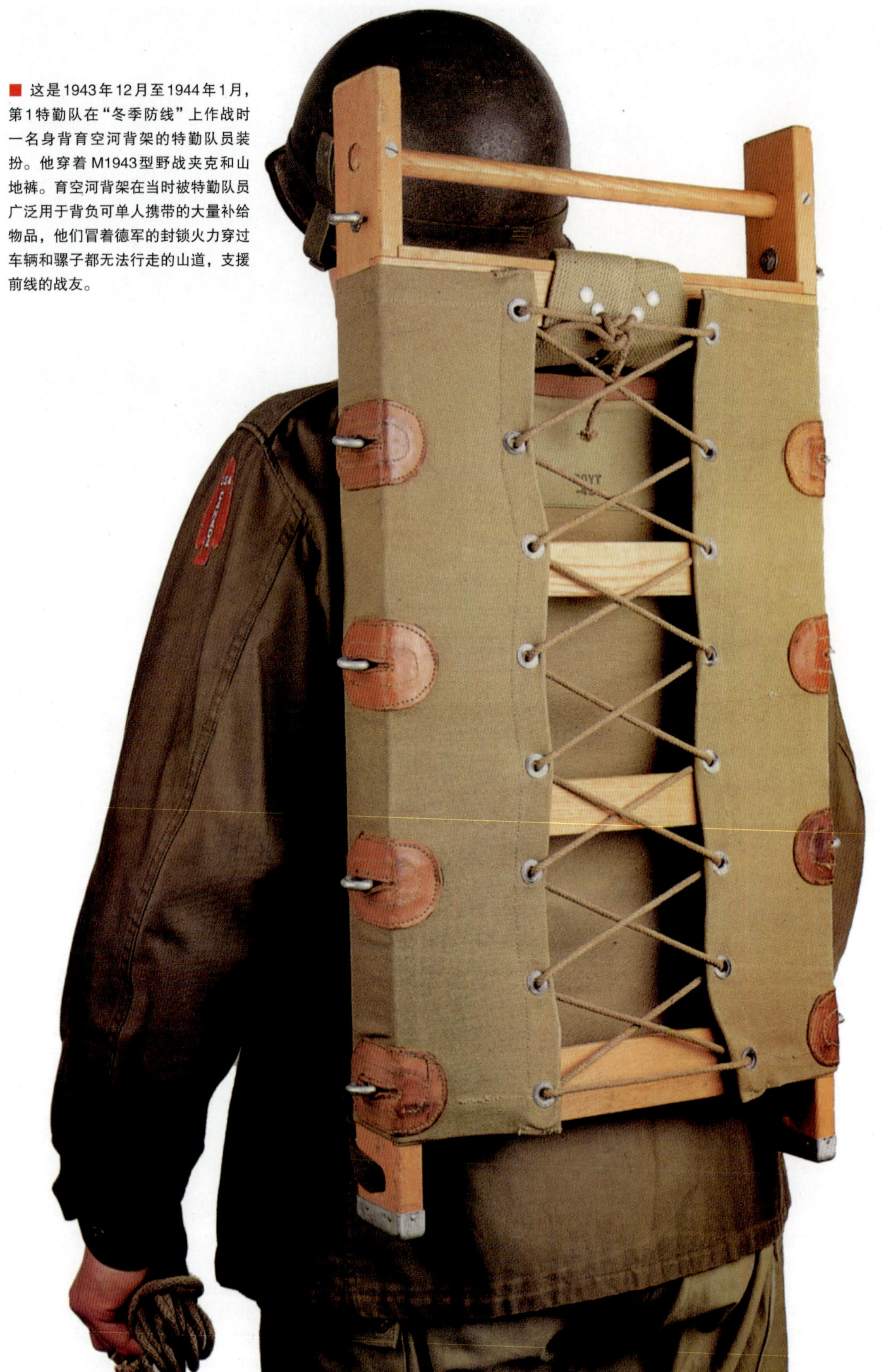

遇迫击炮的袭击，被炸断腿和负伤的比比皆是。”

第3团的另一名特勤队员也指出：

“德国人使用一种分段射击的战术，用火力从一条小道尽头向后梳理。而且，他们在炮轰小道时，还轰炸封锁住小道的两端，切断我们的退路。他们的狙击手还用火力为炮弹和炸弹指引目标。”

威克姆中校在日记中也记录了第3团和保障营为拉蒂芬萨山顶的战友运输补给的艰辛：

“第3团和保障营在这场行动中所扮演的重要角色不应被忽视，这两个单位从拉蒂芬萨山山脚附近的前进基地维持着山顶部队的后勤供应。在他们的努力下，物资在这两处地点之间流转，一次正常的往返与补给通常需要12至16个小时。那些运输补给物资的人员行进在满是泥土的光滑而陡峭的山路上，穿过被德军炮火精确覆盖的地区，并有相当部分人员伤亡。”

值得一提的是，在这一天，弗雷德里克下令向山顶的小伙子们提供威士忌（whiskey）和避孕套，以至于第5集团军的军需官想知道，第2团的那群家伙难不成要在山顶开 Party？！

亲手置办这些物品的是第1特勤队的威克姆中校。他对此回忆：

“弗雷德里克上校要我去第5集团军那里特别要求要几打避孕套和至少10或12箱的威士忌。该集团军的后勤参谋接到需求时讥笑说，‘你们在山顶要干什么？’我让他去找集团军司令克拉克将军做决定。克拉克将军说，他不管他们在山顶做什么，因为只有他们才能爬上那里，所以无论什

■ 这张照片据说也拍摄于拉蒂芬萨山上，照片中这位名叫加贝迪安（C. Garbedian）的四级技术军士来自加拿大魁北克，是第1特勤队司令部的一名无线电操作员，他正在使用一座无线电台。注意他身上穿着一型 M1941 双面派克大衣，这款大衣据说在1943年12月配发给第1特勤队。他的脖子上挂着一个小酒瓶。在寒冷的山顶，烈酒可供驱寒，因此弗雷德里克特地要来了一些威士忌给坚守山顶阵地的特勤队员们。

么原因，只要他们要的东西，就给他们。”

12月3日的一整天，芬恩 · W · 罗尔中尉一直在讯问当天俘虏的43名战俘。经过战俘的口供，他发现拉蒂芬萨山是德军第15装甲掷弹兵师的最左翼。据博汉斯中校记载：

“在这个‘冬季防线’的一个战略要点上，守军来自第104装甲掷弹兵团第3营，其中2个连守卫山上的洞穴和堡垒；另外2个以上的连沿着拉蒂芬萨山－卡米诺山的山脊线部署，一直延伸穿过南面的山鞍。另外还有来自第115装甲侦察营的2个连队在两天前被部署到拉蒂芬萨山上进行增援，以应对盟军对该山的可能的袭击，也就是这批人给第1特勤队带来的损失最严重”

罗尔中尉已经确定，大约有1个营的德国人撤退到南面或拉里莫塔尼山。这使人觉得德国人的反扑行动迫在眉睫，但随着这一天的缓慢过去，德国人的反扑也不见踪影。战果统计是，12月3日共有75名德国人在拉蒂芬萨山顶被打死。而己方的伤亡，在这一天的战斗的最初几个小时里，第1特勤队阵亡20人，约160人负伤，但随着一天下来，伤亡数字持续上升。

另外，在12月3日这一天，第1特勤队的友军也不好过。左翼，英军第10军尽管在12月2日晚上冲上了卡米诺山，但在3日早上又被德军猛烈的反击给赶了下来。虽然在12月3日上午8点30分时，弗雷德里克收到了英军联络官传来的英军第169步兵旅已经攻克727高地、819高地和963高地（即卡米诺山）的消息，但根据英军第10

■ 当第1特勤队在拉蒂芬萨山苦战坚守之时，其左翼的英军第10军也在卡米诺山的进攻战中流血。上图是12月3 ~ 4日期间在卡米诺山，英军第56（伦敦）步兵师柴郡团的一个机枪小组正冒着薄雾和冰雨与山顶的德军激战。注意他们都披着雨衣。在“雨衣”行动期间，盟军不得不面对卡米诺山区12月份的冰冷雨水天气，这使本来就异常艰难的任务更是苦不堪言。由于德军的坚守和地势的复杂，英军对卡米诺山顶的多次进攻都以失败告终，这使得拉蒂芬萨山顶的第1特勤队第2团长期处于卡米诺山的德国守军的火力威胁之下。

■ 上图和下图都是1943年12月初在卡米诺山，来自英军第56（伦敦）步兵师第1伦敦苏格兰团的士兵正在山石嶙峋的坡地上与德军激战，下图这名在山坡上跃进的士兵是该团的二等兵约翰逊。从这两幅照片所反映出的地形地貌来看，英军面对的也是几乎不可能完成的任务。第1特勤队突袭拉蒂芬萨山还有后山悬崖这种德军防御的薄弱点可利用，而英军却没有类似的空子可钻。在进攻卡米诺山的过程中，英军数次遭遇顽强的守军的反扑，伤亡惨重。但是，若英军不能占领卡米诺山，那么第1特勤队攻占拉蒂芬萨山的战果是无效的。

■ 这是1943年12月3–4日时期，英军通讯兵正在卡米诺山的山坡上布控电话线。

军的战争日志的记录，实际情况是：在第1特勤队第2团向拉蒂芬萨山发起进攻之时，英军仍在卡米诺山脊上战斗，他们并未抵达山顶和修道院；在第1特勤队占领拉蒂芬萨山后，卡米诺山上的敌军还据守着山顶西北的阵地，并使用居高临下的火力打击拉蒂芬萨山上的特勤队员。日记记载：

“夜间，我们在山脊上获得了一个立足点，并于12月3日黎明5点开始拔除修道院山（即卡米诺山）南面的敌军据点；在中午12点时，除了963高地和修道院建筑，我们已经控制了山脊。下午，一个排打进了修道院，但在敌军机枪和迫击炮火力的打击下又不得不撤了出来……第一天的战斗实现了占领所有预定目标的目的——除了卡米诺山——还俘虏了120名敌军……”

在右翼，第142步兵团于12月3日上午11点拿下了59高地，第36步兵师副师长威尔伯准将对眼前的形势开始不耐烦了，希望拉里莫塔尼山已经被火力压制，以便他能够夺取马吉奥里山。在等待第1特勤队夺取拉里莫塔尼山之时，由于一名前进炮兵观察员向该团发送了一个第1特勤队第2团已经占领了拉里莫塔尼山的错误信息，威尔伯准将于3日下午14点30分命令第142步兵团

■ 这是1943在意大利战场某处，德军正在为他们的M41型150毫米“喷烟者”六膛火箭炮装载炮弹。德军的“喷烟者”六膛火箭炮有多种型号和口径，卡米诺山区的德军也配备了这种武器。

夺取马吉奥里山。于是，第142步兵团在云层和昏暗的阳光的掩护下在拉蒂芬萨山下向马吉奥里山发起进攻。当第142步兵团行动时，仍活跃在卡米诺山西北山坡上和拉里莫塔尼山上的德军狙击手和炮兵观察员给该团带来很大麻烦，第142步兵团因此被德军的猛烈炮火压制住了。

在12月3日这一整天里，气温一直在零上几度徘徊，伴随着间歇性的雨水，一直持续到晚上。夜里21点，冬雨再次落下，与之相伴的还有德军猛烈的迫击炮和火炮攻击。晚上，德军的“喷烟者”六膛火箭炮开始“发言”，打击拉蒂芬萨山上的美军。当这些火箭弹从发射管中射出的时候，安装在弹体尾鳍上的簧片发出骇人的声响，这对士气的打击远远超过了它的实际打击效果。盟军士兵将其戏称为“迷你的呻吟”或“歇斯底里”。第2团的官兵们待在条件简陋、环境艰苦的拉蒂芬萨山顶过夜，在忍受德军炮击的同时，还要与寒冷、潮湿为伴。来自前一天晚上和白天战斗的疲惫使特勤队员变得麻木。山顶没有搭建双人帐篷，队员们裹着有限的毯子躲在掩体里。即便疲惫，他们还要保持警惕，防止敌人的反扑。敌军的炮火一晚上都未停止，冰雨和浓雾让人几乎难以忍受。而为了第二天的行动，第2团部署了巡逻队进行详细的侦察，侦察队一晚上都未停止活动，包括选择发起进攻的地点，以及勘察只要12月4日早上攻击信号响起的时候特勤队员就可以隐蔽抵达进攻发起地点的路线。

第1团之殇

回过头来，再说一下原本担负着夺取拉里莫塔尼山任务的第1特勤队第1团的情况，这个团在12月3日这一天可算是倒了血霉。

12月3日，被转为第36步兵师预备队的第1团在该师前进指挥部附近的368高地东南的临时露营地里呆了几乎一整天，在黄昏时才接到第36步兵师副师长威尔伯准将的命令，向西前进至代号为“蕾丝打底裤”(Leggin Laces)的地域——这是拉里莫塔尼山的代号。威尔伯准将这样做的原因不过是一种投机行为，而结果证明了代价之高昂——不过付出代价的是倒霉的第1团官兵。令人困惑而又矛盾的战地报告贯穿了12月3日一整天，而根据第36步兵师的“G-3”日记中记载：这可能是威尔伯准将错误地认为第2团第1营已经占据了拉里莫塔尼山而下达的命令；另外，还有一个说法是，威尔伯准将将第1团部署到拉里莫塔尼山是为了掩护穿过瓦列沃那高原的第142步兵团。以下是第1团第2营第4连连长杰拉德·W·麦克法登中尉(Gerald W. McFadden)在日记中所记述的当时情景：

“雨一直在下，我们都湿透了，情况很惨。下午17点30分，我们接到命令出发，通过一条山路行进到临近前线的一座山旁的山谷里的第142团附近。我们的行军速度很慢，我们连在第2营中间位置，第1营跟在后面。当我们转过山脚时，这条山路遭到了敌人的火力打击。我们不得不排成单列纵队行进，山路也变得愈加艰难崎岖。雨又下了起来。大约在18点30分，我们又停了下来，因为我们要去的地方正在遭受敌军的火力打击。等待了一会儿后，我们又继续向前行进，并且每个连都散开从山路上山。炮弹开始落在这条山路附近，很快传来了第一个伤亡报告，第6连有2人负伤。我们刚刚在阵地上安顿下来并开始挖掘战壕时，第一波真正的炮击开始了。第一发炮弹就落在我们连第3排的阵地上，立即传来了呼叫急救人员的哭喊声。下一发炮弹落在了离我和我的侦察中士藏身的散兵坑约3米的地方，碎石飞溅。接着又有2人负伤，他们的惨叫声很可怕。炮弹如此密集以至于惨叫声不断，喧闹和冲击波令人

■ 杰拉德·W·麦克法登(1917–2014)
第1特勤队第1团第2营第4连连长麦克法登上尉。1943年12月3日，包括麦克法登的第4连在内的第1团人员在推进时不幸遭遇了德军炮兵火力的严重杀伤。麦克法登来自加拿大安大略省，1942年开始以少尉军衔在加拿大陆军服役；1942～1944年服役于第1特勤队，先后担任第1团第4连中尉连长、第1团第5连上尉连长、第1团第2营少校营长等职务。第1特勤队撤编后，麦克法登于1944～1945年转入加拿大第1伞兵营服役。

■ 威廉·H·威尔伯(1888–1979)
美军第36步兵师副师长威尔伯准将，他曾于1943年1月22日荣获荣誉勋章。“雨衣”行动期间，由于他的失误，第1团蒙受严重损失。

■ 第1团第4连的坦卡斯利中士（S.E Tankersley），他是第1特勤队中来自布利斯堡（Fort Bliss）的第7骑兵旅的47名志愿者之一。在1943年12月3日第1团遭遇炮击期间，他也是其中一名伤员，这次炮击导致他听力缺失。

无法承受，精神崩溃。士兵们躲在只挖了一半的战壕里，好像每发炮弹都是专门瞄着向你飞来的。震荡和重击好像要摇散你体内的每一根骨头，弹片则从你的头顶呼啸而过。这种情形持续了2个小时，然后暂时平静下来。很快命令下来了，要求我们走出散兵坑继续向上爬，看看能否离开这片火力覆盖的区域。一些人往前走了，但很多人因为死伤而无法动弹了。我与路德·A·蒂利中士（Luther A. Tilley）一起向山上爬去，在敌军的再次炮击开始后继续挖战壕。我们必须一人挖坑，另一人听着动静。炮弹仍在我们之前离开的地方落下，我想起还躺在那里的伤员和死者，他们的身体会被弹片打成筛子的。但是我们就算下去救他们也于事无补。就在我们完成半身的掩体时，炮火转移到了我们现在的阵地上。当我们聆听每次呼啸的炮弹是否会落到我们的散兵坑的时候，这简直是令人毛骨悚然的等待。幸运的是，我们躲在了山体的一处突出部，炮弹从我们头上飞过，不会落在我们藏身的地方的4.6米范围以内。大概到了第二天的凌晨3点，炮击逐渐变弱，似乎德军的弹药已经消耗完了。当炮击声停了下来，我们可以听到下面伤员的惨叫声，其中有些人因为所承受的剧痛而发狂。”

第1团1营的遭遇也差不多。下午17点30分，贝克特中校的第1营也接到命令立刻出发。虽然天色已逐渐暗淡下来，但身处高地的德军炮兵观察员还是看到了正在机动的第1团。但是，德国人并未立即开火，只是试射几发炮弹在该团周围进行校准。很快，天色“变得非常黑暗，以至于美国人都不得不抓住前一个人的刺刀刀鞘来保持队形。”不久，该团沿着368高地北坡的开阔地展开，然后就遭到了德军炮弹的“热烈欢迎”。在爆炸声中随处可以听到伤者和濒死者的惨叫。第1营被紧急要求挖战壕，但地面满是坚硬的岩石，

■ 第1特勤队第1团团长阿尔弗雷德·C·马歇尔上校。马歇尔来自美国宾夕法尼亚州，从第1特勤队成立时起便是第1团团长，率领第1团先后参与了基斯卡岛战役、意大利中部山区多场战役、安齐奥滩头战役、解放罗马战役。1944年6月4日，马歇尔在罗马外围被德军狙击手射杀，他是第1特勤队阵亡的最高级别军官。

■ 这是第1团第5连的莫里斯 · 马塞中士（Maurice de Macedo），他也阵亡于1943年12月3日的德军炮击中。

几乎完全挖不动。

根据博汉斯中校对这一事件的记载，当时第1团遭到了“高爆弹、空爆弹、冒口穿甲弹、白磷弹——德军所有库存弹种——的打击，不需要去知道德国人都发射了什么炮弹了，虽然40%的炮击并未发生作用。”

当德军炮火停息，马歇尔上校立即命令那些还能自己走动或能被抬走的人赶紧原路撤返。当时的一个传言是：当第1团经过第36步兵师指挥部，在山路附近稍作停留时，他们遇到了满脸怒容的威尔伯准将，他不敢从几英尺厚的沙袋掩体中出来，只是在门口命令他们返回山上。传言接着说，这些特勤队员并未搭理威尔伯，但稍后这段插曲便被汇报给了弗雷德里克上校。

可以说，12月3日的夜晚对第1特勤队的所有官兵来说都是一场地狱式的体验，第1团遭遇意外的炮击，第2团在拉蒂芬萨山顶苦守，第3团背负着补给往来于险峻的山道。这支部队终于经受了战火的洗礼，不过这场战火相当残酷，而且远未结束。

12月4日拂晓，第1团的官兵们接到了一项糟糕的任务：沿着山路返回，协助搬运死伤者。第4连连长杰拉德 · W · 麦克法登中尉回忆：

“清晨，展现在眼前的是一片恐怖的景象。当第一束晨光穿透浓雾——这简直是上帝对我们的恩赐。我试图联系连里的其他军官，并召集各排。昨晚的炮击使我们连被打散了。清晨6点，命令下来了，要求我们在浓雾的掩护下尽可能多地带上伤者并尽快撤离。我们集合起尽可能多的人，将他们送回山道上。然后，我们与阿克赫斯特中校一起为死伤者寻找安置点。这里的场景非常恐怖。有些人在炮火中直接被炸成粉碎。伤员被医护兵或其他战友进行了包扎，但流血依旧很严重。即便如此，我们还是不得不让他们继续赶路，从山道上离开。另外，在地上辨别尸体并摘下他们的‘狗牌’也是一项很恐怖的任务。这可能是我做过的最艰难的事——特别是当我看到我认识一年半的战友们的惨状时。第5连的一名排长——约翰 · 理查德森中尉（John Richardson）的尸体躺在奈特上士（Knight）和巴雷特上士（Bargett）的身下；奈特的腿断了，精神恍惚；巴雷特也已经阵亡。这两死一伤是一发炮弹直接命中的结果。上校命令我们离开时，我数了一下，大约还有30具尸体和12名伤员仍在那条‘死亡山路’上。我帮着抬走一名我们连的伤员离开山路回到安置点后就完全筋疲力竭了。短暂休息并吃了些东西后，我发现我们连还算幸运，阵亡1人，负伤14人，包括3名重伤员。我们呆在那里一直到下午15点——当时还下着雨。然后，我们回到了早上的露营地，挪动疲惫的身躯，在附近的溪流边洗掉衣服在战斗中沾染的血迹和污泥后，我们在下午18点便钻进睡袋闷头大睡了。”

这一事件导致的一个结果是，威尔伯准将对第1特勤队第1团的指挥权立即被第36步兵师取消了。该师的G-3日记中记录了第2军军长杰弗里·凯斯少将于12月4日早上发给该师师长弗雷德·L·沃克少将的一道命令："第1特勤队的团级单位在得到第2军司令部的批准前，不得参与任何行动。"这意味着，至此，弗雷德里克的第1特勤队不再受军级以下单位的指挥。

等待的游戏

12月3日夜幕降临时，独自下山的威廉姆森上校回到了他的指挥团队中，他是与上山的补给部队一起抵达的。当威廉姆森抵达拉蒂芬萨山顶后，第2团的代理团长摩尔中校便带他到指挥部并向他简要汇报了当前形势。在山顶的第2团临时指挥部里，威廉姆森重新接过了该团的指挥权，他一直呆在指挥部，从下级军官那里听取关于山顶周围所发生的事的汇报。12月4日拂晓前，威廉姆森决定再次派遣第1营对拉里莫塔尼山发起进攻，预计遇到的问题是敌军的反击，以及因为在乌云的遮盖下导致能见度几乎会为零。然而，返回的第2团侦察队带回了敌军在拉里莫塔尼山脊以南设下了包围圈的消息。

日出后，加拉格尔上尉（Gallagher）的第3团第1营第1连在弗雷德里克上校的命令下抵达拉蒂芬萨山顶，增援第2团，协助其防御山顶阵地；第3团第1营剩余的2个连则继续从事补给运输工作；第1团第1营也被弗雷德里克命令作为援军派遣到拉蒂芬萨山，但该营暂时无法得知其确切方位。由于敌军在拉里莫塔尼山南面设伏，以及为防止敌军反扑，弗雷德里克决定推迟对拉里莫塔尼山的进攻至12月5日黎明。

在12月4日这一天，第1特勤队第2团继续派出几支强有力的侦察队去打探对手的实力和阵地部署，小规模的战斗在双方的巡逻队之间展开。往往是第1特勤队的巡逻队在摸下山的途中遭遇到往山上爬的德军巡逻队，然后双方大打出手。这种战局时刻考验着第1特勤队的耐性。

需要指出的是，以拉蒂芬萨山和毗邻山区的条件，在这一环境下进行的巡逻是一项危险的业务。在浓雾和大雨停止后，士兵的身影就在山地的背景下暴露出来，成为在一旁窥视的对方狙击手和迫击炮的目标。可行走的山路的缺乏也是一项隐患，导致了很多伤害事故。德国人的巡逻队通常以3至6人为一组行动，只要情况允许，就使用狙击手。博汉斯中校记录道：

“当巡逻队被派出去，接触的战斗没有什么固定模式，飘动的浓雾使每个人都保持紧张和警觉，如果敌人透过浓雾开火，就立马返回；如果能见度良好，所有人便隐蔽起来，直到巡逻队指挥官判断出对手能否被击败、俘虏，或己方是否最好

■ 第1特勤队第2团第4连的哈里·基斯·理查森中士（Harry Keith Richardson），加拿大人。1943年12月4日在拉蒂芬萨山阵地上遭遇德军火力袭击而阵亡，是年23岁，后埋葬于意大利卡西诺战争公墓。理查德是阵亡于拉蒂芬萨山的第2团众多官兵之一。

■ 上图是前文提到的第2团第4连的哈罗德 · 约翰逊中士。约翰逊出生于美国明尼苏达州，1941年6月加入加拿大陆军。1943年12月4日早上在拉蒂芬萨山顶阵地，约翰逊正打算做顿早饭，阵地遭遇德军火炮弹幕的覆盖，弹片击穿了约翰逊的肩膀，并打坏了他的一个肺叶。约翰逊接下来的表现令人惊叹：在仍有意识的情况下，约翰逊拒绝使用担架，而是自行下山，对此他的解释是："我还有两条完整的腿，另一些哥们更需要担架员。"当夜，经过一天山地跋涉且失血严重的约翰逊在山脚被第4连连长威廉 · 斯托里中尉找到。约翰逊被后送至北非治疗，后来他以欺瞒手段通过了体检，得以在第1特勤队被派往安齐奥之前归队。约翰逊在第1特勤队服役直至1944年12月部队撤编，之后返回加拿大陆军继续服役。1945年，约翰逊和其他曾在第1特勤队服役的战友赴英国担任培训教官，并于1946年退役。

脱离接触。在恶劣的地形遭遇凶悍的敌人，往往会导致混乱的恶战。"

12月4日，伤亡仍在继续，不仅来自不间断的巡逻，还来自如雨点般无休止地落在拉蒂芬萨山上的炮弹。德国人的炮击从第1特勤队攻占拉蒂芬萨山后的12月3日日出后不久便开始了，不断给美军带来伤亡，甚至一夜未停。德军的迫击炮手熟知拉蒂芬萨山的环境，其炮火致命地准确。这些炮手往往一次6发齐射，接下来校正范围，继续发射。12月4日下午，第2团第1营营长爱德华 · H · 托马斯少校在躲避敌人突如其来的迫击炮弹幕覆盖时跳入散兵坑，结果一脚踏到了他的一名部下的刺刀上，小腿被刺穿。托马斯倒霉后，第1营主官再次"换将"，该营级别最高的军官——第2连连长史丹利 · 沃特斯上尉在进一步任命下来前，暂时接过了第1营指挥权。不久，第2团执行官沃尔特 · S · 格雷少校被任命为该营营长。

持续的巡逻被证明是成果不菲的。大约在4日下午15点，2名被俘的德国人经审讯透露，他们即将发起反攻。在给了他们一些K型口粮后，俘虏招供，第104装甲掷弹兵团第3营将于5日凌晨3点对拉蒂芬萨山发动反击。这一情报由盟军的一名炮兵侦察员进行了证实，他报告大约有400名德军聚集在拉里莫塔尼山西南方向。第2团第2营营长摩尔中校回忆：

"在此情报基础上，(第2军)炮兵被呼叫覆盖了我们前方可能的敌军集结区域，而我们团也通宵达旦地保持警戒。"

战俘还表示，由于后方的拉皮多河(Rapido)和加利格里阿诺河的洪水泛滥淹没了道路，以及盟军重炮火力和迫击炮火力严重阻绝了他们在前线地区的骡队，他们也面临着补给问题。这些情报，加上作为增援部队的第1团第1营还未抵达拉蒂芬萨山，随着12月4日时间的推移，弗雷德里克给第1特勤队司令部的报告发送了如下报告：

"除了先头部队，贝克特的营还未抵达。联系威廉姆森和联系你的无线电台坏了……如今的计划是，如今晚伤亡很低且天气的能见度允许，将在12月5日白天对907高地发起进攻。今天960高地山顶遭遇了重迫击炮和炮兵火力的袭击，能见度太低而无法查探炮击点。16点来自俘虏的情报显示——今天德国人在907高地附近集结了3个额外的连队。今天拉蒂芬萨山遭遇的狙击手和炮兵火力的增强，以及我们前出至907高地的巡逻队也证实了这一点。德国人对拉蒂芬萨山的计划偷袭在今晚或明天清晨。已经派遣第3团的2个连今晚增援第2团。”

至于配合第1特勤队行动的英军第10军，他们还是没有攻下卡米诺山。在拉蒂芬萨山易手之后，卡米诺山就成了整场行动的关键，卡米诺山仍被德军占据的结果是，在盟军攻下卡米诺山前，拉蒂芬萨山上的第1特勤队的阵地都不会好过。德军隐藏在卡米诺山北麓和拉里莫塔尼山西南通往罗卡德埃万德罗村(Rocca d'Evandro)的路上，对英军和第1特勤队的行动同时构成威胁。对于第1特勤队来说，削弱山鞍部的敌军和攻占拉里莫塔尼山，将为英军第10军的右翼方向有效减轻威胁，使其进攻卡米诺山的行动更容易。为与敌军保持接触，第1特勤队的侦察巡逻队承担着探索周围地域这项令人神经崩溃的任务。当天的晚些时候，雨逐渐变小，云层开始消散，良好的视野使美军若暴露在开阔地便很容易被射杀。这时，一支巡逻队发现在卡米诺山和拉蒂芬萨山之间的790高地的周边地区集中了大量的德军迫击炮和机枪火力。巡逻队回营报告了这一情况，美军第1装甲师的前进炮兵观察员便将这一敌情标记在地图上并传达给指挥部，第1装甲师随即将坐标发送给了下面已迫不及待的炮兵们。但这次火力打击的战果如何，因为厚厚的浓雾很难观察到。

12月4日晚上，特勤队员在拉蒂芬萨山顶挖掘战壕，支撑自己挨过又一个长夜。虽然雨已经停了，但德国人的火炮、“喷烟者”和迫击炮火力仍如大雨般倾泻在山顶。特勤队员们承受着炮火轰击的痛苦，派出的巡逻队也遭遇到伤亡。不过，给山顶的特勤队员带来曙光的是，补给队给他们带来了弗雷德里克上校在前一天直接要求的两样物品：威士忌酒和避孕套。

当晚，山顶的官兵们喝掉了这些威士忌，数量有限，每人就几盎司，但这些酒对于经受山顶凌冽寒风侵袭的特勤队员来说不啻于是一个极好的取暖方式。一名特勤队员回忆，这是他一生中看到的最受欢迎的场景。而那些避孕套，则被套在了官兵们的枪口上，以保持武器的干燥和清洁，同时让他们额外的袜子和个人物品也保持干燥。这是他们在基斯卡岛的行动中收获的经验教训。用特勤队员的话说，弗雷德里克的这项举动温暖了士兵在寒风中的身躯，鼓舞了他们的士气，也让他更受部下的爱戴。

■ 这是1943年12月4日在意大利的科利(Colli)地区，盟军炮兵正在炮击山后的德军部队。注意左侧有一门M1918型155毫米重型榴弹炮，它刚穿过厚厚的淤泥进入新炮位。盟军炮兵为卡米诺山区的友军的行动带来很大帮助。

在这一整夜，山顶的特勤队员都在等待德国人预期的反击，但并未出现，第2军的炮击已经中止了他们的行动。

5日之战

当12月5日，太阳如弗雷德里克所希望的升起，良好的天气使他可以开展攻占拉里莫塔尼山的行动。贝克特的第1营终于抵达拉蒂芬萨山并接过第2团的防御阵地，这使第2团得以短暂休息并为下午进攻拉里莫塔尼山的行动做准备。第2团的官兵们转移到拉蒂芬萨山南坡，在12月份温暖的阳光下晒干潮湿的自己，阅读刚收到的信件，享受理所应当的休息。

在第1团的任务被第36步兵师的预备队取代后，弗雷德里克立即命令第1团的剩余人员，包括马歇尔上校的指挥部、杰克·F·R·阿克赫斯特中校（Jack F.R. Akehurst）的第2营全部赶到拉蒂芬萨山顶；同时，弗雷德里克还派出3支巡逻队前去刺探敌情。其中1支巡逻队沿着拉蒂芬萨山南部的山鞍向下，试图与英军第56（伦敦）步兵师取得联系，后者还未占领卡米诺山的修道院，且仍在德军第104装甲掷弹兵团的2个连手中。在这几天里，骚扰特勤队员的德军大多数抵抗兵力都来自山鞍方向，只有火力压制住这一方向，无论是英军在卡米诺山的进攻抑或是第1特勤队在拉蒂芬萨山的坚守才能取得成功。这支巡逻队并未能与英国人取得联系，但他们估计英军第169步兵旅几乎已经占领卡米诺山。第2支巡逻队沿着山脊前往拉里莫塔尼山的东面坡地，那里没有发现敌军的活动。最后1支巡逻队被派去联系位于马吉奥里山附近高地的第142步兵团，这支巡逻队艰苦跋涉赶到630高地，但既未发现第142步兵团，也未找到敌军的踪迹。

根据巡逻队打探到的最新情报显示：德国人的抵抗已经变弱；加上得到第1团第1营的增援，弗雷德里克决定，在中午13点对拉里莫塔尼山发起进攻。

12月5日13点，战斗打响。第2团第1营营长格雷少校带着他的3个连，加上补充给他的第3团第3连，以4个连的兵力沿着北面的山脊向拉里莫塔尼山推进。该营主力紧靠北面斜坡部署，同时派出巡逻队在南面斜坡警戒拉里莫塔尼山和卡米诺山之间的敌军主防线。但是，巡逻队遭到了敌军重迫击炮和机枪火力的打击，很快整个第1营也被波及。第1营被迫停止行动，转移到半途中的拉里莫塔尼山东面的小山包挖掘战壕。在他的部队不得不在这里等到天黑的时候，格雷少校派出巡逻队试图找到敌军所在位置。第1营的遭遇证明，拉里莫塔尼山－卡米诺山的山鞍部依旧是一块难啃的骨头。

另一方面，摩尔中校的第2团第2营在第1团1个连的加强下，于5日下午16点30分开始沿着拉蒂芬萨山－卡米诺山的山鞍向南进攻。一份战地记录显示：

“威廉姆森部（从拉蒂芬萨山）南面和西面发起进攻，敌军分散成小股（进行抵抗），战俘报告，在卡米诺山和（此处字迹模糊）之间，德军的火箭炮正对着我们的部队射击。炮兵被命令向东北－西南9570888地区200码×400码的矩形目标区倾泻火力。英国人先前并未清扫干净残余敌军。”

790高地周围，有两处坚固的德军据点（大约位于山鞍中部），如同两个突出的瘤子挡在第2营的面前。哈伯德上尉（Hubbard）的第5连作为先头部队，率先攻打这两颗“瘤子”。特勤队员端着携带刺刀的步枪呈扇形展开，小心翼翼地接近目标。在烟雾弹的掩护下，第5连迅速靠近目标，身后的其他3个连则立刻冲下山坡。当第5连官兵抵近第一个“瘤子”时，德军的MG42响了起来，独特的枪声打破了寂静的山道，特勤队员们除了迅速穿过这片区域拿下他们的目标外别无选择。他们遭遇到来自轻、重机枪，狙击手，迫击炮，甚至是可怕的88毫米炮的火力“洗礼”。第5连发起强攻，但若没有任何地面掩护，这一举动无疑是自杀，光是敌军的迫击炮火力就足以吞噬他们。即便如此，特勤队员们还是凭借勇敢无畏的战斗精神推进到德国人的临时碉堡前，这是德国人为强化“瘤子”的防御，在其外部的花岗岩上用炸药爆破修建出的临时火力点。冒着落下的88毫米炮弹和迫击炮弹，特勤队员靠近这里的机枪火力点，将手榴弹塞入射口中，拿下了“瘤子”的外围阵地。

第5连第1排是突击排，他们在排长韦恩·E·博伊斯中尉（Wayne E. Boyce）的率领下，用刺刀和手榴弹从三面一举攻占了第一个“瘤子”。第二个“瘤子”里的德国守军大约有一个排的兵力，他们的注意力已被第1排所吸引。紧接着，博伊斯重整队伍，对第二个“瘤子”发起进攻。在进攻途中，博伊斯中弹负伤，但仍以无畏的勇气冲入敌军的一个机枪火力点中，用匕首刺死了尽可能多的敌人，直到再次被手枪射倒。即使身披数创，博伊斯仍旧坚持指挥他的部属战斗，直至攻占第二个“瘤子”，而他也在此时壮烈牺牲。

■ 第2团第5连第1排排长韦恩·E·博伊斯中尉。1943年12月5日，博伊斯率领第1排突击拉蒂芬萨－卡米诺山脊之间的790高地上的两个德军碉堡，在战斗中流尽最后一滴血。

虽然拿下了这两个德军据点，但第2营还是未能与进攻卡米诺山的英军取得联系，他们仍处于来自卡米诺山北坡的敌军火力打击之下，不得不在新占据的“瘤子”处挖掘战壕准备全面防御并过夜。

另一方面，第2团第1营也在掘壕固守，等待占领拉里莫塔尼山的时机，当晚，他们仅遭遇到些许敌军火力的袭扰。第2团的这两个营都在预防敌人可能发起的反击。同时，增援部队——第1团的指挥部连和该团第2营也在晚上抵达拉蒂芬萨山。随着黑夜的逐渐消逝，特勤队员已经能够看到英军第10军的炮兵将炮弹射入德军顽固防守的卡米诺山修道院中。

最后的推进

12月6日上午10点，格雷的第2团第1营再次向拉里莫塔尼山推进。虽然第1营还要面对来自卡米诺山和马吉奥里山的敌军机枪和迫击炮火力的袭扰，但拉里莫塔尼山顶守军的抵抗很微弱。由于德国人的全面撤退，攻占拉里莫塔尼山的战斗远非拉蒂芬萨山的那么困难，守卫在这里的就剩下一支后卫部队。特勤队员们迅速突入山顶的德国人的露营区，将他们打了个措手不及。很多从帐篷里匆忙跑出来的德国人不是被等候在帐篷外的特勤队员打死就是被俘。一名上尉描述，他甚至一个人就抓了19名俘虏。到中午位置，拉里莫塔尼山就落入盟军手中。弗雷德里克上校遂向上级报告这一战况：

“已经越过907高地顶峰，条件允许的情况下将继续向西进攻。无线电发生了故障。请优先供应水、迫击炮弹和轻机枪弹药、2000罐口粮、步枪子弹、毯子和担架。”

如今已经搞清楚，前一天晚上得到的情报是正确的，德国人已经开始退却。在巩固拉里莫塔尼山顶阵地后，格雷少校派出2个连前往罗卡德埃万德罗村。

拉里莫塔尼山的易手极大地支援了英军在卡米诺山的行动，跟随第1特勤队行动的英军前线观察员现在可以观察并报告英军当面的敌军动态。经过一整天的休息，第1特勤队各营继续派出侦察巡逻队去查探西南方向的道路，以及从拉里莫塔尼山向西的道路的同时，格雷还命令一支巡逻队去往拉里莫塔尼山以北，与在瓦列沃那高原的第142步兵团进行联系。虽然偶尔出现的狙击手和迫击炮火力仍在骚扰第1特勤队，但与前些夜里的相比已经好了很多。

在第36步兵师的G-3日记中，记载了一份12月6日由弗雷德里克上校发给他的副手亚当斯上校和第36步兵师师长沃克的公报，这份公报总结了第1特勤队当前面临的形势：

“我们的友军已经下到我们左翼的958-087边界进行掩护；同时，我们也加强了拉蒂芬萨山南部地区的防御。我们向西进攻907高地的行动已经取得进展，以至于我们可以直抵907高地山顶。我们也正在遭受来自几个方向的机枪和迫击炮火力的猛烈打击，主要是来自拉蒂芬萨山通往西南的道路、马吉奥里山西面的山脚和卡米诺山北麓。我们正奋力引导炮火支援打击这些带来麻烦的地域，但因为极低的能见度和避免误伤英国友军的限制，为炮火打击带来了极大困难。

“我将在人力范围许可之内，越过907高地继续向西进攻。

“士兵们因为疲劳和寒冷变得很不健康。一批劣质的K型口粮导致部队出现大批病号。

“根据上一条命令，我下令停止掩埋死者，并将遗体收集起来等待阵亡登记部门。

“德军狙击手给我们带来了极大威胁，而想抓住他们很困难。他们躲在各个角落里，向任何目标射击。

“这一地区请求增援部队，因为我们在这里每多停留一天，意味着在下次行动前就必须多休整两天。战士们具有强烈的战斗欲望，但实在是累坏了。一些军官们过多地议论士兵们的糟糕情况，我对这种消极态度进行了批判。

“通讯联络非常糟糕。（在山路上机动的）敌军的迫击炮火力破坏电话线的速度超过了我们的抢修速度。

“每次我们用无线电联络，敌人的迫击炮弹就会落下来。

“德军的增援部队出现在卡米诺山西南的道路上，但我无法确定他们是进行增援还是试图组织一次反击。

“在我看来，除非英军在今晚之前能拿下卡米诺山，否则我们就立即从北面开始进攻。在敌军占据卡米诺山北麓的情况下，我们现在所占据的地方是守不长久的。

“补给空投到我们这里来了，不过投得实在太靠西了，越过了907高地，甚至投到了德军防线后面。

“不要担心我，也不要为我晾干衣服。我很好，就是有些不舒服和困倦。签名：弗雷德里克，时间：12点。”

卡米诺山上的德军仍在承受英军炮兵的“怒火”，英军第56（伦敦）步兵师已经接到命令，不惜一切代价拿下卡米诺山。在12月6日这一天，英军终于也取得了进展。他们成功地驱除了山上负隅顽抗的德军部队，夺取了伯恩哈特防线上的这个至关重要的阵地。第10军的战争日志记录：

“12月5日，在山脊的科库鲁兹（Cocuruzzo）山坡上，第56（伦敦）步兵师的近卫掷弹兵团第6营、苏格兰近卫团第2营集结在冷溪近卫步兵团第3营后方，并于12月6日下午14点向西发起进攻，在下午16点50分时，他们占领了山脊上的主要高地，以及530据点和两个小山包。随着后方的威胁不断加强（编注：指第1特勤队第2团第2营的进攻），修道院山上的德国人的阻击力量逐渐减弱。从6日早上开始，德军都处在炮火轰击之下；中午后不久，他们分成小股撤下了卡米诺山北坡。下午18点30分，我们在没有遭到反击的情况下登上卡米诺山顶，发现许多尸体和废弃的设施。”

在12月6日即将结束时，美军第2军的一份报告显示了当时的形势：

“敌方局势已大致平静下来，除了我们的左翼之外，战线已经固定，那里的敌军正承受着英军第10军和我们的沉重压力，他们已经被我们从马吉奥里山－拉蒂芬萨山的大多数高地上赶走。在第10军的防区，英国人正大力向罗卡德埃万德罗村推进。敌人发现他们的退路由于昨天的洪水已变成汪洋泽国。他们的桥梁已不能使用。他们从包围圈中逃脱的唯一路线就是向北，这条路线在我们在马吉奥里山的地面观察哨的直接监控之下。据报告，德军正准备于近期（12月6日）在罗卡德埃万德罗村地区实施一次竭尽全力的反击，以改善他们的处境或是创造全身而退的机会。俘虏的陈述可能带有一定真实性……大意是，‘赫尔曼·戈林’师的部队可能会迅速进入防线，支撑摇摇欲坠的防御体系。”

扫尾

12月7日早上，第1特勤队第2团第2营的巡逻队与英军巡逻队在拉蒂芬萨山南面的山鞍部碰上了头，他们得知，英军已经攻克了卡米诺山的修道院，并冲下山谷奔向罗卡德埃万德罗村。然而，这次友军间的会合并非毫无意外，当时第2团的一支巡逻队在查探英军防线，试图与友军取得联系时，该巡逻队与英军的巡逻队在浓雾中发生交火。幸好这一可怕的误会很快就解除了。据博汉斯中校的野战信息记录了有些出入的情况：

“下午15点30分，英国人在卡米诺村和我们联系，一支英军巡逻队因为紧张和不了解我们的活动，导致双方发生交火，我们误伤了一位来自英军第6团第2连的前哨士兵弗卢努瓦，英国人将他进行了医疗救助。卡米诺西南山谷的迹象显示，敌军已匆忙撤走了。”

同时，另一支英军巡逻队也与拉蒂芬萨山顶的第2团指挥部取得了联系。当时存在一条流言，据说英国人对第1特勤队在前线战区出现如此多数量的少校和上校感到震惊（在英军编制里，作战师、旅中的少校和上校军官很少，营、团长基本为中校，上校基本上是指挥部里的参谋），而威廉姆森反驳说，这是第1特勤队秉承的传统，军

■ 这是1943年12月7日在卡米诺山，完成了夺取该高地任务的英军正在下山。为夺取这个高地，第56（伦敦）步兵师浴血6日之久。

■ 这是1943年12月7日在卡米诺山的坡地上，一些英军士兵在他们依坡修建的掩蔽所中休息。

官靠前指挥，第1特勤队的军官也是这么做的。

此时，德军在卡米诺地区的有组织抵抗开始瓦解。那些能脱身的德军正穿过加利格里阿诺河撤退。第2团第1营的观察哨也报告德国人已全面撤退。格雷少校率领第1营从拉里莫塔尼山上下来，与左翼的英军和右翼的在马吉奥里山前的第142步兵团进行联系。

当时，山谷中弥漫着浓雾，能见度很低。在拉里莫塔尼山和罗卡德埃万德罗村之间的地域进行巡逻的第2团第1营的1支巡逻队——昂德希尔中尉（Underhill）率领的1个排迷迷糊糊撞进德军设下的一个"口袋"里，这个口袋位于罗卡德埃万德罗村东北1.6公里的604高地上，德军大约有50人，装备优良，可能是来自后卫部队的生力军。在付出一些伤亡后，昂德希尔中尉命令撤退。

12月7日下午，第1特勤队已经完全控制了拉里莫塔尼山和卡米诺山之间的山坡阵地，切断了这片区域里的德军狙击手与他们的部队的联系，但这些狙击手仍在山谷中"玩"着阴险的游戏。马歇尔上校派出第1团第2连、第3连和第4连，对拉蒂芬萨山、拉里莫塔尼山和卡米诺山之间最后的残敌进行清理。到了下午，几名德军狙击手或被打死，或遭俘虏，这一地区的威胁被解除。特勤队员们终于过上了自突袭拉蒂芬萨山以来第一个相对轻松的夜晚，但他们依旧对敌军可能发起的反击充满警惕。

以下是"加拿大第1特种作战营"的战争日志对12月7日的战况的总结：

"天气明朗且温暖宜人。收到另一份伤员名单。已知有115名伤员通过前线后送医院撤往那不勒斯，其他的伤员正在尽快地被运送下山。抬1名重伤员需要10个人，而且是在一天中环境最好的时刻。山势陡峭，所有能动弹的人员都要投入战斗。陆军航空队对前出距离太远和补给线无法抵达的部队进行了一两次失败的食物、水和弹药补给尝试。”

12月7日晚上，美军第36步兵师师部开始筹备将第1特勤队从战场上撤下进行休整。

12月8日，能见度清晰。第1特勤队只剩下最后的目标，即清除昂德希尔中尉于前一天在604高地遇到的那伙50人的德军后卫部队。在协调好炮兵支援火力后，格雷少校率领第2团第1营向这伙德军的阵地扑去。随着徐进弹幕前进的特勤队员以较小伤亡迅速解决了这伙敌军，有25名德军被击毙，7人被俘，其余的仓皇撤走。这是这一地区最后一支德军防御部队，这支生力军被确认是来自“赫尔曼·戈林”伞兵装甲师。第1特勤队完成了全部任务，敌军在这一地区的活动完全终止。在经过连续6天的战斗后，这支初临战场的部队要做的唯一一件事就是撤退休整。

12月8日晚上20点，第142步兵团的2个营登上拉蒂芬萨山，接手第1特勤队的阵地。整个晚上，特勤队员们拖着疲惫的身躯走下山来。一位旁观者描述：“他们看起来都一样……脸色发灰，面无表情，衣服上黏着厚厚的泥浆和鲜血。”在战斗打响前，第36步兵师的很多人都想知道：第1特勤队是什么人或什么部队，之前这么多部队都失败了，为什么他们就认为他们可以拿下拉蒂芬萨山？要知道，之前很长一段时间里，第5集团军尝试拿下拉蒂芬萨山的行动都失败了。当撤退的特勤队员穿过第36步兵师的阵地下山时，沉默笼罩着旁观者们，许多人为之惊讶，难以置信地看着这群人。特勤队员倒是心里有数，他们经历的训练使他们完成了不可能的任务；他们同样筋疲力尽。第2团的很多人甚至无法自己走下山，因为该团在拉蒂芬萨山的战斗中承受了最严重的伤亡，许多伤员甚至是数次负伤。一些还能走动的特勤队员为他们的成就惊讶；许多人在白天第一次看到这座山时都感到震惊，他们竟然能在晚上和秘密的条件下，穿过狭窄的山路，用绳索翻越险峻的悬崖。

另外，值得一提的是，把敌军驱除出罗卡德埃万德罗村是英军这一阶段行动的最后目标，也意味着卡米诺群山地区一系列战斗的结束，英国人最终完成了这一目标。来自英军第10军的战争日志记录：

“罗卡德埃万德罗村的攻占证明，这是一项更困难的行动。敌军集中在那里撤军。我们和德军顽固的后卫部队在通往该村的半道上进行了战斗，这大大提高了我们行动的困难程度……在黎明时我们找到了一条抵达村庄的途径……8日晚上，近卫掷弹兵团第6营的连队被分散，转移到右翼并从东北方向发起进攻。阳光下，敌军的火力逐渐减弱，伦敦苏格兰团第1营和近卫掷弹兵团第6营的纵队在9日上午11点45分进入罗卡德埃万德罗村。占领该村标志着卡米诺地区战斗的结束。”

12月9日早上，满身疲惫的特勤队员乘坐卡车返回到圣玛利亚迪卡布阿贝特利镇的驻地。来自当天的战争日志记载：

“第2团大约在凌晨2点到达，淋浴站如同厨房一样热气腾腾，那些极度疲惫的人在打扫完个人卫生和吃了热早餐后活跃起来。第3团和保障营在早上和中午抵达。实际上，所有未伤亡的都回来了。”

在伯恩哈特防线的战斗是第1特勤队真正意义上的首战。这支突击队在行动第一天的表现便令人瞩目，特别是他们在清除拉蒂芬萨山顶的德军的行动，在几个小时里就完成了第5集团军的计划员们所预计的需要3天时间才能完成的任务。大多数人认为，第1特勤队攻占拉蒂芬萨山

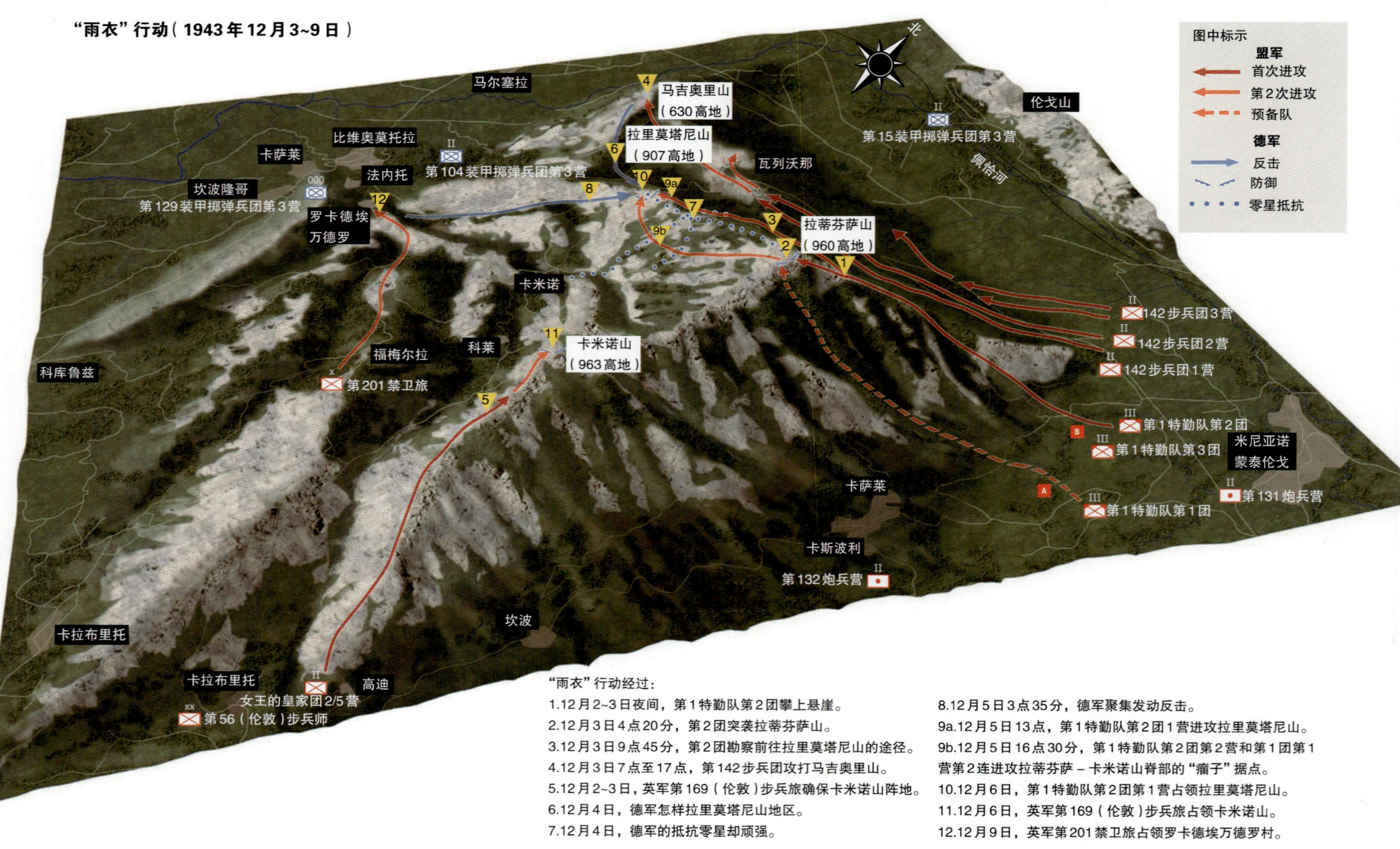

“雨衣”行动经过：

1.12月2~3日夜间，第1特勤队第2团攀上悬崖。

2.12月3日4点20分，第2团突袭拉蒂芬萨山。

3.12月3日9点45分，第2团勘察前往拉里莫塔尼山的途径。

4.12月3日7点至17点，第142步兵团攻打马吉奥里山。

5.12月2~3日，英军第169（伦敦）步兵旅确保卡米诺山阵地。

6.12月4日，德军怎样拉里莫塔尼山地区。

7.12月4日，德军的抵抗零星却顽强。

8.12月5日3点35分，德军聚集发动反击。

9a.12月5日13点，第1特勤队第2团1营进攻拉里莫塔尼山。

9b.12月5日16点30分，第1特勤队第2团第2营和第1团第1营第2连进攻拉蒂芬萨－卡米诺山脊部的“瘤子”据点。

10.12月6日，第1特勤队第2团第1营占领拉里莫塔尼山。

11.12月6日，英军第169（伦敦）步兵旅占领卡米诺山。

12.12月9日，英军第201禁卫旅占领罗卡德埃万德罗村。

上图是1943年12月8日在卡米诺山，盟军的1门25磅重炮正在原德军阵地上开火，为即将发起下一步进攻行动的英军部队提供火力打击。下图也是12月8日，一群在卡米诺山之战中被俘的德军官兵在英军的押送下走向战俘营。可以看到一些德国人在镜头下露出了笑容，可能他们也为这场折磨人的战斗终于落下了帷幕而感到轻松。

上图是1943年12月8日，几名英军担架员正将一名伤员从卡米诺山上抬下来送往急救站。下图也是12月8日，两名英军的救护人员正将一位伤员护送下卡米诺山。经过6天的战斗，英军终于啃下了卡米诺山这块硬骨头，并顺势向西推进，于12月9日攻占了罗卡德埃万德罗村，“雨衣”行动宣告结束。

上图是1943年12月在圣玛利亚迪卡布阿贝特利镇的驻地，从战场上撤下来特勤队员正在享受热腾腾的咖啡和甜甜圈面包。下图也是在特勤队的驻地中，红十字会的代表在给返回的特勤队员送上咖啡。图中最右边这名红十字会人员名叫查尔斯 ·B· 里默(Charles B. Rimmer)，他穿着弗雷德里克的 A2 飞行夹克，注意他头上的船形帽上的红十字会徽。

对战局影响巨大——第5集团军得以控制利里河谷以南的高地。拉蒂芬萨山是卡米诺群山地区的关键，没有这一山头，盟军在这一地区的其他目标将无法夺取或坚守。这其中并非没有失误，伤亡率也并不低，但拉蒂芬萨山的攻占说明，经过高强度训练而焕发出高度积极性的士兵能完成许多不可能的任务。

12月10日，弗雷德里克上校收到两份信函，第一份来自第5集团军司令克拉克中将：

“致指挥官：

1. 我希望赞誉参与了近期行动的第1特勤队官兵。

2. 第2团承担了攻占拉蒂芬萨山这个马吉奥里群山中极其险恶的高地的任务，这里对我们将来在这一战区的推进具有极高价值。这项任务的实施是在遇到不良的天气情况的夜间，敌军步枪、机枪、迫击炮和炮兵重火力也落在必须发起攻击的陡峭山坡上。另外，尽管遭遇敌军反击，通讯和补给也面临困难，阵地还是坚守下来了。你们在战火中表现如此出色，这归功于良好的领导和严格的训练。

马克 · 韦恩 · 克拉克

美国陆军中将

第5集团军司令”

另一份来自美军第2军军长凯斯少将：

“我充分认识到敌军的顽强，以及你们在夺取拉蒂芬萨山和907高地中遇到的天气和地形的困难。在您的勇敢、不屈不挠、足智多谋的指挥下克服了它们。这是真实的愿望：我期待您的下一次行动仍在我的麾下。

真诚的，

杰弗里 · 凯斯

美国陆军少将

第2军军长”

12月12日，第1特勤队在驻地圣玛利亚迪卡布阿贝特利镇举行了纪念仪式，悼念、表彰他们的阵亡勇士。在6天的战斗中，这支初涉战火的突击队失去了许多战友，当他们撤出战场时，全员没有不挂彩的。在卡米诺群山地区的战斗中，第1特勤队共伤亡511人：73人阵亡，9人失踪，313人负伤，116人因潮湿、冰雨、补给缺乏、恶劣的地形等原因而体力衰竭丧失战斗力。阵亡者中军衔和职务最高者是第2团第1营营长麦克威廉中校。考虑到第1特勤队的规模，这一伤亡数字

■ 这是1943年12月12日在圣玛利亚迪卡布阿贝特利镇的驻地，第1特勤队正在召开追悼会，纪念阵亡于“雨衣”行动中的73名战友。这场战役是第1特勤队的首次作战，他们给第5集团军交上了满意的答卷。

■ 这是1943年12月在圣玛利亚迪卡布阿贝特利镇的驻地，美国劳军联合组织（United Service Organizations，缩写为USO）的演员乔·E·布朗（Joe E. Brown）在给休整的第1特勤队队员们进行慰问演出。在“雨衣”行动中，第1特勤队付出了伤亡511人的代价，损失可谓不低。而且在后续的战事中，第1特勤队一直保持着高伤亡率，其中一个原因是，作为一支具备全地形作战能力的特种部队，第1特勤队一直被当做精锐的轻步兵来使用，偏离了最初的角色定位。而这种做法也成为第1特勤队最后被解散的一个原因。

已经接近了其战斗梯队人数的四分之一。加拿大方面在12月10日的战争日志中评论：“以这样的伤亡率，（第1特勤队里的）加拿大部队若不进行补充，在将来许多类似的任务中将无法生存下来。”

尽管代价不菲，但这次突袭行动让第1特勤队成为了传奇，这个传奇是在友军尝试并遭遇失败之后，第1特勤队凭着顽强的毅力和勇气铸造的。悼念仪式之后，克拉克将军专门来到驻地慰问弗雷德里克上校和他的官兵们。在接下来的10天时间里，第1特勤队进入休整。同时，为准备下次任务，特勤队员们开始全副武装进行轻度的临战训练。因为下一场任务对他们来说更艰难，一旦6号公路以南的敌军被肃清后，第1特勤队就要开赴北面的高山地区，协助友军肃清那些据守山头阵地的敌军，保护主力的侧翼安全，这又将是一次艰苦的山地作战。

血写的经验

第1特勤队突袭拉蒂芬萨山的行动，如今已被作为经典战例载入史册，而其中的许多经验教训不仅为当时意大利战场上的盟军各部队所学习和借鉴，也为第1特勤队的后裔——美国陆军特种部队和加拿大特种部队所借鉴。1944年4月14日，第1特勤队递交了一份名为《意大利战役的经验教训》的备忘录并在盟军内部发行，在这份长达18页的备忘录中，总结了关于拉蒂芬萨山和“冬季防线”的一些重要的战斗经验教训。以下是该备忘录中与之相关内容：

2. 地形

我们特别感兴趣的是高海拔、崎岖山地国家的局限性和独特性。在这种国家，仅地形就影响到军事行动的几乎每一个阶段，诸如推进的路线、侧翼的安全、战术、补给、伤员和通讯设施的安置和疏散……对此还必须增加由于降雨、淤泥、寒冷等恶劣天气环境的局限给机动、补给、卫生带来的额外困难……来自地形覆盖方面的一个最重要的经验教训就是，有利地形无一例外都必须夺取和坚守……我们很快发现，每当敌人占据在高地上，无论何时他部署差不多一个观察员于有利位置，我们就要遭受他们的火炮和迫击炮火力的打击……我们还学到，在这种山地地形中，所有人员的体能要求达到最高标准，这一项超过了对战斗直觉的要求。不仅是作战士兵，军需人员、参谋和通讯员，都需要极好的体能。

3. 攻击

…………

c. 侦察：在发起任何攻击或派出任何夜间训练队之前，侦察是上述行动获得完全成功的基本因素……

…………

e. 野战和小部队战术：……我们所有的交战都需确保步兵战斗的最重要的唯一原则——有效运用火力和机动……

f. 炮兵火力和炮火集中：第1特勤队在早期的战斗经验中学到了紧密跟随那些轰击敌军防线的支援炮兵的密集火力和弹幕的优势和必要性。地形和其他条件极大地影响了这一点。例如沿着山坡向上攻击像拉蒂芬萨山这种山地地形，几乎不可能使用任何徐进弹幕射击和齐射式攻击来完全覆盖，只能选择部队推进的山脊或山顶或斜坡进行炮火覆盖……这造成突击部队进入阵地发起攻击前的很长一段时间内，猛烈的弹幕要覆盖在山脊上。由于碉堡和防御阵地，弹幕对敌军几乎没什么影响，而且会在突袭发起时警示敌军。

…………

h. 巩固：我们的经验是，为了收复丢失的阵地，只要有可能敌军就会发起一场迅速的反击，在此之前会以火炮和迫击炮火力开道。这类火力通常被证明是相当精确和高度集中的，而且会落在他们失陷的阵地和山脊线等全部有价值的火力目标上——这是目标是他们事先标注过的。因此，立即巩固已占领的阵地是显而易见的。

…………

8. 敌军战术和武器

一名经历了拉蒂芬萨山的行动的第1团的军官，从对敌军前哨和敌军设置在前哨的狙击手的观察中发现，通常他们会在前哨左侧约50～100码的一个隐蔽地形中部署一个小组，2名配置1挺MG型机枪或MP型冲锋枪的士兵，外加1名狙击手。这么做的原因似乎是，当哨所使用自动武器射击时（通常只是简单的对空射击或吸引我们的火力），我们的步枪手总是在他们自己的掩蔽物的右侧冒出来——因为他们射击的自然身体姿势是抵右肩射击。这就使我们的步枪手暴露在哨所左侧的狙击手的枪口下。

…………

10. 杂项

b. 医疗后送：当我们在山地崎岖的国家作战，我们迅速学习到了急救站应偏离常规位置的重要性。在陡峭的山路上、在黑暗中和在敌军火力下疏散伤员是极其困难的，而且还会造成延误。这就致使如果伤员要得到及时充分的医疗救助，前线救助站的设置就必须尽可能地靠近先头部队和前线。这一经验在我们的战斗中很早就用于实践了。而且，地形带来的困难还要求使用比正常情况下更多的担架员，他们通常被用于补充给疲惫的战斗部队，以便有效地疏散伤员。

c. 体质：在关于山地作战的讨论中，一直强调对每个人员的体质要求最高标准，这里不再过分强调。具备优良的体质是无需质疑的。仅仅有意志和决心并不够，这里同样要求有好的体质。而且很快就能发现，这不仅是对战斗人员的要求，而是对每个人的要求。

黑色魔鬼

美加联合第1特勤队二战实录 1942-1945【下册】

FIRST SPECIAL SERVICE FORCE

编著 · 骆艺 赵继南

★精装典藏版★

吉林文史出版社
JILINWENSHICHUBANSHE

版权所有，翻版必究
发现印装质量问题，请与承印厂联系退换

图书在版编目（CIP）数据

黑色魔鬼：美加联合第1特勤队二战实录：1942-1945 / 骆艺，赵继南编著. -- 长春：吉林文史出版社，2017.6

ISBN 978-7-5472-4468-5

Ⅰ. ①黑… Ⅱ. ①骆… ②赵… Ⅲ. ①第二次世界大战－特种部队－军队史－美国②第二次世界大战－特种部队－军队史－加拿大 Ⅳ. ①E712.9②E711.9

中国版本图书馆CIP数据核字(2017)第130005号

HEISE MOGUI： MEIJIA LIANHE DI1 TEQINDUI ERZHAN SHILU 1942-1945

黑色魔鬼：美加联合第 1 特勤队二战实录 1942-1945

（精装典藏版）

编著 / 赵国星 冯涛
责任编辑 / 吴枫
策划制作 / 崎峻文化
装帧设计 / 崎峻文化
出版发行 / 吉林文史出版社有限责任公司
地址 / 长春市人民大街 4646 号 邮编 / 130021
电话 / 0431-86037503 传真 / 0431-86037589
印刷 / 重庆共创印务有限公司
版次 / 2017 年 7 月第 1 版 2017 年 7 月第 1 次印刷
开本 / 787mm × 1092mm 1/16
印张 / 56.5 字数 / 553 千
书号 / ISBN 978-7-5472-4468-5
定价 / 369.80 元（全 2 册）

榨干

还没等到“雨衣”行动结束，第5集团军已经开始了削弱山谷里和米尼亚诺隘口右侧的崎岖高地上的敌军的防御的行动。按预定计划，英军第10军将接过马吉奥里山、拉蒂芬萨山和拉里莫塔尼山的防御工作，让美军第2军全部腾出手来进行米尼亚诺隘口地区第二阶段的进攻。在隘口的北面，美军第6军将向前施压，以保持对德军的优势。第2军新的攻势，是沿着6号公路展开，向西推进，而在这一过程中，他们要攻克敌军精心布置的严密防御体系——包括错综复杂的雷区，铁丝网，以及相互支援的据点，这些防御设施布满整个狭窄的山谷，而其中最坚固的阵地莫过于已经变成要塞村的圣皮耶特罗因菲内村里的石头房子了。1943年12月7日晚至8日，美军第2军第36步兵师一部发起了对圣皮耶特罗因菲内村的第一次进攻。这个村镇位于萨姆克罗山山脚下，是扼守6号公路和米尼亚诺隘口的战略要点，由德军第29装甲掷弹兵师第15装甲掷弹兵团第2营和第71步兵师的1个营共同防守。但是，美军对圣皮耶特罗因菲内的进攻以失败告终，该村临近高地上的敌军阵地给予了盟军很大威胁。

圣皮耶特罗因菲内位于卡米诺山区北面，其西南是伦戈山（又称为343高地），在其北面则耸立着米尼亚诺隘口的右岭高地——萨姆克罗山（又称为1205高地）。6号公路在这两个高地之间穿过。12月7日夜至8日，美军第36步兵师第143步兵团第1营占领了萨姆克罗山顶峰；但与此同时，作为盟军阵营中的新成员的意大利第1摩托化军所发起的攻占伦戈山的尝试却以失败告终。12月10日早上，美军第3游骑兵营占领萨姆克罗山北面的一座山峰——950高地。在这一时期，萨姆克罗山和950高地，遭遇到德军的反复反击，直到12月13日，德军的反击兵力耗尽，才停止了对这两个山头的争夺。第2军炮兵在这两座高地的防御战中起到了关键作用，但德军炮兵也给予了美军严重杀伤。

在近两周的时间里，美军第2军持续向伦戈山、圣皮耶特罗因菲内和720高地（萨姆克罗山的西面门户，在一些旧的意大利和美军地图上将其标注为730高地）发起进攻。12月19日以后，伦戈山和圣皮耶特罗因菲内村终于落入美军之手，美军第36步兵师攻占圣皮耶特罗因菲内村的过程之血腥和损失之惨重令人心悸。但是，德军继续坚守在720高地以及俯视6号公路右翼的萨姆克罗山南麓，死死地俯瞰着这条“死亡山谷”。

在前线有所斩获后，第2军转向夺取圣皮耶特罗因菲内村以西约3.2公里的圣维托雷德拉齐奥村（San Vittore del Lazio）。第36步兵师一部于12月19日和20日先后对这个村庄发起了两次攻击，均以失败告终。包括720高地在内的德军防御阵地依旧是盟军突破德军防线的主要绊脚石。如果能占领圣维托雷德拉齐奥村和它毗邻的萨姆克罗山西面的山脊（包括720高地），那么第2军便可以确保它发动当前作战的最后阶段的进攻出发线的安全——最后阶段的进攻目标是切断拉皮多河一线，这是凯塞林最强大的古斯塔夫防线的前大门。为攻占上述两个目标，为盟军的推进扫平障碍，第1特勤队又有了用武之地。

上图拍摄于伦戈山上，可以看到，萨姆克罗山脚下便是圣皮耶特罗因菲内，6号公路从萨姆克罗山和伦戈山之间穿过，这里是通往古斯塔夫防线的由一座门户。下图照片拍摄于1943年12月的卡西诺以南的德军阵地上，从这个角度可以看到伦戈山正扼守在米尼亚诺走廊的出口处，可见其位置之关键。第5集团军为了打通这条通道付出了巨大代价。

突破伯恩哈特防线后，第5集团军继续向亚平宁半岛中部进军，但在德军的激烈抵抗下，盟军步履维艰。在1943年12月，第5集团军遭遇了这一年的最大挫折，在萨姆克罗山脚下的圣皮耶特罗因菲内碰得头破血流，这座村镇扼守着6号公路与米尼亚诺隘口，是盟军推进的必经之路。从12月8日开始，美军第36步兵师在这里血战一周，始终无法攻克德军的阵地。12月15日，第36步兵师在第504伞兵团的支援下再次对该村发起大规模攻势。其中第141步兵团正面进攻该村；第143步兵团在第504伞兵团的支援下沿着萨姆克罗山西麓进攻圣维托雷德拉齐奥村，威胁圣皮耶特罗因菲内守军退路；第142步兵团协助意大利第1摩托化军进攻伦戈山。经过双方4次反复拉锯，德军看到侧翼伦戈山已经失陷，后路也有被断的威胁，方撤出圣皮耶特罗因菲内，退守科尔诺山、圣维托雷德拉齐奥村、波尔基亚山和萨姆克罗山西面的720高地等阵地。圣皮耶特罗因菲内之战极其血腥，以至于美国当时拍摄的新闻纪录片《圣皮耶特罗因菲内之战》为避免影响部队士气而延后至1945年才播出。上图和下图都是美军进攻圣皮耶特罗因菲内村的不同瞬间。

上图是1943年12月的战事期间拍摄的圣皮耶特罗因菲内村，这个村镇已经在战火下沦为废墟。在这张照片中还能隐约看见村镇里的米迦勒教堂（St. Michael）。

下图是圣皮耶特罗因菲内之战期间，在村内被击毁的1辆M4“谢尔曼”（Sherman）中型坦克。在12月15日对圣皮耶特罗因菲内发起大规模进攻期间，美军第753坦克营的16辆M4型坦克和坦克歼击车在德军地雷和反坦克火力下仅存4辆。

上图是1943年12月19日在圣皮耶特罗因菲内附近的山谷，美军第2军的两名炮兵观察员正在观察他们引导的炮击的效果，在他们的引导下，刚才德军阵地遭遇了盟军炮火的猛烈打击。下图是1943年12月20日（一说是在17日）在圣皮耶特罗因菲内，美军第504伞兵团和第143步兵师的士兵行走在村镇内街道和建筑物的废墟中。用美军一个炮手的话来形容当时的场景："满目疮痍。"

上图是1943年12月，第36步兵师第143步兵团的马丁上校（Martin）进入圣皮耶特罗因菲内，一些饱受战火伤害的当地百姓欢迎他和他的部下。下图是正在村镇的废墟瓦砾中架设电话线的美军士兵。

上图是1943年12月25日圣诞节在第36步兵师第141步兵团的救治中心，一些在圣皮耶特罗因菲内之战中阵亡的美军的遗体被收敛起来，准备运往公墓安葬。下图也是第141步兵团的医护人员将伤亡的战友运离战区。

■ 伦戈山坐落于马吉奥里山北面，6号公路从其山脚经过，德军的山顶阵地直接俯视着东北面的圣皮耶特罗因菲内。在1943年12月上旬，意大利第1摩托化军便对该高地发起进攻，同样屡遭失败。1943年12月15日，第142步兵团与意大利第1摩托化军再次攻打伦戈山，策应圣皮耶特罗因菲内的战斗；12月19日，盟军攻占伦戈山。上图是1943年12月18日在伦戈山的山坡上，正往山上进攻的意大利第1摩托化军的士兵。下图是1943年12月在伦戈山，意大利第1摩托化军的一个炮组的人员占据原来德国守军的一个炮兵阵地。

沃血720

12月22日，已休整了十多天的第1特勤队接到新的作战命令：进攻并消灭720高地上的敌军。此次打头的是马歇尔上校的第1团。12月22日当天，第1特勤队司令部、各团和保障营的一支特遣队登山来到萨姆克罗山以东一座名为塞帕格纳（Ceppagna）的小村庄，并将营地设立在该村阶梯状的橄榄园中。第1特勤队还根据前期战斗伤亡情况对其他必要的指挥序列进行了调整。第1特勤队从拉蒂芬萨山和拉里莫塔尼山开始的流血牺牲仍在继续，特勤队员们又将面临几周艰苦的战斗。

当时，参与了萨姆克罗山早期战斗的美军第82空降师第504伞兵团正驻守在该山的部分阵地上，在此次行动中，该团被暂时划归由弗雷德里克指挥并参加即将开始的战斗。这些伞兵将在H时攻打720高地北面的687高地和580高地，策应第1特勤队的行动。同时，第1特勤队对720高地的进攻还将得到第6装甲野战炮兵群、第82空降师的第376和第456伞降野战炮兵营的炮火支援，以及第36步兵师第141步兵团第1营的重机枪和重迫击炮的火力支援。在与这些分散的部队建立起良好的通讯联络后，得到第2军军部许可的弗雷德里克上校将进攻时间定在1943年12月24日平安夜的午夜。和前些时候一样，作战所需的补给仍由人力背负运输——已经申请获批的骡子还未到来，在这种情况下，第2团将调2个连来承担为第1团背负补给和抬担架的任务。在攻打720高地的行动中，担任前锋的是阿克赫斯特中校的第1团第2营，该营在前期的战斗中损失惨重，仅剩186人。第1团第1营在其执行官小托马斯 · 埃德温 · 皮尔斯少校（Thomas Edwin Pearce Jr.）的率领下担任第2营的预备队。

最初的H时定在12月24日晚上23点，部队将从萨姆克罗山顶沿着一道险峻的山脊向西下山，这可以直抵720高地的山脚下。第1团第2营第4连连长麦克法登中尉清楚地记录了当时720高地上的敌情和他们发起进攻前的行动：

■ 这是战争时期，美军制作的萨姆克罗山及其周边高地（包括720高地）的沙盘模型。720高地是第1特勤队结束休整后的第一个新目标，此次攻击行动由第1特勤队第1团负责。

约翰逊M1941型轻机枪

约翰逊M1941型轻机枪是第1特勤队所装备的一款罕见武器。第1特勤队成立后，迫切需要一款特征与勃朗宁M1918型自动步枪类似、可以在伞降时携带的轻机枪。第1特勤队的加拿大军官建议采用他们钟爱的加军制式轻机枪——“布伦”式轻机枪，但该枪采用的是0.303英寸口径（7.7毫米），与美国陆军标准的0.3英寸口径（7.62毫米）不符，从而未能入选。1943年，一款能够满足上述条件的轻机枪进入第1特勤队视野，即美国海军陆战队少量配发的约翰逊M1941型轻机枪。

这款机枪是波士顿律师、武器设计师、美国海军陆战队后备役的小梅尔文·梅纳德·约翰逊上尉（Melvin Maynard Johnson Jr.）于20世纪30年代末研发的一款武器。约翰逊的目标是研发一款比M1型步枪更优越的半自动步枪，他于1935年在陆军斯普林菲尔德兵工厂作为观察员时设计了一款半自动步枪，即后来的约翰逊M1941型半自动步枪。1937年，这款半自动步枪和以其为基础发展的一款机枪原型都完成了生产并进行了测试，这两款武器都采用了枪管短后坐式工作原理。1941年，位于罗德岛州的克兰斯顿武器公司（Cranston Arms Company）量产了这款轻机枪，这便是约翰逊M1941型轻机枪。该枪装备有折叠两脚架，使用传统的20发装弹匣从枪身左侧装填，同时还带有1个5发装的内部装填弹夹，这种设计的一个创新之处在于20发弹匣打光后，能够在不拆卸20发弹匣的情况下直接从枪身右侧装填零散子弹或5发装弹夹。另外，该枪还设计了握把式保险。关闭枪栓可进行单发射击；打开枪栓可实现连射，连射射速可在每分钟300发至900发之间选择。装满弹匣的约翰逊轻机枪重约6.3公斤——与此相比，勃朗宁自动步枪重约10.4公斤，“布伦”式轻机枪重约11.8公斤。而且，约翰逊轻机枪可以拆卸成3部分，其中最大的一部分长约56厘米，这使得该枪能够采用M1型步枪那样的方式进行伞降。它的轻重量、易于组装（20–25秒）的优点使其成为一款非常有价值的伞兵武器；其猛烈火力也让它成为一款完美的小规模部队支援武器。

约翰逊M1941型轻机枪诞生后，陆军对其并不重视，直至1942年下半年才对该枪进行正式评审。1942年8月，美国陆军兵工厂采购了7挺进行射击试验。之后又将其中的5挺送到马里兰州的阿伯丁试验场进行性能测试，最后给出的评价较为消极：“采用20发弹匣供弹的约翰逊M1941型轻机枪不具备弹链供弹性能，是否称轻机枪有待研究。”而在阿伯丁试验场进行测试的5挺约翰逊轻机枪的保险损坏，被送回工厂修理。1942年9月，

■ 这是约翰逊轻机枪的右侧视图。注意扳机右前方的卡槽便是5发弹夹和单发弹药上弹处。

■ 上图和下图分别是约翰逊轻机枪插上弹匣和卸下弹匣的视图。

■ 下图是拆卸掉两脚架的约翰逊 M1941 型轻机枪，它的弹匣也未插上。

■ 这是1挺约翰逊轻机枪的机身右侧的机匣特写，两脚架上方的插槽就是5发弹夹的插槽。

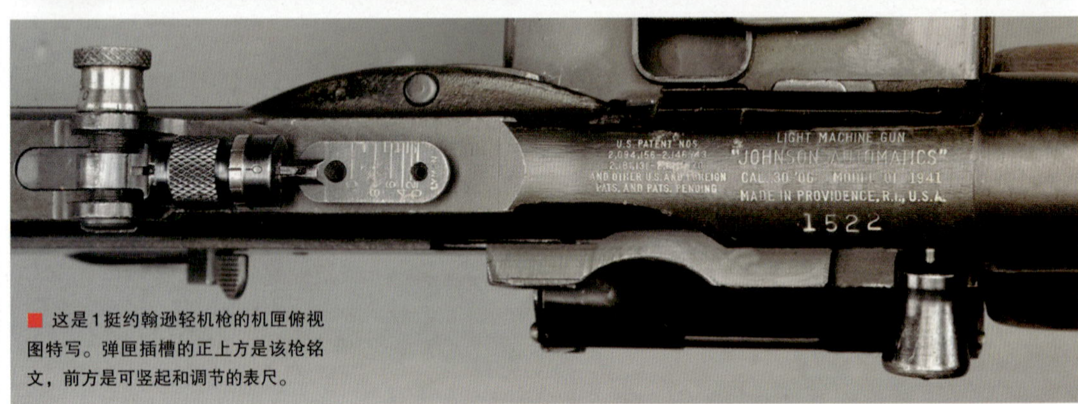

■ 这是1挺约翰逊轻机枪的机匣俯视图特写。弹匣插槽的正上方是该枪铭文，前方是可竖起和调节的表尺。

■ 这是1挺约翰逊轻机枪的机匣右侧特写，可以看到护木前方的三角形标志，那是该枪的制造公司克兰斯顿武器公司的Logo。

修复后的约翰逊轻机枪再次送交陆军测试，在分别试射50发弹之后交由陆军步兵委员会评审。此后便石沉大海。而海军陆战队也仅采购了少量使用。

虽然在陆军和海军陆战队中并不吃香，但在训练期间的第1特勤队却相中了这款武器，便与海军陆战队进行交易，以2吨莱安特种炸药交换了125挺约翰逊轻机枪，包括完整的附件、备件和枪管，以及操作手册，这批约翰逊轻机枪全部来自海军陆战队“荷兰采购委员会”（Netherlands Purchasing Commission）的冻结库存，于1943年5月进行了交付。在第1特勤队的108个战斗班中，每个班都得到了1挺。约翰逊轻机枪手配有1名副射手携带备用弹匣，因为没有专用的弹匣袋，这些弹匣通常装在山地裤的腿袋里或M1型步枪的弹夹袋里。保障营没有配发这款轻机枪，却装备了30挺勃朗宁自动步枪，分发给营部连、勤务连和维修连。

虽然约翰逊轻机枪没有被海军陆战队和陆军正式采用，但其可靠性无需质疑，它阴差阳错地被第1特勤队所青睐，并成为代表“黑色魔鬼”的一款标志性武器。

这是晚年的小梅尔文 · 梅纳德 · 约翰逊和他的作品。他脚下的便是约翰逊轻机枪，右手边的是M1941型半自动步枪。这支步枪的可靠性很强，但精确度不如加兰德M1型半自动步枪。

“那些德国人挖了坚固的战壕，还有包括来自海拔较低的防区及圣斯特凡诺村（San Stefano）的重型迫击炮和轻型火炮的重火力支援。在敌军后方较远处的卡西诺附近，还有一些88毫米重炮连和装备了75毫米坦克炮的轻型坦克。身处开阔的山坡（即萨姆克罗山）上是相当不利的，最起码会直接处于各方向的直接观察之下。据说第3步兵师的小伙子们已经在另一个方向上遭遇了屠杀般的打击……我们被命令以匍匐前进的形式向（萨姆克罗）山上爬去，这样可以避免被敌人观察到。”

500多名身负重荷的官兵抵达萨姆克罗山顶后，沿着山脊右侧的一条斜坡下山。但是当天上午因为雨雪天气导致山路泥泞难行。沉重的负荷，加上连绵不断的雨水和难以跋涉的道路，攻击时间不得不推迟到12月25日圣诞节的凌晨1点。午夜，美军炮兵对从687高地－720高地－圣维托雷德拉齐奥村后方附近的这片广阔的扇形区域的德军阵地进行猛烈地炮火覆盖。敌军炮兵也应声还击，麦克法登上尉在其回忆录中记录下这段经历：

“我们静静地检查了一下作战计划，并时刻提醒自己，我们几乎没有一点作战行动的空间，因为山路实在太狭窄了……在避开支援火力的同时，我们向山上摸去。我偷偷看了下手表，当时距离12月25日凌晨1点已经不到10分钟了。‘o’组的队员们聚集在我周围询问最后的问题时，我们的炮弹在尖啸声中落了下来，没击中任何目标，就落在我的右前方不到100码的位置！我清楚地记得，我被震飞了，大约有10英尺高，耳边还有‘我中弹了！’的各种叫嚷声……当我回过神来，面前几乎是地狱般的各种惨状；官兵们尖叫着向医护兵求援。”

此时德国人已经警觉过来，他们的轻、重迫击炮及机枪火力、88毫米重炮向这一区域覆盖。麦克法登回忆：

“当时情形真是混乱……我的营长阿克赫斯特中校猜到了大概发生什么事，他用无线电台咆哮着召唤我们的炮兵转移射击方向。我的第4连，还有第5连和第6连已经凭着战斗本能展开，向山上扑去，并在逐渐减弱的炮火中迅速挖掘避弹壕。”

虽然第2营正式发起了进攻。但却被敌军猛烈的炮火压制在地面，无法按时发起突击，前方的通讯一度中断。在这种形势下，团长马歇尔上校紧急赶到第一线接手指挥第1营。但是，当时德国人仍不清楚第2营的具体位置，他们也缺乏充足的弹药，因此炮火无法持久。这让麦克法登的第4连重新思考进攻方式。迈克尔上尉（McCall）的第5连开始重组，因为一旦他们暴露在山前，就成了活靶子。黎明很快降临。5点，第2营第4连在麦克法登连长的率领下发起攻击，迈克尔上尉的第5连在左翼、奥马尔·史密斯中尉（Omar Smith）的第6连在右翼为其提供掩护。第457伞降炮兵营在战斗打响前为他们提供了5分钟的火力支援。部队在散落着岩石的光秃秃的山坡上推进，他们很难找到适合的掩蔽物，只能依靠零星散落的弹坑勉强容身。在炮兵和重机枪火力及他们自己的轻迫击炮火力的支援下，特勤队员们攻占了720高地，将德国人从加固的散兵坑和掩体中驱赶出去。

麦克法登少校在回忆录里生动记载着当时他们突击720高地的情形：

“我记得我的旁边是迈克尔上尉，当我们发起进攻时他大喊……‘冲啊！’一时间，许多身影突然从地上冒出，咆哮着冲向敌人，从我们屁股后面也传来了尖叫声和开火的声音……在德国人的脑海里，当时的情形一定是非常可怕的画面……我们向前飞奔，尖叫、射击、投掷手榴弹……我们的一些战友突入了敌军的战壕，将里面的敌人驱除出来……很快，我们便站在了720高地的前坡上，并看到了德国人的一些支援设施、迫击炮和机枪，这些都是从他们附近的基地——圣斯特凡诺村运来的。我们的小伙子挑了一些敌人扔下的步枪……其他人继续攻击。”

突击成功后，特勤队员们迅速重新整顿和巩固阵地，清点还活着的人。麦克法登回忆道：

“他们坐下来，头埋在膝盖间休息和回想刚才的场景。值得庆幸的是，他们在刚过去的恶战中活了下来。敌人轻型火炮的零星炮火过来了。这让我们谨慎起来并迅速挖掘避弹壕。如我们所预料的，敌军的88毫米重炮火力覆盖了过来。”

虽然已经占领山头，但山上的特勤队员们仍担心敌军接下来是否会发起反扑。

很快，德国人的炮火变得越来越频繁和猛烈。麦克法登回忆：

“炮弹就像火车车厢一样——一个接一个不停地过来。因为被山地阻隔，距离太远，我们的炮兵无法提供反击火力，因此，我们不得不在黑暗中苦苦挨过很长一段危险的时间。”

在敌军炮火中，杰克·阿克赫斯特中校把他的指挥部设在了前线的散兵坑中。围绕着他，在其他的散兵坑中都是营指挥部的人。紧挨着阿克赫斯特中校的是他的副手米尔斯·科顿少校（Mills Cotton）和传令兵约翰·道森二等兵（John Dawson）。麦克法登回忆：

“突然间，一发88毫米炮弹打了过来，在道森身旁爆炸并把阿克赫斯特向右震飞了15英尺远。大量碎片溅入科顿少校的身体。道森几乎粉身碎骨。”

科顿少校因为失血过多而阵亡，麦克法登还清楚地记得，当时阿克赫斯特中校的心脏甚至停止跳动了两次，不得不往心脏注射肾上腺素以恢复心跳。

大约在这个时候，威廉姆森上校的第2团进至第1团的右翼，并用他们的重迫击炮压制德国人的火炮和迫击炮火力。情况稳定下来后，麦克法登少校成为第1团第2营的代理营长，阿克赫斯特中校被送到了后方12.8公里远的野战救护所急

■ 第1团第2营第6连的克莱·托马斯·贝利下士（Clay Thomas Bailey），他是阵亡于720高地上的众多特勤队员之一。贝利来自加利福尼亚州，参加第1特勤队前曾是美国南部山区的林务局的火情瞭望员，1943年12月25日在攻打720高地的战斗中阵亡，是年30岁。二战时期，他的兄长罗伯特也在美国海军陆战队中服役。

■ 第1团第2营营长阿克赫斯特中校。阿克赫斯特来自加拿大安大略省，之前在加军阿尔冈琴团（Algonquin）服役。他也是威廉姆森离开第1特勤队之后的“加拿大第1特种作战营”的负责人。阿克赫斯特在攻打720高地的战斗中英勇负伤，险死还生。另外，以阿克赫斯特为代表的一批加拿大军官对加拿大人在第1特勤队中的待遇也颇有意见。

救。麦克法登回忆起阿克赫斯特中校当时的表现，敬佩地说道：

“他没有被用担架抬走，他是自己走过去的，在这段冗长、乏味而危险的路程中，他还帮助了一些伤势较轻的战友。”

早上7点，720高地的敌军已经被肃清；同时，第504伞兵团也在右翼取得了胜利。接下来，第1团第1营登上720高地巩固战果。第2营则开始向圣维托雷德拉齐奥村方向的山头扩展。

12月25日中午13点30分，美军第141步兵团第1营接替了第1特勤队第1团，后者在一支巡逻队——格雷厄姆·M·海尔曼中尉（Graham M. Heilman）率领的第1团第2连的保护下，沿着圣皮耶特罗因菲内村方向下山，返回他们在塞帕格纳村刚刚建立的补给营地。对第1团来说，这是一个非常残酷的圣诞节，第1特勤队的战地报告显示：“团里伤亡总数达到了65人，另外还有12人的伤亡是来自第2团第4连。”

山地攻坚

尽管圣维托雷德拉齐奥村还未拿下，但随着720高地的易手，盟军的战线又得以向前推进，这条新的战线可以作为第5集团军下一阶段行动的跳板。1943年12月，盟军决定于1944年1月22日在德军的防线侧后方实施一次两栖登陆行动，所选择的地点便是位于罗马东南方向48公里、古斯塔夫防线北面80公里的安齐奥，负责此次行动的是美军第6军。为了将更多德军部队牵制在安齐奥以南，第5集团军将集中全部兵力攻打古斯塔夫防线，以防止德军从防线的其他地段抽调预备队增援安齐奥。这样，盟军便可通过两面夹击突破古斯塔夫防线，进入利里河谷。“‘冬季防线’”上最后阶段的战役将在1944年1月5日正式开启。第5集团军需要完成摧毁德军在拉皮多河东侧的阵地并迫使德军后撤至其在利里谷口的主防御体系。”

当时，德国人已经将大部分兵力撤退到了下一条防线上并于1944年1月初完成了对利里河谷的布防，驻守于此的是冯·赞格尔中将指挥的德军第10集团军第14装甲军。这条防线由北至南穿过一系列山峰：马约山（又称为1259高地）、1270高地、维斯察塔罗山（又称为1109高地）、拉基艾亚山（la Chiaia）、波尔基亚山、特洛奇奥山和塞德鲁山（Cedro）。这些山头都被德军牢牢占据，特别是特洛奇奥山，其背后便是古斯塔夫防线的核心——卡西诺。盟军若要打通利里河谷的通道，不可避免地要与德军反复争夺这些要点。而且，撤退的德国人在公路和山道上布满了地雷和诡雷，等着盟军官兵鲁莽或不小心地踩上去，造成上千人的重伤或死亡。

美军第2军军长杰弗里·凯斯少将计划针对防线上的要点切尔瓦罗（Cervaro）发动钳形攻势，其中，查尔斯·W·赖德少将（Charles W. Ryder）的第34步兵师于1943年12月30日接替

■ 查尔斯·W·赖德（1892–1960）
上图是1942年5月出任美军第34步兵师师长的赖德少将。第34步兵师曾参与了萨勒诺登陆战，登陆萨勒诺后的3个月里一直在第2军麾下作战。

■ 左图是在卡西诺山上远眺山前作为屏障的诸座高地和村镇，6号公路从卡西诺山下穿过。德军在这些高地和村镇上修筑了防御阵地，成为盟军向古斯塔夫防线推进的一块块绊脚石，盟军的推进都要以生命和鲜血为代价。

■ 下图是古斯塔夫防线的核心卡西诺山及其最后一座天然屏障特洛奇奥山。

了美军第36步兵师，该师将清理6号公路右侧较低的山峰，并从圣维托雷德拉齐奥村和拉基艾亚山两个方向进攻切尔瓦罗。根据1944年1月1日的命令描述，第1特勤队将向西投入高山地区，保护第2军的右翼。弗雷德里克上校的主要任务是夺取马约山和维斯察塔罗山以及它们周围的山峰。而南面的美军第1装甲师则在主干线上引导部队推进并夺取波尔基亚山。在第2军左翼的更远处，英军第10军最北面的部队将与第2军齐头并进；在第2军右翼的是美军第6军，该军与友军协同推进；而且，在1944年1月3日至9日，该军第45步兵师还将划归到阿尔方斯·P·朱因上（Alphonsc P. Juin）指挥的法国远征军的作战序列之下，加强这一方面的战斗力。

1944年1月1日，第1特勤队再次投入战斗。他们将在恶劣的天气环境下进行山地作战——当时，积雪已经覆盖在各山谷中约7.6厘米深，海拔600米以上的山坡上堆积着少量积雪；海拔900米以上的山区，积雪达到了13厘米深。

第1特勤队各部的任务如下：第3团配属了第2团第1营的第1连和第3连（担任补给运输队），他们将按照命令穿过崎岖的山路对第1特勤队的驻地塞帕格纳村的右翼进行彻底清理，准备以一次攻击肃清那些俯瞰维斯察塔罗山的山峰上的敌军。第1团则在配属第2团第1营第2连作为运输补给队的配合下，前往莫斯科索峡谷（Moscoso notch），这是一条在福尔切拉戴尔莫斯科索（Forcella del Moscoso，海拔708米）的穿越群山的狭窄山谷。第2团的剩余部队则作为一支独立的战斗营，进攻并夺取724高地——这是雷迪卡莎村（Radicosa）西面的一处制高点，以确保村中的那处由6个石头民居组成的前进指挥部和补给点的安全。而保障营当前的作用比以往任何时候都重要，它将承担支援各团的补给和医疗后送任务。此时，第1特勤队的补给条件因为驮畜队的加入已变得顺畅多了，他们得到了撒丁岛骡夫组成的运输队的协助，这支运输队在1月11日将拥有近700头骡子。另外，第1特勤队还得到了第6野战炮兵群5

■ 这是1943年12月20日在韦纳夫罗地区，美军第6军第45步兵师第157步兵团第3营的骡马队正驮负着5加仑的水、K型口粮和其他补给在内的物资赶赴前线，在这支骡马队旁是隐约可辨的波奇利村（Pozzilli）。在意大利中部山区，骡马是比汽车更有效的运输和补给工具，第1特勤队在1944年1月的战斗中终于得到了骡马队的补给支援，但人力背负补给同样是不可或缺的一部分，第1特勤队的战斗梯队同样分出部分兵力与保障梯队为战斗人员运输补给。

个炮兵营的直接火力支援，而第19战斗工兵团B连将伴随突击部队清理地雷并改善路况。尾随着第1特勤队前进，从第36步兵师临时抽调的第142步兵团将占领并保护通讯联络线。

值得一提的是，在1月3日，第1特勤队的指挥机构进行了调整，因为在拉蒂芬萨山的战斗中的差劲表现，威廉姆森上校被剥夺了第2团的指挥权，第2团第2营营长罗伯特·S·摩尔中校暂时接任第2团团长一职；同时，第1团第2营营长阿克赫斯特中校也取代威廉姆森成为“加拿大第1特种作战营”的负责人，因为阿克赫斯特在攻打720高地时负伤，这一职务由托马斯·吉尔迪中校（Thomas Gilday）暂代。从那时起，威廉姆森永远离开了第1特勤队。

关于威廉姆森一事，弗雷德里克于1943年12月31日在《加拿大海外第1集团军军官机密评核报告》中写道：

“鉴于他在最近行动中的表现，他的部下对他的指挥已失去信心，而且他丧失了部下对他作为一名高级军官和战斗指挥官而保持的尊敬。除了部下的信任和尊敬，他本身也缺乏领导才能，因此我不能保留他的高级指挥官的权力。我认为他在情绪和气质上无法承担战斗任务。”

威廉姆森承认自己风声鹤唳，但不认为自己在其他方面的做法不够专业。他在对上述报告内容的反驳中说道：“我在任何时候都依照合理的军事原则行事，无论是在战术方面抑或是行政管理方面。”但是，在第1特勤队内部，关于威廉姆森的说法众说纷纭，不少人对他在拉蒂芬萨山的表现不满；另外许多军官和同事也认为威廉姆森是一名好军官，并无任何过错。第1团团长马歇尔写道：“我坚信他是能胜任自己的工作的，他很好地管理了他的部属。而且无需质疑的是，行动最后成功了。”不过，威廉姆森再也没有机会“洗刷罪名”，他要求的官方调查也被忽视了，他很快被送回了加拿大。对于喜欢他的不少人来说，看着他们的上级和朋友离开，这是一个伤心的时候。一些军官和士兵为威廉姆森写辩护词，但已经太晚了。在“加拿大第1特种作战营”1944年1月1日的战争日志中记载：

■ 这是威廉姆森在第1特勤队时的另一张照片。虽然第1特勤队内部对处理威廉姆森的方式看法不一，但威廉姆森在拉蒂芬萨山之战中的失职是无法否认的，这也是他被“辞退”的最大原因。

“下午，威廉姆森上校从前线返回，他在早上已经被叫进第1特勤队司令部，向他展示了一份由他的团的一些军官署名的报告，宣称因为4周前在拉蒂芬萨山的行动的表现而对他失去了信心……他被询问在收到解职命令后能多快打点行装离开。他没有为自己辩护的机会——这是以种最不公平的方式来处理这一事件，而且是用来对待一个曾对第1特勤队的创建做出过贡献且领导部队走过艰难时期的人。”

关于威廉姆森一事各有说法。但从另一方面说，威廉姆森在突袭拉蒂芬萨山的行动中的失误

■ 埃德温 ·A· 沃克（1909–1993）
上图是第1特勤队第3团团长沃克上校。沃克1931年毕业于西点军校，1943~1944年在第1特勤队服役，在1944年7月弗雷德里克离任高升后，沃克成为第1特勤队的第二任指挥官。第1特勤队撤编并改编为第474独立步兵团后，沃克继续担任该团团长。

是无需质疑的，弗雷德里克清楚地认识到，一名丧失信心的军官会给整支部队带来严重的破坏，因此他必须开除威廉姆森以维持部队的战斗力。

1月1日夜幕降临时，由埃德温 ·A· 沃克上校率领的第3团开始了他们的长距离行军。1月3日夜晚，第1团和第2团（缺一支小型分遣队）从塞帕格纳村向西北方向前出约4.8公里，穿过勒诺奇（Le Noci）并进入位于萨姆克罗山西北的集结区域。当晚21点20分，第1团和第2团打响了战斗，敌军的抵抗并不强，仅限于迫击炮和机枪火力，第1特勤队在次日夜晚前顺利攻占了670、724和775高地，这几处都是雷迪卡莎村周边的制高点。如此，该村便可以作为向西和西北方向的高山地区发起攻击的前进基地。弗雷德里克上校

■ 下图是1944年1月在雷迪卡莎村附近，特勤队员正在搭设帐篷。雷迪卡莎村位于萨姆克罗山以北，在1944年1月的战事期间，这里成为第1特勤队的临时驻地，第1特勤队对马约山、维斯察塔罗山等第2军右翼众多山头的军事行动都是从这里发起，而第1特勤队在意大利中部山区留下的大部分影像资料也是以此地为背景的。

■ 这是在雷迪卡莎村，第1特勤队第3团的队员进行新任务前的简报。第3团是攻打马约山的主力部队。注意最左边那名队员，腰间挂着一把V42型格斗匕首。

带领着他的司令部人员在雷迪卡莎迅速建立起前进指挥部以监控接下来一连串的战斗。1月4日，第3团兵分两路北上，清剿德军在950高地外围的前哨，并围歼了阿卡隆山（Mount Arcalone，即1027高地）的敌军。但是，第3团的巡逻队在沿着通往马约山的道路上搜索时遭遇了敌军的迫击炮火力的打击。

在1944年1月的第一个星期结束时，由于敌军的活动和天气的逐渐恶化，第1特勤队承受着沉重的打击。第1团的兵力已经削减了一半，第2团也是如此，第3团还有编制的三分之二的兵力。为了右翼不受侵扰，美军第2军调派了部分预备部队加强给第1特勤队。在1月6日至8日期间，弗雷德里克上校麾下除了第1特勤队，还有第34步兵师的第133步兵团、第36步兵师的师属炮兵、第19战斗工兵团A连和第109医护营A连等单位，这些单位临时组成一支被命名为B特遣队的部队。如此，弗雷德里克能继续以与原来一样宽的正面向前推进，并如原先的打算一样，“在维斯察塔罗山附近建立起基地，并向西南推进到特洛奇奥山，以掩护第2军的右翼……1944年1月10日，来自法国远征军的邦乔上校（Bonjour）率领的部队加入……以满足B特遣队在美军第6军战区行动时掩护B特遣队右翼的战术需求。”

与此同时，在1月6日，第1团巡逻队开始对通往维斯察塔罗山的道路进行搜索。在第1团和第3团战线前方的敌军已经撤退，仅留下零星岗哨；德军已将主力转移到高高的山脊上进行决战，而这一敌情已被证实。目光越过维斯察塔罗山，隐约可见东北面高耸的马约山和北面的1270高地。这两处制高点，无论哪一处仍在德军手中，盟军就无法坚守维斯察塔罗山。因此，弗雷德里克命令第1团加速其攻势，与第3团攻打马约山的行动相配合。

U.S.
U.S.

■ 左页是1944年1月3日在萨姆克罗山西北，第3团的一名排长正在用SCR-536型步话机联系他的连长的装扮。SCR-536型步话机是美军连排的标准通讯工具，不过在山区地形和浓雾条件下服务信号很差，它的缺点在第1特勤队在意大利的第一次行动中便显露无余。这名排长身上的装束包括M1941型毛织无檐套头帽、一型M1941双面派克大衣、山地裤、橄榄褐色棕榈皮手套、伞兵靴。该型派克大衣很长，下摆能盖住膝盖，这名排长已经把下摆卷起来。在严寒下，特勤队员还会在伞兵靴外套上一双寒带套靴，因为战时资源匮乏，他们穿着的套靴鞋面的橡胶被用黑色毛毡取代，这种鞋又得到了个“橡胶莱炖牛肉”(rubber goulashes)的外号。他身上的装备包括M1910型掘壕铲及掘壕铲套、M1936型手枪带、M1A1型卡宾枪、M1型钢盔，其中手枪带上佩戴着卡宾枪弹匣包、M1910型军用水壶、M1942型急救用品袋、手枪弹匣包。另外，注意他脖子上挂着1把小折刀，挂绳很长，小折刀一直垂到腰带下。

■ 本页右图和下图都是第1特勤队配发的一型M1941双面派克大衣；右图是白色的一面，下图是橄榄褐色的一面。这款派克大衣的兜帽边缘和袖口都有狼毛环绕，袖口和领口用拉绳进行松紧。它与第1特勤队在训练时穿的二型M1941双面滑雪派克大衣相比，只是简单地进行了调整，但比后者要长很多。

■ 右图是二型M1942双面派克大衣。与本页的一型M1941双面派克大衣相比，它要短上不少，下摆设计有拉绳进行收紧，袖口没有狼毛和拉绳，改用可调节的纽扣进行松紧，兜帽保留了狼毛，领口除了拉绳，还增加了3颗纽扣，便于颈部通风。另外，这两款大衣的前胸贴袋式样也有很大区别。

本页至479页都是1944年1月在雷迪卡莎村，第1特勤队第2团第4连一名特勤队员的装扮。在上图中，他穿着M1937羊毛/法兰绒衬衣和二型M1942双面派克大衣、山地裤、伞兵靴、A4型针织帽，后腰别着V42型格斗匕首。右页图是他的战斗装扮，他将所有装备都背在育空河背架上，他的武器是1支M1型步枪。

U.S.

■ 本页和右页是这位特勤队员的战斗装扮及背负的战斗负荷的细节图。他的育空河背架上的物资包括装备携行具、1条额外的M1型步枪子弹的弹夹带、山地睡袋、羊毛毯和半幅双人帐篷；其中装备携行具包括：M1923型子弹带及挂在子弹带上的M1型步枪弹夹包、M1924型急救用品袋、M1910型掘壕铲、M1910型军用水壶、M1911A1型手枪及手枪套，子弹带上还连着M1936型背带，背带上挂着M1936型帆布野战背包；M1936型背包里一般会放置个人物品和小件的军用物品，如K型口粮、袜子、剃须工具、爆破炸药包、雷管、引爆装置、雨衣等。背架上的物品用麻绳捆扎固定。注意他腰间还别有1把V42型格斗匕首。

U.S.
U.S.

■ 这是在攻打马约山之前，第1特勤队的部分人员正在做基督教圣餐礼。注意，图中不少队员已经穿上了双面派克大衣。

1月6日晚上夜幕刚刚降临，第3团开始出发攻打马约山。吉尔迪中校的第1营悄悄地潜伏在该山较低的山坡上，第3连在左侧，第2连在右侧，第1连作为预备队紧随其后。封锁道路的德军机枪火力很快消停下来了。第2营尾随第1营并进入第1营左翼位置，准备从西面包抄敌军阵地。当第3团的官兵们悄悄地匍匐前行时，紧张的德军迫击炮手时不时发射的一些炮弹落在该团所在区域。第3团的偷袭进展很顺利，直到晚上22点后不久，作为前锋的第2连在抵近“距离山头仅50码”的时候，被敌军发现，随之而来的是德军的密集火力扫射。伴随着马约山山脊线上的德军机枪火力的是迫击炮发射炮弹的声音，敌军狙击手用曳光弹指示目标，迫击炮弹接踵而至。

次日黎明5点20分，马约山上敌军的枪声逐渐减弱。到了上午9点，马约山西面的敌军据点已经被清除干净。但是，仅过了几个小时，德军不可避免的反扑便开始了。由于马约山重要的战略位置，德军将手头上的全部预备队投入到争夺马约山的战斗中，德军第44掷弹兵师对马约山连续发起反扑。双方围绕马约山的争夺战是一场绝望、混乱且有时令人精神崩溃的殊死搏杀。在激烈的战斗中，许多特勤队员散落在山上各处，为了生存各自为战。当第1特勤队的弹药逐渐消耗殆尽时——许多都是在最初的突袭中耗尽的——官兵们开始捡起敌人留在山上的武器使用。这得益于他们曾经接受过的熟练使用德军武器进行战斗的训练，而第1特勤队的官方战史是如此记录的：

“当时快速巩固阵地的一个秘密就是缴获了大量的完整的德军机枪及弹药。这些武器转而用到了对付德军上。当敌军对马约山顶发起反扑时，所要面对的往往是他们原来所布置的机枪火力。7日当天，德国人共发起了27次反击，都被击退了；当敌人向山上发起炮击时，山上已经堆满了尸体。”

两天时间内，德军对马约山发起了42次反扑。第93装甲野战炮兵团在1月7日～10日共发射了超过8500发炮弹，支援第1特勤队的战斗，这成为粉碎敌军反扑的关键。

博汉斯中校也记录了这场山头攻守战：

“午夜以后，第2连将1259高地上的敌人驱除了出去，第3连则攻击并驱逐了山上MR 957231地区的敌人。第4连也立即在西面进行了同样的行动。第1连从MR 959232地区进至山上。黎明

■ 这是第1特勤队占领马约山后，从马约山上眺望卡西诺方向的景象。可以看到这里山头林立，山势险要。1月6日夜，第3团对马约山发起快速突击，至7日早上占领该高地，但在接下来的两天里，第3团遭到了德军的疯狂反扑。

■ 这是第1特勤队第3团第5连的1个排快速穿过马约山西面地区，其中镜头最前面的是该连的大卫 · 卡迪中尉（David Cuddy）。注意他手中提着一支M1A1型卡宾枪，这款武器是第1特勤队军官的标志性装备。

时分，第6连进至位于南坡MR 957231地区的山鞍处并接替了第4连加强给第2连的一个排的职责。抓获了大批俘虏。凌晨2点时，团指挥所进至MR 968229地区，和前进指挥部同处一处。整个团的阵地受到重炮和迫击炮火力的'光顾'，敌人发起大规模反击。所有的反击都被击退，敌军遭遇了重大伤亡。"

另一方面，当第3团于1月6日晚对马约山发起突袭时，当晚21点30分，第1团的行动也随即展开。他们先向西穿过马约山山脚，目标直指西面的维斯察塔罗山。但是，由于前期一次错误的侦察，以及当时的强风及匮乏的地图信息，第1团的初次攻击遭到了来自三面的猛烈反击，使第1团无法完成既定任务。博汉斯中校记录了这一情形："遭到1109高地上的重机枪及冲锋枪火力的拦截；后撤至一座山头等待北面高地被清理干净。"马歇尔上校收集到的情报让弗雷德里克感到，马约山是他们此次战斗的关键，因此催促第3团加紧对马约山的攻击。

1月7日，第1团转向马约山顶与第3团会合。由于第1团在先前的行动中损失过大，剩余兵力无法攻占维斯察塔罗山，新成立的B特遣队将第133步兵团第3营（下辖I、L、K连）加强给第1团。根据博汉斯中校的记录：

"第1团前往进攻1270高地和1109高地，第2团转移至雷迪卡莎村担任第1特勤队的预备队，第3团驻守在马约山上。第133步兵团第3营的3个连，1个配属给马约山上的第3团，减轻其防御压力；1个准备用于进攻1270高地；还有1个则准备攻打1109高地。第133步兵团第2营则担任第1

特勤队的预备队。”

当时，除了第133步兵团第3营I连留在马约山上协助第3团防守阵地外，第1团带着第3营L连和K连于7日黄昏离开马约山。该部向西进攻，攻占并清理了1270高地。随后，他们再次奔袭维斯察塔罗山。值得一提的是，第1团在进攻1270高地时，马歇尔上校将主攻任务交给了L连这支新力量。当时，特勤队员们穿着派克双面大衣——白色一面朝外——半蹲在山谷中的没脚深的积雪里。而L连在与敌军岗哨交火后，于8日凌晨2点拿下了1270高地。在确保后方安全后，第1团以1270高地较低处的山坡为出发点，向维斯察塔罗山进发。这一次，第1团爬上维斯察塔罗山的时候，一切都静悄悄的。6日晚上成功阻击了第1团的那些敌人放弃了这个阵地撤走了。1月8日清晨，维斯察塔罗山交给了K连防守，第1团撤回到雷迪卡莎村，与驻在那里的第1特勤队其余部队会合。

第1特勤队在美军第2军右翼的山地为掩护主力侧翼而浴血之时，第2军主力也沿着6号公路向前推进，他们的情况比临近山区要好些。1月4日，美军第34步兵师的第135步兵团和第168步兵团分别攻打圣维托雷德拉齐奥村和拉基艾亚山。其中，第135步兵团第3营于当夜偷袭圣维托雷德拉齐奥村，并于次日天亮时攻入村中；激战两日，1月6日，美军肃清了整个村庄的敌军，占领该村。而第168步兵团在出发没多久便因在一座山谷中遭遇德军伏击而受阻，在次日上午才突破德军的阻击。1月7日，第168步兵团在夜战中艰难占领了拉基艾亚山，从而获得了俯瞰切尔瓦罗的制高点。失去圣维托雷德拉齐奥村和拉基艾亚山的德军第44掷弹兵师开始后撤。另一方面，位于南面的美军第1装甲师于1月5日下午从东南方向接近波尔基亚山，该部在攻打波尔基亚山的过程中遭到了“赫尔曼 · 戈林”伞兵装甲师的疯狂反扑，第一个抵达山顶的1个装甲步兵营仅余150人，直至1月7日美军才以惨重伤亡的代价夺取了波尔基亚山。与此同时，配合美军第2军行动的英军第10军于1月6日派遣第46步兵师从卡米诺山方向前推进，在1月8日占领了波尔基亚山西南方向的塞德鲁山。盟军兵锋进一步深入利里河谷。

■ 这是盟军的一头运输补给物资的骡子在翻越维斯察塔罗山时陷入厚厚的雪中。第1特勤队便是在这种极为困难的山地条件下行军并攻打马约山和维斯察塔罗山。

特洛奇奥山
拉基艾亚山
6号公路
波尔基亚山
圣维托雷德拉齐奥

■ 上图是从圣皮耶特罗因菲内的废墟中眺望德军在卡西诺前的最后山头阵地。当美军第34步兵师从右侧进攻圣维托雷德拉齐奥村和拉基艾亚山时，第1装甲师则向波尔基亚山发起攻击，为夺取拉皮多平原前最后的德军阵地特洛奇奥山做准备。

■ 下图是从外部拍摄的圣维托雷德拉齐奥村。这座村镇坐落于6号公路北侧，萨姆克罗山以西，原本是美军第36步兵师的任务目标，但该师因为在圣皮耶特罗因菲内等战斗中消耗过大，这一任务遂交由第34步兵师来完成。经过两日激战，该团第3营占领圣维托雷德拉齐奥。左图是1944年1月6日，美军第135步兵团的士兵正在圣维托雷德拉齐奥的废墟街道中穿行。

■ 上图是1944年1月6日在圣维托雷德拉齐奥，3名德军俘虏在美军的押送下离开村镇。在此战中，美军第135步兵团共抓获了170名德军第44掷弹兵师的俘虏。

■ 与第34步兵师相比，南面的第1装甲师的任务更为艰难；该师在清理了伦戈山西北方向的几个小山头后，于1月5日向波尔基亚山推进，其第6装甲步兵团1个营在第48战斗工兵营的支援下成功拿下了顶峰，但紧接着遭到了“赫尔曼 · 戈林”伞兵装甲师的反扑。1月7日，反击无果的德军撤走，美军才控制该高地。下图是1944年1月在波尔基亚山，盟军的前进观察员正在山上休息，此时盟军已控制了波尔基亚山。

在盟军继续向前推进之时，1月8日，驻在雷迪卡莎村的第1特勤队对前一星期的伤亡和损失进行了统计。损失是惊人的，战斗梯队的还剩下53名军官和大约450名士兵，不包括第2团第1营的约200名专职补给和医疗后送任务的人员。当夜，第1团离开雷迪卡莎村进入1270高地的阵地；第3团也返回前线，进入马约山上那些他们熟悉的阵地中。在接下来的两天里，并没有直接的敌人对这些阵地发起攻击。但是这两个团的伤亡仍在继续，许多都是敌军持续的炮火袭击所造成的，还有一些则是因为潮湿和严寒带来的非战斗减员。“加拿大第1特种作战营”的战斗日记对当时前线严峻的状况进行了记录：

“圣玛利亚：1月2日，天气晴朗，寒冷。开始向前方输送大衣，因为山上的积雪已经达到5英寸，并且非常寒冷。

“1月7日，天气晴朗，寒冷。伤亡人员从前线送下来，包括大量的脚冻病伤员。

“1月8日，天气持续晴朗且寒冷。今天在医疗行动计划表上有将近100个伤亡人员的名字，其中一半是脚冻病和在寒冷天气下暴露时间过长造成的，其余的是战斗损伤。山里的天气非常寒冷，还有大风和降雪。德军的抵抗也非常激烈，火炮和迫击炮一刻也没有停火。

“1月9日。今天反馈回来的部队伤亡人数为122人。其中近半还是因为脚冻病和在严寒中暴露时间过长。如果伤亡率仍居高不下的话，部队将坚持不了多久了。

“1月10日，温暖潮湿。前线传来坏消息。部队要执行一个又一个任务，但仅有少量人手能够动弹，并且没有迹象表明他们将被替换：今天的伤亡名单上有73人，其中40名脚冻病。回到营地的那些任务较轻的人说，路途非常崎岖不平，他们已经筋疲力尽了。截止到今天，他们已经离开营地3周了。”

在解除了守卫马约山和1270高地的任务后，

■ 这是在意大利中部山区激战期间，第1特勤队设在某处山脚下的一个急救站。注意，在这所破旧的石屋顶上，还覆盖着红十字的标志。

■ 这是在马约山上，第1特勤队第2团第1连的沃尔顿（J. Walton）和莱斯·谢尔顿（Les Shelton）正在卸载补给物资。沃尔顿穿着一件二型M1942双面派克大衣。在1944年1月的大多数军事行动中，第1特勤队第2团分出了部分人员担负后勤补给任务，为其他两个团的同袍运送补给物资和后送伤员。虽然第1特勤队有保障营的编制，但在战斗中，保障营人员往往人手不够，因此第1特勤队在很多时候都会从战斗梯队中抽出人手来协助保障梯队为前线运输补给、搬运伤员。而第1特勤队的这种分设战斗梯队和保障梯队的编制，在现代特种部队中也普遍实行。

第133步兵团第3营的L连和I连返回维斯察塔罗山回归原建制。另一方面，从源源不断的俘虏中得到的及时的情报显示，敌军已越来越弱。据此，弗雷德里克果断决定对当面之敌施压：继续向西发起进攻，夺取1030高地和780高地，并向西南穿过卡普拉罗山（Capraro，即698高地），形成对圣米歇尔村（San Michele）和圣安东尼诺村（San Antonino）的包围圈。1月9日黎明5点，第133步兵团第1营和第100独立步兵营开始发起攻击。中午时分，这两个营遭到来自侧翼方向敌军的重火力打击，陷入困境。作为B特遣队预备队而留在维斯察塔罗山上的第133步兵团第3营，也于中午13点30分遭到来自北面的猛烈反击。直至1月10日早上，敌军的反击被击退，发起进攻的第133步兵团第1营和第100独立步兵营也取得了进展而继续向前推进。当夜，弗雷德里克将第100独立营撤回维斯察塔罗山，用第3营替换前者继续向前进攻。尽管敌军对山谷中的战斗日益厌倦，但卡普拉罗山上构筑的一系列敌军据点在1月11至12日仍在阻挡进攻部队的前进步伐。

1月9日至10日的晚上，马约山至1270高地一线的第1特勤队第1团和第3团得到了来自法国远征军的邦乔上校所率领的第3阿尔及利亚斯帕伊团（3rd Spahi Regiment，“Spahi”指旧法军中的阿尔及利亚骑兵，该团是法国在二战前从阿尔及利亚、摩洛哥、突尼斯等殖民地招募的轻骑兵团，加入自由法国后被改编为装备美制车辆的装甲侦察团)的增援。第1团离开前线,返回雷迪卡莎村。第3团则继续驻在前线,但他们的阵地从马约山顶向后移了大约457米。

与此同时,美军第2军继续沿着6号公路推进,由于第1装甲师在夺取波尔基亚山的战斗中耗损严重,凯斯少将遂部署第34步兵师夺取切尔瓦罗和特洛奇奥山。同时,法国远征军的主力也正在接替北面的美军第6军,后者将为在1月22日发起的安齐奥两栖行动进行训练。而弗雷德里克则命令已编入B特遣队的第3阿尔及利亚斯帕伊团立即向西前进至875高地和473高地,以保持与后撤德军的接触。

在第34步兵师向切尔瓦罗推进之时,弗雷德里克于1月10日策划了一次大胆的进攻,意在协助向前推进的第133步兵团:他命令摩尔中校那不足员的第2团从维斯察塔罗山向西南进发,夺取敌军后方的302高地;炮兵前进观察员和通讯联络员随该团一起行动,一旦得手,第2团便修筑工事抵御周围敌军的反扑,并从左翼为向前推进的第133步兵团提供火力支援。直到8点,德军才发现302高地上的第2团官兵,后者正在呼叫重火力集中打击从切尔瓦罗沿小路向西和向南撤退的德军部队。摩尔中校出色地完成了机动任务,但他的指挥部也付出了一死一伤的代价。不过第133步兵团的推进步伐却非常缓慢,没有利用好第2团的这次突袭带来的机会。1月11日下午,第34步兵师第168步兵团攻占切尔瓦罗,第2团随即被该团E连换下,返回雷迪卡莎村驻地。

战至此时,第3团的兵力已经缩减到两个战斗连队的规模,第1营被暂编为A连,目前由泰勒·马克·拉德克里夫中尉指挥;第2营则被暂编为B连,由戴蒙德上尉(S.L. Dymond)指挥。根据弗雷德里克上校的命令,这两个连向前推进,A连前往1030高地,B连前往780高地,支援那里的第133步兵团。第3团指挥部设在这两座高地

■ 1月10日,第34步兵师第168步兵团向切尔瓦罗推进,但被侧翼和周围高地的德军火力压制。11日早上,美军动员火炮和空中力量将切尔瓦罗炸成废墟,第168步兵团得以冲入切尔瓦罗。经过一日激战,该团占领切尔瓦罗,但也无力再战。第1特勤队参与了肃清镇内德军残余的行动。上图是美军占领切尔瓦罗后,几名美军士兵在镇上的广场前休息,他们旁边那辆千疮百孔的卡车是德军使用的意大利卡车。

之间的一处阵地上。在接下来的3天时间里，第3团对周边地域的敌军残余进行了清剿。

1月12日午夜，邦乔上校的第3阿尔及利亚斯帕伊团撤出B遣队的作战序列，该团继续向圣埃利亚（Sant Elia）推进。次日夜，第133步兵团回归第34步兵师，B特遣队至此解散。但是，该步兵团第100独立步兵营和第34步兵师的第19战斗工兵营A连则按第2军命令继续由弗雷德里克上校指挥。同时，弗雷德里克接到命令，率部进入圣米歇尔村，然后向前推进至佛格里奥山（Le Voglio，即130高地），这是拉皮多河前的最后一座高地。至1月15日下午，弗雷德里克完成了这项任务。同日，第34和第36步兵师各一部未经战斗便占领了利里河谷前的最后一座天然屏障——特洛奇奥山，山后便是卡西诺平原和古斯塔夫防线的核心阵地卡西诺山。在接下来的两天里，第1特勤队在前线进行了战斗巡逻，法军在其右翼，美军第133步兵团在其左翼。1月17日中午，第1特勤队完成了该项任务。下午，第1特勤队按第1团、第2团、第3团和后勤人员的次序乘坐卡车返回圣玛利亚迪卡布阿贝特利镇的驻地。而在塞帕格纳村的第1特勤队的剩余人员也于1月17日晚23点45分离开返回驻地。至此，第1特勤队在意大利中部山区的作战行动落下帷幕。

从1943年12月3日至1944年1月17日的40多天时间里，第1特勤队在意大利恶劣的山地环境和严寒气候下殊死搏杀，他们为主力部队清理"冬季防线"上的敌军、打开古斯塔夫防线大门起到了至关重要的作用，在书写传奇的同时，他们也付出了巨大代价，据第1特勤队情报参谋罗伯特·D·博汉斯中校回忆："这是一场寒冷且疲惫的山地作战。第1特勤队的1800名战斗人员，将近有1400人战死或因伤入院。保障营中的补给背负员和担架员也因劳累和负伤而减员50%。"在这近两个月的作战中，第1特勤队中的加拿大官兵的人数也因为整体的高伤亡率而显著减少。

■ 这是1944年1月在卡西诺附近，第1特勤队的一名队员正行进在陡峭的山路上。从他身后那头满负重担的骡子来看，他应该是在为前线运送补给物资。在他所望方向，就是不久之后让盟军吃了更大苦头的卡西诺山。1944年1月1日至17日，第1特勤队第3次在意大利中部山区作战，之后再次转入休整。从1943年12月3日至1944年1月17日，第1特勤队先后在"冬季防线"进行了3次大规模作战，往往承担着为部队打开僵局或掩护主力侧翼的任务，他们以出色的山地作战技能令友军刮目相看，也付出了极为惨重的伤亡代价，减员高达75%。

■ 在第168步兵团激战切尔瓦罗之时，第135步兵团也逼近特洛奇奥山。1月12日，该团推进到距离特洛奇奥山不到一英里的位置。出于谨慎，第135步兵团停止了推进，就地休整。1月15日，美军第36步兵师（该师于1月13日重返前线）派遣第141步兵团与第168步兵团联合进攻特洛奇奥山。但是，在发动进攻3个小时后才发现，山上已经没有任何守军，德国人已经在一天前放弃了这个高地。随着特洛奇奥山的攻占，第5集团军终于推进到德军古斯塔夫防线的核心——卡西诺之前。上图是1月15日，第141步兵团第2营G连经过特洛奇奥山东南的圣卢奇亚村（Sant Lucia）向山顶进发。下图是发现特洛奇奥山已被德军弃守后,正在下山的第141步兵团的士兵。卡西诺近在咫尺，第5集团军将面临一场更大的恶战，而损失严重的第1特勤队注定与卡西诺之战无缘了。

开赴安齐奥

1944年1月16日，盟军对古斯塔夫防线发起大规模攻势，著名的卡西诺战役打响。1月20日早上，弗雷德里克上校受命参加在美军第2军司令部召开的参谋会议，集中讨论第36步兵师突破拉皮多河作战的最后细节。弗雷德里克提出，他将在部队中召集志愿者驾驶M29型履带运兵车（即T-24）为前线运输补给，这种车辆在阿留申群岛的战斗中已被证明很适合在泥泞地区行驶。接下来，弗雷德里克与他的部属一起查看了美军发起进攻的一处十字路口。在那里，他因为发现师主官缺席前线而感到困惑，他还为此评论："他们干得真糟。"

另一方面，第1特勤队高层出现了新的人事

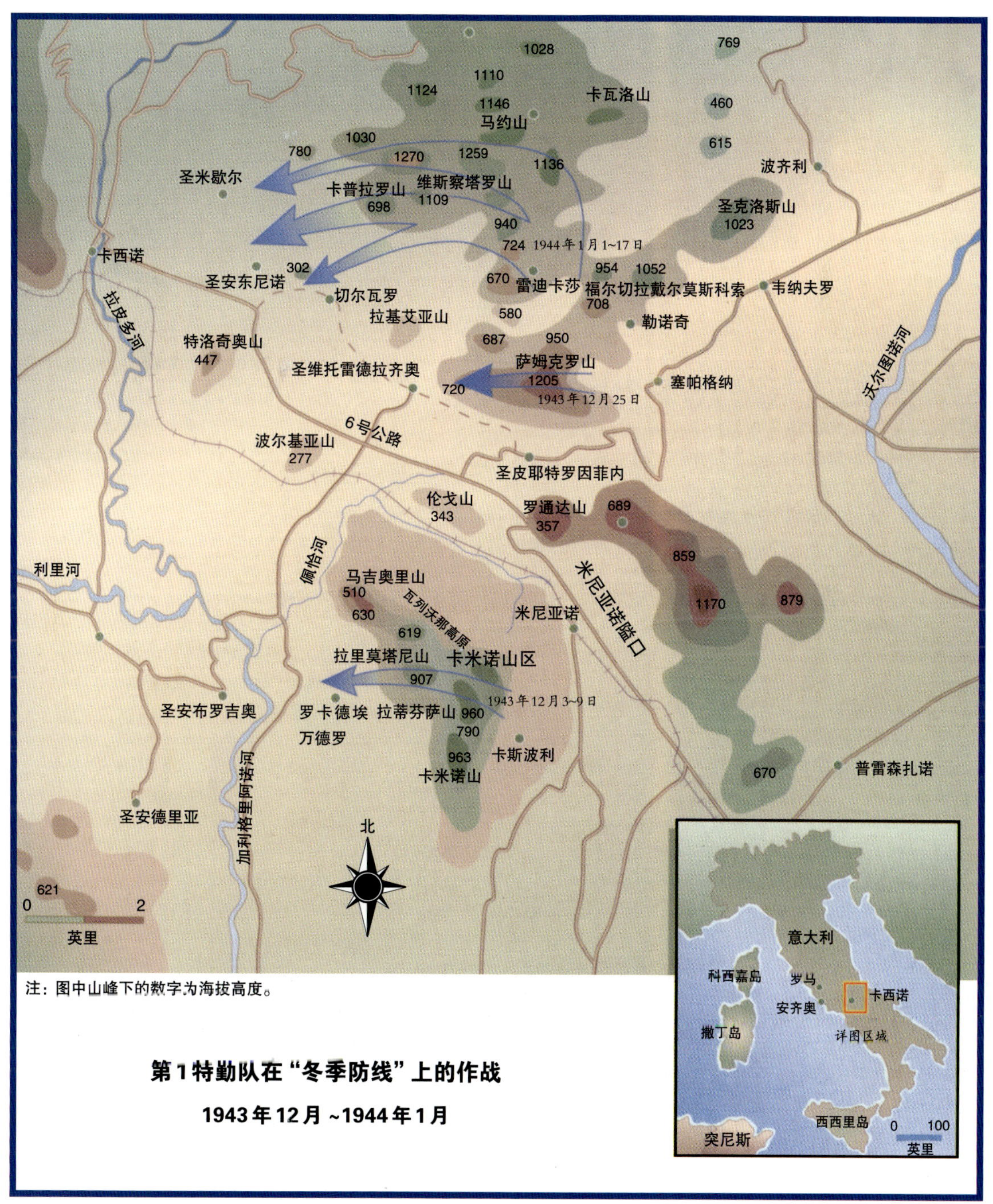

注：图中山峰下的数字为海拔高度。

第1特勤队在"冬季防线"上的作战

1943年12月~1944年1月

调动。在山地作战行动结束后，第1特勤队的执行官保罗·D·亚当斯上校被传唤至在卡塞塔市的第5集团军司令部，他先后被第5集团军参谋长阿尔弗雷德·格伦瑟将军（Alfred Gruenthcr）和集团军司令马克·韦恩·克拉克将军召见，并被告知，他将调至第36步兵师担任第143步兵团的团长。该团曾先后于1月20日和21日在拉皮多河西岸的圣安其罗（Sant Angelo）附近建立桥头堡，但都被打了回来，乱成一团。亚当斯上校被“空降”到这个团担任新的领导核心，他要给这个团灌输积极进取的精神和专业态度——正如他在第1特勤队所灌输的那些精神那样，重整该团的面貌。在亚当斯调走后，第1特勤队执行官一职将由人事参谋肯尼斯·G·威克姆中校接任。

在接下来的一周里，第1特勤队进行了休整并重新整编和再装备。从1月24日至31日，第1特勤队接收了250名补充人员（全部是美国志愿者）并进行了整编训练以应对下一次任务。伤病员们也陆续出院归队。最初，第1特勤队准备投入到突破卡西诺山的强大防御体系的军事行动中，但一项新的战役——由英国人设计的在罗马西南的第勒尼安海岸登陆的“鹅卵石”行动（Operation Shingle）改变了第1特勤队的使命。1月29日，弗雷德里克上校接到了集结部队立即前往打得一塌糊涂的安齐奥滩头参战的命令。与此同时，在古斯塔夫防线上，盟军也在卡西诺打得头破血流。意大利战场进入盟军两面夹击的局势。

1月30日，经过人员补充后的第1特勤队共68名军官和1165名其他军阶的人员，加上配属给他们的第456伞降野战炮兵营（缺C连和D连），

■ 这是1944年1月22日在拉皮多河附近，美军第36步兵师第143步兵团的士兵正在躲避德军狙击手和迫击炮火力的袭击。该团在1月下旬迎来了新任团长——第1特勤队原执行官亚当斯上校。

一起前往波佐利（Pozzuoli）3号集结区，在那里登上了坦克登陆舰和步兵登陆艇。也就是在同一天，弗雷德里克收到了晋升准将军衔的命令，这来自于第5集团军司令克拉克将军的建议，也符合第1特勤队最初的编制序列表上的要求。1月31日下午18点，搭载着第1特勤队的军舰启程向北驶去，开始了上百公里的航程。1944年2月1日，第1特勤队抵达安齐奥并于上午10点在主滩登陆，开始了新的战斗任务。

撤编阴云

需要注意的是，在1944年1月间，第1特勤队除了经受意大利中部山区恶战的折磨，还经历了一场“劫难”：美国政府和加拿大政府之间，再次出现了是否该撤销第1特勤队的争论。

关于这一问题，有许多因素掺杂其中。在加拿大方面的一个因素就是威廉姆森上校被免职一事。这一问题影响到了第1特勤队的指挥以及某些高级官员的人际关系——虽然表面上是吉尔迪中校在1月15日说服加拿大高层考虑解散问题的。他设想将“加拿大第1特种作战营”作为加拿大第1伞兵营的一部分，去英国和英军第6空降师一起参与登陆欧洲的训练；或者作为第1伞兵营的一支独立的支援单位。

还有，在加拿大高层看来，第1特勤队作为一支特种部队，却被美国人作为一支常规步兵单位来使用，而他们之前所进行的各种特种训练——除了山地作战——在意大利战场上几乎没有用武之地。这让加拿大方面抱怨和深感不值。

除此之外，第1特勤队的高伤亡率也让加拿大的高级指挥官考虑这一问题。1944年1月结束时，残酷的伤亡使加拿大第1集团军司令肯尼斯·斯图尔特中将（Kenneth Stuart）向美国和加拿大政府建议，加拿大官兵退出第1特勤队。他坚持不再在战区强化“加拿大第1特种作战营”的政策，他认为加拿大官兵参加第1特勤队并为之流血牺牲而带来的行政负担，如今看起来是有问题的。但是，斯图尔特将军的这一事件解决之前，第1特勤队仍将继续投入战场。而且，在盟军司令艾森豪威尔的调停之下，斯图尔特将军暂时收回了这个建议。此外，斯图尔特将军批准派遣加拿大常规步兵补充第1特勤队中损失的加拿大人——尽管第1特勤队希望是受过跳伞训练的人。即便如此，加拿大的第一批补充兵员直至1944年4月才到来。

至于美国方面，因为伤亡过大、新补充的兵员需要进行特种训练来填补损失掉的精英士兵等繁琐问题，美国高层也考虑解散第1特勤队。面对这种情况，弗雷德里克在1944年2月19日提出提议，第1特勤队要么解散，要么加强，建立一支完全由美军官兵组成的突击队。弗雷德里克认为，解决这些问题的最佳途径就是重组并更新第1特勤队的武器装备，彻底强化这支部队。同时，弗雷德里克也强调，若没有加拿大那些经验丰富的军官和士官，部队必须对此进行相应的补充，否则，第1特勤队的存在也不会长久。经过权衡考量，北非战场上的美军司令、盟军地中海战区副总司令雅各布·劳克斯·德弗斯将军（Jacob Loucks Devers）不顾弗雷德里克的建议，决定解散第1特勤队。

然而，就在盟军高层酝酿解散第1特勤队之时，安齐奥海滩上，盟军因为错失战机，在滩头阵地与德军陷入苦战，而英军的几支突击队已被从安齐奥战场上抽调出来，盟军急需能够代替英军突击队打开僵局的突击部队，此时丘吉尔也对第1特勤队的解散表示担忧。在这种环境下，第1特勤队暂时逃过一劫，再次得到了用武之地。和前期的山地作战相比，安齐奥是另一环境的战场，第1特勤队由此开始了意大利战场上的另一段传奇，“黑色魔鬼”的外号就此叫响。

V42型格斗匕首

也许没有任何一种武器可以像V42型格斗匕首那样可以作为第1特勤队的“代名词”。这款匕首是第1特勤队指挥官弗雷德里克和后勤参谋奥瓦尔·J·鲍德温联合设计的，其中刀刃设计归于弗雷德里克，他在英国时见识到英军突击队配发的一款由威廉·E·费恩贝尔(William E. Fairbairn)和艾瑞克·A·赛克斯(Eric A. Sykes)联合设计的“费恩贝尔-赛克斯”突击队格斗匕首，很喜欢其纤细狭窄的双刃剑型刀锋。第1特勤队成立后，他和鲍德温以后者为原型设计了这款匕首，作为第1特勤队的专用武器。

几经修改后，弗雷德里克将这款匕首交由宾夕法尼亚州的布拉德福德市的凯斯父子刀具公司(W.R. Case & Sons Cutlery Company)生产，标准型的大规模生产开始于1942年11月。在其名称中，“V”的官方定义是“胜利”(Victory)，不过有些人认为是“复仇”(Vengeance)更恰当；“42”代表其设计年份是1942年。配发给特勤队员的V42型格斗匕首，每一把都是单独手工打造。凯斯父子刀具公司在1942～1943年间共生产了3500把V42，其中第一批共1750把，全部为第1特勤队打造，而这里面的前500把都有各自的编号。3500把V42中有3420把是为第1特勤队生产的，另外还有大约70把交给了美国海军陆战队突击队使用。

标准型的V42型格斗匕首全长约31.75厘米，刃长约18.25厘米，双刃设计，锋利异常。虽然其刀刃以突击队匕首为基础，不过V42刀刃的横截面为凹型，而突击队匕首的则为棱形，且V42的刀刃更狭窄，以便能更好地扎入人体。凯斯公司生产的最早的一批V42的刀刃稍长些。刀身侧面有带凹槽的“拇指窝”。使用者将刀握在手里并以大拇指压住刀身，可以保证刀刃能水平刺入目标体内,从而轻松穿过肋骨。刀柄由精致的皮革垫圈构成，一块皮革垫片与稍向下弯的金属护手结合在一起，以免使用者因天气极端寒冷而致手和护手冻在一起。刀柄末端是令人生畏的尖刺，可用来敲击敌人太阳穴，甚至敲碎头骨——这一设计来自鲍德温少校。V42上的所有的金属部件都经过发蓝处理。

另外，每把V42型格斗匕首还配有一个50.8厘米长的

■ 这是第1特勤队使用的配备了马皮刀鞘的V42型格斗匕首。

马皮刀鞘——刀鞘设计得如此之长是为了便于其能悬挂在特勤队员所穿的双面派克大衣那长长的下摆之下，方便特勤队员快速拔刀。刀鞘以皮革缝合而成，两边各用7个铆钉加强——还有些是用U型钉替代铆钉。底部有一个鞋眼单孔，这样刀鞘可以用皮绳缚在腿上。刀鞘喉部有一个金属按扣，用于固定刀柄。刀鞘顶部有一个袢带，可以通过其将刀鞘挂在子弹带或手枪带上。在实际使用时，V42的刃尖容易穿破刀鞘的背部。为了预防这种情况，一些特勤队员请军械员在刀鞘背部铆上一片马口铁。

第1特勤队战斗梯队的所有成员都配发了V42型格斗匕首，一名加拿大队员将其比喻为“卑鄙的小兵器”。在战争中，V42被蒙上了一些传奇色彩。此外还有一种搞笑的说法：“一旦真相被公开，可能它刺破或切开的罐头比切开的敌人喉咙更多。”不过，由于V42从一开始便是设计用于格斗，若使用其开启口粮罐或弹药箱，则很容易损毁薄窄的刀刃。

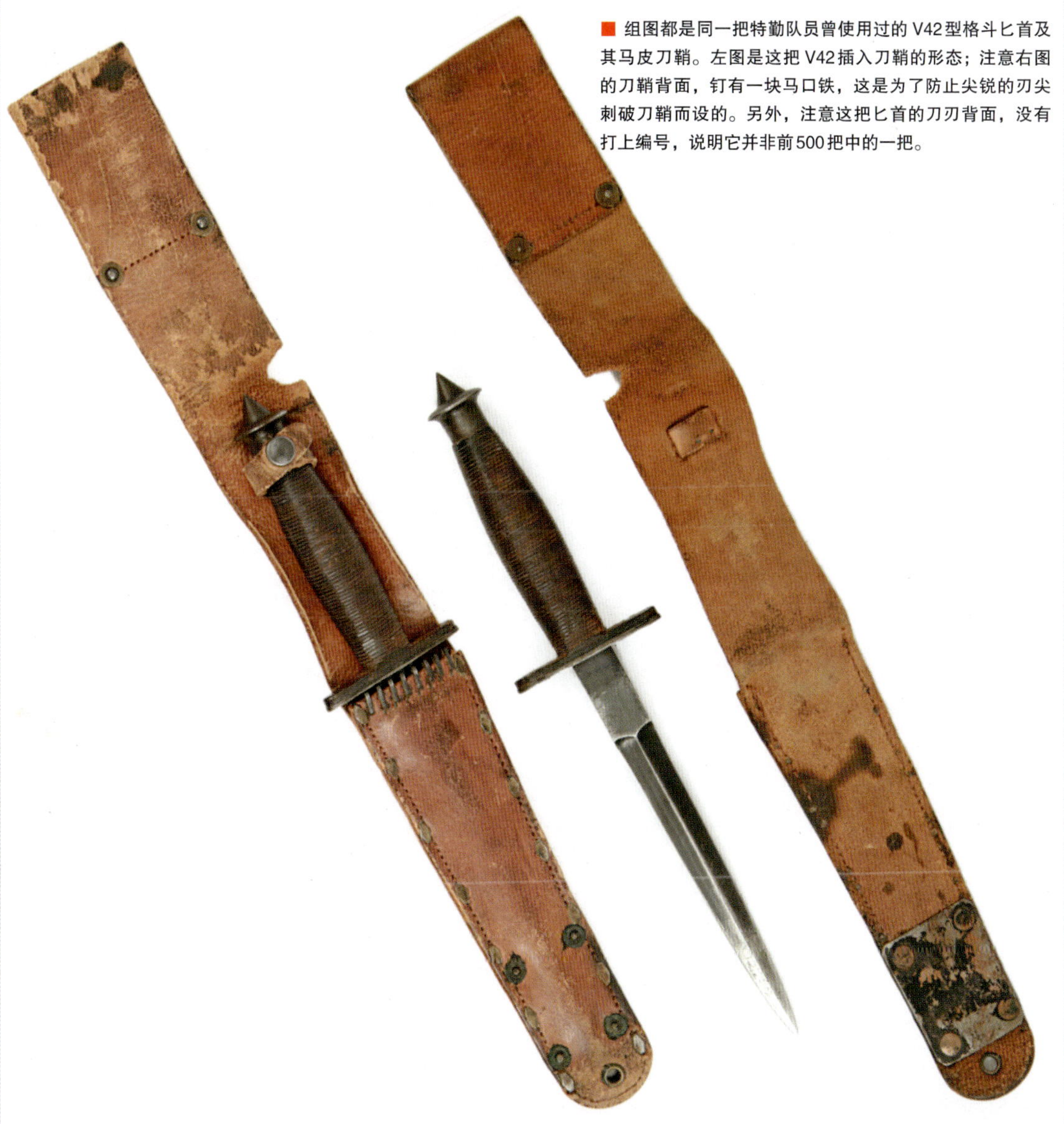

组图都是同一把特勤队员曾使用过的V42型格斗匕首及其马皮刀鞘。左图是这把V42插入刀鞘的形态；注意右图的刀鞘背面，钉有一块马口铁，这是为了防止尖锐的刃尖刺破刀鞘而设的。另外，注意这把匕首的刀刃背面，没有打上编号，说明它并非前500把中的一把。

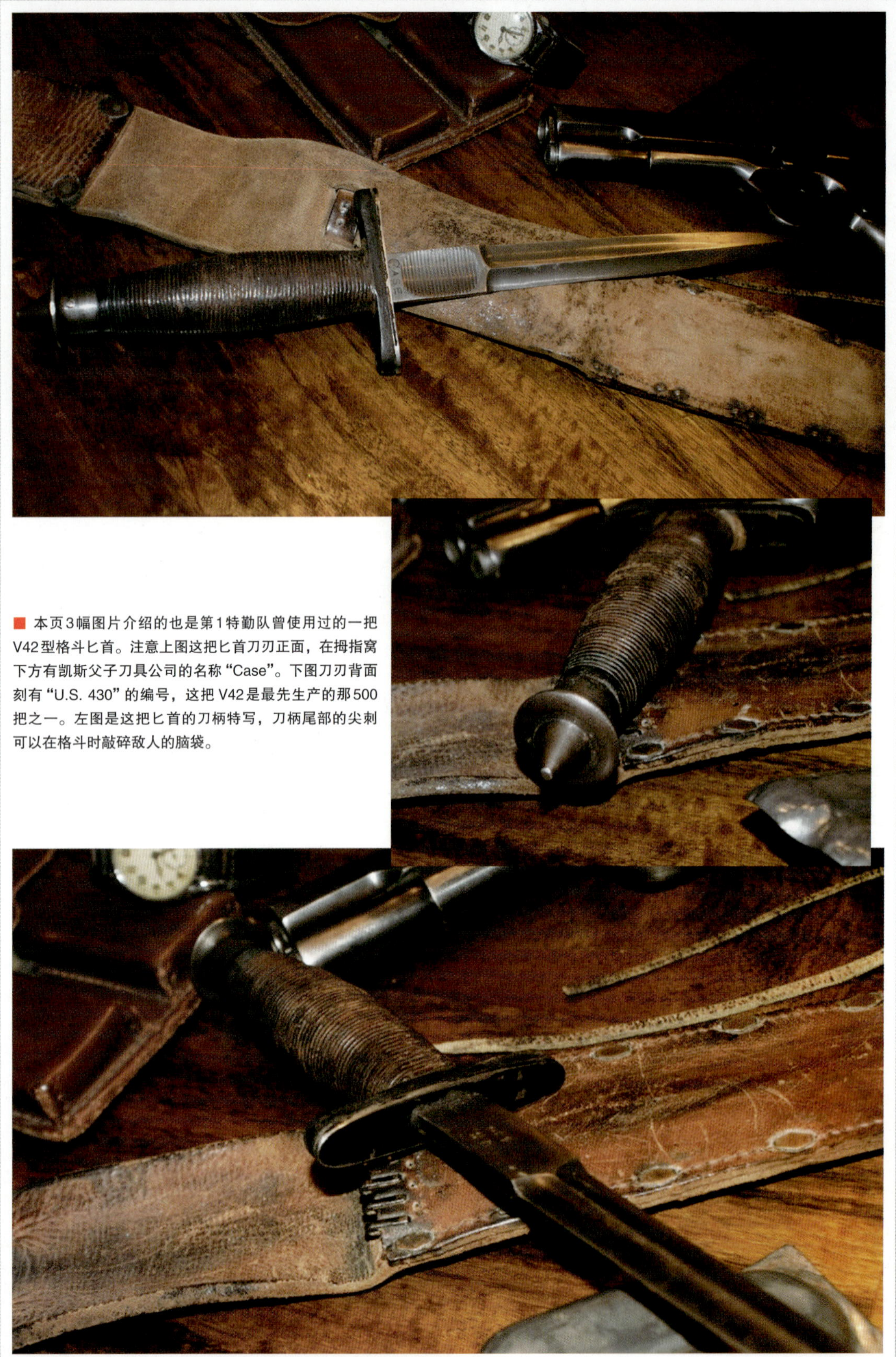

■ 本页3幅图片介绍的也是第1特勤队曾使用过的一把V42型格斗匕首。注意上图这把匕首刀刃正面，在拇指窝下方有凯斯父子刀具公司的名称“Case”。下图刀刃背面刻有“U.S. 430”的编号，这把V42是最先生产的那500把之一。左图是这把匕首的刀柄特写，刀柄尾部的尖刺可以在格斗时敲碎敌人的脑袋。

■ 上图是第 1 特勤队第 1 团第 5 连的克拉伦斯 ·H· 蒂尔尼少尉(Clarence H. Tierney)曾使用过的一把私人制作的匕首。

■ 下图是第 1 特勤队使用的各种匕首，包括：M1942 型大砍刀及其刀鞘、M3 型格斗匕首及 M8 型塑料刀鞘和 M6 型皮革刀鞘、M1 型刺刀及其刀鞘、M1942 型刺刀及其刀鞘、山地折刀、V42 型格斗匕首及其马皮刀鞘、关节刀、私人制作的匕首。

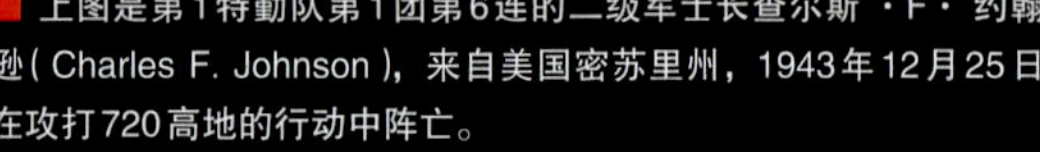

■ 上图是第1特勤队第1团第6连的二级军士长查尔斯 ·F· 约翰逊（Charles F. Johnson），来自美国密苏里州，1943年12月25日在攻打720高地的行动中阵亡。

■ 上图是第1特勤队第1团第6连的中士杰克 · 弗雷德里克 · 伦格（Jack Frederick Glenn），加拿大人，也于1943年12月25日在攻打720高地的行动中阵亡。

■ 下图是1943年12月25日720高地之战结束后，第1特勤队押着德军战俘返回塞帕格纳村，战俘兼任担架员，抬着伤亡的特勤队员。

上图是1944年1月在雷迪卡莎村，弗雷德里克上校（右一）和他的军官们商议作战计划。下图也是1944年1月在雷迪卡莎村，第3团的一些特勤队员在拔营出发前聚集在地图前进行任务简报。

这张照片与第499页上图属于同一场景，弗雷德里克和他的军官们在查看地图和商议作战计划。自从在基斯卡岛之战中扑了个空之后，第1特勤队自弗雷德里克以下都非常重视战前情报的搜集，再以此制定详实的作战计划，第1特勤队突袭拉蒂芬萨山大获成功，也是战前情报侦察得力的结果。

■ 上图可能拍摄于1944年1月4日，弗雷德里克上校（队伍最前者）和他的指挥部人员离开雷迪卡莎村的指挥所赶赴第一线，他穿着M1943型野战夹克，背负的背包上捆扎着一块卷好的挡雨布。下图是赶赴前线的几名特勤队员在雷迪卡莎村的一座小教堂门外暂停歇息。他们大多穿着二型 M1942 双面派克大衣。

上图是1944年1月在莫斯科索隘口附近，第1特勤队第1团的军医亚瑟 ·C· 尼斯曼少校（Arthur C. Neeseman）将急救站设立于此。下图是特勤队员们目送负伤的战友撤离前线，被送往山下的急救站。

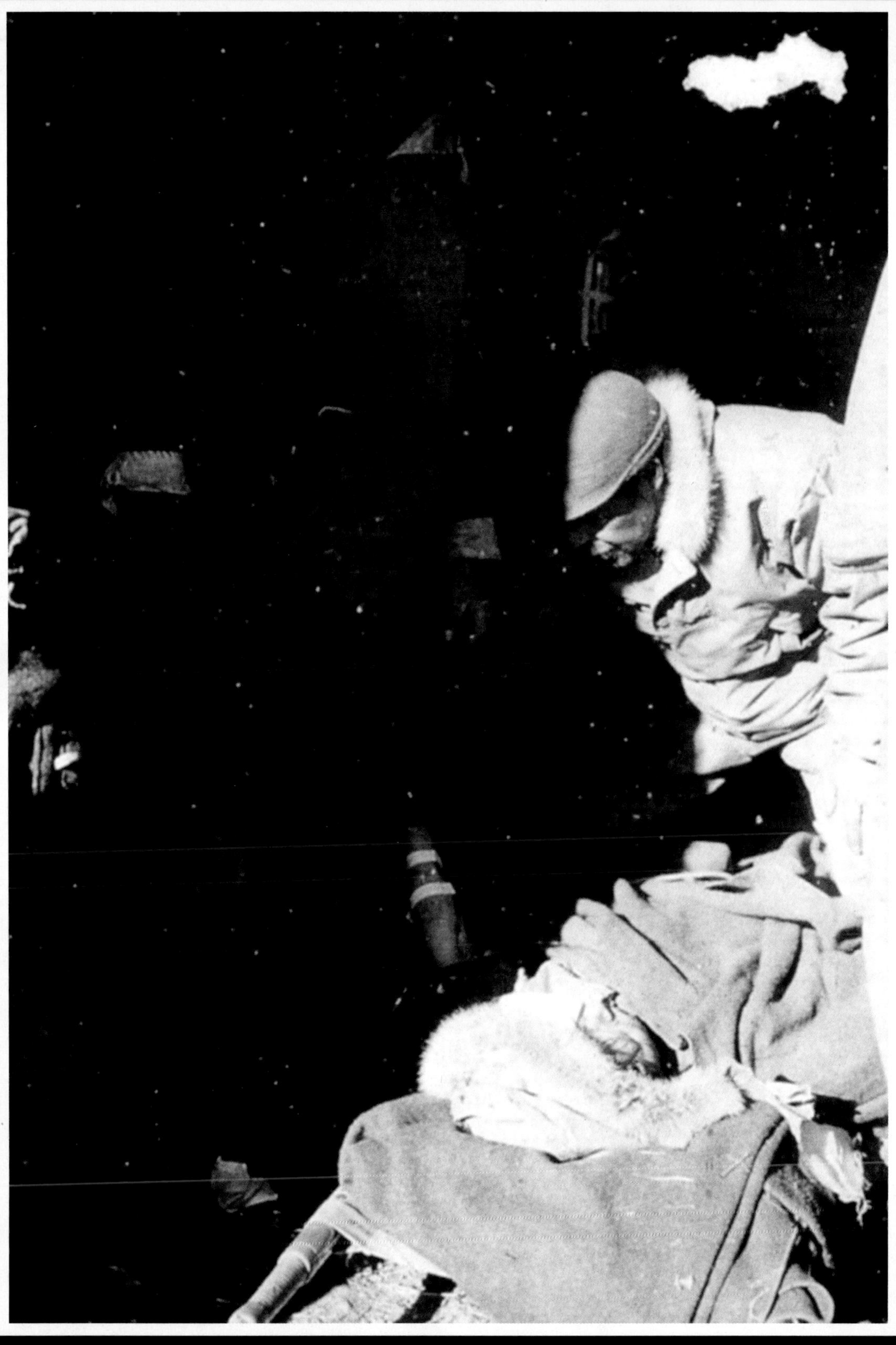

这是1944年1月在意大利中部山区，一名负伤的特勤队员正准备被后送救治。由于天气寒冷，担架上还盖了几层厚厚的毛毯。

上图是1944年1月在雷迪卡莎村，一群从战区逃出来的意大利平民正在接受几名特勤队员的盘问。战火使这些山民沦为战争难民。

■ 左页下图是1944年1月4日在雷迪卡莎村，著名战地摄影师罗伯特 · 卡帕(Robert Capa)与几名特勤队员合影。照片从左至右分别是卡帕，第1特勤队司令部助理情报参谋芬恩 ·W· 罗尔中尉，第2团第2营第5连的格雷(C. B. Grey)，第1特勤队司令部的拉斐尔 ·D· 马丁内斯(Rafael D. Martinez)。罗伯特 · 卡帕曾随盟军报道了北非、意大利的一系列战事。在意大利战役期间，卡帕听闻了第1特勤队的事迹并为其所吸引，为了更好地报道第1特勤队的故事，卡帕在1944年1月4日早上来到福尔切拉戴尔莫斯科索，赶上第1特勤队的一支队伍，当时第1特勤队正在占领雷迪卡莎的战事期间，这座孤零零的小村庄被第1特勤队作为下一阶段对卡西诺前线各山头发起战斗的前进基地。几个小时后，卡帕与第1特勤队的一支巡逻队进入雷迪卡莎。在这一天的剩余时间里，卡帕用镜头记录了第1特勤队在雷迪卡莎及周边地区活动的一系列场景。第二天，卡帕离开雷迪卡莎前往那不勒斯，他给第1特勤队在雷迪卡莎拍摄的一些照片刊登在1944年的《生活》杂志上，文章标题为《残酷的战争》。卡帕在直白的照片作品中描绘了冷酷无情的战事，而作为主角的特勤队员，脸上的疲惫和营养不良显露无余，但他们的精神面貌中还洋溢着勇敢的精神，而且在他们看来，吃这种苦是很自然的。从左页下图至第530页的历史照片都是卡帕于1月4日所拍摄的第1特勤队在雷迪卡莎村及周边的各种活动。上图是1月4日第1特勤队的巡逻队正小心翼翼地进入雷迪卡莎村，防止遭遇德军可能布设的地雷或陷阱。下图是雷迪卡莎村的一名意大利老妇人正指引一名特勤队员排除德军埋设的地雷，当时她曾看见德国人在此布雷。

■ 上图与第505页下图反映的都是类似内容，这名老妇人指引美军士兵排除德军设置在雷迪卡莎村石墙上的一颗诡雷。德军在节节后撤的同时，不仅破坏公里、桥梁，还在各条道路上埋设地雷，布置陷阱，延缓盟军的推进。

左页下图和本页图都是1月4日在莫斯科索峡谷，一群意大利平民从战火弥漫的山区逃亡出来。在这两张照片中，路旁穿着M1943型野战夹克或双面派克大衣的士兵都是特勤队员。

上图是在雷迪卡莎村，一位本地村民欢迎第1特勤队的几位担架员和医疗人员的到来。这几名特勤队员可能来自保障梯队，他们有些穿着M1943型野战夹克，有些穿着二型M1942双面派克大衣。注意镜头最前面那名特勤队员，他穿的是一双寒带套靴。在“加拿大第1特种作战营”的战争日志里，1944年1月4日的记录是：“少云且阴冷。最后伤亡人员的私人物品被送到阿韦利诺（Avellino）。这天晚上，敌人对前线进行了一些轰炸和扫射行动，我们有3辆卡车被攻击，还有1个美军单位遭受相当严重的伤亡。”

右页图是在雷迪卡莎村中，一名特勤队员在当地一位老汉的带领下检查村内状况。这名队员可能是个班长，他手持1支汤普森M1A1型冲锋枪，穿着M1943型野战夹克和山地裤，注意他身上的装备携行具上，穿戴的是M1936型手枪带，手枪带上挂着1个M1918型双联装手枪弹匣包和1个指南针包。另外，他穿的也是一双寒带套靴。

图 上图是在雷迪卡莎村，第509页中的那名牧羊老人为第1特勤队的医护人员和担架员带路，穿过这座刚解放的村庄。下图也是在雷迪卡莎村附近，一队特勤队员拿着羊毛毯、双人帐篷、帐篷支柱等物资在山路上跋涉，看样子是在寻找露营地点准备搭设帐篷。

■ 上图是第1特勤队第3团在团长埃德温 ·A· 沃克上校的率领下进入雷迪卡莎村。照片中抱着1支 M1A1型卡宾枪的便是沃克上校，注意镜头前面几人包括沃克上校在内都穿着寒带套靴。

■ 在第1特勤队组建之初，M1型卡宾枪是每位特勤队员的制式武器，但随着“犁”计划的取消和第1特勤队的转型，M1型步枪成为特勤队员的制式武器，而军官的武器则改为带折叠枪托的 M1A1型卡宾枪。下图从上到下、从左到右分别是：折叠枪托上挂着1个双联装卡宾枪弹匣包的 M1A1型卡宾枪、1个卡宾枪15发弹匣、2个卡宾枪弹匣包、木制枪套上带着1个双联装卡宾枪弹匣包的 M1型卡宾枪。

这是1月4日，一支驮运着补给物资的驮畜队在意大利赶骡人的率领下走在雷迪卡莎村附近的山道上，路边是一群给他们让道的特勤队员。如前文所述，在意大利中部山区作战期间，摩托化运输补给对前线几乎起不到什么作用，骡子也供给不足，驮畜队并不多，很多时候前线的补给都是靠人力驼运。

这是1月4日，一群德国战俘抬着伤员穿过雷迪卡莎村下山。远处几名身穿双面派克大衣的特勤队员正在围观。

■ 上图也是1月4日在雷迪卡莎村，美军第2军的救护人员用担架抬着一名伤员下山，这位伤员同样被捆扎在担架上，在这队救护人员身后是一群正在旁观的特勤队员。注意镜头最前面这名美军担架员也穿着一双寒带套靴。另外，图中这几名美军担架员和医护人员，或者穿着M1941型野战夹克，或者穿着“坦克手”寒带作战服，和他们身后穿着双面派克大衣或M1943型野战夹克的特勤队员区别相当明显。另外，据“加拿大第1特种作战营”的战争日志记载：“在第1特勤队占领雷迪卡莎村的第二天——晴朗且寒冷。虽然敌军的抵抗已不如过去顽强，但第1特勤队在行动中还是有一些伤亡，他们仅有一个目标需要去占领，这场行动预计就在今晚发起。威廉姆森上校成为了位于卡塞塔的加拿大第14综合医院中的一位病人，得到了休息和彻底的体检。”从这里的日记内容可以看出，被第1特勤队除名一事给威廉姆森上校的打击相当大，在加拿大队员内部也带来了很大震动。

■ 右图是二战时期美军配发的一双寒带套靴，这种靴子不仅在第1特勤队配发，其他美军部队也同样配发。

■ 这是1月4日在雷迪卡莎村，美军某支医疗连的救护员抬着一名伤员小心翼翼地下山，路旁几名特勤队员在给他们让道。注意，为了防止在陡峭的山路上行走时伤员从担架上滑落，救护员还用绳子将伤员捆扎在担架上。另外，在狭窄的山路一侧，沿路还扎着电话线。

■ 上图和下图都是同一场景，这在雷迪卡莎村附近，美军伤员被运下山后，抬上路边的救护车送往野战医院救治。不排除这些伤员可能来自第1特勤队。

■ 上图是在雷迪卡莎村外一个用山石和遮雨布简单垒筑的观察哨，一名特勤队员用望远镜观察周边山峰的敌情。下图是两名特勤队员用山石在雷迪卡莎村外构筑一个简单的前哨阵地。这里贫瘠的山地所能提供的建筑材料也就是石头了。

■ 上图是1月4日在雷迪卡莎村附近的山地上，2名特勤队员在吃罐头口粮。他们都穿着二型M1942双面派克大衣。

■ 左页2幅图都来自同一场景。这是1月4日在雷迪卡莎村附近的山头上，第1特勤队的3名队员正在一个石砌的阵地上警戒。在这种岩石山区要深挖出战壕或掩蔽所几乎是不可能的，就连用石头堆砌图中这种防御阵地也大费精力，不过这种防御阵地在这种暴露的地形下也有不少优势，至少能对付敌军的迫击炮炮击。注意阵地外卧倒的那名特勤队员，他身上穿着当时特勤队员的标志性裤子——山地裤。

■ 上图是1月4日在雷迪卡莎村附近，一名特勤队员蹲在狭长掩壕里吃着冰冷的C型口粮。掩壕上盖着防雨布。下图是在雷迪卡莎村中，一名特勤队员在给两名德军俘虏递烟，这两人是在前一天晚上被第1特勤队的巡逻队俘获的，从表情上看，他们显然对自己的战斗使命已经结束一事松了口气。

■ 这是在雷迪卡莎村中，一名特勤队员用纱布为一位被弹片崩伤脚的意大利老人包扎伤口，这位老人就是第508页中在村口欢迎他们的那位。注意这名特勤队腰间的手枪带上斜插着1把军刺，从外形上看并非特勤队员的V42型格斗匕首，而是M1型步枪的刺刀。

■ 上图是1月4日，美国陆军航空队的 A-36A 型攻击机将炸弹倾泻在雷迪卡莎村附近的德军山头阵地上。下图是在雷迪卡莎村附近的山头，一名前进炮兵观察员正用无线电将目标信息传递给后方的炮兵部队，注意其身前是一具测距仪。

■ 这是在雷迪卡莎村内，几名特勤队员正驻足观看从头顶掠过前往轰炸敌军目标的美军 A–36A 型对地攻击机。注意左一、左二队员都穿着一型 M1941 双面派克大衣，而右一队员则穿着二型 M1942 双面派克大衣；另外，左一穿的是伞兵靴，而左二穿的是寒带套靴。

■ 这是在雷迪卡莎村内的一座民房前，第3团团长沃克上校面带倦容地吃着干粮。他穿着一件二型 M1942 双面派克大衣和寒带套靴。

■ 这是在雷迪卡莎村，来自加拿大安大略湖省的麦克亚当斯市(MacAdams)的特勤队员伦纳德 ·G· 查塔姆(Leonard G. Chatham)背着1挺缴获的德军 MG42型机枪眺望远处的山区。他穿着一型 M1941 双面派克大衣、M1941 型卡其色羊毛编织帽和伞兵靴。对比左页图沃克上校所穿的派克大衣可以看到，一型 M1941 双面派克大衣比前者要长出很多。

■ 左图是在雷迪卡莎村中，第1特勤队的一名满负重荷的四级技术军士。他的钢盔下方还戴着一顶M1941毛织无檐套头帽。这些背着育空河背架往返于在骡子看来也非常崎岖的山道上进行补给作业的特勤队员，往往被称为“弗雷迪的运输机”，他们所背负的物资通常都超过了45公斤。

■ 左图是在雷迪卡莎村中，第1特勤队第3团的一名特勤队员在此停歇。当时正在下雪，他穿着二型M1942双面派克大衣，个人装备和物资都用育空河背架背负，背架顶端是1支M1A1型卡宾枪，他应该是一名军官。

■ 上图是在雷迪卡莎村中，一群特勤队员准备往前线开拔，地上放着的是缠绕在线轴上的电话线。他们大多数人都穿着二型 M1942 双面派克大衣，不过图中左侧远处那名坐着休息的特勤队员穿的是一件一型 M1941 双面派克大衣。这两款大衣同时在第 1 特勤队中穿着，但后者远不如前者普及。

■ 右图是第 1 特勤队第 3 团第 1 营营部的赫伯特 ·E· 莫里斯中士所穿过的一双 M1942 型伞兵靴。M1943 型野战夹克或派克大衣、山地裤、伞兵靴这一身多兵种混搭装扮，是“冬季防线”上的盟军战友对第 1 特勤队的第一印象。

■ 上图是在雷迪卡莎村中，一名特勤队员与第1团团部的救护兵肯尼斯 ·D· 威尔逊(Kenneth D. Wilson)交谈。这些医护兵的钢盔上都标注了巨大的红十字。威尔逊穿着 M1943型野战夹克，钢盔里面还戴着一顶 M1941 型毛织无檐套头帽。与他交谈的这名特勤队员看样子刚从前线下来，他穿着一件一型 M1941 双面派克大衣，M1936 型背带上背挂着打成卷的羊毛毯。

■ 这也是1月4日在雷迪卡莎，一名特勤队员正弯腰给他的寒带套靴扣鞋扣，旁边是另一名正在旁观的特勤队员，他们都戴着一顶 M1941型毛织无檐套头帽御寒。和其他步兵部队不同，第1特勤队作战时穿的大多是伞兵靴。但在寒冷的意大利中部山区，他们往往会穿一双寒带套靴，这种套靴也可以套在伞兵靴外。

■ 上图是在雷迪卡莎村中，几名特勤队员正准备离开这里去攻打几公里外的一处高地。他们的育空河背架上装满了弹药、粮秣、通讯设备和武器，留意他们的山地裤便可发现，宽大的腿袋也塞得满满的，特勤队员有时候也会将腿袋充作弹匣袋。其中中间那名穿着二型 M1942 双面派克大衣的特勤队员的武器是1支 M1A1 型卡宾枪。

■ 本页两张照片也是战地摄影师罗伯特 · 卡帕在意大利战场上拍摄的照片，聚焦的是第1特勤队战斗后的战场。左图是1944年1月在卡西诺地区附近，一名被第1特勤队击毙的德军士兵。

■ 下图也是1944年1月在卡西诺地区附近。第1特勤队和德军刚在这里进行了一场激战，美军的1辆M4中型坦克从战火刚熄灭的战场驶过。

■ 本页上图是1944年1月4日在雷迪卡莎村中，来自加拿大魁北克省蒙特利尔市的二等兵约翰 · 约翰逊(John Johnston)抱着他的约翰逊M1941型轻机枪在墙根下休息，他穿着白色朝外的二型M1942双面派克大衣，手上还戴着皮手套。除了第1特勤队，约翰逊轻机枪只有美国海军陆战队少量装备，因此它在欧洲战场上非常罕见。

■ 右页上图可能也拍摄于1944年1月的雷迪卡莎村中，第1特勤队第3团第6连连长大卫 ·H· 尤斯廷上尉(David H. Joesting)在一所民居前的留影。

■ 右页下图拍摄于1944年1月的意大利中部山区，几名特勤队员正在勘察周边山地的敌情

■ 这是1944年1月在韦纳夫罗，第1特勤队第3团第6连的二等兵诺顿 ·L· 谢弗（Norton L. Shaver）押送着一名德军战俘前往后方。虽然他还忍受着脚部受冻、胳膊被弹片射伤的痛苦，但从他在镜头前的表情来看，这算不了什么。根据“加拿大第1特种作战营”的战争日志记载：“1944年1月11日，晴朗且温暖。来自前线的报告依旧非常匮乏。第2团预计在今晚或明天展开行动。”

■ 这也是1944年1月在韦纳夫罗，第1特勤队司令部的塞缪尔 · 沃尔斯博恩准尉(Samuel Wolsborn)押送俘虏前往战俘营，沃尔斯博恩手中提着一支貌似汤普森 M1A1型冲锋枪的武器。据“加拿大第1特种作战营”的战争日志记载：“1944年1月12日，持续晴朗和暖和……弗勒里少校(Fleury)从第1梯队打来电话说，指挥部已经批准吉尔迪中校担任‘第1特种作战营’的临时指挥官，正式任命将很快下来……”

■ 这也是1944年1月在韦纳夫罗，意大利山地兵骡车队在为前线作战的第1特勤队运送补给物资。除了保障营的补给队，第1特勤队在意大利中部山区作战时也得到了意大利骡队提供的补给支援，其后勤条件虽然仍旧恶劣，但比拉蒂芬萨山战斗期间已经好了很多。

■ 上图和下图都是1944年1月在韦纳夫罗附近的宿营地里（也有资料认为在是1944年底在法国南部），第1特勤队第3团第3连的队员们正在休息做饭，享受战场上难得的休息时间。在1944年1月期间，第1特勤队在“冬季防线”上苦战，其内部由于威廉姆森上校的离职也致使美国人和加拿大人矛盾不断。在“加拿大第1特种作战营”的战争日志中连续记载了威廉姆森事件的后续发酵：“1944年1月13日，晴朗且暖和。吉尔迪中校从前线返回并调查具体发生了什么事，他已经得知威廉姆森上校的离开，但不知道具体细节。离开第1特勤队同样能在好岗位上工作，但威廉姆森彻底累垮了。1944年1月14日，早雾、晴朗且暖和。吉尔迪中校和比斯科少校（Bisco）动身前往阿韦利诺，陪同准备前往位于福里诺（Forino）的加拿大第8强化营的威廉姆森吃午饭和游玩。在等待前往英国期间，吉尔迪中校与第2梯队的邓恩上校及米尔斯少校报告了第1特勤队中的加拿大人的最新伤亡情况。1944年1月15日，晴朗，寒风。吉尔迪中校和比门特准将（Beament）讨论了在第1特勤队中的加拿大人大大耗损的情况下加拿大人的地位问题，我们有大约300人或在医院里，或在不重要的岗位上，剩下的则很难说适应所在岗位。我们已经发了一份相关电报给斯图尔特中将供其参考。一些人从前线返回，并感觉第1特勤队将准备在明天撤返驻地。今天的伤亡报告回来了，有3名加拿大人阵亡。先前用电话报告的伤亡数字得到了确认。”

■ 上图是第537页图的同一场景，这些特勤队员在韦纳夫罗附近的临时宿营地中休息。下图是1944年1月在韦纳夫罗，第1特勤队的几名士兵在村镇中巡逻。

■ 右图是在意大利山区，从前线撤下来的特勤队员用担架抬着他们阵亡的战友走在崎岖的山道上。1944年1月在“冬季防线”上的战斗极大损耗了第1特勤队的元气，他们也再次面临被撤编的危险。

■ 这是1944年1月在韦纳夫罗附近，第1特勤队第1团第5连的3名队员在战斗间隙合影。从左至右分别是：来自加拿大马尼托巴省的罗伊 · 库珀中士(Roy Cooper)、来自安大略省的弗雷德 · 伊尔中士(Fred Hill)、来自亚伯达省(Alberta)的诺曼 · D · 托帕中士(Norman D. Torpe)。其中库珀中士穿着一型 M1941 双面派克大衣，其他两人都穿着二型 M1942 双面派克大衣。另外，他们都穿着寒带套靴。其中托帕中士于1月7日便在意大利中部山区的战斗中负伤。

■ 上图可能拍摄于1944年初的意大利中部山区，第1特勤队的1支部队沿着陡峭的山路向前线进发。注意在队伍的前面还有1匹驼运物资的骡子。

■ 下图是1944年1月在韦纳夫罗附近的勒诺奇的第1特勤队急救站，特勤队员、美军第2军直属队的人员和德国战俘刚好凑在一个画面中。可以看到，几名特勤队员聚集在急救站门口，旁边是第2军的救护兵驮着伤员经过，德军战俘在一旁围观。德国战俘旁边未戴钢盔的那名特勤队员是第2团第1连的约瑟夫 · 科斯特莱中尉(Joseph Kostelec)。

■ 这也是1944年1月在勒诺奇的第1特勤队急救站门口，第1特勤队的2名军官正在休息闲谈。左边身穿M1943型野战夹克的是来自加拿大亚伯达省的第2团第1连的约瑟夫 · 科斯特莱中尉，右边身穿二型 M1942双面派克大衣的是来自华盛顿的第3团第1连中尉霍德华 ·C· 威尔逊(Howard C. Wilson)，威尔逊的大衣外还穿戴着装备携行具。

■ 这张照片是约瑟夫 · 科斯特莱中尉在勒诺奇的第1特勤队急救站门口的另一张特写。从这张照片可以清晰地看到他的军装左胳膊上的红色矛尖臂章。科斯特莱中尉后来于1944年2月4日在安齐奥战场的一次行动中失踪，如今被判定阵亡。

■ 上图是科斯特莱中尉与威尔逊中尉在位于勒诺奇的第1特勤队急救站的另一张合影。他们的脸上都露出了连续战斗后的疲惫。左图照片也拍摄于同一地点，几名特勤队员在急救站前休息。第1特勤队在意大利中部山区的战斗中虽然损失严重，但为盟军其他部队在这一地区的作战摸索了很多经验教训。在1944年4月14日，第1特勤队向上级递交了一份18页长的关于意大利战役中的经验教训总结，具有很高价值。

■ 这是1944年1月在韦纳夫罗以北，第1特勤队的兰登中尉（W. H. Langdon）满负装备赶往前线。他穿着一件M1943型野战夹克，各种装备和物资用背架背在背上，就连山地裤的腿袋中都装满了物资。

■ 上图是第 1 特勤队占领马约山之后在前线设立临时指挥部。下图是在意大利山区，特勤队员正在准备一次物资运输行动。

■ 上图是1944年1月在马约山附近，第3团第6连连长大卫 · H · 尤斯廷上尉眺望战场。他穿着一件M1943型野战夹克，头戴一顶羊毛编织帽。下图也是意大利战场上的尤斯廷上尉，他因为在1943年12月的战事中的出色表现而获得了银星勋章。

■ 上图是1944年1月在意大利山区，一队特勤队员行军经过一处山村。从其环境上判断，这里可能是雷迪卡莎村。下图1944年1月在雷迪卡莎村外的山上，身穿双面派克大衣的第2团第2连的二等兵弗雷德 ·J· 约翰逊端着他的约翰逊轻机枪在哨位上警戒。

■ 本页和右页图片应该都拍摄于雷迪卡莎村，经历了惨烈的马约山之战后的第1特勤队第3团的一些幸存的特勤队员合影。

■ 在上图和下图的合影中，这些特勤队员穿着各异，有的穿着 M1937 型羊毛 / 法兰绒衬衣，有些穿着双面派克大衣，有些穿着 V 领针织衫，有些穿着 M1943 型野战夹克，他们的脸上都显露着余生的喜悦或战斗后的疲惫。

■ 本页上图是第3团第6连连长尤斯廷上尉在雷迪卡莎村的留影。右页图是另一名特勤队员在雷迪卡莎村的照片。

■ 上图是1944年1月，第1特勤队司令部几名队员的合影。从左至右分别是“首席侦察兵”弗朗西斯 · 巴尼 · 赖特(Francis Barney Wright)，伊尔(D.M.M. Hill)，不知名的通讯摄影师，第1特勤队摄影师路易斯 · J · 梅里姆四级技术军士和拉斐尔 · D · 马丁内斯。下图和右页2幅图都是1944年1月在雷迪卡莎，伊尔和赖特正在排除德军布设的诡雷。

■ 上图是1944年1月12日，第1特勤队指挥部先遣队的一支巡逻队进入已经被盟军占领的切尔瓦罗。这里已在盟军炮火和空中打击下遭受严重破坏，但还有不少德军狙击手隐藏于此，第1特勤队的一个任务便是肃清村镇内的狙击手。这支巡逻队的成员包括查尔斯·N·拉塞尔中士(Charles N. Russell)、二等兵弗朗西斯·巴尼·赖特、伊尔和一名通讯摄影师加拉格尔。

■ 下图是1944年1月12日(一说是1月15日)在切尔瓦罗的街道废墟中,手持汤普森M1A1型冲锋枪的拉塞尔中士掩护前进搜索的巴尼·赖特和伊尔。在这张照片刚拍摄完，巡逻队便遭到了德军的袭击，在敌军猛烈的火力下，他们战斗至黄昏，拉塞尔中士和加拉格尔撤退，而留在身后掩护的赖特和伊尔双双阵亡。

■ 上图是1944年1月，第1特勤队保障营勤务连的队员正在为战友准备热饭菜。在“冬季防线”的激战中，保障梯队的特勤队员们所能做的就是“保障有力”了。

■ 下图是1944年1月14日在切尔瓦罗附近，一支由第2团第3连的哈伦 ·S· 摩根(Harlan S. Morgan)率领的补给队行进在山道上。在他们身后拴着骡子的建筑是一个物资中转站和法军的急救站，注意急救站墙上醒目的红十字标志。这支战斗部队被临时指定为他们的战友运输医疗及补给物资，队伍最前面这名特勤队员的钢盔和背架上都带有红十字标志，另外，他没有穿外套，身上穿着一件高领毛衣，里面是 M1937 型羊毛 / 法兰绒衬衣。

■ 这是1944年1月在切尔瓦罗附近，第3团的几名特勤队员在路边休息。其中中间的是来自加拿大安大略省的二等兵布朗，右边的是来自美国俄亥俄州的葛诺中士（Graw）。布朗背负着育空河背架，上面塞满了各种物资装备，他们都穿着M1937型羊毛/法兰绒衬衣、山地裤和伞兵靴。特勤队员更多是依靠人力来为战友运输物资，所谓的“弗雷迪的运输机”的外号，意为他们是弗雷德里克的运输队。

■ 这是1944年1月在雷迪卡莎村附近，身穿 M1943型野战夹克和山地裤的四级技术军士路易斯 ·J· 梅里姆带着1头骡子行进在山道上。骡子驮着一个通讯电线的线轴。梅里姆是第1特勤队摄影分队的成员之一，如今展示在世人面前的第1特勤队的很多历史照片都是他的作品，他斜跨在胸前的那个皮匣子里装的应该就是他的“武器”——照相机。

■ 上图是1944年1月在意大利山区，第1特勤队的一支补给骡队行进在积雪还未消融的山道上。骡子确实是往山区前线运输弹药和物资的最好运载工具。

■ 下图是1944年1月在雷迪卡莎村附近，第2团的1个机枪班在火堆旁烤火、加热罐头吃东西。照片中从左至右依次为弗兰纳里四级技术军士(Flannery)、一等兵约翰斯顿(Johnston)、乔伊纳四级技术军士(Joiner)、里奥纳德中士(Leonerd)、汤普森中士。他们都穿着二型M1942双面派克大衣和山地裤。他们正在吃的是十合一口粮，这款口粮是1943年6月基于英军的“混合”口粮而研发的，包括谷类食物、咖啡、果酱、水果、罐装牛奶、饼干、肉类、蔬菜、香烟及其他零食。这款口粮一箱内装四小箱，能为10个人提供一天所需的食物。

■ 上图和下图都是1944年1月在雷迪卡莎村，第1特勤队的一队运输队正在将补给物资上骡背，准备运往前线。上图右三从着装上看，可能是协助第1特勤队运输物资的当地村民或意大利友军。

■ 上图和下图也是1944年1月在雷迪卡莎村外，几名特勤队员与为他们运送物资的骡队合影。其中上图的骡子背上驮运着2支拆解的勃朗宁 M1919A4型机枪。下图中，给骡子背上的弹药固定绳索的应该是一名意大利友军士兵。骡子旁那名第1特勤队的上士头上套着一顶M1941型毛织无檐套头帽，滑稽的模样乍一看有些像本地妇女。

■ 这是1944年1月在雷迪卡莎村，第1特勤队第3团团长沃克上校(左)和第1团团长马歇尔上校(右)在交谈。他们的部队已经在“冬季防线”上持续战斗了3个星期，这两位团长的脸上的疲态都显而易见。沃克上校在派克大衣外还套着一件皱巴巴的风衣，围着脏兮兮的围巾，看起来更像是当地的难民。马歇尔上校穿着一件二型 M1942 双面派克大衣，背着山地帆布背包。

■ 上图是1944年1月在雷迪卡莎村，第3团第1营营长兼“加拿大第1特种作战营”代理指挥官托马斯 · 吉尔迪中校(中)和第1特勤队的执行官保罗 · D · 亚当斯上校(右)谈论前期在马约山的行动。他们旁边的是一名手持M1型步枪站岗的哨兵。

■ 左页上图是1944年1月在雷迪卡莎村，一名在战斗中险死还生的特勤队员还未从死亡的阴影中平静下来。可以看到他头顶的钢盔上有一个明显的弹孔，德军的一发子弹打穿了他的钢盔，但并未击中他的脑袋。左页下图是1944年1月在雷迪卡莎，几名特勤队员在收殓阵亡的战友的遗体，准备运往后方。

■ 左页图是1944年1月在雷迪卡莎村，第1特勤队司令部的助理情报官芬恩 ·W· 罗尔中尉的留影。罗尔中尉来自挪威奥斯陆，他是第1特勤队的情报参谋罗伯特 ·D· 博汉斯的助理。

■ 本页上图是1944年1月在雷迪卡莎村，芬恩 ·W· 罗尔中尉(左)与第1特勤队的情报参谋罗伯特 ·D· 博汉斯合影。

■ 上图是1944年1月15日在雷迪卡莎村，第1团团部的二等兵拉尔夫 · 伦纳德(Ralph Leonard)在为准备上前线救助伤员的军医肯尼斯 · D · 威尔逊(Kenneth D. Wilson)整理他的育空河背架上的物资，这些物资包括血浆和毛毯。

■ 右页上图是1944年1月16日在雷迪卡莎村附近的1090高地上的第3团指挥部，第3团团长沃克上校和他的参谋们正在勘察德军阵地，他身旁的这几名军官分别是罗伯特 · B · 沃克少校(Robert B. Walker)、塞克特少校(J.M. Sector)和弗兰克 · W · 埃里克森上尉(Frank W. Erikson)。沃克和他的两名副手穿的是一型M1941双面派克大衣，另一人穿的是二型M1942双面派克大衣。注意他们身后是一个用石块和挡雨布搭建的掩蔽所。

■ 右页下图是1944年1月16日在雷迪卡莎村，第2团的2名来自加拿大的队员与3名被俘的德军士兵合影。其中左一是乔治 · 库利克中士(George Kulyk)，右一是第4连连长威廉 · 斯托里中尉。这些俘虏一度想逃跑，但以失败告终。这3名俘虏从左至右分别是：来自西伯利亚的蒂莫西 · 亚历克斯西哲(Timothy Alexcesia)、来自苏联的艾曼特 · 威马曼(Ehmatte Wemamen)、来自意大利的朱佩塞 · 皮乌西格(Giuseppe Piusig)。

■ 上图是1944年1月17日在780高地附近，第3团的2名特勤队员蜷缩在岩石后观察着山下穿过峡谷通往拉皮多河和卡西诺的道路。下图是1944年1月19日，红十字会的工作人员在为返回圣玛利亚迪卡布阿贝特利镇的特勤队员提供咖啡和点心。第1特勤队在“冬季防线”上的作战已基本结束。根据“加拿大第1特种作战营”的战争日志记载，从1月16日起，第1特勤队已经开始回撤了，日志记录：“1944年1月16日，晴间多云且凉爽。第1团仅剩5名军官和100多名各军阶士兵于下午晚些时候回到营地。1944年1月17日，晴朗且寒冷。更多阵亡者的私人物品被运到阿韦利诺。第2团、第3团和保障营于今日返回驻地，急需休息。乔・E・布朗在下午再次给他们表演娱乐节目。他们所有人直到接近圣玛利亚迪卡布阿贝特利镇才有机会洗澡和清洗内衣裤、袜子。1944年1月18日，晴朗且寒冷。今天我们吃到了被延迟的圣诞节大餐——大量的火鸡和香肠肉。比门特准将告诉吉尔迪中校，我们可以通过呼叫医疗救助所送至的加拿大综合医院的地点，由此可以遣返回国。晚上有一场吹奏乐队演唱会。1944年1月19日，晴朗且寒冷。上午检查了大量工事，下午又检查了一遍。晚上，红十字会款待我们，并提供了咖啡和油炸圈饼。每天下午和晚上都有2个娱乐节目可以观赏，还发有去往附近小镇的通行证。目前所要做的唯一工作就是清洗和整理设备。官兵们都需要好好休息一番。新兵们的训练仍在继续。”经过在寒冷山区的长时间战斗，第1特勤队进入休整，他们很快便被派往安齐奥。

■ 这是1944年1月22日在圣维托雷德拉齐奥，第3团第4连的斯图尔特 ·L· 戴蒙德上尉在此执行任务。

■ 上图是第569页下图的另一场景。从戴蒙德上尉所处环境上看，他可能在为友军部队运输物资。后来在1945年，戴蒙德参加了解放德国埃斯特尔韦根集中营（O.C. Esterwegen Concentration Camp）的行动。

■ 上图是1944年1月底，第1特勤队的一名身穿双面派克大衣的观察员正利用植被做掩护，为眼前的“死亡山谷”进行侦察拍照，这可能是为盟军的下一步行动收集情报。

■ 左页下图是1943年1月23日，第1特勤队的几名队员乘坐T-24型履带式运兵车脱离敌军迫击炮火力范围，他们在为强渡拉皮多河的美军第36步兵师第143步兵团提供医疗和食物补给。当时，第1特勤队的队员是第一批渡过拉皮多河为美军提供后勤补给的人员。据“加拿大第1特种作战营”战争日志记载：“1944年1月24日，晴朗且寒冷。部队正在进行一些休整，训练将在周一展开。2名军官和一些士兵执行一项独立的任务：驾驶T-24为前线运输补给。我们仅有110多辆T-24，很明显它们的履带在崎岖地形上非常管用。T-24是我们去年在威廉·亨利·哈里森堡的训练中使用的T-15‘黄鼠狼’运兵车的升级版本。”

■ 这张照片可能拍摄于1944年初的“冬季防线”上，几名裹得严严实实的特勤队员在搞战地野炊。下图截取自纪录片《自杀性任务之黑色魔鬼》，这可能是第1特勤队在意大利中部山区进行的一场战斗演习，图中两名特勤队员正在乱石间架设 M1919A4型机枪阵地。

■ 这张照片可能拍摄于1944年1月底第1特勤队在“冬季防线”上的战斗结束之后，第3团第6连连长大卫 ·H· 尤斯廷上尉在战友临时安葬处的留影。注意，他穿着一件很罕见的M1943型开襟双面派克大衣。据“加拿大第1特种作战营”的战争日志记载：“1944年1月20日，晴朗且寒冷。在最后一次任务中的最终死亡人员名单被送往阿韦利诺。下午14点，第2军军长凯斯少将来到驻地，给第1特勤队里的美国人和加拿大人授勋并进行了短暂演讲，他赞扬了第1特勤队的出色表现并希望能在下一次行动中继续与之并肩作战。以下是此次获得银星勋章的加拿大人：米切尔中尉、鲁多洛普上士（L. H. Rudolop）、加格农中士（C. Gagnon）、帕菲特中士（J. A. Parfett）、斯特灵中士（R. A. Stirling）、二等兵艾特肯（R. B. 艾特肯）。另外，还有5名美国人——包括1名军官和4名士兵也获此荣誉。1944年1月23日，寒冷、多云且小雨。上午9点，我们为在最后行动中阵亡的战友举行了一个小小的纪念仪式，所有人都参加了。发放了晚上去附近小镇玩耍的通行证。军官在军官俱乐部有聚会，我们在那里提出应提供大量酒精饮料，改变美军‘禁酒’的政策。那里还有一个火鸡大餐。剩余的阵亡军官遗体被送往阿韦利诺。”

■ 上两图是大卫 · H · 尤斯廷上尉在意大利的留影。他穿着一件冬季大衣，头戴 M1941 型卡其色羊毛针织帽，看样子刚刚从“冬季防线”上的恶战中恢复过来。据尤斯廷所获的银星勋章的嘉奖词披露：“在（1943 年 12 月的）一次向险峻山地进行补给的行动中，尤斯廷上尉意识到山顶阵地和山脚指挥所之间存在通讯不畅的问题，他志愿去铺设一条可靠的有线电话通讯线路。虽然登山 3 天以来他已筋疲力尽，但仍独自一人带着一卷线圈滑下陡峭、满是岩石和泥泞的斜坡，穿过一个不断被敌军步兵火力覆盖的区域。他克服极度疲劳、险峻的山势和敌军火力带来的威胁，成功完成了任务，并很大程度上保障了部队作战使命的完成。尤斯廷上尉的勇气和决心使他和美国陆军的荣誉得以提升。”

■ 下图可能拍摄于 1944 年 1 月底，第 1 特勤队乘车赶往波佐利，从那里登船赶往安齐奥。

虎头蛇尾的“鹅卵石”

“鹅卵石”行动最初的构想来自英国首相丘吉尔。1943年12月，丘吉尔构想以2个师的兵力在意大利西海岸的安齐奥地区登陆，绕过盟军已经碰得头破血流的“冬季防线”，攻占意大利战场上的战略目标罗马。随着盟军逐渐推进至古斯塔夫防线，意大利战场的盟军第15集团军群司令哈罗德·亚历山大将军在去年时曾考虑用5个师来执行这一计划，但美军第5集团军无法抽调这么多的部队及运输力量来执行。克拉克将军提议使用1个加强师来执行这一行动，分散卡西诺前线的德军兵力，并期待在一个星期内在卡西诺有所突破。这一行动，被正式命名为“鹅卵石”。

盟军所要登陆的安齐奥地区的安齐奥－内图诺（Anzio−Nettuno）滩头阵地，位于一大片可再生沼泽的西北部，这片沼泽过去被称作彭甸沼地（Pontine Marshes），如今称之为彭甸田地。由于这里有带疟疾的蚊子，此处过去是无人区。20世纪30年代，墨索里尼通过开凿运河和建立抽水站，将苦碱水抽离这一区域，并在此建起大批住宅，使之发展为富裕的聚居地。彭甸田地一端连着大海，一端被阿尔瓦尼山（Monti Albani）、莱皮尼山（Monti Lepini）、奥索尼山（Monti Ausoni），及南面更远的奥奇隆山（Monti Aurunci）等群峰环绕。古时候，从南面入侵意大利的军队，或者选择走彭甸沼泽、或者选择走另一条唯一的通道——经由拉丁（Latina）进攻罗马。而如今，通往罗马的6号公路和7号公路就在这一区域，盟军一旦在这里站住脚跟，便可通过这两条战略公路直抵罗马。

当时，第一支被选作执行这一行动的美军部队是由小卢西恩·K·特拉斯科特少将（Lucian K. Truscott, Jr.）指挥的第3步兵师。但是，特拉斯科特向第5集团军司令克拉克将军指出，这个登陆点就是个毫无生存可能性的“死地”，克拉克同意这一观点并否决了这一行动，1943年12月18日，这一军事行动被盟军取消。但是在次年1月，丘吉尔重提这一方案，并“死缠烂打”地要求他的将领们执行这一计划——他甚至指责这些将军们不想打仗，只想着领工资和吃饭。

盟军高层中认为，“鹅卵石”行动成功的关键在于，德军后方会出现大批部队威胁罗马，这将迫使德军C集团军群司令凯塞林撤回部分防守在古斯塔夫防线上的部队以应对这一新的威胁，那么古斯塔夫防线正面的盟军便可趁机攻击跨越拉皮多河，突破古斯塔夫防线，然后北上进入利里河谷；若凯塞林不分兵，那么登陆的盟军便可趁机占领罗马，并切断古斯塔夫防线上的德军部队。但是，盟军内部还存在着两种不同的意见：美国人认为，在这场行动中，若盟军无法突破德军在卡西诺的防线，那么在安齐奥登陆的盟军部队将陷入困境。英国人则期待这场侧面迂回行动最后能够占领罗马。离开地中海战场为“霸王”行动做准备的艾森豪威尔将军在其离任前，也提醒丘吉尔，凯塞林的反应的难以预测性。因为凯塞林也可能担心部队会陷入包围而将其从古斯塔夫防线上全部撤出。最终，双方一致认为，在登陆成功后，部队不能在安齐奥停留。根据协商，此次行

■ 上图是1943年12月25日在突尼斯，刚熬过了一场肺炎的英国丘吉尔与艾森豪威尔（左）和第15集团军群司令哈罗德 · 亚历山大（中间）等盟军高级军官共度圣诞节。这位穿着中国风睡衣的首相此时已经决定在古斯塔夫防线侧后方的安齐奥实施登陆，两面夹击意大利中部的德军。下图是1944年1月初在波佐利附近，美军士兵正在进行两栖登陆的训练，为月底的“鹅卵石”行动做准备。

■ 上图是盟军将要登陆的安齐奥－内图诺地区。安齐奥历史久远，是古罗马帝国时期的两位臭名昭著的皇帝尼禄（Nero）和卡里古拉（Caligula）的诞生地，也意大利著名的港口城市和度假胜地。从图上可以看到，安齐奥与其姐妹城市内图诺紧密相连。海滩后是彭甸沼地，这片沼地一直延伸到遥远的山峰脚下。

■ 下图是从空中鸟瞰的彭甸沼地。这片区域在几个世纪以来一直是无人区域，直至墨索里尼上台后将其改造成可以居住的农田和灌溉区域，这里的灌溉沟渠达上万英里。当盟军接近罗马时，德军用炸药破坏了这里的灌溉系统，淹没了10万英亩的农田，使该区域难以通行且布满了传播疟疾的蚊子。

动的战役总指挥为英国皇家海军地中海舰队总司令约翰·亨利·戴克斯·坎宁安海军上将(John Henry Dacres Cunningham)，担任这场行动的地面主力是由约翰·P·卢卡斯少将(John P. Lucas)指挥的美军第6军(下辖英军第1步兵师、美军第3步兵师)；协助登陆的海军部队则由美军少将洛里指挥。在海军舰队的支援和掩护下，第6军在安齐奥－内图诺滩头登陆后，部队将迅速推进至罗马东南的阿尔班山(Alban Hill，即阿尔瓦尼山)，切断德军的通讯并威胁德军第14装甲军的后方，并期望这一威胁能使德军撤出卡西诺，协助防线正面的盟军突破。

但是，这场行动首先要面对的一个问题是缺乏足够的登陆舰艇。由于"霸王"行动正在紧锣密鼓地准备当中，这个主要战略方向需要数量庞大

■ 约翰·P·卢卡斯(1890–1949)
这是美军第6军军长卢卡斯少将。卢卡斯1911年毕业于西点军校，曾作为美军第33步兵师第108野战通信营营长参与一战并身负重伤。1941年，卢卡斯晋升少将军衔并于同年9月出任第3步兵师师长一职，后升任第3军军长。1943年9月，卢卡斯接替欧内斯特·J·道利少将(Ernest J. Dawley)出任第6军军长。1944年1月22日，卢卡斯指挥第6军登陆安齐奥。卢卡斯是安齐奥战场的关键人物，正因为他从心底不认为自己的部队足以完成"鹅卵石"行动的计划任务，优柔寡断，加上克拉克给他的"不要冒风险"的模棱两可的命令，致使第6军在登陆后作为有限，甚至一度陷入危机。血战四周后，卢卡斯被克拉克解除了第6军军长职务，转调至第5集团军司令部。在出任克拉克副手三周后，卢卡斯被赶回了美国。

的登陆舰艇，致使盟军在地中海战区没有能够运输2个师的船只。美军高层也认为，不能延误在诺曼底和法国南部的登陆行动。而当时盟军在这里的大多数登陆舰艇，将在1月15日离开前往英国，但这对于"鹅卵石"行动来说是不现实的，在罗斯福总统的许可下，这些船只能保留到2月5日。而且，最初这里的坦克登陆舰仅够运载"鹅卵石"行动中的1个师的兵力，在丘吉尔的个人坚持下，才得到了勉强可运载2个师的坦克登陆舰。

而且，关于这场行动，第5集团军司令克拉克中将和第6军军长卢卡斯少将忧心忡忡，他们对此次战役都不看好。在克拉克看来，首先，登陆舰艇的缺乏和限时离开让他心底非常没底。更重要的是，他还认为自己没有足够的力量从南面突破古斯塔夫防线，因此他的计划是让古斯塔夫防线正面的部队牵制住凯塞林的预备队，并期待登陆安齐奥的盟军能快速突破内陆。虽然克拉克从亚历山大将军处得到的命令内容为："……在罗马附近的海滩突击登陆，目标是切断德军的联络并从后方威胁古斯塔夫防线上的第14军。"但克拉克在下发给卢卡斯的命令却没有真实地反映这一点，最初他发给卢卡斯的命令内容为："1. 抢占并防守安齐奥附近的滩头阵地。2. 前出并夺取阿尔班山。3. 准备向罗马进发。"不久，他又给卢卡斯下发了另一份命令："……2. 前出至阿尔班山。"这两份前后不一致的命令给卢卡斯在针对海滩制高点——阿尔班山——的行动时带来很大灵活性，而这也导致卢卡斯在登陆后的第一时间里几乎无所作为。

而在卢卡斯看来，他对这场行动更为谨慎和悲观，卢卡斯在行动发起之前几天的日记中写道："他们最后会把我和不足的兵力投掷到拥堵的滩头……然而，谁应该受责怪呢？这场行动有很浓重的加里波利登陆战的味道，而同样的业余教练还是坐在他的教练椅上旁观。"从这里可以看出，

卢卡斯非常担心这场行动会重蹈第一次世界大战时加里波利登陆战的覆辙，那场登陆战役死伤惨重且一无所获，策划者也是丘吉尔——当时他是英国的海军大臣。

正是在这种情况下，负责在古斯塔夫防线南面突破的盟军部队把希望放在安齐奥的登陆部队上，期待他们能在古斯塔夫防线侧后方有所突破，自己再打破古斯塔夫防线；而负责突破安齐奥的盟军也把希望放在古斯塔夫防线南面的盟军身上，想在其突破古斯塔夫防线后己部再进一步深入。两相推诿导致了这场战役打成了“一锅夹生饭”。

根据盟军计划，“鹅卵石”行动将在1944年1月22日正式发起。届时，海军集结起5艘巡洋舰、24艘驱逐舰、238艘登陆舰艇及62艘其他各型舰艇，为登陆的美军第6军提供运输、支援和火力掩护。第6军的主要登陆地点分为3个，其中，英军部队——第1步兵师、第46（利物浦-威尔士）皇家坦克团、第2特勤旅一部（2支突击队）在位于安齐奥以北9.7公里的“彼得”海滩登陆；美军部队——第3步兵师和504伞兵团在距安齐奥以东9.7公里内图诺“X射线”海滩登陆；而登陆安齐奥港的，则是由威廉·奥兰多·达比上校（William Orlando Darby）指挥的美军第6615游骑兵团的3个营（第1、2、4游骑兵营）和第509伞兵营。值得一提的是，最初，第504伞兵团是计划以空降形式突袭安齐奥北面12.8公里的咽喉要道阿普利亚（Aprilia），但因为在西西里岛战役时期，空降突击的高损失率，这一计划在1月20日被取消，第504伞兵团转而以两栖登陆形式参战。

在第6军成功登陆后，由美军第45步兵师和第1装甲师组成的第二登陆梯队将登陆安齐奥以扩展战果。

为了支援安齐奥的登陆部队，古斯塔夫防线

■ 这是1944年1月在那不勒斯附近的港口，参加“鹅卵石”行动的美军第6军的官兵正登上坦克登陆舰等运输船只，准备开赴安齐奥战场，等待他们的将是一场对峙长达5个月的滩头僵局。

■ 上图是1944年1月16日在巴亚（Baia），美军第4游骑兵营C连在其连长乔治·B·农纳利中尉（George B. Nunnally）的率领下登上海军的步兵登陆艇，准备参加安齐奥登陆战。下图也是1944年1月16日在巴亚，准备登上步兵登陆艇前往安齐奥的第3游骑兵营。由第1、第3、第4游骑兵营组成的第6615游骑兵团在“鹅卵石”行动中负责登陆安齐奥港，但在1944年1月底的奇斯泰尔纳之战中，第1、第3游骑兵营几乎损失殆尽，农纳利中尉也死于此战中。

■ 上图是1944年1月21日在波佐利码头，运送美军第504伞兵团前往安齐奥的步兵登陆艇整装待发。两栖攻击运送舰的缺乏，使登陆安齐奥的盟军第一波部队被限制为2个师的兵力。

■ 下图是护卫内图诺港的一个经过了伪装的机枪碉堡。德军在安齐奥和内图诺设置了众多碉堡和炮位进行防御，但盟军于1944年1月22日发起登陆作战时，安齐奥－内图诺防御阵地上的守军却非常稀少，盟军轻而易举地拿下了滩头阵地。

南面的美军第5集团军主力于1月16日向卡西诺发起进攻。虽然一直无法突破德军阵地，但成功地吸引了德军的注意力，并牵制了德军的预备队。古斯塔夫防线上的德军指挥官、第10集团军司令海因里希·冯·维廷霍夫上将（Heinrich von Vietinghoff）请求增援，凯塞林将第29和第90装甲掷弹兵师从罗马调来支援古斯塔夫防线。

1944年1月22日午夜，盟军正式发起“鹅卵石”行动。德国人对这场登陆行动毫无知觉，驻守在安齐奥一带的德军部队仅有1个工兵营，毫无抵抗之力。凌晨2点，首批登陆部队顺利上岸，几乎没有遭遇任何抵抗。紧接着，盟军各部向内陆推进。其中，英军第1步兵师深入内陆3公里，美军第3步兵师深入5公里，游骑兵团占领了安齐奥港，第504伞兵团也攻占了内图诺。截至1月22日晚上22点，盟军登陆部队共3.6万人、3200辆各型车辆已顺利在安齐奥登陆，仅阵亡13人，负伤97人，俘虏了200多名德军。同时，在海滩建立起了15公里长的环形阵地。更重要的是，距海滩仅24公里之遥的阿尔班山和山脚两旁通往罗马的6号、7号公路只有德军几个哨所，而且，在第一天的行动里，意大利抵抗组织的领导人还与登陆盟军将领会面，表示愿意协助其攻占阿尔班山，这些可说是千载难逢的机遇！

但是，第6军在登陆安齐奥后，极度谨慎的卢卡斯并没有让部队继续向纵深推进，而是打定主意，要等到古斯塔夫防线正面的盟军实现突破后再进行下一步行动。因此，他置亚历山大的迅速占领阿尔班山的命令不顾，而是将兵力收缩在面积狭小的滩头阵地上，加强防御并进行固守。他的上级对他的止步不前非常不满，他们期望的是，卢卡斯能从侧后对“冬季防线”上的敌军带来威胁，并迫使其向北撤至罗马，而不是如今固守滩头。丘吉尔甚至说道：“我期望的是把一只野猫扔到岸上（撕开德国人柔软的下腹部），但我们得到的却是一条搁浅的鲸鱼！”

■这是1944年1月22日，美军的两栖运兵卡车（DUKW）冒着炮火登陆安齐奥滩头。

■ 上图是1944年1月22日，美军第3步兵师的步兵和摩托化车队登陆内图诺“X 射线”海滩。第3步兵师成立于1917年11月12日；8个月后，该师作为美国远征军一部赴法国参战，在1918年7月的第二次马恩河战役中，该师在友邻部队均已败退的情况下仍坚守阵地，获得了“马恩磐石”的绰号。二战期间，第3步兵师首先参加了1942年11月盟军登陆北非的“火炬”行动，占领了半个法属摩洛哥，后参加了突尼斯之战。1943年7月，第3步兵师作为美军第2军一部，在师长小卢西恩 · K · 特拉斯科特少将的指挥下参与了登陆西西里岛的“哈士奇”行动。1943年9月，该师在第6军的序列下参加了萨勒诺登陆；10月，该师渡过沃尔图诺河，一路杀至卡西诺前线。1943年底至1944年初，第3步兵师被确定参与安齐奥登陆战。登陆安齐奥之后，第3步兵师在与德军在安齐奥滩头激烈对峙的4个月期间，再次经历了类似一战的堑壕拉锯战，击退了德军的多次反扑。1944年2月29日，第3步兵师甚至顶住了3个德军师的疯狂反扑，但因伤亡过重而不得不后撤。1944年5月，第3步兵师参与了突破安齐奥滩头阵地的行动。在意大利战场期间，第3步兵师一直承担着最激烈和最艰难的战斗，甚至创下了一天之内伤亡900余人的美军单日最高伤亡记录，该师也是二战期间美军中少数几个全程参与了欧洲方面战事的步兵师。

■ 下图是1944年1月22日，英军第23装甲旅下属的第46坦克团的M4中型坦克登陆安齐奥海滩。该团在“鹅卵石”行动中从装甲旅中分离出来，暂归英军第1步兵师指挥。

■ 上图是1944年1月22日，从“彼得”海滩登陆的英军第1步兵师一部穿过安齐奥市的街道，这里已呈半废墟状态。下图也是1944年1月22日，英军第1步兵师的一部穿过安齐奥大道，在他们身旁的一个路标上指示：这里距罗马57.6公里。

■ 上图是1944年1月24日在安齐奥，美军第504伞兵团的几名士兵将一名负伤的狙击手抬上救护车。下图是安齐奥战场上，英军第1步兵师米德尔塞克斯团（Middlesex Regiment）第2/7营的士兵正在挖掘战壕据守。由于登陆后没有及时扩大战果，第6军丧失了进军罗马的绝佳机会，给予了德军调兵反扑安齐奥的宝贵时间。1月22~23日期间，德军各部从各方向疾驰安齐奥。其中西面：第715步兵师，第998炮兵营，第4装甲团第1营，第301装甲营。东南方向：第114猎兵师及2个炮兵营。西南方向：第14集团军第92步兵师、第65步兵师（缺1个团）、第362步兵师（缺1个团）、党卫军第16装甲掷弹兵师；第10集团军的“赫尔曼·戈林”伞兵装甲师的战斗群、第15装甲师的战斗群、勃兰登堡团、第56火箭炮团和第60工兵营。

卢卡斯的表现缘自他最初便对这一行动缺乏信心，而且，他认为他的这一行为是对来自克拉克将军的命令的合理解读。但是，正因为卢卡斯的止步不前，德国人得到了极为宝贵的反击准备时间。

1月22日凌晨3点，德军C集团军群总司令凯塞林得知了盟军在安齐奥登陆的消息后，在震惊之余迅速启动应急预案：从驻意大利各师中抽调小规模的高机动部队组成一支摩托化快速反应部队，作为临时战斗群，迅速抵达目标区域加强防御，为预备队的集结创造时间。黎明5点，凯塞林启动代号为“理查德”(Richard)的反击行动，命令由第4伞兵师和“赫尔曼·戈林”伞兵装甲师组成的临时战斗群迅速防御从安齐奥－内图诺经由坎波利欧内镇(Campoleone)、奇斯泰尔纳镇(Cisterna)到阿尔班山的交通要道，并要求2万人的防守部队在第一天结束前抵达目的地。同时，凯塞林向最高统帅部请求增援，后者同意在法国、南斯拉夫和德国本土调遣相当于3个师的兵力给他。在1月22日早上的晚些时候，凯塞林还命令第14集团军司令埃贝哈德·冯·马肯森上将(Eberhard von Mackensen)和第10集团军司令海因里希·冯·维廷霍夫上将调遣额外的增援部队奔赴安齐奥地区。

当时，临近的德军部队在几天前便被派遣前往增援古斯塔夫防线了，而从南方调集的所有可用预备队正兼程赶往安齐奥－内图诺，其中包括第3装甲掷弹兵师、第71步兵师，以及“赫尔曼·戈林”伞兵装甲师大部。凯塞林最初考虑，若盟军在1月23日或24日发起下一步攻势，那么在安齐奥的防守将以失败告终。但是，直到1月22日结束前，盟军都没有什么进一步的行动，这使他欣喜若狂，要知道，当时从安齐奥到罗马沿途几乎已无一兵一卒，罗马可说是指日可下，但盟军居然出乎意料地在海滩上滞留不前，凯塞林由此确信，这场防御战能够有所作为。1月22日晚，德军一些额外的防御兵力——阿尔弗雷德·施勒姆中将的第1伞兵军指挥部抵达前线。1月23日，德军先头部队首先占领了制高点阿尔班山，更多的支援部队正兼程赶来。1月24日，德军已

■ 这是1944年1月25日在安齐奥，一名英军士兵正在检查一架被击落的德军He 111轰炸机。从1月23日起，德国空军开始大规模出动，轰炸盟军滩头阵地，在1月23日当天还击沉了盟军1艘驱逐舰。截至1月29日，盟军共有巡洋舰、驱逐舰、运输船和医疗船各1艘被击沉，2艘驱逐舰和1艘坦克登陆舰被击伤。

集结起超过4万人的部队准备防御作战。在盟军登陆安齐奥的三天后，德国人已经在安齐奥地区构筑起由3个师组成的防御阵地：第4伞兵师在西面，第3装甲掷弹兵师防守正面及阿尔班山，“赫尔曼·戈林”伞兵装甲师在东面。1月25日，第14集团军司令埃贝哈德·冯·马肯森上将授命总揽整个防御战。凯塞林命令，将在1月28日对滩头的盟军发起反击。不过，这一行动被推迟到2月1日。

在德军集结并向安齐奥地区开进之时，盟军在滩头仍无甚作为。英军第1步兵师师长罗纳德·彭尼少将（Ronald Penney）和美军第3步兵师师长特拉斯科特少将都向卢卡斯强烈请求迅速出击，向纵深突破。丘吉尔和亚历山大也来电质问。此时，仍不打算推进的卢卡斯在上下压力下才决定向外扩张滩头阵地。至此，盟军才得以有所行动，其中，英军部队被命令向西北进攻坎波利欧内火车站，美军则需攻占东北面的奇斯泰尔纳。前者位于安齐奥通往阿尔班山脚下的阿尔

■ 埃贝哈德·冯·马肯森（1889–1969）
上图是德军第14集团军司令马肯森上将。马肯森于1908年加入德国陆军，1939年9月担任第14集团军参谋长，先后参与了波兰战役、法国战役、基辅战役、第三次哈尔科夫战役，担任过德军多支集团军的指挥官，1943年起担任第14集团军司令。

■ 下图是安齐奥战役时期的坎波利欧内火车站，这里是从安齐奥通往阿尔班山脚下的阿尔班镇的必经之路。可以看到这里周边地势开阔，是泥泞的平原，南面远处的阿普利亚镇及其中的建筑物“工厂”是这里唯一的显著地物，盟军要进军坎波利欧内，首先要占领“工厂”。

■ 上图是1944年1月25日，盟军第5集团军司令马克 · 韦恩 · 克拉克中将乘坐鱼雷艇前往安齐奥战场督战。

■ 下图是在安齐奥战役时期，遭遇毁灭性打击的阿普利亚镇。这里是意大利政府为开垦沼泽地的农民修建的居住点，特别是其中的大型建筑"工厂"，居高临下控制着周边的平原地区。1月26日，英军第1步兵师以惨重伤亡占领阿普利亚；2月3日，德军发起反击后，两军在阿普利亚继续展开激烈争夺，德军于2月9日占领该镇。

班镇的道路上；后者则位于彭甸田地边缘，7号公路和从那不勒斯通往罗马的铁路都从此经过。这两处都是战略上的交通要道。但是，此时已经太晚，德国人已经布置好了防御阵地，盟军失去了宝贵的战机，只能与德军防御部队展开血腥的拉锯战。

进攻奇斯泰尔纳镇的是美军第3步兵师，该师在11.2公里宽的正面向前推进了4.2公里，遭到德军的顽强抵抗，每一座房屋都要经过激烈争夺。从1月25日战至27日，正面突破始终难以奏效。

坎波利欧内方向的英军也难以突破。英军第1步兵师的侦察部队沿着通向阿尔班镇的公路搜索前进，在推进5公里后遇到了阿普利亚的制高点阵地——"工厂"。1月26日凌晨，英军向"工厂"发起攻击，经过血腥拉锯，英军以血腥代价夺取了阿普利亚镇。

在英美军队分别向前推进的同时，盟军高层不断向第6军施加压力，要求卢卡斯尽快向德军阵地发起总攻。1月28日，克拉克中将甚至乘鱼雷艇亲抵安齐奥，督促卢卡斯。次日，盟军第二

批登陆梯队——第45步兵师和第1装甲师登陆安齐奥海滩。此时，安齐奥地区的盟军部队已达到6.9万人、508门火炮和208辆坦克。与此同时，该地区的德军防御部队也达到了7.15万人。1月30日，卢卡斯命令英军第1步兵师和美军第3步兵师同时发起进攻，前者继续向西北前出，穿过安齐艾特大道（Via Anziate）进占坎波利欧内，后者负责切断阿尔班山前的7号公路。

在这场大规模进攻行动中，英军在坎波利欧内方向上的进攻失败，在坎波利欧内前方形成一个暴露的突出部。而美军第3步兵师由于之前的正面攻势难以奏效，于1月30日在右翼投入了第6615游骑兵团的第1游骑兵营和第3游骑兵营进行渗透穿插。

■ 威廉 · 奥兰多 · 达比（1911–1945）
这是第6615游骑兵团的指挥官达比上校。达比同样出身西点军校，二战爆发后，达比是首批被派往北爱尔兰的美军人员之一。在那里，他对英军的突击队产生了浓厚兴趣。1942年6月19日，几乎与第1特勤队同一时间，美军第1游骑兵营成立，达比被任命为营长，负责筹建和训练这支新生力量。达比可说是美军游骑兵的创始人。1943年，包括达比的第1营在内的3个游骑兵营参与了意大利战事。1944年1月，美军将这3个营编为第6615游骑兵团，交由达比指挥，参加安齐奥战役，这支部队又被称为“达比的游骑兵”。经奇斯泰尔纳之战的惨重损失，该团剩余的游骑兵大多编入第1特勤队中，达比也于1944年2月至4月间调任第45步兵师第179步兵团团长。1945年4月30日在进攻意大利城市特兰托（Trento）的战斗中，达比被1发88毫米炮弹击中，当场身亡。

这里要提一下游骑兵——这是一支与第1特勤队类似的精锐力量。游骑兵是美国陆军中第一支突击队性质的部队，最初组建缘由是打造一支种子部队，获得丰富作战经验的队员将分配到其他部队担任教官，传授他们的作战经验。最早的第1游骑兵营成立于1942年6月19日，而在此之前，经过美英高层于1942年4月至5月的商议，决定由美军第5军军长拉塞尔 · 哈特将军（Russell Hartle）的副官威廉 · 奥兰多 · 达比上尉担任第1游骑兵营的首任营长。游骑兵营继承了英军突击队的许多至关重要的战斗经验，最初人员都从第5军中的单位——包括第34步兵师和第1装甲师——中挑选，在经过严格的淘汰后，所有人都在苏格兰的英国联合作战中心接受和英国突击队同样详尽的训练。在登陆意大利半岛后，3个游骑兵营便直属于第5集团军司令部，在意大利中部山区苦战。为了加强“鹅卵石”行动中的盟军部队，这3个游骑兵营被编为第6615游骑兵团，交由达比上校指挥，投入安齐奥战场。

由于情报的错误，游骑兵们通过名为“潘塔诺壕沟”（Pantano Ditch）的灌溉沟渠悄悄穿过德军防线进入奇斯泰尔纳镇中时，在开阔地带遭到了第715步兵师和“赫尔曼 · 戈林”伞兵装甲师的伏击，这场战斗至2月2日停止，767人的2个游骑兵营，除了6人得以逃回盟军阵地外，其余761人中，311人阵亡，450人被俘。这是美军游骑兵战史上最惨重的一次失败和损失。美军向奇斯泰尔纳的推进也以失败告终。

另一方面，在古斯塔夫防线正面，盟军强渡拉皮多河的行动也以失败告终，这意味着两个方向的盟军暂时无法在预期内会合。在这种情况下，卢卡斯丁2月1日下令停止进一步的进攻行动，巩固现有阵地，以便积累足够的预备队和物资来打破德国人越来越紧密的海滩包围圈。而也就是在这一天，第1特勤队抵达安齐奥海滩。

奇斯泰尔纳 火车站

潘塔诺壕沟

伊索拉贝拉

■ 上图是伊索拉贝拉和奇斯泰尔纳，可以看到连接孔卡（Conca）和奇斯泰尔纳的公路从平原上穿过。安齐奥滩头右翼的盟军的任务是攻占奇斯泰尔纳，切断7号公路。当时，第1和第3游骑兵营的任务是从潘塔诺壕沟渗透到奇斯泰尔纳镇，第4游骑兵营则是从正面进攻伊索拉贝拉，为第3步兵师第15步兵团清扫进攻的通道。下图是1944年2月1日，在奇斯泰尔纳之战中被俘的美军游骑兵在德军的押送下走过罗马街头，注意背景的著名古罗马建筑——圆形大剧院。这一场景的相关新闻照片也被柏林方面向全世界报道，以显示德军俘虏了美军精锐，这不啻于给日暮西山的德国人打了一针强心剂。

■ 安齐奥战役美军第6军作战序列（1944年1月22日至5月24日）

第6军
（约翰·P·卢卡斯少将；2月23日由特拉斯科特少将接任）

- 英军第1步兵师（威廉·R·C·彭尼少将）
  辖第2步兵旅、第3步兵旅、第24禁卫旅及第46（利物浦威尔士）皇家坦克团
- 美军第3步兵师（小卢西恩·K·特拉斯科特少将；2月23日至5月25日为约翰·W·奥丹尼尔准将）
  辖第7、第15、第30步兵团
  （5月25日转至第2军序列）
- 美军第45步兵师（威廉·伊格尔斯少将）
  辖第157、第179、第180步兵团
- 美军第1装甲师（欧内斯特·N·豪斯少将）
  辖第1、第6、第13、第67装甲团
- 英军第56（伦敦）步兵师（杰拉德·坦普勒少将）
  辖第167、第168、第169步兵旅
  （1944年2月中旬至3月中旬在编）
- 美军第34步兵师（查尔斯·W·赖德少将）
  辖第133、第135、第168步兵团
  （从3月起在编）
- 美军第36步兵师（弗雷德·L·沃克少将）
  辖第141、第142、第143步兵团
  （从4月起在编）
- 英军第5步兵师（菲利普·格雷格森－埃利斯少将）
  辖第13、第15、第17步兵旅
  （从3月起在编）
- 英军第2特勤旅
  辖第9、第43（皇家海军陆战队）突击队
- 美加联合第1特勤队（罗伯特·泰伦·弗雷德里克准将）
  辖第1、第2、第3团
  （从2月起在编）
- 美加第6615游骑兵团（威廉·奥兰多·达比上校）
  辖第1、第3、第4游骑兵营
- 美军第504伞兵团（鲁宾·H·塔克上校）
- 美军第509伞兵营
- 美军第36战斗工兵团

■ 上图是1944年在安齐奥滩头战场，德军空降兵正在操纵一门PaK 36型37毫米反坦克炮向滩头阵地的盟军开火。当时，盟军受困安齐奥滩头，德国宣传机构将这里戏称为“世界上最大的战俘营”。

■ 安齐奥战役德军14集团军作战序列（1944年1月22日至5月24日）

- 第14集团军（冯·马肯森上将；5月底由C集团军群司令凯塞林元帅直接指挥）
  - 第1伞兵军（阿尔弗雷德·施勒姆空降兵上将）
    - 第4伞兵师（海因里希·特雷特纳少将）
      - 另配属意大利“闪电”伞兵团“云雨”营（科拉迪诺·阿尔维诺上尉）
    - 第29装甲掷弹兵师（瓦尔特·弗里斯中将）
    - 第65步兵师（赫尔穆特·普法伊费尔中将）
    - 第715步兵师（汉斯－格奥尔格·希尔德布兰特瓦尔特少将）
      - 另配属意大利圣马可海军陆战团巴尔巴里戈营（翁贝托·巴尔代利上尉）
    - 第114猎兵师（卡尔·埃格尔泽中将）
  - 第76装甲军（特拉戈特·赫尔装甲兵上将）
    - 第3装甲掷弹兵师（弗里茨·休伯特·格拉瑟中将）
    - 第26装甲师（斯米洛·冯·吕特维茨中将）
    - 第362步兵师（海因茨·格雷纳少将）
    - “赫尔曼·戈林”伞兵装甲师（保罗·康拉特中将）
    - 第71步兵师（威廉·拉普克中将）

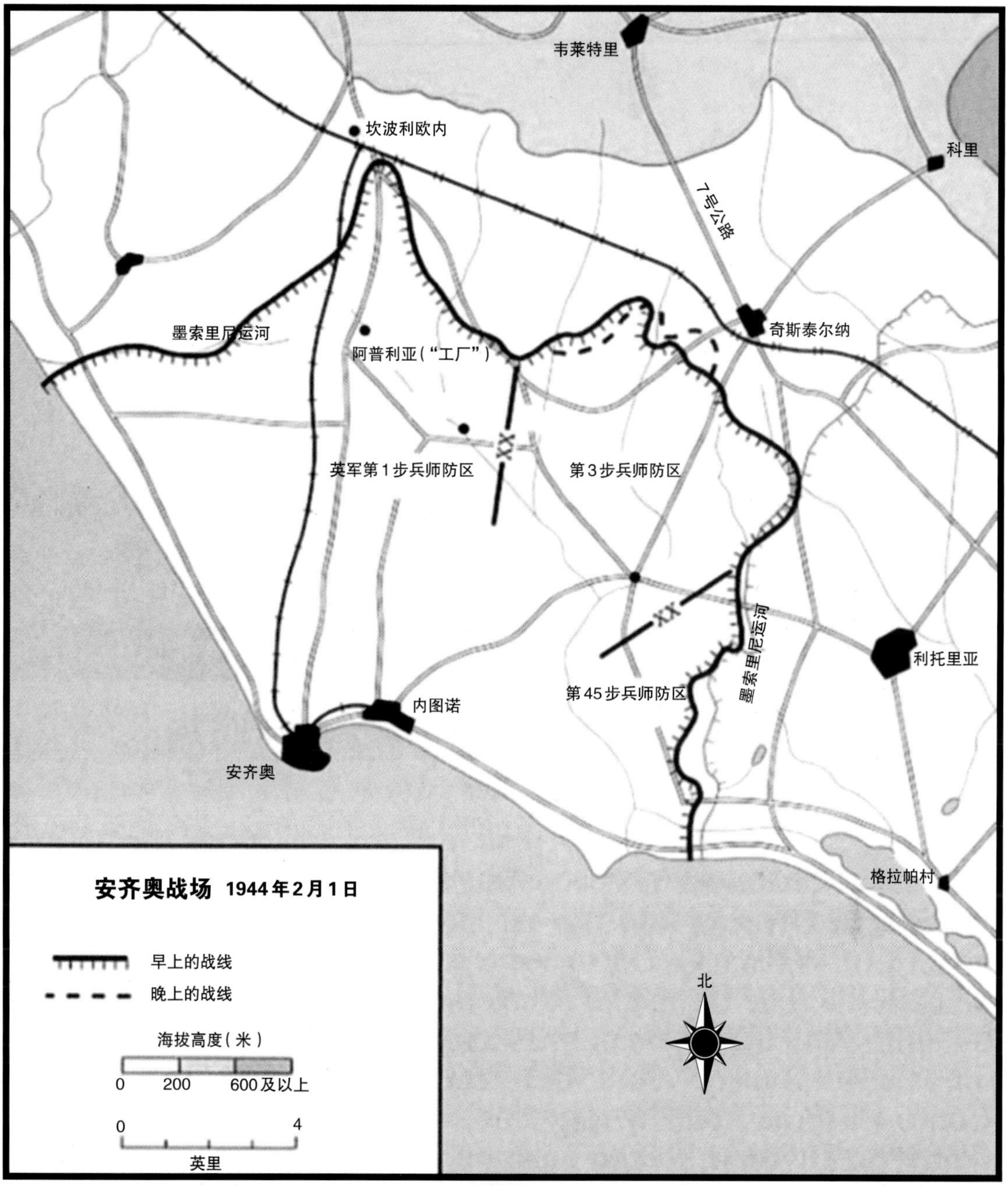

■ 这是在奇斯泰尔纳附近，德军的炮火击中了被美军占领的一座农舍。在奇斯泰尔纳之战中，镇内的每一间房屋都化为战场，两军逐屋争夺。

滩头僵局与安齐奥的“黑色魔鬼”

2月1日，第1特勤队登陆后迅速穿过安齐奥，抵达城市西面的一个集结区域。此时还未确定哪个滩头阵地是部署该部的最佳位置。不过正如弗雷德里克所愿的是，第1特勤队由第6军直接指挥，而非像拉蒂芬萨山之战初期那样分配到1个步兵师的指挥序列之下。2月2日，第1特勤队转移到新的集结区域，位于安齐奥滩头阵地右翼的勒费列雷（Le Ferriere）以南约2.4公里的滩头中间的一座小村庄。当日下午，弗雷德里克接到命令，第1特勤队的任务是协助防御滩头右翼阵地，替换目前驻守在此的部队。晚上，第1特勤队的战斗梯队转移到滩头阵地的东面区域。在那里，第1特勤队在夜幕的掩护下替换了驻守在此的第36战斗工兵团，接管了他们在墨索里尼运河（Mussolini Canal）西岸的阵地，保障营则留在勒费列雷附近等待下一步的命令。也就是在入驻防区的当天夜里，第1特勤队在安齐奥之战的首例伤亡出现：第3团第5连的2名尉官，斯克金中尉（C.R. Scoggin）在侦察他们连的战区时被德军的1枚S型地雷杀死，剧烈的冲击波将与他一起的大卫·W·古蒂中尉（David W. Cuddy）击成重伤，后者于次日不治身亡。

墨索里尼运河开凿于1926年，是墨索里尼的“面子工程”之一，它由北蜿蜒向下，利托里亚平原（Littoria Plain）上如同皱褶般的浅表排水沟渠系统注入其中，最后在内图诺以东8公里流入第勒尼安海。这一运河使其周围的带有疟疾蚊子的彭甸沼泽的土地经过开垦都变成了平坦的沙质农田。如今，这条运河成为德军的一条坚固的防线：它的深度，在大多数地区都达到了2.4米至3米；而其宽度，在最西面达到近55米；加上其危险的涌流，不仅敌军的任何装甲车辆都无法逾越这一障碍，对于步兵来说也是难以跋涉的屏障。

■ 这是停泊在安齐奥码头的美军步兵登陆艇，第1特勤队便是乘坐这些船只登陆安齐奥的。

■ 这张照片拍摄于1944年1月1日，墨索里尼运河上的一座桥梁被盟军空中力量所摧毁。第1特勤队抵达安齐奥战场后，从第36战斗工兵团手中接过了墨索里尼运河下游西岸的防区。

另外，在滩头阵地东面，那些被公路交通网覆盖的区域地形平坦，且面积足够大，但因为开阔地表面太软，无法支撑车辆行驶，所有的机动车辆的活动都被限制在这些公路上，在相邻的田野上点缀着一些农舍，这些都是良好的观测点和伏击点。除了浅表排水沟、沟壑以及“夹道而栽的树木”，这片区域没有任何可以提供掩护的地形，而且所有的日间行动，除了在极端恶劣的天气时，很容易被观察到。

弗雷德里克曾这样描述他们的“新家”：

“墨索里尼运河防区位于一片非常平坦、几乎没有树木的开垦田地的边缘，白天发起军事行动是不可能的，在满月时期的晚上展开行动也会受到限制。8公里外的利托里亚村（Littoria）的高塔在防区内都能看得清清楚楚。由于这里普遍的沼泽地形，坦克和各种车辆的行驶都被限制在固定的道路上。2月份特别干燥，到了2月29日以后，雨连下了4天。”

弗雷德里克还回忆了当时他和第1特勤队所面临的困难：

“墨索里尼运河对于双方来说都是一个障碍，第1特勤队一直受到来自水面右翼的威胁，没有对防御进行深思熟虑。平坦、没有树木遮蔽的防区无法给部队提供掩蔽所或遮蔽物，不像运河岸边地段还能提供些参差不齐的遮蔽。第1特勤队的防区处于几乎不受限制的观察之下。墨索里尼运河还为敌军飞机提供了极好的地面坐标。接近地表的地下水更限制了防御阵地或掩蔽所的挖掘深度。”

尽管墨索里尼运河具有防御方面的一些优

势，但第1特勤队的防御正面宽达11公里，相当于整个滩头阵地周长的四分之一。因此，第1特勤队各部被布置得非常分散。而且，在他们登上开往安齐奥的船只时，在意大利中部山区作战的损失还未完全恢复。在抵达安齐奥时，第1团仅有原来一半的兵力，第2团也差不多，第3团因为在1月底得到所有的补充而接近满员。为此，第1团和第2团不得不进行了临时重组，第1团下辖3个连，第2团下辖4个连。在防线布置上，第1团分到了防御正面的三分之一：从运河出海口向北延伸5公里。第3团负责剩下的三分之二，从第1团左翼开始延伸到运河西岸约8公里的地方（其中包括一座名叫“5号大桥”的桥梁），与美军第504伞兵团的右翼相连。顺便说一下，这条分界线在4月6日时向南移动了1500米。第2团进至运河防线后方不远处，作为第1特勤队的预备队，并承担巡逻任务，若德军突破防线，该团还负责予以反击。在第1特勤队的阵地对面，主要驻守着德军“赫尔曼 · 戈林”伞兵装甲师的部队。

在第1特勤队之前防守这段阵地的第36战斗工兵团，在其短暂的驻防时期便被德国人频繁袭扰，这些德军的前哨线占据了一些刚刚越过水道的阵地和建筑。当时，德国守军听到了工兵团换防的动静，便想搞些动静出来。在第1特勤队抵达运河的第一天晚上，一支德军战斗巡逻队决定试探一下他们的新“邻居”有何能耐，朝河对岸第1团的防区内倾泻了轻武器火力并投掷了手榴弹。当德国人准备撤退时，双方爆发了一场短暂而激烈的战斗。对手的厚颜无耻激怒了第1特勤队，立即开始整顿周边局势。2月3日夜，第1特勤队的战斗巡逻队穿过运河上的临时浮桥（当时，德军已将炸毁了运河上大部分桥梁）侦察德军的前哨阵地，并挑起激烈战事。

■ 这是第1特勤队第1团的防区中的萨波蒂诺村（Sabotino），可以看到村里教堂的小圆塔。萨波蒂诺村是意大利拉蒂纳省（province of Latina）首府拉蒂纳的一个村，位于墨索里尼运河东岸，两条公路的交汇点。第1特勤队驻守墨索里尼运河地区期间，该村留下了大量战斗痕迹。尤其是第1团第2连连长格雷厄姆 · M · 海尔曼上尉率部在这里的精彩战斗，使盟军以海尔曼的昵称称呼该村为“古斯村”，这是极为荣耀的褒奖。

■ 上图和下图都是从第1特勤队第1团的防区眺望墨索里尼运河的无人区。战火赶走了这里的居民，对峙双方将这里的建筑物作为前哨，经常在这里进行小规模的渗透和突袭。从上图可以看到，这里的建筑物都留下了明显的战争创伤。

■ 上图是甘蓝堡(Cabbage Castle)以西的沙滩，这里是第1特勤队第1团的防区。下图是1944年2月19日，从空中鸟瞰第1特勤队位于墨索里尼运河西岸后方的前线阵地，这里是第3团的防区。

就在第1特勤队进驻墨索里尼运河防线之时，2月初，德军已经在安齐奥方向集结起10万兵力，即冯·马肯森将军的第14集团军，下辖第1伞兵军和第76装甲军。2月3日下午，德国人对坎波利欧内方向的突出部进行了试探性的突袭。晚上23点，英军第1步兵师迎来了德军的第一次大规模反扑，德军此举是为了推平英军在坎波利欧内造就的突出部。冯·马肯森的计划是将突出部“磨平”，而非以迅速的突袭攻破盟军阵地。德军先以猛烈炮击，再以装甲部队实施突击，步兵则穿插迂回，对英军实施分割包围。由于连日大雨，加之战场上硝烟弥漫，盟军空军无法出动，英军得不到空中支援，伤亡惨重。攻击开始后几个小时，英军的前线阵地已经支离破碎，德军利用这里的沟渠来回穿插。2月4日，坎波利欧内方向的形势越来越危险。据守坎波利欧内突出部尖端的是英军第3步兵旅，他们的阵地是北上通往坎波利欧内镇的一条公路，长3.2公里，宽914米。在德军于2月4日凌晨发起大规模攻势后，该旅各营阵地的联系已被切断且陷入包围中。英军第24禁卫旅的爱尔兰禁卫团第1营在突出部仅剩1个建制完好的连，第2步兵旅的戈登高地人团第6营的连队也已崩溃，被俘319人。

虽然坎波利欧内的突出部几乎被突破，但从古斯塔夫防线正面紧急调来的英军第54步兵师第168步兵旅的抵达，让卢卡斯得到了支撑英军第1步兵师方向防御的援军。第3步兵旅付出惨重伤亡的代价在坚守阵地一个白天后，在2月4日下午接到了放弃战斗、于下午17点后撤至“工厂”阵地的命令。与此同时，新加入战场的第168步兵旅的伦敦苏格兰团第1营，在第46皇家坦克团的支援下，打了一个漂亮的反击，暂时阻挡了德军的步伐。英军第1步兵师将兵力收缩至“工厂”、马莱塔河（Moletta River）一线构筑防线。卢卡斯见德军攻势凌厉，开始在英军第1师防线后面5公里处建立最后防线，以备万一。

2月5日至7日，双方都集中重炮和轰炸机对对方阵地倾泻弹药。2月7日晚21点，德军发起了新的攻势，目标仍是英军防线。在两日的厮杀中，英军伤亡巨大且得不到有效补充，其战略要地“工

■ 这是1944年2月在安齐奥附近，德军C集团军群司令凯塞林元帅（中）和军官们在前线查看盟军的滩头阵地。从2月份开始，完成兵力集结的德军对登陆盟军进行了疯狂反击，成功将盟军压缩在狭窄的滩头阵地上，但始终无法将盟军赶下海，两军在安齐奥陷入僵持。

■ 上图是1944年2月7日在内图诺的盟军阵地上，2辆卡车被德军的空袭摧毁。这种情况在拥挤狭窄的滩头阵地的其他地方也非常普遍。下图是在安齐奥滩头阵地上，刚被德军炮火摧毁的盟军战地医院，这里后来被称为“半英亩的地狱”。在整个安齐奥战役期间，盟军的野战医院和医疗设施都遭到德军的疯狂炮击和轰炸。

■ 上图是1944年2月17日在“捕鱼业”行动中，德军“赫尔曼 · 戈林”伞兵装甲师的士兵正赶往安齐奥滩头，向盟军发起反击。德军在此次行动中投入了第14集团军第1伞兵军和第76装甲军等主力，以及各式火炮452门，包括：105毫米榴弹炮114门，150毫米榴弹炮46门，100毫米火炮39门，170毫米火炮6门，210毫米榴弹炮3门，210毫米列车炮2门，240毫米列车炮2门，150毫米多管火箭炮54门，210毫米多管火箭炮14门，88毫米高射炮172门。

厂”于9日凌晨失守。2月10日，盟军缓慢后撤，突出部被德军“抹平”。由于“工厂”失守，英军防线一再告急，盟军的滩头阵地有全线崩溃的危险。2月11日，卢卡斯发动反击，意图夺回失地。但由于德国人截获了盟军的无线电内容而得到事先预警，打退了盟军这次并不协调的反击。

此时，近10万盟军被压缩在狭窄的滩头阵地，每天承受着德军严密的炮火打击，加上连日大雨，泥泞满地，阵地上尸横遍野，一幅地狱的惨景。

2月14日，盟军第15集团军群司令亚历山大将军抵达安齐奥战场并视察前线。为支援安齐奥的盟军，2月15日，古斯塔夫防线正面的盟军对卡西诺发起猛烈攻势，企图迫使德军从安齐奥抽调部队南下，减轻安齐奥滩头的压力——“鹅卵石”行动本来是为了解决古斯塔夫防线难以突破的难题而发起的，结果却要古斯塔夫防线前的盟军来解救他们的危机。这不得不说是一个笑话。

2月16日，英军第56（伦敦）步兵师全部抵达安齐奥战场，这一方向的盟军兵力达到了76400人。也就是在这一天，在虎式坦克的支援下，德军发起了名为“捕鱼业”（Operation Fischfang）的新的大规模攻势，为了把盟军赶下大海，德军还投入了威力巨大的列车炮。这一次，德军的主要突击方向在阿尔班镇至安齐奥的公路。卢卡斯考虑到德军进攻方向的转变，将已血战多日的英军第1步兵师残部作为预备队，将英军第56（伦敦）步兵师第169步兵旅和美军第45步兵师的3个团分别部署在公路两侧，美军第3步兵师仍坚守奇斯泰尔纳镇附近。

至2月16日夜，德军通过夜袭撕开了美军第45步兵师防线，为争夺突破口，两军陷入胶着。次日，古斯塔夫防线前的盟军对卡西诺再次发动大规模进攻，依旧没有得手，只能暂停攻势。就在这一天，对卢卡斯已经失望的盟军高层决定

■ 上图是坎波利欧内附近的卡罗切托村（Carroceto），德军第3伞兵装甲师的1辆Sd.Kfz. 251C型半履带车和一辆“蟋蟀”150毫米自行榴弹炮在这里暂时休息，看样子这里不久前进行了一场激烈的战斗。在旁边还有一辆被击毁的“谢尔曼”坦克，它可能来自于英军第46皇家坦克团。注意背景远处那座建筑物，那便是著名的“工厂”。

■ 左图是1944年2月14日在安齐奥，前来视察督战的盟军第5集团军司令哈罗德·亚历山大将军（右一）接见第6军的美英军官，商讨严峻的战局。

小卢西恩 ·K· 特拉斯科特（1895–1965）
右图是刚接任美军第6军军长一职的特拉斯科特少将。特拉斯科特1917年加入美国陆军，两次世界大战之间一直在多支骑兵部队和参谋岗位上调动。1942年，在见识了英军的突击队之后，特拉斯科特也倡议美军建立类似部队，从而推动了游骑兵的组建。同年5月，特拉斯科特晋升为准将，并调至蒙巴顿勋爵主持的美英联合参谋部工作，他是1942年8月的迪耶普突袭的美军主要观察员。1942年11月8日，特拉斯科特少将在乔治 ·S· 巴顿将军（George S. Patton）麾下参与了"火炬"行动，率领第60步兵团和第66装甲团登陆摩洛哥。1943年4月，特拉斯科特被任命为美军第3步兵师师长，训练部队准备参与登陆西西里岛的"哈士奇"行动。在西西里岛战役期间，第3步兵师展现了在山地环境下的长距离快速行军的训练成果，其行军速度被称为"特拉斯科特小跑"（Truscott Trot）。当时，该师被认为是第7集团军中训练最优良、领导最有方的部队。1943年9月，特拉斯科特率领第3步兵师参与了萨勒诺登陆。1944年1月，特拉斯科特和第3步兵师参加了"鹅卵石"行动。在盟军身陷滩头阵地之时，特拉斯科特临危受命，取代优柔寡断的卢卡斯少将指挥第6军，他坚决主张在德军倾尽全力却未能完全突破盟军滩头阵地的情况下，立即实施反击，最后成功守住了滩头阵地，粉碎了德军的"捕鱼业"行动。

下图是1944年2月19日在卡罗切托村附近，一群在"捕鱼业"行动中被俘的德军士兵在美军的押送下前往战俘营。旁边有一队美军正在挖掘掩体，而有趣的是掩体旁是一条农渠。安齐奥周边的低水位使盟军的散兵坑经常陷入潮湿泥泞之中，而且还带来了"战壕足"等严峻问题。

撤换他的职务，并将美军第3步兵师师长小卢西恩 · K · 特拉斯科特提升为第6军副军长，准备接任军长一职。

到了2月18日，在绝望的战斗中，盟军战线已被压缩到滩头阵地的最后防线后。也就在同一天，英军第1步兵师师长彭尼少将在炮火中负伤，该师暂时交由第56（伦敦）步兵师师长杰拉尔德 · 坦普勒少将（Gerald Templer）指挥。盟军最后的防线虽然已经千疮百孔，但仍在盟军手中，海面的盟军舰炮火力也给予了滩头友军有力的火力支援，德军始终无法突破盟军最后薄弱的防线。至2月20日，双方都筋疲力尽，投入了最后预备队的德军还是无法突破盟军防线，“捕鱼业”行动宣告终结。在这场行动中，盟军伤亡3500人，德军伤亡5400人。从盟军登陆安齐奥滩头开始，双方伤亡人数均近20000人。至2月29日前，双方陷入短暂对峙。而在2月22日，第5集团军司令克拉克将美军第6军军长卢卡斯任命为第5集团军副司令，以明升暗降的方式调走，特拉斯科特正式出任美军第6军军长。

自从2月20日德军暂停大规模攻势后，希特勒一再命令凯塞林和马肯森继续发起进攻，因为德国太需要一场胜利来鼓舞民心士气。尽管对希特勒的命令充满了疑虑，但德军第14集团军还是于2月29日从奇斯泰尔纳的美军第3步兵师防线发起新的大规模攻势。除了2500人的伤亡外，德军这次进攻收效甚微，最后以失败告终。凯塞林不再对全歼安齐奥滩头的盟军抱有信心，转入战略防御态势，准备在意大利实施持久的防御。而盟军也因为诺曼底登陆行动正紧锣密鼓地准备，无法抽调更多部队和装备加强意大利战场，古斯塔夫防线正面和安齐奥滩头的盟军也都陷入了守势。海滩上，两军陷入僵局。而就在这持续数月的僵局中，第1特勤队将“黑色魔鬼”的威名传遍

■ 这是1944年2月20~21日期间在安齐奥滩头，来自英军第56（伦敦）步兵师女王的皇家团的第2/5营的随军牧师费尔赫斯特（G. B. Fairhurst）正与来自第2/5营的一名英军士兵和另外两名美军士兵交谈。此时，“捕鱼业”行动已经落下帷幕，德军的反扑宣告失败。

了整个安齐奥战场。

在整个2月，盟军与德军在安齐奥滩头阵地上拉锯厮杀之时，第1特勤队也以自己独有的战斗方式在安齐奥战场上书写传奇——即使他们的防区是荒凉、无遮蔽且充满危险的。

安齐奥战场氛围与第1特勤队已经习惯的意大利中部山区战场环境完全不同。主要是因为这支经过高强度训练并保持着积极出击精神的突击队发现他们正在采取一种静态的防御姿态，这与第1特勤队的战斗理念并不相符。弗雷德里克在2月上旬时便请求卢卡斯少将派遣第1特勤队去夺取阿拉斯蒂诺山（Mount Arrestino），这座山峰是莱皮尼群山中的一处能俯瞰7号公路的制高点。但是，一心固守的卢卡斯拒绝了弗雷德里克的建议，他宁可保持现有的阵地。但是，弗雷德里克的意图并非就这样躲在运河防线的后方无所作为，静等事情的发生。由于第1特勤队的防区并非德军大规模反击的主攻方向，这里的战事并不激烈，第1特勤队目前只能在自己防区的周边实施不断的战斗巡逻和收集情报。需要指出的是，第1特勤队的巡逻行动非常有效，正如该部1944年2月的行动报告摘要的开头所描述的那样：“显然，敌人非常厌恶我们每晚积极深入他们阵地的大量的巡逻行动。”

到了2月7日，第1特勤队的突袭和巡逻已经迫使敌军的前哨线后移了近1371米，这一结

■ 这是1944年2月在安齐奥战场上，第1特勤队指挥官弗雷德里克准将在第6军指挥部受到卢卡斯少将的欢迎。弗雷德里克身穿M1943型野战夹克。第1特勤队在意大利中部山区的表现令人刮目相看，这支突击队擅长积极主动的进攻，不愿静候防守，但保守的卢卡斯没有接受弗雷德里克的突袭计划。

■ 上图是1944年4月20~27日的战斗训练期间，第1特勤队第2团第6连的1个班正在进行巡逻。从右至左分别是手执汤普森冲锋枪的班长查普曼上士（K.S. Chapman），使用约翰逊M1941型轻机枪的机枪手波坦察中士（T.C. Potenza，1944年11月2日因伤致死），使用巴祖卡火箭筒的奥尔沃中士（N.J. Overall），使用SCR-536型无线电步话机的无线电操作员奥里尼克中士（T.F. Olynyk），手持汤普森冲锋枪的麦卡锡中士（H.W. McCarthy，1944年6月6日阵亡）。虽然防区面积宽阔，但不愿被动防守的第1特勤队以积极主动的战斗精神，通过小规模的突袭和巡逻行动守住了一个师才能守住的阵地，在安齐奥打出了“黑色魔鬼”的名声。

果使对峙的双方之间形成了一条无人地带，“白天，这条无人地带看起来就像一片宁静的意大利田园。一旦夜幕降临，这片区域便成为了敌我双方大量巡逻队活动的场所。”事实也确实如此，第1特勤队在安齐奥战役中沿着自己驻防的11公里长的防线展开众多小规模行动和情报收集活动，大部分都是在夜间进行的。该部原来所接受的大量夜间战斗训练和之前在意大利中部山区得到的战斗经验在这里都得到了充分利用。这些行动从来都不是旅级规模的，仅限于班、排、连的突袭，整团或整营规模的突袭行动都非常稀少，而此类行动已经具备现代特种部队突袭战斗行动的一些特征了。

很快，每天的行动命令开始变得模式化。白天，驻守在前线的团忙于深挖战壕、构筑迫击炮位及自动步枪和轻机枪火力点来提高防御能力——实际上，大部分火力点除了第1特勤队自己的武器外，都配置了大量缴获的敌军自动武器。如此，官兵们可以从容应对可能胆敢在运河上出现的敌人，并且能够在敌军间歇性的火炮和迫击炮袭击中得到很好的防护。在进入夜晚后，第1特勤队的官兵们便用黑色鞋油将脸和手涂黑，融入黑夜里，穿过运河渗透到德军阵地上大开杀戒。例如，爆破巡逻队使用莱安特种炸药破坏道路和引爆涵洞，为敌军装甲部队的行动设置障碍；他们还炸毁可能被敌人用作观察、监听或据守的建筑。侦察巡逻队梳理无人地带并记录德军据点的位置，以提供给后续的巡逻行动，或标记这些据点，以便于次日的炮击；而且，他们的侦察行动往往深入敌军防线460米。伏击巡逻队则为游荡不定的德军官兵设置陷阱。战斗巡逻队在近距离接敌时则进行猛烈的突袭。在巡逻中，遭遇地雷、敌方炮火，以及与敌军巡逻队发生冲突是家常便饭，甚至有时候代价高昂。但是，在这种持续与敌接

■ 这是在驻守墨索里尼运河西岸期间，在切雷托阿尔托（Ceretto Alto）战斗的第1特勤队队员，其中中间那名队员是昂德希尔上尉（A.H. Underhill），可以看到他们的脸上都涂着黑色的伪装油彩。注意，昂德希尔背着1支斯普林菲尔德（Springfield）M1903型7.62毫米步枪。

上图和下图都截取自纪录片《自杀性任务之黑色魔鬼》，这应该是第1特勤队在驻守墨索里尼运河西岸期间进行巡逻和突袭演习的场景。在此期间，第1特勤队发起了不计其数的小规模战斗巡逻、侦察和突袭行动，给当面敌军造成极大心理压力。第1特勤队的这些行动已经具备了现代特种部队小组行动、渗透、突袭和心理战等要素。

■ 左图是在安齐奥战役期间，第1特勤队第2团的一名准备在天黑后与全排兄弟穿过墨索里尼运河进入无人区进行战斗巡逻的班长的装扮，此时他的脸还没有涂黑。他穿着M1943型野战夹克、山地裤和伞兵靴。他的M1C型钢盔下颌带被固定在钢盔上的氯丁橡胶枝叶伪装带中。他的武器是1支汤普森M1A1型冲锋枪，身上的装备携行具上佩戴着5个20发冲锋枪弹匣袋，不过他使用的是30发弹匣，所以弹匣袋的袋盖只能斜扣着。M1936型手枪带上还挂着1个急救用品袋，旁边是1把V42型格斗匕首。M1936型背带上挂着2枚Mk IIA1型手榴弹。

■ 上图是特勤队员穿着的M1943型野战夹克。1942年秋，美军开始研发一款通用战斗服，用于取代从前的一系列战斗服。这便是M1943型野战夹克。这款战斗服采用轻橄榄褐色（美国陆军编号OD-07）棉缎布料，配件丰富，包括带有可拆除内衬的夹克式上衣、野战裤、野战帽、绒毛帽、高领毛衣、带扣靴等，以满足不同环境的战场需要。其中上衣有4个大贴袋，带内置收腰，前襟由7颗纽扣闭合，袖口带有衬料。1943年夏，军需部对这款战斗服进行了测试。由于第1特勤队的高度权限，在其奔赴意大利战场时就配发了这款在其他部队看来相当奢华的战斗服，他们是第一批装备这款战斗服的部队，而常规部队到了1944年初的安齐奥战场才得以试穿。不过，第1特勤队只选择了上衣，并未选择与其一套的M1943型野战裤，而是继续穿着山地裤，因为他们觉得后者更适合自己。也正如M1943型野战裤一样，第1特勤队也从未配发与山地裤相配套的山地野战夹克，后者是美军为山地部队研发的专用战斗服。

触的行动中，第1特勤队相当完整地掌握了当面之敌的详细情况。

对于一支特种部队来说，第1特勤队无疑是神秘的，而其神秘的面纱最初便是源于他们在安齐奥滩头的那些大胆的突袭及其所取得的业绩。突击队员们带着涂黑的面容融入夜色中，穿过无人地带渗透进入敌阵，在敌人的阵地间，他们的身影就好像稀薄的空气。在迅速敏捷地袭击敌人后，突击队员们又像消失于夜幕中般返回己方阵地。在第1特勤队抵达安齐奥的两周后，由于其频繁的突袭行动，德军开始小心翼翼地对待当面这支神秘的部队。1944年2月14日，第1特勤队从“赫尔曼·戈林”伞兵装甲师的警戒连第3排的保克中尉（Pauke）的尸体上发现了一本日记，其中的内容证明了这一点。最开始是2月11日：“塞苏诺村（Sessuno）报告昨晚发现了‘黑色魔鬼’。”最后的记录在2月13日：“‘威苏维’（Vesuv，另一个警戒连）遭到猛烈的突袭。我们没有听到那些魔鬼到来的声响。”这本日记及其内容很快就在滩头阵地间传开，也就是从这时起，“黑色魔鬼”这一绰号成为第1特勤队永久的标签。

■ 这是第1特勤队在安齐奥战场上使用的一种恐怖卡片。其中左边这张，在第1特勤队标志旁用德文写着那句著名的话：更糟的还在后头！行动中，特勤队员将这些卡片贴在敌军尸体、门窗、栅栏等地方。这种手段给敌军士兵造成很大心理恐慌。

德军对第1特勤队日益增长的恐惧，可以从被俘的德军战俘中得到进一步证明。一名德军战俘证实，他被上级告知：“他正与‘一支美加联合精英部队作战。他们危险、残酷而狡猾。不能有任何松懈。’”据这名俘虏供述，任何德军士兵若能抓到一名突击队员，都能得到10天假期。

即便如此，弗雷德里克准将还想通过发动某种形式的心理战来使敌军更加坐卧不安。他将这一任务交给第1特勤队司令部的助理情报参谋芬恩·W·罗尔中尉，罗尔是一位出生在挪威且精通挪威语、法语、德语、意大利语和英语的美国人，他想出了制作恐怖卡片这一方法。

由此，做成贴纸形式的印着第1特勤队的红色矛尖标志的恐怖卡片被战斗巡逻队带到了无人地带。在进行小规模突袭的时候，特勤队员们将这些卡片贴在柱子上、门上和被他们击毙的德军的头盔和额头上。第二种恐怖卡片更为吓人，上面用德语印着对德国人的警告：“更糟的还在后头！”

这里额外说一下罗尔中尉家人的遭遇，据弗雷德里克后来回忆：

“当我们在安齐奥时，我收到了一条来自陆军部的电报，通知芬恩·W·罗尔中尉，他的父亲在奥斯陆（因为参与抵抗组织的活动，被纳粹俘虏了）……很明显，德国人发现罗尔在美军中服役，他们找到了他的父亲并处决了他。”

还有，作为第1特勤队高度宣传的行动，用红色矛尖标志装饰德军尸体的情况实际上很可能并没有传说中那么多。但是，无可否认的是，弗雷德里克准将的这支小规模的精锐部队，在驻守安齐奥的阵地——按战线长度来说，这里通常应该分配一支满编的师——之时，“黑色魔鬼”这种极富攻击性的态势所起到的作用是无可替代的。这种勇敢大胆的精神和坚定的信念给安齐奥滩头

■ 上图是第1特勤队军官和士兵的都配备的私人物品，其中包括：肥皂、针线包、剃须工具包、剃须膏、梳子、牙刷、牙粉、含药口香糖、阿司匹林、香烟、纸板火柴、香烟打火机、扑克牌、第1特勤队自制的带有强烈“黑色魔鬼”风格的胜利邮件（V-mail）信纸、明信片。

本页和右页图都来自纪录片《自杀性任务之黑色魔鬼》，这些都是在第1特勤队的战斗巡逻和突袭行动中被特勤队员击毙的德军士兵。

阵地带来了积极的影响，帮助盟军撑过了在安齐奥的最黑暗的时光。

在2、3、4月及5月第一周里，各团，尤其是第2团的连级巡逻队反复突袭位于墨索里尼运河东岸无人区的塞苏诺村、皮韦亚村（Piave）、利托里亚村等据点。在早期突袭塞苏诺村的一次行动中，1个连以压倒性优势攻占该村，并坚守了近3个小时。在德国人的援军赶到后，凭优势兵力将该连赶了出来。该连撤回运河对岸，并在身后留下了大约80具德国人的尸体，还带回了7名俘虏。至于第2团，该团各连在2月份时2次突袭德军的前哨线。还有一个名为萨波蒂诺的村庄，位于第1团防区的运河对岸。格雷厄姆·M·海尔曼上尉率领他的连队清剿了该村的敌军，将这一区域的战线向前推进。为了表彰海尔曼，这个村子被命名为“古斯村”（Gus Ville，海尔曼的昵称为“古斯”）。在2月28至29日的那个夜晚，第1团第2连的1个加强排在乔治·克拉赛瓦克中尉(George

■ 格雷厄姆·M·海尔曼（1917–1996）
这是第1特勤队第1团第2连连长海尔曼上尉。海尔曼来自美国宾夕法尼亚州，二战时期在第1特勤队服役，后升任第1团第1营少校营长。他在萨波蒂诺村的行动中的出色表现，使其获得了以本人名字来命名该村的殊荣。第1特勤队撤编后，海尔曼于1945年转调至第45步兵师服役。海尔曼曾在法国两次负伤，先后获得过银星勋章、铜星勋章和紫心勋章。

■ 这张照片来自纪录片《自杀性任务之黑色魔鬼》，1944年4月14日，第1特勤队对一处乡村进行突袭演练，照片左侧的这名特勤队员使用约翰逊M1941型轻机枪对假想目标射击。

Krasevac）的率领下，在临近古斯村的一处农庄的院子里发现一伙准备进行偷袭的德军。克拉赛瓦克率部抢先攻击，击毙了几名德军并将剩余人员全部俘虏。接着这个连玩起了“守株待兔”的游戏，接连俘虏了几批前来会合的小股德军，当时近黎明而不得不撤退时，克拉赛瓦克所设置的这个陷阱在一夜间便俘虏了111名德国人。

第1特勤队的夜间监听哨和观察哨，通常由3人组成（两人面向前，一人面向后），正前方与敌军防线之间采取了很好的隐蔽措施，而且经常久坐敌人眼皮底下。他们用声功率电话与友军阵地联络，绘制敌军在无人区的阵地和活动情况。

昵称“汤米”的第3团第2连中士托马斯 · 乔治 · 普林斯，是一名特别大胆的突击队员，这位当时28岁的加拿大原住民喜欢单独执行危险的侦察任务。2月8日至10日，普林斯深入敌后3天，在利托里亚附近村庄为友军指示目标、引导炮火，这使他在1945年赢得了英国军功勋章（Military Medal）。以下便是关于他的那次行动的记录：

“入夜后，普林斯匍匐穿过运河，边走边布设电话线。普林斯溜进一处距敌军前线200码的废弃农舍里，他在那里耐心等到天亮。在这个占据地利的观测点，普林斯可以清楚地指示德军坦克前进后退变换阵地以躲避美军炮火时的位置。当天早上，普林斯发现2辆坦克并呼叫精确炮兵火力将其击毁。敌人没有意识到他躲在废弃的房子里，但中午时一些迫击炮弹落在了他所藏身的屋子的后面，切断了他的电话线。这位机敏的中士穿上他在房子里找到的黑色帽子和外套，装扮成一名被吓坏了的意大利人冲了出去。他挥舞着双手在外奔跑，寻找断掉的电话线。找到断处后，他假装系鞋带接上了电话线，然后往前走并跳了一段‘另一个苦行僧之舞’以迷惑碰巧注意到这边的德军。骗过德军并回到房子里后，普林斯在入夜前呼叫炮火摧毁了另外2辆坦克。”

■ 托马斯 · 乔治 · 普林斯（1915–1977）
普林斯来自加拿大马尼托巴省，是当地一位印第安部落酋长的孙子，更是二战时期加拿大最著名的一位原住民士兵。由于生长环境，普林斯具备了神射手和出色的野外追踪能力。二战爆发后，普林斯多次申请参战，终于在1940年得以批准并成为加拿大皇家工兵的一员。不久，普林斯申请加入加拿大第1伞兵营服役，并赴英国灵韦参加伞训。1942年9月，普林斯返回加拿大，并申请到第1特勤队服役，由于其出色的野外行动能力，普林斯得以顺利入选，并成为侦察兵。普林斯随第1特勤队参加了在意大利中部山区的多次行动，转至安齐奥战场后，普林斯于2月8日~10日在利托里亚附近的出色的侦察和炮火引导行动为他赢得了英国军功勋章。

第1特勤队那些大胆的行动抵消了它所承担的过于宽大的防御正面带来的缺陷。1944年2月29日，一名被第1特勤队俘虏的德军军官陈述：

“我们很难收集到第1特勤队的确切信息。我们抓获的俘虏也拒绝招供。‘赫尔曼 · 戈林’师根据你们所驻守的防线估计你们的编制应该是1个师，下辖3个团。”

为了加强敌人的这种错觉，弗雷德里克还命令在运河后方一段距离的公路上提高表面的车流量，以令德军以为这些车队是在为一支大规模的部队提供补给。

但是，这样更刺激了德军。来自精锐的“赫尔曼 · 戈林”伞兵装甲师的一些单位，尽管在与第1特勤队的大多数冲突中处于下风，仍顽强与之作对。1944年2月期间，第1团和第3团至少击退了敌军4次对运河防线的直接进攻。这些进攻的规模包括从30人规模的小股部队到有坦克协同的步兵营。但是，随着2月份的结束和此类攻击的无效，敌军直接攻击运河防线的频率逐渐减少。在4月时，德国人开始以一种新的手段进攻第1特勤队的阵地，那便是使用一款名为“歌利亚”(Goliath,《圣经》中被大卫杀死的巨人)的远程遥控爆破车进行攻击。“歌利亚”外形类似小型的一战时期英军的菱形坦克，长1.5米，宽0.85米，高0.56米，重430公斤，表面装甲厚5毫米，可携带60至100公斤的烈性炸药，它被一个安装于车身尾部的操纵控制箱和一条650米长的电缆进行远程操纵，“歌利亚”启动后，位于其背部的线轴便会释放电缆。这种一次性的遥控炸弹一般被德军用于直接炸毁坦克、建筑物、桥梁及打乱队形密集的步兵。4月的一天，第1特勤队的前哨发现有几辆“歌利亚”正穿过无人地带朝他们的阵地驶来。第1辆驶进了一座房子里并被引爆。第2辆驶到一座附属建筑物外爆炸。此时，回过神来的官兵们用重机枪击毁了第3辆。当天夜里，第1特勤队派出1支巡逻队前去回收这辆被烧毁的“歌利亚”，因为情报人员迫切希望能检查一下它。当时用了十几名队员才把它抬走并搬运回来。这项偷运任务完成得很出色，因为这辆被摧毁的“歌利亚”正位于敌军防线不足137米的地方。

第1特勤队的2月份的敌情战况也记录了以下内容：

“……保持着积极的防御态度，5支部队突入运河地域，仅余2支，这些情况发生于2月16日和29日，这可称之为进攻的态势。其他的袭击是高强度的以抓捕俘虏、缴获装备并查明敌军的防御火力为目的的巡逻行动……敌方估计，第1特

上图和右页图都是美军第6军的军械员在检查第1特勤队于1944年4月11日在安齐奥缴获的“歌利亚”小型遥控坦克。从这幅图可以看到“歌利亚”车身两侧的两个电池，这是用于驱动电动机的。

■ 在这张照片中可以看到“歌利亚”的控制线轴和电缆。这辆“歌利亚”车身上白色的痕迹是被第1特勤队的机枪火力击中后燃烧起来造成的。在击毁这辆“歌利亚”之后，特勤队员在夜间用担架将这辆微型坦克偷运走。“歌利亚”是二战时期德国研发的远程遥控爆破车，盟军将其称之为“甲虫坦克”，安齐奥的盟军部队还叫它“短程往返火车”（Doodlebug）。在1940年底，法国汽车设计师阿道夫 · 加尔奇（Adolphe Kégresse）恢复一辆微型履带式汽车的原型后，纳粹德国军械办公室指示位于不莱梅（Bremen）的卡尔 · 宝沃汽车公司（Carl F.W. Borgward）研发一款类似的微型车辆，最少要能运载50公斤炸药，这导致了SdKfz. 302轻型遥控炸弹车（德语：Leichter Ladungsträger）的问世，它又被称为“歌利亚”，采用有线遥控方式，能装载60公斤炸药，装于车尾的控制箱以1束三股电缆与车体相连，2股用于车辆引导和移动，第3股用于引爆。早期的“歌利亚”采用电动机驱动，但成本高达3000马克，且在战场环境下难以修复，后来的版本SdKfz. 303型采用了更为简单可靠的汽油发动机驱动。1942年早期，“歌利亚”便被投入战场，使用它们的大部分是专门的装甲部队和战斗工兵。1944年4月，“歌利亚”开始用于安齐奥战场；1944年8月华沙起义时，德军也投入了“歌利亚”进行镇压；在盟军登陆诺曼底时，德军也使用了一些“歌利亚”进行抵抗，但因炮弹切断了控制电缆，大部分没起到作用；1944年8月盟军登陆法国南部后，也遇到少量“歌利亚”，最少有1辆“歌利亚”成功地袭击了美军第509伞兵营的车辆。战争中，德国共生产了7564辆“歌利亚”，不过这种一次性武器被认为是失败的作品，存在单位成本高、速度慢（每小时9.7公里）、离地间隙近（11.4厘米）、控制电缆脆弱、装甲轻薄难以抵御炮弹等诸多不足。值得一提的是，罗马尼亚在1944年时也研发和生产了自己的遥控爆破车，被称为“罗马尼亚歌利亚”，不过与德国版本相比，它没有使用装甲，底盘设计也比德国版的高，越障功能比德国的好得多，但重达2吨，远超德国版本。战后，“歌利亚”的技术为遥控车辆技术的进步奠定了基础。

勤队有630–750名士兵以战术散布的形式突入第1特别营和‘赫尔曼·戈林’伞兵装甲师的3个警戒连阵地……以及第715步兵师（月底新调至前线）的阵地。”

除了不间断的突袭行动，第1特勤队也对自己的阵地进行了防御建设。作为迫使敌人不能过分接近运河的一种被动的防御手段，在工兵被动的协助下，1944年3月底第1特勤队的阵地前方“布满了铁丝网并被网状的雷场所保护，那里大约布置了13702枚反步兵地雷和490枚反坦克地雷。”起初，那里仅剩一座完整的可穿过运河的桥梁，在其他地方则需要使用橡皮艇（设置了一根绳子和滑轮系统）过河。但是，“在2月底3月初时，运河上架起了15座人行桥和5座车行桥。后者中的4座满足40级建造标准，1座应急桥面式，3座半永久式，可以通行中型坦克。”这些桥梁极大地帮助了第1特勤队的突袭和巡逻行动。

1944年4月，随着补给和兵员的积累，滩头阵地上的盟军逐渐占据了优势。滩头阵地右翼的第1特勤队巡逻队所收集的情报显示，在这一战区，“敌军正在聚集以抵御盟军必将展开的突破行动。”空中侦察照片也证实了这一点，房屋正在被木材和沙袋加固，新的战壕、雷区和铁丝网正在布设。为应付这种形势，弗雷德里克决定改变策略。第1特勤队与装甲部队协同作战——得益于盟军在墨索里尼运河上搭建的桥梁质量——于白昼间发起多次折磨人的袭击，意在软化敌人新的防御。这其中的一些行动还被计入“加拿大第1特种作战营”的4月1日至30日期间的行动总数中。

例如，在4月15日清晨，摩尔中校的第2团（缺1个连）突袭了德军从切雷托阿尔托到海边修筑的防御工事以及沿着利多拉奈阿大道（Strada Litoranea）修筑的防御工事。为摩尔部提供支援的有第1装甲团的H连，第81侦察营A连和D连，

■ 这是安齐奥战场上，美军第1装甲师第701坦克歼击营的M10型坦克歼击车。这个营为安齐奥战场上的第1特勤队提供火力支援，并数次伴随特勤队员突袭进入墨索里尼运河沿岸的无人地带。

以及第701坦克歼击营B连的1个排。这次突袭非常成功，俘虏了敌军第735掷弹兵团第2营的1名军官和43名士兵，以及墨索里尼傀儡政权的意大利海军陆战队圣马可陆战团（San Marco）巴尔巴里戈营（Barbarigo）的17名士兵。美军方面的人员和装备损失仅是1人轻伤，2辆中型坦克被毁，2辆坦克歼击车和1辆装甲车受损。

另外一次类似的步坦协同突袭是在4月18日，地点在第1特勤队防区前沿北侧，打得德军措手不及，同样取得了巨大成功。但是，5月1日在南侧发起的一次突袭，由于德国人已经从之前的疲态中恢复过来，加强了防御并提高了警惕，在面对这次袭击时进行了顽强的抵抗。

根据“加拿大第1特种作战营”的战史显示：

“4月3日，第1团的一支日间巡逻队在一间屋子里与敌交战，歼敌2人，己方无一伤亡。4月8日，敌军的两个在利托里亚的观测塔被我方捣毁。”“4月2日，来自第2团的一支日间巡逻队在05101386地区遭遇30名敌军，后者携带有4挺机枪和迫击炮，我方3人失踪，2人负伤；敌军伤亡不明。来自第3团的一支日间巡逻队在033183地区遭遇敌重迫击炮火力袭击，2名军官和1名士兵负伤。巡逻队于4月1日至2日晚上返回我方阵地。炮群摧毁敌军在05241803地区的火炮和补给。”

当然，持续的突袭和巡逻也让第1特勤队疲惫不堪，无休止的炮击和偶尔的空袭使特勤队员们难以入睡，德军的列车炮更是不时将巨大的炮弹倾泻到滩头阵地上。不过，盟军也抓住任何可以报复的机会回应德军。据“加拿大第1特种作战营”的战史记载：

“4月25日，炮火直接命中了正在享受日光浴的敌人，还有12-20名正在游泳的敌人及旁边的屋子被炮火命中。”

■ 这幅照片也截取自纪录片《自杀性任务之黑色魔鬼》，这是第1特勤队驻守墨索里尼运河西岸期间进行突袭行动的瞬间，不排除这是一场用于摆拍的演习。

■ 这是1944年4月在安齐奥战场，两名特勤队员正在给一头奶牛挤奶，这头奶牛可能是当地居民逃难时遗弃的。

滩头战场的生活

在没有战斗的时候，第1特勤队抓住一切时间来改善他们的滩头阵地的生活环境。有些人喜欢收集德军散发的生动的宣传单，有些人则用电池碳棒、剃须刀片、电线、铅笔芯和声力电话的晶体制作“散兵坑”收音机。通过这些简易的收音机，他们“可以收听到罗马的广播公司播放的宣传广播，他们喜欢把其中的那个女播音员称为‘柏林婊子’。”虽然处于战争时期，但随着春天的临近，安齐奥的田野变得美丽而宁静。一名队员描述：

“漂亮的白色小农舍和边上的谷仓连成一个完整的建筑整体。那里已经很久没有人了，居民们逃到了安全的地方。田野和平原被随风轻摆的罂粟花所覆盖。她们看起来就像起伏的巨大地毯。罂粟花的尺寸令我吃惊，有些像我手掌一样大！”

当时，大约有1.7万名平民被第6军从滩头阵地中转移走了，留下的是大量的各种牲畜和家用物品。奶牛、马、猪、鸡、鸡蛋和任何能被货运马车装载或搬走的物品都由巡逻队在夜里带了回来，并分发给第1特勤队的官兵们。食物以与口粮5:1或10:1的比例补充到特勤队员的伙食中，家庭用品和家具则被用来布置战壕和宿舍。

在3月份的时候，一支巡逻队在巡逻途中前往一个“特约”的鸡窝捡老母鸡早上下的蛋，结果意外撞见并俘虏了3名手提篮子的德军，很显然他们也是来捡鸡蛋的。这些人很快被确定是意大利人，在审讯中发现，这3人中领头的那名一身整洁制服的军士长能说一口流利的英语。经过

这是在安齐奥战场的一个农舍中，一名特勤队员正从鸡窝里捡鸡蛋。在巡逻时，特勤队员也会去空无一人的民居中捡些鸡蛋来改善一下伙食。

进一步审讯，此人曾在北非被英军俘虏过，而且当时还以不再拿起武器对抗盟军的承诺而得到假释。他这种出尔反尔的行为被发现后，便迫不及待地请求合作，并供出他的部队是意大利的圣马可陆战团巴尔巴里戈营——这支部队后来成为意大利与盟军签订停战协定后第一支受雇于盟军的原意大利法西斯武装。

兵力重组

第1特勤队抵达安齐奥时，兵力一直不足。虽然他们在2、3月份时进行了出色的夜间突袭和巡逻行动，但兵力持续不足的状况已经到了急需改善的境地。当时，新补充的志愿兵和从医院返回的第1特勤队老兵人数也不多，第1特勤队的人数恢复很慢。2月份时各团仅接收到10名志愿兵。另一方面，第1特勤队保障营利用常规兵员补充系统在2月份时接收了51名补充兵员，这些人中的一部分实际上是伤愈归队的第1特勤队战斗梯队的老兵，他们从医院回来后被分配到了保障营。但是，美国没有提供更多的常规步兵来补充第1特勤队，因为没有经过特殊训练的常规步兵难以胜任第1特勤队所执行的特殊任务。

更糟糕的是，美加两国间仍存在是否解散第1特勤队的争论。2月份时，加拿大方面仍坚持不再补充第1特勤队中的加拿大人的政策，甚至还再次表达了第1特勤队应予以解散的观点。直至由于来自丘吉尔的压力，渥太华方面才于2月中旬推翻了“不再增派援军”的命令，但是，这一新消息并未立即通知第1特勤队的加拿大指挥官们。3月12日，阿克赫斯特中校伤愈归队，并从吉尔迪中校手中接过了后者暂代的职务，但他也未得到加拿大将增派补充兵员的决定，直到3月底弗雷德里克派他回圣玛利亚迪卡布阿贝特利镇安排新到的兵员，他才知晓这一消息。

幸运的是，兵员短缺的状况在3月25日终于得到改善，第1特勤队得到了大批高质量的兵

■ 这张几名特勤队员的合影照片应该也拍摄于安齐奥战场（也有资料认为，这张照片拍摄于1944年底的法国南部），他们周围的物资可能是他们的军粮补给品。

■ 这是1944年在意大利，第1游骑兵营C连部分人员的合影。该营在奇斯泰尔纳之战中几乎全军覆没，剩余人员和第4游骑兵营的人员一起编入第1特勤队中。

员——来自第6615游骑兵团第4游骑兵营的游骑兵们，达比上校的游骑兵部队因为1月30日在奇斯泰尔纳镇的灾难性失败而元气大伤，在不到两个月内便被撤销了番号，而且因为这次失败，很多幸存者在其服役期间便被送回了美国（第1和第3游骑兵营于1944年8月15日被解散，第4游骑兵营也于1944年10月24日被取消）。剩余的第4游骑兵营全部人员被补充给了第1特勤队，其中有少量已经服役超过两年的老兵。“第4游骑兵营的大部（约400人）被分配给了第1团，这使其恢复到了团级编制。这次整编是部队在战区前线完成的。”整个3月份，游骑兵有6名军官和298名士兵被补充到第1特勤队。从4月份开始，又陆续有来自第1、第3、第4游骑兵营的150人被分配给第1特勤队，他们或是伤愈归队的，或是由于其他原因在奇斯泰尔纳之战时留在后方的。这些人被分配到各团，适应新部队和训练。他们本身便是训练有素且具备高度团结战斗精神的精锐，这对于第1特勤队来说是极受欢迎的优质兵员。至4月15日，第2团也恢复到了6个连的规模，继续担任第1特勤队的预备队。此外，弗雷德里克还于3月31日接收了游骑兵加农炮连（配有4门M3型75毫米半履带式自行加农炮），这些火炮被部署到墨索里尼运河西岸的火力点中，为各团提供火力支援。

这一段历史在罗伯特·D·博汉斯的回忆录中也有所记载：

“第1和第3游骑兵营少量的人员和装备，以及第4游骑兵营的19名军官和137名士兵被送回美国……我分配第4游骑兵营乘船离开这一战区。该部将保留少量能保持其行政运转的设施，希望能尽早地返回美国。这时我们接到剩余人员转入第1特勤队的命令。命令建议如果条件允许，在3月27日完成人员调遣，并提供所估计的调遣人员的装备。”

一些游骑兵难以适应新单位，这缘自他们身为一名游骑兵的骄傲心理，这种适应和融入新单位同样需要一个过程。最后，大多数游骑兵都留了下来，一些不愿留在第1特勤队的人则被调到了第5集团军设在奇维塔韦基亚（Civitavecchia，意大利中部城镇）附近的侦察与巡逻学校中任职。

■ 这是在安齐奥战场上的特勤队员的普遍战斗装扮。这名特勤队员穿着橄榄褐色 M1937 型羊毛 / 法兰绒衬衣和同色 M1937 型毛哔叽长裤，头戴 M1 型钢盔，脚穿伞兵靴，肩上背着装有 M1 型刺刀的 M1 型步枪，腰前挂着 M1911A1 型手枪的枪套，右手上还握着 M1938 型铁线剪。在他的 M1923 型子弹带上挂着 M1924 型急救用品袋，里面装有卡莱尔 (Carlisle) 战地止血包；另外，子弹带上还挂着 M1910 型军用水壶。在 M1936 型背带上挂着 1 枚手榴弹，背带后面挂着掘壕铲。注意他穿的 M1937 型衬衣和长裤，这款制服被欧洲战场上的绝大多数美军官兵所穿着，它既可以配 M1940 型卡其色马海毛领带做常服、出行服穿着，也可直接做战斗服穿着。M1937 型衬衣在 1934 年采用，1937 年进行了修改。衬衣有 7 颗前纽扣，胸口 2 个明袋，袋上有用纽扣闭合的扣眼。后期的款式，衬衣对襟内还增加了防毒气的里襟，提高了其气密性。长裤带有 2 个边口袋和 1 个前表袋，1 个纽扣门襟，军官款的臀口袋带有袋盖。这款裤子也可与战斗服搭配穿着。第 1 特勤队的官兵们在 1944 年的战斗中普遍穿着这款制服，制服左臂上也毫无例外地佩戴着第 1 特勤队的红色矛尖臂章。

4月27日，第一批来自加拿大的补充人员到位，填补之前的战损。这批人员包括15名军官和240名各军阶的士兵，其中有不少是老兵，而且已经和那些前游骑兵战士在圣玛利亚迪卡布阿贝特利镇接受了徒手格斗教官德莫特·M·奥尼尔上尉和阿克赫斯特中校的为期三周的高强度训练，这些加拿大人还要学会熟悉使用美军的武器和熟悉第1特勤队的战术。新到的加拿大官兵被平均分配给了3个团。至4月底，第1特勤队吸收了21名军官和515名士兵。5月，在16名军官和325名士兵加入第1特勤队的同时，另外一大批补充兵员也被吸收进来。在安齐奥战场，第1特勤队共接收了53名军官和1408名补充兵员，这其中既包括伤愈归队的特勤队员和训练有素的老兵，也有缺乏战斗经验的新兵蛋子。

1944年2月至5月初，第1特勤队在安齐奥战场上阵亡54人，负伤279人，还有51人在行动中失踪，共计伤亡384人，其中有117名是加拿大人。第1特勤队在墨索里尼运河防线上渡过的98天是无法用数字简单描述的，但这些数字可以确切地说明，这支部队是能够自我重建的，尽管新加入的血液不是那些在海伦娜接受高强度训练的人。

■ 肯尼斯·斯图尔特(1891–1945)
这是加拿大陆军总参谋长斯图尔特中将。斯图尔特1911年毕业于加拿大皇家陆军学院，一战时在加拿大皇家工兵中服役。1934年，斯图尔特担任皇家陆军学院的教员，1938年出任国防总部军事行动与情报单位的主任，1940~1941年担任副总参谋长，1942年11月被任命为驻英国的加拿大第1集团军总司令，1944年3月出任加拿大陆军总参谋长。斯图尔特多次要求解散第1特勤队，将里面的加拿大人调往其他单位。

然而，在此期间，第1特勤队中依旧存在着两国官兵不和的问题。一些加拿大成员盼望能重回加拿大军队。在那不勒斯，阿克赫斯特利用难得的机会对加拿大人在第1特勤队中的服役情况进行了抱怨。4月3日，阿克赫斯特拜访了正在意大利访问的加拿大军事总部（Canadian Military Headquarters，缩写为“CMHQ”，该单位当时驻于英国）总参谋长肯尼斯·斯图尔特中将，后者已于1944年3月从加拿大第1集团军调回了加拿大军事总部，当时正考察意大利战场上加拿大部队是否短缺的状况。据斯图尔特中将叙述：

“阿克赫斯特告诉我，第1特勤队中的加拿大人强烈认为，如果他们能在加拿大军中服役，那样会更好。”

虽然加拿大政府已经决定加强第1特勤队中的加拿大官兵人数，但随着美国大量兵员的引进，加拿大人在第1特勤队中仍只占30%。斯图尔特中将回忆：“他们觉得只占第1特勤队的30%，这一规模比之前预料的更低。”而作为一支加拿大的部队却隔离于加拿大陆军之外，这同样引起第1特勤队一些加拿大军官们的担忧：“官兵们认为，他们在‘加拿大第1特种作战营’服役所获得的升迁机会比不上在加拿大陆军其他单位。”举个例子，因为部队规模不大，作为团长，威廉姆森被提升为上校，而作为营长，阿克赫斯特和吉尔迪等仍是中校。最令人惊讶的是，斯图尔特中将指出，阿克赫斯特向他明确表示：

“第1特勤队中的加拿大军官们有一种感觉，在第1特勤队的所有指挥和行政方面的决定，都

■ 这是第1特勤队第3团第1营营长托马斯·吉尔迪中校。吉尔迪来自加拿大禁卫掷弹兵，在威廉姆森上校于1944年1月离开第1特勤队、阿克赫斯特中校负伤住院之后，他暂时成为"加拿大第1特种作战营"负责人。他对加拿大人在第1特勤队中的待遇多有不满。

是在美国人的影响下做出的，加拿大人完全没有发言权，关于行动的计划也不咨询他们。"

虽然斯图尔特本人也期望第1特勤队中的加拿大官兵能置于加拿大的指挥之下，但随着新的加拿大兵员即将补充到第1特勤队，他不得不提醒阿克赫斯特和吉尔迪，加拿大人在第1特勤队中有所需承担的义务。同时，斯图尔特将军表示，他将依靠外交途径向弗雷德里克准将提出这些令人担忧的问题。得到提醒的弗雷德里克意识到这个问题影响了两国战友的团结，阿克赫斯特后来被提升为第1特勤队的团长。不久，吉尔迪也得到了类似的待遇。然而，不久之后，阿克赫斯特和吉尔迪都提出了调回加拿大陆军的请求。

保障营的战斗

整个2月，第1特勤队保障营除了1个分队留在圣玛利亚迪卡布阿贝特利镇之外，一直驻扎在1944年2月2日确定的位于勒费列雷附近的驻地。扎根安齐奥之后，保障营各部第一时间赶赴前线，在开凿运河沟渠时挖出的泥土所堆积而成的堤岸一侧建立起前进补给储备区。在运河后方一段距离，保障营人员还挖了一个洞穴，其上覆盖了柏油帆布充当大型临时救护所。3月，医疗分队的人员转移安置到一座两层楼的建筑里，这里可以充分满足3个团的医疗需求，而且，这栋房子的第二层用作牙科诊所。其他一些建筑也被保障营所占用。其中，在保障营指挥部1.6公里之内，一座三层楼的建筑被人力与行政部门占据，并划出一部分给财务部门使用。附近一座附属建筑被通讯分队所使用，作为第1特勤队电话通讯的总机房。保障营指挥部附近的另一座建筑，则被信息中心、情报部门和出版部门所占用。除了日常职责，来自勤务连和修理连的36人还组成担架队，跟随第2团对无人地带进行夜间突袭，不过这种情况因为一场遭遇战带来的无谓伤亡而被叫停。保障营人员还负责操纵57毫米反坦克炮，以及参与运河背后的滩头内陆公路沿线安全保卫和铁丝网巡逻工作，那里是第1特勤队的第二道防线。

2月17日夜晚，保障营的24名担架队员跟随第2团第6连的战斗巡逻队穿过运河展开行动。巡逻队这次的任务是调查塞苏诺村南面的一处废弃的采石场，这里可能是敌军的炮兵阵地。根据日内瓦公约，这些担架队员作为非战斗人员，没有携带武器。这支小部队在没有月光的黑夜下匍匐前进，打头的尖兵遇到了德军的一辆半履带车辆。他随即用携带的巴祖卡火箭筒发射了一枚火箭弹，直接命中了这辆半履带车。可能车上装满了弹药，殉爆的弹药带来了可怕的爆炸，火光将周围区域照得"比周六晚上的百老汇还要亮"。由于手无寸铁且身处于一片开垦过的农田中，保障营的这些队员只能紧紧地贴在地面。接下来是持续30分钟的交火，双方互投手榴弹，并投入了迫击炮和机枪。交战使2名担架队员阵亡，另有4人负伤，第6连的伤亡情况不明。从此，司令部命令所有的

■ 上图是在安齐奥战场，两名特勤队员正在用独轮车将他们搜索到的物资运回驻地，不排除他们是保障营的队员。下图也截取自纪录片《自杀性任务之黑色魔鬼》，这是第 1 特勤队在安齐奥战场上的野战医院。

非战斗人员都不得与巡逻队一起穿过运河行动，而只能在河边等候，协助返回的巡逻队处理伤亡。

支援火力

在安齐奥战役前期，由于德军控制了制高点，整个滩头阵地，尤其是安齐奥和内图诺港口周边区域经常遭遇炮击——德军在莱皮尼山和拉齐亚利山（Laziali）能将这些地区观察得一清二楚。为此，第6军的工兵们尝试使用特殊的起爆器和燃烧烟雾罐，在白天时升起浓烟屏蔽滩头阵地，阻碍德国人对盟军部队和车辆动向的观察。尽管如此，白天在第1特勤队的滩头防区上的活动都限制于小股人员，这样可以减少德军对他们的注意，避免不必要的伤亡。另外，德军布置在科里（Cori）和韦莱特里（Velletri）附近隧道中的2门280毫米列车炮也不时从它们的掩体中出来，向盟军的滩头阵地倾泻巨大的炮弹。盟军士兵将其中一门戏称为“安齐奥 · 安妮”（Anzio Annie)，另一门则称为“安齐奥 · 快递”（Anzio Express），一名美军士兵如此描述这种列车炮的重达510斤的炮弹：“听起来就像是一台大货车从眼前行驶而过。”而且，德军还针对港口进行空袭，空袭都是晚上进行的，因为盟军空军的空中掩护和新部署的雷达追踪防空连的火力让德军空军的白天空袭变得代价高昂。但是，德军例行公事般的夜袭同样给盟军部队带来了严峻考验，并造成了相当大的损失。当德国人引路的飞机——第1特勤队将它们戏称为“美泰格”（Maytag)，因为这些飞机的小发动机发出的声音让特勤队员们联想到这种洗衣机——投下照明弹，标记所要攻击的目标后，敌军轰炸机很快便紧随而至丢下一连串的炸弹。

不过，盟军防线对面的德国人也没有躲过盟军的炮火打击和空中轰炸。在空中侦察的引导下，美国人和英国人的榴弹炮，以及远处的海军舰炮同样对德军阵地进行了无情地打击。从3月19日

■ 这是安齐奥战役期间，正朝着盟军阵地开火的德军280毫米列车炮，这门列车炮来自德军艾尔特（Erhart）野战炮兵连，被盟军冠之以“安齐奥 · 安妮”的外号。

起，盟军空军在意大利战场上发起名为“绞杀”（Strangle）的空袭行动，到了4月份，滩头上空的制空权转到了盟军手中，同时还极大地限制了敌军对安齐奥和南面的古斯塔夫防线的补给。

再来说说第1特勤队的支援火力。原来第1特勤队的编制下，每个排都会有1个60毫米迫击炮小组，但第1特勤队没有自己的炮兵编制，在战斗时才有其他单位的炮兵临时划归其指挥。1944年3月，第1特勤队接收游骑兵时，将其加农炮连也收入其中，这才有了完全属于自己的炮兵部队。这个加农炮连装备了4辆由怀特汽车公司（White Motor Company）生产的M3型半履带75毫米自行加农炮，它是以M3型半履带装甲运输车底盘，安装1门M1897A型75毫米野战炮（该炮又称为“法制75炮”）。第6615游骑兵团团长达比上校将这个加农炮连赞誉为他的“最后的王牌”。该连的4辆半履带加农炮则顺势采用了扑克牌的名称作为代号，分别是红桃、方片、梅花、黑桃。

该加农炮连（第1特勤队的一些队员按这支部队的规模经常称呼其为“排”）由1名中尉指挥，另有1名少尉担任执行官，连部还有1名文书、1名侦察／传令兵、1名无线电操作员和1名医疗兵。这个连还有1个小规模的车辆调度部门，由1名车辆调配员（军衔为中士）领导；另外还有1名食堂管理员（军衔为中士）和几名厨师。

在这个加农炮连中，每辆自行火炮车组的编制为6人，包括1名车长／无线电操作员、1名驾驶员、1名炮手、1名副炮手、1名装填手和1名副装填手。每辆装备炮弹多达200发，包括高爆弹、穿甲弹和白磷弹，装在原厂和改装的弹药箱里。除了主炮，每辆车上还装有1挺M1919A4型7.62毫米机枪，位于车长席位上；车身后部还安装了1挺M2HB型12.7毫米重机枪。另外，每辆车上还携带有81毫米迫击炮和60毫米迫击炮及其弹药，但这些迫击炮需在地面安装使用。额外的口粮、补给和个人物品则放在临时的开放式隔舱里，这些隔舱焊在车体后部，与车体同宽并延伸出车尾约46厘米。

加农炮连全部摩托化，除了4辆半履带式自行火炮，还额外配有2辆摩托车，1辆给连长使用，另1辆则分配给他的传令兵使用。连里的几辆吉普车则载着车辆调度部门及连部其他人员。后来，为了满足其在法国南部的进一步的运输需求，还征用了几辆民用豪车。由于第1特勤队缺乏有组织的炮兵编制，加农炮连的加入正好填补了这一实际需求。就像达比团长和他的游骑兵那样，弗雷德里克也依靠这些半履带自行火炮为他的快速机动部队随时随地提供炮火支援。后来，在法国南部战场上，这些自行火炮得到了一些榴弹炮的加强，既可对前方目标进行有效的火力打击，平时也可用于装甲侦察。因为其具有较强机动性，可以在开火后立即转移阵地，从而迷惑敌军的反炮兵火力。

为第1特勤队提供火力支援的炮兵群则包括第160野战炮兵营（2月12日由第69装甲野战炮兵营所取代）、第645坦克歼击营B连，以及第456伞降野战炮兵营，共计80门火炮，包括自行火炮、坦克炮和突击炮。在第1特勤队的战斗侦察队及炮兵自己的前进观察员的指引下，这些炮兵部队对敌军坦克、步兵和据点目标进行精确打击，支援一线部队。这个炮群还承担反炮兵火力打击任务和针对滩头阵地右翼敌军的无观察的袭扰射击任务。另外，该炮群还经常在第1特勤队的巡逻队和敌军部队之间释放烟雾弹，掩护特勤队员的巡逻活动。炮群还偶尔发射盟军的宣传单到德军阵地上，协助瓦解敌军斗志，结果是第1特勤队的巡逻队抓获了大量的敌军逃兵。

这里值得一提的是伞降炮兵与第1特勤队的密切合作。第456伞降野战炮兵营（缺C连和D连）于1943年12月14日便在圣玛利亚迪卡布阿贝特

■ 上图是在安齐奥战场，美军第69装甲野战炮兵营的1辆 M7型自行榴弹炮正在为第1特勤队提供支援火力。下图是第463伞降野战炮兵营的炮手在准备操纵他们的75毫米榴弹炮。该营及其前身第456伞降野战炮兵营在安齐奥战役期间，全程为第1特勤队提供火力支援。而且，第456伞降野战炮兵营在意大利中部的战斗期间，也多次配属给第1特勤队作战。

利镇第一次划归第1特勤队指挥；第1特勤队在12月25日进攻萨姆克罗山旁的720高地时，便得到了该营的火力支援；第1特勤队在“冬季防线”上的后续行动中也有该营的身影。1944年2月2日，第456伞降野战炮兵营的炮兵们在墨索里尼运河后方再次加入到第1特勤队的战斗行动中。也就是在同一天，该营的C连和D连，连同“第456伞降野战炮兵营”这一番号一同被编入第82空降师的作战序列。2月16日，“根据第20号命令，第5集团军、第456伞降野战炮兵营的少量人员和装备转调欧洲战场参战。在同一个命令中，以第456伞降野战炮兵营的剩余人员（即营部、A连和B连）组成第463伞降野战炮兵营，并要求该营调出一支由6名军官和61名士兵组成的骨干队伍。”至此，第463伞降野战炮兵营在安齐奥战场有27名军官和309名士兵，继续协助第1特勤队作战。

在正常情况下，第463伞降野战炮兵营应包括一个指挥及保障连和A、B、C三个炮兵连，以及D连，D连是机枪连，为全营提供防空和反坦克火力掩护；炮兵连下各辖4个炮班，装备便于驮运的M1A1型75毫米榴弹炮（其最初的设计是可以分解成9个独立部件并由骡子驮运）。这些重575公斤的榴弹炮可发射5.9公斤的炮弹，最大射程8687米。在1944年2月至3月期间，因为兵力不足，该营仅有两个连——A连和B连在运转，各装备6门火炮。4月，在得到足够的补充兵力后，该营恢复了常规建制。但是，D连却一直没有重建，原属于它的人员和装备被并入其他连中。

在第1特勤队的支援力量中还有第509伞兵营，但该营至1944年4月1日便不再担任第1特勤队的支援部队。

在整个4月及之后，后方的第2团，以及前线的第1团和第3团的可以在白天从前线轮换下来的各连、排、班都进行了体能训练和所有武器的恢复性训练。重点放在团体战斗训练上，以便新接收的补充兵员能尽快融入新集体。其他的训练科目包括步坦协同、突击坚固据点、清理村落，以及小单位战术训练。第1装甲团和第81侦察营对第1特勤队的训练进行了全面配合，他们共进行了15次步坦协同演习（其中第一次在4月10日）。

1944年5月9日，在连续作战98天后，第1特勤队从墨索里尼运河防线上被美军第36战斗工兵团轮换下来。此时，盟军也完成了突破安齐奥滩头阵地的军事行动的准备工作。截至5月1日，第1特勤队的规模已膨胀至2585名士兵和159名军官。在即将开始的突破行动中，每个兵员都是战争机器上必不可少的螺丝，包括第1特勤队在内，第5集团军各部不再储备补充兵员。一旦新战役打响，弗雷德里克也没有机会去其他单位寻找可替补的兵员了。

■ 这是1944年4月在安齐奥战场，第1特勤队某连的队员正在接受训练的讲解或讲评。

■ 上图是1944年初在安齐奥码头，第1特勤队保障营的6×6卡车从美军坦克登陆舰的船舱中驶出登陆安齐奥。下图是1944年2月在安齐奥，特勤队员正在卸车，6×6卡车上运载的是他们的各种设备和装备。

■ 上图是几名特勤队员搭着简易帐篷驻扎在墨索里尼运河河岸背后，他们用沙袋垒筑了一个简单的防御工事。下图是在安齐奥的甘蓝堡附近，第 1 特勤队第 1 团的几名队员正在检查德军遗弃的野战工事。

■ 上图和下图截取自纪录片《自杀性任务之黑色魔鬼》，特勤队员在墨索里尼运河沿岸的防区内拉设铁丝网，修建障碍物。

■ 上图是几名特勤队员在一条横跨墨索里尼运河的浮桥上作业，这座浮桥是之前美军第36战斗工兵团修建的。下图来自纪录片《自杀性任务之黑色魔鬼》，特勤队员在墨索里尼运河上作业，构筑工事。

■ 上图是第1特勤队在墨索里尼运河沿岸的一个机枪阵地上，几名特勤队员正在警戒。这个机枪阵地能够覆盖墨索里尼运河沿岸防线的一片区域，从照片上看，他们使用的是勃朗宁 M1919A4 型7.62毫米机枪，这是第1特勤队的班组支援火力，每个班至少1挺。下图是在墨索里尼运河西岸阵地上的一个防空壕里，2名特勤队员正操纵1挺勃朗宁 M1917型7.62毫米重机枪俯瞰着运河。与 M1919A4 相比，这款水冷式重机枪具有更高的持续射速，且可靠性强，但很笨重，所以只是在防守时使用。

■ 上图是在安齐奥地区的一个十字路口，第1特勤队的一个机枪阵地守卫于此。下图是在墨索里尼运河西岸的第1特勤队阵地上，一名特勤队员正在操控1挺意大利的布瑞达（Breda）M1937型8毫米重机枪。这款机枪是二战时期意军使用最广泛的武器，采用20发弹板供弹，射速450发每分钟，可以看到这名特勤队员手边摞着的多块弹板。当时，缴获的敌军武器被特勤队员广泛拿来使用，这得益于第1特勤队之前接受的熟练使用敌军武器的技能训练。

■ 上图是在墨索里尼运河防线上第1特勤队第3团防区。该团的1个迫击炮阵地构筑于2号大桥旁，其射界可覆盖整座大桥及周边，照片远处是莱皮尼山。下图可能拍摄于1944年3月至4月期间的安齐奥战场，一群特勤队员在墨索里尼运河防线上检查防御设施。注意他们身后那辆半履带自行火炮，它应该是新加入第1特勤队的游骑兵加农炮连的1辆 M3型半履带75毫米加农炮。

■ 上图是1944年3月14日在内图诺的授勋仪式上，3名特勤队员被授予银星勋章。在他们身后，美国国旗、加拿大宗主国英国的国旗和第1特勤队军旗迎风招展。注意他们的制服，左边那名队员穿着M1943型野战夹克和山地裤，中间的穿着M1943型野战夹克和M1937型毛哔叽长裤，右边的穿着M1941型野战夹克和山地裤。他们身后的旗手和护旗手统一穿着M1937型衬衣和M1937型长裤。

■ 下图是1944年4月在同一地点，美军第6军军长特拉斯科特少将在为5名特勤队员授勋。其中镜头最远处那名获勋者是第1特勤队司令部的乔治 · 纽克 · 麦考尔上尉(George Newk McCall)。

■ 上图是1944年4月14日在安齐奥地区，第1特勤队的一队巡逻队沿着一条小路在无人地带巡逻。队伍最前面的是这个班的班长，手持1支汤普森 M1A1型冲锋枪，注意他后面那名特勤队员，肩上扛着1门 M2型60毫米迫击炮。

■ 本页下图至第645页图都是1944年4月14日第1特勤队在安齐奥地区的一场战斗巡逻和突袭演习中的历史影像。下图是2名特勤队员正在进行攻占德军据守的农舍的演习，可以看到他们的攻击目标已经冒出白色浓烟，右边那名特勤队员正往他的 M1型步枪中压子弹。右页上图是一个机枪组正在操纵1挺 M1919A4型机枪向农舍射击。右页下图是1名特勤队员在近距离使用约翰逊 M1941型轻机枪向农舍里的假想敌射击。

■ 本页上图是一个巴祖卡火箭筒小组操纵火箭筒向农舍射击，为进攻部队提供火力支援。左侧那名使用火箭筒的队员是亚力克 · 莱尔(Alec Lyle)，右侧那名队员是约翰 · 库雷斯(John Kures)。他们都来自第2团第4连。本页下图是2名特勤队员隐蔽在草丛中向目标农舍射击。左图是一名特勤队员在近距离使用 M1 型步枪上的枪榴弹发射器向农舍发射榴弹。

■ 右页上图和下图是本页下图远处右侧几名队员的举动。其中右页上图是特勤队员准备向农舍发射榴弹，右页下图是榴弹发射的瞬间，可以看到腾起的白烟。

■ 上图是几名特勤队员以战斗队形散开展开攻击。镜头前的两名特勤队员跨过壕沟，向左推进，镜头远处的几名特勤队员继续向前攻击。进攻和重创是第1特勤队的战术基础。下图是2名进攻农舍的特勤队员，右边那名手持约翰逊 M1941 型轻机枪的特勤队员穿过了带刺铁丝网向前推进，他身后那名战友在原地掩护他。注意左边这名队员，腰间背着一个 M1910/28 型干粮袋充作的弹药袋，钢盔上用胶带贴了个“Y”标记。这2名队员都穿着 M1937 型羊毛 / 法兰绒衬衣和 M1937 型毛哔叽长裤。

■ 上图是在支援火力的掩护下，几名特勤队员挺进到目标农舍前并攻入屋子里。下图是在农舍里，特勤队员还击假想的撤退的敌军。左边这名队员使用的是1支勃朗宁自动步枪，右边这名队员使用的是汤普森 M1A1型冲锋枪。

■ 上图应该是1个排的特勤队员在安齐奥战斗期间合影，他们身前摆放着2挺 M1919A4型机枪和其他支援火器。下图是另一群特勤队员合影，他们可能是1个班的成员。镜头最前面的几人展示着他们的汤普森冲锋枪。

■ 上图是1944年4月15日在突袭切雷托阿尔托到海边一带的敌军工事的行动中，第2团的几名特勤队员乘上配属他们行动的第1装甲团H连的1辆M4中型坦克。下图也是4月15日，弗雷德里克准将与第2团团长摩尔中校商议突袭切雷托阿尔托的军情。他们身旁是1辆被击毁的M4中型坦克，此战中美军损伤了2辆M4，这便是其中之一。他们都穿着M1943型野战夹克，注意摩尔中校挎着1支M1A1型卡宾枪。

■ 这张照片与第647页下图拍摄于同一时间地点。在那辆被击毁的第1装甲师的M4中型坦克跟前，第2团第1营营部的二等兵爱德华·J·沃尔（Edward J. Wall）正抽着香烟，他和部队刚对切雷托阿尔托的敌军进行了一次成功的突袭并撤返友军战线。沃尔来自纽约奥尔巴尼市（Albany），原来是第4游骑兵营的士兵，1944年3月随该营一起加入第1特勤队。注意他的身上还穿着老部队配发的“坦克手”冬季野战夹克。他的M1型钢盔上涂抹了用以伪装的油漆或污泥，脸上也涂满了伪装油彩。他的下身穿的是M1937型毛哔叽长裤。另外，他的装备携行具也进行了简化，只保留最必须的物品，包括M1936型手枪带和M1936型背带、卡宾枪弹匣袋、悬挂在手枪带上充作弹匣和手榴弹袋的M1910/28型干粮袋。值得注意的是，他腰间悬挂着1把M3型双刃短刀，而非第1特勤队的V42型格斗匕首。他的武器是1支M1型卡宾枪，这款武器是第1特勤队军官的标配，所以该枪很可能也是他从游骑兵部队带过来的。至于他身后那辆M4，是沿着利多拉奈阿大道进攻时被击毁的。

■ 这是1944年4月15日在突袭切雷托阿尔托的联合行动中的第1特勤队第2团团部的西里尔 ·V· 克拉策上士(Cyril V. Krotzer)，他来自弗吉尼亚州的阿灵顿市(Arlington)。克拉策穿着 M1943型野战夹克和山地裤，头上的 M1 型钢盔加装了伪装网，脸上涂抹了伪装油彩。他使用的是1支汤普森冲锋枪，不过他的 M1936型手枪带上仍然保留着 M1 型步枪的弹夹包——许多特勤队员都喜欢把汤普森冲锋枪弹匣放在山地裤那两个宽大的腿袋里。他身上的其他装具和武器包括 M1936型背带、M1910型军用水壶、急救用品袋、挂着背带上的 Mk IIA1 型手榴弹、M1911A1 型手枪。在安齐奥战役期间，德国人一直搞不清楚第1特勤队的真面目，而与他们隔着墨索里尼运河相对的“赫尔曼 · 戈林”伞兵装甲师一直认为他们是1个满编师。

■ 上图是1944年4月15日在突袭切雷托阿尔托的战斗中，第1特勤队第2团的两名队员穿过排水沟向前突击。下图也是4月15日，第2团第2营营部的莫里斯 ·A· 帕克中士(Maurice A. Parker)押着2名德军战俘沿着利多拉奈阿大道往回走。帕克手中除了汤普森冲锋枪，还有1支沃尔特(Walther) P38型9毫米手枪。注意他肩上挎着的布袋，里面是汤普森冲锋枪的30发弹匣。帕克来自缅因州费尔菲尔德(Fairfield)，1940年入伍，二战结束后又先后参加了朝鲜战争和越南战争。

■ 上图是在1944年4月15日第1特勤队突袭切雷托阿尔托一带的行动中被俘的德军战俘，他们在第2团的特勤队员的押送下抬着自己的伤员穿过运河赶往集结地。下图也是在这次行动中被第1特勤队抓获的德意战俘，他们正被押送战俘营。

■ 上图是在切雷托阿尔托被俘的德意战俘聚在第1特勤队司令部门外等待司令部的情报参谋人员讯问。聚坐在一起的是德军战俘，而蜷缩在墙根下的是跟他们一起的意大利同袍。下图是2名在切雷托阿尔托被俘的德军战俘被关押在牛舍里，在他们旁边的是第1特勤队养的“宠物牛”。

■ 左图是1944年4月15日，第1特勤队保障营营部连的宪兵比尔 · 斯波尔丁（Bill Spalding）和一名在切雷托阿尔托被俘的德军士兵合影。斯波尔丁穿着M1943型野战夹克和山地裤，他的装备携行具是M1914型，子弹带前挂着2个手枪弹匣袋。

■ 下图是一群从切雷托阿尔托突袭中胜利归来的第1特勤队第2团第5连第1排机枪小组的特勤队员。其中中间的是维克多 · 凯泽中士（Victor Kaisner），他们使用的是M1919A4型机枪。这些特勤队员脸上都带着胜利的笑容。

■ 上图和下图都是1944年4月20日在安齐奥地区，第1特勤队第2团第4连的几名特勤队员在镜头前展示他们缴获的敌军武器，上图左一那名队员名叫罗伯特 · 斯托姆 · 明托（Robert Storm Minto）。下图后排右边那名特勤队员手中的是德国MP40型9毫米冲锋枪，前排左一队员面前的是意大利布瑞达M1930型6.5毫米轻机枪，前排右一队员手中的则是布瑞达M1938A型9毫米冲锋枪。

■ 上图是1944年4月20~27日期间在安齐奥战场的某处河岸边缘，第1特勤队1个严阵以待的M1919A4型机枪小组。注意在机枪枪管上有一个临时的简易木制提手。

■ 下图是1944年4月20~27日期间在墨索里尼运河防线上的一个迫击炮阵地中，第1团第3连的3名特勤队员与他们的M2型60毫米迫击炮合影。从左至右分别是伦纳德 ·L· 格鲁中士(Leonard L. Grew)、二等兵鲍尔(J.F. Ball)和二等兵墨菲(F.A. Murphy)，墨菲不久便在5月29日的战斗中阵亡，而格鲁中士也于8月17日因伤死亡。注意格鲁中士身旁放着用于阵地伪装的帆布，在右边墙角还放着1挺约翰逊M1941型轻机枪和装着迫击炮瞄准具的盒子。

USA
CANADA

■ 上图是1944年4月20~27日期间在墨索里尼运河防线上，几名特勤队员聚在一起拆看从家里寄来的包裹。从左至右分别是第3团第1连的休 · M · 萨维奇中尉（Hugh M. Savage）、第2团第5连的阿尔伯特 · 斯普劳尔中士（Albert Sproule）、莫里斯 · 拉扎勒斯中士（Morris Lazarus）、托马斯 · F · 奥布莱恩中士（Thomas F. O'Brien）和德尔伯特 · J · 斯通豪斯中士（DelbertD J. Stonehouse）。注意奥布莱恩拆包裹用的是V42型格斗匕首。

■ 左页左上图是1944年4月24日，第1特勤队的一名上士在安齐奥战场上手提巴祖卡火箭筒的留影。左页右上图是1944年4月20~27日期间在安齐奥战场上，第1特勤队第2团第5连的2名特勤队员和他们的约翰逊M1941型轻机枪合影。照片左边的是二等兵勒利弗（W.P. Lelievre），右边的是二等兵鲁西（L.E. Roussy）。

■ 左页下图是1944年4月20~27日在安齐奥战场，第2团第4连的埃米尔 · A · 比耶上士（Emil A. Bier）和威尔默 · E · 恩格尔中士（Wilmer E. Engle）给他们的奶牛“黑美人”（Blackie）挤奶。注意比耶右腰上别着的V42型格斗匕首和手枪枪套，其中刀鞘进行了改进，增加了一个铁丝带钩。

■ 这是1944年4月20~27日期间在墨索里尼运河防线上，来自加拿大不列颠哥伦比亚省（British Columbia）的第1团第3连的特勤队员戈登·H·贝克下士（Gordon.H. Baker）正在阅读家信。贝克于1941年4月21日加入加拿大陆军，1942年加入第1特勤队，1946年2月退役。在安齐奥战场上，第1特勤队共伤亡384人，其中62人被埋葬在了安齐奥滩头的战争公墓；第1特勤队中的加拿大人在安齐奥共伤亡117人，在第1特勤队进入罗马后，这一数字上升到了185人。

■ 上图是1944年4月20日在安齐奥战场上，第1特勤队第2团第5连的1个排在进行夜间巡逻前听取排长雷纳中尉（H.H. Raynor）的任务简报，他们的手和脸也都涂黑。这些特勤队员，有些穿着M1943型野战夹克，有些穿着“坦克手”寒带作战服。从照片上还可以看到，这个排使用的武器有M1型步枪、汤普森M1A1型冲锋枪、约翰逊M1941型轻机枪、勃朗宁M1919A4型轻机枪。特勤队员很擅长夜间战斗，而涂黑的脸和双手既可起到伪装的效果，又能给敌人带来恐惧心理。因此，第1特勤队在安齐奥期间也获得了“黑色魔鬼”的称号。

■ 下图是1944年4月20日在安齐奥战场，第1特勤队第2团的几名队员正等着天黑后开始巡逻。图中几人从左至右分别是：手持约翰逊M1941型轻机枪的二等兵丹·勒迈尔（Dan Lemaire）、手持M1型步枪的一等兵理查德·斯蒂里（Richard Stealy）、使用汤普森M1A1型冲锋枪的查尔斯·W·谢泼德中士（Charles W. Shepard）和雷纳中尉、手持M1型步枪的一等兵詹姆斯·A·琼斯（James A. Jones）。勒迈尔和谢泼德是第6连的士兵，其余几人都是第5连的。注意他们的脸和手都已经涂黑，M1钢盔上涂抹了淤泥或油彩，一副典型的“黑色魔鬼”装扮。勒迈尔和谢泼德穿着M1943型野战夹克，琼斯穿着“坦克手”寒带作战服，其余两人都穿着M1941型野战夹克。

■ 上图是第659页下图的另一场景，从左至右分别是查尔斯 ·W· 谢泼德中士、雷纳中尉、一等兵詹姆斯 ·A· 琼斯。谢泼德中士来自加拿大魁北克省东法纳姆(East Farnham)，第1特勤队撤编后，于1945年进入加拿大第1伞兵营服役。下图可能也来自安齐奥战场，特勤队员在战斗巡逻中端掉了德军的一处哨所，俘虏了里面的德军，不排除这一场景是摆拍，重现战场画面。

■ 上图是倒毙于第1特勤队前线无人地带的“赫尔曼 · 戈林”伞兵装甲师士兵，注意他的军装袖口上“赫尔曼 · 戈林”的字样。自从第1特勤队进驻墨索里尼运河西岸后，越来越多的德军士兵死于第1特勤队夜间巡逻、突袭和伏击之下。下图也是在第1特勤队防区前沿的一条浅水沟里，被特勤队员杀死的德军士兵的尸体。

■ 上图是1944年4月20~27日期间在墨索里尼运河河堤后，第1特勤队第2团的几名特勤队员正在挖掘掩蔽所。从左至右分别是第4连的史蒂文森中士（R. Stevenson），第5连的二等兵罗宾逊（W.J. Robinson）和普莱福德上士（J.A. Playford）。下图是第1特勤队在墨索里尼运河防线上的一处阵地，这种阵地和一战时期的无甚区别，不过其修建结合了河堤的地势。

■ 左页上图是1944年4月在安齐奥战场，第1特勤队第3团第3连的保罗 ·E· 诺文布里（Paul E. Novembre）和第3团第1连的巴普蒂斯塔 ·A· 皮科洛米尼（Baptista A. Piccolomini）正在埋葬一名德军士兵的遗骸。据诺文布里说，自从2月他们穿过墨索里尼运河进入无人区时，这具德军尸体便躺在他们阵地前方，到了4月，这具尸体已经“臭得使他们无法吃饭”了，为了吃饭时有个好胃口，他们主动埋了他。

■ 左页下图是1944年4月在安齐奥战场，第1团第3连第1排的二等兵撒迪厄斯 · 莱斯兹克辛斯基（Thadeus Leszczynski）和艾士菲上士（A.J. Ahfield）在排指挥所里。这个建筑物原来是一家热狗店，战争中荒废掉了，被第1排当做指挥所使用。注意莱斯兹克辛斯基的背带上挂着1枚 Mk IIA1 型手榴弹。

■ 这是在安齐奥战役期间，来自第2团第4连的两名特勤队员：威尔逊上尉（W.M.W. Wilson）和亨德森中士（D.J. Henderson）正在用糖果喂养他们连的“吉祥物”——尼禄，一匹仅两个月大的小马。可能是身处意大利战场的原因，他们给这匹小马起了与古罗马帝国时期的暴君尼禄一样的名字。亨德森中士穿着M1937型羊毛/法兰绒衬衣和山地裤。

■ 上图是安齐奥战役期间在安齐奥地区的“和平山谷”(Peaceful Valley)中，一群特勤队员刚结束了一场赛马，胜利的骑手的坐骑脖子上挂着大花环，这种闲暇生活在第 1 特勤队驻守墨索里尼运河沿岸期间是不多见的。

■ 下图是 1944 年 4 月在安齐奥战场上，第 1 特勤队保障营的一个野战食堂正在开伙给战友们做饭。

■ 上图是在第1特勤队的司令部，弗雷德里克准将迎接前来视察的第5集团军司令马克 · 韦恩 · 克拉克中将（左三）和第6军军长小卢西恩 ·K· 特拉斯科特少将（左二）。下图是在墨索里尼运河前线，一些特勤队员合影，在他们身后是简陋的掩蔽所。

■ 上图和下图都是在安齐奥战场，第 1 特勤队的情报人员正在检查德军的蝴蝶式炸弹。右边两名队员都戴着 M1941 型卡其色羊毛编织帽。

■ 这是在安齐奥战场上，一名特勤队员与被打死的德军士兵的尸体合影。注意他穿的那条两侧有两个大口袋的山地裤，它与V42型格斗匕首一样，是第1特勤队的身份象征。特勤队员很多时候都穿着山地裤，而且第1特勤队活跃在欧洲战场上时，盟军中仅有他们穿这款裤子。

■ 上图也是在安齐奥战场，几名特勤队员正在设卡检查当地难民携带的行李。背对着镜头的那名特勤队员穿着 M1937 型衬衣和山地裤，将掘壕铲挂在 M1923 型子弹带上；面对镜头的这名军官应该是英军盟友，他头上戴着英军装甲兵的黑色贝雷帽，帽上镶着装甲兵的帽徽。

■ 下图可能拍摄于安齐奥滩头阵地，第 1 特勤队在海岸边进行的一场战斗演习。一名机枪手端着约翰逊 M1941 型轻机枪冲锋，他旁边那名特勤队员是火箭筒手，拿着 1 具巴祖卡火箭筒。

■ 上图也是在安齐奥战场，几名特勤队员和他们坐骑的合影。可以看到，这辆吉普车上装载着无线电台，这可能是属于特勤队某一级指挥部的指挥车。下图是在安齐奥，奔跑中的特鲁伊中士（Trouy，左）和库恩上尉（Kuhn，右）。

■ 上图也是在安齐奥战场，第1特勤队的摄影师路易斯·J·梅里姆中士没有拿着他的“武器”——照相机，而是端着1支汤普森冲锋枪在摆拍。他穿着M1937型羊毛/法兰绒衬衣和山地裤，M1936型手枪带上别着M1911A1型手枪的枪套。

■ 右图是1944年4月底在安齐奥战场上，第1特勤队第2团的几名队员在他们的阵地上合影。除了后排中间的那位名叫拉里·帕特（Larry Piette）的军官穿着M1943型野战夹克和山地裤外，其他3人都穿着M1937型衬衣和M1937型长裤。帕特是拉蒂芬萨山之战中，第一批登上悬崖的军官之一。

■ 这是在安齐奥战役时期，几名特勤队员合影，其中镜头前右侧那名队员是第2团第2连连长

■ 这张照片可能也拍摄于安齐奥战役期间，几名特勤队员在商议战情。

■ 上图是在安齐奥战役时期，部分特勤队员和1辆“谢尔曼”坦克展开联合行动。镜头前这名特勤队员是机枪手，肩上扛着拆解的M1919A4型机枪；另外，镜头前的特勤队员都背着M1936型野战背包。下图是在安齐奥战场上，几名特勤队员在战斗闲暇时休息，其中2人还戴着育空河背架，不排除他们是保障营的队员。

上图和下图都拍摄于安齐奥战场，这可能是第1特勤队的一场战斗演习的抓拍。上图中，第1特勤队的一个迫击炮小组正在操纵1门M2型60毫米迫击炮。下图中，一队特勤队员正在发起进攻，镜头右侧那名使用SCR-536型无线电步话机的特勤队员可能在呼叫支援火力。

上图也是在安齐奥战场，一名全副武装奔跑的特勤队员，看样子可能是在进行战斗训练。下图是安齐奥战场上，美军两辆M4中型坦克正在配合第1特勤队行动。

这是在安齐奥战场上，第1特勤队指挥官弗雷德里克准将的骑马留影，他穿着M 1943型野战夹克和山地裤。

■ 左图是1944年4月在安齐奥战场，第1特勤队第3团第4连的斯图尔特·L·戴德蒙上尉（后晋升为少校）与约翰·D·米切尔中尉（John D. Mitchell）在商议军情。注意戴德蒙上尉的腋下还夹着他的M1型钢盔，他们腰间都穿戴着M1936型手枪带。

■ 下图照片大约拍摄于1944年5月5日，3名特勤队员在安齐奥战场上合影。从左至右分别是：杰克·沃克迈斯特（Jake Walkmeister）、查尔斯·汤斯（Charles Townes）、詹姆斯（James）。注意他们的着装都有所区别，沃克迈斯特穿着人字斜纹布连体工装，汤斯穿着一套M1937型制服，詹姆斯穿着M1937型衬衣和山地裤。至此时，第1特勤队已在安齐奥战场上战斗了3个月，于5月9日从阵地上撤防休整。他们的阵地再次由第36战斗工兵团接手。

北上罗马

"王冠"和"水牛"

随着诺曼底登陆即将开始，盟军从战略上考虑，需要意大利战场上的盟军采取积极行动，吸引牵制当面德军，以配合诺曼底战役。在这一战略要求下，意大利战场上的盟军于1944年5月11日发起了一场包括突破古斯塔夫防线和安齐奥滩头阵地的大规模战役行动——"王冠"行动（Operation Diadem）。

1944年初，当盟军与德军在古斯塔夫防线及安齐奥滩头对峙时，为配合地面部队作战，盟军地中海空军从3月19日至5月11日发起了名为"绞杀"的空中打击行动，其目的是摧毁比萨（Pisa）至里米尼（Rimini）一线以南的德军公路、铁路及海路运输系统，涉及各种铁路设施、补给站点、桥梁和交通枢纽等重要目标，切断古斯塔夫防线上的德军第10集团军和包围安齐奥海滩的德军第14集团军的补给线。虽然"绞杀"行动未能完全切断德军补给线，但使德军对前线的补给力度大大降低，极大地限制了德军的战斗力，为盟军在5月份的突破创造了条件。

"王冠"行动的目标是摧毁德军第10集团军，将其与第14集团军逼至比萨－里米尼一线。首先，古斯塔夫防线正面的盟军——美军第2军、英军第13军、波兰第2军和法国远征军将对防线展开全面攻势。其中，在英军第8集团军战区，英军第13军和波兰第2军形成跨越拉皮多河的姿态。一旦渡过拉皮多河，该部将攻占卡西诺山和卡西诺镇，然后向北推进，经利里河谷直逼罗马。在

■ 这是1944年春"绞杀"行动期间，隶属盟军地中海空军的一架法军的美制B-26型轰炸机正在轰炸位于意大利中部的皮塔奇（Piteccio）高架桥。这座高架桥长183米，宽4.5米，是意大利中部的重要铁路桥梁之一。这类铁路设施是盟军"绞杀"行动的重点目标之一。

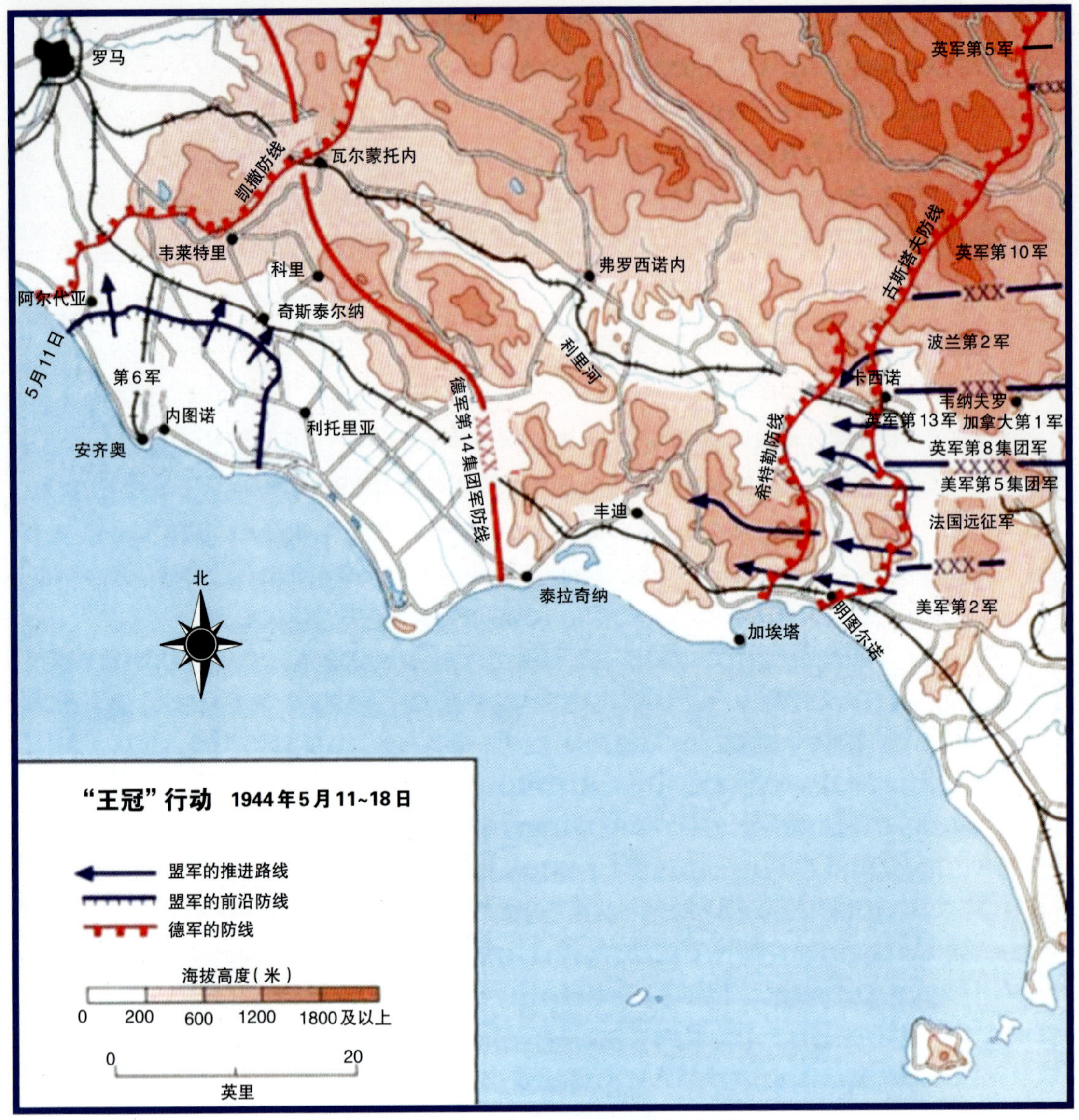

第8集团军左翼的美军第5集团军战区，法国远征军将在加利格里阿诺河的桥头堡上，侧翼包抄利里河谷；美军第2军各部将沿着海岸平原推进，对盟军左翼进行扫荡。在盟军突破古斯塔夫防线并靠近安齐奥之时，亚历山大将军建议第6军进行协同攻击，沿着韦莱特里隘口（Velletri Gap）朝北偏东北方向推进，攻占横跨6号公路的瓦尔蒙托内（Valmontone）。亚历山大指出，占领维蒙托涅将切断德军第10集团军从卡西诺防线撤退的后路，并有可能在罗马南部歼灭该集团军。这样一来，盟军接下来将把英军第8集团军——而不是美军第5集团军——部署到占据攻克罗马的有利位置。不得不说，为争夺首先攻占罗马这一巨大荣耀，盟军内部存在着竞争的激烈。

5月5日，盟军第15集团军群司令亚历山大向部属发布“王冠”行动的作战命令。5月11日晚23点，“王冠”行动正式打响，美军第5集团军和英军第8集团军集中25个师和1660门火炮的庞大兵力向古斯塔夫防线发起全面进攻。法国远征军很快攻占了马伊奥山，打通了7号公路，并迂回到卡西诺山侧后的6号公路，严重威胁了防线上的德军。5月18日，盟军终于攻克古斯塔夫防线

■ 这是1944年5月18日上午10点20分，由卡齐米日·古比埃尔中尉（Kasimierz Gurbiel）率领的盟军波兰第2军第12波多尔斯基枪骑兵团的一支13人的巡逻队冲进了已无人抵抗的卡西诺修道院，并在已成废墟的修道院屋顶升起了一面波兰国旗，而且他们还俘虏了30名负伤的德军伞兵和2名医护兵。这象征着盟军胜利攻占了古斯塔夫防线的核心阵地卡西诺，意大利战场上最血腥的卡西诺战役落下帷幕。

的核心——卡西诺山。阻挡盟军长达7个月之久的古斯塔夫防线最终破碎。德军沿着利里河谷全线北撤，并从安齐奥滩头调来精锐的第26装甲师阻挡盟军的进军步伐。5月19日，英军第8集团军沿利里河谷北上被阻。

与此同时，美军和法军以优势兵力继续进攻，在英军北上受阻之时，克拉克不是全力支援英军，而是命令第2军加速前进，直驱丰迪（Fondi）和泰拉奇纳（Terracina）。除了这两座小镇，第2军与安齐奥滩头的第6军仅剩一小段距离便可会师。一旦两军成功会师，第5集团军便可直驱罗马，摘取首先占领轴心国首都的无上荣光。

在盟军对古斯塔夫防线全面进攻之时，安齐奥滩头的盟军也在准备他们的突破行动。经过2个多月对峙，双方都意识到，直到春天到来和战斗力恢复前，即使是咄咄逼人的战斗巡逻和炮战也无法打破这种僵局。截至1944年5月，安齐奥滩头的美军第6军已集结起第3步兵师、第34步兵师、第36步兵师、第45步兵师、第1装甲师、英军第1步兵师、英军第5步兵师和美加联合第1特勤队约15万人的兵力。而经过两个月的消耗，当面的德军第14集团军仅余5个师7万人，在兵力上已是绝对劣势。面对日益严峻的战局，凯塞林在1944年春便命令准备一条新的防线——凯撒防线（Caesar Line）。这条防线位于安齐奥滩头阵地后方和第14集团军侧后，西起台伯河（Tiber）河口，穿过罗马以南的阿尔班山，经过瓦尔蒙托内、阿韦扎诺（Avezzano），直抵东海岸的佩斯卡拉（Pescara）。这是罗马以南的德军最后防线。凯塞林在这里部署了第90装甲掷弹兵师和第26装甲师作为预备队。在必要时，第10集团军还可以后撤至此组织防御。

虽然亚历山大在“王冠”行动的总体规划中，要求美军第6军深入内陆并切断6号公路，但克拉克将军却要求第6军军长特拉斯科特准备好备选方案，并做好一旦接到通知、在48小时内从一个

上图是在盟军第15集团军群司令部门前，集团军群各级主官的合影。从左至右分别是第15集团军群参谋长约翰 · 哈丁中将，英军第8集团军司令奥利弗 · 里斯中将，第15集团军群副参谋长莱曼 · L · 莱姆尼策准将，第15集团军群司令哈罗德 · 亚历山大，美军第5集团军司令马克 · 韦恩 · 克拉克中将。5月11日"王冠"行动发起后，盟军内部各怀心事，都希望自己国家的部队抢先占领罗马，这也导致了美军第6军在突破安齐奥滩头阵地后作战行动突然发生变更，更致使第15集团军群围歼德军C集团军群计划的落空。

下图是1944年5月在安齐奥，美军第1装甲师的几辆M4中型坦克正从坦克登陆舰的船舱中驶上滩头。此时正值"水牛"行动准备时期，第1装甲师将剩余兵力全部调至滩头阵地，全力备战。

行动方案转到另一个行动方案的准备。由此，在4月和5月初，美军第6军的参谋们制定了4个突破安齐奥滩头德军防线的行动计划，其代号分别是“水牛”（Buffalo）、“蝲蛄”（Crawdad）、“蝗虫”（Grasshopper）和“海龟”（Turtle）。其中，“水牛”行动是穿过奇斯泰尔纳进入山谷，目标直指瓦尔蒙托内的6号公路。“海龟”行动是从阿尔班山左前方直插内陆，攻占坎波利欧内、阿尔班山，直驱罗马。由于“水牛”行动计划与亚历山大的“王冠”行动的总体战略非常相符，第6军占领瓦尔蒙托内，将断绝德军第10集团军在利里河谷的退路，实现围歼第10集团军的意图。5月5日，亚历山大选择了“水牛”行动计划并要求克拉克下达相关命令以实现这一目标。

但是，克拉克却认为第6军应该直接进攻罗马。他后来写道：

“我们不仅想获得攻占罗马的荣誉，这是我们应得的……我们不仅要成为第一支从南面占领罗马的军队，而且还要让国内的人们知道：这是第5集团军干的，这是我们付出沉重代价而应得的荣誉。”

克拉克向亚历山大辩解，第6军没有围歼德军第10集团军的足够兵力。为了维护盟军阵营的团结，亚历山大以默许的态度同意，如果“水牛”行动在推进过程中出现困难，那么第6军可以考虑直接向罗马推进。

“尽管亚历山大将军的明显目的是要将英军第8集团军作为‘王冠’行动的主角，但克拉克将军还是希望由美国人——而非英国人——攻占罗马，并且他积极地寻求提高第5集团军在该场行动中的角色地位的机会以实现这一目标。虽然他的想法在5月1日与亚历山大的会议上遭到拒绝，但为了保证麾下盟军的团结，亚历山大仅给克拉克下达最普通的命令，这意味着默许他在未来几周内极为灵活地决定第5集团军的部署。”

5月6日，克拉克告知特拉斯科特：“……攻占罗马是唯一的重要目标，准备和‘水牛’行动一起执行‘海龟’行动。”

根据特拉斯科特制定的“水牛”行动计划，英军第1步兵师和第5步兵师在攻击发起日首先将从左翼沿着海岸线发起佯攻，越过安齐艾特大道缠住德军第1伞兵军的第4伞兵师、第65步兵师和第3装甲掷弹兵师。

另一方向，在英军发起行动的同时，美军第45步兵师、第3步兵师和第1装甲师则发起主攻，进攻德军第76装甲军的第326步兵师和第715步兵师的阵地并向前推进，分别向坎波利欧内、韦莱特里和奇斯泰尔纳发起进攻。在奇斯泰尔纳，盟军将沿着两个方向形成突破：第一个方向是阿尔班山脚下的韦莱特里，第二个方向则是科里和莱皮尼山。负责攻占奇斯泰尔纳的是美军第3步兵师，该师3个团全部压上包围该镇，第7步兵团在正面、第30步兵团和第15步兵团分居左右。在第3步兵师左侧的是第45步兵师，该师将向卡拉诺（Carano）发起支援性攻击。第1装甲师分成A、B两个战斗群，突入奇斯泰尔纳西面的开阔地带。

位于第6军右翼的第1特勤队（得到了加强）则沿着墨索里尼运河沿岸推进，负责保护主力部队的侧翼安全。而第34步兵师和第36步兵师则作为全军预备队，协助任意方向上的突破或直驱韦莱特里。

另外，盟军地中海战区空军也沿着地面部队预定的推进路线向前轰炸，协助地面部队的突破。

1944年5月9日，第1特勤队从墨索里尼运河防线上被替换下来休整。各团士气高昂，“大家对巡逻行动和沉重打击德军怀着很大热情。”由于在固定阵地上驻守了很长时间，他们接下来必须要用一段时间进行强化体能训练，以便使队员身体回到巅峰状态。在这一时期，尽管已经后撤到完全在轻武器射程之外的“后方”，但敌军的炮击和偶尔的空袭仍不可避免地给第1特勤队带来人员伤亡。

根据“水牛”行动的计划，第1特勤队从滩头阵地发起的行动，将得到几支装甲部队的协同与支援。所以，第1特勤队需要积累更多与装甲部队协同作战的经验。为此，在休整和备战的这段时间里，第1特勤队与美军第1装甲团、第13（轻型）装甲团、第191坦克营和第645坦克歼击营进行了大量的步坦协同训练。这一训练科目之有效以至于在安齐奥的其他盟军部队也纷纷效仿。除了步坦协同训练，第1特勤队的官兵们还要研习地图，并被详细告知战术计划和初始行动目标。

在即将展开的行动中，第1特勤队的保障营担任的角色如同以往一样重要。如果进攻能按预想中顺利进行，保障营的补给和医疗职能将全负荷运转。为了能完全满足所预料的高额代价的战斗，保障营勤务连和维修连抽调了150名担架员，并由第1特勤队的军医进行了急救课程培训。在即将到来的行动中，每个团都将分配50名这样的担架员。而救护站则会尽可能地设在前线。另外，一旦行动发起，保障营还要保证口粮、补给和弹药能源源不断地送到各团。

在5月9日至21日期间的晚上，原来担任预备队的第1特勤队第2团继续保持对墨索里尼运河前线无人地带的巡逻，以让德军误以为对面阵地上的还是第1特勤队。5月21日，根据第2军司令部的命令，第2团派遣2个连独自实施战斗巡逻以继续保持与敌军的接触，其主要目的是抓捕俘虏，了解敌军是否已经注意到盟军正在准备接下来的军事行动。这2支连队，一支前往熟悉的废弃采石场，另一支则前往皮韦亚村。他们在行动中都遭到了敌军火炮和轻武器的猛烈打击，但都出色地完成了任务。这2个连队共抓获了17名俘虏（包括1名军官），毙敌39人，但损失同样不低，共有11人战死，2人失踪，20人负伤。

■ 这是1944年5月14日，第1特勤队第2团第2营营长罗伯特 · S · 摩尔中校（中戴头盔者）与几名部属在安齐奥战场的照片。其中左侧是乔治 · 伊瓦什维克少校（George Evashwick），右侧是斯坦利 · C · 沃特斯少校（Stanley C. Waters），坐在吉普车后的是四级技术军士皮伯斯（J.W. Peebles）。摩尔中校从1943年12月29日起便领导第2团，直至阿克赫斯特中校伤愈归队，后者在1944年5月1日被任命为第2团团长。弗雷德里克对摩尔这个部下一直给予高度信任，他曾对摩尔如此评价：“……他是如此优秀，可以一直领导第2团。”

剑指罗马

1944年5月23日是“水牛”行动的发起日。当日凌晨，第1特勤队关闭营区，登上卡车奔赴前线。行驶了几公里后，官兵们下车集合，接下来他们要步行走完剩下的路程。2小时后，也就是23日凌晨3点，他们来到当日清晨发起行动的攻击出发线，即主防线后方约137米的一条浅沟，位于奇斯泰尔纳溪南岸。带着行军的疲劳，官兵们卸下武器和弹药，躲进沟渠里，等待战斗打响的信号。当天夜里，第1特勤队的装甲支援部队——第191坦克营A连和第645坦克歼击营的2个连进入位于第1特勤队后方一段距离的集结区域待命。另外，配属给第1特勤队的还有第36战斗工兵团D连、第84化学营D连、第52医疗营的救护A连。直接支援单位有5个轻型和中型炮兵营，其中包括第463伞降野战炮兵营，该营中新增加了部分来自第3野战炮兵营的单位，后者在5月2日被分配给了第1特勤队，弗雷德里克将其编入第463伞降野战炮兵营中。

按照计划，第1特勤队将在滩头阵地的东北方向发起攻击，他们位于第6军的最右翼位置，再向前1920米便是墨索里尼运河西岸。第1特勤队的主要任务是在第6军向韦莱特里隘口推进并进入瓦尔蒙托内平原时保护其右翼，他们的第一个目标是在德军主防线上打开缺口，进而切断7号公路，封死意大利中部山区敌军的退路，并巩固奇斯泰尔纳铁路以北的防线。在下一阶段，第1特勤队将攻占莱皮尼群山的阿拉斯蒂诺山和科里村，再沿着这条路经过卡斯利那（Casilina）前往瓦尔蒙托内切断6号公路。

在第一个阶段，得到第2团第1营加强的第1团将于H时越过第34步兵师第168步兵团的防线，沿着敌军主防线移动，穿过奇斯泰尔纳溪加入进攻部队。进攻队形从左至右依次是第1团第2营、第1营和第2团第1营。进攻发起时，来自第3步兵师的临时步坦混编的“绿鳕鱼”特遣队（Pollack Force）将与第1特勤队齐头并进，掩护后者的左翼。而在此时，第1特勤队的右翼将会暴露在过去4个月里很熟悉无人区战斗的德军面前。弗雷德里克认为，无论是第168步兵团还是第36战斗工兵团都无法为这一方向提供足够的保护。因此，第3团被命令在H时从攻击出发线出发，跟在第1团后面，但沿着墨索里尼运河东南方向前进，为第1特勤队提供右翼的掩护。第100独立步兵营则尾随第3团，向利托里亚防线前进，掩护第3团右翼。第2团紧跟着第1团，准备压制德军从两翼或正面发起的反击。当第1特勤队进至奇斯泰尔纳铁路线时便巩固防线，然后交由第34步兵师一部驻防。完成这一阶段的目标后，各团重新集结，继续执行下一阶段的任务。

这里要提一下突破行动中的一个有意思的小插曲。在D日前夜，大约15名特勤队员临时组成2支无线电小分队，在贝克特少校的率领下执行一次特殊任务。据其中的一名队员——来自第1团第1营的赫布·帕德（Herb Peppard）回忆，这些志愿者都是从3个团中挑选出来的。他们将要在当夜伞降到6号公路和7号公路之间的一个山头，一旦落地，便要用无线电报告他们所能观察到的敌军活动情况。当听到任务内容，这些人都惊呆了，他们真要成为“天生被包围”的伞兵了。当日，这些队员乘船离开安齐奥，前往南面的萨勒诺。在那里，他们将背负降落伞登上一架C-47型运输机出发。入夜后，他们起飞前往着陆区。越接近着陆区，德军的防空火炮变得越密集。一名队员描述：地面高射炮的火光之密集，以至于可以“借着火光读报纸”了。因为其航程中遭到如此密集的防空火力的拦截，贝克特少校决定折返，第二天晚上再尝试一次。第二天晚上，他们又来了一次，但依旧密集的地面防空火力使他们再次放弃，这场冒险的行动也就此夭折。

■ 这是1944年5月23日在安齐奥战场，第463伞降野战炮兵营的罗根中士（Rogan）、二等兵约瑟夫斯基（Josefski）和史密瑟斯中尉（Smithers）正在呼叫炮兵火力支援（也有资料认为，这张照片拍摄于5月底第1特勤队在科里附近的战斗期间，该营正在为第1特勤队呼叫火力支援）。该营长期配属第1特勤队作战，是特勤队员有力的火力支援部队。他们装备的75毫米榴弹炮仅重575公斤，而且可拆卸空投，具有较高机动性；不过在射程方面，该型榴弹炮的射程为8687米，不及标准的105毫米榴弹炮的11247米的射程。

5月23日清晨6点30分，天气晴朗，阳光明媚，“水牛”行动正式打响。在H时之前，盟军1500门火炮的炮火便对德军阵地进行了长达90分钟的密集火力打击（另有说法，火力打击从5点45分开始）。H时，地面炮火因为盟军空军近距离空中支援的抵达而暂停，当地面步兵和装甲部队开始推进时，地面炮火支援也随之恢复，德军阵地化为一片火海。按计划，左翼的英军部队发起佯攻，右翼美军的第3步兵师、第45步兵师和第1装甲师也向奇斯泰尔纳方向发起进攻。

第1特勤队方向，计划中为其提供支援的装甲车辆仅有少量抵达攻击出发线。当掩护弹幕向前延伸时，第1团团长马歇尔上校决定不再等待其他迟到的坦克了，他命令立即出发。位于左翼的第1团第2营第6连是突击连，并引导第2营的进攻。第6连的主要任务是在德军的主防线上打开一个缺口，然后巩固战果。第2营第5连接着从缺口穿过，向纵深继续进攻。在第2营左翼进攻的是该营第4连，它要与第5连齐头并进。进攻开始前，第4连的1个排便向前推进并清空了第6连前进道路正前方的一座敌军驻守的房屋。攻击打响后，第6连在一队坦克的支援下向前突击；15分钟后，第4连和第5连随之跟进。

中间的第1团第1营按时发起了进攻。在出发半小时内，2辆中型坦克和2辆坦克歼击车加入到该营的先头部队中，以火力支援他们的推进。虽然持续遭遇敌军火力拦截，但第1营很快向前推进了457米。很快，配属第1团的剩余的装甲部队通过了奇斯泰尔纳溪上架设的简易浮桥，但装甲部队在接近敌军主防线几百米的地方时，闯入了密集的雷区，多辆坦克及坦克歼击车失去行动能力，剩余的装甲车辆也被地雷所阻。这使第1团的重火力支援被有效遏制。第1营营长沃尔特·S·格雷中校坚持要与营先导连的突击排一起行动，在攻击发起后不久便不幸死在敌军机枪之下。第1营营长一职遂由麦克法登少校接任。

在距奇斯泰尔纳溪东北数百米远的地方，第1特勤队第1团第2营突破了德军主防线。该营以数条散兵线向前推进，穿过壕沟和麦田，沿路肃清负隅顽抗的小股敌军。当该营接近莫斯卡森林（Boschetto di Mosca）时，突然遭遇德军的密集火力拦截。伴随德军机枪的嗡鸣声的是德军迫击炮发射时的闷响，紧接而来的是炮弹的爆炸声。在德军猛烈火力的阻击下，第2营被阻挡在此。而为第1特勤队提供左翼掩护的“绿鲟鱼”特遣队，其进攻路线本应在此穿过，但因为德军前哨猛烈

■ 这是1944年5月23日“水牛”行动打响后，特勤队员穿过一片麦田向前推进。

的轻武器火力，这支特遣队受阻于奇斯泰尔纳溪，未能跟上第1特勤队的步伐。

5月23日上午10点，第1团的前出部队——主要来自第1营——切断了7号公路，又向北推进了183米，跨过奇斯泰尔纳铁路开始挖掘战壕。第2团第1营各部沿着墨索里尼运河西岸的推进也取得了进展。该营第3连占领了一座阵地守卫墨索里尼大桥（即7号公路上跨越墨索里尼运河的公路桥）；同时，该营其他单位穿过7号公路前往马尔基大桥（Marchi，即运河上的铁路桥）。在墨索里尼运河东侧，担任第1特勤队右翼护卫的第3团的机动却因为德军顽强的防守而进展缓慢。

中午12点，干扰第1特勤队进攻步伐的德军炮火在持续了一个上午后又大大增强了，变得更加猛烈。来自东面利托里亚平原和西面奇斯泰尔纳的德军重炮火力覆盖了第1特勤队的战区，使得沿着宁法公路（Ninfa，该地区内唯一适合进行补给和增援的道路）向前补给和增援的行动都变得暂不可能。此外，敌军炮火还给位于奇斯泰尔纳铁路附近挖掘战壕的第1特勤队带来了损失。此时，第6军的炮兵被呼叫进行反炮兵火力打击。片刻之后，前进炮兵观察员发现一支德军的步兵和装甲兵部队正躲在墨索里尼大桥以东914米处的一片约4公顷的树林里集结，显然他们要发动一次反击。第6军的7个炮兵营迅速开始火力覆盖这片树林。经过这些炮营20分钟的齐射，加上俯冲式轰炸机的轰炸，猛烈的火力在敌军步兵中撕开了深深的缺口，但装甲部队却没怎么受损。经过短暂重组，德军坦克和大约1个营的步兵冲出树林开始向第1特勤队发起进攻。这些装甲部队来自德军第508重装甲营，装备的是著名的虎式坦克。

此时，大雨倾盆而落。特勤队员们很快就湿透了全身，他们已经持续战斗了一整天，没有补给，弹药也快消耗光了。更糟糕的是，这些精锐的轻步兵的大部分装甲支援部队被落在了身后，手中缺乏有效的反坦克武器。而德军大约1个连的虎式坦克正顺着宁法公路南下直逼奇斯泰尔纳铁路线，并从东面沿着7号公路向墨索里尼运河推进。下午15点过后不久，这些虎式坦克逼近并开始炮击第1团位于宁法公路立交桥附近及奇斯泰尔纳铁路路基沿线最前方的阵地。第1特勤队的官兵们手中的反坦克武器只有巴祖卡火箭筒。但是，即使是被反坦克火箭弹直接命中，给这种二战后期最知名的重型坦克带来的损伤也不过是蹭掉表面的油漆。德军步兵开始从正面和右翼向第1特勤队的阵地施加压力，左翼还有密集的轻武器火力在攻击阵地。第1特勤队的前沿阵地很快便难以坚守下去。随着伤亡不断增加，部队开始按命令有序后撤，退至7号公路南侧沿线的一条临时战线，在那里掘壕固守。

在这条防线上，弗雷德里克命令配属第1特勤队的坦克和坦克歼击车立刻全力推进至能支援步兵的位置。但只有2个排的轻型坦克取得了明显的进展。在中午时，这些坦克已到达7号公路南面约183米的位置。15点30分，终于有2个排的M4中型坦克和1个连的M10型坦克歼击车穿过7号公路北上迎战德军的装甲部队。他们的76.2毫米和75毫米火炮成功击毁了2辆虎式坦克，并使另外3辆失去作战能力。但是虎式坦克对于这些相对轻型的美军坦克装甲车辆来说实在是占据了太大优势。在可怕的效率下，虎式坦克以它们的88毫米坦克炮碾压这些美军坦克装甲车辆。很短的时间里，美军便损失了14辆M4型坦克，M10型坦克歼击车也仅剩2辆。剩余的美军坦克装甲车辆纷纷后撤。弗雷德里克急忙请求第6军司令部再派遣1个营的坦克歼击车供其指挥。特拉斯科特同意了他的请求，但这些车辆要在天黑才能抵达第1特勤队的防线。到那个时候，“黄花菜都凉了”。

此时，缺乏装甲支援力量的第1特勤队官兵们要面对从各个方向射来的88毫米炮弹、迫击炮弹和机枪火力——甚至还有奇斯泰尔纳和利托里亚之间的交叉火力，他们所能做的，只能是把头深深埋在战壕里并用无线电嘶哑着嗓子呼叫炮兵支援火力。面对这种局势，第1团被命令继续向南后撤约548米，退到一处与莫斯卡森林平行的更容易防守的战线上。在那里，第1团与已经推进到左翼的“绿鲟鱼”特遣队建立了战场联系。同时，第6军炮兵、第1特勤队的加农炮连及其附属的所有炮兵部队都集中火力炮击德军的装甲部队和步兵，阻止他们进一步扩大战果。

5月23日的这场坦克战在沃尔夫冈·施耐德（Wolfgang Schneider）的《战斗中的老虎》（Tiger im Kampf）一书中关于第508重装甲营的战争日志中有所记载，而且战斗过程不甚相同。据书中记载，当时508重装甲营“向奇斯泰尔纳－拉蒂娜一线的铁路路基阵地推进，摧毁敌军15辆坦克。1辆虎式坦克被击毁，1辆布置在第362步兵师防区。第3连（16辆坦克）被部署在紧挨着墨索里尼运河的铁路路基上……在穿过路基时，所有坦克的炮管都戳进了地面，致使所有炮管都要清理。敌军后撤了3公里。1辆虎式坦克被敌军的炮火击中，冷却扇发射故障，它自己返回了科里。”

当夜幕开始降临，第1团得到命令，一旦可以脱离便后撤至早上的攻击出发线。右翼，第3团在18点时由第100独立步兵营从墨索里尼运河沿岸的阵地上替换下来，回到后方休整和重新整编。晚上，第34步兵师第133团第1营上来，在22点从第1团接过了墨索里尼运河以西沿线阵地。但是，第2团第1营第3连仍坚守在原阵地上，因为他们被隔断在墨索里尼大桥上，直到次日早上他们才与第1特勤队的巡逻队取得联系。

在“水牛”行动第1天的进攻中，第1特勤队的成绩可说是相当难堪的，部分原因是紧邻其左翼的第3师的“绿鲟鱼”特遣队没能跟上他们的前进步伐；第1特勤队在战斗中也与自己的装甲支援部队相脱节。从总体来看，盟军第一天的攻势很不顺利，向奇斯泰尔纳镇进攻的美军第3步兵师的协调性很差，单单在第一天里便伤亡1626

■ 这辆被击毁的德军虎式坦克便是在1943年5月23日的坦克战中被击毁的那辆。当时德军第508重装甲营有17辆虎式坦克在步兵的配合下向控制了7号公路的第1特勤队发起进攻，将第1特勤队活活推回了攻击出发线。

人——这可说是二战时期美军步兵师在单日作战中伤亡最高的一场战斗；美军1装甲师在这一天里也损失了100辆坦克；第45步兵师同样难有寸进。宽阔的雷区，以及不惜一切代价死守在这个要地的德军2个师，在盟军的进攻路线上构成了相当坚固的防御体系。同样地，德国人的损失也不低，德军第362步兵师这一天的战斗力损失也达到了50%。

5月23日至24日夜里，担任预备队的美军第34步兵师越过第1特勤队防线，继续向德军发起进攻，后者已经开始后撤至北面和东北面的预设阵地上。5月24日天亮时，德军又发起了一场规模有限的反击。当这支德军坦克部队进入阵地时，遭到了第1特勤队加农炮连和第463伞降野战炮兵营冰雹般的火力打击，精确的炮火当场击毁1辆坦克，并引燃了另1辆坦克，迫使这支敌军部队后撤。在24日当天，第1特勤队进行了休整和重编，不再与敌接触。虽然德军的空袭和各种火炮打击使第1特勤队在这一天仍有伤亡，但随着这一天过去，空袭和火炮打击也逐渐消失。

从5月24日至次日凌晨的这段时间里，第34步兵师将战线推进至特皮亚运河（Teppia Canal）南岸一线。德国人不得不放弃这片区域后撤。第1特勤队也离开已经成为废墟的阵地，向前推进到新的攻击出发线。经过两天的战斗，德军的主防线已经被击溃，不得不“乱成一团”地后撤，穿过莱皮尼山区退至6号公路。而且，由于英军在5月23日至24日的猛烈佯攻很成功，让德军第14集团军司令马肯森一直认为盟军的主攻方向是坎波利欧内。凯塞林则认为，盟军的目标是6号公路，他命令从安齐奥滩头前线撤下来、在240公里外的里窝那（Livorno）休整的“赫尔曼 · 戈林”伞

■ 这是1944年5月24日，美军的M4中型坦克正向北推进并加入突破滩头阵地后向北进攻的第1特勤队的部队中，支援后者作战。

■ 这是“水牛”行动开始后，1944年5月23~24日的战局图。5月23日，在地空火力的掩护下，英军第1步兵师、美军第3、第45步兵师和第1装甲师从安齐奥滩头阵地进行了全面突破，但进展有限且伤亡惨重，至23日天黑前，盟军部队只推进到奇斯泰尔纳－罗马铁路沿线，美军第3步兵师甚至还创下二战美军步兵师单日伤亡的最高记录。5月24日，盟军才推进到奇斯泰尔纳近郊；第1特勤队也控制了奇斯泰尔纳镇南面的通往阿尔巴诺的公路，7号公路也已被盟军所切断。至此，德军第10集团军和第14集团军的联系已被盟军切断，从意大利中部防线上北撤的第10集团军的退路也被拦腰截断。

兵装甲师进至瓦尔蒙托内，为从卡西诺后撤下来的第10集团军守住退路。

5月25日早上6点40分，第1特勤队第3团由第2团掩护其右翼，越过第133步兵团再次发起进攻。第1特勤队的下一个任务是进入莱皮尼山区，夺取位于科里南面约3.2公里的丛林密布的阿拉斯蒂诺山。这是他们向瓦尔蒙托内推进的重要战略节点。第1团最后出发，在左翼扫荡推进。这一次，第1特勤队的机动所遭遇的抵抗非常轻微。当第1特勤队爬上这些山峰，他们可以像先前德军那样一览盟军在安齐奥滩头阵地上的工事全貌。很多人疑惑，为什么在几个月前的战斗中，德军未能将盟军赶下海。现在，盟军的战斗机和轰炸机呼啸着从头顶飞过，从望远镜里可以看到，在轻武器射程之外的小股德军溃兵正向北溃退。下午14点，阿拉斯蒂诺山被第3团拿下，那里的德军防御阵地仅有1门自行火炮和3挺机枪。在第3团西面和东面，第1团和第2团也占领了较低的山头阵地。

另外，在“冬季防线”方向，英军第13军于5月23日忙于攻打希特勒防线；美军第2军则于5月24日北上进入彭甸沼泽。5月25日上午7点31分，美军第2军军属第91装甲侦察中队A分队及第48战斗工兵营B连与从安齐奥向南机动的美军第6军第36工兵团B连在格拉帕村（Grappa）外的7号公路上相遇，经过长达125天的隔绝，意大利战场上的盟军得以会师，这意味着卡西诺战区与安齐奥战区连成了一体。在这一天，其他阵地上都进行了庆祝。

这场会师还有一个有趣的插曲。听闻两线的盟军部队成功会师的消息后，克拉克中将为了出这个大风头，率部火速赶往格拉帕并要求摄影人员将他摄入反映两军会师的新闻纪录片中，以至于今日看到的美军第2军与第6军在安齐奥附近的会师影像都是在克拉克导演下的“重现”会师场景的摆拍。

■ 这是1944年5月25日晚上19点在阿拉斯蒂诺山，第1特勤队第2团第2营营部的队员与意大利游击队接洽。这座高地可以直接俯视安齐奥滩头阵地，在2月份时弗雷德里克便请求己部前往夺取，但时任第6军军长的卢卡斯少将并未接受这一请求。

本页至695页都是5月25日克拉克中将导演的美军第2军和第6军的会师场景。因为第1次会师时没有战地记者在场，所以第1次会师没有留下任何影像资料，如今看到的两军会师画面都是第2次会师时拍摄的。上图便是会师“总导演”克拉克中将于上午10点30分率部抵达格拉帕村东北2公里处的玛利亚路时的场景。左图是两军在玛利亚路会师后，克拉克与美军第2军第48战斗工兵营B连的弗朗西斯·巴克利中尉握手，旁边是第6军布雷特特遣队的英军部队。这一场景在新闻报道中被描述为：“克拉克中将正与首位抵达会师现场的美军军官亲切交谈。”

■ 左页上图是5月25日美军第2军与第6军会师时的场面。头戴贝雷帽的应该是第6军布雷特特遣队中的英军部队。当时，该特遣队由爱德华・布雷特中校指挥，暂编有英军第1步兵师第1侦察团、美军第36战斗工兵团第1营、美军第806坦克歼击营A连和美军第894坦克歼击营的部分车辆。左页下图也是两军会师时的摆拍，注意上方还有一名手持摄影机的战地记者正在录像。

■ 本页右图是在克拉克中将的强烈要求下，战地记者找来英军第1侦察团的1辆侦察车和12名美军士兵在玛利亚路上摆拍两军会师的纪录片。本页下图是领导们出完风头后，最早会师的第2军第48战斗工兵营B连与第6军第36战斗工兵团B连人员在会师地点的合影。

■ 这是1944年5月25日，美军士兵在已经占领的奇斯泰尔纳镇中巡逻。从登陆至今，盟军为占领这个小镇付出了沉重代价。

5月25日下午，经过逐屋争夺，美军第3步兵师终于击溃疲惫不堪的德军第362步兵师，攻克了奇斯泰尔纳镇并继续北进，5月25日结束前，该师在罗马东南的阿尔班山和莱皮尼山前站稳了脚跟，其右翼则交由第1特勤队掩护；第1装甲师主力也推进至瓦尔蒙托内南面4.8公里的韦莱特里隘口，并与从里窝那赶来的“赫尔曼 · 戈林”伞兵装甲师发生战斗接触。从“水牛”行动发起至今，第6军在3天里已经伤亡了3300人，“水牛”行动正按计划推进，特拉斯科特确信，在第1装甲师和第3步兵师的联合进攻下，盟军在5月26日便可夺取6号公路。

然而，就在5月25日晚上，特拉斯科特少将接到了第5集团军司令克拉克中将通过他的作训部长唐 · 布兰德准将（Don Brand）发来的新命令：改变方案，执行“海龟”行动方案，将主要攻击方向左转90度。更重要的是，已经推进到瓦尔蒙托内和6号公路前沿、正在韦莱特里隘口激战的第1装甲师将不得不放弃这一目标并后撤，并准备沿着新方向进攻罗马；瓦尔蒙托内将交由第3步兵师在第1特勤队的掩护下独自攻打。为了加强对德军的压力，克拉克中将还命令从古斯塔夫防线沿海岸线一路北上的美军第2军与第6军相配合，推进至第6军右翼，沿着6号公路直逼罗马。当克拉克中将把改变进攻方向的决定报告给第15集团军群司令亚历山大时，已经是5月26日上午的晚些时候，此时第6军改变进攻方向已是既成事实。

在接到第6军改变进攻方向的命令时，特拉斯科特少将被狠狠地“雷”了一下，他后来写道：

“……我简直是目瞪口呆。我们没有时间前往西北方向，那里的敌人仍很强大。我们应该集中最大兵力突破韦莱特里隘口，击溃正在后撤的德国军队。在与克拉克将军第一次通话前，我并不想遵循这一命令。当时他并不在滩头阵地上，用无线电台也难以联系到他……这样的命令就是改变了第6军针对瓦尔蒙托内的主攻方向并放弃了

■ 上图是1944年5月25日在奇斯泰尔纳附近，美军第36步兵师的人员将被俘的德军部队押送往后方。下图是5月底在奇斯泰尔纳附近，在路旁休息第美军第3步兵师人员看着一辆M4型坦克引导着友军从面前驶过。攻占奇斯泰尔纳之后，克拉克中将便命令第6军改变作战计划，全力向罗马推进。

■ 上图是1944年5月26日下午13点，第1特勤队进至科里后拍摄的科里以南的山区村镇景象。

歼灭德军第10集团军的机会。5月26日，命令生效了。

“我毫不怀疑克拉克将军会忠实地执行亚历山大将军的指示，在26日他没有改变我们向西北方向进攻的指示前，我们在安齐奥的战略目标也算是达成了，第一个进入罗马就算是我们之前的补偿吧。”

就这样，为了夺得第一个攻克轴心国首都的荣耀，美军第6军私自改变了原先的既定计划，把英国人抛在身后，向罗马狂奔而去。

5月26日，当美军第6军开始执行这一困难的策略时，为确保韦莱特里隘口，凯塞林调集了4个师的兵力前来堵截第3步兵师和第1特勤队。而在26日至27日，第1特勤队快速穿过山区，在科里短暂停留并重新整顿之后继续前进，穿过罗卡马西马村（Rocca Massima）并前往他们的下一个目标：阿尔泰纳村（Artena）。在这段蜿蜒山路的行军过程中，第1特勤队得到了撒丁岛骡夫运

■ 上图是1944年5月26日下午15点，第1特勤队推进到罗卡马西马村附近时，司令部摄影分队拍摄的罗卡马西马村景象。

输队的支援，后者已经从“冬季战线”的早期行动中返回。除了与1个排的德军发生交火外，这一路上第1特勤队几乎没有遇到敌军的抵抗，而这个排在战斗刚打响时便快速撤退了。

5月27日11点，第1特勤队的行进纵队停在了可以俯瞰阿尔泰纳村的山坡上，他们在等待第3步兵师完成对村里仍在抵抗的小股残余德军的清剿。很快，他们便被要求协助占领村庄。这涉及清理德军的坚固阵地，包括沿着阿尔泰纳铁路线挖掘设置坦克阵地。在第6军未改变行动计划前，第1特勤队本来要被派往更东边的山区进行清剿残敌的行动；第6军转移进攻方向、朝着罗马一路狂奔后，第1特勤队被临时配属给了第3步兵师，共同进攻瓦尔蒙托内。当夜，从18点至22点，第1特勤队主力沿着阿尔泰纳侧翼的高地宿营，替换山坡沿线的第3步兵师第15步兵团。第1特勤队司令部则与第2团第2营占据村镇，替换第7步兵团。

后来，弗雷德里克回忆起阿尔泰纳之战前的经历时说道：

“在军部会议上，第1特勤队被命令配合第3步兵师进攻，第3步兵师则命令第1特勤队沿着穿过卡罗马西马村的山脊从科里向阿尔泰纳推进。

“第3步兵师的计划是……当第3步兵师沿着山脚的道路向前推进时，第1特勤队沿着与道路平行的山脊向前推进并清理占据高地的这些敌军。经过一路推进，第1特勤队停驻在俯瞰阿尔泰纳村的山上，居高临下向村里的敌军施加压力，并且在需要时可协助在村里清剿残敌的第3步兵师。”

阿尔泰纳村位于瓦尔蒙托内以南仅几公里，横卧在一座山的北坡上。这里是德军第10集团军撤往罗马的交通要道，围绕着这一地区的争夺注定是一场残酷的血战。从村子周围的高地上，第1特勤队的队员们可以俯瞰山谷中的敌军在6号公路的行动。“从利里河谷仓促后撤的德军卡车日夜不停地涌向西北方向。盟军战斗机和轰炸机随意地攻击着德军的行进纵队，盟军声称有645辆车辆被摧毁，另外有446辆受损（单单是25日一日）。”白天和夜晚都有敌军炮火不停地落在第1特勤队

■ 这是1944年5月27日中午11点30分，第1特勤队第2团接近阿尔泰纳村所拍摄的影像。重镇瓦尔蒙托内便在这座山坡右侧下方。第1特勤队在阿尔泰纳村附近与德国人进行了数日拉锯战。

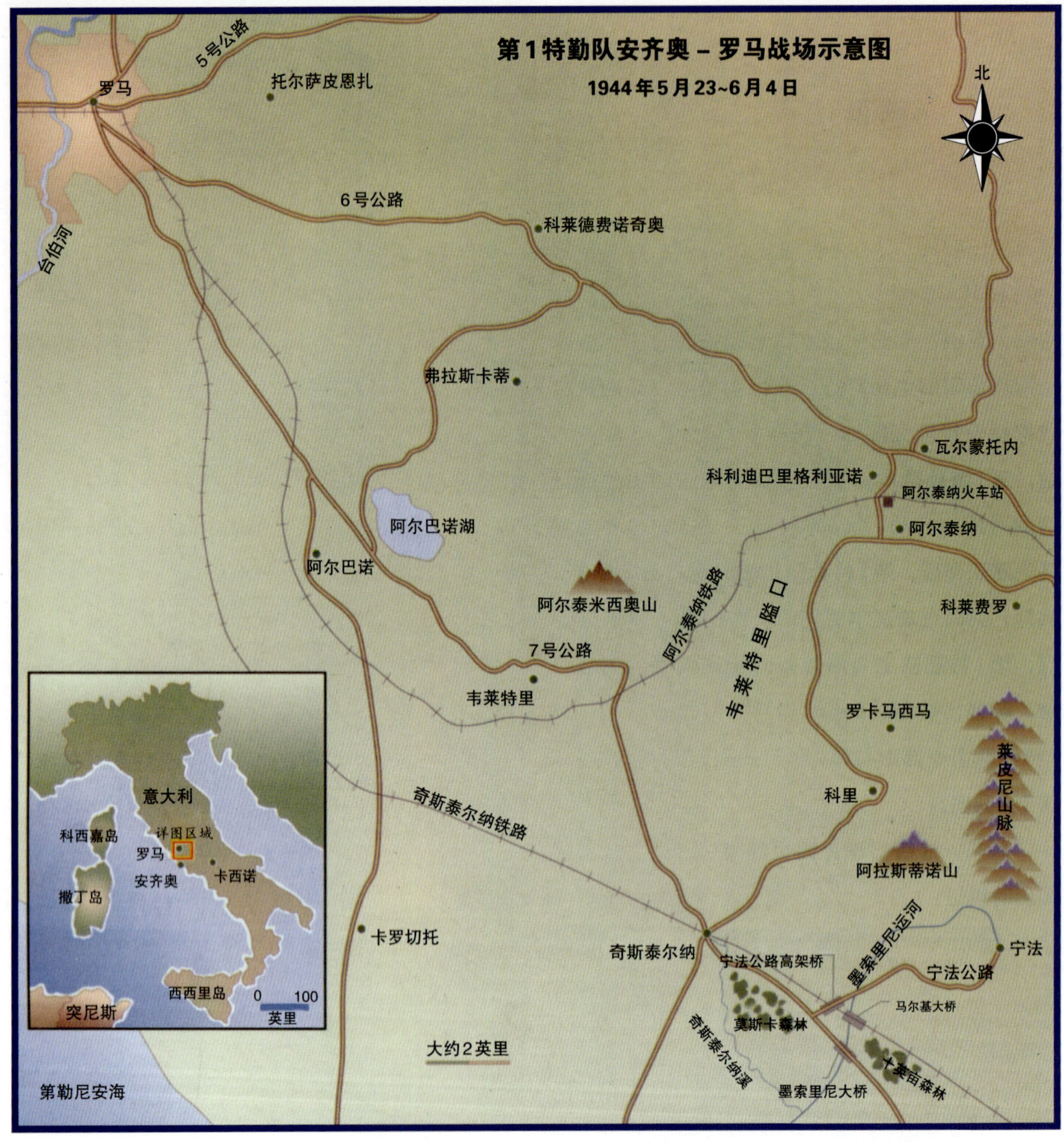

的防区。此时，德军“赫尔曼 · 戈林”伞兵装甲师正与美军在韦莱特里隘口激战，阻止盟军沿着6号公路向前推进。

5月28日上午，第1特勤队与附属的工兵、炮兵，以及来自第601坦克歼击营的1个排和来自第751坦克营的1个中型坦克排从阿尔泰纳村冲下来，沿着一片高地建立新的防线。这片高地横跨瓦尔蒙托内 – 阿尔泰纳公路，在铁路线南侧与其平行。第3步兵师在第1特勤队左翼发起同步进攻。敌军坦克、火炮和机枪布下了密集的火力屏障；德军甚至推出了具有极强反步兵效果的自行高炮。面对这样的火力，盟军经过殊死血战终于在当日19点实现了行动目标——在阿尔泰纳周围建立起一条新月形的防线。但是，也就是为了向前推进几百米，第1特勤队付出了高昂代价。此外，来自瓦尔蒙托内 – 阿尔泰纳公路以西的一片加固的房屋和据点的德军狙击手和其他轻武器火力仍未停歇，这些火力到了午夜才减弱下来。美军第3步兵师的进攻也有所进展，他们已经占领了一处可以向瓦尔蒙托内发起进攻的前出阵地，但前提是要先清除坚守在铁路和村庄之间的敌军坦克和火炮。

5月29日，敌军火炮和坦克的火力有所增强，给盟军部队造成了较大损失和伤亡，尤其是在第1特勤队的后方区域。这其中的一个原因很快便被发现了，是一位法西斯平民在阿尔泰纳用光信号为德军炮火指引目标。此外，他还切断了他所能够得着的所有盟军电话线。此人很快便被逮捕，但德军的炮击仍在继续。在这种情况下，当天白天，第1特勤队所有单位都在继续加固他们的阵地。夜里，第1特勤队的防线再次遭到间歇性的炮击。以刚编入第1特勤队的第6野战炮兵群的重炮为主的盟军反炮兵火力压制住了德军的炮火。当时，为了支援第1特勤队的防线，1个坦克排和1个坦克歼击车排在前一天下午便编入第1特勤队的作战序列中，他们将阵地设置于山脊顶部背后，阵地隐蔽得只露出炮塔。

为了查明当面敌军的详细部署，第1特勤队在5月29日入夜后向敌军阵地派出数支巡逻队。其中一支是来自第2团的由吉姆 · 普林格尔中尉(Jim Pringle)率领的爆破巡逻队，其任务是渗透到敌军战线后方，摧毁6号公路上的一座公路桥和其南面相邻的一座铁路桥。但是，在上述两个地点，这支爆破巡逻队被敌军一支优势兵力的部队所拦截，这一行动被迫放弃。另外还有一支是收集敌军情报的侦察巡逻队，这支巡逻队在5月30日日出前返回，并确认大批德军占据了瓦尔蒙托内及周边阵地。

5月30日1点15分，德军也进行了一次反击行动，他们沿瓦尔蒙托内－阿尔泰纳公路而下直接撞上第1特勤队的防线。这次反击估计有一个营的规模，还有坦克的支援，来自德军火炮、坦克和6管火箭炮的掩护火力也源源不断地砸在第1特勤队的阵地上。第1特勤队的炮兵进行了反击，并将敌军装甲部队阻挡在阿尔泰纳的火车站。这场战斗持续了近4个小时。最终，第1团和第3团的轻火力给敌军步兵造成了巨大伤亡，使后者不得不停止进攻并撤退，但敌军装甲部队仍坚守着火车站。在当天的剩余时间里，第1特勤队的炮兵痛击了德军在阿尔泰纳北部的目标，甚至打击

■ 这是1944年5月29日中午13点30分，从第1特勤队第2团第1营第3连连部位置观看阿尔泰纳村正被双方激战的炮火所笼罩。

■ 这是1944年5月29日在韦莱特里，一队美军巡逻队正在小心翼翼地检查一处废墟。他们怀疑这里有德军狙击手潜伏，手中的武器处于随时射击的状态。两军针对韦莱特里隘口的争夺战一直持续了4日，这里是德军第10集团军是否能够逃出生天的重要通道。

了科莱费罗村（Colle Ferro）以北的一支沿着6号公路向西行驶的德军卡车运输队。此外，第1特勤队的巡逻队还小心翼翼地侦察了前线，探明敌军活动并确定他们的火炮的位置，那些深埋进阵地的坦克和自行火炮对盟军来说都是严重的威胁。同时，第1特勤队的所有单位继续加固现有阵地，随时准备抵御德军的全面反击。

当晚18点30分，德军的反击沿着瓦尔蒙托内－阿尔泰纳公路而下。针对德军攻势的第一波打击——即先发制人的炮火打击——是由第1特勤队的加农炮连和第463伞降野战炮兵营发起的，他们成功地阻止了正在通过阿尔泰纳火车站的德军坦克纵队，并迫使伴随坦克进攻的德军步兵分散开来。盟军发现，德军试图隐藏一些坦克和自行火炮在车站里。而且在不久之后，前线观察员还发现一群德军步兵正在瓦尔蒙托内西南约2公里的科利迪巴里格利亚诺（Colli di Barigliano）附近集结。面对这么有利的打击目标，第6军的炮兵和第6野战炮兵群自然不会放过，炮兵们迅速做好进行毁灭性打击的准备。炮击从各种火炮的协同射击开始，毁灭性的炮击将火车站夷为平地，那批德军步兵也被炮火歼灭。当夜，盟军得以在平静中度过。

在5月26日至30日这4天时间里，德军“赫尔曼·戈林”伞兵装甲师等4个师为保障6号公路的畅通、以便从卡西诺战场撤下来的第10集团军的7个师顺利撤往罗马以北，在韦莱特里隘口与美军第3步兵师激战。至30日，由于背后出现威胁，德军逐步撤离隘口，开赴利里河谷去解救即将被围的第10集团军的7个师。

另一方面，美军第6军转移进攻方向后，其进展亦非常有限，由于德军后卫部队利用有利地形不断迟滞美军的行动，美军的推进非常缓慢，直至5月29日美军第1装甲师才推进至凯撒防线前，但要突破防线看起来还是个难题。直至5月30日，此战出现关键的转折点——沃克少将指挥的美军第36步兵师找到了凯撒防线上德军第1伞兵军和第76装甲军之间的一个薄弱环节，该师翻过韦莱特里东面的阿密特西奥山（Monte Artemisio），从背后威胁韦莱特里，迫使韦莱特里隘口的德军撤退，第36步兵师与正向瓦尔蒙托内推进的美军第3步兵师建立联系。

5月31日，瓦尔蒙托内前线开始安静下来。盟军有效的反炮兵火力削弱了德军自行火炮的战斗力，虽然当面敌军还未投降，但从“冬季防线”一路北上的美军第2军第85步兵师和第88步兵师推进到了第3步兵师左翼一线时，战场主动权已被盟军掌握。当天，左翼的第6军联合右翼的第2军向凯撒防线发起全线攻势。最右侧的第3步兵师和第1特勤队也准备发起夺取瓦尔蒙托内的战斗，其中第3步兵师将于6月1日凌晨发起攻势，直取瓦尔蒙托内；第85步兵师和第88步兵师将护卫其左翼并扩大敌军防线缺口；右翼的第1特勤队则针对有限目标发起攻击。

6月1日凌晨4点30分，第1特勤队附属的炮兵开始猛烈炮击德军阵地。凌晨5点，阿克赫斯特的第2团在坦克和坦克歼击车的支援下发起进攻，并于上午8点成功攻克预定目标——阿尔泰

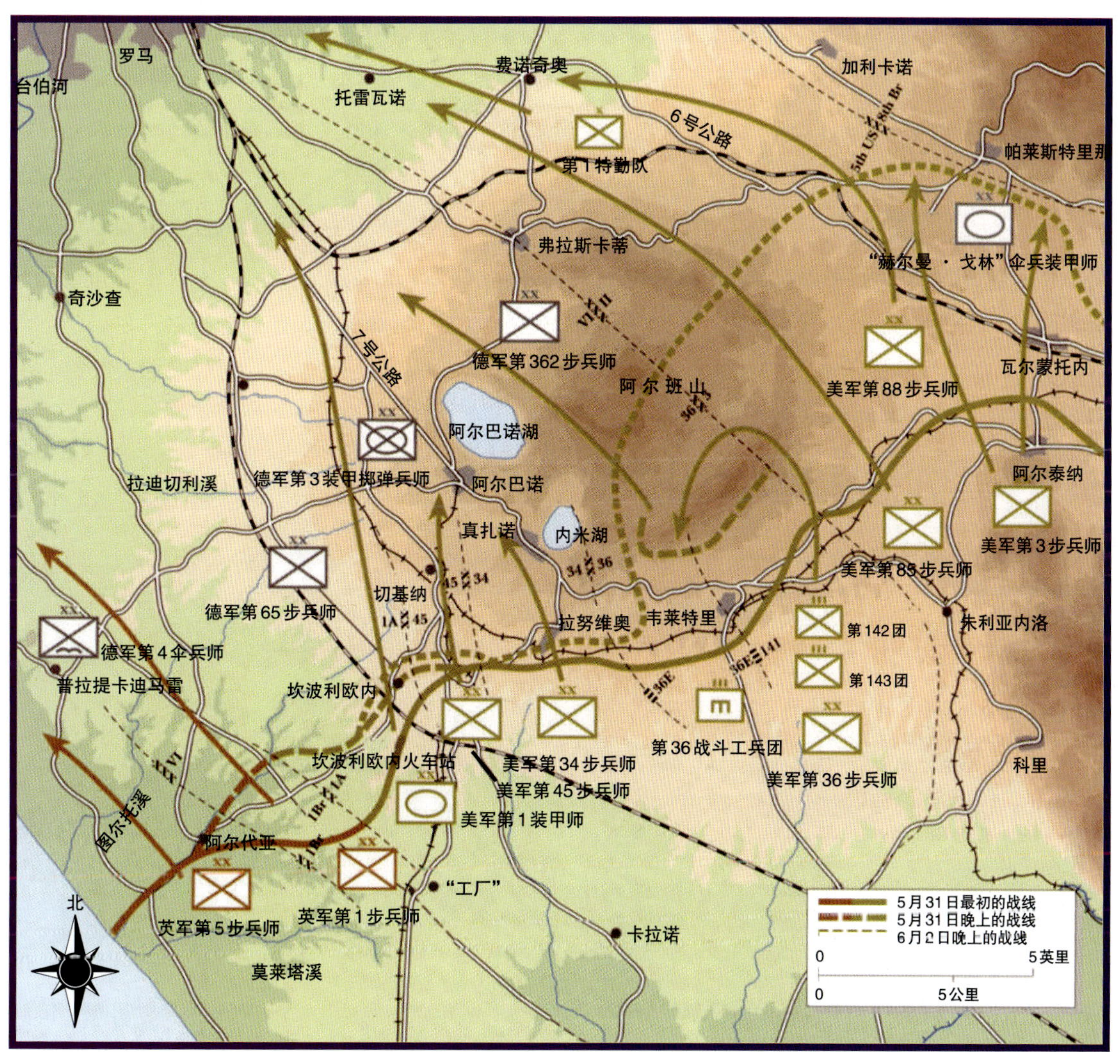

■ 这是1944年5月31~6月3日，盟军向罗马推进的示意图。可以看到，原本封锁瓦尔蒙托内的第6军部队已经向左进行了一个90度的大转弯，直指罗马，第1特勤队便位于箭头的尖端。

■ 上图是1944年6月2日，第1特勤队的一个连正穿过一片燕麦田向科莱费罗村推进。

纳火车站以东约1.6公里的一处可俯瞰铁路线的树木茂密的高地。在第2团右翼的第3团也向东推进，直指位于阿尔泰纳村东南约4.8公里的科莱费罗村。第3团的进攻遭到了德军的顽强抵抗，德国人甚至对该团右翼发动了一次反击，但最终第3团打退了德军的这次反击并毙敌约40人。上午8点30分，第3团占领目标阵地并开始修筑防御工事。而原来尾随第3步兵师进攻的第1团已经于前一天被替换了下来。下午14点，第1特勤队调离美军第6军的作战序列，重受杰弗里 · 凯斯少将的第2军的指挥。6月2日凌晨，第1特勤队第1团接到命令，并派出巡逻队与装甲部队一起侦察向东通往科莱费罗村的道路。

6月2日上午10点，第1特勤队的防区由第15步兵团接管。3个小时后，第1特勤队在第752坦克营和第117侦察中队的协助下，攻占了科莱费罗村，并俘虏了425名德国人。当然，敌军也和往常一样，让第1特勤队付出了不小的代价。在这一天剩余的时间里，零星的敌军炮火——最大口径的达到170毫米——落在村庄里及其周围地域，造成了不小的伤亡。另外，当地平民还告知第1特勤队，德军在当地的一些桥上和村里的一个弹药库里事先敷设了炸药。这可说一个巨大的潜在危险。美军工兵在一名参与敷设炸药的德

■ 盟军的吉普车、装甲车和坦克歼击车进入已经被攻占的科莱费罗村。

■ 这是1944年6月初，一支德军纵队撤离罗马。可以看到，市内的一辆公共汽车被充作救护车撤离伤员，在它旁边是一辆满载士兵并牵引着一门sFH 18型150毫米榴弹炮的SdKfz 7型火炮牵引车。

军战俘的协助下，成功拆除了所有炸药。当天晚些时候，第1特勤队与从卡西诺战场赶来的法国远征军第3阿尔及利亚步兵师取得了联系。晚上，第1特勤队将科莱费罗村移交给该师，并按命令返回阿尔泰纳附近的驻地。

德军方面，“凯撒防线”上的德军面对从东面和南面发起潮水般攻势的盟军已变得绝望，尤其是美军第36步兵师于5月30日从凯撒防线打开缺口后，盟军各部更是不断从这一缺口涌入。6月2日，在盟军的全面攻势下，以瓦尔蒙托内为核心的凯撒防线左半段被盟军突破，凯撒防线崩溃。第14集团军开始着手在罗马的撤退作战。也就在同一天，害怕罗马战役打成另一个斯大林格勒战役的希特勒命令德军C集团军群总司令凯塞林元帅放弃守卫罗马并北撤，后者也不愿背上破坏罗马这座历史名城的罪名，因此宣布罗马为不设防城市，命令各部“脱离接触”并开始经由罗马北撤。

对于美军来说，无上的荣耀已近在咫尺了。但是，几成瓮中之鳖的德军第10集团军却趁盟军兵力不足，冲破了原来“水牛”行动的包围圈，撤往意大利北部，这使盟军的围歼计划彻底告吹。这也是亚历山大将军事先所未能预料的。

名垂史册

6月3日，美军第5集团军各部沿着6号公路和7号公路向西北追击撤退的敌军，第3步兵师在攻克瓦尔蒙托内后，沿着6号公路向西推进。当日9点15分，一支来自美军第1装甲师的装甲与步兵临时混编战斗群——豪斯特遣队（Howze Task Force）编入弗雷德里克的指挥序列下。第2军的设想是，弗雷德里克使用豪斯特遣队在白天开展行动，晚上则用第1特勤队进攻。第1特勤队从阿尔泰纳的驻地出发，乘坐卡车沿6号公路直奔罗马，沿途与豪斯特遣队会合。由于空中没有了对手，盟军空军对逃窜的德军一路进行了致命的空中打击。通往罗马的道路上，到处是敌人扔下的各种垃圾和盟军空中力量摧毁的德军物资，加装了推铲的坦克在清理路面，路旁堆满了烧毁和损坏的敌军车辆和装备的残骸、人马的尸体。

在当天18点之前，第1特勤队进至6号公路上的科莱德费诺奇奥（Colle del Finocchio）临近的集结区域，这里距离罗马仅11.2公路的路程了。在其推进过程中，还遇到了一件倒霉的事：行进纵队被美军的几架P-38型战斗机误以为德军部队而遭机枪扫射，他们立即投放表示友军的橙色烟雾弹，这才逃过一劫。在集结区域稍加整顿后，第2团和第3团继续向西推进，目标是进至穿过罗马郊外的托尔萨皮恩扎（Tor Sapienza）的一条盟军控制线。21点55分，第2团和第3团越过豪斯特遣队继续向前进攻。第1团因为减员严重而被缩编为一个独立营，作为第1特勤队的预备队。

午夜，弗雷德里克在科莱德费诺奇奥的一座农舍里建立了指挥部，在那里，他收到了一条来自克拉克将军的消息：

“第5集团军正迅速接近罗马城。敌军意图尚不明确，他们可能决定在城内巷战或撤往北方。我最迫切的希望是第5集团军要保护罗马城内的公共和私人财产安全。但是，决定性因素在于敌军的部署和行动。如果德军阻挡我们的推进——营级及以上指挥官有权独立行动击败抵抗的敌军。”

当然，如果第5集团军能在罗马城之外击溃敌军，德军便无法享受到穿越罗马城轻松地撤退的“好事”了。尽管德军已经宣布罗马为“不设防的城市”，美军仍有必要保证台伯河上的桥梁的完整性，因为与他们对峙的德军若时间足够很可能会炸掉这些桥梁，以迟滞美军的追击。为此，6月4日凌晨1点过后不久，弗雷德里克收到了第2军军长凯斯少将发来的一条命令：“确保罗马城北部的台伯河上的各座桥梁的安全。”

■ 这是1944年6月初在科莱德费诺奇奥，一群刚被俘的德军官兵被赶进第1特勤队设在此处的临时指挥部，准备接受讯问。

此时，美军的其他部队：第3步兵师、第85步兵师和第88步兵师也正兼程扑向罗马，正如第2军的一位上校参谋所说的：“这是一场谁先抵达罗马的赛马游戏。”弗雷德里克接到了占领台伯河上的8座桥梁的任务，这不仅是因为上级认识到第1特勤队具备按要求完成这一任务的能力，而且这也是第2军的一个姿态，即当占领罗马的“伟大的一天”到来时，第1特勤队可以分享这个荣誉。不过，第1特勤队起初并未被选为首批进入罗马的部队，据弗雷德里克回忆：

“凯斯将军没有向我透露，第1特勤队是被授权作为进攻罗马的首批部队之一。我相信他想让第2军首先进入罗马（而且我认为他把第2军进入罗马的希望寄托在第1特勤队为其打开通道之上）。之后在科莱费罗我们接到的命令上甚至标有我们前往罗马的道路的一些特别指示。直到6月4日我们收到保护台伯河上的桥梁的命令，我们才被授权进入罗马。”

弗雷德里克因为任务的紧迫性没有真正意识到他的部队将去参与这一伟大的历史时刻，他们没有浪费一秒钟便开始执行军部的命令。

6月4日4点，第1特勤队第1团第2连和第4连接到确保罗马城内台伯河上的桥梁的安全的任务。特勤队员们爬上汉密尔顿·豪斯上校（Hamilton Howze）的第13装甲团的坦克，于5点开始沿着6号公路西进。他们将一路突进，穿过德军可能设置的抵抗阵地，直逼罗马。在第1特勤队－豪斯特遣队之后，紧跟着第351步兵团一部及第81装甲侦察营A连的8辆装甲车。这一历史片段在弗雷德里克的回忆中也有相同的叙述：

“第1特勤队组成前往罗马的部队包括第1团的2个连，来自第13装甲团的1个坦克营，我确信还包括第81装甲侦察营A连的8辆装甲车。我想马歇尔上校接到的命令是保障所有的桥梁，而非仅仅是最北面的桥梁。为第2团和第3团前往桥梁提供支援的是豪斯特遣队少于1个营的兵力和装甲车。”

6点20分，纵队前锋已跨过罗马城边界——这意味着，第1特勤队已经是盟军中第一批进入罗马的部队之一。10分钟后，担任前锋的两辆坦克突遭德军反坦克火力的袭击，失去了行动能力。纵队不得不停下来，步兵下车并展开。随即，一场激烈的战斗打响。一大批得到自行火炮支援的德军步兵沿着6号公路和普洛内斯蒂娜大道（Via Pronestina）之间的一个突出部设立了阻击阵地。凯塞林命令尽可能拖延时间，让剩余的德军部队可以穿过罗马城撤退，德军的后卫部队包括了来自“赫尔曼·戈林”伞兵装甲师的坦克和伞兵，这些部队顽强地坚守着他们的阵地，迟滞盟军向罗马城的推进步伐。

弗雷德里克回忆：

“6月4日早上6点20分，第1特勤队通过了6号公路上的标志着罗马城区范围的桥梁，进入罗马。部队立即遭到了隐藏在一座高高的石墙后的反坦克火力的袭击，敌人通过墙上的射口向部队开火，盟军两辆坦克被击毁。纵队停止前进，特勤队员们从坦克上下来，发起清剿顽敌的战斗。当时坦克隐蔽在一个采石场里，步兵连在开阔地形战斗并试图从后面突入德军的反坦克阵地，侦察部队的装甲车则沿着建筑物之间的街道推进。每向前一步都要遭遇自动火器和火炮组成的弹幕。第2军整个先头部队的攻势已经停滞不前。”

上午9点45分，格雷厄姆·M·海尔曼上尉的第2连派出了一支5人巡逻队去查探对峙区域周围是否有供坦克行驶的道路。11点，第2连其余的人在坦克支援下向北推进，准备包抄德国守军侧翼。中午13点，第1团的大队人马赶到，转向90度向北推进，直指阿克盖波利堪蒂（Acque Bollicante）。同时，第2团和第3团从罗马近郊的托尔萨皮恩扎出发，沿着5号公路向西推进至阻碍第1团的德军阵地北面。下午15点，第1团经过迂回包抄，成功拔除了这个敌军阻击阵地，并与第3团一部取得联系。在这场战斗中，第1团团长马歇尔上校阵亡，他是在寻找该团第2营所在位置时被敌军狙击手射杀的。由于第1团指挥官的阵亡，沃克上校的第3团接过了第1团的任务，他们被命令继续前进占领台伯河上的各座桥梁。从这里开始，豪斯上校将此次步坦协同突入罗马核心地带的行动称之为“流畅的制胜一击”。而用这一天的剩余时间清理了阿克盖波利堪蒂周边残留的德军狙击手据点后，第1团和第2团及其附属的装甲部队接到命令从罗马市区撤出返回后方休整。弗雷德里克回忆：

“第3团被指挥进入城市并保护台伯河上的桥梁。在穿过铁路立交桥进入蒂泊蒂娜区（Tiburtino）后，第3团走下玛格丽塔大道（Via Margherita）进入罗马市区。部队的推进没有遇到激烈的抵抗，但‘赫尔曼·戈林’师及意大利法西斯支持者的坦克、自行火炮和狙击手还隐藏在每个主要的广场或街道拐角，给部队制造麻烦。”

另外，在6月4日下午早些时候，当第1特勤队还在6号公路上激战之时，克拉克将军和他的参谋们召集凯斯少将和弗雷德里克准将召开了一次会议，讨论阻碍部队推进的原因。这段插曲在美国历史学家和小说家罗伯特·H·阿德尔曼（Robert H. Adleman）和原第1特勤队军官乔治·沃尔顿（George Walton）合著的《罗马陷落日》（Rome Fell Today）一书中特别提到：

“他（克拉克）”很不耐烦地问凯斯将军和弗雷德里克将军原因是什么。弗雷德里克回答，他

■ 这是1944年6月4日下午在罗马郊外，第5集团军司令克拉克中将（右二）召集集团军副参谋长唐纳德·W·布兰准将（Donald W. Brann，右三）、第2军军长杰弗里·凯斯少将（右四）以及第1特勤队指挥官弗雷德里克准将（右一）商讨推进罗马城区受阻的原因，左边是拍摄宣传照的记者。注意弗雷德里克腰间佩戴着1把V42型格斗匕首。

■ 这幅经典的照片是盟军进入罗马的象征之一：1944年6月4日在罗马郊外，豪斯特遣队的坦克和吉普车沿着6号公路驶入罗马城区。车上载着的是第1特勤队第1团第2营的部队，该营时任营长是杰拉德 · W · 麦克法登少校。注意路口那幅巨大的“罗马”路标上，字母“O”下方还有德军狙击手留下的弹洞。

不想用炮兵炮击德军防线，因为这一区域里还有大量平民。克拉克拒绝承认这是个理由。‘我不能耽搁太久，’他告诉弗雷德里克，‘我们必须抢先进去。’就在此时，一名随同克拉克行进的摄影师建议三位将军站在一个指向罗马的路标下一起照张相。拍完照后，克拉克说：‘天啊，鲍勃，我想把那个路标带到我的司令部去。’

“弗雷德里克自己爬上路标后的立柱，但就在此时，一名隐藏的德军狙击手明显是无法阻挡这一个由三名将军组成的目标的诱惑，扣响了他的施迈瑟（Schmeisser，即MP40冲锋枪）。三人立即跳进附近的一个沟渠里。在他们爬回更安全的位置前，弗雷德里克出于不可抑制的冲动，他告诉克拉克：‘看！那就是阻挡第1特勤队的原因。’”

在6月4日下午这段时间里，第1特勤队第3团一边向台伯河推进，一边清除遇到的小股敌军的抵抗；另外，其他2个团的一些部队也跟随第3团一起推进，清理德军剩余的后卫部队。而在此时，罗马的每条主干道和广场被大群兴高采烈的罗马市民所挤满，他们有些过早地开始庆祝他们的解放。随着越来越多的人群涌上街头，部队的推进不可避免地被阻碍，弗雷德里克决定亲自去查看那些桥梁的状况。他坐上1辆半履带车，在司令部的乔治 · 纽克 · 麦考尔上尉、2名士兵和1名司机的陪同下从行进的人部队中脱离出来，沿着安静的一侧街道迅速前进。在抵达第1特勤队的战区中最南端的那座桥梁后，弗雷德里克和他的随从们下车开始寻找可能敷设在桥上的炸药。此时弗雷德里克已远离了距离他最近的所能指挥的部队。突然，弗雷德里克等人发现相当数量的敌

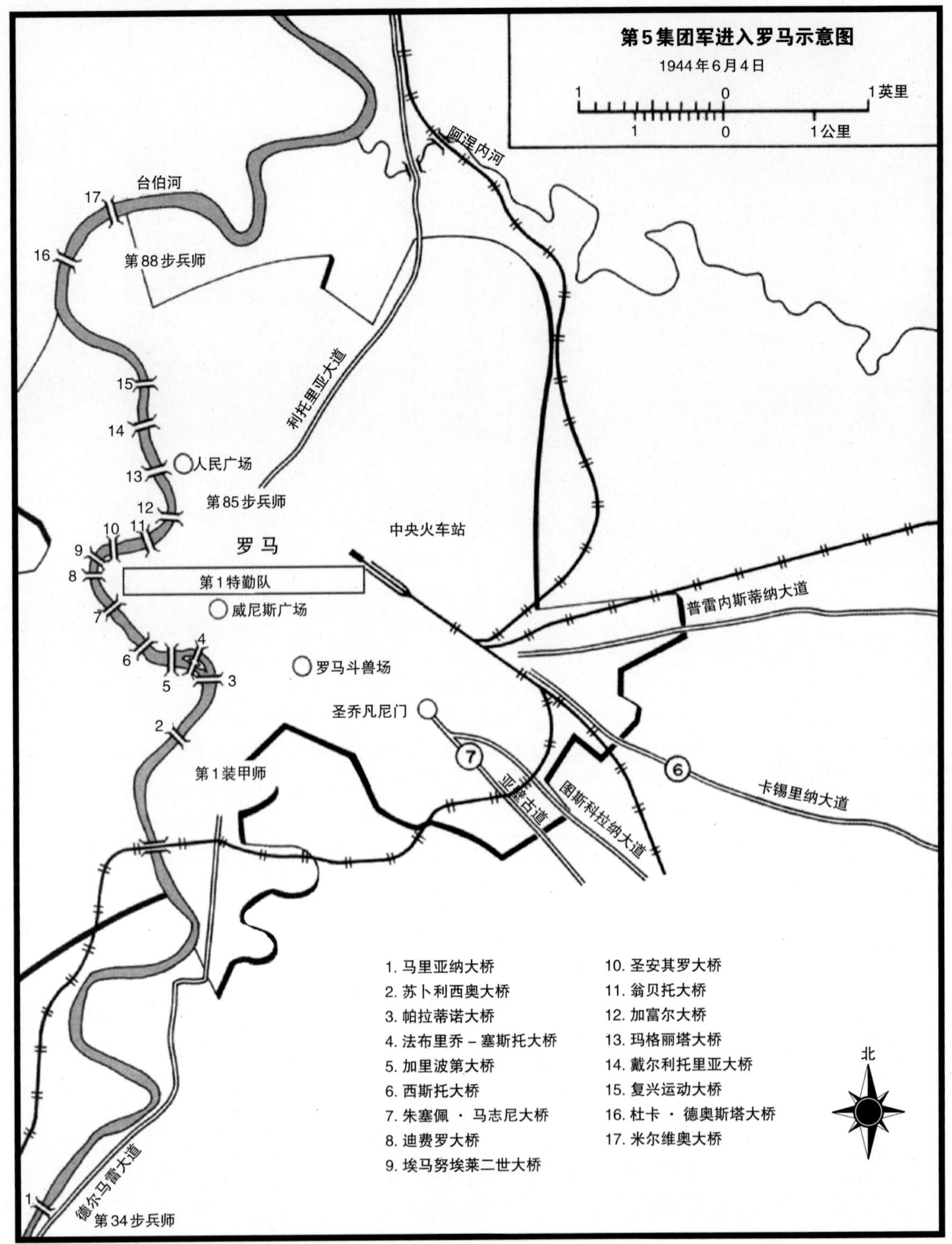

■ 这幅地图是1944年6月4日，第5集团军各部进入罗马并占领不同城区的示意图。从图中可以看到，当日进入罗马的有第34步兵师、第85步兵师、第88步兵师、第1装甲师、第1特勤队等不同单位的部队。其中，第1特勤队是最早进入罗马城区的部队，而且他们驻守在桥梁密布的城区以西位置，他们负责维护其中的8座桥梁的安全。在盟军内部，解放罗马是一次不折不扣的荣誉争夺战，克拉克私自变更作战计划，将瓦尔蒙托内战线上的美军第2军和第6军主力都调往罗马方向，虽然抢在了英军第8集团军的前面进入了罗马，但这是以放弃围歼德军第10集团军为代价的，这不得不说是极大的遗憾。而在第5集团军内部，首先进入罗马这一荣誉则被第1特勤队所获取。在进入罗马市区后，他们继续与残敌进行小规模战斗，并完成了夺取并守卫台伯河上的8座桥梁的任务。图中序号标注的各座桥梁，第10至第17座桥梁便是第1特勤队夺取并守卫的那8座桥梁。

军向他们冲来，不知道要做什么，这是一群守桥的敌军。弗雷德里克冲这些德军叫嚷："站住！"德国人才不管他的命令，继续往前赶。弗雷德里克等人立即开火，打死了3人，俘虏12人，剩余的都逃跑了。在这场遭遇战中，弗雷德里克身中两弹，伤势分别在胳膊和腿上，加上这一天早些时候被一块弹片击中，这位身先士卒的将军在一天内身上就负伤3处。另外，半履带车的司机在此次交火中阵亡。他们不希望这种倒霉事再次发生，弗雷德里克一行呆在原地与跟上来的部队取得联系后，带上一些人继续深入侦察敌情。

至6月4日晚上21点，城内敌军的抵抗已经减少。23点，第1特勤队共占领了罗马城内的台伯河上的16座桥梁中的8座。据弗雷德里克回忆：

"8座桥梁都被控制，包括：通往梵蒂冈附近的圣安其罗城堡（Castel San Angelo）的圣安其罗大桥（Ponte Sant Angelo）、进入法庭广场（Piazza Trbunali）的翁贝托大桥（Ponte Umberto）、加富尔大桥（Ponte Cavour）、玛格丽塔大桥、连接兵营和主城区的戴尔利托里亚大桥（Ponte del Littoria）、通往奥林匹克体育场的杜卡·德奥斯塔大桥（Ponte Duca D'Aosta）、在西北方向连接罗马和2号公路的米尔维奥大桥（Ponte Milvio）。"

幸运的是，由于第1特勤队和豪斯特遣队的装甲部队的快速推进，德军没有时间对这些交通要道实施爆破。在留下得到装甲部队支援的约翰·G·伯恩中校指挥的第3团第2营保护这些桥梁后，第1特勤队主力返回托尔萨皮恩扎集结。而罗马南面的另外8座桥梁则被美军第85步兵师和埃利斯特遣队（Task Force Ellis）的部队所占领。盟军迅速穿过第1特勤队攻占的桥梁，追击已撤退的敌军。

当天晚上，美军大部队开进罗马城，克拉克将军终于夺取占领罗马这一荣誉，但这是在违背亚历山大将军最初战略，并放跑了德军第10集团军的前提下获取的。这不能不说是极大的遗憾。

■ 这是1944年6月4日在罗马郊外，美军的一辆M10型坦克歼击车正在近距离平射一个敌据点。

6月4日当夜，弗雷德里克在第1特勤队的军医亚瑟 · 尼瑟曼少校（Arthur Neeseman）的坚持下住进了罗马城外的一所战地医院中。“那天弗雷德里克被击中三次。加上他之前的六处伤口，他现在可以毫无争议地成为美国历史上被负伤次数最多的将军，并且欣然接受可能会战死的命运。”由于无法忍受呆在医院里等待伤愈的时间，弗雷德里克仅在医院呆了一晚便于第二天早上返回罗马，与他的部队待在一起，直到第1特勤队接到解除戒备的命令。

6月5日，美军受到了罗马游行市民的热烈欢迎，早上，克拉克将军在城内的卡皮托尔山（Capitoline Hill）的罗马市政厅的台阶上举行了临时记者招待会，在会上他明确保证，罗马将完全由美军单独进驻，并拒绝英军进驻。当日，美军还在威尼斯宫前进行了盛大的阅兵式。

而在同一天早上，第91装甲侦察中队交由第1特勤队指挥，他们的新任务的掩护第2军右翼；早上的晚些时候，豪斯特遣队则脱离弗雷德里克的指挥序列。6日早上，法国远征军推进至罗马以北的战线，第91装甲侦察中队不再承担掩护第2军右翼的任务并从第1特勤队中脱离。这一天，诺曼底登陆的消息也被公布出来。当晚，美军第3步兵师一部替换了伯恩中校的守卫台伯河上桥梁的2营。很快，战事转移到罗马北面。第1特勤队于当晚转移到阿尔班山旁的阿尔巴诺湖（Lago Albano）附近的营地，等待下一步的命令。至此，第1特勤队结束了在罗马的战事，而作为第一批进入罗马的美军部队，第1特勤队与其他美军部队一起彪炳史册。

■ 这是1944年6月5日，盟军在罗马市中心的威尼斯宫（Palazzo Venezia）前举行盛大的阅兵典礼。

荣誉之争

值得一提的是，对于究竟是哪支部队最先进入罗马这一历史事件，史学界一直有不同说法。当时官方战时资料认为美军第88步兵师的侦察排是首先进入罗马的部队，但现代史学家则认为引导大部队入城的第1特勤队才是第一支入城的部队。战后，第88步兵师师长约翰 ·E· 斯隆少将(John E. Sloan)也承认："侦察排的兵力不足以在市区内守住阵地……第1特勤队的兵力远胜我们(侦察排)，我们紧紧跟在他们后面。两军甚至还因为一些误解而发生低烈度的交火。"

在6月2日之时，第2军便派遣了一支由第1特勤队第3团第3连连长泰勒 · 马克 · 拉德克里夫上尉领导的联合巡逻队向罗马进发，侦察巡逻城内敌情并引导大部队进城，该部在6月4日早上6点进入罗马，而它被很多史学界人士认为是最早入城的美军部队。

罗马解放后不久，拉德克里夫上尉将相关行动报告递交给第1特勤队司令部和第5集团军的军史人员，详细阐述了进入罗马的相关过程。以下便是报告全文：

在1944年6月2日早上，第1特勤队第3团从阿尔泰纳村出发，赶赴西南方向的科莱费罗村。7点30分，第3团团长沃克上校接到弗雷德里克准将的命令，要求我到第1特勤队司令部接受一项特殊任务。

到司令部后，我被命令从第1特勤队的每个团精心挑选一名骨干,(前往第2军军部)向第2军军长凯斯少将报道，接受一项秘密任务。我分别挑选了第1团的菲利普斯中士(P.W Phillips)、第2团的米克尔约翰上士(K.R.S. Mieklejohn)和第3团的布兰农中士(J.E. Brannon)。

到第2军军部后，我被通知，将率领一支从第2军各部抽调人员组成的巡逻队执行任务，我的副手由一名来自第91装甲侦察中队的军官担任。这些人员分别来自第2军的步兵、炮兵、防空兵、工程兵和宪兵等单位，每一名入选巡逻队的人员在战场上都有出色表现和无上勇气。而且，我还被告知，之所以从第1特勤队中选择一名军官来领导这次任务，是因为这支部队的军官拥有以自己想要的方式来完成任务的能力；而且，这名军官理所当然地应来自第2军最好的单位。

当时，敌军的后卫部队已经在6号公路两侧和图斯科拉纳大道(Via Tuscolana)上进行了两天有力的迟滞行动，并打退了我们部队企图将他们赶出阿尔班山的所有行动，直至1944年6月2日早上，他们才开始向北撤退。

我的任务是率领第2军的60名官兵，装备18辆吉普车和2辆M8轻型装甲车以任何可能的方式在盟军其他部队之前进入罗马，将市内敌情传回；同时，为第2军设置进入市区的路标。另外，我们的任务里还包括携带1名电影摄制人员、2名摄像人员以及1名新闻记者，对巡逻进行新闻报道。

我们这群被指定参与行动且之前从未在一起工作过的人员在进行组织和制定复杂的计划后，于1944年6月3日下午14点离开第2军军部出发。我们的车队前往弗拉斯卡蒂(Frascati)，准备从那里赶超第338步兵团并从第91装甲侦察中队的队伍里加入埃利斯特遣队的行进队列，这支特遣队是我部挺进罗马的前锋。我们将跟着这支部队尽可能远地向前推进，他们有坦克和坦克歼击车，能够给我们提供必要的支援，直到我们脱离特遣队并领先前行。他们还能在我们被敌军以任何方式切断或在我们遇到无法解决的麻烦时为我们提供帮助。在抵达弗拉斯卡蒂附近时，我们被第338步兵团第2营的指挥官告知，埃利斯特遣队已经超过他们大约1小时了。之后大约15分钟，我们遇到了一支长长的被敌军狙击手阻于道上的车队。我们穿过车队继续前进，因为我们得到了凯斯将军的授权，在第2军所有单位中拥有最先过路的权力。在我们超过车队的领头坦克后，我注意到坦克指挥官脸上困惑的表情，但当时我没有时间去想什么。

我们继续以15英里每小时的速度行进，这一地区除了狙击手之外,其他敌情已经被清理干净。我们询问了车队人员的归属单位，他们说他们是第88步兵师的。大约在5分钟后，我们便遭到了来自一处房子里的敌军狙击手火力的阻击，我们拔除了这颗钉子，俘虏2人，击毙2人。但是，接下来我们又遭遇了敌军2辆自行火炮和不明数量的狙击手及机枪火力的阻击。我们立即准备继续战斗。在听到交火声后，那支车队的领头坦克前来帮助我们，击毁了一辆自行火炮，敌军的剩余部队立即撤走了。接下来，一个步兵排从那支车队出来跟着我们一起前进。在一座桥上，我们遇到了敌军设下的路障和得到机枪火力支援的敌军步兵的阻碍，我们击退了敌军，并击毙2人，击伤2人，俘虏4人。然后一辆推土机上前为部队搭建一条支路,。

在耽搁期间，我回到那支赶上我们的车队中并与领头坦克的指挥官交谈。他的第一句话就是：“你们究竟在这里做什么？你们是疯了还是蠢了？”我告诉他，我们正在追赶埃利斯特遣队，他骄傲地说：“我们就是那伙行走在地狱中的汉子！”原来，我们已经在毫不知觉的情况下超过了特遣队主力约7英里。

当支路完工后，我们跟在坦克和坦克歼击车后继续向罗马开进。我们两次遭遇到来自前方和侧翼的敌军火力阻击，在打退了敌军步兵和坦克组织的反击后，我们才能继续前进，车队损失了一辆坦克和一辆坦克歼击车。

夜幕降临时，我们被敌军坦克阻挡在罗马城南的一些大型的无线电塔附近。在短暂的战斗后，我们继续前进到罗马城南的图斯科拉纳大道的电影制片厂附近，埃利斯特遣队已经击退敌军。在此期间，我们俘虏了10人，击毙1人；而到此时为止，埃利斯特遣队已经损失了2辆坦克、1辆坦克歼击车，阵亡5人。而我们巡逻队只有1名来自第3步兵师的战斗巡逻队的成员身负轻伤。

在收到第1特勤队正在我们右翼方向接近罗马的消息后，我们与埃利斯特遣队脱离，继续完成任务。早上，另一组摄像人员和新闻记者想超到我们前面，但遇到敌军狙击手火力后便放弃了这一“壮举”。在市区范围，我们发现了一座敌军准备炸毁的立交桥，但因为我们的快速突袭而使敌人来不及引爆炸药，我们切断了炸药引信。在早上6点，我们沿着图斯科拉纳大道穿过城门进入罗马，当时我们的摄影师拍下了这一场景。这时,我们遇到了敌军猛烈的机枪火力阻击,战斗中,我们退回到立交桥位置。从6点到11点，我们和埃利斯特遣队都在天桥地区战斗。12点，我们决定再试一次往前走。我们第二次穿过城门并继续前行了500码进入罗马的公寓住宅区。在那里我们停止了前进，因为当地市民告知我们附近有一辆虎式坦克，我们的侦察兵也证实了这一点。

此时，德军意识到我们没有携带任何重装备，他们用一辆坦克挡住了我们的退路，另一辆则拦在我们进入市区的两个街区的主要街道上。在我们后面有一座12英尺高的墙，前面还有一座银行建筑做掩护，这是我们仅有的地利。敌军已把我们与大部队的联系完全切断。然后，敌军派了两个排的兵力来消灭我们，但我们通过M8轻型装甲车及一些吉普车上的点50机枪火力打退了敌军。一辆M8甚至停在敌军虎式坦克附近等它上前，这一幕简直就像一只蜜蜂与一只大象角斗。那辆坦克向前推进了大约200英尺然后不知什么原因停了下来，两名乘员从坦克中出来并被我们毫不客气地打倒了。坦克内的剩余乘员就在我们眼前开炮了。幸运的是，我们躲在银行建筑后面，所有弹片都从我们头上飞过，气浪高高腾起。我用电台呼叫埃利斯特遣队，让他们的坦克或坦克歼击车穿过已经没有狙击手和机枪火力威胁的立交桥前来支援我们，但他们仅派了2辆吉普车和2辆M8轻型装甲车过来。我们弹药即将耗尽，遂决定如果可能的话尽早撤离。我们贴得很近，但除了大约10名加入我们队伍的意大利伞兵之外，巡逻队的成员没有人中弹，这些伞兵仅靠着汤普森冲锋枪就想去攻击坦克，他们都被打死了。

在我们焦急地等待迫击炮火支援时，我们得知第1特勤队正以一切优势切入我们右侧。在德军试图架设1门迫击炮的一处地方，意大利友军向他们投掷手榴弹，迫使他们放弃了这个炮位。

虽然我们的后路被坦克切断，但在那里它并不能伤到我们。我派了一个巴祖卡火箭筒小组前去摧毁它，他们向这辆坦克发射了2发火箭弹，击中了它的履带，这辆坦克转着炮塔逃跑了。我不知道为什么它不在我们的援军未抵达的时候攻击我们。不过这对我们来说是一直等待的好机会，我们得以撤回到了立交桥地区。

在我们所有人都逃出来前，敌军那辆虎式坦克再次封锁了街道并像我们开炮，炮弹直接命中了我前面的那辆吉普车，车上所有乘员，包括两名意大利战友和一名法国战友当场阵亡。然而，在它再次装填前，我们最后两辆吉普车成功穿过了它的火力范围。一回到立交桥地区，我便将敌军位置报告给了特遣队指挥官埃利斯上校，然后我们撤到那座电影制片厂休息、补给和吃饭。

在下午18点30分，我们再次回到那一街区并发现第88步兵师的部队以及一些坦克正在与敌军交战，战斗已经持续了几小时。和我们在同一区域的那些步兵已经陷入混乱，因为他们无法拔掉给他们带来很大麻烦的那些机枪火力点。米克尔约翰上士带了我们巡逻队的一些人前去拔除火力点，但当德国人意识到米克尔约翰等人的举动后便撤退了。坦克手遭遇了相当大的伤亡，但终究逼退了敌军步兵。敌军坦克手是或投降或是撤退了，进入罗马的剩余道路被清理干净。

在整个行动期间，跟随我们行动的摄影师已经拍下了相关照片并记录了我们第2军的路标——“跟着蓝色标志迅速前进”。他们也是第一支进入罗马的盟军摄影师和新闻记者队伍。当前面的车队再次向前推进时，我们返回了电影制片厂。晚上，我们计划第二天回去并完成拍照任务。

那辆将M8轻型装甲车停在虎式坦克附近进行战斗的装甲车指挥官获得了银星勋章，所有阵亡人员也都被追授了银星勋章，而其他参与此次任务的人员也因为他们的英勇表现而获得了铜星勋章。

T·M·拉德克里夫

第1特勤队上尉

巡逻队指挥官

■ 这是第1特勤队第3团第1营第3连连长泰勒·马克·拉德克里夫上尉。他所率领的巡逻队是第一支进入罗马的部队。拉德克里夫经常率部担任前锋的角色，在1943年8月收复基斯卡岛的“茅屋”行动中，他便率着第3团第1连的1个排为全团探索向岛内推进的通道。解放罗马时也是如此。

■ 上图和下图都是1944年5月在安齐奥滩头阵地，特勤队员在搭建的巨大的莱皮尼山区的沙盘前进行战前推演。这座山脉将是他们突破安齐奥滩头后进占的目标之一。

■ 上图是1944年5月23日，第1特勤队的3名担架员用手推车将1个负伤的特勤队员从突破滩头阵地的前线运往后方。注意这几位担架员的脖子上都套有垫肩，这可能是便于扛抬物资而穿戴的。

■ 下图是1944年5月24日中午13点在安齐奥前线，第1特勤队的医护人员小心翼翼地将1名伤员搬运上救护车，这辆救护车是用吉普车改装的。

■ 左图这张照片应该也拍摄于突破安齐奥阵地期间，第1特勤队的一位军医正在救治一名美军伤员，注意他腰间佩戴的V42型格斗匕首。

■ 下图是1944年5月25日在意大利空旷的野外，第1特勤队第1团的几名队员正沿着铁路线向阿拉斯蒂诺山进发。在这种暴露的地形下，他们很容易遭遇德国人的伏击。在奇斯泰尔纳－阿尔泰纳地区的战斗中，第1特勤队击退了德军第715步兵师的进攻并给对方造成了严重损失。

■ 上图和下图是1944年5月在意大利战场，一队突破了安齐奥滩头阵地的特勤队员沿着铁路线向北推进，注意他们背上的M1936型野战背包。

■ 上图和下图是第719页2幅图另一个角度的呈现。注意上图镜头最前面那名特勤队员，他正在使用 SCR-536型无线电步话机通话。

■ 上图是1944年5月底在突破安齐奥滩头阵地的战斗中，第1特勤队第1团的几名特勤队员正沿着部队行进方向铺设通讯线路。镜头前这辆应该是美制 M3型半履带式装甲车。

■ 上图是1944年5月24~25日，第1特勤队的加农炮连及配属特勤队作战的第463伞降野战炮兵营正沿着公路向阿拉斯蒂诺山推进。其中左边的是加农炮连的 M3型半履带75毫米自行加农炮，右边的吉普车队则来自第463伞降野战炮兵营。这两支部队都是第1特勤队的火力支援部队，但前者是直接隶属第1特勤队的单位，后者是临时配属其作战的单位。与其他同级别部队相比，第1特勤队原先并没有自己的炮兵单位，每个排仅有1个 M2型60毫米迫击炮小组，而以往战斗中，有时会根据需要临时配属一些炮兵单位支援第1特勤队作战；直至1944年3月，第6615游骑兵团的加农炮连划归第1特勤队后，后者才有自己的炮兵单位。

■ 上图是1944年5月底在科里附近，配属第1特勤队作战的第463伞降野战炮兵营的两名炮兵正在操纵他们的75毫米榴弹炮为特勤队员提供火力支援。

■ 下图也是1944年5月底在科里附近，第1特勤队的一个班在路旁的树荫下休息。在他们身旁，友军的M4坦克车队正不断驶过。穿过科里之后，第1特勤队进抵阿尔泰纳村地区，并与后撤的德军展开多日血战。

■ 上图是1944年5月的战事中，第1特勤队第1团设在山上的一个前哨站。下图是在圣尼古拉山（San Nikola）–阿尔泰纳的路上，第3团第6连连长大卫·H·尤斯廷上尉正在路边休息。

■ 上图是1944年5月在翻过圣尼古拉山之后，两名特勤队员在通往阿尔泰纳的公路上合影，其中图右也是第3团第6连连长尤斯廷上尉。

■ 上图是1944年5月底在圣尼古拉山－阿尔泰纳之间的战场，这名特勤队员正在检查某处被摧毁的敌军据点。注意镜头左边的 SCR-536型无线电步话机和汤普森冲锋枪弹匣袋。下图这张特勤队员合影摄于1944年5月底的安齐奥－罗马战役期间，这应该是他们在向罗马推进过程中休息时拍摄的。

■ 上图是1944年5月底在阿尔泰纳村内的高塔上拍摄的第1特勤队与德军在阿尔泰纳火车站交火的画面。下图这张老照片反映的是阿尔泰纳村的战斗间隙期间，几名特勤队员在村里的溪边洗澡。

■ 这是1944年6月2日在科莱费罗村，被解放的村民给特勤队员赠送葡萄酒。

■ 上图是1944年6月2日在科莱费罗村，几名特勤队员正在与刚被俘的德军官兵交谈，在他们身旁是配合他们进攻科莱费罗村的美军第1装甲师的M4型坦克。这次行动是为了切断从希特勒防线撤退的德军退路。下图也应该拍摄于科莱费罗村，一位特勤队员正用巧克力和一名当地的小女孩交换玫瑰花。这名特勤队员的钢盔上还戴着花环，这可能是被解放的村民给他的感谢。

■ 上图是在科莱费罗村，一名特勤队员和一位当地妇女“谈情说爱”，注意他腿上的约翰逊 M1941 型轻机枪。下图是第 3 团第 4 连的队员乘车向罗马进发，镜头前的这名队员是该连的二等兵迈克尔 ·A· 麦克唐纳 (Michael A. McDonald)。

■ 上图是正往罗马方向进发的第1特勤队的车队，注意图片正中的那辆 M3型半履带式装甲车，这是弗雷德里克准将的指挥车。

■ 上图是左页图的另一场景，弗雷德里克准将从他的专车上下来休息。

■ 上图是第730和第731页图的后续场景，镜头前的弗雷德里克准将穿着M1943型野战夹克和山地裤，戴着M1型钢盔，身上穿戴着装备携行具，他的M1936型手枪带前别着1个两联装的M1911A1型手枪的弹匣袋。

■ 上图是1944年6月初，弗雷德里克的指挥车从阿尔泰纳村出来沿着6号公路向罗马驶去。下图也是在6月初，一队乘坐着卡车向罗马狂飙的特勤队员。

■ 上图是1944年6月初，一队乘车向罗马推进的特勤队员的合影，运载他们的车辆应该是第1特勤队加农炮连的M3型半履带式75毫米自行加农炮。

■ 下图是1944年5月底，乘坐卡车向前推进的第1特勤队第3团第2营的部分队员。

■ 上图是1944年6月初，一些向罗马推进的特勤队员正在路边的1辆M10型坦克歼击车的阴影下休息，这辆M10来自第601坦克歼击营C连。注意左侧的一名特勤队员，从他所背枪支的枪管上可以辨别出，他使用的是1挺约翰逊M1941型轻机枪。

■ 下图也是在往罗马开进途中，豪斯特遣队的自行火炮车队驶过某个小镇的街道，旁边除了列队欢迎的当地百姓，还有几名特勤队员在驻足观看，注意图片中的这辆自行火炮应该是美军的M7型105毫米自行榴弹炮。

■ 上图是1944年6月初，乘坐吉普车向罗马开进的第1特勤队第2团团长阿克赫斯特中校（左一）及其部属。阿克赫斯特从1944年5月1日起正式担任第2团团长，他的任职是第1特勤队内部为了维持美国人和加拿大人在指挥岗位的比例而做出的选择。下图是在6号公路上，乘坐卡车向罗马开进的特勤队员们。

■ 上图是1944年6月3日，来自埃利斯特遣队的第91装甲侦察中队的车队已经推进到罗马郊外，拉德克里夫的侦察队在往罗马推进的过程中跟随该部队走了很长一段路，而且其行动中的战斗也得到了后者的支援。注意车队前方，有1辆熊熊燃烧的M4型坦克，这辆坦克也来自埃利斯特遣队，这具坦克残骸提醒后面的友军，罗马周边仍有德国人的小部队在袭扰。下图是1944年6月4日早上6点，拉德克里夫上尉领导的第2军巡逻队的吉普车队从图斯科拉纳大道穿过城门进入罗马，这张极具历史意义的照片是当时跟随巡逻队行动的随军记者拍摄的。

■ 上图是1944年6月4日，进入罗马后的拉德克里夫巡逻队被兴高采烈的罗马市民团团围住，欢迎他们的到来。下图是在罗马市区，拉德克里夫巡逻队的1辆 M8型装甲车的乘员在车上举起美英（加）两国国旗，旁边是欢迎他们的罗马市民，这一瞬间被随行的摄影师用相机记录下来，这可能作为他们首入罗马的存档资料。

■ 虽然美军部队在6月4日早上便已进入罗马，但潜伏在城区的德军小规模后卫部队仍在阻挠着美军的推进。上图是在罗马郊外，第1特勤队的几名队员正在向可能隐藏有德军狙击手的建筑物开火。注意中间那名队员，他使用的是1挺约翰逊 M1941 型轻机枪。照片背景中那座高高的砖型建筑物是一座电力变电站。

■ 下图是在罗马郊外，一名特勤队员正使用巴祖卡火箭筒轰击敌军阵地，在他右前方是那座著名的路标。他的武器是1支 M1 型卡宾枪。注意他背上的帆布包中装着备用的巴祖卡火箭弹，这个帆布包原本是装防毒面具的。

■ 上图是6月4日，弗雷德里克准将（中）在罗马城外55米的距离内建立起前线前线指挥所。因为身先士卒、靠前指挥的作风，弗雷德里克深受部属们的敬爱，而这也是他成为二战中受伤次数最多的美军将领的原因，弗雷德里克一生中共获得了8枚紫心勋章，在解放罗马时便披创三处。

■ 下图和右页2幅图都是1944年6月4日在罗马市区内，第1特勤队第2团第2营营部人员冲入罗马城区战斗的画面。下图中，在他们身旁是一辆被击毁的德军虎式坦克残骸，注意这些士兵都穿着特勤队特有的山地裤。

■ 上图是另外几名特勤队员越过这辆虎式坦克残骸。在意大利战场上，德军仅有第 504 和第 508 装重装甲营是虎式坦克营。注意上图右侧，还有 1 辆配合他们作战的 M4 中型坦克也在沿着街道推进。下图是几名特勤队员以那辆 M4 为掩护。值得一提的是，上图这幅照片的原标题为“第 1 特勤队和第 88 步兵师是第一支出现在罗马街头的盟军部队”，究竟是第 1 特勤队抑或是第 88 步兵师首先进入罗马、还是二者同时进入罗马，这一争论一直持续到今天，不过更多的证据表明，第 1 特勤队的士兵确实是第一批进入罗马的盟军人员。

■ 上图是1944年6月4日晚在罗马郊外，第1特勤队的医护人员将一名伤员抬进半履带式救护车送往战地医院。这些医护兵都穿着山地裤和伞兵靴，他们的左臂上戴着红十字袖标，M1型钢盔上也漆有巨大的红十字。下图也是在罗马，第1特勤队的一名正在输液的伤员被抬上救护吉普车。

■ 上图拍摄于1944年6月4~5日晚，第1特勤队第2团第4连的排长吉姆 · 普林格尔中尉(Jim Pringle)率领他的排押着俘虏出城，两旁是夹道欢迎盟军的市民。注意其背景，那是罗马著名的古建筑马焦雷门(Porta Maggiore)。马焦雷门位于罗马城东，始建于3世纪，至今保存良好。

■ 下图是1944年6月5日，特勤队员从罗马的古城门——马焦雷门离开罗马市返回托尔萨皮恩扎的驻地，图中右侧是从马焦雷门入城的美军其他部队。

■ 上图和下图可能也拍摄于罗马，入城的特勤队员得到市民们的热烈欢迎。

ROME FALLS

Canadian-American Unit Is First to Enter Capital

Kisses, Tears Hail Troops Amid Battle

BOMBERS POUND INVASION AREA, TURIN, GENOA

8th Army's Canadians Meet Yanks

GERMANS MOVE THEIR LINES NORTH OF CITY

Mop Up in Heart of City as Planes Hammer German Columns Fleeing to North

■ 关于盟军解放罗马这一重大消息，各国媒体进行了广泛报道，作为首批入城的部队，第 1 特勤队自然也出现在媒体的镁光灯下。上图是环球邮报（Globe and Mail）6 月 5 日的头条：罗马光复——美加军队首批入城。下图是纽约时报（The New York Times）6 月 5 日的头条：经过郊外血战，罗马被第 5 集团军完整收复；纳粹向西北方向撤退；空战在激烈进行中。配图便是第 1 特勤队乘坐坦克进入罗马的照片。

"All the News That's Fit to Print"

The New York Times.

LATE CITY EDITION

VOL. XCIII, No. 31,544. NEW YORK, MONDAY, JUNE 5, 1944. THREE CENTS

ROME CAPTURED INTACT BY THE 5TH ARMY AFTER FIERCE BATTLE THROUGH SUBURBS; NAZIS MOVE NORTHWEST; AIR WAR RAGES ON

TRANSIT MEN BALK AT MAYOR'S INQUIRY INTO OUTSIDE JOBS

Demand for Sworn Statements Covering Family Earnings Evokes Union Protest

RESENTMENT WIDESPREAD

Laval Tries to Shift Funds to Argentina

FOE 'EXPLAINS' STEP

Hitler Ordered Troops Out to Save Rome, Germans Assert

ENEMY PLEA BARED

Kesselring Made Last-Minute Renewal of Open-City Offer

THE FIRST OF EUROPE'S WAR CAPITALS TO FALL TO THE ALLIES

AMERICANS IN FIRST

U. S. Armor Spearhead Thrust Through Last Defenses of Rome

FINAL BATTLE BITTER

Fifth and Eighth Armies Rush On Beyond City in Pursuit of Foe

JOHNSTON IN RUSSIA SCOFFS AT U. S. REDS

U. S. 'HEAVIES' BOMB IN FRANCE ALL DAY

Road to Rome Hard Fought, Yet Crowded With Civilians

CITY'S FALL FOCUSES POLITICAL CHANGES

SUBJECT: Patrol to Rome

TO: Robert T. Frederick, Brigadier General, USA
Commanding, First Special Service Force

On the morning of 2 June 1944 while the 3rd Regiment First Special Service Force was pushing from Artena, Italy Southwest toward Colle Ferro, 3rd Regiment Commander, Colonel Edwin Walker received a call from General Robert Frederick about 0730 hours requesting I report to Force Headquarters for a special mission.

I was instructed to report to Major General Keyes, II Corps Commander for a secret mission, taking with me one special picked enlisted man from each Regiment of the Force. These men were Sgt. T. W. Phillips of Sequin, Texas from the 1st Regiment, S/Sgt. K. R. S. Mieklejohn of Edmonton, Alberta Canada from the 2nd Regiment, and Sgt. J. E. Brannon of Princeton, New Jersey from the 3rd Regiment.

Upon reporting to II Corps Headquarters, I was informed I was to lead a patrol of picked men from each unit within II Corps, with an Officer from the 91st Reconnaissance Squadron as my second in command. These men were to come from II Corps Infantry, Artillery, AAA, Engineers, MPs, etc., and were all picked for their outstanding performance and courage. I was told the reason that an Officer from the Force had been selected to lead the mission, was because of the Force's ability to get the job done in the way that he wanted it conducted, and that it was only fitting that the Officer should come from one of his best units.

The enemy had been fighting a strong rear guard action for two days astride Highway 6 and Via Tuscolana guarding the way to Rome, and had beaten off all attempts of our troops to push [them] off the Alban Hills until the morning of 2 June 1944, when they started withdrawing to the North.

Our mission was to leave II Corps with 60 men, 18 jeeps, and 2 M-8s and in any way possible get into Rome ahead of other Allied forces, send back the enemy situation within the City, and at the same time post II Corps route signs along prominent streets and in public squares. Our mission organization included one movie camera man, two still camera men, and a news reporter, attached for media coverage on the patrol.

We departed II Corps Headquarters at 1400 hours, 3 June, 1944 after organizing and forming elaborate plans as none of the assigned personnel had ever worked together before. Our convoy headed for Frascati, Italy where we were to pass through the 338th Infantry and join the Ellis Task Force from the 91st Reconnaissance Squadron, which was spearheading the drive on Rome in our assigned sector. We were to accompany this unit as far as possible as they had tanks and tank destroyers attached and could provide us needed support until we could break away and swing ahead. They were to help us also in case we were cut off in any way or got into so much trouble we couldn't handle it. Upon arriving in the vicinity of Frascati we were informed by the C.O. 2nd Battalion 338th Infantry that the Ellis Task Force had passed through them about an hour ago. In about 15 minutes we found a long convoy of troops and tanks stalled on the road by fire from snipers. We proceed to pass the convoy as we had been given first priority passes on all roads within II Corps Sector by General Keyes. As we passed the lead tank of the convoy, I noticed a Bewildered look on the tank commander's face, but thought nothing of it at the time.

We proceeded at about 15 MPH thinking all the time that the area was clear except for snipers because when we asked members of the convoy who they were, they said that they were from the 88th Division. In about 5 minutes we were fired on by snipers from a group of houses which held us up until we could deploy and clear them. We captured 2 and killed 2 enemy at this point. Proceeding again we were fired on by

■ 本页至第748页便是罗马解放后，拉德克里夫递交给第1特勤队司令部的那份巡逻行动的报告的历史复印件。里面详述了他们向罗马城区推进并进入城区进行侦查巡逻的整个过程。这份报告是研究哪支部队首先进入罗马的重要佐证。

2 Jerry self-propelled guns and an unknown number of snipers with machine guns. We immediately deployed and prepared to fight. Upon hearing the firefight, lead tanks of the convoy came forward and engaged the SPs knocking out 1 and causing the other to withdraw. We then advanced with one platoon of infantry from the convoy and found a road block in the form of a bridge out, covered by enemy infantry with machine guns. We forced them to withdraw killing 2, wounding 2, and taking 4 prisoners. A bulldozer then came forward and constructed a bypass.

During the delay, I went back to the convoy that had pulled up behind us and started a conversation with the lead tank captain. His first words were, 'What in hell are you doing here, are you crazy or lost?' I told him that we were trying to catch the Ellis Task Force. He said, 'Hell man that's us!' We had been leading the main task Force for the last 7 miles without knowing it.

When the bypass was completed we dropped behind the lead tanks and TDs and proceeded on our way to Rome. Twice we were held up by fire from our front and flanks, and once by an enemy counter attack consisting of tanks and infantry which destroyed one TD and one tank before we could continue.

At night fall we were stalled south of the city near some large radio towers by enemy tanks. After a short fight, we were able to advance to an area near the movie studios south of Rome on Via Tuscolana, where by dawn the Ellis Task Force had forced the enemy to start withdrawing. During this period we took 10 prisoners and killed one enemy. Up to this time the Task Force had lost 2 tanks, 1 TD and 5 killed. My group had one slightly wounded assigned to us from the 3rd Division Battle Patrol Group.

Receiving information that the Force was closing in on Rome to our right we swung out in front of the Task Force to complete our mission. All morning another group of camera men and news reporters were reported trying to pull ahead of us but lost their ambition when fired on by snipers. At the city limits we found an overpass prepared for demolition but due to our rapid advance the enemy didn't have time to blow it. We cut the wires before the charges could cause any damage and crossed into Rome at 0600 hours passing under the gate at Via Tuscolana while our camera men took documenting pictures. At this time we came under intense machine gun fire which forced us back across the overpass. From 0600 until 1100 hours we fought with the Task Force in the overpass area and at 1200 hours we decided to try it again. We passed under the gate the second time and proceeded about 500 yards into the apartment area of Rome where we were stopped by Italian civilians informing us that just around the corner was a Tiger tank. Our scouts reported the tank also.

By this time the Germans realized that we were bringing in no heavy stuff so they moved in another tank to cover our escape route and one about two blocks up the street on our main route into the city. We had a 12 foot wall to our rear and a bank in front of us which was our only advantage. They had us completely cut off. The enemy then sent in two platoons of infantry to eliminate us but we drove them off with fire from our M-8s and 50 Cal MGs mounted on some of our jeeps. One of our M-8s parked just around the corner from the Tiger tank waited for him to advance. This would have been about like a bee against an elephant. The tank advanced about 200 feet and then for some reason stopped. Two of the crew got out and our men cut them down. The remaining crew then opened up blasting everything in sight. Fortunately for us we were behind the bank and all shells went over our head and all air burst were too high and far away. I radioed back for TD or tank support as they could cross the overpass without danger from the machine guns and snipers. They only sent us 2 more jeeps and 2 more M-8s. We were running low on ammo and decided that we had better get out if possible. We had a lot of close ones but no patrol member was

- 2 -

■ 注意本页倒数第二段内容，拉德克里夫上尉在这里详细记载了他们进入罗马的具体时间：6月4日早上6点钟。

hit except for approximately 10 Italian Partisans who had joined us and tried to charge the tanks with only Thompson submachine guns. They were all killed.

We had been sweating out mortars but learned that the Force was cutting in to our right taking away any advantage the Jerries had. In one place where the Jerries tried to place a mortar, other Italians dropped grenades on them from 2nd story locations forcing them to give it up.

The tank to our rear had us cut off but could do no damage where we were. I sent a bazooka team to try and disable him. They fired two rounds hitting him in the tracks and causing him to swing his gun around leaving our escape temporarily free. Why he didn't fire at our reinforcements when they came up isn't known. This was the chance we had been waiting for so we loaded and went like hell back to the overpass.

Before we all got out the enemy tank had covered the street again and made a direct hit on the jeep in front of me killing all passengers including 2 Italians and one Frenchman that had joined us. Before he could reload our last two jeeps passed through his field of fire. On returning I gave enemy locations to Colonel Ellis and then went back to the movie studios to rest, reload and eat.

At 1830 hours we went back to the same area and found the 88th Division and some tanks in a fire fight which had been going on for the last few hours. The infantry in our area was all confused because they couldn't destroy some machine guns that were causing their problems. S/Sgt. Miecklejohn took a patrol of our men to knock them out but the Jerries withdrew when he realized that positive action was starting against them. The tankers had taken considerable casualties but due to the strength caused the enemy infantry to withdraw. The enemy tankers then surrendered or withdrew leaving the rest of the way into Rome clear.

During the entire period our camera men had been taking pictures and posting our II Corps signs [which read "Follow the Blue To Speedy II"]. They were also the first reporters and cameramen into Rome. As soon as the forward convoys started to move again we went back to the movie studios and spent the night planning to return the next day and complete our picture mission.

The M-8 tank commander that parked his vehicle to stop the Tiger received a Silver Star, all killed received the Silver Star, and all other personnel received the Bronze Star for their heroic action on this mission.

T. M. Radcliffe
Capt. First Special Service Force
Patrol Commander

- 3 -

HEADQUARTERS FIRST SPECIAL SERVICE FORCE
APO 4994, U.S. ARMY

10 July 1944

SUBJECT: Entry of First Special Service Force Into City of Rome.

TO: Commanding General, Fifth Army, APO 464, U.S. Army.

1. Reference is made to message number 485, Headquarters Invasion Training Center, 6 July 1944, requesting authentication report as to time and place of entry of elements of this command into the City of Rome.

2. Attached are the affidavits of Captain Gus M. Heilman and Sergeant Frank D. Welch of this command, stating the facts concerning the entry into the City of Rome for the leading elements of this command. The foremost elements of this command in the approach on Rome on 4 June 1944 were the 2d and 4th companies of the First Regiment. These companies formed the infantry component of an infantry-tank column approaching the city along Highway 6. The tanks of this column were provided by the 13th Armored Regiment. The column arrived at what is presumed to be the city boundary at 0630 hours. At this point there was a large sign on Highway 6, stating in one word, ROMA. This point is located on Map ITALY, 1:50,000, Sheet 150 IV ROMA, at the point 809644. The two leading tanks were put out of action at this point by anti-tank fire and the infantry deployed. Heavy fighting at the locality of this road junction prevented further movement until 1100 hours, at which time captain Heilman's company attacked to the northwest. His attack reached a street intersection at 790664 at 1700 hours. At 1800 hours this company was passed through and relieved by the second Regiment of the First Special Service Force which had approached the city generally along the road and railroad from Tor Sapienza.

3. At about 0945 hours, Captain Heilman sent a patrol under the command of Sergeant Welch to enter Rome, approaching from the south of Highway 6, to reconnoiter tank approaches into the city which would bypass the resistance the unit had encountered at 0600 and was still fighting. This patrol moved south from Highway 6 to the main road lying between Highway 6 and 7. The patrol moved into the city and reached a point at the street intersection near 788638 at 1230 hours. It then retraced its steps and encountered the special column of selected troops from all units on this same road at a point near 605625.

4. The Second Regiment of this command by-passed the First Regiment and turning south, continued into the city as far as the Railroad Station. The Third Regiment passed through the First Regiment and continued through the northern section of the city to the Piazza di Popolo, arriving there at 2100 hours and occupied the northern eight bridges across the Tiber. These bridges were secured by 2300 hours.

5. At the time of the attack on Rome I was in command of the Third Regiment of this force.

EDWIN A. WALKER
Colonel, 1st Special Service Force,
Commanding.

■ 这是1944年7月10日由第1特勤队司令部递交给第5集团军司令部的关于本部进入罗马市的地点的报告的历史复印件。文件中第2条提到，第1团第2、第4连是第1特勤队中最早跨过罗马边界的成建制部队，他们沿着6号公路直抵罗马，与他们一起行进的还有第13装甲团的坦克纵队，时间是6月4日早上大约6点30分，地图坐标为809644（即第709页图中那个路口）；紧接着他们和坦克车队一起遭遇敌军反坦克火力和步兵的阻击直至上午11点。在此期间，海尔曼上尉的第2连向西北方向发起进攻，于下午17点进抵罗马的一处街道路口（地图坐标790664）。下午18点，该连被从托尔萨皮恩扎出发、沿着公路和铁路进入罗马的第1特勤队第2团的部队超越。文件第3条讲述，在6月4日上午9点45分时，海尔曼派出一支由韦尔奇中士（Welch）率领的巡逻队，侦察能供坦克车队绕过敌军阻击阵地进入罗马的道路，巡逻队沿着6号南面的6号、7号公路之间的主干道进入罗马，于中午12点30分进至罗马的一处街道路口（位于地图坐标788638附近），然后就在地图坐标605625附近的街区碰到了由德拉克里夫上尉率领的那支联合巡逻队。第4条讲述，第2团的部队穿过第1团后从罗马南面继续推进，一直深入到市区的中央火车站。第3团则穿过第2团的部队一直推进到罗马北部城区的人民广场，在晚上21点占领北部横跨台伯河的8座桥梁；晚上23点，所有桥梁都得以安全掌控。

APO 4994
New York, New York
10 July 1944

Statement of Captain Gus M. Heilman concerning entry of First Special Service Force Troops into the City of Rome on 4 June 1944.

Reference Map: ITALY, 1:50,000 - Sheet 150 IV Roma.

On 4 June 1944 I was commanding Second Company, First Regiment, First Special Service Force in the drive on the City of Rome. At about 0500 hours a column of tanks with infantry mounted on top of tanks was formed to push rapidly into the center of Rome with the mission of taking the bridges over the Tiber River. The tanks in this column formed one battalion of the 13th Armored Regiment. This battalion of medium tanks and tank destroyers was commanded by Lieutenant Colonel Kairns. Fourth Company, First Regiment, commanded by Captain Jennings, rode astride the leading tanks of this column. My company rode on the tanks immediately in the rear of Captain Jenning's company. At approximately 0630 hours the head of the column arrived at a large sign marked, "Roma", located on Highway 6 at 809644. At this point the two leading tanks of the column were knocked out by German anti-tank weapons. The infantry deployed, and heavy fighting continued throughout the morning. At 1100 hours my company moved forward from its deployed positions in an attack to clear the enemy from the sector north and west of the road junction (8085644). Our attack, supported by tanks, arrived at the next phase line at approximately 1500 hours. This phase line is the street 791657-796658. At about 1530 hours I was ordered to continue the attack forward from my deployed position and arrived at 1700 hours along the road Via Pronestina, east of point 789644. At 1800 hours the Second Regiment, First Special Service Force, approaching Rome along Via Pronestina, made contact with my company, relieved me, and carried the attack on through the City. In support of my attack and in rear of me was one company from the 88th Division. I am sure that no troops were able to enter Rome on Highway 6 until after my attack had cleared out the resistance north of Highway 6. Some time after my attack had cleared out this resistance, the Fourth Company, First Regiment, Then commanded by Major McFadden, proceeded from the Roma sign forward into the city along Highway 6. I do not know the exact time of movement of this column but it was some time after my company had moved forward.

GUS M. HEILMAN
Captain, 1st Special Service Force.

Sworn and subscribed to before me this 10th day of July 1944.

RICHARD W. WHITNEY,
Major, 1st Special Service Force,
Adjutant.

■ 这是1944年7月10日由第1特勤队第1团第2连连长海尔曼上尉递交的关于本部进入罗马的陈述报告的历史复印件。这里讲述，在6月4日清晨5点之时，他的连和詹宁斯上尉（Jennings）的第1团第4连跟着由M4型坦克和M10型坦克歼击车组成的凯恩斯中校（Kairns）第13装甲团第1营的车队前往罗马，执行保护台伯河上的桥梁的任务。他们都骑在坦克上，紧跟在第4连后面。在早上6点30分，他们抵达地图坐标为809644那个带有巨大“罗马”路标的路口，紧接着打头的2辆坦克便被敌军的反坦克火力击毁，车队都与阻击的敌军在此交战了一上午。在11点之时，第2连从所在位置（地图坐标8085644）清除西面和北面街道的敌军。在坦克的支援下，第2连在下午15点推进到地图坐标为791657–796658的街区一线，并继续前进。下午18点，该连与沿着普洛内斯蒂娜大道进入罗马的第2团一部取得联系，第2团解除了第2连的任务并超过他们继续推进。在罗马市的战斗过程中，第2连得到了紧跟身后的第88步兵师的一个连的支援。在报告最后，海尔曼上尉还陈述，他确信在他的连清除完6号公路以北的敌军之前，没有哪支部队能沿着6号公路进入罗马。而且，他还确认，在他清除了这一区域的敌军的一段时间之后，由麦克法登少校接过指挥权的第1团第4连才从那处巨大的罗马路标处进入罗马。

A F F I D A V I T

APO)
: SS
New York N.Y.)

Before me, the undersigned, authorized to administer oaths in cases of this character, appeared one Frank D. Welch, 39176613, Sergeant, Second Company, First Regiment, First Special Service Force, who being duly sworn states:

"On the morning of 4 June 1944, as a member of the Second Company, First Regiment, First Special Service Force, I was proceeding into the City of Rome along Highway 6 as part of an assault column of tanks and infantry. At 0630 hours the head of the column arrived at a large sign on the highway reading, "Roma." This sign is located at approximately 809644. Heavy fighting developed in this sector. At about 0945 hours, Captain Heilman, my company commander, sent me in command of a patrol of five men to move south from our position on Highway 6 and reconnoiter other routes on which the armor and infantry could proceed further into Rome. I proceeded back along Highway 6 to the road junction at 825638, then turned south to the road junction at 817615. At this point I captured a number of German vehicles and three prisoners. Because of the density of enemy fire I decided to send back three members of my patrol with the prisoners and equipment. Private Ferretti, Third Company, First Regiment, and I then proceeded further into Rome, moving along the road RJ-817615 - street intersection 787638. Moving along this road, we crossed the railroad tracks and arrived at the street intersection at 1230 hours. Returning along my original route, I met a reconnaissance unit of armored cars and jeeps and personnel from all units attacking Rome. I met this column on the road at a point about 605625, where I stopped and talked to Staff Sergeant T.W. Phillips, a member of my company who had been assigned to enter Rome with this column. I then returned cross-country to the road intersection near the Roma sign to render my report. I arrived at this road intersection at about 1530 and found that only the aid station of my regiment remained at this point."

FRANK D. WELCH, 39176613
Sergeant, 2d Co, 1st Regt,
1st Special Service Force.

Sworn and subscribed to before me this 10th day of July 1944.

RICHARD W. WHITNEY,
Major, 1st Special Service Force,
Adjutant.

■ 这是1944年7月10日由第1特勤队第1团的理查德·W·惠特尼少校（Richard W. Whitney）递交的关于第2连中士弗兰克·D·韦尔奇（Frank D. Welch）所率领的第2团巡逻队于6月4日进入罗马的行动报告的复印件。这份报告中引用了韦尔奇中士的讲述：在4日早上6点30分抵达罗马路标后，他们的车队与敌军阻击部队发生交火。大约在早上9点45分，海尔曼上尉派遣韦尔奇率领一支5人的巡逻队沿着6号公路侦察可以供车队进入罗马的其他道路。巡逻队抵达地图坐标为817615的三岔路口时，抓获了德军的1辆汽车和3名俘虏，韦尔奇随即派3人押送俘虏和车辆返回部队，自己则与来自第3连的二等兵费雷蒂（Ferretti）沿着817615–787638街道继续前进，在12点30分，他们抵达坐标为787638的街区。在沿原路返回途中，他们于地图坐标605625的位置遇到了德拉克里夫上尉率领的联合巡逻队。下午15点30分，韦尔奇等人返回了早上出发的罗马路标处，发现那里仅剩下第1团的一个前线救护站。

HEADQUARTERS
FIRST REGIMENT
FIRST SPECIAL SERVICE FORCE

A.P.O. 4994, c/o P.M.,
New York, N.Y.
12 July 1944

SUBJECT: Entry of Second Regiment into Rome.

TO: Commanding Officer, First Special Service Force.

1. At the time of the First Special Service Force's entry into ROME on 4 June 1944 I was in command of the Second Regiment.

2. At 0400; hours, 4 June, the Second Regiment reached its objective, namely the road running due SOUTH from TOR SAPIENZA to HIGHWAY 6. At that time, accompanied by S Sgt. Riggs and Tec 4 Delcamp, I reached 3 KM post on the road entering ROME from the EAST parallel to and immediately NORTH of HIGHWAY 6, where we watched 3d Co. under Capt. Dogherty come up into position.

3. At 1530 hours the Second Regiment left TOR SAPIENZA having been given orders to advance on ROME astride the railroad line running into the CENTRAL STATION from the NE. In this operation it was supported by two companies of tanks from Col. Howze's regiment of the First Armored Division.

4. At 1915 hours, 4 June, 4th Co. under Capt. W. M. W. Wilson, and 5th Co. under Lt. H. M. Savage, accompanied by Major S. C. Waters, O.C. Second Bn., reached PONTE MAGGIORE, and at 2000 hours entered the CENTRAL RY. STATION.

5. At 1915 hours, 4 June, 6th Co. under Lt. W. H. Langdon entered PLAZA VENIZZA where for approximately half an hour they were engaged in a fire fight with at least one armored car and to mechanized vehicles carrying enemy troops. In this fight Lt. Langdon lost three men killed and eight wounded.

J. F. R. Akehurst,
Lt. Col., 1st Sp Sv Force,
Commanding.

■ 这是1944年7月12日由第1特勤队第2团团长阿克赫斯特中校递交的关于本部在6月4日进入罗马的行动报告的复印件。其中第2条讲述了该团在6月4日凌晨4点接到了从托尔萨皮恩扎向南进至6号公路的命令。第3条讲述在下午15点30分，第2团从托尔萨皮恩扎出发，根据接到的进入罗马的命令，他们将沿着铁路线从东北面进入罗马的中央火车站。在行动中，他们还得到了来自豪斯特遣队的两个坦克连的支援。第4条讲述了第2团第4连和第5连在当天19点15分抵达马焦雷大桥，并于20点进入罗马的中央火车站。第5条陈述，在当日19点15分，由兰登中尉（W.H. Langdon）率领的该团第6连进入维尼泽广场（Plaza Venizza）；在那里，该连与至少由1辆装甲车和摩托化汽车组成的敌军部队交火了大约半小时，该连阵亡3人，负伤8人。

再次备战

1944年6月6日至7日晚上，第1特勤队被解除了掩护第2军右翼的任务，在托尔萨皮恩扎集结后，转移到阿尔巴诺湖附近的新驻地。在那里，部队将重新进行整编并得以休息，以便从前几周的战斗疲劳中恢复过来，准备执行第5集团军将要下达的新任务。

6月7日，第1特勤队进驻阿尔巴诺湖的营地。当晚，一名显然是掉了队的德军士兵溜达到了第3团的驻地，然后毫不意外地当了俘虏。当地平民前来报告说，还有其他的敌军士兵正躲在附近，其中一些可能是逃兵。这些德军有意或无意地与他们那些撤退的同胞失散了，他们有的是独自一人，有的是一小撮，经常偷袭当地农庄寻找食物，制造麻烦。次日，第1特勤队每个团都派出一个连，到周围的山区搜寻“掉队的敌军士兵、文件和装备、敌军敷设的雷区和准备炸掉的桥梁”。但是，在这种情况下出现了一些谣言，说所有的巡逻没有什么效果。

阿尔巴诺湖距离罗马西南20公里，位于阿尔班山区中的卡沃山（Monte Cavo）脚下，表面积约6平方公里，最深处170米。一座小镇——冈多菲堡（Castel Gandolfo）高踞阿尔班山上，俯瞰着湖面。冈多菲堡是有名的度假村，从17世纪起便是罗马教皇的夏季避暑胜地，内有教皇行宫巴尔贝里尼别墅（Villa Barberini）及其后花园。在入驻营地的第一周的大部分时间里，第1特勤队与一群法军中的北非人（French Goumier）共享

■ 这张照片应该拍摄于1944年6月的阿尔巴诺湖畔，几名在此休整的特勤队员合影。这段时间对于从登陆安齐奥以来便一直处于作战状态的第1特勤队来说是一个短暂而难得的休息机会。

这个湖泊，后者如同和平时期的朝圣者般在这个湖里游泳嬉戏。这段时间里，前往罗马和那不勒斯都是被允许的，官兵们纷纷前往这两处城市游玩和享受各种娱乐节目。休息的日子总是短暂的，6月12日，官兵们又恢复到备战状态中。

毫无疑问，情况的转变来自第5集团军发出的命令，要求第1特勤队"准备在当前敌军前线的后方进行一次突袭登陆，以协助第5集团军推进。"直到进一步的通知下达前，第1特勤队的恢复性训练按照固定的计划表实施：8点至11点训练，然后是午餐，接着下午13点至16点继续训练。这里优先考虑的是适应新环境、再补给和重新装备。在这一时期，第1特勤队接收了来自加拿大和美国的补充兵员，共4名军官和213名士兵，他们被要求尽可能快地融入新部队。值得一提的是，从"水牛"行动发起至进入罗马，第1特勤队中的加拿大人便伤亡了212人，这几乎相当于4月底时补入第1特勤队的加拿大兵员的数字。在着重强调射击训练的基础上，所有武器的复习操纵训练在湖北岸的一处临时射击场进行。此外还有拼刺训练和体能调节，后者的训练形式仍是软体操和野外行军。其他的军事科目则混合在一起，包括地图研读和指南针的使用、个人保健、战场急救和野战工事的构筑。侦察和巡逻演习则在湖东南的一片区域进行。徒手格斗仍由奥尼尔上尉传授，他征用了第1特勤队司令部附近的一处网球场作为教授徒手格斗的场所。在所有训练科目中，加拿大补充兵员对环境的适应训练被放在优先地位。

当特勤队员们进行恢复训练时，第1特勤队司令部的相关人员正忙于根据前线快速变化的敌情设计和修改突袭登陆计划。但是，第1特勤队的两栖行动任务很快便被取消了，因为此时德军的抵抗之软弱，使得盟军不再需要这样的突袭登陆了，但日常训练仍照旧进行。

■ 这是1944年6月在罗马，这两位开着吉普车的第1特勤队第2团第4连的两名队员可能是来游玩或执行公务的，其中司机是拉尔夫 · 梅维尔（Ralph Mayville）。

被解散的阴云始终伴随着第1特勤队，这不仅是外部因素，第1特勤队内部也存在着现实问题。1944年6月22日，弗雷德里克准将发给第5集团军司令部的关于寻求许可第1特勤队进行整编的计划报告揭示了其中的一些问题：

“建议第1特勤队依照编制和装备表编成一个步兵团，额外增加一个轻型野战炮兵营。由于补充兵员缺乏针对特种作战的训练，也缺乏进行此类训练的设施，致使这支部队实际上无法作为一支特种部队而继续存在。”

克拉克将军对第1特勤队所面临的窘境报以同情，但无能为力，第1特勤队如今执行的战斗任务确实要求他们应以一支完全的步兵单位而非特种部队来进行装备。

1944年6月23日，第1特勤队举行了一次阅兵仪式，在仪式上，许多人被弗雷德里克准将授予了银星勋章。仪式尾声时，弗雷德里克向部下们发表了告别演说，他说道：“对一位将军来说，最愉快的一项工作就是为他的士兵们授予他们完全配得上的勋章……而对一位将军来说，最艰难的一项任务就是向他所爱的集体告别。”大部分官兵被这一消息所震惊。作为第1特勤队的筹建者和第一任指挥官，以及他身先士卒的作风，弗雷德里克在大多数特勤队员心目中享有崇高威望，很多人都对他的离开感到伤感。

也许是在“冬季防线”行动或进军罗马的行动中，弗雷德里克所表现出的对麾下各部队的灵活指挥能力使其得到了高层的重视，在第1特勤队转驻阿尔巴诺湖后，弗雷德里克收到了调至第36步兵师担任师长的命令。但是，就在调令即将生效的前几天，弗雷德里克又收到了一份新命令，撤回其调往第36步兵师的命令，转而授命其组建

■ 1944年6月23日在罗马近郊，在阅兵仪式上完成告别演讲的弗雷德里克与第1特勤队的高级军官们告别。弗雷德里克对第1特勤队的诞生和发展至关重要，是第1特勤队的灵魂人物，深受部属尊崇。

并指挥盟军第1空降特遣队；同时，弗雷德里克还得到了晋升少将的命令——他由此成为二战时期最年轻的师级指挥将领。第1空降特遣队是盟军为大规模登陆法国南部的两栖作战而临时组建的师级空降单位，由当时身处或即将抵达地中海战区的美英空降部队拼凑而成，其中包括英军第2独立伞兵旅和美军第509伞兵营、第517伞兵团级战斗队、第550滑翔机步兵营、第551伞兵团第1营，以及美军第460和第463伞降野战炮兵营等多支伞兵部队。值得一提的是，第463伞降野战炮兵营是第二次在弗雷德里克麾下战斗，它于1944年6月30日从第1特勤队的作战序列中脱离，结束了两支部队长期的协作配合关系。

这里有必要提一下盟军计划登陆法国南部的两栖行动。这一行动最初是马歇尔将军于1942年提出的，1943年德黑兰会议（Tehran Conference）上，反法西斯盟国确定，盟军在诺曼底登陆的同时，在法国南部发起名为“铁砧”（Anvil）的登陆行动作为配合，后者作为诺曼底登陆行动的辅助，将策应诺曼底的登陆部队，先肃清法国南部的德军，攻占法国最大的海港马赛（Marseille），这样不仅可为在欧洲战场的盟军进行后勤补给，而且可以顺势由南向北进攻，对法国境内的德军形成南北夹击之势。但是，盟国内部对于这一行动一直观点各异，更重要的是，由于“霸王”行动的规模庞大，盟军的大部分资源均投入其中，占用了数量众多的海、空运输工具，这使得同时在法国南部执行类似的登陆行动变得困难，由此，盟军总司令艾森豪威尔决定将登陆行动推迟2个月。诺曼底登陆后，盟军重新实施这一行动的条件日益成熟。虽然盟国内部对此仍有不同意见：英国反对该计划，认为地中海的盟军应继续在意大利展开行动；美国则坚持推行这一计划。1944年7月15日，盟军联合参谋长委员会正式授权，执行登陆法国南部的军事行动。

不仅第1空降特遣队，第1特勤队也被授权参与这一行动。参与行动的地面部队由美军少将亚历山大·麦卡雷尔·帕奇（Alexander McCarrell Patch，1944年8月18日晋升为中将）组织，他于1944年3月被任命为美军第7集团军司令，并获准在第5集团军的各单位挑选人员补充他的第7集团军。帕奇将军选择了由几支经验丰富的步兵师组成的美军第6军——包括第3、第36和第45步兵师，而且，他毫无意外地要求调遣第1特勤队参加此战。由此，第1特勤队转了个弯又回到第6军的作战序列之下。而且，根据第1特勤队在此次行动中需要执行的突击队式的任务需求，他们的重新整编在暂时看来也不再是必需的了。

在充满激情的告别致词后，弗雷德里克离开阿尔巴诺湖前往第1空降特遣队就职。第1特勤队

■ 亚历山大·麦卡雷尔·帕奇（1889–1945）
帕奇也出身西点军校，在一战时期，他的指挥才能被乔治·马歇尔注意，并很快成为美国远征军司令潘兴的一名参谋。1939年，马歇尔担任陆军总参谋长后，擢升帕奇为准将并派其至布拉格堡训练新部队。太平洋战争爆发后，帕奇于1942年3月晋升少将军衔，并先后参与了新喀里多尼亚岛（New Caledonia）保卫战和瓜岛战役，由于其指挥第14军在瓜岛的卓越表现，马歇尔将其调至欧洲战场。1944年8月15日，帕奇作为第7集团军司令领导了“龙骑兵”行动。登陆法国后，帕奇指挥第7集团军于1945年5月穿过齐格菲防线，进入德国南部，并于8月回国。1945年11月，帕奇因为肺炎病逝。

■ 这是意大利战役期间设在那不勒斯的第1特勤队基地，这里是第1特勤队补充兵员的临时落脚点，来自美加两国的补充兵员经此短暂停留后，便被转往圣玛利亚迪卡布阿贝特利接受训练，再转入第1特勤队参加突破安齐奥滩头阵地、解放罗马和登陆法国南部等军事行动。

的执行官肯尼斯·G·威克姆上校也将很快离开，前往第1空降特遣队继续担任弗雷德里克的执行官。接替弗雷德里克出任第1特勤队指挥官的是第3团团长埃德温·A·沃克上校。而第3团团长则由第1团第1营营长贝克特中校接任。罗伯特·S·摩尔中校担任第2团团长，而“加拿大第1特种作战营”负责人、原第2团团长阿克赫斯特中校则转任第1团团长。

进入7月，第1特勤队准备南迁到一处新的训练区域。但是，保障营的一小部分将继续留在圣玛利亚迪卡布阿贝特利镇直到登陆法国，到时候，将在尼斯(Nice)建立一座永久性的基地。另外，第1特勤队除了自身所拥有的各种车辆外，还从运输部门获得了约140辆卡车，临时用于运送补给和人员至新的训练区域。同时，他们还获得了2辆载重250公斤的载货汽车和5辆半履带车，其上配备了SCR-193型电台和SCR-284型电台，用于将来的行动。一切准备就绪后，第1特勤队从阿尔巴诺湖由陆路转移到安齐奥港口，他们在那里乘坐运输船经海路到萨勒诺，然后经过最后一段陆路于7月4日抵达最后的目的地——圣玛利亚迪卡斯特拉巴特(Santa Maria di Castelabate)。他们在这个新的训练基地安营扎寨，并很快又接收了48名补充兵员。在新基地安置下来后，第1特勤队的官兵们利用行动训练中心的各种资源，热情地投入到两栖训练中。在这里，增加了第1特勤队久讳的特种专业训练，但因为缺乏伞训设施和飞机，他们无法进行伞训。

根据第1特勤队的行动报告摘要，第1特勤队在这里的两栖训练着重于“用快速运输船和人员登陆舰完成海上运输后，以橡皮艇登陆。在训练中，人员登陆艇明显无法满足此类行动需要而被放弃。海军运输船停在距离岸边大约7000码的位置，然后人员划橡皮艇在陡峭的岸边登陆。训练中，身体条件、夜间行动、军事纪律也同样被强调……在整个训练期间，海军的滩头标记小组和对岸火力控制小组也加入到第1特勤队的联合训练中。”

随着各团分别进行实战演习，第1特勤队在圣玛利亚迪卡斯特拉巴特的训练也接近尾声。每场演习都囊括一次完整的两栖行动，第1特勤队在过去的9个星期里一直为这类两栖行动做准备。据第1特勤队的行动报告摘要，这类两栖行动包括“滩头标记、夜间使用橡皮艇对岩石海滩进行突袭登陆、全副武装攀登峭壁、迅速向内陆目标突击并在成功后准备反击敌军的反扑，还有选择和准备补给的登陆滩头。”

第1特勤队的战前准备十分周密，这可以从人员花名册的记录上证明，据记载，第1特勤队中因为非战斗减员的军官和士兵共有688人，其中，在“铁砧”行动之前的为期9周的训练中有2人丧生，1人死于地中海的强烈的暗潮，1人死于与训练无关的房屋倒塌。另外，还有225名官兵从各团和保障营被调走。但是，这些损失很快被663名因伤住院或轮岗的官兵的回归而补上。而且，由于突破安齐奥滩头后持续作战的严重伤亡，7月22日之时，第1特勤队还向上级提出需要经验丰富的补充兵员的要求：“所有补充入第1特勤队的加拿大兵员必须是来自加拿大陆军的作战经验丰富的人员，而所有补充入第1特勤队的美国兵员需由第1特勤队军官从志愿兵中挑选，以便能保持部队的高素质和高效率。”所有补充兵员在圣玛利亚迪卡布阿贝特利镇进行初步训练后，再进入第1特勤队进行强化的攀岩和操纵橡皮艇训练。至1944年7月底，第1特勤队共有159名军官和2356名士兵。

1944年8月1日，“铁砧”行动被重新命名为

■ 这队特勤队员正沿着意大利海岸线操纵橡皮艇，为登陆法国南部的军事行动进行两栖训练。自从收复基斯卡岛的“茅屋”行动之后，因为历次补充兵员素质的参差不齐，第1特勤队的许多新队员还是第一次接触橡皮艇。

■ 这是1944年7月在圣玛利亚迪卡斯特拉巴特训练期间一名使用SCR-300型电台的特勤队员装扮。他穿着一型M1943特殊橄榄绿人字斜纹布连体工装，头戴M1型钢盔，背着SCR-300型电台。这款电台是二战时期美军通信兵的装备之一，也是第一款被称为“便携式无线电话机”（walkie talkie）的电台。1940年时，摩托罗拉公司（Motorola）收到美国陆军部关于研发一种供步兵单位在野战中使用的便携式、电池供电的无线电话接收/收发机的合同，摩托罗拉的研发成果便是SCR-300型电台。该型电台的频率范围在40.0~48.0兆赫兹之间，且采用信道化收发方式。该型电台在肯塔基州的诺克斯堡进行了最后测试，在测试中发现，SCR-300具有抗干扰通信的能力和过硬的使用质量。在二战中，摩托罗拉生产了近5万台SCR-300。它在意大利战场和诺曼底登陆中被广泛使用。第1特勤队登陆法国南部之时，这款电台在第1特勤队中也已经普及，由于其机动性和通讯范围，它是第1特勤队在作战时团、营、连指挥机构的通讯首选装备。

“龙骑兵”行动(Operation Dragoon)。在同一天，盟军第6集团军群指挥部在科西嘉岛(Corsica)成立，由美国陆军中将雅各布·劳克斯·德弗斯担任指挥官，以加强与登陆法国南部的盟军地面部队的配合与协作，该集团军群下辖美军第7集团军和法军B集团军。

8月初，第1特勤队和相关的海军人员进行了一场针对蓬扎岛(Ponza)和赞诺内岛(Zannone)进行登陆作战的联合实战演习，作为这一阶段的训练的总结。在这场行动中，第1特勤队要同时对这两个独立的岛屿发起突袭。蓬扎岛和赞诺内岛位于伽艾达湾(Gaeta)，距那不勒斯以西约80.4公里。因为在“龙骑兵”行动中，第1特勤队承担的也是同时突袭两座岛屿的任务，这场演习可说是第1特勤队针对“龙骑兵”行动的“带妆彩排”，而且是以在真实的战斗环境中可预见到的条件下实施。根据实际情况，第1特勤队与海军相关人员调整了演习计划，所有特勤队员都得到了详细的简报，其上标明了各自的责任和目标。演习在1944年8月7日至9日进行。7日中午13点，第1特勤队中除了行政管理人员和保障营人员留在驻地外，全部队员乘坐海军运输船只来到这两个岛屿的水域。H时，第1团在赞诺内岛登陆，第2团和第3团同步在蓬扎岛登陆。次日6点30分，这两座岛屿都被“攻克”，接着各团还进行了固守这两座岛屿以击退敌军反击的演练。中午13点，演习结束，第1特勤队及其附属部队驶回圣玛利亚迪卡斯特拉巴特。8月9日，第1特勤队的军官们和司令部人员会同参加演习的海军指挥官在圣玛利亚迪卡斯特拉巴特剖析和评判演习结果。除了演习过程中一些方面需要进行细微调整外，整场演习被认为足以应对不久后的两栖行动。

■ 这是1944年8月7日在针对蓬扎岛和赞诺内岛的两栖登陆演习中，满载特勤队员的几艘橡皮艇由突击登陆艇拖曳着驶向登陆场，在一旁观看的是加拿大皇家海军“哈里王子”号中型步兵登陆舰(HMCS Prince Henry)的船员们。这场演习再次检验了第1特勤队的两栖作战能力，也是第1特勤队继“茅屋”行动后再次执行两栖作战任务。这类登岛突袭、策应主力的充满特种作战色彩的军事行动更符合第1特勤队的成立初衷和自身角色。可惜的是，在二战中，第1特勤队多次被当做常规部队而滥用，导致了很多不必要的伤亡，而这种伤亡对于每名队员都是“一专多能”的第1特勤队来说，都是不值得的损失。

■ 上图是1944年7月31日在意大利东部沿岸的蒙德拉戈内（Mondragone），盟军第7集团军的步兵和装甲车辆正准备进行登陆法国南部的军事演习。

■ “龙骑兵”行动盟军第6集团军群作战序列

- 第6集团军群（雅各布·L·德弗斯中将）
  - 美军第7集团军（亚历山大·麦卡雷尔·帕奇中将）
    - 美军第6军（小卢西恩·K·特拉斯科特少将）
      - 第3步兵师（约翰·奥丹尼尔少将）
      - 第36步兵师（约翰·达尔基斯特少将）
      - 第45步兵师（威廉·伊格尔斯少将）
      - 第1特勤队（埃德温·A·沃克上校）
    - 第1空降特遣队（罗伯特·泰伦，弗雷德里克少将）
      - 美军第509伞兵营
      - 美军第517伞兵团级战斗队
      - 英军第2独立伞兵旅
      - 美军第550滑翔机步兵营
      - 美军第551伞兵团第1营
      - 美军第460伞降野战炮兵营
      - 美军第463伞降野战炮兵营
  - 法军B集团军（拉特尔·德·塔西尼上将）

■ 注：在登陆法国后，第1特勤队于8月19日划归第1空降特遣队的指挥序列之下。

根据“龙骑兵”行动计划，这一行动的主要目标是攻占法国南部的重要港口马赛和土伦(Toulon)，为欧洲大陆上越来越多的盟军开辟新的补给基地。盟军的行动计划制定者们非常谨慎，他们广泛吸取安齐奥登陆和诺曼底登陆的经验教训，选择土伦以东的瓦尔海滩(Var)作为主登陆区，这一地点位于“黑人角”(Cap Nègre)和滨海泰乌勒(Théoule-sur-Mer)之间，没有德军控制的制高点，可以避免承受诺曼底登陆前期那种惨重的伤亡。地面登陆部队包括美军第7集团军和法国B集团军，前期登陆由第7集团军发起，B集团军随后跟进。最初盟军计划第一波登陆部队为2个师，后来增加到4个师，其中3个师从海面登陆，1个师进行空降登陆，在24小时内将5万至6万部队和6500辆各种车辆送上滩头阵地。美国海军中将亨利·肯特·休伊特(Henry Kent Hewitt)指挥的海军西部特混舰队为地面部队提供火力和后勤支援。地中海战区的盟军空军则通过空袭隔断战场并切断德军支援部队前往战场的几条关键性桥梁。3个美军师从海上登陆的同时，第1空降特遣队将在登陆区域中心执行大规模的空降行动，快速夺取可俯视滩头阵地的高地。而在登陆行动发起前，包括第1特勤队在内的几支盟军突击队将先行夺取沿岸的几个岛屿，因为这些岛屿上都驻有敌军守备部队和海岸炮台，对登陆行动构成严重威胁。这场行动，盟军投入的总兵力达20万人，以及1000余辆坦克、4700余架作战飞机、850余艘舰艇和大量运输船只。

德军方面，驻守法国南部至意大利北的是约翰内斯·布拉斯科维茨大将(Johannes Blaskowitz)指挥的德军G集团军群，该集群当时仅辖一个第19集团军，指挥官为弗里德里希·维泽步兵上将(Friedrich Wiese)，包括3个军，共8个步兵师和1个装甲师、120余辆坦克、200多架飞机和45艘小型舰艇。该集团军名义上是一支野战集团军，但其构成人员复杂，兵员素

■ 这是1944年8月在那不勒斯的港口，这里聚集着盟军多艘坦克登陆舰，载重0.5吨的6x6卡车正将为“龙骑兵”行动准备的各种补给物资运往登陆舰船舱。

■ 约翰内斯 · 布拉斯科维茨（1883–1948）
驻守法国南部的德军 G 集团军群司令布拉斯科维茨大将。1939 年，布拉斯科维茨作为德军南方集团军群第 8 集团军司令参与了闪击波兰的“白色方案”行动，而后成为波兰占领军司令；1944 年 5 月担任 G 集团军群司令，“龙骑兵”行动后被免职；1945 年 1 月出任 H 集团军群司令。德国投降后，布拉斯科维茨被以战犯罪名起诉，在纽伦堡军事法庭审判期间跳楼自杀身亡。

■ 弗里德里希 · 维泽（1892–1975）
德军第 19 集团军司令维泽上将。维泽曾参与一战，战后他加入警察部队服役。二战爆发后，维泽于 1942 年 4 月至 1943 年 8 月担任德军第 26 步兵师师长，后升任第 35 军军长。1944 年 6 月担任驻法国南部的第 19 集团军司令。盟军在法国南部登陆后，维泽率败军沿罗纳河撤退，并在孚日山脉组建新防线阻止盟军的推进。

质低下，战斗意志薄弱，包括负伤退伍军人、义务兵、为纳粹服务的外国志愿人员（Hiwi）等，那些外国兵员尤不可靠，是在第一时间就会投降的“废物”。这些部队驻守在650公里长的法国南部地中海沿岸，平均每90公里部署一个师。虽然德军预计盟军下一场登陆行动可能会在地中海，或者是意大利北部，抑或是亚得利亚海，但来自东线战场的苏联红军、诺曼底登陆的盟军以及南斯拉夫地区的敌情的重大威胁，使得德军将更多资源投入上述地区，法国南部的 G 集团军群成了“后妈的孩子”，不仅没有得到什么加强，反而从诺曼底登陆开始，该集团军群的许多部队都被抽调到其他地方“救火”，以至于“龙骑兵”行动发起前，第19集团军便是一支不满编的部队，人员奇缺，装备陈旧，尤其是其中的4个师，因为被调走了所有的机动工具和被命令不得在阵地上机动，得到了“静止之师”的绰号。这里唯一能对盟军构成威胁的是第11装甲师，但其仅有的5个坦克营也被调走了2个去支援其他关键地区。另外，考虑到盟军在法国北部的巨大威胁，德军认为法国南部的防御是难以为继的，因此，德军 G 集团军群司令部在7月份时开会讨论并向最高统帅部建议从法国南部撤退，但7月20日发生的刺杀希特勒事件，导致德军内部出现了一种“任何撤退都是不可能”的氛围。然而，布拉斯科维茨大将意识到，凭他手中这些松散的二流部队，是无法抵御盟军的登陆行动的。因此，他在私下里策划了撤军计划，包括破坏港口、部队在第11装甲师的掩护下进行有序撤退等。他甚至打算在法国中部以第戎（Dijon）为中心建立一道新防线。

■ 上图是盟军登陆法国南部后，攻克的德军的一座位于卡瓦来勒湾（Cavalaire Bay，此处在盟军的计划登陆地点中的代号为“阿尔法红色海滩”）的岸防炮阵地，这门火炮是缴获自法军的36英寸防空炮。德军没有时间和资源在法国南部的地中海海岸上构筑如诺曼底地区那么广阔的防御体系，这里的许多炮台都是临时构筑的，防御薄弱。据统计，1944年德军计划在法国南部的地中海海岸构筑各种掩体和防御设施共1544座，但截至“龙骑兵”行动开始时仅完成了892座。

■ 德军G集团军群作战序列（1944年7月至8月）

- G集团军群（约翰内斯·布拉斯科维茨大将）
  - 第19集团军（弗里德里希·维泽上将）
    - 第62军（费迪南·诺伊林上将）
      - 第148预备役师（奥托·舍恩赫尔少将）
      - 第242步兵师（约翰内斯·贝斯勒中将）
    - 第85军（巴普蒂斯特·尼斯上将）
      - 第244步兵师（汉斯·舍费尔中将）
      - 第338步兵师（勒内·洛姆·德·库比埃中将）
    - 第4空军野战军（埃里希·彼得森空军上将）
      - 第716步兵师（威廉·里希特中将；8月14日起由奥托·席勒少将接任）
      - 第189步兵师（理查德·冯·什未林中将）
      - 第198步兵师（阿尔弗雷德·库尼特少将）
    - 第11装甲师（文德·冯·威脱谢姆少将）
    - 第157预备役师（保罗·施里克中将）

夺岛"龙骑兵"

一切准备就绪后，第1特勤队各团与保障营一部，及配送他们行动的海军对岸火力控制小组和海军滩头标记小组一起登上了美国海军的5艘运输舰："格林"号（USS Green）、"巴里"号（USS Barry）、"奥斯蒙德 · 英格拉姆"号（USS Osmond Ingram）、"塔特诺尔"号（USS Tattnall，快速运输船）、"罗帕"号（USS Roper）；以及加拿大皇家海军的2艘中型步兵登陆舰（LSIM）："博杜安王子"号（HMCS Prince Baudouin）和"哈里王子"号。8月11日中午12点45分，在海军护航舰队的保护下，第1特勤队乘船离开圣玛利亚迪卡斯特拉巴特，驶向科西嘉岛的普罗普里亚诺（Propriano）。除了上述运兵船，这支船队的庞大护航编队里还有英国皇家海军的"拉米伊"号战列舰（HMS Ramilles）、美国海军的"奥古斯塔"号重型巡洋舰（USS Augusta），以及5艘轻型巡洋舰、包括英国皇家海军"守望"号（HMS Lookout）在内的3艘驱逐舰、36艘鱼雷巡逻艇和15艘小型船只。

第1特勤队在科西嘉岛的瓦伦西奥湾（Valencio）上岸，他们于8月12日至13日在科西嘉岛临时安营扎寨。在这里，他们可以休息放松、清洁保养武器和装备。更重要的是，在这里他们被告知了确切的进攻目标和最终详细的指令。在即将发起的两栖行动中，第1特勤队跟随"锡特卡"第86特混舰队（Task Force 86 Sitka Force）行动，该特遣队由美国海军少将莱尔 · A · 戴维森（Lyal A. Davidson）指挥，他把旗舰设在了"奥古斯塔"号重型巡洋舰上。同时，德军情报部门得知了盟军即将发起登陆行动，布拉斯科维茨大将于8月13日命令第11装甲师移驻罗纳河

■ 这是1944年8月13日在科西嘉岛上，第2团几名军官留影。从左至右分别是：团部的约翰 · S · 西姆斯中尉（John S. Simms）、第1连的克利福德 · 库克中尉（Clifford Cook）、第5连的詹姆斯 · R · 史蒂文森中尉（James R. Stevenson）、第2连的阿德纳 · H · 昂德希尔上尉（Adna H. Underhill）、弗兰克 · W · 埃里克森上尉（Frank W. Erickson）、第6连的詹姆斯 · F · 普林格尔中尉（James F. Pringle）。

(Rhone River)以东，那里是德军预想的盟军登陆区。

8月14日早上，第1特勤队和其他人员再次登上给他们安排的船只。除了第1特勤队，护航舰队还带着由法军中校乔治斯－雷吉斯·布韦(Georges-Régis Bouvet)指挥的700名法国第1北非突击队队员（另有资料叙述为800人），他们将于8月15日凌晨独自在法国本土的卡瓦列雷勒拉旺杜(Cavaliere le Lavandou)附近执行代号为“罗密欧”(Romeo)的突袭登陆行动。8月14日上午10点，“锡特卡”第86特混舰队起锚向法国南部驶去。

根据计划，在登陆行动发起前，第1特勤队要首先攻占登陆区左翼的伊莱斯德海耶尔群岛(Îles d'Hyères)中的两个小岛：黎凡特岛(Isle du Levant)和波尔－克罗岛(Isle de Port-Cros)。这两个岛屿上的德军火炮能够覆盖盟军的登陆区域和运输船队的航线，因此盟军在登陆之前，必须先拔掉这两颗钉子。第1特勤队各团和保障营一部，以及附属的海军人员必须在8月15日日出前登上这两个岛屿。上岸后，特勤队员们要肃清岛上的驻军，尤其重要的是在“龙骑兵”行动发起前摧毁黎凡特岛最东端的海岸炮台。先前的侦察照片显示，有一个部署了4门165毫米重型火炮的德军炮台坐落在岛东端的路易海角(Cap du Pauvre Louis)的“泰坦”灯塔(Titan)附近，这座炮台的射程正好覆盖里维埃拉(Riviera)海岸线西部地区长达60公里的滩头区域，这里正好是美军第6军的登陆区。而在计划中，美军第3步兵师也必须在这个炮台于H时前被攻占后才能对他们的登陆区——卡瓦莱勒海滩(Cavalairc-sur-Mer)实施抢滩登陆。

按照沃克上校的计划，第1特勤队的3个团同时在这两座岛上登陆，其中第1团在波尔－克罗岛登陆，第2团和第3团在黎凡特岛登陆。这3个团的登陆行动有些类似于詹姆斯·沃尔夫少将突袭登陆魁北克城——他们将从海面直接攀上岸上峭壁。沃克的理由是，所有适合登陆的场所很明显都布置了密集的铁丝网和雷区，毫无疑问，这些滩头阵地极难攻克。岸边峭壁自然成为了他的选择。此外，第1特勤队的官兵们也很适合这种挑战——他们在突袭拉蒂芬萨山的行动中便写下了极为精彩的一笔。第7集团军的很多参谋都怀疑沃克对登陆区的选择是否明确，因为从侦察照片来看，这些陡峭的绝壁可能根本无法攀登，很容易导致灾难性事件的发生。对此，沃克回应道：

“但这就是我所选择这里的原因……你们没意识到德国人也是这么想的吗？换句话说，这片区域有99%可能是岛上防守最薄弱的地方——因为这里恰好是最难进攻的地方！”

这里有必要介绍一下伊莱斯德海耶尔群岛上的情况。该群岛位于土伦以东约40公里，距海岸线约11公里，由波尔－克罗岛、黎凡特岛、巴戈岛(Île du Bagaud)和波克罗勒岛(Porquerolles)组成。波尔－克罗岛位于群岛最中间，面积为6.5平方公里，长约4.8公里。黎凡特岛面积为9平方公里，长约9.6公里。巴戈岛最小，仅0.45平方公里。这三个岛的彼此间距很近。波克罗勒岛最大，面积为12.54公里，而且该岛距离前三个岛较远，约在波尔－克罗岛以西约16公里。第1特勤队将要登陆的波尔－克罗岛和黎凡特岛几乎没有什么适合登陆的海滩。岛内的机动也非常困难，因为特勤队员们要穿过密布的野生短叶松林，以及茂密得令人难以置信的香桃木林——当地人称之为“智利酒果”(maqui)，这里几乎没有什么道路。另外，在第1团所列出的“行动中需要克服的困难的列表”上，还记载着：“波尔－克罗岛上还有3个从17和19世纪遗留下来的小型要塞。”至于波克罗勒岛，虽然其上有不少海岸炮台，而且还驻扎着一座约200人的德军军营，但由于它距离登陆海滩较远，难以对盟军构成威胁，因此不在盟军的攻击目标内。一旦第1特勤队攻占波尔－克罗岛和黎凡特岛，法军将在这两座岛上驻军。而且，在波尔－克罗岛上，法军还将立即建立一座大型雷达站并派兵守卫。这座雷达站对盟军下一步行动有重要作用。

关于这几个岛屿的情况的情报，至今为止大多数关于这些岛屿和"泰坦"炮台的信息都来自空中侦察。法国地下抵抗组织的特工也报告了这座炮台的存在。但也有一个人——法国海军军官雅恩·勒哈雷（Yann Le Hagre）对此提出异议，他声称这些火炮已经在1942年11月便被摧毁了，他随即向帕奇少将的参谋长报告了他的看法及其相关证据：1944年6月8日，法军潜艇"卡萨布兰卡"号（Casabianca）在一个满月的夜晚露出水面，在"泰坦"炮台的鼻子下遭遇了一艘德军巡逻船。双方的交火持续了13分钟，但在此期间"泰坦"炮台的火炮始终保持沉默。对勒哈雷来说，这仅有一个理由，那就是炮台已经荒废了。但是，在帕奇少将的参谋长看来，航空侦察照片中显示的证据比一名法国军官的看法更有说服力。

不过，为了进一步查明伊莱斯德海耶尔群岛上的情况，在"龙骑兵"行动前，美国海军还是进行了详细侦察。他们计划派出一艘潜水艇，用其潜望镜进行战前侦察。如果还不能确定，海军建议侦察兵从潜艇上乘坐橡皮艇靠近岛屿进行进一步的侦察。为此，第1特勤队的情报参谋罗伯特·D·博汉斯中校与第3团的侦察中士吉姆·库特扎尔（Jim Kurtzhal）一起飞往科西嘉岛，在那里，他们与一名英国皇家海军军官和一名来自英国特种舟桥团（Special Boat Section，缩写为"SBS"）的士兵会合。经过练习熟悉操作特种舟桥团的折叠式橡皮艇后，他们乘坐英国皇家海军的一艘小型潜艇——"不倦"号（HMS Untiring）出海，侦察黎凡特岛和波尔－克罗岛。这次近岸侦察大致确认了航拍照片中的内容，但因为风险太高，侦察员没有进行登岛侦察。

大约在博汉斯中校的侦察小组执行任务的同一时间里，第1特勤队派出了另外一个小组执行另一项特别任务。托马斯·M·塞勒斯军士长（Thomas M. Sellers）和来自保障营勤务连的伞兵排的5名伞兵被派往科西嘉岛，在那里，他们要陪同一架A－20"浩劫"（Havoc）轻型轰炸机装载空运集装箱前往法国南部为战略情报局的一支分遣队进行空投补给。塞勒斯等人对集装箱物资进行了打包，里面主要是9毫米弹药，以及其他补给品。集装箱被吊装在轰炸机的弹仓里，不使用降落伞，而是以"硬着陆"形式投放到战略情报局的分遣队使用航空识别反射板指定的地点。塞勒斯军士长跟随轰炸机跑了这趟任务，而他由此很可能是第一位进入法国南部的第1特勤队队员——只不过是从空中过去的。

托马斯·M·塞勒斯（1920-2004）
这是在"龙骑兵"行动期间，"第一个"进入法国的特勤队员塞勒斯军士长。塞勒斯来自美国印第安纳州的阿提卡（Attica），从军前是一名金属片技工。他于1942年加入第1特勤队，作为一名技术军士，塞勒斯是最早的一批队员，并在特勤队中一直服役至1944年。1946年，塞勒斯加入美国陆军航空队重新服役，并参加了朝鲜战争，最后晋升至二级专业军士长。在战争中，塞勒斯曾荣获铜星勋章。

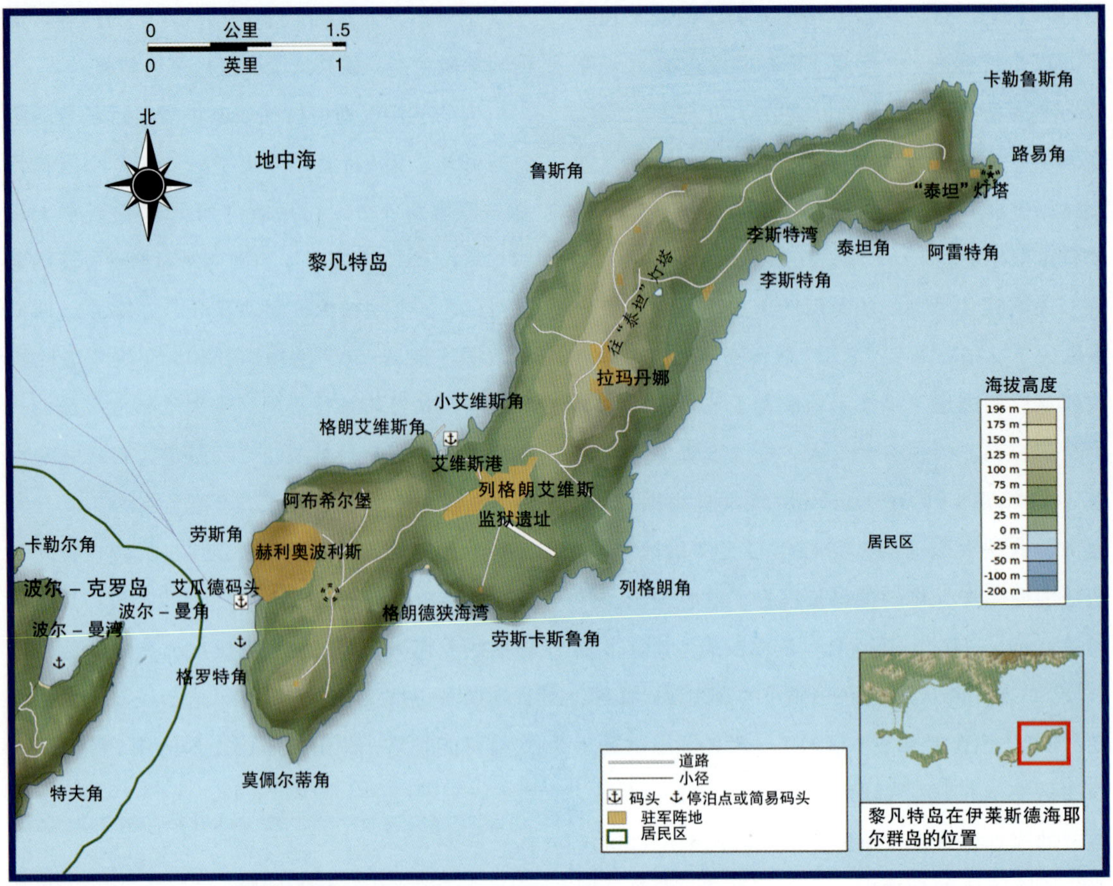

■ 上图是黎凡特岛地图。下图是黎凡特岛东端的路易海角及泰坦灯塔，德军的炮台也修筑于此。8月15日凌晨，第1特勤队第3团的部队摸黑突袭了这处战略要地，但发现炮台里的重炮是木制模型。

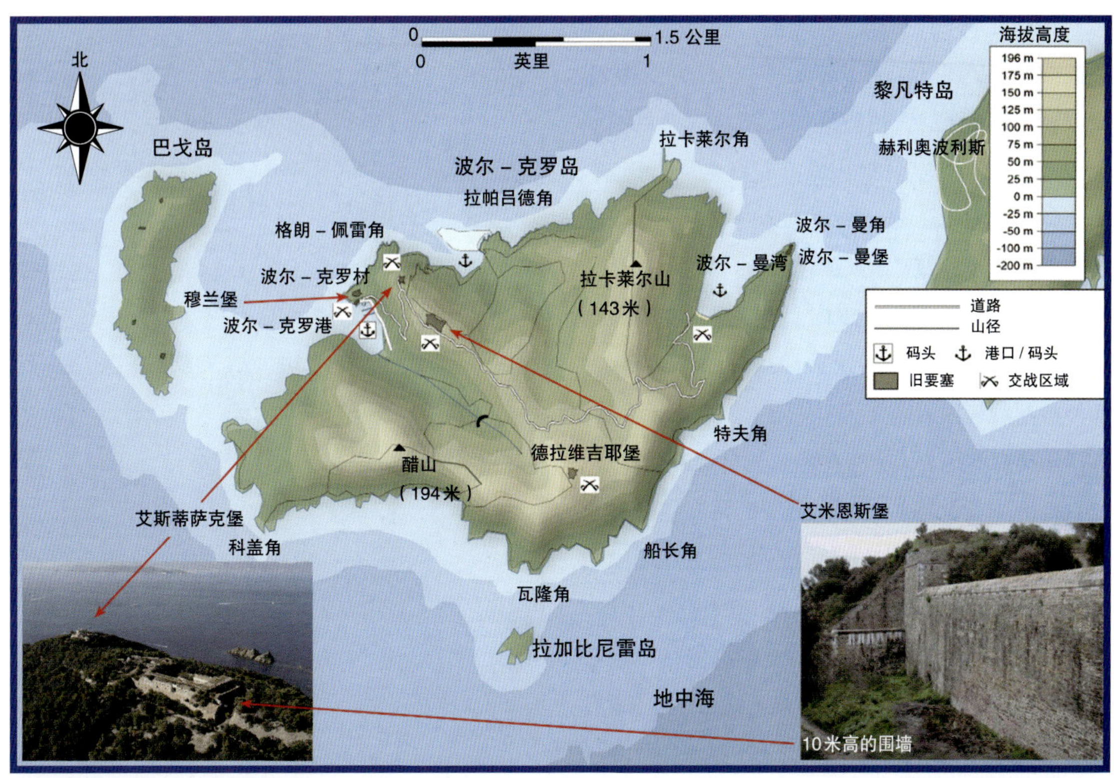

■ 上图是位于波尔 · 克罗岛西北端的埃斯蒂萨克堡（Fort l'Estissac）。这座要塞兴建于1634年和1640年，是法国为应对西班牙威胁而修筑的防御体系的一部分。埃斯蒂萨克堡修建于一处海角之上，高于海平面约100米。1793年，该要塞在土伦战役中被英军摧毁。拿破仑建立法兰西第一帝国后，为构筑沿海防御体系，于1812~1813年修复了这座要塞，它一直服役至1885年才被放弃。二战时期，岛上的德军卫戍部队将其和岛上的另外两座岛屿作为防御要塞，它和与其相隔不远的且更大更坚固的艾米恩斯堡（Fort l'Eminence）都是易守难攻的据点，岛上的德国人依靠这两座堡垒负隅顽抗，第1特勤队屡攻不下，直至8月17日方夺取了这两座要塞。

1944年8月14日晚上22点，“锡特卡”第86特混舰队抵达距离目标岛屿约7.2公里的运输区域。载着第1特勤队的船只抵达指定地点后关闭了发动机，等待部队的出发。在突击船队面前，黎凡特岛和波尔－克罗岛的轮廓就像两个直至夜空的黑色巨人。即将出发的特勤队员站在甲板上，他们的脸用软木炭涂成黑色，装备也用绝缘胶布缠好,避免在行动中碰撞出声。一旦接到出发命令，他们将翻过运输船侧舷从软梯爬下，乘上橡皮艇，等待运输船将他们连人带船拉到近岸海域。23点，出发命令下达；23点50分，整个船队开始向登陆海滩驶去。运载着特勤队员的橡皮艇被登陆舰用绳子牵引着，以4节的航速行驶到距离各自登陆区域约914米的位置。海军的鱼雷快艇在运输船和集结区域之间，为登陆艇的舵手指引方向。8月15日，差不多和一年前在基斯卡岛登陆的时间一样，突击登陆梯队进至岸边悬崖并开始攀爬。携带着信号灯乘坐在双人电动冲浪板（GROP）的海军滩头标记小组也抵达每个登陆滩头的近岸处。他们的信号灯的颜色与登陆滩头代号一致，这次第1特勤队在波尔－克罗岛和黎凡特岛的登陆滩头共有4个,波尔－克罗岛的是“深红海滩”和“翡翠海滩”，黎凡特岛的是“绿滩”和“黄滩”。在此期间，黎凡特岛上明亮的“泰坦”灯塔短暂闪烁了一会，随即再次陷入黑暗中。

黎凡特岛战区，第一批橡皮艇运载着警戒排的士兵于凌晨1点35分抵达岸边，特勤队员们登陆并开始攀上峡谷的岩石峭壁。攀岩的过程并非想象般艰难。到目前为止，突袭很成功，队员们登陆的地方也没有敌军哨兵的活动。2点，第2团和第3团人员全部上岸。悬崖顶上，特勤队员们向各自的集结区域集结后，出发奔袭预定的目标。第2团左转，其第2营开始向西北推进，目标是岛西的阿布希尔堡（Fort Arbousier）遗址；第1营则奔往艾维斯港（Port del Avis）。与此同时，贝克特中校的第3团则右转，第1营在雷蒙德·T·霍夫特少校（Raymond T. Hufft）的率领下向岛东进发，他们的任务便是占领第1特勤队的首要目标——“泰坦”灯塔和“泰坦”炮台；第2营则从后方突击里瑟洛特港（Liserot）旁的“黄滩”守军阵地。

■ 雷蒙德·T·霍夫特（1914–1972）
霍夫特来自美国路易斯安那州的新奥尔良市（New Orleans），二战时期服役于第1特勤队，在“龙骑兵”行动中，他率领第3团第1营负责夺取“泰坦”炮台及灯塔，但和基斯卡岛一样扑了个空。战后，霍夫特于1948~1952年及1956~1960年间两次担任路易斯安那州的国民警卫队副官，1949年晋升少将军衔。霍夫特先后获得过3枚银星勋章、4枚铜星勋章、4枚紫心勋章和1枚陆军嘉奖奖章。图为佩戴少将军衔的霍夫特，注意他的军装右胳膊上还佩戴着老部队第1特勤队的臂章。

在路上，第3团第1营与一小撮敌军发生了简短的交火，很快便清除了障碍。第2营则迅速攻占了“黄滩”后方由15名敌军守卫的阵地，然后开始清理用于补给和伤员、俘虏后送的滩头区域。

而霍夫特少校的第1营接近那些巨炮后，并没有与敌发生交火，周围一切都是静悄悄的。特勤队员发起突击后哭笑不得地发现他们又遭遇了一次类似基斯卡岛的“扑空”事件：那个预想中部署了3至4门可威胁法国本土登陆区域的165毫米重炮的炮台，不过是一个用波纹金属、木材和排水管精心构筑，并经过巧妙涂饰和伪装的大模型，周围还用稻草人假装警卫。"'又是一次该死的排练！'黑暗中，一位'黑色魔鬼'的大声抱怨，反映了当时大多数人的情绪。"在"泰坦"炮台被占领不久，敌军的迫击炮弹开始在灯塔周围落下。

另一方面，赶往艾维斯港的第2团第1营由团长摩尔中校亲自率领，他们刚一出发便遇到了一座敌军碉堡，里面有少数守卫把守。这座碉堡很快就被摧毁了，但交火声也惊动了黎凡特岛上的其他守军，提醒他们盟军登岛了。此时，大约有20名敌军士兵乘坐一艘小艇逃离了该岛，但大部分守军都迅速进入艾维斯港的精心构筑的防御工事里，尤其是艾维斯监狱遗址阵地，那里是守军最后的坚守地区。向前推进的第1营很快开始遭到敌军阵地上的机枪和迫击炮火力的打击。鉴于此，第1营开始巩固战线并沿着艾维斯港东北一线挖掘战壕，等待第2营前来进行一次协同进攻，后者避开了阿布希尔堡遗址中的敌军哨卡正从西南方向赶来。而沃克上校及其司令部先遣队在各团登陆后不久也走上了滩头，他命令第3团第2营也加入到进攻艾维斯港的行动中。当这3个营都进入阵地后，收到火力支援呼叫的英国皇家海军"守望"号驱逐舰便用舰炮对艾维斯港的敌军阵地保持火力覆盖。黎凡特岛最后的守军们躲在混凝土火炮掩体和地堡里，承受着震碎骨骼的炮火打击，等待决战的来临。8月15日晚上，第2团和第3团第2营从三面包围了艾维斯港。攻击命令下达后，各营轻火器倾泻着猛烈的火力向前推进，破片手雷和高爆火箭弹很快摧毁了黎凡特守军的抵抗，战斗在8月15日20点34分结束，第1特勤队在该岛上俘虏了大约110名敌军。

■ 这是在黎凡特岛之战中被俘的德军官兵，他们正被特勤队员押往海滩后送至战俘营。

“龙骑兵”行动中的第1特勤队夺岛战

1944年8月15~17日

■ 左图是1946年时的黎凡特岛艾维斯港。1944年8月15日夜，第1特勤队第2、第3团在这里与守岛德军进行了最后交火。

■ 下图是1944年8月16日，停靠在黎凡特岛“黄滩”的第1特勤队的登陆艇和橡皮艇。

波尔－克罗岛战区，第2团和第3团在黎凡特岛登陆的同时，阿克赫斯特中校的第1团也在特夫角（Cap du Tuf）和波尔－曼港（Port de Port-Man）之间的“深红海滩”和“翡翠海滩”登陆。第1团在上岸时也没有遭遇什么抵抗，突袭行动相当成功。第一批上岸的人很快爬上了悬崖，然后垂下绳索接应剩下的人。登上悬崖后，第1团兵分两路，其中第1营立即向东北方向推进以控制波尔－曼港；第2营向西横扫以占领该岛中央的山脊线上的有利地形——第1团将在这里巩固战线并准备下一步的进攻。8月15日早上6点30分，波尔－克罗岛东部大部分地区已被第1团控制，阿克赫斯特中校随即向黎凡特岛上的沃克上校报告了他们的进展。

为了确保已建立的防线的左翼，阿克赫斯特中校派遣曼弗雷德·赫布·古德温中尉（Manfred Herb Goodwin）的第6连前去攻占西南方向的德拉维吉耶堡（Fortin de la Vigie），这是波尔－克罗岛上的3个要塞之一，估计那里盘踞着敌军的据点。第6连找到通往德拉维吉耶堡的路并快速向目标进发。经过一场轻武器交火后，官兵们穿过要塞前干枯的护城河上的桥梁，突入中央直接向那里的一座小型军营发起攻击。仅有的1名德军哨兵迎了上来，结果却被击伤。这时又出现了2名拿着机枪的德国人。但这2人发现几无胜算便翻过墙向附近的树林跑去，结果在钻进草丛前被击毙。其他守军很快举手投降。但德拉维吉耶堡的大部分守军从一个地道里逃跑了。波尔－克罗岛上的第一个德军阵地就此易手。

特勤队员们在第一时间审问了德拉维吉耶堡的德军战俘，然后将他们聚集起来送到那片已经进行了清理、用于输送补给的海滩，准备送往后方。经过对德拉维吉耶堡的搜查，特勤队员发现这里有一部用明线连接到艾米恩斯堡的电话。据了解，艾米恩斯堡位于波尔－克罗岛西部中央地区，是岛上3个要塞中最大最坚固的一个，里面驻守着一个德军连指挥部。通过这部电话，一名口译员联系上了艾米恩斯堡军营中的德军指挥官并对其劝降，但被后者所拒绝。这部电话也没有联系上该岛的另一座要塞——艾斯蒂萨克堡中的德国守军。如此一来，剩下这两座要塞中的敌军都只能依靠武力解决了。

当第6连忙着处理德拉维吉耶堡的时候，阿克赫斯特中校从第2营派出数支巡逻队西进与敌接触。已经查明，如今敌军已撤到岛上西北的两座要塞中。根据俘虏的招供，波尔－克罗岛和黎凡特岛各有1个步兵连驻守，这2个连都来自第917掷弹兵团第1营，隶属于德军第19集团军第62军第242步兵师。这两个岛上的守军，由于受到过去在东线战场患上的诸如脚冻病等疾病的困

■ 曼弗雷德·赫布·古德温（1919–2007）
这是参与波特－克罗岛之战的古德温中尉。古德温来自加拿大安大略省，1940年加入加军，作为一名厨师在苏格兰燧发枪团服役；1942年8月加入第1特勤队，是最早的一批加拿大队员。1942至1943年时，古德温担任第1特勤队第1团第5连少尉排长，1943至1944年担任第1团第6连中尉连长，1944年担任第1团第2营执行官。第1特勤队撤编后，古德温跟随加拿大第1特种作战营的人员于1945年1月至英国奥尔德肖特（Aldershot）担任教官。1946年返回第1特勤队的发源地海伦娜定居，朝鲜战争时期再次在美军服役。

扰，活动能力被限制。但对于守备在强化工事里的部队而言，机动性相对来说并不重要。

考虑到这两座要塞的结构，压制敌军阵地的难度很大。据威廉·B·布鲁尔（William B. Breuer）的作品《龙骑兵行动——盟军登陆法国南部》记载，要塞“城墙有12英尺厚，顶部覆盖着20英尺厚的压实的泥土。日经月久，缠结丛生的植物覆盖了这些要塞表面，以至于不注意观察的话，都很难发现它们。”而艾米恩斯堡的那门唯一的76毫米火炮已经开始“发言”，向波尔－曼港周边发射炮弹，给第1团带来了几起伤亡。8月15日早上8点15分，第2营第4连开始向艾米恩斯堡发起第一次攻击，但结果不过是捅了个马蜂窝，德国人用机枪和手雷编织了一道难以逾越的火力网，最后第4连不得不带着伤员后撤至德拉维吉耶堡的安全地带休整。

下午16点，跟随第1团行动的海军滩头火力控制小组用无线电向“奥古斯塔”号重型巡洋舰发送火力支援请求，要求炮轰埃斯蒂萨克堡、艾米恩斯堡和港口北部的村庄。接到呼叫的“奥古斯塔”号用203毫米舰炮不断将炮弹砸在敌军要塞上，但即便是海军巨炮，也无法穿透这些要塞的厚厚的城墙。这次打击尝试失败后，阿克赫斯特中校决定采用另一种不同方式：在向这两座要塞推进前，他派出第1营先去拿下波尔－克罗村。当夜幕降临，官兵们进入阵地，准备占领这座村庄时，发现这里有一座别墅被德军强化为防御工事。当晚，他们没有向这座别墅发起进攻，但第1营巡逻队监视着这座别墅和那两座要塞，以免敌军逃窜。

8月16日天明时分，通往别墅的电话线被伯

■ 这是1944年8月17日从空中拍摄的波尔－克罗岛上的艾米恩斯堡。这座要塞也修建于拿破仑时期，是当时的著名要塞，护卫着土伦港的安全。这里厚厚的石墙和干燥的护城河使德军在第1特勤队的强攻下坚守了好几天。

纳德 ·E· 赫尔明中士（Bernard E. Helming）接通，他劝说守备于此的德军中尉指挥官投降，但这位德军中尉认为电话另一端的不过是美军的一支小规模突击队；而且因为波尔－克罗岛与法国本土没有任何联系，这名中尉也无法得知盟军大部队已经于前一天早上大规模登陆法国南部了。虽然这条线路仍保持畅通，赫尔明中士继续对这名德军中尉进行劝降。但格雷厄姆 ·M· 海尔曼决定不再等待：“见鬼！我们攻进去！”上午11点20分，第1营第3连突入别墅。战斗持续了不到30分钟，3名敌军被击毙，还有19名做了俘虏；第3连阵亡1人，6人负伤。

8月16日下午，沃克上校从黎凡特岛来到波尔－克罗岛，他和阿克赫斯特中校开始集中力量对付埃斯蒂萨克堡和艾米恩斯堡的敌军。在早些时候，第1特勤队便向空军发出了轰炸这两座要塞的请求。16点，第1团第1营接到命令从这两座要塞周边区域和波尔－克罗村撤出，返回德拉维吉耶堡。当日下午，盟军的16架俯冲轰炸机开始对这两座要塞发起空袭。当时特勤队员彼得 · 科廷厄姆（Peter Cottingham）站在德拉维吉耶堡顶部，观看了针对距此西北仅1.6公里远、且位于他所在位置下方的山谷的艾米恩斯堡的空袭行动，据他回忆：

“第一波俯冲轰炸机仿佛从高高挂在东南天空上的太阳里出现……第一眼看到那些轰炸机，就给了我们相当大的震动，它们好像是直奔我们的要塞而来的……当第一波次的领机的机炮开火后，就可以看清它选择了正确的目标。它的所有急速射都掠过我们头顶，打在我们下方的要塞上。”当第一波次的4架飞机将它们携带的火箭弹打进艾米恩斯堡后，“浓厚的烟雾和尘土高高腾起，直冲云霄，这让后续的攻击波次几乎无法针对该目标进行精确打击……当尘埃落定后，我们预想着能看到对方投降的白旗，或至少接到投降的电话，但这些都没有出现。”

看到情况没有任何改变，阿克赫斯特计划从第1营里派第3连去攻打埃斯蒂萨克堡；第1连作为营预备队。当第2连在烟雾的掩护下再次占领波尔－克罗村的同时，威廉 ·H· 梅里特上尉（William H. Merritt）的第3连占领了埃斯蒂萨克堡侧翼的山脊。当夜幕完全降临，第3连接近并包围了这座要塞。20点30分，战斗打响。第3连遭遇到了守军冰雹般的机枪火力和手榴弹。官兵们用巴祖卡火箭筒发射高爆火箭弹把要塞大门打得粉碎后，梅里特上尉率领一个突击小组快速突入要塞中央的院子里，双方展开了一场残酷厮杀，直到第3连压上足够多的人力和火力，才压制住顽强的守军，占领了埃斯蒂萨克堡。第3连在这里抓获了23名俘虏，但也阵亡了4名官兵，第3连连长梅里特上尉也不幸位于其中。

另一方面，在第3连开始进攻埃斯蒂萨克堡后不久，第2营第6连也开始试图突破艾米恩斯堡的防御。该连也毫不意外地遭遇到敌军极为猛烈的防御火力。2个排向前推进，巴祖卡火箭筒小组试图用火箭弹敲开要塞大门，但大门丝毫未动。毫无办法之下，尝试性的进攻被叫停。至8月17日，第1特勤队在波尔－克罗岛上的战斗进入第3天。“锡特卡”第86特混舰队司令莱尔 ·A· 戴维森海军少将来到岛上与沃克上校和阿克赫斯特中校碰头商议战斗进程。因为此前的空袭和舰炮打击都未能奏效，阿克赫斯特问戴维森是否还有更大的东西可以砸到这座要塞上。戴维森提出一个最后的建议，将英国皇家海军的“拉米伊”号战列舰驶到距波尔－克罗岛约9.6公里的位置上，用舰上的380毫米巨炮炮击艾米恩斯堡。上午11点，第1团各部都退至安全距离上；13点，“拉米伊”号开始炮击要塞，发射的炮弹撕裂头顶的空气。第一波齐射越过了要塞，没有造成任何伤亡；第二波齐射的弹着点又偏近了。经过紧急计算并修正，第三波齐射正好落在目标上。烟雾和尘土从艾米恩斯堡上腾空而起，几乎在浓烟升起的同一时间里，守军升起了白旗，此时仅是13点15分。茫然失措中，2名德军军官和46名士兵或是蹒跚走出、或是被抬出艾米恩斯堡，成为战俘。至此，第1特勤队在黎凡特岛和波尔－克罗岛的战斗全部结束。

而在盟军大部队方面，由于黎凡特岛上的德军炮台不过是个“赝品”，盟军放心地于8月15日早上按时发起登陆作战。在大规模登陆发起之前，盟军空军和法国地下抵抗组织就对德军造成了严重打击：铁路被切断，桥梁被破坏，通讯网络被扰乱。西部海军特混舰队则在夜幕的掩护下于8月15日黎明前抵达预定海域；盟军第一波空中打击——来自撒丁岛和科西嘉岛的1300架轰炸机于6点前不久将数以万计的炸弹倾泻在德军阵地上，大规模空袭一直持续到7点30分。7点30分，盟军的战列舰和巡洋舰发射观测机，根据空中监视针对特定目标发起炮击。8点，海军对岸的炮击停止，地面部队乘坐登陆舰冲向滩头。虽然相对陡峭的海滩梯度和潮差使德军难以设置障碍物，但登陆滩头还有德军布下的雷区，引导第一波登陆船队的步兵登陆舰用火箭弹为步兵清扫了滩头的地雷。首批登陆部队是美军第6军的3个师，该军还得到了法军第1装甲师的加强。在特拉斯科特的统一指挥下，第3步兵师在左侧的“阿尔法海滩”（Alpha Beach，即卡瓦来勒）登陆，第45步兵师在中间的“德尔塔海滩”（Delta Beach，即圣特罗佩）登陆，第36步兵师则在右边的“卡梅尔海滩”（Camel Beach，即圣拉斐尔）上岸。

整个登陆行动取得压倒性的成功。“阿尔法海滩”和“德尔塔海滩”上的德军守备力量很薄弱，

■ 这是1944年8月15日“龙骑兵”行动发起当天，美军第6军第36步兵师的官兵乘坐登陆艇在圣拉斐尔登陆，注意图中军医胳膊上明显的第36步兵师的牛头臂章。

■ 这是1944年8月15日，美军第3步兵师第601坦克歼击营C连的一辆M10型坦克歼击车在卡瓦来勒登陆后迅速往纵深开进。作为著名的“马恩磐石”，第3步兵师在意大利战场的两次登陆战（萨勒诺和安齐奥）、法国南部的登陆战都身先士卒。

驻守于此的“东方营”（Osttruppen，来自德国东部占领区的应征士兵和志愿者组成的部队）的士兵很快举手投降。唯一给登陆部队带来威胁的海滩雷区、仅有的1门德军火炮和1个迫击炮位也在盟军驱逐舰炮火的打击下灰飞烟灭。在这片区域，盟军部队很快与从天而降的伞兵们取得联系并迅速攻占了最近的镇子。只有“卡梅尔海滩”的德军给盟军带来一些威胁。虽然这个海滩上的“东方营”士兵也很快摇起白旗，但主要守备力量——由几个德军高射炮兵连的岸防炮守备的阵地及一些碉堡还是给予了盟军极大阻碍。最激烈的战斗发生在“卡梅尔海滩”的“红滩”地区的圣拉斐尔镇，盟军空军的一队由90架B−24型轰炸机组成的轰炸机队对德军的这个关键据点实施狂轰滥炸，加上海军舰炮的炮火，也没让盟军在“红滩”登陆成功。在这种情况下，盟军决定绕过“红滩”，从“卡梅尔海滩”的“绿滩”和“蓝滩”登陆。结果盟军从这个方向顺利登陆。整个登陆行动中，盟军共阵亡90人，负伤385人。

另外，在第1特勤队发起夺岛行动的同时，盟军其他突击队也进行了几个支援主登陆场的行动。乔治斯－雷吉斯 · 布韦中校率领北非第1突击队的800名突击队员在主登陆场西面的“黑人角”发起破坏德军炮位的“罗密欧”行动，而其他的法军突击队则在两翼为他们提供支援。该突击队的95名队员于8月15日凌晨1点15分从加拿大皇家海军的“大卫王子”号中型步兵登陆舰（HMCS Prince David）上下来，乘坐登陆艇上岸，他们和第1特勤队一样采取攀岩突袭的方式，爬上107米高的悬崖奔袭目标。一个半小时后，他们端掉了岸上的敌军炮台。其他突击队员迅速登陆滩头，大约700名突击队员控制了土伦至里维埃拉的公路。8月15日盟军大部队登陆后，第6军的部队过来接替了北非第1突击队的岗位。同一天，盟军第1空降特遣队也在勒米伊（Le Muy）周边地区进行了成功的伞降和滑翔机机降，整个空降行

图 上图是1944年8月15日在勒米伊，盟军第1空降特遣队的伞兵着陆战斗后正在一处谷仓的阴影处休息，图中这些伞兵分别来自美军第509伞兵营和英军第2独立空降旅。下图也是8月15日，第1空降特遣队的美军第509伞兵营C连某排的几名伞兵正沿着拉莫特至勒米伊北面D25公路的十字路口之间的D47公路向南行进。在“龙骑兵”行动中，第1空降特遣队的行动代号为“橄榄球”（Operation Rugby）。

动共阵亡104人，其中24人死于滑翔机事故，18人死于降落伞事故。在这一天，第1空降特遣队和第141步兵团在滩头阵地的东面侧翼建立起一道从滨海泰乌勒到费昂斯（Fayence）的防线。

而德军方面，由于法国地下抵抗组织切断了德军的联络线路，导致德军部队在战斗初期出现混乱，盟军伞兵还切断了德军第62军指挥部的对外联络，加剧德军的混乱状态。但即便联络不畅，德军指挥官们还是独立采取措施，反击登陆盟军。在德拉吉尼昂（Draguignan），德军第62军军长费迪南德·诺伊林（Ferdinand Neuling）在联络被切断前便命令附近的第148步兵师在勒米伊发起反击。第19集团军司令弗里德里希·维泽也与G集团军群司令部失去联系，但也迅速开始执行一项将盟军推入勒米伊－圣拉斐尔地区并将其逼下海的计划。由于几乎没有可机动的预备队，维泽将军命令第189步兵师师长理查德·冯·什未林（Richard von Schwerin）集结附近的部队组建一支临时战斗群，反击在这一区域登陆的盟军部队。但是，当冯·什未林集结起他能找到的所有部队时，在德拉吉尼昂附近的第148步兵师遭遇了由英国伞兵支援的法军部队的强烈阻击，反击滩头的行动无法实现。德军在8月15日的反击宣告失败。

8月16日早上，冯·什未林组织起一支大约由4个步兵营组成的部队，开始朝勒米伊方向向盟军发起进攻，同时前往德拉吉尼昂拯救第62军指挥部，但在那时，盟军已经登陆了相当规模的部队、车辆和坦克。美军第45步兵师的机动部队前出抵挡德军部队的反击，并包围了莱萨尔克镇（Les Arcs），但很快又被冯·什未林的部队夺回。经过一天的激战，冯·什未林命令部队在夜间撤离。在这一天，圣拉斐尔也发生激战。德军第148步兵师的机动部队抵达前线并遭遇意图攻占圣拉斐尔的美军第3步兵师，双方爆发激战。至8月17日，德军的反击部队元气大伤，圣拉斐尔成为盟军的一个大型桥头堡。盟军的机动部队也与勒米伊的伞兵取得联系。另一方面，法军主

■ 这是8月15日盟军登陆后，在圣特佩罗（Saint Tropez）被盟军伞兵俘虏的德军官兵正被押送往战俘营。镜头前的几名德军战俘都面带笑容，估计是为自己仍活着而感到高兴。

力也于8月16日尾随美军登陆，并转至美军左翼直奔土伦和马赛。

8月16日至17日的夜晚，德军G集团军群司令部感到，他们已经无法将盟军推下海了。另一方面，在法国北部，德军B集团军群在法莱斯（Falaise）身陷从诺曼底登陆的盟军包围圈。考虑到一系列不稳定因素，希特勒放弃了原来“绝不后撤”的想法，同意最高统帅部制定的关于B集团军群和G集团军群完全撤退的计划。最高统帅部计划法国南部的G集团军群全部北撤（要塞守备部队除外），与B集团军群从桑斯（Sens）经第戎至瑞士边境建立一条新防线。第148步兵师和第157步兵师则撤至法意边境的阿尔卑斯山地区。

在德军北撤的同时，盟军的机械化部队突破桥头堡阵地并尾随追击德军。盟军的迅速推进极大威胁了后撤速度不够快的德军，德国人甚至尝试在罗纳河一线建立一条防线延缓盟军的推进，以拯救一些有价值的部队，但美军第45步兵师和第3步兵师快速向西北方向推进，破坏了维泽将军建立新防线的计划。8月19日，巴尔诺尔（Barjols）和布里尼奥勒（Brignoles）被这两个美军步兵师解放，以至于盟军能从北面包围土伦和马赛，围歼这里的德军。

8月19日这一天，法军逼近土伦，准备从德国法西斯手中解放他们的故乡；马赛也陷入盟军包围圈中，这两座城市之间的公路也被切断。8月26日，土伦的德军投降，法军以伤亡2700人的代价解放了这座城市，德军被俘1.7万人，还损失了全部的卫戍部队1.8万人。与此同时，马赛也于8月27日光复大半，剩余德军于28日投降。法军伤亡1825人，并俘虏了1.1万名德军。

东进

当盟军登陆法国南部并在桥头堡与德军激战时，8月16日，黎凡特岛上的第1特勤队第2团和第3团的守备任务由法军接过。第2团乘坐步兵登

■ 这是1944年8月29日在马赛，自由法国领导人之一的安德烈·迪特尔姆（André Diethelm）正在刚解放的城市街道上检阅部队，他于1944年9月成为法兰西第四共和国的首任国防部长。在他身后的参与检阅者中，右三为法军B集团军司令让·德·拉特尔·德·塔西尼上将（Jean de Lattre de Tassigny）。

陆艇在圣米歇尔（St. Michel）附近登上法国本土。第3团暂时仍留在黎凡特岛上，若有需要可策应仍在波尔－克罗岛上战斗的第1团。8月17日下午，第1团和第3团分别离开波尔－克罗岛和黎凡特岛，与在法国本土的西沃贝拉（Sylvabelle）宿营休整的第1特勤队其他人员会合。在那里，第1特勤队重新集结并重整装备，准备下一步的任务。8月19日，第1特勤队收到命令，前往圣拉斐尔与弗雷德里克少将的第1空降特遣队会合，他们将再次作为老上级弗雷德里克的部下，和第1空降特遣队一起把德军赶出里维埃拉地区，并沿着海岸线尾随德国后撤部队向东前往法意边境，进入意大利北部。

8月20至21日，第1特勤队抵达圣拉斐尔并在奥勒良堡（Chateau Aurelian）附近安营扎寨。21日，第1特勤队第1团和第3团来到前线，替换了第1空降特遣队中的英军第2独立伞兵旅。第2团则作为第1特勤队的预备队。从这里开始，第1特勤队和第1空降特遣队开始向东沿着地中海海岸线推进，他们将一个接一个地解放沿途的城镇。

8月22日，接受新任务的第1特勤队在塔内龙（Tanneron）发起第一次行动，然后越过西尼雅河（Siagne River）东部的城市戛纳（Cannes），切断沿着戛纳－格拉斯（Grasse）公路向北撤退的德军的退路。在戛纳，他们准备穿过卢普河（Loup River）前往维尔夫纳－卢贝（Villeneuve–Loubet）东北部。8月24日，在与维尔夫纳－卢贝及其周边的敌军后卫交战后，他们穿过卡涅河（Cagnes River），直逼瓦尔河（Var River）西岸。在那里，他们原地暂停了两天，收到新命令后又继续向前推进。对此，带领第1空降特遣队和第1特勤队行动的弗雷德里克后来评论道：

“第7集团军的命令曾特别指示，瓦尔河是部队推进的界线，不得穿过。部队由此停止了两天半的时间，我也在这段时间里了解河东岸的环境，然后就收到了上级关于过河的许可（得到过河许可的主要原因是尽快把法国从被法西斯占领的命运中解放出来。接着我被指示，不得穿过法意边境，因为这是两个战区的边界）。”

8月26至28日，第1空降特遣队渡过瓦尔河继续东进。而在这一期间，第1特勤队渡过瓦尔河后开始向法意边境的山区推进，那里是原来马奇诺防线（Maginot Line）的延长区域——阿尔卑斯防线（Alpine Line，又称为“小马奇诺防线”。20世纪30年代，法国依托阿尔卑斯山的险要环境，构筑防线防御法国南部的法意边境）的防区。8月29日，尼斯解放。9月2日，第1特勤队占领尼斯附近的阵地。穿过尼斯后，他们与撤退的敌军进行了一系列小规模的战斗。例如，在9月初时，第1特勤队便在尼斯东北的莱斯卡雷恩（L'Escar è ne）和图厄德莱斯卡雷恩（Touët–de–l'Escar è ne）与德军有过一场小规模交战。弗雷德里克少将在1944年11月2日所写的一份关于总结法国战役的经验教训中，提到的快速追击撤退有序的敌人的问题时记录了这场战斗：

“据悉在图厄德莱斯卡雷恩，一场以重火力对一定程度上来说坚不可摧的阵地的突袭，其结果可能会使敌军放弃阵地，即使那时我们还不能立刻占领它。在图厄德莱斯卡雷恩，我们的目标是一个狭窄的铁路隧道入口及两个建在其中的碉堡。敌军1门77毫米火炮设置在入口处，碉堡里最少有2挺机枪在开火。隧道口建在峡谷深处，两边都是陡峭的悬崖，碉堡设置了侧面射口。进攻这个目标的唯一方法就是下到铁路轨道去进行正面攻击或翻越6米高的悬崖下到碉堡的侧面射口前进行突击。这个阵地，只要有人守卫，任何步兵进攻都不可能成功。”

第3团的1个排在1辆M3型75毫米半履带自行加农炮的支援下进攻隧道。他们一共把90发炮弹射进敌军阵地。该排在进行了一次接近敌军阵地的失败尝试后，付出了轻微的伤亡代价并放弃了攻击。8小时后，一支巡逻队前出侦察，发现敌军已经放弃了这个阵地。另外，图厄德莱斯卡雷恩的战斗也证明了诸如托马斯·乔治·普林斯中士这类经验丰富的侦察兵对事先勘察包围圈中的敌军动向的重要性。

9月7日左右，在前后不到3周的时间里推进超过72公里的第1特勤队进至法意边境的芒通(Menton)。接着，他们收到命令停止前进，转入防御。当时，由于德军占据了阿尔卑斯防线南部区域的索斯佩勒(Sospel)和卡斯蒂隆(Castillon)，盟军希望能将其困死在这里。第1特勤队第1团受命将驻守卡斯蒂隆－芒通公路以西的高地，第3团将围绕卡斯蒂隆建立路障。

第1特勤队在一路向东推进的过程中，攻克或解放了大量村庄与城镇，这些村镇包括：斯维让斯(Les Veyans)、塔内龙、格拉斯、圣马可(St. Marc)、圣安妮(St. Ann)、瓦尔邦讷(Valbonne)、奥皮奥(Opio)、比奥特(Biot)、穆然(Mougins)、拉科尔(La Colle)、维尔夫纳－卢贝、旺斯(Vence)、圣保罗(St. Paul)、圣劳伦特(St. Laurent)、圣珍妮特(St. Jeannet)、拉戈德(La Gaude)、科洛马尔(Colomars)、拉贝古迪(La Begude)、阿斯普雷蒙(Aspremont)、新堡(Chateauneuf)、孔特(Contes)和圣托马斯(St. Thomas)。在这场连续推进行动中，他们俘虏了超过330名德军士兵。此外，毙、伤敌无数，还有大批的敌军物资和装备被缴获或摧毁。

在他们的推进过程中，“每天都有2至3座城镇被解放，大量机枪阵地被摧毁，抓获的俘虏数量也创下纪录，还填平了路上被地雷炸出的坑洞，或由工兵修好被破坏的桥梁。伤亡……很轻微……官兵们最大的困难是几乎不停地推进所带来的疲劳，没有机会休息或放松……直到11月，当前线阵地稳定下来后，部队才有机会撤下来休整。”

这一过程从总体上说，遭遇的抵抗是短暂的。德军通过炸毁桥梁和涵洞、破坏道路来延缓第1特勤队的推进步伐。德军还在道路和周边布

■ 这是1944年8月28日在维尔夫纳－卢贝附近的德军的铁丝网障碍。在沿着法国南部海岸线向东推进的过程中，第1特勤队面临着德军临时构筑的各种各样的路障，图上这种路障附近往往还设有诡雷或陷阱。

■ 这是1944年11月，位于法意边境的卡斯蒂隆镇，这里也被战火破坏，沦为废墟。这里是法意边境的战略要地，第1特勤队与德军围绕这里发生过多次小规模战斗，驻守于此的德军在10月底才全部撤走。

满地雷。德军的小股后卫部队与第1特勤队的先头部队频繁交火，不惜留下大量尸体以拖延足够的时间让大部队撤走。其中，给第1空降特遣队等部带来最大阻力的是德军第148步兵师在拉纳普勒（La Napoule）和戛纳的防御。此后，在西亚尼河畔－圣扎伊尔（St Cé zaire sur Siagne）、格拉斯和维尔夫纳－卢贝也遭遇了一些小规模的抵抗。有些时候，当他们进入城镇，遇到的不是敌军后卫的顽固阻击，而是一大群前来欢迎他们的民众。

1944年11月2日，弗雷德里克在关于总结法国战役中快速追击撤退有序的敌人的经验教训中，对法国南部的总体形势进行了总结，他在其中提及：

“第1特勤队穿过法国南部对敌军进行追击至意大利边境是在非常困难的情况下实施的，这与从安齐奥到罗马和越过台伯河有很大区别。在意大利，敌军的撤退可说是非常仓促的——从某种程度上说是近乎崩溃的，他们被步步紧逼，扔掉尽可能多的重装备以与追击者保持距离，让后卫部队掩护自己撤退。我们的空中打击对敌军纵队的日夜袭扰效果很明显，目击者可以看到道路两旁堆积的被摧毁的德军物资。”报告接下来陈述：

“而在法国，敌军几乎是按照命令按步骤撤退到意大利边境上的防御阵地的。在法国南部的路上，敌军没有在路边留下什么残骸垃圾。当我们的部队抵达城镇，仅发现敌军已在几个小时前有序撤离，并带着所能带走的一切东西。除非依靠一切有利于防御和撤退的地形，或者自己选择战斗，敌军后卫才会与追击的部队作战；以至于我们都没有必要将他们驱逐出城市或可进行大会战的关键地方，他们自己都撤走了。偶尔，在我们装甲侦察巡逻队的压力下，敌军会撤退得比较匆忙，但情况几乎都是他们能够抢救走他们的主要装备和运输工具。从这一点上，可以看到这种情形与在意大利的阿尔泰纳村、瓦尔蒙托内、韦莱特里、奇斯泰尔纳有多大不同。”

在此期间，为了补充在法国南部战役的战斗减员的损失和保持部队建制，第1特勤队在意大利的圣玛利亚迪卡布阿贝特利镇建立了一个替补兵员训练场，由第1特勤队中经验丰富的军官和由于负伤而不再适合战斗的老兵来负责培训“菜鸟”。在7月份时，第一批人员（由191名美国人和60名加拿大人组成）便已经开始进行为期4周的培训，内容包括“武器操作、体能训练、侦察与巡逻、夜间行动。”这批兵员循环重复这些课程，直到8月22日完成训练，然后被送往法国南部与各团会合。随后，又“从第7集团军的补充兵员中心中选出了由225名美国人组成的第二批补充兵员训练组，他们迅速开始进行第1特勤队的特殊训练。”

另外，一路推进的“龙骑兵”行动的盟军于9月10日与巴顿的第3集团军的部队取得联系，两军在第戎以西25公里处会师。美军第6军军长特拉斯科特希望部队能通过贝尔福隘口（Belfort Gap），但盟军的攻势在9月14日时遭遇猛烈阻击，与此同时，盟军接到了“龙骑兵”行动部队进行休整重编的命令，盟军遂止步于孚日山脉（Vosges Mountains）前，停止了对德军的追击。“龙骑兵”行动宣告结束。

扼守边境

1944年9月，第1特勤队开始与原阿尔卑斯防线上的山顶要塞接触。9月初，第3团在北面进攻梅拉山（Mt. Meras）和乌尔斯山（Mt. Meras），这里是他们进攻战略要地卡斯蒂隆镇

■ 1944年9月10日，来自巴顿第3集团军的巡逻队与帕奇第7集团军的巡逻队在第戎附近会师，这意味着盟军在北海的战线与在地中海的战线连成一体。为庆祝这一历史性事件，美国《星条旗报》（Stars and Stripes）于1944年9月13日在奥坦镇（Autun）策划摆拍了这一场景。上图便是摆拍留下的两军会师场景。左边是来自法军B集团军第2军的乘坐M20型通用装甲车的几名官兵，右边M8轻型装甲车上的则是来自美军第3集团军第6装甲师的官兵。

的重要阵地。南面，第1团进攻圣阿涅（Sainte Agnes）和卡斯泰拉（Castellar），然后从那里北上向卡斯蒂隆推进，协助第3团的进攻。第2团则先后于9月7日和10日对阿热尔山（Mt. Agel）的山顶要塞和法意边境的山脊分界线分别发起进攻。甚至，他们在从芒通向意大利境内发起突袭巡逻行动，一度深入到莫托拉（Mortola）以东。

在整个1944年9月，第1特勤队都在盟军第1空降特遣队的战斗序列之下，并承担着掩护第7集团军右翼的任务。根据记录，第1特勤队在这段时期并非固守于法意边境，他们开展了一系列进攻性的行动：攻击性的巡逻、突袭，以及系统改进他们的防御工事。他们夺取高地，为炮兵提供观测平台。附属的工兵部队也通过设置雷场和铁丝网障碍来加强前线的防御，并且改善通往山顶哨所的吉普车和步行山径。更重要的是，第1特勤队的防区临近地中海，因此海军舰炮火力支援对他们特别有效。面对那些地面炮火无法抵达的敌军目标，第1特勤队经常借助这种优势对其进行打击或占领。在第1特勤队的前沿防线得以巩固之前，德军第34步兵师一部进行了几次反击，但除了9月9日在芒通东北，第1团第2营的1个排在敌军猛烈的重迫击炮和机枪火力打击下被暂时逼退外，其余的几次敌军反击都因严重伤亡而被击退。9月底，虽然敌军仍坚守着一系列防御工事、尤其是最坚固的卡斯蒂隆，但敌军针对第1特勤队前线的进攻行动几乎遭到了完全失败。

9月期间，第1特勤队的后方梯队从意大利的圣玛利亚迪卡布阿贝特利镇转移到了法国尼斯。9月23日，第1特勤队所有的人员和装备全部抵达法国。保障营的后勤设施在尼斯建立，这极大增强了第1特勤队的最前方部队的补给力度。而且，从第1空降特遣队的后勤储备中获得的份额也使第1特勤队的各种补给实际上很少发生严重短缺，补给物资即便不甚丰富，也是足够的。补给工作就这样一直持续到接下来的几个月里。

1944年10月15日，第1空降特遣队和第1特勤队脱离第7集团军序列，由第6集团军群直接指

■ 这是1944年9~10月期间在法国南部的乌尔斯山（Mount Ours）附近，第1特勤队的大卫·L·本斯（David L. Bens，右）和西德尼·I·齐特林（Sidney I. Zitrin）正在操纵1门81毫米迫击炮。注意本斯肩膀上，第1特勤队的臂章上方同时还佩戴了游骑兵臂章，说明他是1944年3月从游骑兵转入第1特勤队的。在背景处还有第1特勤队加农炮连的1辆M3型半履带75毫米自行加农炮，它原来也是游骑兵的一员。

■ 本页3幅图都是第1特勤队在法国南部战斗时期一名身背模压胶合板背架的特勤队员装扮。其中上图是背架的背面特写。这名特勤队员穿着人字斜纹布连体工装，头戴M1941型卡其色羊毛针织帽。这款背架被第1特勤队广泛使用是在法国南部战斗时期，不过有历史照片证明，早在1943年5月的训练期间，第1特勤队已经在使用这款背架了，可能当时仅用于测试。

■ 上图是特勤队员使用模压胶合板背架背负重荷的特写，其中物资包括羊毛毯、弹药箱和山地睡袋，用绳索捆扎在背架上，而绳索钩挂在背架两侧的6个金属挂钩上，可以快速解脱。

■ 上图是这款背架的背带特写，它与背架上的绳索一样，都能快速脱下。

挥，第1特勤队继续执行扼守边境的任务，那些附属部队和9月份一样，继续配属第1特勤队作战，包括第887工兵连、第2化学迫击炮营一部，以及第602野战炮兵营。到了10月份后期，第2化学迫击炮营和第602野战炮兵营都脱离了第1特勤队。为弥补由此带来的火力缺陷，第1特勤队各部配发了81毫米迫击炮，而且它的老搭档——第463伞降野战炮兵营也再次配属给它。

10月，第1特勤队在前线的活动与9月后期大致相同。敌军活动主要限于小规模的步兵巡逻，以及105毫米火炮和75毫米火炮的零星炮击——因为有效的反炮兵炮击极大限制了敌军的炮兵火力。特勤队员在前线进行着侦察和战斗巡逻行动；还有就是接触巡逻，以保持与美军第517伞兵团的联系，后者当时在卡斯蒂隆北面的始于迪奥洛斯山（Mount Diaurus）的相邻边界线上驻守。

在10月的最后几天，敌军的爆破小组突然变得活跃起来，忙于破坏第1特勤队前线东侧的海岸公路。10月26日夜间，敌军发射了大约300发各种口径的炮弹越过第1特勤队前线，这样的炮击数量和方式通常意味着撤退。10月27日至28日，敌军安静下来；29日中午，第1特勤队巡逻队发现拉赛特山（Mt. Razet）和卡斯蒂隆的敌军已经走了个精光，他们前进至索斯佩勒也没有遇到敌人。第1特勤队的1944年2月1日至11月28日的行动报告摘要中记录："10月结束的时候没有再遇到敌人，也没有进行追击。看起来，第34步兵师准备溜回家了。"第1团和第3团随即穿过博登（Borden）进入意大利北部。

这段时期，第1特勤队的事明显少了不少，部队根据沃克上校的命令，主要时间都在维护他们的防线。弗雷德里克少将在1944年11月2日所写的关于总结法国战役中快速追击撤退有序的敌人的经验教训中提到：

"……我们现在发现我们自己正处于一场既没有进攻也没有防守的战役中。如今形势已自己转变为敌我双方都满足于占据法意边境的制高点，并主要通过在各自炮兵支援下于高峰上进行战斗和侦察巡逻等一系列战事来保持接触。我们现在的形势是完全准备对敌人可能不会发起的进攻进行防御，而且我们除了小规模突袭和巡逻外也不会发起进攻，因为根据命令，我们被限制推进在法意边境的战线上。"

1944年11月，这个战区里的战事已进入尾声。11月6日，第1特勤队在格拉蒙多山（Mt. Gramondo）进行了他们在二战中的最后一场行动，第2团成功地击溃当面之敌后退回了原来的防守阵地。11月10日，第552反坦克连第3排临时编入第1特勤队序列，进入阵地掩护后者濒海方向的侧翼。一周后，第517伞兵团从战线撤出，他们的防区被1个装甲团接管，这也使第1特勤队的防区的左侧边界稍向南移。次日，更多单位进行了调整。11月18日，第463伞降野战炮兵营脱离第1特勤队序列，第602野战炮兵营接替了他们对第1特勤队的支援任务。11月21日，第1特勤队脱离第1空降特遣队序列，转而编入第44防空野战炮兵旅中。次日，第442团级战斗队接管了第1特勤队左翼的那个装甲团的阵地。11月23日，第1空降特遣队被解散，弗雷德里克少将转调至美军第45步兵师任师长，参与攻打贝尔福隘口。

11月28日，第1特勤队的防区被第442团级战斗队第100独立步兵营接管，前者转移到维尔夫纳－卢贝附近的露营地等待下一步的命令，并开始为将来的行动做准备训练工作。第1特勤队在法意边境驻守了3个月的时间，他们多次发起日间巡逻和小部队行动，虽然其中也遭受了敌军一些炮兵火力的袭击，但总体来说，这些任务与他们在意大利战场上的任务相比还是很轻松的。

然而，也就在维尔夫纳－卢贝，第1特勤队的历史迅疾画上了句号。

上图和下图都是1944年6月23日在罗马近郊，第1特勤队进行阅兵和颁发勋章的仪式现场。

上图是在1944年6月23日的仪式现场，弗雷德里克准将正在进行告别演说，他即将赴盟军第1空降特遣队就任指挥官。下图是弗雷德里克（右一）正与军官们告别，与他握手的是第2团第4连连长威廉 · 斯托里中尉。

1944年7月初，第1特勤队从阿尔巴诺湖畔的宿营地转移到圣玛利亚迪卡斯特拉巴特，为即将到来的“龙骑兵”行动准备。上图和下图都是第1特勤队赶赴圣玛利亚迪卡斯特拉巴特途中拍摄的。上图是1944年7月2日，在安齐奥乘坐美国海军“约翰 · 克罗珀”号(USS John Cropper)前往萨勒诺的第2团的几名军官。从左至右分别是：克利福德 · 库克中尉，詹姆斯 · R · 史蒂文森中尉，阿德纳 · H · 昂德希尔上尉，乔治 · 伊瓦什维克少校。下图也是在“约翰 · 克罗珀”号上，左边队员是保障营医疗分队谢尔登 · C · 萨默斯上尉(Sheldon C. Sommers)，他是来自第1游骑兵营的外科医生；右边光着身子的是第3团团长贝克特中校。

■ 上图是1944年7月6日在圣玛利亚迪卡斯特拉巴特的训练场，第1特勤队第2团3连的1个排正在进行穿越铁丝网的训练，注意照片正中那名向前冲锋的特勤队员手中端着1支汤普森 M1A1 型冲锋枪。

■ 下图是1944年7月在圣玛利亚迪卡斯特拉巴特的训练场，第1特勤队司令部的普勒斯顿·R· 萨克斯顿上尉（Preston R. Thaxton）正在给第2团第1营的队员们讲解爆破技能。注意照片中的队员，大部分背着 M1936型帆布野战背包或M1928型背袋。右图是背着 M1928型背袋的特勤队员装扮。这款背袋在圣玛利亚迪卡斯特拉巴特训练期间和法国南部的战斗中被第1特勤队所使用。

上图是1944年7月13日在圣玛利亚迪卡斯特拉巴特，一队来自珀西·M·克里奇洛中尉（Percy M. Crichlow）的第1特勤队第2团第3连第1排的特勤队员正在熟悉使用SCR-625型探雷器。

下图也是1944年7月13日在圣玛利亚迪卡斯特拉巴特，第2团第3连第2排的特勤队员正在进行排雷训练。照片正中站立者为该排排长博伊德·A·汉弗莱中尉（Boyd A. Humphrey），他正在监督队员们的操作。

上图和下图都是1944年7月15日在圣玛利亚迪卡斯特拉巴特，第1特勤队第2团第3连的队员们正在进行两栖训练。这些特勤队员们乘坐在橡皮艇上，拖曳橡皮艇的是车辆人员登陆艇。注意上图背景，可以看到高耸的悬崖。在8月15日凌晨的突袭行动中，第1特勤队便是乘坐橡皮艇登陆黎凡特岛和波尔－克罗岛，然后翻越悬崖突袭德军据点。因此，在圣玛利亚迪卡斯特拉巴特的训练期间，攀岩也是必不可少的训练科目，特别是对于刚加入第1特勤队的新队员而言。

这是1944年7月15日在圣玛利亚迪卡斯特拉巴特的两栖训练期间，第1特勤队的4名队员正在1艘驱逐舰上休息。其中，镜头最前方坐在甲板上的是罗伯特·B·霍尔特少校(Robert B. Holt)，霍尔特旁站立者是爱德华·H·托马斯少校(Edward H. Thomas)，在托马斯身后坐着的是阿德纳·H·昂德希尔上尉，扶着栏杆的是詹姆斯·R·史蒂文森中尉。

■ 本页至第802页图片都是第1特勤队参加1944年8月7日至9日针对蓬扎岛和赞诺内岛的联合实战演习的历史照片。其中上图和下图都是特勤队员在海军运输舰上准备橡皮艇，一旁戴着海军船形帽的协助他们的是海军船员。

■ 上图和下图是特勤队员们从运输船只上下来，乘坐橡皮艇准备出发。

■ 上图是特勤队员们操纵橡皮艇向登陆地点进发。下图是海军的一艘登陆艇拖曳着特勤队员乘坐的橡皮艇从一艘军舰旁驶过。

■ 上图和下图都是参加演习的特勤队员与海军水兵的亲密合影。其中上图左二那名二级军士长与水兵互换军帽。

■ 上图是演习期间，特勤队员和一些后勤辅助人员在海军的一艘快艇上进行演习的准备工作。下图是一群特勤队员乘坐海军的一艘登陆艇返航。

■ 上图和下图都是演习期间，特勤队员从加拿大的“哈里王子”号中型步兵登陆舰乘坐突击登陆艇出发，在蓬扎岛海滩登陆。从照片上可以看到岸边高耸的悬崖，针对这种这种地形进行两栖登陆演习正是为与之相似的黎凡特岛和波尔－克罗岛的战斗做准备。

■ 上图和下图也都是演习期间，第1特勤队第3团的队员登陆蓬扎岛。

■ 上图和下图也都是1944年8月9日的演习期间，第1特勤队乘坐的突击登陆艇在蓬扎岛另一处滩头停靠。照片中戴着英式头盔的是驾驶突击登陆艇的加拿大皇家海军的船员。突击登陆艇上装满了各种装备。

■ 上图是1944年8月15日“龙骑兵”行动第一天，加拿大皇家海军的登陆艇为第1特勤队运送物资和人员至黎凡特岛的“黄滩”登陆场。下图是8月15日，从“哈里王子”号中型步兵登陆舰出发的1艘机械化登陆艇（左）和2艘突击登陆艇运载人员和物资停靠在黎凡特岛岸边。

■ 上图是1944年8月15日在黎凡特岛岸边，被俘的德军第917掷弹兵团的士兵被特勤队员充作苦力，为运送物资至岛上的加拿大登陆艇卸船。

■ 左页下图至806页图都是1944年8月15日在黎凡特岛岸边，被俘的德军官兵乘坐加拿大皇家海军的突击登陆艇准备前往后方战俘营的不同角度的场景。注意站在船舷上的几名特勤队员，他们都穿着 M1937型羊毛 / 法兰绒衬衣和山地裤。

■ 上图中，右侧这名特勤队员是一名中士。他手持1支汤普森冲锋枪，他的M1936型手枪带上挂着五联装的汤普森冲锋枪20发弹匣袋，腰后挂着M1910型军用水壶。他旁边的这名特勤队员是一名上士，他的腰间挂着M1911A1型手枪的枪套和V42型格斗匕首。

■ 上图是在1944年8月中旬的波尔－克罗岛上的战斗间隙时，第1特勤队第1团的队员的留影，注意左边那名技术军士背着一个育空河背架。下图是1944年8月17日，在承受了来自英国皇家海军“卡米尔”号战列舰的380毫米舰炮的直接炮击后不久，波尔－克罗岛上的艾米恩斯堡的德国守军升起白旗投降。

■ 上图是艾米恩斯堡的战斗结束后，第1特勤队第1团第2连的一些队员在艾米恩斯堡前合影。这里硝烟未散，可以看到堡垒外墙上斑驳的弹痕。

■ 左下图也是波尔－克罗岛之战落幕后，第1团第6连第3排第5班班长艾伯特·肖伯上士（Albert Schober）坐在艾米恩斯堡外的一个树桩上休息。右下图这张照片中的主角也是艾伯特·肖伯上士，他穿着M1937型羊毛/法兰绒衬衣和山地裤，摘掉了M1型钢盔，头上戴着M1941型卡其色羊毛针织帽。注意他手中提着1支M3型冲锋枪。M3型冲锋枪和汤普森冲锋枪都是第1特勤队的战斗班班长的制式武器，不过与后者比起来，M3型冲锋枪在第1特勤队中很少见，汤普森冲锋枪更受特勤队员的青睐。

■ 上图是1944年8月15日的“龙骑兵”行动中，盟军第1空降特遣队第517伞兵团级战斗队在法国南部空降的壮观场面。下图是8月17日在勒米伊，第1空降特遣队指挥官弗雷德里克少将从当地百姓手中接过赠送给他的镇旗，当地人以此来表示对第1空降特遣队解放勒米伊的感谢。注意弗雷德里克穿着美军制式的空降兵战斗服。

■ 这是1944年8月17日在法国南部的卡瓦来勒，第1特勤队第2团第3连的古斯塔夫 · A · 林霍尔姆（Gustave A. Lindholm）和兰迪 · 帕拉施（Laddie Palasch）正在清洁武器和整理装备。注意靠树放着的那支步枪，从外形上看，这是1支斯普林菲尔德M1903型步枪，它旁边那支若隐若现的则是二战美军标配的M1型步枪。卡瓦来勒在“龙骑兵”行动期间，是美军第3步兵师的登陆点。第3团在17日当天波尔－克罗岛之战结束后便离开其驻守的黎凡特岛，从卡瓦来勒登陆法国，与在西沃贝拉的其他部队会合。

■ 上图应该拍摄于法国南部战役期间，第1特勤队一部官兵沿着山路向东追击撤退的德军。在法国南部的进军中，第1特勤队遭遇的抵抗并不强烈，给他们带来更多麻烦的是德国人撤退后留下的陷阱。

■ 1944年8月27~28日夜，第1空降特遣队第517伞兵团级战斗队E连在尼斯以北的瓦尔河畔拉罗屈埃特（La Roquette sur Var）渡过瓦尔河，直逼尼斯。与此同时，28日凌晨，法国地下抵抗组织在尼斯发动起义，消灭了150名德国守军。29日，盟军第一支巡逻队一弹不发进入尼斯，法国南部名城尼斯解放。30日，第1空降特遣队派出巡逻队向东面的图尼尔（Turini）、布劳斯山口（Col de Braus）和拉蒂比尔耶（La Turbie）继续推进。下图是8月29日进入尼斯的第1空降特遣队第509伞兵团的士兵，他们的车队受到了尼斯市民的夹道欢迎。

■ 上图是沿法国南部海岸线东进时期，一名特勤队员在镜头前展示缴获的一大箱德军的42型反步兵雷（又称为木盒雷）。这款地雷的壳体构造为浸渍胶合板或压缩硬纸板，这种材料能躲过探雷器的探测，装药为几盎司的柱装TNT。其他部件还包括ZZ42型拉发引信和8号雷管。这名特勤队员右手上拿的就是8号雷管。

■ 左页上图是进入尼斯的第1特勤队加农炮连的1辆M3型半履带75毫米自行加农炮。其中，坐在炮盾上的2名队员，左侧是原第1游骑兵营营部的艾米特·贝利（Emmett Bailey），右侧是原第1游骑兵营D连的特德·弗莱瑟尔（Ted Fleser）。坐在弗莱瑟尔旁的是原第1游骑兵营营部的比尔·卡因（Bill Cain），坐在炮口下方的是原第1游骑兵营营部的欧文·R·海恩斯中尉（Owen R. Haines）。下图也在8月29日的尼斯，热烈的尼斯民众正在欢迎第1特勤队的到来，注意镜头前这名尉官穿的山地裤。

■ 上图是特勤队员近距离展示埋设德军42型反步兵雷。这种地雷构造简单，便于大量生产和部署。而且因为它唯一的金属物质就是那根细小的雷管，这使早期的金属探测器很难探测到它。在诺曼底战役时，英军使用了爆炸物探测军犬来搜寻这种地雷。

■ 下图是1944年9月28日在法国南部，征用民用车辆进行物资运输的第1特勤队加农炮连的特勤队员。从左至右分别是格林沃尔德(Greenwald)、赖斯(Rice)、巴尔科姆(Balcom)、本斯、一名法国中尉、克利里(Cleary)。在他们背后是第1特勤队加农炮连的代号为“红桃”的M3型半履带75毫米自行加农炮，图中这几名特勤队员大多是“红桃”的车组乘员。

■ 这是第1特勤队在尼斯附近的一个宿营地里的一角。注意照片正中那名穿着一件 A2飞行夹克的特勤队员，他是第3团第6连连长大卫·H·尤斯廷上尉。这款著名的夹克在海伦娜时期便是第1特勤队的训练制服之一，战斗梯队的官兵曾人手一件；不过在第1特勤队赴欧洲前，士兵的 A2飞行夹克都交还给后勤部门了，军官的还保留着。

■ 上图是第815页照片场景的另一角度。这些特勤队员在享受难得的休息时光。下图是1944年底在法国某处城镇，3名特勤队员正在休息，注意中间那名队员，他穿着山地裤，上身却套着A2飞行夹克，其他2名队员则穿着M1943型野战夹克和M1937型毛哔叽长裤。

■ 上图是1944年10月在尼斯的阿尔罕布拉酒店（Hotel Alhambra），第1空降特遣队的参谋军官们的合影。其中前排左六为第1空降特遣队指挥官弗雷德里克少将，左七为执行官威克姆上校。

■ 下图是1944年10月在法国南部某城镇，第1特勤队第2团第4连第2排部分队员合影。

■上图是1944年10月在法国南部，第3团第4连部分队员合影。其中前排右二那名手持汤普森冲锋枪的是查尔斯 · 曼(Charles Mann)。注意他们都穿上了派克大衣，他们应该身处海拔较高的阿尔卑斯山区防线上。下图是1944年10月，第1团第6连第3排第5班班长艾伯特 · 肖伯上士拿着战友的1挺约翰逊 M1941型轻机枪摆拍，他们应该也是身处设在法意边境的阿尔卑斯山区的一处哨卡中。

■ 这是1944年秋在法意边境，肖伯上士端着他的M3型冲锋枪摆拍。他身旁的那名战友端着汤普森 M1A1型冲锋枪，这两款冲锋枪是第1特勤队班长的武器。这里的高海拔和低气温使肖伯和他的战友都穿上了二型 M1942双面派克大衣。

■ 上图是1944年底，第1特勤队第2团的几名队员在法国南部城镇卡斯泰拉合影。下图是1944年在法意边境的阿尔卑斯山区，第1特勤队第3团第3连部分队员合影。在法国南部沿着海岸线东进的过程中，第1特勤队遭遇的战斗都是零星的，大多数时间都花费在了追击一路东撤的德军上。

■ 1944年10月15日，为第1特勤队进行空中侦察摄像的侦察中队（该中队在第1特勤队在法国南部东进期间一直为其提供空中情报支援）被重新安置。上图是侦察中队撤走后肩负起空中侦察拍照任务的第1特勤队的摄像中士路易斯·J·梅里姆，他正乘坐在一架斯廷森（Stinson）L-5型观测机上摆弄他的摄影器材——简易镶嵌在机身上的4×5英寸快速成像照相机。驾驶这架L-5的是来自第463伞降野战炮兵营的飞行员。下图也是梅里姆中士，他身后的便是L-5型观测机。梅里姆与来自英国的照片判读员沃茨中尉（Watts）、第463伞降野战炮兵营的飞行员共进行了17次针对敌军所占地域的空中侦察行动。观测机缓慢飞行在305米的空中，梅里姆能够拍摄到高清晰且有用的照片。梅里姆因为其空中侦察行动而荣获了飞行勋章（Air Medal），其嘉奖词中说道："因为低空飞行的需要，无设防的飞机遭遇了众多敌军防空火力，但从未打消梅里姆的履行其使命的热忱。"梅里姆也是第1特勤队中唯一一名荣获飞行勋章的队员。

■ 上图是1944年底在法国南部的阿尔卑斯山区防线上，几名特勤队员合影。注意他们中3人穿着 M1941型野战夹克，其中后排左二那名队员可能是一位班长，他的胸前挂着汤普森冲锋枪。

■ 下图是1944年秋在法国南部的阿尔卑斯防线，几名特勤队员合影。从左至右分别是第3团第3连的四级技术军士鲍勃 · M · 克斯特克(Bob M. Kesterke)、第3团第3连的勒罗伊 · W · 拉布林中士(Leroy W. Rablin)、第2团第4连的约翰 · 库雷斯中士。其中克斯特克来自威斯康星州欧克莱尔 (Eau Claire)，入伍前是一名半熟练铸造工，1943年3月加入第1特勤队，在战争中获得过紫心勋章。拉布林来自加州的圣何塞(San Jose)，入伍前是半熟练技工 / 修理工。库雷斯来自俄亥俄州的克利夫兰市(Cleveland)，入伍前是半熟练机械加工金属技工，1942年4月入伍，在战争中荣获铜星勋章。这3人都是第1特勤队的老队员，从他们入伍前所具备的职业技术资格等级可知，第1特勤队在挑选队员时，特别青睐具备专业技能的人员。

■ 上图是1944年11月在法国南部，第1特勤队第3团第5连的1个班全副武装穿过某个村外的农田。注意镜头最前面这名队员在针织衫外直接穿戴装备携行具，他身后的队员都穿着 M1943型野战夹克和 M1937型毛哔叽长裤。下图是在法意边境的芒通附近，第1特勤队的医护兵正在设立前线救护站。

■ 这是在1944年秋在法国南部的阿尔卑斯山区，第1特勤队第2团第3连的奥雷勒·J·莱韦克斯中士（Aurele J. Levesque）和他的重迫击炮合影。这款迫击炮看起来不是第1特勤队装备的M2型60毫米迫击炮，而是从1944年10月配发给第1特勤队的81毫米迫击炮。莱韦克斯来自加拿大魁北克省的圣帕斯卡尔（St Pascal），1943年1月加入加拿大陆军，1944年1月作为补偿兵员加入第1特勤队，第1特勤队撤编后，先后在加拿大第4路易斯公主禁卫龙骑兵团（4th Princess Louise Dragoon Guards）、第22皇家团服役至二战结束，后在安大略省的步兵学校担任了7年的教员，此后在加军多支部队中服役，最后于1978年退休。

■ 上图和下图都是1944年底在法意边境的阿尔卑斯防线上，特勤队员正在突袭一座小型碉堡。可以看到，上图左上角一名特勤队员正快速向碉堡突击，右下角的特勤队员则为他提供掩护。下图，特勤队员靠近碉堡后，将一颗破片手雷扔进碉堡的射击孔中。另一名队员手持汤普森冲锋枪继续为其提供掩护。从这两处场景来看，这应该是演习训练时的留影。

■ 这是1944年11月在法意边境附近，第1特勤队第3团的几名军官正迁入阿尔卑斯防线上的一处要塞中。阿尔卑斯防线作为马奇诺防线的一部分，主要用于防备法国南部的轴心国成员——意大利。在1940年的法兰西战役期间，当德军装甲部队横扫法国国土之时，意军也在法意边境发动进攻，但始终无法逾越这条依靠阿尔卑斯山区的险要地形修建的“小马奇诺防线”。

■ 左图是1944年11月在法意边境附近，第1特勤队第3团第5连的罗伯特·R·史密斯中尉（Robert R. Smith）在一座被毁坏的阿尔卑斯防线的要塞入口处，他身背重负。

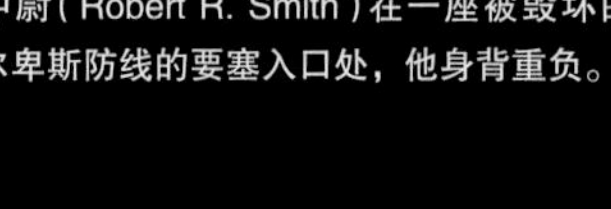

■ 左下图是1944年11月在法意边境附近，设在阿尔卑斯防线上的一座要塞中的第1特勤队的前线救护站，这些特勤队员都穿着M1937型羊毛/法兰绒衬衣、M1937型毛哔叽长裤或山地裤。可以看到要塞外墙上斑驳的弹痕和炮轰留下的缺口，要塞墙边还放着一捆担架。与东北部法德边界平坦、便于大规模军事行动的地形相比，法意边界几乎完全是崎岖不平的山地，巨大的天险阿尔卑斯山横亘其中，在大部分地区只有少数几个通道可以从意大利入侵法国。因此，这一段的马奇诺防线主要是以防守军事通道的据点构成，而且这里的大部分据点都是用历史悠久的老工事改造而来。只有滨海的阿尔卑斯山脉南部丘陵地区，山脉没有那么崎岖，人口稠密地区接近东北部边界，才修筑了一系列更为连续的工事，这段工事从地中海岸边的芒通沿着法意边界深入内陆大约55 公里。在整条阿尔卑斯防线上，共有22个大型和22个小型工事群，这些或大或小的工事群相互支撑，组成各个据点。得益于地利，阿尔卑斯防线上工事群的要塞，其规模和规范程度往往不及法国东北部的马奇诺防线上的同类要塞，里面配置的武器也不及后者全面，重炮数量更比不上后者——因为此处地形决定了大部队难以展开大规模的进攻。第1特勤队进入阿尔卑斯防线后，与意大利北部边境的德军进行小规模的接触战和突袭战，以及各种战斗巡逻和侦察活动。当时，德军也占据了部分要塞，与第1特勤队拉锯作战。

■ 这是1944年11月10日在法意边境的一座沿海的要塞外，第1特勤队的吉姆 · 萨默塞兹（Jim Summersides）与其战友丹 · 可贝尔（Dan Cober）合影。

■ 上图是1944年秋在法意边境的阿尔卑斯防线上，一名特勤队员在用望远镜查看敌情，不排除这是一次摆拍。他穿着白色一面朝外的二型M1942派克大衣和山地裤。注意他身旁的一个老式的碉堡，这可能是他们的哨所。下图是1944年秋在法国南部的法意边境，第1特勤队某支部队在这里搭建了一个前哨宿营地。

■ 上图是1944年秋在法意边境，第3团第6连的部分特勤队员合影。蹲在前排手握约翰逊 M1941型轻机枪的是来自加拿大安大略省的马歇尔 ·A· 威尔逊中士（Marshall A. Wilson），注意照片右侧还有1个育空河背架。在加入第1特勤队之前，威尔逊是加拿大陆军皇家里贾纳步枪团（The Royal Regina Rifles）中的一员。

■ 右页上图是1944年秋在法国南部某城镇中，第1特勤队的一名军官与两名美军女军人交谈，右侧这名女军人应该是个少尉或中尉。这名军官穿着二型 M1942双面派克大衣和 M1937型毛哔叽长裤。右页下图可能也拍摄于1944年底的法国南部，几名特勤队员在查看德军的1辆被击毁的“黑豹”坦克残骸。

■ 这是1944年11月在法国南部的法意边境，第1特勤队的补给队正拖运着物资送往前线，他们所处位置是在海滩附近。吉普车后的拖车里，用白色床单盖着的是炊事人员刚做好的面包。

■ 左图是1944年11月在法意边境的山道上，第1特勤队的补给队用人力和畜力将补给物资送往前线。镜头前这名特勤队员手里拎着一箱机枪弹药。第1特勤队于1943年底1944年初在意大利中部山区苦战时，其物资补给也是依赖这种方式进行，不过法意边境的环境比意大利中部山区要好一些，因为此时德国人已经兵败如山倒，第1特勤队的战斗任务不似在意大利那般艰苦。镜头前这两名特勤队员都穿着 M1941 型野战夹克。

■ 下图是1944年11月在法意边境的山道上，特勤队员背着补给物资送往山区前哨，他们背运物资的背架是模压胶合板背架。

■ 这是1944年底，第1特勤队的补给骡队行走在法意边境的乌尔斯山的山道上。

■ 左图是1944年秋在法国南部的一个补给点，第1特勤队第3团第2连的亚瑟·L·波特尔（Arthur L. Pottle）和1头为第1特勤队运输弹药和粮秣的骡子合影。注意他穿得到是一型M1943特殊橄榄绿人字斜纹布连体工装，这款连体工装与第1特勤队在海伦娜训练时穿的一型M1938连体工装相比，最大的区别是胸袋变成了1个。波特尔来自加拿大新布伦瑞克省的圣约翰市（St John），在加入第1特勤队前是加拿大陆军皇家炮兵第3（新布伦瑞克）海防团第15重炮连中的一员，1943~1944年在第1特勤队服役。

■ 下图可能拍摄于1944年秋法国南部靠近法意边境的某个小镇中，两名特勤队员和给他们运输物资的骡子合影。骑在骑在骡子上的是二等兵约翰·S·斯塔亚诺（John S Staiano），他身旁那名战友也穿着一型M1943人字斜纹布连体工装。

左上图是1944年11月在法国南部的法意边境附近，第1特勤队的一名穿着针织衫和山地裤的队员扛着储水囊往宿营地走去。右上图是1944年11月在法意边境附近，第1特勤队第3团第2营营部的约翰 · 马歇尔上士（John Marshall）骑着1匹运送物资的骡子行走在山道上，他也是为前线运送物资的人员之一。马歇尔来自加拿大萨斯喀彻温省（Saskatchewan）的北巴特尔福德市（North Battleford），原在第3团第2营第5连，后上调至营部。

下图是1944年11月在法意边境，第1特勤队第3团第5连的几名队员对着镜头做幽默的摆拍，他们有些穿着二型M1942双面派克大衣，有些还戴着M1941型卡其色羊毛针织帽。

这是1944年11月在法意边境的第1特勤队的一个前线哨卡，两名特勤队员合影。他们都穿着二型M1942双面派克大衣，右边那名队员手里还提着1支汤普森冲锋枪，他应该是负责这个哨卡的班长，注意他脚上穿的是M1943型战斗靴，第1特勤队在法国南部的战斗期间，这款战斗靴几乎完全取代了伞兵靴。另外，在法意边境的侦察巡逻并不太平，同样充满未知的危险。如“加拿大第1特种作战营”的战争日志记载：“1944年11月7日，晴朗，寒冷。第3团的一支巡逻队遇上了敌人的雷场，另一支巡逻队赶去救他们，结果遇上另一个雷区，2死7伤。这真是一个灾难性的夜晚。在那里巡逻至少要冒着最低风险。1944年11月12日，晴朗，寒冷。今天早上，第3团与一队相当有战斗力的敌军交战。昨夜敌军飞机过来空袭，导致一支在尼斯的巡逻队实施了灯火管制，但敌机什么也没投下。一天里，一条长长的车队穿过尼斯，据报告是一个美军师从国内调来。我们渴望被轮换的希望在上涨，这一周意味着我们已经参加法国南部的战役整整3个月了。”

■ 上图是1944年11月在法意边境，第3团第5连的马里诺·J·比安科(Marino J. Bianco)站在他的临时营房门口。他也穿着一件二型M1942双面派克大衣，腰带上别着M1911A1型手枪和3枚Mk IIA1型手榴弹。

■ 右图是第1特勤队曾装备的手榴弹和烟雾弹，包括：Mk 18型烟雾弹、燃烧手榴弹、各种Mk IIA1型手榴弹(包括装在带硬纸壳运输筒和两袋式帆布袋里的)。

这是1944年11月在法国南部，特勤队员杰克·H·赖特(Jake H. Wright)正在操作他的“小酿酒厂”，在他身后左侧的是比尔·齐基埃(Bill Zilkie)。

■ 本页至第842页都是美国陆军的周刊杂志《美国人》(Yank, the Army Weekly)的1944年12月29日第10期中的内容。这一期以第1特勤队为封面，并以图片形式介绍了第1特勤队1944年11月间在法意边境的阿尔卑斯山区作战的情形。其中本页上图是期刊封面，第3团第4连的二等兵巴尼 · 斯奈德(Barney Snyder，右)帮助四级技术军士哈罗德 · R · 欧文斯(Harold R. Owens)背上野战背包，后者准备前往战场。欧文斯脚边是1挺M1919A4型机枪。斯奈德被他的战友们称作“阿尔卑斯的丹尼尔 · 布恩”(Daniel Boone of the Maritime Alps，丹尼尔 · 布恩是美国历史上最著名的拓荒者和冒险家，肯塔基州的拓荒和殖民先驱)，注意他的山地裤腿袋中装着额外的枪榴弹发射器。

■ 右页上图是第1团第1营营长格雷厄姆 · M · 海尔曼少校(左)及营执行官小艾德蒙 · L · 米勒上尉(Edmund L. Mueller,Jr)在营部工作的场景，桌上威士忌酒瓶里装的是水。

左图是第3团第5连的二等兵詹姆斯·杰罗姆·德尔特斯克（James Jerome Dretzka）拉着驮运补给物资的骡子行进在法意边境阿尔卑斯山的崎岖山道上。下图第1特勤队的一支巡逻队出发前查看地图上的路线，2名队员互相给对方脸上涂抹伪装油彩。

这是在法意边境的阿尔卑斯防线上，第1团第1连的四级技术军士马里奥·A·伯特拉（Mario A. Bertera）拿着勃朗宁M1918型自动步枪在哨位上警戒，旁边的战友手持1支M1型步枪，他们都穿着二型M1942双面派克大衣。伯特拉来自第4游骑兵营A连，1944年3月在安齐奥加入第1特勤队。

■ 左图是1944年11月在阿尔卑斯山区的格拉蒙特山(Grammont)，第1特勤队第1团第4连的二等兵唐纳德·B·鲁(Donald B. Rew)的留影。他身背重荷，手持1挺约翰逊M1941型轻机枪。

■ 下图也是1944年11月在格拉蒙特山阵地，唐纳德·B·鲁手持约翰逊M1941型轻机枪摆拍。他穿着一件二型M1942双面派克大衣，脚上穿着M1943型战斗靴。

■ 这张照片也是1944年11月在阿尔卑斯山区的格拉蒙特山附近，第1特勤队第1团第4连的二等兵约瑟夫·F·齐普夫尔（Joseph F. Zipfl）的留影。他穿着M1941型野战夹克，头戴M1941型卡其色羊毛针织帽，手持1支汤普森M1A1型冲锋枪。齐普夫尔来自加拿大安大略省的韦兰市（Welland）。

■ 这是1944年11月在阿尔卑斯山区的格拉蒙特山附近，第1特勤队第1团第4连的3名队员合影。从左至右分别是：不知名、二等兵约瑟夫 ·F· 齐普夫尔、二等兵爱德华 ·T· 卡尔霍恩(Edward T. Calhoun)。卡尔霍恩手持1支汤普森冲锋枪，而齐普夫尔手中的摆拍道具变成了勃朗宁 M1918型自动步枪，而且，他的身上还斜背着一条子弹带，其上插着几个加兰德 M1型步枪的8发弹夹。

■ 左页图和上图都是1944年在法意边境，第1特勤队第2团第3连的亚瑟 ·E· 达布纳中士(Arthur E. Duebner)和他的汤普森 M1A1 型冲锋枪的留影，注意他穿着一双 M1943 型战斗靴。达布纳来自美军第86步兵师，1943年5月加入第1特勤队，1944年5月在安齐奥负伤，1944年9月在法国芒通再次负伤。第1特勤队撤编后，由于达布纳具备跳伞资质，于1945年1月转入美军第504伞兵团第2营 E 连继续服役，1945年在阿登战役中再次负伤。

■ 左图和下图都是第1特勤队加农炮连装备的M3型半履带75毫米自行加农炮在法国南部战斗时的照片。该连及自行加农炮都来自第6615游骑兵团，因为该团在奇斯泰尔纳被打残，其剩余人员和装备大部并入第1特勤队中。加农炮连直属于第1特勤队司令部，用于反坦克、反火力点等支援任务。当第1特勤队在法国南部需要自己的火炮去敲掉敌军的火力点时，加农炮连便发挥了作用。

■ 第1特勤队加农炮连装备的这款M3型半履带75毫米加农炮是以M3型半履带装甲人员运输车为底盘，安装法式M1897型75毫米野战炮。二战爆发时，M1897型野战炮仍是美军师属炮兵的中坚力量，1940年，看到德军装甲部队的巨大威力，美军决定临时研发一款自行反坦克炮来应急，M3型半履带75毫米加农炮应运而生。1941年，第1辆原型车诞生，被命名为T12型75毫米自行火炮并进行了测试。T12共生产了86辆，陆续在1941年八九月间交付部队；其中第1批36辆，测试完成后交给了第93坦克歼击营。1941年10月，改良后的T12被正式命名为M3型75毫米自行加农炮。1942年7月，新的M3A1型75毫米自行加农炮问世，与前者相比，M3A1采用了M2A2型炮架。在1942年2月至1943年4月间，M3和M3A1型75毫米自行加农炮共生产2116辆（不包括最初的86辆T12）。由于它是一款临时的自行反坦克炮，当M10型坦克歼击车问世后，它被迅速取代。

■ 上图是1944年在法国南部，第1特勤队加农炮连的代号号为“红桃”的M3型半履带75毫米自行加农炮及其车组乘员的合影。照片中从左至右分别是：炮手纳尔逊·E·赖斯（Nelson E. Rice）、车长大卫·L·本斯（David L. Bens）、装填手弗兰克·J·克利里（Frank J. Cleary）、驾驶员巴尔科姆（Balcom）。

■ 左图是1944年在法国南部的卡斯泰拉，基钦斯（W.E. Ketchens）与第1特勤队加农炮连的代号为“方块”的M3型半履带75毫米自行加农炮的合影。注意这辆自行加农炮的车身左前侧的挡泥板上，漆有一个黑底白边的扑克牌方块标志。另外，基钦斯也是前游骑兵，注意他的军装左臂上方，第1特勤队的臂章上是游骑兵的臂章。这种臂章佩戴方式在很多来自游骑兵的特勤队员中很流行。

■ 这是1944年11月在法国南部的法意边境，第1特勤队加农炮连的代号为“黑桃”的M3型半履带75毫米自行加农炮正以间接火力炮击遥远的敌军目标。加农炮连中，共有4辆自行加农炮，分别以“黑桃”、“红桃”、“梅花”、“方块”为代号。注意，自行加农炮上的车组乘员都穿着双面派克大衣。

劲旅消散

正值第1特勤队在法国南部及法意边境战斗期间，关于解散第1特勤队的呼声再次出现，这回美加两国政府都一致同意，不再需要这样一支部队了。

从直观上看，第1特勤队是加拿大“1944年征兵危机”的受害者。“1944年征兵危机”是加拿大志愿兵整体分配不当的结果，再加上当前加拿大第1集团军在低地国家战区的巨大伤亡——参战以来，加拿大人的伤亡率已经远高于英国在战争开始前提供给加拿大军事总部的预测数字，而这些数字是加拿大“1940年国民动员法案”得以实施的部分基础，这项法案中还规定征召的加拿大军事人员仅能用于本土防御，但现在，“一些加拿大培训的步兵人员被部署于海外”的意见已经引起了加拿大全面的政治恐慌。由此，随着渥太华为解决这种政治困境而缩紧海外兵员数额，由美加两国人员联合组成的第1特勤队自然随之“躺枪”。现实中，加拿大也需要更多兵员投入战场，由于无法向国内征召更多兵员，需要将第1特勤队中的加拿大兵员充实到其他加军部队中。而且，加拿大政府也认为第1特勤队的存在已经与建立它的初衷相违背了——这实在令人难以反驳，因为长期以来，第1特勤队几乎都是被作为一支轻步兵而非执行非常规战的特种部队来使用的。

面对盟友再次提出解散第1特勤队的要求，美国方面也大多持以同意态度。但是，第1特勤队的上级单位：盟军第6集团军群则提出了不同意见，他们希望能保留第1特勤队。斯科特 · R · 麦克迈克尔少校（Scott R. McMichael）在《轻步兵的历史透视图——战斗研究协会第6号研究概况》一书中叙述了这一历史片段：

“仅第6集团军群游说保留第1特勤队，因为它具备在雪地和山地行动中必备的特种技能。在对于进入德国南部地区的展望中，该集团军群设想将第1特勤队用于阿尔卑斯山、法国孚日山脉和最后的布莱克山脉（Black Mountains）等地区的军事行动。而且，该集团军群最近拒绝了美国陆军部将第10山地师配属给它的提议，这使它更担心涉及山地作战方面的问题（第6集团军群拒绝这一提议的原因，是由于缺乏输送骡马的运输工具舱位，第10山地师要到1945年3月才能抵达战区）。因为缺乏久经考验的山地作战单位，第6集团军群希望能保留第1特勤队。”

但是，加拿大军事总部的总参谋长肯尼斯 · 斯图尔特中将仍坚持解散第1特勤队。丹尼尔 · G · 丹科克（Daniel G. Dancocks）在《D日欺骗——加拿大人在意大利1943–1945》一书中记录了这一内容：

“斯图尔特将军已经要求解散第1特勤队，他指出，自从第1特勤队从1944年8月离开意大利到法国南部以来，‘对加拿大人的有效的行政管控几乎是不可能的了’。斯图尔特认为，‘这支部队如今已满是美国人，数量已经多到保留加拿大人在其中的价值已不明显。’美国方面的结论是，无论如何，第1特勤队已不再具有存在的价值……”

美加双方都认为，当初由于所有涉及挪威的任务的构想夭折后，第1特勤队经受的特殊的冬季训练就已经白费了，这支部队也就失去了存在的价值。而且从那时候起，第1特勤队几乎都被当做轻步兵来使用，这一角色使部队中受过专门的特殊训练的兵员数目显著减少。而随着从这两个国家获得的兵员的限制，特别是那些符合最初筛选标准的人员的减少，这支部队明显发生转变，它的麻烦超过了它的价值。另外，当初阿克赫斯特中校关于部队中加拿大人的问题的投诉，也并不是落在聋子的耳朵里，美国人也知道加拿大人的抱怨。而除了越来越多的抱怨外，一些加拿大高级军官也跳槽离开，如托马斯 · 吉尔迪中校便已经离开了第1特勤队，而第1特勤队中加拿大官阶最高的第1团团长阿克赫斯特中校也被临时调到了弗雷德里克的第1空降特遣队司令部中。

另外，当时在西北欧战场上，盟军已经确定要执行一项更大规模的空降行动——“大学”行动(Operation Varsity)，盟军计划在德军的通讯中心韦泽尔(Wesel)附近强渡莱茵河，这场行动是继1944年9月那场极大消耗了盟军空降资源而效果有限的“市场花园”行动(Operation Market Garden)之后，盟军的又一场大规模空降行动。而弗雷德里克的第1空降特遣队正在法意边境上的活动可说是“大材小用”，因此这支部队及其装备都被要求参与到“大学”行动中。这样，美国人能够使用第1空降特遣队(包括第1特勤队)中受过伞降训练的兵员参与行动，同时加拿大人也能使用第1特勤队中具有伞兵资质的加拿大人参战，而第1特勤队中剩余的加拿大官兵则可被充实到那些在意大利打硬仗的加军部队里。1944年9月底，弗雷德里克少将前往华盛顿期间，向马歇尔将军建议，就目前的编制状况来看，第1特勤队应予以解散。9月27日，弗雷德里克离开华盛顿，赶赴位于伦敦的欧洲盟军总司令部并就相关问题进行了谈论：“1. 解散特种部队的可能性。2. 整编及正确使用特种部队的必要性。3. 整编过程中所需的人员及设备。”在弗雷德里克拜访了欧洲盟军总司令部之后，1944年10月1日，司令部做出了解散第1特勤队的决定。接下来，这一消息被递交给马歇尔将军和第6集团军群司令雅各布 · L · 德弗斯将军：“建议解散特种部队，这仅限于弗雷德里克指挥的第1特勤队，他所指挥的空降兵单位则并入第1空降集团军中。”

解散第1特勤队的决定在美国陆军部和欧洲盟军总司令部之间进行了长时间的讨论，双方就怎样在未来的行动中更好地使用第1特勤队中的美军部队进行了争论。在此期间，华盛顿询问渥太华，他们对第1特勤队将在法国南部被解散是否有意见。自从斯图尔特将军最初于1944年1月提出解散第1特勤队的建议后，斯图尔特将军于1944年10月7日再次让加拿大国防部长清楚了解他的最终决定：“我建议第1特勤队中的加拿大部队予以解散，人员转移到英国进行重新分配。”

在美加双方达成一致的情况下，第1特勤队的命运就这样被最终确定了。解散第1特勤队和改编命令在11月便已下达，但当时相关消息仍处于保密状态，以至于正式的撤编命令下达前，相关内容在士兵们的书信中都未见任何踪迹。这是为了保证第1特勤队对当面敌军的威慑性。直到1944年12月3日，第1特勤队保障营的军官们才收到沃克上校的关于第1特勤队正式撤编的命令，加拿大军官们也在这一天得到通知。撤编仪式将于1944年12月5日在部队营地附近举行。

1944年12月5日下午14点，在卢普河河滩，第1特勤队和之前许多次一样，进行了全员检阅，但这是最后一次了。在哀悼了阵亡于法国战场上的队友后，第1特勤队的副官宣读了部队撤编的命令。在接受检阅的队伍中，军旗飘扬在队伍最前列，接着它被收入盒子里带离场地。在简短的演说中，沃克上校向部队里的加拿大战友告别。第1团团长、第1特勤队中的加拿大方面的最高长官阿克赫斯特中校已经离开法国前往意大利的阿韦利诺（Avellino），为第1特勤队的加拿大官兵的到来做准备。第3团团长贝克特中校在加拿大旗手的陪同下，站在队伍左前方。在一声命令——“所有加拿大人离队！”之下，加拿大官兵们撕掉军衔标志并在贝克特中校的身后重新列队，“加拿大第1特种作战营”第一次以独立的实体出现在公众面前。第1特勤队中的美国官兵则原地不动，他们身旁仍保持着加拿大战友离开队列后的空缺。当第442团级战斗队的军乐队开始奏响进行曲后，贝克特中校带领加拿大第1特种作战营一起从队伍前方走过，接受“最后的检阅”。

在成立和战斗近两年半后，第1特勤队终于被解散，结束了他们短暂而光辉的历史。

第二天晚上，加拿大第1特种作战营的官兵——共计37名军官和583名各军阶的士兵——收拾好行装，乘上了前往马赛的卡车，他们将在那里乘船前往意大利的那不勒斯。“第1特勤队”协会在《最后的阅兵》中记录下了战友分离的伤感瞬间：“美国战友们聚集在周围道别。车队开动，最后紧握的双手分开，逐渐消失在通往海岸的公路上……”抵达意大利后，这些加拿大官兵将立即前往阿韦利诺的加军司令部报到。在那里，原本要在意大利或法国南部加入第1特勤队的补充兵员和原第1特勤队中未进行伞降训练的官兵共414人，大多数被分配到加拿大第1军的预备队或在荷兰的加拿大第2军中。而具备伞降资质的295名加拿大官兵——这批人是第1特勤队核心力量的组成部分——随后被送往英国，这批人在那不勒斯登上“阿伦德尔堡”号（Arundel Castle）游轮，于1945年1月6日登陆英国并在威克斯少将（E. G. Weeks）到来前进入奥尔德肖特的维多利亚军营（Victoria Barracks）中的加拿大第5步兵训练预备队。但是，这批加拿大官兵很快便接到了一个令人难受的消息——第1特种作战营也将被解散。据加拿大第1特种作战营战争日志记载：

“1月9日上午11点，威克斯少将抵达营地并向官兵们敬礼后，告诉所有人，加拿大第1特种作战营将不复存在，他代表总参谋长对他们所做的一切表示感谢。出于安全的因素，他们的功绩将会被保密，他对此深感抱歉，但总有一天，他们的故事将会被人们所传颂，他们将会得到应得的评价。”

接下来，他们中一部分人将被派遣到德国，编入加拿大第1伞兵营——这个单位在两年前为第1特勤队输送了大批人员——并作为英军第6空降师的一部分渡过最后的战争岁月。剩下的人或选择留在英国，作为教官培训增援部队；或选择

■ 这是1944年12月3日或4日在法国南部城镇尼斯，第1特勤队里的加拿大军官的告别式合影。其中第一排从左至右分别是：第3团第2营营长约翰·G·伯恩中校、第3团团长拉尔夫·威尔森·贝克特中校、第1团团长阿克赫斯特中校、第1团团部的温斯顿·梅尔少校（Winston Mair）、约翰·比斯科少校（Biscoe）。第二排左二是斯坦利·C·沃斯特少校，第二排右二是第1团第2营营长杰拉德·W·麦克法登少校。

接受候补军官训练。虽然加拿大第1特种作战营的官兵们各奔东西，但这支部队直至1945年5月5日才正式解散，这是因为丘吉尔出于欺骗德军和对当时仍占据挪威的敌军进行威慑的需要。

至于第1特勤队中的美军官兵，则于1944年12月28日离开法国南部，乘坐火车于4天后来到诺曼底海岸的滨海巴纳维尔（Barneville-sur-Mer），这里与根恩西岛（Guernsey）、奥尔德尼岛（Alderney）和萨克岛（Sark）相对（这几个岛还在德军手上）。关于这批大约1800人的剩余人员，将被改编为一个新的特殊单位。早在1944年10月7日时，马歇尔将军便建议："从长远来看，第1特勤队中的美国成员们，应该集体保留在一支游骑兵式的部队中，以避免有丰富战斗经验的人员的浪费和宝贵的训练经验的损耗。"就在马歇尔将军暗示新组建一支游骑兵单位时，盟军第6集团军群司令德弗斯将军也在10月11日建议，对第1特勤队进行重组或重新指定为第7集团军下属的1个团。如果无法实现这一点，那么可以尝试将其编成3个游骑兵营。在综合考虑所有因素后，美国陆军部和欧洲盟军总司令部最后同意将这批人员编成1个团。然而，这个团所获得的人员只有来自第1特勤队的兵员和第552反坦克连的兵员共不到2000人。该团将被至于第7集团军的编制下。为了使这个团齐装满员，至少还需要额外补充1150人。10月20日，马歇尔向艾森豪威尔建议，将由美籍挪威人组成的第99独立步兵营的700人编入这个团，填满这支部队；至于剩下的缺员，相信很快就能从其他部队抽调兵员补上。

这里要介绍一下第99独立步兵营。1942年春，在美国陆军中出现了把美国的挪威侨民组建成一个营的提议。5月25日，陆军部长决定，实施关于招募外国侨民编成营级单位在美军中服役、打造美国版的"外籍军团"的计划。这第一个就是挪威人营，6月16日，陆军部长正式批准该营成立。接下来被提议组织的是一个墨西哥人营和一个奥地利人营，其他的都还停留在纸面上。二战时期，美军的"外籍军团"共有21个营，番号从第99至第120。包括前文提到的由美籍日人组成的第100独立步兵营也是这些步兵营中的一员。

虽说组建美国陆军的外籍军团听起来有些奇怪，但这些单位在战争中提供了很多用途。首先，如果战争中，盟军进入这些国家，那么就可以充分利用这些独立步兵营所代表的政治意义或其语言、文化背景，便于占领工作的开展。而且，这些单位的组建可以为美军在将来的行动中优化现有的兵员素质。最后，这些独立步兵营的组建也是当时美国情报协调局（Office of the Coordinator of Information，成立于1941年7月11日，是美国政府的一个情报和宣传机构）的一个远景规划。

1942年9月1日，第99独立步兵营在明尼苏达州的里普利军营（Camp Ripley）正式成立，营长为汉森上尉（H.D. Hanson），编制为1001名士兵，在美军第2集团军序列之下。其"独立"标签意味着它不隶属于某个特定的团。第99独立步兵营的人员除了来自美国各地的挪威侨民，还有曾居住在瑞典、丹麦、加拿大、法国、英国、德国、芬兰、意大利、巴拿马、瑞士、巴西和阿根廷的挪威人，这些人中很多都是从被纳粹德国占领的祖国逃亡出来并辗转至美国的。

1942年12月17日，第99独立步兵营移驻科罗纳多州的赫尔军营（Camp Hale）的山地训练中心受训。在那里，他们获得了770名兵员并接收特殊训练，为丘吉尔提出的突袭挪威的行动做准备。该营指挥官改由特纳中校（R.G. Turner）担任，刚晋升为少校的汉森转任他的执行官。

另外，第99独立步兵营成立后，由于其组成人员的特殊性，该营被战略情报局当做一个招募基地来使用，1943年时，战略情报局便从该营挑选了80名志愿者和12名军官成立了一个挪威特别行动组（Norwegian Special Operations Group），除了负责一些翻译工作或承担一些准军事任务外，更重要的是准备用于在挪威执行秘密任务，但到了1944年，这个行动组改为在法国的敌后战场上执行秘密任务。

1943年9月5日，第99独立步兵营从纽约登船前往英国。登陆英国后，他们在威尔士进一步接受山地训练，为丘吉尔所打算的关于挪威的欺骗行动做准备。盟军登陆诺曼底后，第99独立步兵营也于1944年6月21日晚在奥马哈滩头登陆。在6月至8月间，该营作为美军第1集团军的临时游骑兵团的一部分参加了在瑟堡（Cherbourg）的战斗，并作为装甲步兵突入塞纳河（Seine River）岸边的埃尔伯夫（Elbeuf）。在埃尔伯夫的战斗期间，特纳营长负伤，汉森接替了他的职务。9月，第99独立步兵营与美军第2装甲师在比利时战场流血。10月，第99独立步兵营与盟军一起攻入德国本土。在那里，该营被派往封锁亚琛（Aachen）包围圈里的德军可能的一条逃跑路线——亚琛－科隆（Cologne）公路。

■ 这是第434独立步兵团的臂章，外形沿袭的第1特勤队臂章的矛尖式样。

10月22日，陆军部核准了将第99独立步兵营并入第474独立步兵团的计划。但这个计划没有被第6集团军群司令德弗斯将军所接受，他不希望弗雷德里克的第1空降特遣队或沃克的第1特勤队解散，要求保留第1特勤队中的美军部队，因为无论是在沿着法意边境针对意大利的行动、在孚日山脉的行动和将来在德国黑森林的行动，他都需要这么一支受过特殊训练的精英部队。而第12集团军群司令奥马·纳尔逊·布雷德利将军（Omar Nelson Bradley）在10月25日表示，只要第99独立步兵营仍留在第12集团军群内，他不反对该营的改编计划，因为在当时，第12集团军群被考虑用于将来解放挪威，布雷德利也需要这么一支受过山地训练的部队。为解决这一问题，德弗斯将军得到了额外的9个步兵团，在此基础上，他不再需要第1特勤队里的美军部队，由此通过了第1特勤队的撤编和改编计划。

1944年11月3日，马歇尔将军批准解散第1特勤队，并在原基础上组建第474独立步兵团。11月11日，第1特勤队解散并与第552反坦克连编为第474独立步兵团，这部分人员编为该团的第1营、第2营和反坦克连，但正式撤编和改编工作直至1944年底和1945年初才开始。

1945年1月6日在滨海巴纳维尔，第1特勤队中的最后剩余人员被改编为第474独立步兵团，埃德温·A·沃克上校继续担任团长。就在同一天，该团就接到了欧洲战区作战司令部的命令，要求该团近400名在海伦娜接受过伞训的成员作为补充兵员派送给盟军第1空降集团军第18空降军。3天后，8名军官、345名志愿者和被指定的士兵乘坐卡车至拉艾－迪皮（La-Haye-du-Puits）火车站，随后被派往最后的分配单位——第82空降师、第101空降师和第17空降师中。

而第99独立步兵营直至1944年12月仍在东部战斗。他们在12月第一周被用来支援阿登高地（Ardennes）上被切断的美军防线。在那里，他们抵御马尔梅迪（Malmedy）南面的党卫军部队的进攻，并引导对邻近地区的突袭。1945年1月6日，该营转至比利时的斯塔维洛特镇（Stavelot）守备防线并巡逻，直至1月18日才撤离。1月19日，

■ 左图是第474独立步兵团的五级技术军士查尔斯·E·莱所穿着的M1944型橄榄褐色毛料野战夹克。根据美军制服上的徽标穿戴原则，他在右肩上佩戴着老部队第1特勤队的红色矛尖臂章和三色饰绳，左胸除了伞兵资质徽章和勋章略表外，还佩戴了战斗步兵徽章和专家射手徽章。左袖口的海外服役年限徽章的4道横杠表示他已经在海外服役2年。M1944型野战夹克是美军在二战末期最新研发的一款新的战斗服，但却阴差阳错地成为取代A类常服的新式常服。M1941型野战夹克问世后，1943年初，北非和欧洲战场上的战斗证明了A类常服和M1941型野战夹克并不适用于作战，尤其是后者，开始被定位为全天候战斗服的M1943型野战夹克取代。但是，在1943年5月15日，美国陆军航空运输司令部（Air Transport Command，缩写为ATC）建议研发一款可以穿在M1943型野战夹克下的作为内胆的齐腰短款毛料野战夹克。1943年秋，一款美国陆军航空兵的原型夹克被送往欧洲战区军需部，交给欧洲盟军总司令艾森豪威尔将军进行实地检验和应用。在这款新型野战夹克被送往欧洲战场之前，艾森豪威尔已经已经得知新型野战夹克被研发一事并对此产生了极大兴趣，他是甚至亲自指导制服的设计。根据艾森豪威尔的要求，这款野战夹克采用齐腰风格——这源于他对英军作战服的青睐，但他同时要求该型夹克具备更多的不同风格。1944年11月，这款野战夹克正式配发美军，配特殊橄榄褐色（美军编号OD-33号）18盎司毛哔叽野战长裤，称为M1944型橄榄褐色毛料野战夹克，又被称为“艾森豪威尔夹克”（Eisenhower Jacket）或“艾克夹克”（Ike jacket，“艾克”是艾森豪威尔的昵称）。该款野战夹克的最初目的是可作为战斗服独立穿着，或作为M1943型野战夹克的内胆与前者一起穿着、甚至取代M1943型野战夹克，但它在问世后，不仅无法取代前者，反而被定位为一款新的常服，并逐渐取代了A类常服。作为常服穿着的“艾克夹克”，其上各种标志的佩戴规则与A类常服相同。

■ 右图是第474独立步兵团的一等兵奥古斯都·C·埃德布林克所穿的M1944型野战夹克，埃德布林克原来是美军第9步兵师第39步兵团反坦克连的成员，参加过登陆北非的战斗，后被德军俘虏，埃德布林克幸运地从战俘营中逃脱并找到友军。在回到美国后不久又被送回欧洲战场，在那不勒斯进行短期训练后被送往法国南部，在那里加入第1特勤队第3团第5连，他在右肩上继续佩戴着红色矛尖臂章。夹克左胸位置佩戴着战斗步兵徽章、勋章略表、一等射手徽章和专家射手徽章。右胸是刺绣的光荣退役徽章（Honorable Discharge Emblem）。夹克左袖口上的海外服役年限徽章表示他已经在海外服役2年半。从某个方面来说，M1944型野战夹克不过是英军战斗服的仿制版；或者说是M1943型野战夹克的齐腰版。它采用了橄榄褐色18盎司毛哔叽布料，增加了内衬厚度；可立领的V型翻领设计；夹克下摆采用新型收腰设计，可调整腰扣带；暗门襟；纽扣都采用暗藏式设计；胸前口袋为有盖式和褶盒形特大贴袋设计；保留肩袢；袖子宽松，以便添加内层衣物；从肩部到腰部各有一条活动皱褶，便于人体运动。和A类常服一样，这款野战夹克的军官版与士兵版在细节上的也有所区别。直至欧洲战场的战事结束，M1944型野战夹克都没有完全配发一线部队。而且，由于当时美军着装并没有严格的条例限制，加上美军在盟国的一些主要城市都有军人自购商店来满足军人对于生活以及服装面料的需要，很多军人私人订制“艾克夹克”，因此出现很多细节上诸多不同的“艾克夹克”，如面料更讲究；腰带设计上，既有英军战斗服式的腰带，也有暗扣式的腰带，有些甚至没有设计腰带；袋盖式样，军官和士兵款式混用；有些款式甚至采用了明扣和明门襟设计等等。由于这款制服的配发时间正好与第1特勤队的撤编时间重合，因此第1特勤队装备这款制服之时，基本上已经不复存在了。不过穿着这款制服的原特勤队员，还会将老部队的臂章和三色饰绳继续佩戴在制服上。

第99独立步兵营正式编入第474独立步兵团，作为该团的第3个步兵营。1月22日，第99独立步兵营抵达滨海巴纳维尔，与第474独立步兵团会合。第99独立步兵营登陆法国后，在多次战斗中共阵亡52人，这次编入第474独立步兵团，并没有将其重新指定其为“第3营”，而是保留了其番号，但它也不再是“独立”营。

第474独立步兵团是一支由许多不相关的单位组成：684名官兵来自最初的第1特勤队，434名官兵来自第1、第3和第4游骑兵营，900名官兵来自第99独立步兵营，156名官兵来自第552反坦克连，另外还有1064名原来分配给第1特勤队的补充兵员，如今也一起被编入第474独立步兵团中。该团包括团部和1个团部连、1个勤务连、1个加农炮连、1个反坦克连、1个医疗分遣队和3个步兵营。

最初，第474独立步兵团作为一支海岸防御部队，在拉艾－迪皮和瑟堡之间巡逻，防备仍占据海峡岛屿的德军登陆沿海地区袭扰法国本土。

在经过重新编组和训练后，第474独立步兵团被编入巴顿的美军第3集团军中，该团于1945年4月1日离开巴尔纳维尔（Barneville）赶往亚琛。他们尾随第3集团军的推进，担任集团军的后卫安全任务，防备间谍和纳粹顽固分子对第3集团军的袭扰。在亚琛，第474独立步兵团被分散使用，第1营和第2营协助集团军在亚琛的作战行动，第99步兵营则被派往赫茨菲尔德（Hertsfeld）协助第3集团军执行占领军的任务。

当时，盟军监控着挪威的局势，担心随着战争接近尾声，狂热的纳粹分子、德国派往挪威的帝国专员（Reichskommissar）约瑟夫·特博文（Josef Terboven）会把挪威作为纳粹德国领导人的避难所和最后的阵地。为应对这种可能性，位于伦敦的特种部队派遣小规模的突击队进入挪威，监控当地局势，并协助挪威的反抗组织保护该国重要的基础设施不被敌军所破坏。而且，盟军还计划派遣更大规模的部队执行类似任务。

1945年4月30日，希特勒饮弹自裁，取代其担任纳粹德国领导人的德国海军上将卡尔·邓尼茨（Karl Dönitz）在5月1日命令挪威武装部队总司令兼德军第20山地集团军司令弗朗茨·伯梅（Franz Böhme）和帝国专员约瑟夫·特博文放弃抵抗，盟军关于纳粹德国会利用挪威背水一战的担忧得以平息。1945年5月8日，纳粹德国的代表在柏林和盟军签署德军无条件投降书，第二次世界大战欧洲战事结束。5月9日，沃克上校接到命令，将第474独立步兵团转调到挪威，他们将作为小欧文·萨莫斯准将（Owen Summers Jr.）的A特遣队的一部分，参与“长明灯行动”（Operation Nightlight），维持挪威的社会治安，将30多万德军部队解除武装并遣返回国——这部分德军是纳粹德国的投降协议之外单独投降的。5月13日，第474独立步兵团启程，他们于5月29日抵达法国的港口城市勒阿弗尔（Le Havre），登船前往挪威。6月4日至5日，第474独立步兵团抵达挪威首都奥斯陆（Oslo），开始履行职责。在挪威期间，他们总共协助遣返了36.5万名投降德军官兵，他们还帮助处理了1.1万名无家可归者和遣返了超过8万名盟军战俘。在挪威执行任务期间，他们收获了挪威国王的感谢和赞誉。

1945年10月15日，结束使命的第474独立步兵团登上“多米尼加胜利”号（Dominican Victory）胜利轮（Victory ship，第二次世界大战中建造的高速涡轮机货船）离开挪威，于10月25日回到纽约。次日，第474独立步兵团（除了第99独立步兵营之外）在纽约的尚克斯军营（Camp Shanks）被撤编。1945年11月2日，在马萨诸塞州的迈尔斯·斯坦迪什军营（Camp Miles Standish），第99独立步兵营也被撤编。第1特勤队的历史彻底画下了句号。

上图和右图都是1944年12月初，维尔夫纳－卢贝的第1特勤队宿营地的场景，第1特勤队便是在这里举行了撤编仪式。下图是1944年12月在维尔夫纳－卢贝的第1特勤队宿营地里，第1特勤队用帐篷搭建了简易洗澡房，特勤队员正在打扫个人卫生。

■ 左上图是1944年12月在维尔夫纳－卢贝的宿营地里，这名特勤队员怀里揣着一大堆口粮、香烟、啤酒，在他身旁是一个烧烤摊。看样子他们是准备进行一场难得的聚餐。右上图是在维尔夫纳－卢贝的营地里，喝得醉醺醺的第3团第5连的二级军士长詹姆斯·E·图索(James E. Tuso)，注意他嘴角的伤口，这很可能是他与美军其他部队的战友打酒架造成的。

■ 左下图是1944年12月在维尔夫纳－卢贝的宿营地里，几名特勤队员正在看《星条旗报》。右下图是第3团第5连的特勤队员温德尔·约翰逊(Wendell Johnson)正在领取他的薪水。他穿着一件二型 M1942 双面派克大衣，头戴羊毛编织帽。在第1特勤队这支国际部队里，加拿大官兵的薪水是由美国政府支付的，不过加拿大政府会对此进行偿还；而且，由于执行标准不同，加军官兵的薪水往往比他们的美国同袍要低上一截。镜头前最右侧的站立者是第3团第6连的约翰·德马尔·雷德中尉(John Demar Redd)，雷德来自美国犹他州，1941年4月服役。

上图也是1944年12月在维尔夫纳－卢贝的宿营地里，正值发饷日，第3团第2营营长约翰·G·伯恩中校（左一）正在主持营里的发薪。伯恩来自加拿大魁北克。

左图是1944年12月在维尔夫纳－卢贝的宿营地里，第3团团长贝克特中校（右三）、第2营营长约翰·G·伯恩中校（右二）正与一名加拿大军官闲谈，注意镜头右边这3名军官都穿着A2飞行夹克。

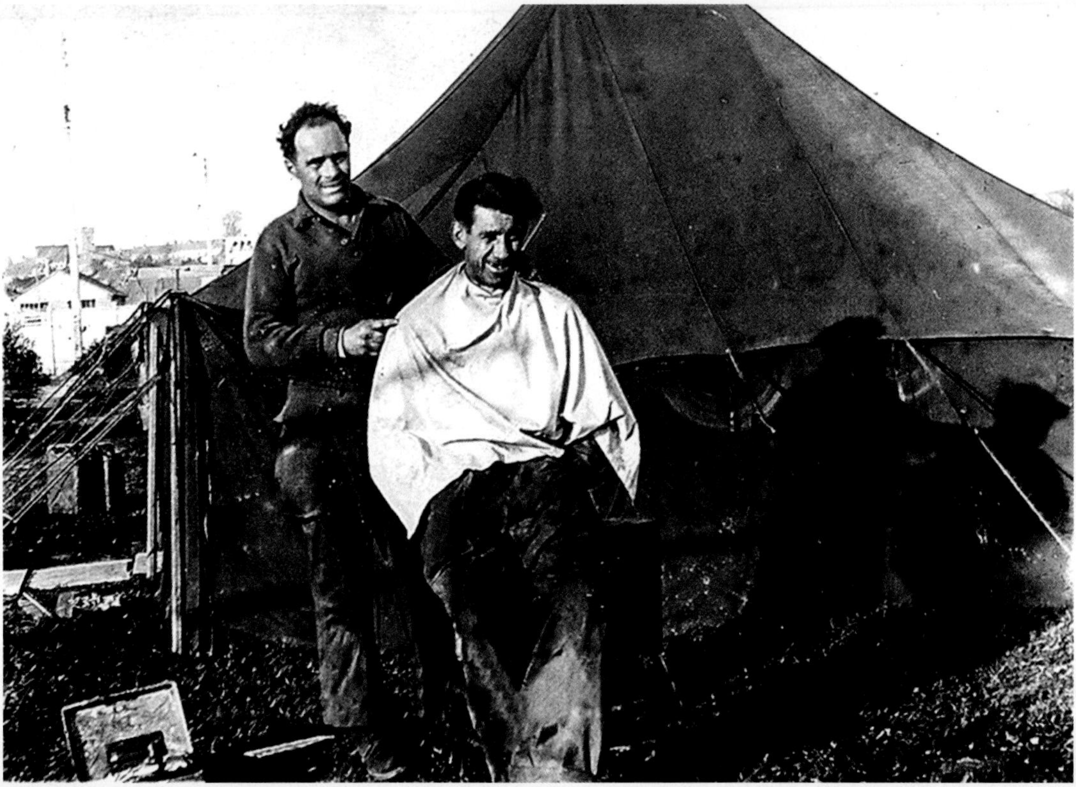

■ 上图可能拍摄于1944年12月初的维尔夫纳－卢贝宿营地，第1特勤队保障营维修连的约翰·S·斯塔亚诺在给战友剪头发。斯塔亚诺在入伍前是一名半熟练机动车修理工，1942年11月加入美军，后转入第1特勤队服役。

■ 下图也是1944年12月3日或4日在法国尼斯，第1特勤队指挥官沃克上校（第二排左三）与加拿大军官们最后合影。从照片上可以发现，这些军官的着装各异，有些穿着M1943型野战夹克，有些穿着M1941型野战夹克，还有些穿着从海伦娜带来的A2飞行夹克，有些则穿着M1937型衬衣，注意第二排右三那名身穿英式野战服的军官，他可能并非第1特勤队中的一员。

本页至第865页都是1944年12月初在维尔夫纳－卢贝的宿营地，面临撤编的第1特勤队各单位最后的合影。其中上图是第2团第3连部分队员合影。下图是第3团第1连部分队员合影。他们都穿着M1937型羊毛/法兰绒衬衣和M1937型毛哔叽长裤，这款制服兼具战斗服和常服功能，第1特勤队也是穿着它举行撤编仪式的。

上图是第3团第3连部分队员合影，下图是第3团第5连部分队员合影。其中第三排左五那名队员名叫哈罗德 ·W· 西布利(Harold W. Sibley)，左六是该连的一名中尉军官，可能是位排长。

上图是第3团第6连第3排队员合影。下图是第3团第6连连部人员合影，其中后排右二那名穿着 A2飞行夹克的上尉是该连连长大卫 · H · 尤斯廷，尤斯廷曾因1943年12月在意大利中部山区的战斗中的英勇表现而获得银星勋章。

上图是第2团第1连部分队员合影。其中第二排左二是托马斯 ·E· 芬顿，右一是爱德华 ·C· 范奥斯戴尔，这两人都是拉蒂芬萨山之战前负责勘察、挑选登山路线的主要侦察人员，也是最先登上拉蒂芬萨山的尖兵，他们为突袭行动的成功立下了首功。下图是第1团团部部分队员合影。

■ 上图是1944年12月5日在维尔夫纳－卢贝的宿营地旁，来自美军第442步兵团的军乐队正在为第1特勤队的撤编仪式奏乐，他们奏响的是美加两国国歌。

■ 下图是12月5日在第1特勤队的撤编仪式现场，特勤队员们向他们的军旗告别。接下来，这面军旗被卷起收藏起来。第1特勤队的军旗在1943年4月正式启用，在阅兵、颁授勋章、追悼阵亡同袍时与美英两国国旗一起打出，同时作为第1特勤队的象征。

上图是在12月5日的撤编仪式现场，加拿大第1特种作战营的37名军官和583名士兵列队走过，第一次接受检阅。下图是加拿大第1特种作战营走过时，他们的美国同袍向他们敬礼。

下图应该也拍摄于1944年12月5日的第1特勤队撤编仪式现场，在此列队的是第3团第1营的队员们。

上图是1945年1月9日在英国奥尔德肖特的维多利亚军营里，加拿大国防总部的行政主管威克斯少将（图中穿大衣敬礼者）在大雪中检阅加拿大第1特种作战营。走在队伍最前面的是该营指挥官阿克赫斯特中校，他们都是在第1特勤队中历经恶战、具有伞兵资质的精英。注意这些人中，有些佩戴着英式跳伞资质徽章，有些还继续佩戴美式跳伞资质徽章。

下图是检阅仪式后，加拿大第1特种作战营的官兵们正在听威克斯少将宣布该营撤编的公告。图中第一排从左至右分别是：原第1特勤队第1团第2营营长杰拉德 ·W· 麦克法登少校，斯坦利 ·C· 沃斯特少校，原第3团第2营营长约翰 ·G· 伯恩中校；图左侧，麦克法登身后的是原第2团第4连连长威廉 · 斯托里中尉。图右侧，直面镜头的是原第3团第4连中士查尔斯 ·W· 曼（Charles W. Mann）。这些官兵已经返回加拿大陆军的编制之下，他们都穿着加军的英式作战服，佩戴加军军衔。但是他们所有人仍佩戴着第1特勤队的臂章，而且，军官的贝雷帽上仍以第1特勤队的交叉箭头作为帽徽。

这是1945年在英国，这几名原第1特勤队的加军士兵合影。因为他们曾在第1特勤队中接受过跳伞训练，拥有志愿加入加拿大第1伞兵营的机会。同时，他们还需拥有加军标准的跳伞资质。这几人应该也是加拿大第1特种作战营的队员，返回第1伞兵营也是在第1特种作战营撤编后，部分队员的另一条出路。加拿大第1伞兵营成立于1942年7月10日，这个单位在第1特勤队组建之初便为后者输送了大批具有伞训经验的队员。1945年，部分加拿大的前特勤队员又来到这个单位直至战争结束。

这是1945年1月初，这几名具有跳伞资质的原第1特勤队的美国士兵离开驻地，前往盟军第18空降军报道。当时，共有近400名具有跳伞资质的前特勤队队员被调到该单位。

▶ 这是1945年在法国的滨海巴纳维尔，第474独立步兵团团长沃克上校（右一）正在检查部下们的训练状况。注意，除了沃克上校是穿着卡其色一面的二型 M1942双面派克大衣外，其他人都穿着白色一面的派克大衣。图中左一那名士兵背着一个 M1928型帆布背袋。

上图是1945年在法国的下诺曼底（Basse-Normandie），第474独立步兵团的士兵们正在进行步枪射击训练。他们在滨海巴纳维尔训练期间，还需要执行海岸线巡逻任务，防备德军海岛卫戍部队的偷袭。下图是1945年在法国诺曼底地区，这3名来自第474独立步兵团的成员在通往圣罗（Saint Lo）的路标前合影。从左至右分别是：穿着M1943型野战夹克的红十字会的盖提 · 佩奇（Getty Page），穿着A2型飞行夹克的指挥部连的天主教牧师罗伯特 · G · 埃西格上尉（Robert G. Essig），穿着二型M1942型双面派克大衣的司令部摄影师路易斯 · J · 梅里姆。

■ 这是欧洲战事结束后，美军第474独立步兵团的两名士兵正等待从德国运返法国。他们将从法国前往挪威，执行维护挪威社会秩序和遣返德国战俘等任务。左边的士兵穿着一件二型 M1942 双面派克大衣，右边的是一名一级军士长(Command Sergeant Major)，他穿着一件 M1943型野战夹克和山地裤。他们的着装习惯还与第1特勤队时一样。值得一提的是，在1945年4月15~18日期间，第474独立步兵团还执行了一项特殊任务：参与运输护送盟军从德国的莫克斯盐矿(Merkers)发现的巨额宝藏，这些宝藏都是战争时期被纳粹从各国掠夺的文化艺术珍品和贵重金属货币等。这支护送车队代号为“汉森特遣队”(Task Force Hansen)。据统计，车队共运送了3762袋货币，8307块金条，3326袋金币，以及不计其数的银制品、铂金、珠宝及艺术珍品。

■ 上图是美军第474独立步兵团第99营（即第3营）的臂章，其中的图案与第474独立步兵团的臂章图案大同小异。左图是进入挪威的美军第474独立步兵团第99步兵营M连的官兵，他们乘坐在1辆M8轻型装甲车上，注意车头正中的五边菱形，这个标志也是第1特勤队留下的。该营的组成人员都是美籍挪威人，出于政治上的考虑，盟军让这支部队亲手解放自己的祖国，

■ 下图是1945年4月在德国纽伦堡，美军第474独立步兵团第99步兵营指挥部连人员和他们的M8轻型轮式装甲车的合影。照片中从左至右分别是：罗伊 · 卡尔森（Roy Carlson）、艾伯特 · 史密斯（Albert Smith）、约翰 · 斯泰宾（John Strebin）。

本页3幅图可能都拍摄于1945年5月29日法国港口勒阿弗尔，第474独立步兵团在这里乘船前往挪威。左图镜头前的便是原第1特勤队第3团第6连连长大卫·H·尤斯廷上尉。此时他已经更换了新式的M1944型橄榄褐色毛料野战夹克，但仍佩戴着第1特勤队的三色饰绳。

右图是一群从卡车上下来准备登船的第474独立步兵团的士兵。注意卡车旁对着镜头微笑的那名士兵穿着M1941型野战夹克，与身旁穿着M1943型野战夹克或M1937型衬衣的战友比起来相当显眼。

左图是第474步兵团的一队士兵准备登船前往挪威。

■ 上图是1945年5月18日在挪威首都奥斯陆，美军第474独立步兵团团长沃克上校（镜头前右一）参加民间活动，在他身边的是美军A特遣队指挥官小欧文 · 萨默斯准将。注意沃克上校的M1943型野战夹克上佩戴着该团的臂章。在挪威执行解除投降德军武装并遣返德军人员任务的过程中，第474独立步兵团处于A特遣队的指挥序列之下。

■ 下图是1945年6月7日在奥斯陆港口，挪威国王哈康七世（Haakon VII，左一）及其王室成员在战争结束后返回挪威，他身旁那个孩子就是今天的挪威国王哈拉尔五世（Harald V）。当时，第474独立步兵团第99营因为其美籍挪威人的身份，被王室“借”来作为国王的仪仗队。他们就站在照片左边未显示处。

■ 上图是1945年在挪威，美军第474独立步兵团的军官正在审查、遣返战后投降的德军官兵。

■ 左图是1945年在挪威，第474独立步兵团第99营的士兵送别被解放的苏军战俘回国。该营参战时在美军第2装甲师编制之下，后转调至美军第19军第30步兵师麾下，最后调到第474独立步兵团，参与了解放祖国的行动。

上图是1945年7月4日在挪威的奥斯陆，美军474独立步兵团第99步兵营列队走过挪威街头。当日是挪威政府设立的盟军日（Allied Day），盟军在奥斯陆举行了盛大的阅兵游行活动。注意他们通过的彩门，其上打出了英文、挪威文和俄文标语：挪威感谢你们。彩门上还有英美苏三国国旗。值得一提的是，在1944年底至1945年初，第99独立步兵营的一队人还在威廉 · 科尔比少校（William Colby）的率领下参与了名为"挪威松鸡"的破坏行动（Operation Rype），这是为防止驻挪威的德军逃往欧洲大陆而对挪威的铁路线进行破袭的行动。下图也是7月4日当天，参加阅兵游行的美军A特遣队第474独立步兵团的官兵们。这些官兵们都穿着M1944型橄榄褐色毛料野战夹克。

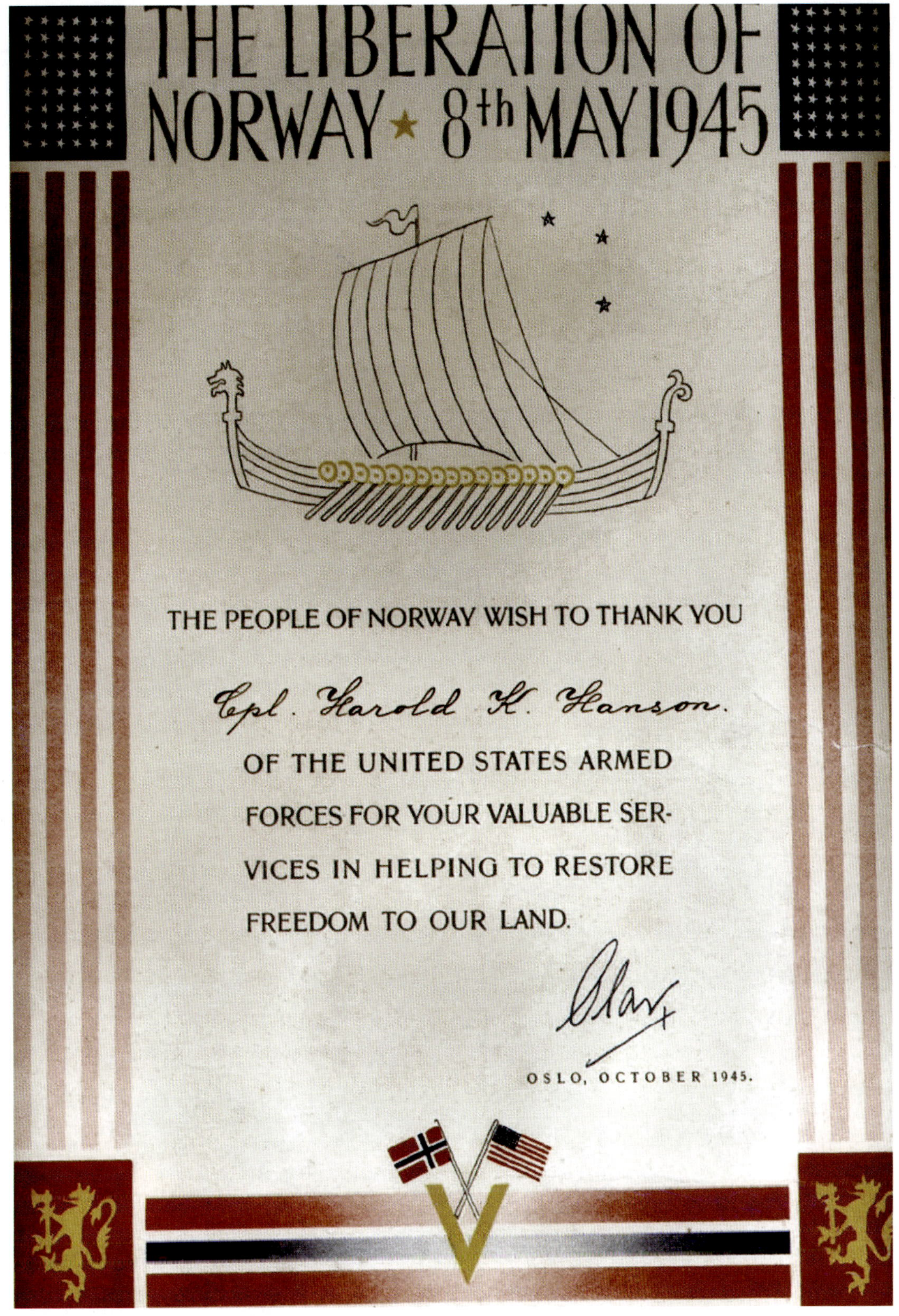

■ 这是1945年10月，由挪威王储奥拉夫（Crown Prince Olav，即后来的挪威国王奥拉夫五世）签发给美军第474独立步兵团每一位成员的解放荣耀证书，感谢他们对解放挪威所作出的卓越贡献。证书中间的手写体文字表示这份证书的持有者名叫亚尔马 ·（Hialmar Udsfrand），他是该团第99步兵营的成员。

荣誉与传承

无上荣光

第1特勤队堪称第二次世界大战中最富传奇色彩的战斗单位之一。从1942年7月组建，1943年8月投入战场，至1944年12月撤编，在历时2年半的时间里，这支部队先后转战太平洋战场、地中海战场和欧洲战场，参与了阿留申群岛战役、意大利中部突破伯恩哈特防线战役、安齐奥战役、解放罗马之战、登陆法国南部之战以及法意边境的行动等多场战役。即使被解散后，他们仍作为美军或加拿大军的一部分，参与了在意大利和西北欧战场上的最后的战役。第1特勤队可以说是二战时期为数不多的在如此短时间内转战如此长距离的战区且完成这么多战斗任务的部队。在众多战役中，第1特勤队的队员们有时是在极端苛刻的条件下肩负着抢夺某些最困难的地形的任务，创造了诸如拉蒂芬萨山突袭、安齐奥滩头的战斗巡逻等多个经典战例，其勇猛顽强的战斗作风使其如同他们红色矛尖外形的臂章那样，堪称盟军的一支先锋部队，为他们赢得了“魔鬼旅”、“黑色魔鬼”等令敌闻风丧胆的外号。他们虽然存在时间短暂，但战果不菲，第1特勤队仅花数个小时就突破了阻碍盟军数日的拉蒂芬萨山阵地；他们在第15集团军群突破德军在罗马外围防御的战斗过程中发挥了至关重要的作用，是盟军中第一支进入罗马的部队……而且，第1特勤队的组建最初是为了参与突袭挪威的非常规行动，虽然“犁”计划取消了，但这项内容被丘吉尔发展成为二战中最成功的一个战略欺骗计划，第1特勤队作为这个欺骗计划里的虚构主角，把德军大量部队牵制在了北欧。在罗纳德 · 勒温（Ronald Lewin）的《超越战争》一书中，对此评价道：

“这不是偶然的，希特勒一直保留过多数量的师在挪威。即使因为技术问题，盟军对如此险恶的海岸线发起突袭的可能性依旧骇人听闻……这些数据不言自明。1943年11月，德国把50个师留驻在法国和低地国家，而在挪威和丹麦则有18个师。1944年1月则有16个师。当1945年1月盟军接近莱茵河时，德军仍把17个师留在斯堪的纳维亚半岛。”

据统计，第二次世界大战时期，第1特勤队共毙、伤德军约1.2万人，俘敌约7000人，获得了20枚杰出服役十字勋章（Distinguished Service Cross），5枚功勋勋章（Legion of Merit），121枚银星勋章（Silver Star Medal），140枚铜星勋章（Bronze Star Medal），1枚飞行勋章，1枚军人奖章（Soldier's Medal），1406枚紫心勋章（Purple Heart），1049枚品行优良奖章（Good Conduct Medal），以及2416枚战斗步兵徽章（Combat Infantryman's Badge）。

斯科特 · R · 麦克迈克尔在他的《轻步兵的历史透视图——战斗研究协会第6号研究概况》一书中评述道：

“第二次世界大战中极少有部队能与战果辉煌的第1特勤队相媲美。它在战斗中未尝败绩，以高昂的士气和娴熟的技战术完成了最困难的任务，令包括德国人在内的所有外部观察人士都为之惊叹。第1特勤队总是以相当于一个常规步兵团的规模，承担着一个正规师才执行的战斗任务。

此外，这支部队甚至在其遭受了对其他部队来说将丧失战斗力的巨大伤亡时，仍保持着战斗力。”

这支部队整体由成熟青年构成（第1特勤队的平均年龄是26岁），而且队员们在战火下基本能保持冷静心态。这些正是这支部队在严重伤亡下仍能保持战斗力的主要原因。而且，除了少数例外，第1特勤队的官兵们都具备天生的领导能力——这正是弗雷德里克在海伦娜制定严酷的淘汰过程所要实现的目标之一，正如一位特勤队员所说的，在海伦娜，“把部队比作两扇大门的话”，军官和士官“就是两扇门中间的插销……”，“一种宽松的、舒适的纪律可以使部队承受密集火力和严重伤亡。”自始至终，这些都是弗雷德里克这位第1特勤队的首任指挥官所设立的标准。

第1特勤队多样化的培训和丰富的特殊装备，并结合上述特质，使这个单位的成员们被锻造成战争机器中的精英，这类部队必须明智而审慎地使用。但是，正如斯科特 ·R. 麦克迈克尔在其书中评论的：“第1特勤队遭遇的最严重问题是被军和集团军指挥官所滥用。”他们把这些宝贵精英浪费在“冬季防线”的绞肉机中，消耗在突破安齐奥滩头阵地上高伤亡的日间正面进攻中，又浪费在穿越法国南部的推进过程中。据不完全统计，第1特勤队在战斗中阵亡369人，因伤死亡64人，在行动中失踪124人（26人被认定死亡），被俘后阵亡3人，负伤2253人。第1特勤队的每一个不可替代的伤亡都意味着损失的不仅是一名优秀的战斗员，而且还是伞兵、爆破专家、破袭战专家、滑雪兵、攀岩者和两栖突击兵。

在第1特勤队参与的众多战斗中，仅有对拉蒂芬萨山、基斯卡岛和伊莱斯德海耶尔群岛的突袭行动是把第1特勤队用到了完全符合这支部队所经受的特殊训练的方式上，其余的战斗，他们大多被当做精锐的轻步兵来使用。当然，有人也可以认为，除了第1特勤队，没有其他部队可以如此积极而又勇敢地去完成交付给他们的任务。约翰 ·R· 道森（John R. Dawson）在《第1特勤队的传奇》一书中写道：“那些目击了第1特勤队从相邻高地发起猛烈突击的局外人，通常会认为特勤队员们十分鲁莽而又冒险，但他们进攻的速度和衔接经常能降低损失。”这样的战例有快速攻占马约山和720高地等，更重要的是，也只有“黑色魔鬼”能够在墨索里尼运河防线上进行如此引人注目和顽强的防守。

至于第1特勤队成功的理由，正如曾在突袭拉蒂芬萨山时担任第1特勤队第2团第2连连长的史丹利 ·C· 沃斯特中将（他最后在第1特勤队晋升到少校军衔）所述，他们被灌输了许多能力。沃斯特提出：

“任何有战斗力的部队本质上都由七个要素构成。在我看来，这七个要素正确的顺序依次是：领导者、士兵、纪律、训练、体能、士气和装备（尽管有人可能会认为，前六个具有同等重要的地位，仅装备较为次要）。

“你将认识到，第1特勤队在所有方面都很杰出，尤其强调士兵、体能和士气。在我后期服役期间，如果要我将第1特勤队和我服役过或指挥过的一流部队相比，我总是选择士兵的素质，即他们卓越的能力和体能，再加上他们不屈不挠的精神和高昂的士气。即便只有棍棒，我们也将是强大的部队。”

另外，在很多美国人看来，比起它在战场上的胜利更值得称道的是——也是第1特勤队所取得的最大成就——因共同的战争目标联合在一起的美国人和加拿大人因为这支联合部队而锻造了持久的战友情谊。为纪念两国在反法西斯战争中用鲜血凝结的友谊，1999年9月，作为莱斯布里奇（Lethbridge）和海伦娜这两座城市之间的主要公路——加拿大艾伯塔省的4号公路和美国蒙大拿州的15号州际公路被命名为“第1特勤队纪念公路”，因为1942年时，加拿大人就是沿着这条公路从加拿大来到海伦娜的威廉 · 亨利 · 哈里森堡加入第1特勤队的。2001年阿富汗战争时期，作为北约盟友，加拿大的第2联合特遣队（Joint Task Force 2）和美军特种部队及来自挪威、丹麦、德国、新西兰、土耳其等国特种部队的突击队员们组成一支多国联合特遣队——“卡巴军刀”特遣队（Task Force K-Bar）在阿富汗战场并肩作战，这可能也是新时期的战友关系的传承。

2015年2月3日，美国国会为第1特勤队的老兵们颁发了国会金质奖章（Congressional Gold Medal），褒奖这支英雄团队在二战中的卓越贡献，这是美国国会授予平民的最高荣誉。

薪火相传

虽然第1特勤队在1945年二战结束后随着改编自它的美军第474独立步兵团的撤编而彻底画上了句号，但熄灭的战火和消失的编制并未使第1特勤队的荣光在美军中褪色。该团几年后再次重建。1954年6月21日，第474独立步兵团被恢复并重新被命名为第74步兵团，第74步兵团于同年10月8日在马萨诸塞州的帝文斯堡（Fort Devens）正式成立。1956年9月16日，第99步兵营在帝文斯堡重新成立并再次编入第74步兵团。该步兵团作为美国陆军的常设步兵团，因为与第1特勤队不可分割的历史渊源，如今该步兵团的盾形纹章上仍带有第1特勤队交叉箭头的标志。

更为重要的是，第1特勤队对美国陆军有着极为深远的影响，这支精英部队成为了美国陆军特种部队的直系先驱之一。他们所经历的各种专业技能的训练、对人员的选拔和能力要求，以及一些经典的非常规战例——诸如对拉蒂芬萨山等意大利中部山区的山地突袭、在安齐奥滩头具有心理战性质的小规模战斗巡逻和突袭、对基斯卡岛和伊莱斯德海耶尔群岛的两栖突击等经验教训等，都为1952年艾伦 · 班克上校正式组建美国

■ 这是2009年12月2日在美国哈盛顿州的路易斯－麦科德联合基地（Joint Base Lewis-McCho），一名加拿大特种作战团的特战队员正在伞降。这是加拿大特种作战团应邀参加美国的“芒通周”（Menton Week）活动中的一幕，以纪念第1特勤队撤编65周年。“芒通周”始发于1983年，是为了纪念第1特勤队在法国芒通附近被撤编及美加两军特种部队在二战中并肩作战的友谊而设立。每年美加两国特种部队（主要是美国陆军特种部队第1特种作战大队和加军特种作战团）都要在这个日子举办联合活动。活动中，美加特战队员都要一起进行跳伞。

陆军特种部队所吸收；而且，在后者成立后，很多前特勤队员也被吸收进来，他们的军装右臂上仍佩戴着第1特勤队的臂章。1957年6月24日成立的美国陆军特种部队第1特种作战大队更是将其作为直系前身。1960年4月15日，美军恢复第1特勤队番号和编制（保障营除外），并将其与游骑兵第1至第6营合并，组成美国陆军第1特种部队（1st Special Forces）各部。如今，外号"绿色贝雷帽"（Green Berets）的美国陆军特种部队公认第1特勤队和战略情报局的行动组是他们的直系先驱。1955年至1960年期间，美国陆军特种部队的臂章继续沿用了第1特勤队的矛尖臂章外形。而如今"绿色贝雷帽"的徽章上，还继续将交叉箭头作为组成元素之一，只不过是将原来的金色箭头改为银色，表示他们传承至这支光荣的部队。另外，美国陆军特种部队标牌（戴于左臂臂章上方）于1983年正式创作并使用后，该标牌也颁发给被陆军特种部队所确认为前辈的战时作战部队的成员们，因此，任何曾在第1特勤队服役120天及以上的老兵都被授权可以佩戴这枚标牌。这也是"绿色贝雷帽"对前辈的无上尊敬。

加拿大特种部队、特别是存在于1968 ~ 1995年的加拿大伞兵团和2006年成立的特种作战团同样将第1特勤队作为自己的先驱，尤其是后者，其标志的组成内容同样吸收了第1特勤队的印第安交叉箭头的元素，这是他们对第1特勤队的先辈荣光的敬仰和继承。

后记

第1特勤队的创立是以一支能够在敌后执行特殊任务的精英部队为初衷的，但其参战以来，几乎都未进行过一场游击战、雪域作战、特种作战行动，从某种意义上来说，第1特勤队也不能算是一支真正意义上的特种部队，只能算是一支与游骑兵类似的精锐的轻步兵单位。但是，这丝毫不影响其是美国陆军特种部队先驱的身份，这支部队所包含的一专多能、特殊训练、小股渗透和突袭等要素如今都继续存活在现代特种部队身上。这支部队短暂而光辉的历史也一直为美加两国军人所铭记。

■ 左上图是如今美军第74步兵团的标志，其中左上角的交叉箭头便是来自第1特勤队。中上图是如今美国陆军特种部队的通用臂章，这款臂章是最早是由约翰 · W. 弗莱伊上尉（John W. Frye）于1953年8月设计的，继承了第1特勤队臂章的矛尖外形，注意其最上方的"Special Force"（特种部队）标牌，这是1983年正式使用的，第1特勤队的老兵也被允许佩戴。右上图是美国陆军特种部队的通用徽章，其上同样保留了交叉箭头元素。在1946年，第1特勤队佩戴的交叉箭头标志被美国陆军军需办公室纹章部正式废除，但在1960年1月，这一标志又得以正式恢复。

上图是1944年1月20日在安齐奥的加普亚－维泰雷(Capua-Vetere)，美军第2军军长杰弗里·凯斯少将为第1特勤队第3团第1连的二等兵理查德·B·艾特肯(Richard B. Aitken)颁发银星勋章。

右页上图是1944年4月20日在安齐奥地区，左二那名特勤队员是第3团第3连的约翰·A·里奇中士(John A. Rich)，他正给战友们观赏他刚荣获的杰出服役十字勋章。照片上的其他3人从左至右分别是：第3团第1连的二等兵艾理查德·B·艾肯特、第3团第2连的卡米尔·盖格农中士(Camille Gagnon)和二等兵诺曼·E·狄克中士(Norman E. Enberg)，这三人在战争中也获得了银星勋章。

下图也是1944年在内图诺，弗雷德里克准将（左一）为第1特勤队的6名队员颁发银星勋章。在这种重大场合，两国国旗和军旗都会打出。

左页上图也是1944年在安齐奥，第5集团军司令克拉克中将（右）为第1特勤队指挥官弗雷德里克准将授勋。

左页下图是1944年7月在意大利的圣玛利亚迪卡斯特拉巴特，第1特勤队正在举行授勋仪式。

本页右图和下图都是1944年底在法国南部，第1空降特遣队指挥官弗雷德里克少将为他的老下级第1特勤队指挥官沃克上校授银星勋章。第1特勤队中，共有121人先后荣获银星勋章。

本页和右页可能也拍摄于1944年底法国南部，第1特勤队指挥官沃克上校（右一）给他的部属们授勋。本页是沃克为库克中士授予银星勋章，右页图是沃克为另一名中士授予杰出服役十字勋章。

上图是沃克上校为第1特勤队第3团团部的二级技术军士长罗伯特·A·德基(Robert A. Durkee)授勋，从臂章上看，当时第1特勤队应该已经改编为第474独立步兵团了。

左图是1945年在法国，第474独立步兵团的格伦·李中士(Glen Lee)被授予法国英勇十字勋章(Croix de Guerre)。注意他左臂上佩戴的第474独立步兵团的臂章。

▲这是1945年4月24日在英国,美军后勤基地区的肯宁准将(E.F. Koening)代表美国总统为原第1特勤队第3团的著名侦察兵托马斯·乔治·普林斯中士授予银星勋章。这名来自加拿大的欧及布威族(Ojibway First Nations)的印第安战士，因为其在战争中的出色表现，于1945年2月12日在白金汉宫被英国国王乔治五世(King George VI)接见并被授予了英国军功勋章。普林斯是二战期间荣获美国银星勋章的59名加拿大战士之一，也是仅有的3名同时荣获银星勋章和军功勋章的加拿大人之一。战争中，普林斯9次获勋，也是所有印第安战士中获得荣誉最多的人。

■ 上图和下图是战后的海伦娜的威廉 · 亨利 · 哈里森堡——第1特勤队诞生之地。上图是已经废弃的第1特勤队司令部，下图是空荡荡的连队宿舍街道，这里曾经充满活力，如今仅剩回忆。

HEADQUARTERS, DEPARTMENT OF THE ARMY
Office of The Adjutant General
Washington 25, D. C.

AGAO-O (M) (14 Apr 60) 14 April 1960

SUBJECT: Change in Status of Units

TO: The Adjutant General

1. Effective 15 April 1960, the 1st Special Service Force (less Service Battalion) is reconstituted.

2. Effective 15 April 1960, Headquarters, 1st Special Service Force is redesignated as Headquarters, 1st Special Forces.

3. Effective 15 April 1960, the units listed in column (1) are consolidated with the units listed in column (2) and designated as indicated in column (3):

(1)	(2)	(3)
1st Special Service Force:		1st Special Forces:
Hq & Hq Det, 1st Bn, First Regt	Hq & Hq Co, 1st Ranger Inf Bn	Hq & Hq Co, 8th Sp Forces Gp
Co 1, 1st Bn, First Regt	Co A, 1st Ranger Inf Bn	Hq & Hq Co, 7th Sp Forces Gp
Co 2, 1st Bn, First Regt	Co B, 1st Ranger Inf Bn	Hq & Hq Co, 1st Sp Forces Gp
Co 3, 1st Bn, First Regt	Co C, 1st Ranger Inf Bn	Hq & Hq Co, 9th Sp Forces Gp
Hq & Hq Det, 2d Bn, First Regt	Hq & Hq Co, 2d Inf Bn	Hq & Hq Co, 2d Sp Forces Gp
Co 4, 2d Bn, First Regt	Co A, 2d Inf Bn	Hq & Hq Co, 10th Sp Forces Gp
Co 5, 2d Bn, First Regt	Co B, 2d Inf Bn	Hq & Hq Co, 11th Sp Forces Gp
Co 6, 2d Bn, First Regt	Co C, 2d Inf Bn	Hq & Hq Co, 12th Sp Forces Gp
Hq & Hq Det, 1st Bn, Second Regt	Hq & Hq Co, 3d Ranger Inf Bn	Hq & Hq Co, 3d Sp Forces Gp
Co 1, 1st Bn, Second Regt	Co A, 3d Ranger Inf Bn	Hq & Hq Co, 13th Sp Forces Gp
Co 2, 1st Bn, Second Regt	Co B, 3d Ranger Inf Bn	Hq & Hq Co, 14th Sp Forces Gp
Co 3, 1st Bn, Second Regt	Co C, 3d Ranger Inf Bn	Hq & Hq Co, 15th Sp Forces Gp
Hq & Hq Det, 2d Bn, Second Regt	Hq & Hq Co, 4th Ranger Inf Bn	Hq & Hq Co, 4th Sp Forces Gp
Co 4, 2d Bn, Second Regt	Co A, 4th Ranger Inf Bn	Hq & Hq Co, 16th Sp Forces Gp
Co 5, 2d Bn, Second Regt	Co B, 4th Ranger Inf Bn	Hq & Hq Co, 17th Sp Forces Gp
Co 6, 2d Bn, Second Regt	Co C, 4th Ranger Inf Bn	Hq & Hq Co, 18th Sp Forces Gp
Hq & Hq Det, 1st Bn, Third Regt	Hq & Hq Co, 5th Ranger Inf Bn	Hq & Hq Co, 5th Sp Forces Gp
Co 1, 1st Bn, Third Regt	Co A, 5th Ranger Inf Bn	Hq & Hq Co, 19th Sp Forces Gp
Co 2, 1st Bn, Third Regt	Co B, 5th Ranger Inf Bn	Hq & Hq Co, 20th Sp Forces Gp
Co 3, 1st Bn, Third Regt	Co C, 5th Ranger Inf Bn	Hq & Hq Co, 21st Sp Forces Gp
Hq & Hq Det, 2d Bn, Third Regt	Hq & Hq Co, 6th Ranger Inf Bn	Hq & Hq Co, 6th Sp Forces Gp
Co 4, 2d Bn, Third Regt	Co A, 6th Ranger Inf Bn	Hq & Hq Co, 22d Sp Forces Gp
Co 5, 2d Bn, Third Regt	Co B, 6th Ranger Inf Bn	Hq & Hq Co, 23d Sp Forces Gp
Co 6, 2d Bn, Third Regt	Co C, 6th Ranger Inf Bn	Hq & Hq Co, 24th Sp Forces Gp

4. Effective 15 April 1960, the following units are disbanded:

Co D, F and Med Det, 1st Ranger Inf Bn
559th Inf Rifle Plat
Co D, E, F and Med Det, 3d Ranger Inf Bn
Co D, E, F and Med Det, 4th Ranger Inf Bn
Co D, E, F and Med Det, 5th Ranger Inf Bn
Co D, E, F and Med Det, 6th Ranger Inf Bn

By Order of Wilber M. Brucker, Secretary of the Army:

Adjutant General

■ 这是1960年4月14日由美国陆军部签发的关于重设第1特勤队并将其与游骑兵合并、组建美国陆军特种部队新单位的命令的历史复印件。其中，文件第1条是指重新设立第1特勤队(缺保障营)，该命令从1960年4月15日起生效。第2条是第1特勤队司令部重新指定为第1特种部队(1st Special Forces)司令部,这一命令从1960年4月15日生效。第3条是表(1)单位由表(2)单位加强并重新指定为表(3)单位，即第1特勤队3个团共18个连，与游骑兵第1、第2、第3、第4、第5、第6营共18个连合并，组成美国陆军第1特种部队各单位，该命令于1960年4月15日生效。第4条是解散以下单位并从1960年4月15日生效：第1游骑兵营D、F连和医疗分队；第559步兵排；第3游骑兵营D、E、F连和医疗分队；第4游骑兵营D、E、F连和医疗分队；第5游骑兵营D、E、F连和医疗分队；第6游骑兵营D、E、F连和医疗分队。

■ 上图是2010年11月30日至12月3日期间在美国华盛顿的路易斯－麦科德联合基地，美国陆军特种部队第1特种作战大队与加军特种作战团的特战队员举行联合跳伞活动，这是纪念第1特勤队的第26届“芒通周”的现场。下图是2011年12月5日在路易斯－麦科德联合基地，美国陆军第1特种作战大队与加军特种作战团的士兵在第27届“芒通周”的现场列队，这一届的活动从12月5日持续到9日。

■ 上图是2006年8月17日在海伦娜的威廉 · 亨利 · 哈里森堡，来自加拿大的第1特勤队老兵杰里 · 鲁斯科尼（Jerry Rusconi，右一）在给美国陆军特种部队第10特种作战大队的迈克 · 奇切拉少校（Mike Csicsila）讲述他在二战中的经历。这几名老兵是来这里参加一年一度的第1特勤队老兵聚会的，当时是第60期。从1947年开始，第1特勤队老兵每年都举行一次老兵聚会（2015年因为颁发国会金质奖章，举行了两次），地点不定，至2015年已举行了70次。

■ 下图是2013年9月28日在加拿大安大略省的温莎市（Windsor）的市政厅广场，参加第1特勤队第67次老兵聚会的第1特勤队老兵入场就坐，接下来是阅兵游行活动。

■ 上图是2015年美国国会颁发给第1特勤队老兵的国会金质奖章的正面和背面。正面包含了第1特勤队的臂章及攀岩和两栖训练作战的元素，背面是第1特勤队的军旗上的元素，环绕图案的文字内容是：阿留申群岛 · 那不勒斯－福贾 · 罗马－安齐奥 · 法国南部 · 莱茵兰。这些地名代表了第1特勤队及第474独立步兵团曾经的战斗历程。

■ 下图是2015年2月3日在华盛顿国会大厦游客中心的解放大厅，美国国会领导人给第1特勤队老兵颁发国会金质奖章。40名第1特勤队老兵和众多媒体出席了颁奖仪式，美国老兵小尤金 · 古铁雷斯（Eugene Gutierrez Jr.）和加拿大老兵查尔斯 · W · 曼代表幸存的和阵亡的第1特勤队老兵领取奖章。古铁雷斯是美国德克萨斯州人，1941年入伍，1942年加入第1特勤队，参加了安齐奥滩头及解放罗马等多场战役。查尔斯 · W · 曼来自加拿大安大略省，曾是第3团第4连中士，在战争中荣获铜星勋章。照片中从左至右分别是：美国众议院议长约翰 · 博纳（John Boehner）、加拿大退伍军人事务部部长艾林 · 奥图尔（ Erin O'Toole）、小尤金 · 古铁雷斯、查尔斯 · W · 曼、美国参议院多数党领袖明奇 · 麦康奈尔（Mitch McConnell）、美国参议院少数党党鞭迪克 · 德宾（Dick Durbin）、美国众议院少数党领袖南希 · 佩洛西（Nancy Pelosi）、美国特种作战司令部（United States Special Operations Command，缩写为 USSOCOM 或 SOCOM）司令约瑟夫 · 伦纳德 · 沃泰尔上将（Joseph Leonard Votel）。

■ 上图是2015年8月22日在海伦娜的“最后机会之谷”街区，第1特勤队老兵参加一年一度的特勤队老兵聚会及游行活动。这里是第1特勤队于1943年4月6日阅兵游行时走过的街道。注意老兵身后的那些年轻的美军士兵，他们是恰好在威廉·亨利·哈里森堡受训的陆军第19特种作战大队保障营的官兵，他们与特种部队的先辈们一起参加游行活动，他们中的一些人不久将被派往阿富汗。注意他们有些人还佩戴着第1特勤队的臂章，以示对先辈尊敬。下图是游行活动中，第1特勤队老兵在后辈特战队员的陪同下参加游行。照片中间那名美军军官是美国陆军特种作战司令部（United States Army Special Operations Command，缩写为 USASOC）司令肯尼斯·欧内斯特·托沃少将（Kenneth Ernest Tovo）。

参考文献

[1] Robert Todd Ross. The Supercommandos: First Special Service Force·1942-1944 An Illustrated History[M]. Atglen: Schiffer Publishing Ltd, 2000.

[2] Ken Joyce. Crimson Spearhead: The History, Uniforms and Insignia of the 1st Special Service Force, and Related Units[M]. Ottawa: Service Publications, 2010.

[3] Bret Werner. First Special Service Force 1942-44[M]. Oxford: Osprey Publishing Ltd, 2006.

[4] Bret Werner. Storming Monte La Difensa: The First Special Service Force at the Winter Line, Italy 1943[M]. Oxford: Osprey Publishing Ltd, 2015.

[5] Joseph A. Springer. The Black Devil Brigade: The True Story of the First Special Service Force in World War II, An Oral History. Pacifica Military History, 2001.

[6] John Nadler. A Perfect Hell: The True Story of the Black Devils, the Forefathers of the Special Forces[M]. New York: Presidio Press, 2006.

[7] Steven J. Zaloga. Anzio 1944: The beleaguered beachhead[M]. Oxford: Osprey Publishing Ltd, 2005.

[8] Steven J. Zaloga. Operation Dragoon 1944: France's other D-Day[M]. Oxford: Osprey Publishing Ltd, 2009.

[9] War Department Historical Division. Fifth Army At The Winter Line·15 November 1943-15 January 1944[M]. Washington, D.C: Center of Military History, United States Army, 1990.

[10] From The Volturno To The Winter Line·6 October-15 November 1943[M]. Washington, D.C: Center of Military History, United States Army, 1990.

[11] 赫英斌．二战美国陆军单兵装备 [M]．北京：北京艺术与科学电子出版社，2013